赤焰孤岛

斯大林格勒巷战实录

（上册）

[澳] 杰森·D.马克 著

胡毅秉 译

民主与建设出版社

·北京·

© 民主与建设出版社，2020

图书在版编目（CIP）数据

赤焰孤岛：斯大林格勒巷战实录 /（澳）杰森·D.
马克著；胡毅秉译 . -- 北京：民主与建设出版社，
2020.6
书名原文：Island of Fire: The Battle for the
Barrikady Gun Factory in Stalingrad
ISBN 978-7-5139-3015-4

Ⅰ . ①赤… Ⅱ . ①杰… ②胡… Ⅲ . ①斯大林格勒保
卫战 (1942–1943) – 史料 Ⅳ . ① E512.9

中国版本图书馆 CIP 数据核字 (2020) 第 063104 号

著作权合同登记图字：01-2020-1349

赤焰孤岛：斯大林格勒巷战实录
CHIYAN GUDAO SIDALINGELE XIANGZHAN SHILU

著　　者	〔澳〕杰森·D. 马克
译　　者	胡毅秉
责任编辑	彭　现
封面设计	周　杰
出版发行	民主与建设出版社有限责任公司
电　　话	（010）59417747　59419778
社　　址	北京市海淀区西三环中路 10 号望海楼 E 座 7 层
邮　　编	100142
印　　刷	重庆长虹印务有限公司
版　　次	2020 年 6 月第 1 版
印　　次	2020 年 6 月第 1 次印刷
开　　本	787 毫米 ×1092 毫米　1/16
印　　张	47.5
字　　数	750 千字
书　　号	ISBN 978-7-5139-3015-4
定　　价	199.80 元（上下册）

注：如有印、装质量问题，请与出版社联系

"东线文库"总序

泛舟漫长的人类战争史长河，极目四望，迄今为止，尚未有哪场陆战能在规模上超过二战时期的苏德战争。这场战争挟装甲革命与重工业革命之双重风潮，以德、苏两大军事体系20年军改成果为孤注，以二战东线战场名扬后世。强强相撞，伏尸千里；猛士名将，层出不穷。在核恐怖强行关闭大国全面战争之门70年后的今天，回首望去，后人难免惊为绝唱。在面对那一串串数字和一页页档案时，甚至不免有传说时代巨灵互斫之苍茫。其与今人之距离，似有千年之遥，而非短短的七十春秋。

但是，如果我们记得，即便是在核武器称雄的时代，热战也并未绝迹，常规军事力量依然是大国达成政治诉求的重要手段，而苏德战争的胜利者苏联，又正是冷战的主角之一，直到今天，苏系武器和苏式战法的影响仍具有全球意义，我们就会发现，这场战争又距离我们是如此之近。

要知道这场战争究竟离我们有多近，恰恰要先能望远——通过对战争史和军事学说发展史的长程回顾，来看清苏德战争的重大意义。

正如俾斯麦所言："愚人执着于自己的体验，我则师法他者的经验。"任何一个人、一个组织的直接体验总是有限的，但如能将别人的间接经验转化为自己的直接体验，方是智者之所为。更高明的智者又不仅仅满足于经验的积累，而是能够突破经验主义的局限，通过学说创新形成理论体系，从而在经验和逻辑、事实与推理之间建立强互动，实现真正的以史为鉴和鉴往知来。

无怪乎杜普伊会说："军事历史之所以对军事科学的发展至关重要，是因为军事科学不像大多数其他学科那样，可在实验室里验证它们的理论和假说。军事试验的种种形式，如野战演习、对抗演习和实兵检验等，都永远不会再现战争的基本成分：致命环境下对死亡的恐惧感。此类种种试验无疑是非常有益的，但是，这种益处也只能是在一定程度上的。"[1] 但这绝不等于说战争无法研究，只能在战争中学战争。突破的关键即在于如何发挥好战争史研究的作用。所以杜普伊接着强调："像天文学一样，军事科学也是一门观测科学。正如天文学家把天体作为实验室（研究对象），而军人的真正的实验室则永远是军事历史。"[2]

从这个角度上讲，苏德战争无疑是一个巨型实验室，而且是一个直接当下，具有重大特殊意义的实验室。

回顾战争史，不难发现，受技术手段的局限，战场的范围长期局限在指挥官的目力范围之内。故而，在这个时期，战争行为大致可以简化为两个层级，一为战略（strategy），一为战术（tactic）。

战术是赢得战斗的方法，战略则是赢得战争的方法。战之术可以直接构成战之略的实施手段。一般而言，战争规模越有限，战争结局越由战斗决定，战略与战术的边界便越模糊，甚至可以出现"一战定乾坤"的戏剧性结局。这又进一步引发出战局和会战两个概念。

所谓战局，就是英语中的 Campaign，俄语的 кампания，德语的 Feldzug。Campaign 的词源是 campus，也就是营地。因为在罗马时代，受当时的技术条件限制，军队每年会有一个固定的季节性休战期，是为宿营时期。这样就可以很清晰地划分出以年度为单位的"战局"。相对不同的是德语 Feldzug 的词根有拖、拉、移动的意思，对弈中指移动棋子。已隐约可见机动战的独特传统。但三方对战局的理解、使用并无本质不同。

而会战（英语中的 Battle，俄语的 Битва，德语的 Schlacht）则是战斗的放大。换言之，在早期西方军事学说体系中，战略对应战局，战术对应战斗，而"会战"则是战略与战术的交汇地带，战局与战斗的中间产物。在早期冷兵器战争时代，会战较为简单，很多时候就是一个放大的战术行动和缩小的战略行动。但是，随着技术的变革，社会结构、动员体系、战争规模的巨变，会战组织越来越复杂，越来越专业，逐渐成为一个独立于战略和战术之外的层级。拿破仑的战争艺术，归根结底其实就是会战的艺术。

但是，拿破仑并未发展出一套会战学说，也没有形成与之相表里的军事制度和军事教育体系，反而过于依赖自己的个人天赋，从而最终走向不归路。得风气之先的是普鲁士军队的改革派三杰（沙恩霍斯特、格奈瑟瑙、克劳塞维茨），收功者则是促成德意志统一的老毛奇。普德军事体系的发展壮大，正是研究透彻了拿破仑又超越了拿破仑，在战略和战术之间增加了一个新层级——Operation，从根本上改变了军事指挥和军事学术研究范式。所谓

"Operation"，本有操作、经营、（外科）手术等多层含义，其实就是战略实施中的落实性操作，是因为战术已经无法直接构成战略的实施手段而增加的新环节。换言之，在德军军事体系中，Operation 是一个独立的、高度专业化的军事行动层级。

与之相表里，普德军事系统又形成了现代参谋制度，重新定义了参谋，并形成了以参谋军官为核心的现代军官团，和以参谋教育为核心的现代军校体系。总参谋部其实是一个集研究、教育、指挥为一体的复合结构。参谋总长管理陆军大学，而陆军大学的核心课程即为战争史研究，同时负责将相关研究兵棋化、实战化、条令化。这种新式参谋主要解决的就是 Operation Level 的问题，这与高级统帅思考战略问题，基层军官、士官思考战术问题正相等同。

普法战争后，普鲁士式总参谋部制度迅速在全球范围内扩散，举凡英法俄美意日等列强俱乐部成员国，无不效法。但是，这个制度的深层驱动力——Operation Level 的形成和相应学说创新，则长期为德军秘而不宣，即便是其亲传弟子，如保加利亚，如土耳其，如日本，均未得其门径窍奥，其敌手如法，如英，如俄，如美，亦均茫然不知其所以然。

最早领悟到德军作战层级独创性和重要性的军队，正是一战后涅槃重生的苏联红军。

苏军对德语的 Operation 进行了音译，是为 Операция，也就是日后中苏合作时期经苏联顾问之手传给我军的"战役"概念。换言之，所谓战役学，其实就是苏军版的 Operation 学说。而美军要到冷战期间才明白这一点，并正式修改其军事学说，在 Strategy 和 Tactic 之间增设 Operation 这个新层级。

与此同时，英美体系虽然在战役学层次反应迟钝，却看到了德、苏没有看到的另一个层次的变化——战争的巨变不仅发生在传统的战略、战术之间，更发生在战略之上。

随着战争本身的专业性日趋强化，军人集团在战争中的发言权无形中也被强化，而文官和文人战略家对战争的介入和管控力逐渐弱化。但正如克劳塞维茨强调指出的那样，战争是政治的延续[3]。因而，战争只是手段，不是目的。无论军事技术如何变化，这一个根本点不会变化。但现代战争的发展却导致了手段高于目的的客观现实，终于在一战中造成了莫大的灾难。战争的胜利不等于政治的胜利这一基本事实，迫使战争的胜利者开始反思固有战争理论的局限性，逐渐形成了"大战略"（Grand Strategy）的观念，这就在英美体系中形成了大战略（又称国家战略、总体战略、高级战略）、分类战略（包括军事战略、经济战略、外交战略、文化战略等）、战术的三级划分。大战略不再像传统战略那样执着于打赢战争，而是追求战争背后的终极目标——政治目的。因为此种战略在国家最高决策层面运作，所以美国学界又将大战略称为国家战略。用美国国防部的定义来说明，即："国家战略是平时和战时在使用武装力量的同时，发展和运用国家的政治、经济和心理力量，以实现国家目标的艺术和科学。"

冷战初期，美国以中央情报局、国家安全委员会、民营战略智库（如兰德公司）、常青藤联盟高校人才库相呼应的制度创新，其实就是建立在大战略学说领先基础上的国家安全体系创新[4]。而德军和苏军受传统"战略—战局"概念的束缚，均未看清这一层变化，故而在宏观战略指导上屡屡失误，只能仰赖希特勒、斯大林这样的战略怪才，以杰出个体的天赋弥补学说和制度的不足，等于又回到了拿破仑困境之中。

从这个角度上看二战，苏德战争可以说是两个走在战役学说创新前列的军事体系之间的超级碰撞。同为一战失败者的德、苏，都面对一战式的堑壕难题，且都嗅到了新时代的空气。德国的闪电战与苏军的大纵深战役，其实是两国改革派精英在同一场技术革命面前，对同一个问题所做出的不同解答。正是这种军事学说的得风气之先，令两国陆军在军改道路上走在列强前列。二战期间两国彗星撞地球般的碰撞，更进一步强化了胜利者的兼容并蓄。冷战期间，苏军的陆战体系建设，始终以这个伟大胜利为基石，不断深化。

在这个基础上再看冷战，就会发现，其对抗实质是美式三级体系（大战略、战略、战术）与苏式三级体系（战略、战役、战术）的对抗。胜负关键在于谁能先吸取对方之所长，弥补己方之所短。结果，苏联未能实现大战略的突破，建立独立自主的大战略学说、制度、教育体系。美国却在学科化的战略学、国际政治学和战争史研究的基础上，建立了自己的 Operation Level，并借力新一轮技术变革，对苏军进行创造性的再反制。这个连环反制竞争链条，一直延续到今天。虽然苏军已被清扫出局，但这种反制的殷鉴得失却不会消失，值得所有国家的军人和战史研究者注目。而美国借助遏制、接触战略，最终兵不血刃地从内部搞垮苏联，亦非偶然。

正是这种独特的历史地位，决定了东线史的独特重要性，东线研究本身也因而成为另一部波澜壮阔的历史。

可以说，苏军对苏德战争最具切肤之痛，在战争期间就不断总结经验教训。二战后，这个传统被继承下来，形成了独特的苏军式研究。与此同时，美国在二战刚刚结束之际就开始利用其掌握的资料和德军将领，进行针对苏军的研究。众多德军名将被要求撰写关于东线作战的报告[5]。但是，无论是苏军的研究还是美军的研究，都是内部进行的闭门式研究。这些成果，要到很久之后，才能公之于世。而世人能够看到的苏德战争著述，则是另一个景象。

二战结束后的最初 15 年，是宣传品与回忆录互争雄长的 15 年。作为胜利者的苏联，以君临天下的优越感，刊行了一大批带有鲜明宣传色彩的出版物[6]。与之相对应，以古德里安、曼施泰因等亲身参与东线鏖战的德国军人为代表的另一个群体，则以回忆录的形式展开反击[7]。这些书籍因为是失败者痛定思痛的作品，著述者本人的军事素养和文笔俱佳，故而产生了远胜过苏联宣传史书的影响力，以至于很多世人竟将之视为信史。直到德国档案资料的不断披露，后人才逐渐意识到，这些名将回忆录因成书年代的特殊性，几乎只能依赖回忆者的主观记忆，而无法与精密的战史资料互相印证。同时，受大环境的影响，这些身为楚囚的德军将领大多谋求：一、尽量撇清自己的战争责任；二、推卸战败责任（最常用的手法就是将所有重大军事行动的败因统统归纳为希特勒的瞎指挥）；三、宣传自身价值（难免因之贬低苏联和苏军）。而这几个私心又迎合了美国的需求：一、尽快将西德纳入美国领导的反苏防务体系之中，故而必须让希特勒充分地去当替罪羊，以尽快假释相关军事人才；二、要尽量抹黑苏联和苏军，以治疗当时弥漫在北约体系内的苏联陆军恐惧症；三、通过揭批纳粹政体的危害性，间接突显美国制度的优越性。

此后朱可夫等苏军将领在后斯大林时代刊行的回忆录，一方面固然是苏联内部政治生态变化的产物，但另一方面也未尝不可说是对前述德系著述的回击。然而，德系回忆录的问题同样存在于苏系回忆录之中。两相对比，虽有互相校正之效，但分歧、疑问更多，几乎可以说是此亦一是非、彼亦一是非，俨然是在讲两场时空悬隔的战争。

结果就是，苏德战争的早期成果，因其严重的时代局限性，而未能形成真正的学术性突破，反而为后人的研究设置了大量障碍。

进入 20 世纪 60 年代，虽然各国关于东线的研究越来越多，出版物汗牛充栋，但摘取桂冠的仍然是当年的当事人一方。幸存的纳粹党要员保罗·卡尔·施密特（Paul Karl Schmidt）化名保罗·卡雷尔（Paul Carell），在已有研究的基础上，大量使用德方资料，并对苏联出版物进行了尽量全面的搜集使用，更对德国方面的幸存当事人进行了广泛的口述历史采访，在 1964 年、1970 年相继刊行了德军视角下的重量级东线战史力作——《东进：1941—1943 年的苏德战争》和《焦土：1943—1944 年的苏德战争》[8]。

进入 20 世纪 70 年代后，研究趋势开始发生分化。北约方面可以获得的德方档案资料越来越多，苏方亦可通过若干渠道获得相关资料。但是，苏联在公布己方史料时却依然如故，仅对内进行有限度的档案资料公布。换言之，苏联的研究者较之于北约各国的研究者，掌握的史料更为全面。但是，苏联方面却没有产生重量级的作品，已经开始出现军事学说的滞后与体制限制的短板。

结果，在这个十年内，最优秀的苏德战争著作之名被英国军人学者西顿（Albert Seaton）的《苏德战争》摘取[9]。此时西方阵营的二战研究、希特勒研究和德军研究均取得重大突破，在这个整体水涨的背景下，苏德战争研究自然随之船高。而西顿作为英军中公认的苏军及德军研究权威，本身即带有知己知彼的学术优势，同时又大力挖掘了德国方面的档案史料，从而得以对整个苏德战争进行全新的考订与解读。

继之而起者则有英国学者约翰·埃里克森（John Ericsson）与美国学者厄尔·齐姆克（Earl F. Ziemke）。

和西顿一样，埃里克森（1929 年 4 月 17 日—2002 年 2 月 10 日）也曾在英军中服役。不同之处则在于：

其一，埃里克森的研究主要是在退役后完成。他先是进入剑桥大学圣约翰学院深造，1956 年苏伊士运河危机爆发后作为苏格兰边民团的一名预备军官被重新征召入役。危机结束后，埃里克森重启研究工作，1958 年进入圣安德鲁大学担任讲师，开始研究苏联武装力量。1962 年，埃里克森首部著作《苏联统帅部：1918—1941 年》出版，同年在曼彻斯特大学出任高级讲师。1967 年进入爱丁堡大学高级防务研究所任职，1969 年成为教授，研究重心逐渐转向苏德战争。

其二，埃里克森得益于两大阵营关系的缓和，能够初步接触苏军资料，并借助和苏联同行的交流，校正之前过度依赖德方档案导致的缺失。而苏联方面的战史研究也取得了较大的进展，足以为这种校正提供参照系，而不像五六十年代时那样只能提供半宣传品性质的承旨之作。同时，埃里克森对轴心国阵营的史料挖掘也更全面、细致，远远超过了之前的同行。关于这一点，只要看一看其著述后面所附录的史料列目，即可看出苏德战争研究的史料学演进轨迹。

埃里克森为研究苏德战争，还曾专程前往波兰，拜会了苏军元帅罗科索夫斯基。这个非同凡响的努力成果，就是名动天下的"两条路"。

所谓"两条路"，就是 1975 年刊行的《通往斯大林格勒之路》与 1982 年刊行的《通往柏林之路》[10]。正是靠了这两部力作，以及大量苏军研究专著[11]，埃里克森在 1988—1996 年间成为爱丁堡大学防务研究中心主任。

厄尔·齐姆克（1922 年 12 月 16 日—2007 年 10 月 15 日）则兼有西顿和埃里克森的身影。出生于威斯康星州的齐姆克虽然在二战中参加的是对日作战，受的也是日语训练，却在冷战期间华丽转型，成为响当当的德军和苏军研究权威。曾在硫磺岛作战中因伤获得紫心勋章的齐姆克，战后先是在天津驻扎，随后复员回国，通过军人权利法案接受高等教育，1951 年在威斯康星大学获得学位。1951—1955 年，他在哥伦比亚的应用社会研究所工作，1955—1967 年进入美国陆军军史局成为一名官方历史学家，1967—1977 年在佐治亚大学担任全职教授。其所著《柏林战役》《苏维埃压路机》《从斯大林格勒到柏林》《从莫斯科到斯大林格勒》《德军东线北方战区作战报告，1940—1945 年》《红军，1918—1941 年：从世界革命的先锋到美国的盟友》等书[12]，对苏德战争、德军研究和苏军研究均做出了里程碑般的贡献，与埃里克森堪称双峰并峙、二水分流。

当《通往柏林之路》刊行之时，全球苏德战争研究界人士无人敢想，仅仅数年之后，苏联和华约集团便不复存在。苏联档案开始爆炸性公布，苏德战争研究也开始进入一个前人无法想象的加速发展时代，甚至可以说是一个在剧烈地震、风暴中震荡前行的时代。在海量苏联史料的冲击下，传统研究纷纷土崩瓦解，军事界和史学界的诸多铁案、定论也纷纷根基动摇。埃里克森与齐姆克的著作虽然经受住了新史料的检验，但却未能再进一步形成新方法的再突破。更多的学者则汲汲于立足新史料，急求转型。连保罗·卡雷尔也奋余勇，在去世三年前的1993年刊行了《斯大林格勒：第6集团军的覆灭》。奈何宝刀已老，时过境迁，难以再掀起新的时代波澜了。

事实证明，机遇永远只向有准备、有行动力的人微笑，一如胜利天平总是倾斜于能率先看到明天的一方。风起云涌之间，新的王者在震荡中登顶，这位王者就是美国著名苏军研究权威——戴维·格兰茨（David Glantz）。

作为一名参加过越战的美军基层军官，格兰茨堪称兼具实战经验和学术积淀。1965年，格兰茨以少尉军衔进入美国陆军野战炮兵服役，并被部署到越南平隆省的美国陆军第2军的"火力支援与协调单元"（Fire Support Coordination Element，FSCE，相当于军属野战炮兵的指挥机构）。1969年，格兰茨返回美国，在陆军军事学院教授战争史课程。1973年7月1日，美军在陆军训练与条令司令部下开设陆军战斗研究中心（Combat Studies Institute，CSI），格兰茨开始参与该中心的苏军研究项目。1977—1979年他出任美国驻欧陆军司令部情报参谋办公室主任。1979年成为美国陆军战斗研究所首席研究员。1983年接掌美国陆军战争学院（United States Army War College）陆战中心苏联陆军作战研究处（Office of Soviet Army Operations at the Center for Land Warfare）。1986年，格兰茨返回利文沃思堡，组建并领导外国军事研究办公室（Foreign Military Studies Office，FMSO）。在这漫长的研究过程中，格兰茨不仅与美军的苏军研究同步前进，而且组织翻译了大量苏军史料和苏方战役研究成果[13]。

1993年，年过半百的格兰茨以上校军衔退役。两年后，格兰茨刊行了里程碑著作《巨人的碰撞》[14]。这部苏德战争新史，系格兰茨与另一位美国军人学者乔纳森·M. 豪斯（Jonathan M. House）合著，以美军的苏军研究为基石，兼顾苏方新史料，气势恢宏地重构了苏德战争的宏观景象。就在很多人将这本书看作格兰茨一生事功的收山之作的时候,格兰茨却老当益壮,让全球同行惊讶地发现,这本书根本不是终点线,而是格兰茨真正开始斩将搴旗、攻城略地的起跑线:

1998 年刊行《泥足巨人:苏德战争前夕的苏联军队》[15]《哈尔科夫:1942 年东线军事灾难的剖析》[16]。

1999 年刊行《朱可夫最大的败仗:红军 1942 年"火星"行动的惨败》[17]《库尔斯克会战》[18]。

2001 年刊行《巴巴罗萨:1941 年希特勒入侵俄罗斯》[19]《列宁格勒之围 1941—1944,900 天的恐怖》[20]。

2002 年刊行《列宁格勒会战:1941—1944》[21]。

2003 年刊行《斯大林格勒会战之前:巴巴罗萨,希特勒对俄罗斯的入侵》[22]《八月风暴:苏军在满洲的战略攻势》[23]《八月风暴:苏联在满洲的作战与战术行动》[24]。

2004 年与马克·里克曼斯波尔(Marc J. Rikmenspoel)刊行《屠戮之屋:东线战场手册》[25]。

2005 年刊行《巨人重生:大战中的苏联军队》[26]。

2006 年刊行《席卷巴尔干的红色风暴:1944 年春苏军对罗马尼亚的攻势》[27]。

2009 年开始刊行《斯大林格勒三部曲·第一部:兵临城下》[28]和《斯大林格勒三部曲·第二部:决战》[29]。

2010 年刊行《巴巴罗萨脱轨·第一卷·斯摩棱斯克交战:1941 年 7 月 10 日—9 月 10 日》[30]。

2011 年刊行《斯大林格勒之后:红军的冬季攻势》[31]。

2012 年刊行《巴巴罗萨脱轨·第二卷·斯摩棱斯克交战:1941 年 7 月 10 日—9 月 10 日》[32]。

2014 年刊行《巴巴罗萨脱轨·第三卷·斯摩棱斯克交战:1941 年 7 月 10 日—9 月 10 日》[33]《斯大林格勒三部曲·第三部:终局》[34]。

2015 年刊行《巴巴罗萨脱轨·第四卷·斯摩棱斯克交战:地图集》[35]。

2016 年刊行《白俄罗斯会战:红军被遗忘的战役 1943 年 10 月—1944 年 4 月》[36]。

这一连串著述列表,不仅数量惊人,质量亦惊人。盖格兰茨之苏德战史研究，除前述立足美军对苏研究成果、充分吸收新史料及前人研究成果这两大优势之外[37]，还有第三个重要优势，即立足战役层级，竭力从德军和苏军双方的军事学说视角，双管齐下，珠联璧合地对苏德战争中的重大战役进行深度还原。

其中，《泥足巨人》与《巨人重生》二书尤其值得国人注目。因为这两部著作不仅正本清源地再现了苏联红军的发展历程，而且将这个历程放在学说构造、国家建设、军事转型的大框架内进行了深入检讨，对我国今日的军事改革和军事转型研究均具有无可替代的重大意义。

严谨的史学研究和实战导向的军事研究在这里实现了完美结合。观其书，不仅可以重新认识那段历史，而且可以对美军专家眼中的苏军和东线战史背后的美军学术思想进行双向感悟。而格兰茨旋风业已在多个国家掀起重重波澜。闻风而起者越来越多，整个苏德战争研究正在进入新一轮的水涨阶段。

如道格拉斯·纳什（Douglas Nash）的《地狱之门：切尔卡瑟战役1944.1—1944.2》（2002）[38]，小乔治·尼普（George Nipe Jr.）的《在乌克兰的抉择：1943 年夏季东线德国装甲作战》（1996）[39]、《最后的胜利》（2000）[40]以及《鲜血·钢铁·神话：武装党卫队第 2 装甲军与通往普罗霍罗夫卡之路》（2013）[41]均深得作战研究之精髓，且能兼顾史学研究之严谨，从而将老话题写出新境界。

此外，旅居柏林多年的新西兰青年学者戴维·斯塔勒（David Stahel）于 2009 年刊行的《"巴巴罗萨"与德国在东线的失败》[42]，以及美国杜普伊研究所所长、阿登战役与库尔斯克战役模拟数据库的项目负责人克里斯托弗·劳伦斯（Christopher A. Lawrence）2015 年刊行的《库尔斯克：普罗霍罗夫卡之战》[43]，均堪称卓尔不群，又开新径。前者在格兰茨等人研究的基础上，重新回到德国视角，探讨了巴巴罗萨作战的复杂决策过程。整书约40% 的内容是围绕决策与部署写作的，揭示了德国最高统帅部与参谋本部等各部门的战略、作战观念差异，以及战前一系列战术、技术、后勤条件对实战的影响，对"巴巴罗萨"作战——这一人类历史上最宏大的地面作战行动进行了精密的手术解剖。后者则将杜普伊父子的定量分析战史法这一独门秘籍发扬到极致，以 1662 页的篇幅和大量清晰、独特的态势图，深入厘清了普罗霍罗夫卡之战的地理、兵力、技战术和战役部署，堪称兼顾宏观、中观、微观的全景式经典研究。曾在英军中服役的高级军医普里特·巴塔（Prit Buttar）同样以半百之年作老当益壮之后发先至，近年来异军突起，先后刊行了《普鲁士战场：苏德战争 1944—1945》（2010）、《巨人之间：第二次世界大战中的波罗的海战事》（2013）、《帝国的碰撞：1914 年东线战争》（2014）、《日耳曼优先：1915 年东线战场》（2015）、《俄罗斯的残息：1916—1917 年的东线战场》（2016）[44]。这一系列著作兼顾了战争的中观与微观层面，既有战役层级的专业剖析，又能兼顾具体人、事、物的栩栩如生。且从二战东线研究追溯到一战东线研究，溯本追源，深入浅出，是近年来不可多得的佳作。

行文及此，不得不再特别指明一点：现代学术著述，重在"详人之所略，略人之所详"。绝不可因为看了后出杰作，就将之前的里程碑著作束之高阁。尤其对中国这样的后发国家而言，更不能限在"第六个包子"的思维误区中。所谓后发优势，无外乎是能更好地以史为鉴，以别人的筚路蓝缕为我们的经验教训。故而，发展是可以超越性布局的，研究却不能偷懒。最多是随着研究的深入，实现阅读、写作的加速度，这是可取的。但怀着投机取巧的心态，误以为后出者为胜，从而满足于只吃最后一个包子，结果必然是欲速不达，求新而不得新。

反观我国的苏德战史研究，恰处于此种状态。不仅新方法使用不多，新史料译介有限，即便是经典著述，亦乏人问津。更值得忧虑之处在于，基础学科不被重视，军事学说研究和严肃的战争史研究长期得不到非军事院校的重视，以致连很多基本概念都没有弄清。

以前述战局、战役、会战为例：

汉语	战局	战役	会战
英语	Campaign	Operation	Battle
俄语	кампания	Операция	Битва
德语	Feldzug	Operation	Schlacht

比如科贝特的经典著作 *The Campaign of Trafalgar*[45]，就用了"Campaign"而非"Battle"，原因就在于这本书包含了战略层级的博弈，而且占据了相当重要的篇幅。这其实也正是科贝特极其自负的一点，即真正超越了具体海战的束缚，居高临下又细致入微地再现了特拉法尔加之战的前因后果，波澜壮阔。故而，严格来说，这本书应该译作"特拉法尔加战局"。

我国军事学术界自晚清以来就不甚重视严肃的战争史研究和精准的学说体系建立。国民党军队及其后身——今日的台军，长期只有一个"会战"概念，后来虽然引入了 Operation 层级，但真正能领悟其实质者甚少[46]，而且翻译为"作战"，过于具象，又易于引发误解。相反，大陆方面的军事学术界用"战役"来翻译苏军的 Операция，胜于台军用"作战"翻译 Operation。因为战役的"役"也正如战略、战术之"略"与"术"，带有抽象性，不会造成过于具象的刻板误解，而且战略、战役、战术的表述也更贯通流畅。但是，在对"战役"进行定义时，却长期没有立足战争史演变的实践，甚至形成如下翻译：

汉语	作战、行动	战役	会战
英语	Operation	Campaign Operation Battle	Battle Operation
俄语	—	Операция кампания	Битва
德语	Operation	Feldzug Operation	Schlacht Operation

但是，所谓"会战"是一个仅存在于国—台军的正规军语中的概念。在我军的严格军事学术用语中，并无此一概念。所以才会有"淮海战役"与"徐蚌会战"的不同表述。实质是长期以来用"战役"一词涵盖了 Campaign、Operation 和 Battle 三个概念，又没有认清苏俄军事体系中的 Операция 和英德军语中的 Operation 实为同一概念。其中虽有小异，实具大同。而且，这个概念虽然包含具体行动，却并非局限于此，而是一个抽象军事学说体系中的层级概念。而这个问题的校正、解决又绝非一个语言问题、翻译问题，而是一个思维问题、学说体系建设问题。

正因为国内对苏德战争的理解长期满足于宣传品、回忆录层级的此亦一是非、彼亦一是非，各种对苏军（其实也包括了对德军）的盲目崇拜和无知攻击才会同时并进、甚嚣尘上。

因此之故，近数年来，我多次向多个出版大社建议，出版一套"东线文库"，遴选经典，集中推出，以助力于中国战史研究发展和军事学术范式转型。其意义当不限于苏德战史研究和二战史研究范畴。然应之者众，行之者寡。直到今年六月中旬，因缘巧合认识了指文公司的罗应中，始知指文公司继推出卡雷尔的《东进：1941—1943年的苏德战争》《焦土：1943—1944年的苏德战争》，巴塔的《普鲁士战场：苏德战争1944—1945》和劳斯、霍特的回忆录《装甲司令：艾哈德·劳斯大将东线回忆录》《装甲作战：赫尔曼·霍特与"巴巴罗萨"行动中的第3装甲集群》之后，在其组织下，小小冰人等国内二战史资深翻译名家们，已经开始紧锣密鼓地翻译埃里克森的"两条路"，并以众筹方式推进格兰茨《斯大林格勒》三部曲之翻译。经过一番沟通，罗先生对"东线文库"提案深以为然，乃断然调整部署，决定启动这一经典战史译介计划，并与我方团队强强联合，以鄙人为总策划，共促盛举，以飨华语读者。罗先生并嘱我撰一总序，以为这一系列的译介工作开宗明义。对此，本人自责无旁贷，且深感与有荣焉。

是为序。

*王鼎杰，知名战略、战史学者，主张从世界史的角度看中国，从大战略的视野看历史。著有《复盘甲午：重走近代中日对抗十五局》《李鸿章时代》《当天朝遭遇帝国：大战略视野下的鸦片战争》。现居北京，从事智库工作，致力于战略思维传播和战争史研究范式革新。

注

1. ［美］T. N. 杜普伊，《把握战争——军事历史与作战理论》，北京：军事科学出版社，2001 年，第 2 页。

2. 同上。

3. ［德］克劳塞维茨，《战争论》，第 1 册，北京：商务印书馆，1995 年，第 43—44 页。

4. 这就是为什么很多优秀制度被一些后发国家移植后往往不见成效，甚至有反作用的根源。其原因并非文化的水土不服，而是忽视了制度背后的学说创新。

5. 战争结束后美国陆军战史部（Historical Division of the U.S.Army）即成立德国作战史分部［Operational History（German）Section］，监督被俘德军将领，包括蔡茨勒、劳斯、霍特等人，撰写东线作战的回忆录，劳斯与霍特将军均以"装甲作战"（Panzer Operation）为主标题的回忆录即诞生于这一时期。可参见：［奥］艾哈德·劳斯著，［美］史蒂文·H. 牛顿编译，邓敏译，赵国星审校，《装甲司令：艾哈德·劳斯大将东线回忆录》，北京：中国长安出版社，2015 年 11 月第一版。［德］赫尔曼·霍特著，赵国星译，《装甲作战：赫尔曼·霍特大将战争回忆录》，北京：中国长安出版社，2016 年 3 月第一版。

6. 如国内在 20 世纪五六十年代译介的《苏联伟大卫国战争史》《苏联伟大卫国战争简史》《斯大林的军事科学与苏联伟大卫国战争》《苏军在伟大卫国战争中的辉煌胜利》等。

7. 此类著作包括古德里安的自传《闪击英雄》、曼施泰因的自传《失去的胜利》、梅林津所写的《坦克战》、蒂佩尔斯基希的《第二次世界大战史》等。

8. Paul Carell, *Hitler Moves East, 1941—1943*, New York: Little, Brown; First Edition, 1964; Paul Carell, *Scorched Earth*, London: Harrap; First Edition, 1970.

9. Albert Seaton, *The Russo-German War 1941—1945*, Praeger Publishers; First Edition, 1971.

10. John Ericsson, *The Road to Stalingrad: Stalin's War with Germany* (Harper&Row, 1975); John Ericsson, *The Road to Berlin: Continuing the History of Stalin's War With Germany* (Westview, 1983).

11. John Ericsson, *The Soviet High Command 1918—1941: A Military-Political History* (Macmillan, 1962); *Panslavism* (Historical Association, 1964); *The Military-Technical Revolution* (Pall Mall, 1966); *Soviet Military Power* (Royal United Services Institute, 1976); *Soviet Military Power and Performance* (Archon, 1979); *The Soviet Ground Forces: An Operational Assessment* (Westview Pr, 1986); *Barbarossa: The Axis and the Allies* (Edinburgh, 1994); *The Eastern Front in Photographs: From Barbarossa to Stalingrad and Berlin* (Carlton, 2001).

12. Earl F. Ziemke, *Battle for Berlin: End of the Third Reich* (Ballantine Books, 1972); *The Soviet Juggernaut* (Time Life, 1980); *Stalingrad to Berlin: The German Defeat in the East* (Military Bookshop, 1986); *Moscow to Stalingrad: Decision in the East* (Hippocrene, 1989); *German Northern Theatre Of Operations 1940—1945* (Naval&Military, 2003); *The Red Army, 1918—1941: From Vanguard of World Revolution to US Ally* (Frank Cass, 2004).

13. 这些翻译成果包括：*Soviet Documents on the Use of War Experience*, Ⅰ, Ⅱ, Ⅲ (Routledge,1997); *The Battle for Kursk 1943: The Soviet General Staff Study* (Frank Cass,1999); *Belorussia 1944: The Soviet General Staff Study* (Routledge, 2004); *The Battle for L'vov: The Soviet General Staff Study* (Routledge,2007); *Battle for the Ukraine: The Korsun'-Shevchenkovskii Operation* (Routledge, 2007).

14. David M. Glantz&Jonathan M. House, *When Titans Clashed: How the Red Army Stopped Hitler*,

University Press of Kansas; First Edition, 1995.

15. David M. Glantz, *Stumbling Colossus: The Red Army on the Eve of World War* (Kansas, 1998).

16. David M. Glantz, *Kharkov 1942: Anatomy of a Military Disaster* (Sarpedon, 1998).

17. David M. Glantz, *Zhukov's Greatest Defeat: The Red Army's Epic Disaster in Operation Mars* (Kansas, 1999).

18. David M. Glantz&Jonathan M House, *The Battle of Kursk* (Kansas, 1999).

19. David M. Glantz, *Barbarossa: Hitler's Invasion of Russia 1941* (Stroud, 2001).

20. David M. Glantz, *The Siege of Leningrad, 1941—1944: 900 Days of Terror* (Brown, 2001).

21. David M. Glantz, *The Battle for Leningrad, 1941—1944* (Kansas，2002).

22. David M. Glantz, *Before Stalingrad: Barbarossa, Hitler's Invasion of Russia 1941* (Tempus, 2003).

23. David M. Glantz, *The Soviet Strategic Offensive in Manchuria, 1945: August Storm* (Routledge，2003).

24. David M. Glantz, *The Soviet Operational and Tactical Combat in Manchuria, 1945: August Storm* (Routledge, 2003).

25. David M. Glantz&Marc J. Rikmenspoel, *Slaughterhouse: The Handbook of the Eastern Front* (Aberjona, 2004).

26. David M. Glantz, *Colossus Reborn: The Red Army at War, 1941—1943* (Kansas, 2005).

27. David M. Glantz, *Red Storm Over the Balkans: The Failed Soviet Invasion of Romania, Spring 1944* (Kansas, 2006).

28. David M. Glantz&Jonathan M. House, *To the Gates of Stalingrad: Soviet−German Combat Operations, April—August 1942* (Kansas, 2009).

29. David M. Glantz&Jonathan M. House, *Armageddon in Stalingrad: September—November 1942* (Kansas, 2009).

30. David M. Glantz, *Barbarossa Derailed: The Battle for Smolensk, Volume 1, 10 July—10 September 1941* (Helion&Company, 2010).

31. David M. Glantz, *After Stalingrad: The Red Army's Winter Offensive 1942—1943* (Helion&Company, 2011).

32. David M. Glantz, *Barbarossa Derailed: The Battle for Smolensk, Volume 2, 10 July—10 September 1941* (Helion&Company, 2012).

33. David M. Glantz, *Barbarossa Derailed: The Battle for Smolensk, Volume 3, 10 July—10 September 1941* (Helion&Company, 2014).

34. David M. Glantz&Jonathan M. House, *Endgame at Stalingrad: December 1942—February 1943* (Kansas, 2014).

35. David M. Glantz, *Barbarossa Derailed: The Battle for Smolensk, Volume 4, Atlas* (Helion&Company, 2015).

36. David M. Glantz&Mary Elizabeth Glantz, *The Battle for Belorussia: The Red Army's Forgotten Campaign of October 1943—April 1944* (Kansas, 2016).

37. 格兰茨的研究基石中，很重要的一块就是马尔科姆·马金托什（Malcolm Mackintosh）的研究成果。之所以正文中未将之与西顿等人并列，是因为马金托什主要研究苏军和苏联政策、外交，而没有进行专门的苏德战争研究。但其学术地位及对格兰茨的影响是不容忽视的。

38. Douglas Nash, *Hell's Gate: The Battle of the Cherkassy Pocket, January—February 1944* (RZM, 2002).

39. George Nipe Jr. , *Decision in the Ukraine: German Panzer Operations on the Eastern Front, Summer 1943* (Stackpole, 1996).

40. George Nipe Jr. , *Last Victory in Russia: The SS−Panzerkorps and Manstein's Kharkov Counteroffensive, February—March 1943* (Schiffer, 2000).

41. George Nipe Jr. , *Blood, Steel, and Myth: The Ⅱ. SS−Panzer−Korps and the Road to Prochorowka* (RZM, 2013).

42. David Stahel, *Operation Barbarossa and Germany's Defeat in the East* (Cambridge, 2009).

43. Christopher A. Lawrence, *Kursk: The Battle of Prokhorovka* (Aberdeen, 2015).

44. 普里特·巴塔先生的主要作品包括：Prit Buttar, *Battleground Prussia: The Assault on Germany's Eastern Front 1944—1945* (Ospery, 2010); *Between Giants: The Battle of the Baltics in World War Ⅱ* (Ospery, 2013); *Collision of Empires: The War on the Eastern Front in 1914* (Ospery, 2014); *Germany Ascendant: The Eastern Front 1915* (Ospery, 2015); *Russia's Last Gasp, The Eastern Front, 1916—1917* (Ospery, 2016).

45. Julian Stafford Corbett, *The Campaign of Trafalgar* (Ulan Press, 2012).

46. 参阅：滕昕云，《闪击战——迷思与真相》，台北：老战友工作室／军事文粹部，2003 年。该书算是华语著作中第一部从德军视角强调"作战层级"重要性的著作。

出版说明

1. 本书在提及红军士兵时有意避免使用"俄军"一词，而是使用"苏军"。这是为了涵盖加入苏联武装力量作战的各民族军人。

2. 在苏联作战的德军按德国时间作息。从 1942 年 11 月 2 日 3 时起，所有钟表都被拨慢一个小时，设为 Deutsche Winterzeit（德国冬令时），相当于东 1 区时间，而斯大林格勒市位于东 3 区。为了避免时区差异造成的混淆，本书已将所有苏联时间换算为德国时间。

3. 地标的命名是另一个棘手的问题，因为德方和苏方都为"街垒"小区内的每幢建筑分别指定了名称（和绰号）。因此，本书中使用下列约定：德方名称均使用"楼"字（例如 81 号楼），苏方名称则用"房"字（例如 63 号房）。本书中使用德方名称时往往在其后注明苏方名称，例如"81 号楼 [63 号房]"，反之亦然。对于"街垒"火炮厂的厂房，德方名称使用"厂房"一词，苏方使用"车间"。很多地标同时被双方起了著名的绰号（例如有一座建筑被德国人叫作"政委楼"，被苏联人叫作"Π 形房"）。为了简单起见，全书中每个地标统一使用一个名称——但目击者叙述或直接引用的原话除外，保持其中原有名称不变。在这种情况下，将在原名称后面加上通用名称（例如"……Π 形房 [政委楼]……"）。如果对任何地标名称有疑问，请查阅大地图。地图上同时标出了已知的德方名称和苏方名称。

4. 正文中军人的军衔为时任军衔，在脚注中对该军人解释的时候，用的生平最高军衔职务。因此，正文与脚注中会出现同一人军衔不一致的情况。

本书献给汉斯·伯恩哈特……以及其他所有在斯大林格勒死去或至今下落不明的军人，无论他们属于德国一方还是苏联一方。

CONTENTS
目录

前　言

美国历史学家拉尔夫·H. 加布里埃尔（Ralph H. Gabriel）曾写道："历史是经历史学家头脑过滤后的过去的影像，就好比经窗户透射的光线。窗玻璃也许很脏，很多时候模糊到令人痛苦不堪。"每个历史学家都会把自己的观点和偏见带到研究中，从而不可避免地按着自己的诠释涂抹历史。在此过程中，历史学家们会或有意或无意地选择与自己对真相的理解相符的事实。然而真正的真相无人知晓，因此两个怀着良好愿望的历史学家在记述同样的事件时可能做出截然相反的猜测，尽管这两人都遵循正确的研究方法。

本书是四年苦心研究的成果，也是我呈现真相的尝试，它反映了第二次世界大战中一个被人忽视的片段：为争夺"街垒"火炮厂而爆发的殊死搏斗。这场鏖战规模虽小，却可作为充满徒劳无功、残酷无情和命运无常的斯大林格勒战役的完美象征。对苏方而言，此战是震惊世界的胜利，是战争的转折点，时至今日都是民族自豪感的重要源泉。因此在过去 60 年里，有成百上千种关于这次战役的书被印刷出版，红军老兵也极其乐意用口述或笔录的方式记录他们的经历。外国学者只要克服语言障碍，就能掌握丰富的资料。此外，俄罗斯的军事档案也正在以缓慢但不可逆转的势头公之于众，其中包括了数量多得无法想象的战争日记和其他记录。

对于德方而言，问题则要复杂得多。表面上看，从德国获取信息似乎应该比从不久前才接受资本主义制度的俄罗斯获取容易得多，但有几个因素导致事实刚好相反。首先，在斯大林格勒被歼灭的德军单位的战争日记要么在投降前被烧毁，要么落入红军之手（如今在波多利斯克的俄联邦国防部中央档案馆里，这些德方档案在隐秘的"500 号库房"被束之高阁、慢慢霉烂，使人难以深入调查）。大批德方军事记录（团和团以下级别）在 1945 年 2 月英国轰炸机将档案库夷为平地时永远消失。好在师和师以上级别的记录得以幸存，只是其中有许多疏漏。

其次，不同的德国人对斯大林格勒和整场战争的感情有很大差异；有的人愿意回答任何问题，有的人只是沉默不语，还有的人会勃然大怒乃至高声叫骂。谈话中流泪者不在少数。"斯大林格勒"这个名字会在许多德国家庭唤起痛苦的回忆：本书写作中许多受访者的父亲、兄弟或儿子至今仍在失踪人员之列。斯大林格勒与耻辱联系在一起，与其说它是污点，不如说它是稍一触摸就隐隐作痛的伤疤。老兵们，尤其是装甲部队的老兵们，乐于回忆他们驾驭铁骑取得的辉煌胜利（作为军人，他们为此倍感自豪），而不愿回想在欧洲边缘的一座城市里那场艰苦卓绝的厮杀。有个军官在战后连续50多年参加战友聚会，却从未把自己参加过斯大林格勒之战的事实告诉最好的朋友——尽管那个朋友本人也到过斯大林格勒。

因此，编纂德国一方对这场战役的描述需要付出巨大努力。我从每一个能够想到的资料来源一点一滴地收集信息（我总是告诉自己，这是"又一块马赛克拼图"）。最重要的资料来源是老兵和家属，但寻找他们的困难超乎想象，这主要是因为德国严格的隐私保护法律。光是为了与可能提供线索者建立联系，就需要做充分发挥想象力的侦探工作。持续数周的搜寻往往只能收获失望，但偶尔也会打开一座富含信息的金矿。

纵观本书可以发现双方信息的类型和质量有明显差异。对苏方行动的描述几乎全部来自详细的战争日记和战斗报告，而德方观点是从各种来源拼凑的。另一方面，个别德军士兵的丰富个人信息和私人照片可在本书中找到，而苏军士兵则不然。本书的意图是利用广泛的资料来源为这场战斗提供详细而不带偏见的记述。但愿我做到了这一点。

如果没有阿格内斯·莫斯曼（Agnes Moosmann）不知疲倦的辛勤劳动，我根本不可能写出德方的观点。没有哪个作者有我这么好的福气。我经常把这位朝气蓬勃的耄耋老人视作"秘密武器"——很多在我反复恳求下仍顽固地保持沉默的人，在阿格内斯一通电话后就开了口。凭借一台电脑、一部电话和多年著书立传的经验，她保证了新资料源源不断地流入我手中，并为我进行了大量访谈。许多德国人不愿把不可替代的家传照片和文件寄到地球另一头的澳大利亚（这也情有可原），因此他们选择了寄给阿格内斯。据保守估计，阿格内斯在过去3年里扫描了1500多件物品。这寥寥几行文字无论如何都不可能充分表达我对她的感激之情，因此我只希望本书能满足她对我的唯一请求："好好干。"

如果没有几位朋友的无私帮助，从世界各地多家档案馆寻找和收集档案的花费将令我望而却步：菲尔·洛根（Phil Logan）和蒂姆·惠斯勒（Tim Whistler）为了满足我的众多请求而无数次走访了 NARA；乌特·冯·利沃尼乌斯 - 于伯沙伊尔（Ute von Livonius-Ueberschär）在弗赖堡 BA-MA 档案馆做了出色的工作；米夏埃尔·施特鲁斯（Michael Struss）从 DRK 和 WASt 找来了文档；肖恩·麦金泰尔（Sean McIntyre）在胡佛研究所搜寻和复印了档案；马克西姆·塔鲁京（Maxim Tarutin）耐心地忍受了 TsAMO 的烦琐手续；最后还要感谢 "AMVAS" 和 "兀鹰"（你们的身份只有你们自己知道）从 TsAMO 提供了无数页先前从未公开的文件。

当然，这许多文件都是德文或俄文的，大大超过我那贫乏的翻译能力所能应付的程度。为此我经常求助于一些熟练掌握两门语言的天才人士：卡门·奈文京（Kamen Nevenkin）将手写的俄文文件输入电脑，伊安·曼（Yan Mann）翻译了许多页俄文，而米夏埃尔·冯·布拉施（Michael von Brasch）和霍华德·戴维斯（Howard Davies）翻译了德文资料。

文字少了配图将大为失色，因此我非常感激提供照片的下列人士：尼克·奥尔洛夫（Nik Orlov）提供了很难找到的俄方图片，弗兰克·古林（Frank Gulin）帮忙在 NAFUV 找到了航拍照片，沃尔夫冈·基尔施泰因（Wolfgang Kirstein）、赖纳·莱曼（Rainer Lehmann）、拉尔夫·安东·舍费尔（Ralf Anton Schäfer）和沃尔夫冈·魏森（Wolfgang Wiesen）允许我使用了多张重要照片，托马斯·安德森（Thomas Anderson）和泷口明（Akira Takiguchi）提供了 sIG33B 的照片，还有菲尔·柯姆（Phil Curme）、孔尼·德赖尔（Konni Dreier）、迈克尔·A. 哈瓦什（Michael A. Hawash）、京特·希尔斯（Günter Hils）、弗拉基米尔·卡尔基涅（Vladimir Kalgine）、叶甫盖尼·库里琴科（Evgeny Kulichenko）和卡门·奈文京。

校对手稿是一项费时费力的任务，但蒂姆·惠斯勒、迈克尔·A. 哈瓦什和罗伊·卡萨格兰达教授（Prof. Roy Casagranda）仍然伸出了援手。他们敏锐的眼光和精到的建议显著改善了最终定稿文字的质量。

我还要特别感谢下列人士提供的各式各样的帮助：曼弗雷德·奥尔登堡博士（Dr. Manfred Oldenburg）发来了三位德国老兵的长篇访谈录；汤姆·霍

利汉（Tom Houlihan）绘制了多张地图；弗拉基米尔·卡尔基涅提供了苏联老兵的宝贵报告；叶甫盖尼·库里琴科回答了我许多关于战场的问题，还找到了多种罕见的图书；迈克·琼斯允许我摘录他采访苏联老兵的记录；麦琴根市档案馆的罗宾·迪茨（Robin Diez）向我披露了第305步兵师官兵的信件和档案；海科·克拉特（Heiko Klatt）提供了他研究奥托·克吕格少校生平的成果；乌尔姆工兵战友会的会长孔尼·德赖尔提供了关于第45工兵营的信息，还为我牵线搭桥，联系上了该部的老兵；格哈德·鲁登克劳（Gerhard Ruddenklau）发来了关于第50工兵营的资料；卡尔海因茨·明希（Karlheinz Münch）和马库斯·尧吉茨（Markus Jaugitz）热心地提供了鲜为人知的sIG33B的相关信息；此外还有迪特尔·舍费尔（Dieter Schäfer）。

我的致谢名单中也不能缺少下列机构的工作人员：伏尔加格勒的"街垒"博物馆，索非亚的保加利亚国家档案馆，科布伦茨的联邦档案馆图片档案部，弗赖堡的联邦档案馆军事档案部（BA-MA），亚琛的联邦档案馆中央调查部（BA-ZNS），柏林的二战德军阵亡记录档案馆（DD/WASt），慕尼黑的德国红十字会（DRK），波多利斯克的俄联邦国防部中央档案馆（TsAMO），华盛顿特区的美国犹太人大屠杀纪念馆（USHMM），最后还有德国和奥地利各地回应了我的寻人请求的户籍登记处、城市档案馆和居民报到处。需要感谢的机构实在太多，无法一一列举。

对下列老兵和军属我永远欠一份情，他们慷慨地为我提供了照片、文件、战地信件、信息、轶闻和编纂本书所需的不计其数的其他资料（按姓氏字母顺序排列）：

路德维希·阿普曼(Ludwig Apmann，第50装甲工兵营第2连)的妻子、库尔特·巴尔特（Kurt Barth，第162工兵营第1连）的儿子、埃里希·鲍赫施皮斯（Erich Bauchspiess，第336工兵营营部）的儿子、路德维希·拜格尔（Ludwig Beigel，第305工兵营第3连）的女儿、金质德意志十字勋章获得者埃伯哈德·拜尔斯多夫（Eberhard Beyersdorff，第26装甲掷弹兵团第6连）的儿子、卡尔·宾德尔（Karl Binder，第305师军需处长）的女婿、安德烈亚斯·布莱施泰因（Andreas Bleistein，第577掷弹兵团第2营）的儿子、约翰·博内茨缪勒（Johann Bonetsmüller，第305工兵营第2连）

的儿子、赫伯特·博尔科夫斯基（Herbert Borkowski，第 336 工兵营第 1 连）的女儿、骑士十字勋章获得者威廉·布劳恩（Wilhelm Braun，第 576 掷弹兵团第 2 营）的妻妹、艾特尔·布洛克（Eitel Brock，第 44 突击连）的侄儿、卡尔·布洛克曼（Karl Brockmann，第 336 工兵营第 2 连）的儿子、路德维希·比希（Dr. Ludwig Büch，第 45 工兵营营部）的儿子们、恩斯特·邦特（Ernst Bunte，第 50 装甲工兵营第 3 连）的家人、金质德意志十字勋章获得者汉斯－路德维希·埃伯哈德（Hans-Ludwig Eberhard，第 389 工兵营第 2 连）的女儿、欧根·弗施内（Eugen Förschner，第 576 掷弹兵团第 2 营）的女儿、埃尔温·加斯特（Erwin Gast，第 50 装甲工兵营营部）的妻子和侄女、克里斯蒂安·戈伊尼希（Christian Geuenich，第 50 装甲工兵营）的儿子、威廉·吉贝勒（Wilhelm Giebeler，第 336 工兵营）的女儿、乌多·朱利尼（Udo Giulini，第 305 自行车连）的儿子、保罗·格内尔（Paul Göhner，第 305 步兵师师部）的妻弟、里夏德·格林（Richard Grimm，第 305 工兵营第 2 连）的女儿、弗里德利希·冯·格罗尔曼（Friedrich von Grolman，第 578 掷弹兵团团部）的女儿、恩斯特－埃伯哈德·冯·哈伦（Ernst-Eberhard von Haaren，第 245 突击炮营第 4 连）的弟弟、汉斯·霍伊斯勒（Hans Häussler，第 305 卫生连）的女儿、奥托－威廉·海因策（Otto-Wilhelm Heinze，第 294 工兵营营部）的妻子、金质德意志十字勋章获得者欧根·黑林（Eugen Hering，第 576 掷弹兵团第 6 连）的弟弟、埃贡·希尔曼（Egon Hillmann，第 50 装甲工兵营营部）的妹妹、约瑟夫·胡夫施米德（Josef Hufschmid，第 576 掷弹兵团第 6 连）的孙子、汉斯·肯普特（Hans Kempter，第 576 掷弹兵团团部）的女儿、马克斯·凯普勒（Max Keppler，第 305 工兵营营部）的儿子、里夏德·克莱因（Richard Klein，第 305 自行车连）、汉斯·克劳斯（Hans Krauss，第 162 工兵营营部）的妻子、卡尔·克劳斯（Karl Krauss，第 45 工兵营第 2 连）、克劳斯·孔策（Klaus Kunze，第 50 装甲工兵营营部）的妹妹和侄女、埃尔温·克雷茨（Erwin Kretz，第 578 掷弹兵团第 2 营）的妻妹、卡尔－海因茨·克吕德（Karl-Heinz Krüder，第 576 掷弹兵团团部）的儿媳、安东·洛赫雷尔（Anton Locherer，第 45 工兵营第 2 连）、彼得·勒夫勒（Peter Löffler，已故，第 577 掷弹兵团团部）、赫尔曼·隆特（Hermann Lundt，第 336 工兵营营部）的儿媳、弗朗茨·梅德（Franz Mäder，第 336 工兵营第 1 连）的孙女、弗朗茨·迈尔（Franz Maier，第 44 突击连）、汉斯－约阿希姆·马蒂乌斯（Hans-Joachim Martius，第 26 装甲掷弹兵团第 2 营）的弟弟、汉斯·梅塞施密特（Hans Messerschmidt，第 24 装甲团第 4 连）、保罗·纳格勒（Paul Nagler，第 305 步兵师战友会）、骑士十字勋章获得者库尔特·尼佩斯（Kurt Nippes，第 244 突击炮营）的家人、亚当·保利（Adam Pauli，第 305 工兵营第 2 连）的侄儿、格哈德·皮尔茨（Gerhard Piltz，第 336 工兵营第 2 连）的女儿、阿尔班·普劳姆（Alban Plaum，第 578 掷弹兵团第 2 营）、马里亚诺·普希亚沃（Mariano Puschiavo，第 248 载重卡车连）的儿子和儿媳、金质德意志十字勋章获得者威廉·皮特曼（Wilhelm Püttmann，第 578 掷弹兵团第 3 营）的儿子、保罗·莱纳（Paul Reiner，第 578 掷弹兵团第 3 连）、欧根·雷滕迈尔（Eugen Rettenmaier，第 578 掷弹兵团第 1 营）的女儿、汉斯·林克（Hans Rinck，第 305 工兵营第 2 连和第 3 连）的妻子、卡尔－奥古斯特·罗姆巴赫（Karl-August Rombach，第 305 炮兵团第 2 营）、海因茨·沙特（Heinz Schaate，第 305 工兵营第 1 连）的妻子和孙子、汉斯·舍尔曼大夫（Dr. Hans Schellmann，第 578 掷弹兵团第 3 营）、京特·申德尔（Günther Schendel，第 53 火箭炮团）、金质德意志十字勋章获得者阿尔方斯·申克（Alfons Schinke，第 162 工兵营第 3 连）的侄儿、保罗·施密特（Paul Schmidt，第 578 掷弹兵团第 12 连）的孙子、卡尔·舍普夫大夫（Dr. Karl Schöpf，第 305 炮兵团第 2 营）、保罗·舒博特（Paul Schuboth，第 576 掷弹兵团）的女儿、马丁·许斯尔鲍尔（Martin Schüsslbauer，第 577 掷弹兵团第 6 连）的儿子和孙子、埃里希·斯库达茨（Erich Skudartz，第 45 工兵营第 3 连）的妻子、贝特霍尔德·施泰格（Berthold Staiger，已故，第 305 工兵营第 3 连）、库尔特·施泰因伦（Kurt Steinlen，第 576 掷弹兵团第 2 营）、伊万·伊里奇·斯维德洛夫（Ivan Ilyich Svidrov，步兵第 650 团）、阿尔方斯·塔尼史（Alfons Thanisch，第 305 工兵营第 2 连）的儿子、威廉·特劳布（Wilhelm Traub，第 305 工兵营营部）的儿子、约瑟夫·特罗伊贝尔（Josef Troiber，第 577 掷弹兵团第 5 连）的女儿、奥古斯特·乌伦道夫（August Uhlendorf，第 50 装甲工兵营营部）的妻妹、保罗·费特尔（Paul Vetter，第 305 自行车连）、卡尔·弗格勒（Karl Vögele，第 45 工兵营第 3 连）的妻子、洛塔尔·瓦尔特（Lothar Walter，第 45 工兵营第 2 连）的侄女、维利·瓦尔特（Willi Walter，第 45 工兵营第 2 连）的妻子、赫尔穆特·瓦尔茨（Helmut Walz，第 577 掷弹兵团第 7 连）、汉斯·冯·瓦尔特堡（Hans von Wartburg，第 131 掷弹兵团第 11 连）、瓦尔特·魏因布莱希特（第 577 掷弹兵团第 5 连）、威廉·魏尔米策（Wilhelm Willmitzer，第 44 突击连）的侄女、弗里德利希·温克勒（Friedrich Winkler，第 577 掷弹兵团第 2 营）的儿子、弗朗茨·温特（Franz Winter，第 577 掷弹兵团第 6 连）、格奥尔格·魏特曼（Georg Wittmann，第 577 掷弹兵团第 3 营）的儿子、多纳图斯·韦尔纳大夫（Dr. Donatus Wörner，第 305 工兵营营部）的女儿、瓦尔特·弗罗布莱夫斯基（Walter Wroblewski，第 24 突击骑兵连）的女儿、格奥尔格·策勒（Georg Zeller，第 305 工兵营营部）、伯恩哈德·齐施（Bernhard Ziesch，第 336 工兵营第 3 连的侄儿和弟弟）、赫尔穆特·齐默尔曼（Helmut Zimmermann，第 577 掷弹兵团第 8 连）、汉斯·措恩（Hans Zorn，第 305 工兵营第 1 连）的妹妹、约瑟夫·茨伦纳（Josef Zrenner，第 305 工兵营营部），还有两位德国老兵和一位军属要求隐去姓名。

在 2005 年 9 至 10 月我和我妻子走访了克劳斯家、梅塞施密特家、莫斯曼家和雷滕迈尔家，他们的热情款待令我永生难忘。

最后，我要把最真挚的感谢留给妻子贝林达。要不是她 4 年前提出的建议让我走上写作之路，这本书将永远不会面世。我最初的反应是"没有足够的信息"，但是心中的激情从此被点燃了。谢谢你的理解，也谢谢你激发了我的热情。

虽然以上所有人都为本书做出了贡献，但他们不需要为书中的任何错误负责，所有判断和解释都是我自己的观点。我一向非常欢迎读者提供评论、批评、更正或补充信息。请发邮件至 info@leapinghorseman.com。

杰森·D. 马克
2006 年 10 月于
澳大利亚悉尼

第一章
难解死结

在突击炮的支援下，步兵们冲进了"街垒"火炮厂西侧边缘那一条条铁路岔线、一座座半毁的库房和一堆堆火炮身管组成的迷宫中，接着步兵们反过来引导突击炮攻击目标。二等兵赫尔穆特·瓦尔茨 [①]（Helmut Walz）就在这群人中间小心翼翼地前进。自从他被丢进斯大林格勒的战场以来只过了 4 天，但是已经目睹的种种可怕事实将永远铭记在他的脑海里。与他同属第 577 步兵团第 7 连的众多战友就在他身边丧命或负伤，他本人已经不得不在残酷的肉搏战中两次使用开了刃的工兵铲剁向敌军士兵的脑袋和脖子，还有一次砍过一个苏军士兵的手。但是，对年仅 20 岁的瓦尔茨来说，10 月 17 日的早上似乎是恐怖和野蛮达到顶点的时刻。他亲眼看见一个步兵少尉站在突击炮旁指示一个新目标，但是当那辆突击炮开始转动时，少尉却绊了一下，摔倒在地。突击炮的乘员没有看见他，而是继续转动履带，从少尉的脸上碾了过去。一声非人的惨叫响起，当突击炮颠簸前行时，瓦尔茨看见少尉的半边脸被履带扯下来卷走了。

---

① 赫尔穆特·瓦尔茨一等兵，第 577 步兵团第 7 连，1922 年 8 月 22 日生于卡尔斯鲁厄市的贝格豪森，2006 年尚健在。（说明：除标明为译注外，其余脚注均为作者注。）

孤注一掷的进攻仍在继续。瓦尔茨被编在一个机枪小组里向"街垒"厂的腹地前进。在他旁边扛着机枪的是他的搭档沙佩尔（Schappel）。当子弹开始呼啸着掠过身边时，瓦尔茨立刻趴到地上，但是沙佩尔还在跑。瓦尔茨眼看子弹和跳弹在战友身边飞舞，急忙叫他卧倒。结果沙佩尔一头栽进一个巨大的炸弹坑里。瓦尔茨顾不上还在纷飞的弹雨，赶紧冲进那个弹坑。他的朋友已经身负重伤躺在坑底，鼻子和嘴巴里满是尘土。瓦尔茨清掉污物，然后看了看伤口，顿时凉了半截：他知道自己的朋友活不了了。子弹是从后面打来的，从左肩胛下面靠近脊椎处钻入，在躯干右侧崩出一个大洞。有气流带着嗖嗖声响穿出伤口。瓦尔茨知道自己朋友的五脏六腑只是因为被制服包住才没有流出来，便用绷带把伤口连着外套裹得严严实实。

"战争结束了，对吧，赫尔穆特。"沙佩尔呻吟道。

"对，沙佩尔，战争结束了。今天晚上我会把你带回去，我保证。你在这里安静地躺着，我去给你找个卫生兵，你伤得非常重。你听见这风声了吗？"瓦尔茨尽量安慰道。

"听见了。"沙佩尔说。

瓦尔茨又给朋友裹了一些绷带，然后重新投入还在身边持续的激战，他不知道自己在斯大林格勒战斗的时间还有不到半小时就将结束。他听见前方大约5米处一个防空洞里传来陌生的话音。苏联人！瓦尔茨立刻躲到一大堆瓦砾后面。他借着这些断垣残壁做掩护，朝敌军士兵喊话，要他们投降。对方毫无动静。瓦尔茨抽出一个长柄手榴弹，把它丢进掩体里。一声沉闷的爆炸。等尘埃落定时，一个苏军士兵跟跟跄跄地走出防空洞，鼻子、耳朵和嘴角血流如注。不需要医学知识都能知道，这个人死定了。瓦尔茨想也没想就站起身来，那个负伤的苏军士兵用冲锋枪对准了他。瓦尔茨平静地说："我不会打你了。"两人相隔只有区区几米。这时瓦尔茨猛然意识到自己的处境很危险，便飞快地拔出他的手枪，想要瞄准敌人。但是他觉得自己眼前冒出金星，只能木然呆立，不知道出了什么问题。他想要招呼战友，却说不出话来。他伸手去摸自己的脸，结果摸到了汩汩流出的鲜血和几片碎牙。苏军的子弹撕开他的脸颊，撞碎他的牙齿，把他的上颌骨和下颌骨都打得四分五裂。瓦尔茨脸部的右下部分完全成了血肉模糊的一团。

▲ 1942 年 10 月 16 日，第 577 步兵团在第 245 突击炮营的突击炮支援下，从北面攻入"街垒"火炮厂

▲ 1942 年，第 577 步兵团第 7 连年轻的二等兵
赫尔穆特·瓦尔茨

▲ 晚年的赫尔穆特·瓦尔茨。面部的可怕伤痕已
经几乎看不出了。瓦尔茨经过多次手术后才恢复
了正常说话和咀嚼的能力

　　一个柏林来的战友看到这一切，顿时火冒三丈。他疾奔上前，爬上那堆
瓦砾，然后飞身扑到那个苏军士兵身上，把他压倒在地。这个柏林人还不解恨，
又用脚反复猛踩倒下的苏军士兵的面部，每踩一下都发出骨头碎裂的可怕声音。
那个苏军士兵就这样被活活踩死。

　　瓦尔茨的指挥官赫尔曼·亨内斯 [1]（Hermann Hennes）少尉扶着瓦尔茨走
进一个弹坑，然后尽自己所能为他包扎了严重的伤口。亨内斯站起身时，看见
敌军士兵正朝他们冲来，赶忙抓起自己的步枪瞄准。瓦尔茨仰面朝天躺在坑里
看着自己的指挥官，希望他能抢先开枪。枪声响起，亨内斯少尉的钢盔从头上
飞了出去，一个苏军狙击手从侧面打中了他。他的头骨从后向前爆裂，瓦尔茨
能看见他的左右两半脑子。透明的液体飞溅而出，但却不见血。亨内斯呆呆望
着瓦尔茨，脸上满是不相信的神情，过了仿佛永不结束的一秒钟后，他一个后

---

[1] 赫尔曼·亨内斯少尉，第 577 步兵团第 7 连，生于 1921 年 4 月 5 日，1942 年 10 月 17 日阵亡于斯大林格勒。

仰倒在坑底——死了。

第 7 连的其他士兵击退了来势汹汹的敌人，还解决了那个杀死他们指挥官的狙击手。瓦尔茨爬到位于"街垒"厂西侧边界的铁路路堤上，钻进一节被打坏的火车车厢下，然后滚进一道壕沟里。第 14 装甲师一辆半履带车的车手看到这个身负重伤在地上爬行的人，便停下来把他抬上车，说："来吧，兄弟，我们带你去急救站。"

当天 23 时，在一座大型野战医院里，瓦尔茨支离破碎的脸部接受了第一次手术（日后他还要做很多手术）。由于伤势太重，他没有再参加任何战斗，而且在余生中不得不戴着口腔假体。

因为受了伤，瓦尔茨无法兑现把朋友沙佩尔带回去的诺言。而且由于亨内斯少尉死去，再没有其他人知道负伤的机枪手的下落。几乎可以肯定，沙佩尔痛苦而孤独地死在了那个炸弹坑里，直到最后都在等待永远不会来的救助。

★

这个戏剧性的事件只是 1942 年 10 月 17 日在"街垒"火炮厂狰狞的废墟中上演的数十起活剧之一。德军第 305 步兵师在这一天伤亡惨重：军官 2 死 2 伤，士官和士兵有 29 人阵亡，124 人负伤，还有 4 人失踪。截至此时，为夺取斯大林格勒北城区而发动的攻势仅仅打了四天，参战的德军各师已经失血严重。第 305 步兵师在 10 月 17 日蒙受的伤亡要比进攻的头几天小，但战斗已变得越来越残酷，而且这些"较轻"的伤亡是发生在人数逐日递减的战斗部队身上。

德军的这次大规模进攻始于 10 月 14 日，目的是夺取斯大林格勒的所有大型工业复合企业。第一阶段的任务是以重兵突破捷尔任斯基拖拉机厂，然后左翼部队在伏尔加河岸边站稳脚跟。接着攻击部队应转向南方，沿河岸向南推进，连续攻占砖厂、"街垒"火炮厂、2 号面包厂和阴森的"红十月"钢铁厂并肃清其中的残敌。为了实施这场大规模攻势，几个相对完好的师（至少它们尚未在斯大林格勒这个"绞肉机"中浴血）被调到了一线：第 305 步兵师从顿河和伏尔加河之间草原上的防御阵地被调入城里，而第 14 装甲师来自斯大林格勒以南的别克托夫卡地区。从一开始就在斯大林格勒作战的第 389 步兵师也要参加，此外还有第 24 装甲师和第 100 猎兵师的几支较小的部队。

进攻的第一天残酷血腥，但结果对德军来说却很成功，庞大的拖拉机厂在 10 月 15 日就早早落入了他们手中。第一阶段进攻任务就此完成，不过伤亡很大：第 305、389 步兵师有 3 名军官和 84 名士兵战死，7 名军官和 276 名士兵受伤，还有 15 人失踪。第 14 装甲师的情况也差不多：4 名军官和 27 名士兵战死，9 名军官和 96 名士兵受伤，2 人失踪，此外还损失 6 辆短炮管三号坦克、15 辆长炮管三号坦克、7 辆短炮管四号坦克和 2 辆长炮管四号坦克（期中大部分受损战车在修复后于 10 月 16 日重新上阵）。因为此战的胜利，多名军官获得骑士十字勋章[1]。第 6 集团军的参谋长阿图尔·施密特[2]（Arthur Schmidt）中将日后将回忆说，这次攻击是这场攻城战中绝无仅有的一次"完全彻底的成功"。

10 月 15 日，德军突击部队调整阵势，转而向南。包括第 305 步兵师大部在内的几支部队则巩固了新近攻占的区域。他们付出大量时间、精力和伤亡，肃清了在拖拉机厂的废墟以及西面与东北面工厂住宅区中顽强抵抗的苏军残部。在这一天第 305 步兵师有 53 名士兵战死，7 名军官和 122 名士兵受伤，还有 1 人失踪。第 14 装甲师增加了许多伤员，但死者很少：3 名士兵战死，2 名军官和 83 名士兵负伤。

大规模进攻在 10 月 16 日继续展开，德军向南席卷砖厂，并攻进了"街垒"火炮厂。尽管这个工厂的众多车间布满陷阱，这一天的进度还是相当不错。第 14 装甲师的铁骑则初尝败绩，有 17 辆装甲车辆毁于半埋在工事里的 T-34 坦克之手。尽管如此，截至当天日落时，总的局面还是有利于进攻方：德国人已经掌握了火炮厂的大片区域，以及砖厂和拖拉机厂以东的一段长长的伏尔加河河岸。不过对筋疲力尽的步兵们来说，由于失去了太多长期患难与共的战友，这些战术成功显得并不突出。第 305 步兵师有 1 名军官和 30 名士兵战死，5 名军官和 74 名士兵负伤，1 名军官和 13 名士兵失踪；第 14 装甲师则有 2 名

---

①埃里希·多马施克（Erich Domaschk）少校，骑士十字勋章，第 103 装甲掷弹兵团第 2 营，1908 年 5 月 19 日生于卢考，1974 年 2 月 14 日卒于波鸿；伯恩哈德·索旺（Bernhard Sauvant）上校，橡叶骑士十字勋章，骑士十字勋章，金质德意志十字勋章，第 36 装甲团第 1 营，1910 年 3 月 25 日生于库滕，1967 年 4 月 15 日卒于路德维希堡。

②阿图尔·施密特中将，骑士十字勋章、金质德意志十字勋章，第 6 集团军，1895 年 10 月 25 日生于汉堡，1987 年 11 月 5 日卒于卡尔斯鲁厄。

示意图 1-1

第 576 团

第 389 步兵师

第 576 步兵团
第 578 步兵团
第 14 装甲师

第 577 步兵团

第 578 步兵团

第 24 装甲师

埃德尔斯海姆
战斗群

474

———	1942 年 10 月 14 日早晨前线位置
➤	1942 年 10 月 14 日德军进攻方向
··········	14 时 05 分德军到达位置
—·—·—	1942 年 10 月 14 日终时德军到达位置
➤	1942 年 10 月 15 日德军进攻方向
– – –	1942 年 10 月 15 日终时德军到达位置
➤	1942 年 10 月 16 日德军进攻方向
– – –	1942 年 10 月 16 日终时德军到达位置

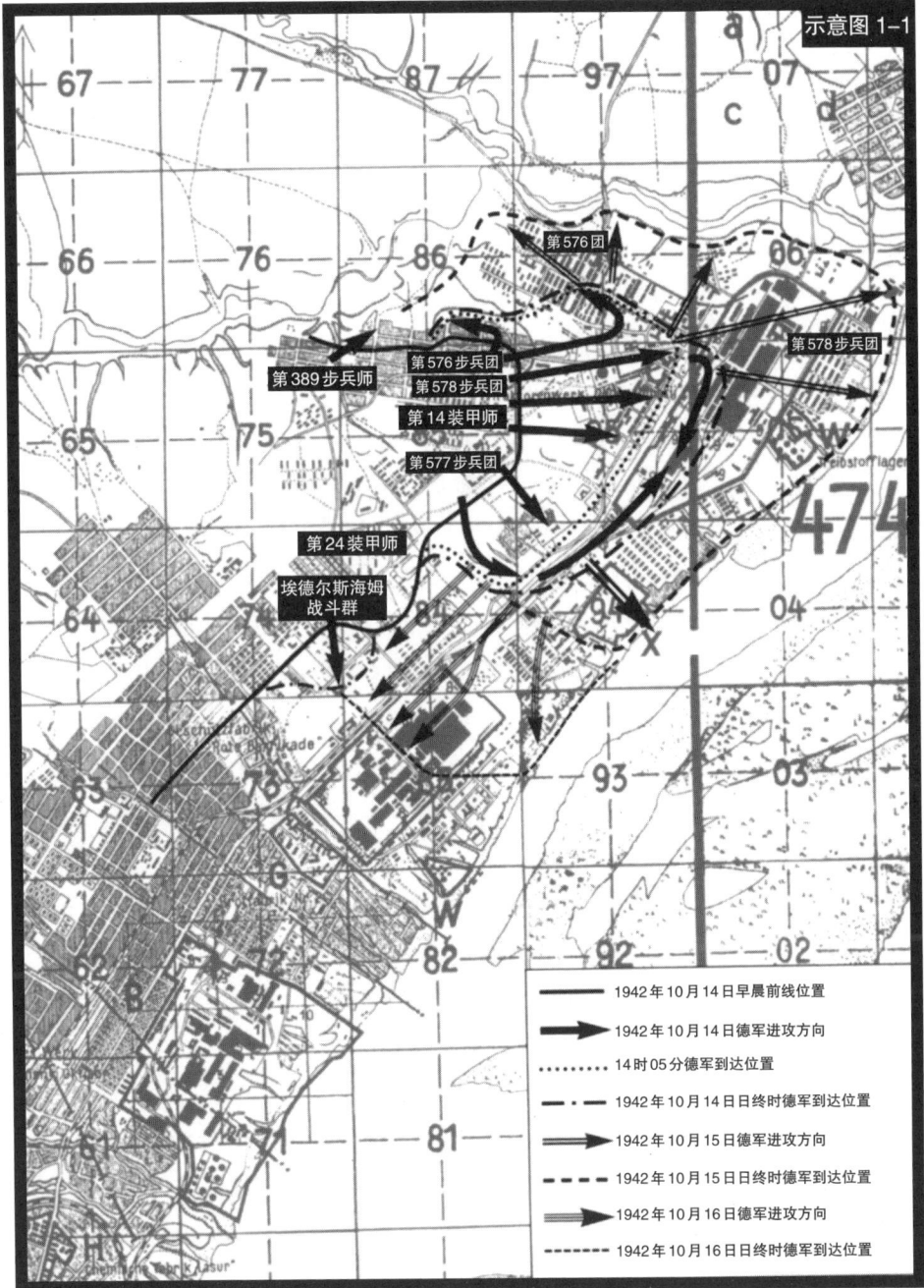

▲ 1942 年 10 月 14—16 日德军在斯大林格勒北城区的进攻

军官和 21 名士兵战死，4 名军官和 121 名士兵负伤，2 名士兵失踪。

就在此时，形势对德国人来说陡然变得险恶异常。苏军一个生力师——伊万·伊里奇·柳德尼科夫 [1]（Ivan Ilyich Lyudnikov）上校的步兵第 138 师的先头部队被运过伏尔加河，直接投入了火炮厂的断垣残壁中。战斗发展——或者毋宁说退化——为一场残酷的搏杀，死亡或伤残的命运可能在任何地方以任何形式降临到双方军人的头上。瓦尔茨二等兵和亨内斯少尉在 10 月 17 日遭遇了厄运，这一天正是柳德尼科夫的步兵抵达战场的次日。在之后的一周时间里，一个个车间被攻占、丢失、夺回、爆破、夷为平地。战斗蜕变为永无止境的地狱，逃离地狱的唯一出路是身负重伤。

★

沿伏尔加河南下一举征服斯大林格勒北部工业区的所有念头都被丢到了九霄云外。10 月 23 日开始的新一轮进攻动用了里夏德·冯·什未林 [2]（Richard von Schwerin）少将的第 79 步兵师——又一支在冥冥天意下从保护第 6 集团军侧翼的顿河重地被抽调的德军部队。这次攻击的矛头指向西边的"红十月"工厂，事实上把斯大林格勒北城的攻击重点分散到了两个巨大的工厂。冯·什未林的几个步兵团很快就在"红十月"钢铁厂的废墟中失去了战斗力，截至 10 月底，在投入斯大林格勒一周后，它们已经消耗殆尽，再也不适合执行大规模攻击。但是在"街垒"工厂里，顽强的德国人还是取得了少许成功：第 305 步兵师将苏联守军一点一点地逐出被毁的车间，步履艰难地挪向他们的目标——伏尔加河。也许胜利就在那里等着他们，但愿届时能得到久违的休整。

★

德国人相信，一旦他们夺取了"街垒"厂大部分的大型车间，苏军的抵抗就会减弱。本来嘛，苏军还能在什么地方继续抵抗？挡在第 305 步兵师和

---

[1] 伊万·伊里奇·柳德尼科夫上将，苏联英雄，步兵第 138 师，1902 年 9 月 26 日生于克里米亚沙咀镇，1976 年 4 月 22 日逝世。
[2] 里夏德·冯·什未林中将，金质德意志十字勋章，第 79 步兵师，1892 年 5 月 24 日生于派申多夫魏尔德，1951 年 7 月 23 日卒于多布罗克。

▲ 步兵第 650 团 19 岁的中士伊万·伊里奇·斯维德洛夫

伏尔加河之间的只有几排建在比较开阔的地形上的房子。但是德军很快发现这些房子个个都是坚固的堡垒，支撑它们的不仅是钢铁和水泥，还有苏军士兵不可估量的勇气与决心。德军越是逼近伏尔加河，苏军的抵抗就变得越狂热。仅举一个例子就足以说明：在 10 月 24 日，步兵第 650 团的一个年轻中士伊万·伊里奇·斯维德洛夫 [①]（Ivan Ilyich Svidrov）中士奉命带一个班的另 4 名战士把守其中的一幢房子。这座房子是位于阿尔巴托夫街和波罗的海沿岸街拐角处的 31 号房 [71 号楼]，它被认为对防线有至关重要的意义，因为它正好

挡在从"街垒"厂后西门通出的道路上，可以掩护阿尔巴托夫街对面的两幢房子，而且能控制波罗的海沿岸街的一大段。斯维德洛夫中士和他的战友们被告知必须不惜一切代价守住这幢楼房。

　　10 月 24 日，斯维德洛夫和他的 4 个部下在房子里占领了阵地。哈萨克人尤苏波夫（Yusupov）上士年龄大而且军衔高，但身材瘦削、一头黑发的斯维德洛夫却是这伙人的头领 [②]。这 5 个人配有 3 支步枪、2 支冲锋枪、1 挺杰格佳廖夫轻机枪和几十颗手榴弹。他们还带上了一个"буржуйка"（一种临时制作的铁皮小火炉，在燃料紧缺时使用）和足够支持几天的水、面包及罐头食品。当这个小分队进入房子时，二楼已经被炮弹完全摧毁了，但一楼和地下室还算完好。斯维德洛夫和他的部下本能地选定了最适合防守的区域，然后振作精神等待德军必然来临的猛攻。他们在房子里没待多久，就遭到德军的一系列凌厉进攻，战斗一直持续到夜幕降临。这几个苏军战士给德国人造成了不少伤亡，

---

① 伊万·伊里奇·斯维德洛夫中士，步兵第 650 团，1923 年 6 月 26 日生于奥比利诺耶萨尔斯基地区，2006 年尚健在。

② 和德国人不同的是，苏军并不是严格按照资历和军衔来决定部队指挥员的，例如科诺瓦连科大尉指挥步兵第 344 团时就是如此。请参见第 93 页。

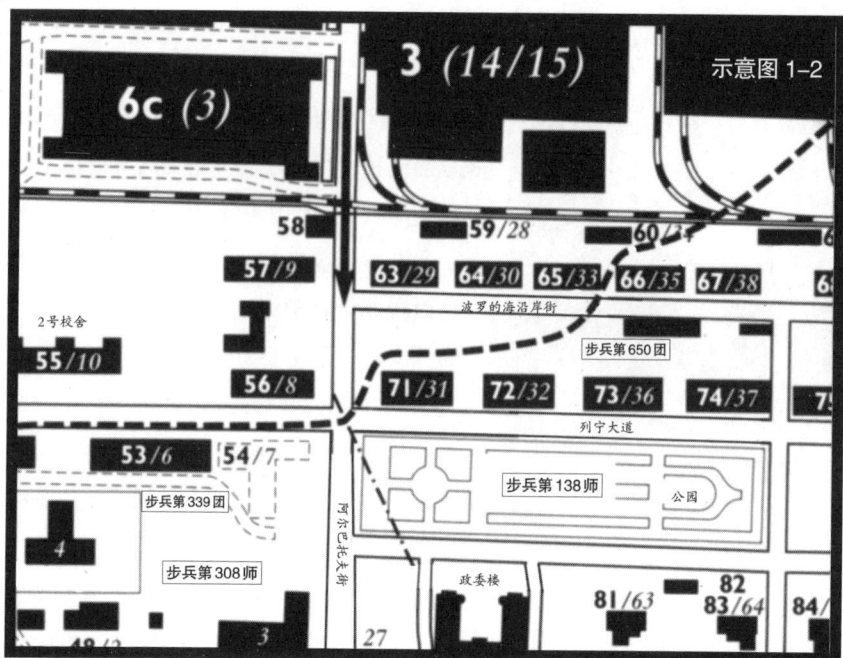

▲ 斯维德洛夫分队在 31 号房中可以控制"街垒"工厂后门周边的大片区域，位于全师防线的最左端，其左侧是步兵第 308 师步兵第 339 团的防区

最终击退了所有进攻，而且自身无一损失。

在晚上，斯维德洛夫手下一个名叫雅罗霍维茨（Yarokhovets）的战士爬出房子，到德军尸体上寻找食物和武器，用来补充守军可怜的储备。最后他带回了 1 支 MP 40 型冲锋枪、2 个弹夹和一些面包。为了防范敌人在夜间的偷袭，他们在房子周围挂起一串空罐头。整夜都有人轮流放哨，好让其他人有机会睡觉。

10 月 25 日上午，德军再次扑向这幢房子。这一次他们先丢了一排手榴弹，然后冲锋枪手分成几个小组迅速跟进。德国人试图通过窗户进入房子，但是被守军用手榴弹炸了回去。这次攻击势头之猛烈让斯维德洛夫和他的部下相信德国人一定是喝醉了，当天的另几次攻击也被打退了。这天深夜，似乎是为了强调这幢房子的重要意义，步兵第 138 师师长柳德尼科夫上校在视察费奥多尔·约瑟福维奇·佩钦纽克^①（Fedor Iosifovich Pechenyuk）少校的步兵第 650 团的各个防御支撑点时走访了斯维德洛夫的小分队。斯维德洛夫口齿伶俐地向柳德尼科夫报告说他的小分队正在履行职责，还提供了他们打死的德国士兵人数。尤苏波夫上士当时正在用面包干掺上罐头食品给一个士兵做杂烩饭。他从炉子上拿下饭盒，对斯维德洛夫说："万尼亚，咱们要请上校吃一顿吗？"

和所有好客的主人一样，斯维德洛夫为这些粗劣的食物感到难堪。尤苏波夫转身对柳德尼科夫说："等我们消灭了希特勒，您来我们的集体农庄吧，那里的杂烩饭是……是……"

他一时想不出该怎么形容要给柳德尼科夫吃的杂烩饭。师长感谢了这几个士兵，向他们道了祝福，然后就去别的地方视察了。

第二天的情况和前一天如出一辙：德军的几次攻击都被击退，守军无一伤亡。但是 10 月 27 日早上却和前几天不一样——德军没有进攻。斯维德洛夫认为自己已经摸清了德国人的脾气：他们从不在夜里进攻，总是要好好睡一觉，然后吃早饭，通常还要喝很多酒，因为他们进攻时总是显得特别兴奋……而且他们一贯都是在上午进攻的。也许斯维德洛夫对德军战术的了解影响了他的判断，也打乱了他们既定的防守套路，因为德军在这天中午终于扑向这幢房子，正好遇上了苏联守军稍有松懈的时候。守军击退了最初的几次攻击，但是没等他们调整好部署，下一次攻击又来了。当太阳落到远方巨大的车间背后时，德军已经推进到墙根下，不停地把手榴弹从窗口扔进去。他们还绕过这幢房子，夺取了在它后面的几幢建筑，有效地切断了斯维德洛夫等人与团主力的联系。

步兵第 650 团团长佩钦纽克少校打电话给柳德尼科夫，在报告了自己防区的艰难处境后，他说："还记得你去过的那幢砖楼吗？现在它在德国人的后方。但是我们能听见守卫部队还在还击。我了解这些小伙子，他们只要还有一口气在就不会投降的。"

后来柳德尼科夫听说这个小分队全体牺牲。

---

① 费奥多尔·约瑟福维奇·佩钦纽克少校，苏联英雄，步兵第 650 团，1906 年生于日托米尔州的托尔钦，1965 年 1 月 26 日去世。

经过几个小时的战斗，斯维德洛夫他们储藏在房子里的弹药消耗殆尽。只剩几颗手榴弹了。德国人把房子团团围住，或是从窗口扔手榴弹，或是爬进楼里对所有东西扫射。守军中的三个人在没有弹药的情况下仍然奋起自卫，最后英勇战死。在楼里楼外都已布满德国人的情况下，斯维德洛夫和战友尤苏波夫只剩一条出路，那就是通过房子中央的楼梯井逃进地下室。德军看见了这两人奔下楼梯。他们小心翼翼地接近地下室的入口，朝黑暗中丢了半打长柄手榴弹……然后什么也没做。经验告诉德国人，闯进黑暗中是自寻死路，更何况夜幕已经降临。他们估计这两个苏联人已经死掉或者身负重伤，便没有再下杀手，不久以后，他们的注意力就转到别处去了。

在晦暗不明、弥漫砖石粉末和火药烟尘的地下室里，斯维德洛夫和尤苏波夫背靠墙壁挤在一起，手里攥着步枪，身边放着手榴弹。他们身上都有好几处被弹片击中的伤口在流血，但是这两人都抱定了战斗到底的决心，并打算为自己的生命索取尽可能高的代价。阵地仍然在苏军手中，尽管此时已经转到地下。他们能听见德国人在头顶上走来走去，怀疑对方正在策划用什么诡计把他们引出去。但几个小时过去了，还是什么事也没发生。突然，楼上枪声响成一片。手榴弹接连爆炸。有人用德语发出刺耳的嚎叫，接着传来了用俄语说话的声音：

咱们的小伙子……他们来了！

步兵第650团的一个营长科罗廖夫（Korolev）大尉率领一支突击队发起反击，冲进了这幢房子。斯维德洛夫和尤苏波夫悄悄爬上楼梯，加入身边的混战。枪口喷出的火舌和手榴弹爆炸的火光照亮了这场残酷的搏斗。一条条人影在房间里飞快掠过。枪声中不时穿插着惨叫。科罗廖夫的突袭把德军打了个措手不及，而地下室里钻出的两个苏联人更是令他们乱作一团。德苏两军的士兵纷纷死在手榴弹和横飞的子弹之下。斯维德洛夫和尤苏波夫都受了重伤而且被爆炸气浪震晕，但是这次反击取得了成功。31号房又回到了苏军手里。科罗廖夫大尉指派了一支新的小分队接管这幢房子并做好防御准备。他们还运来了食品和弹药储备。于是31号房的坚守仍在继续，只不过换了一茬保卫者。

在这次九死一生的经历之后，斯维德洛夫和尤苏波夫被送到伏尔加河岸边水泵附近的一个急救站，后来又分乘不同的船只被运过河。这两人当时都无力向指挥部报告小分队完成了任务，不过他们心里肯定清楚这一点。在医院里，斯维德洛夫听说上级以为他和他的小分队已经全部牺牲，甚至把他们的死讯通知了他们的亲人。直到多年以后，斯维德洛夫和尤苏波夫才得知对方活了下来，而且直到在伏尔加格勒（Volgograd）①庆祝战役胜利20周年时，柳德尼科夫才再次见到了斯维德洛夫，听说了"斯维德洛夫小分队"最后的英勇事迹。

在这场战斗中，5个士兵把一幢房子守了4天多。像31号房这样的建筑还有几十幢，像斯维德洛夫和尤苏波夫这样的士兵更是有成百上千，而再过几个星期，俄罗斯可怕的冬天就要降临了。德军非常清楚，一旦冬天来临，主动权就会转入苏军之手，因为他们的人员和装备更适合在俄罗斯严酷的气候下实施进攻作战。

★

10月临近结束，德军攻势不减，可是尽管消耗了大量兵力和弹药，打下的土地却越来越少。10月27日，第305步兵师有1名军官②和12名士兵死亡，70名士兵负伤，总计伤亡了83人。10月28日，有1名军官③和26名士兵死亡，1名军官和84名士兵负伤，1名军官④和13名士兵失踪，总计126人。这样的伤亡数字非常惊人，对一个已经在无情的城市战中苦熬了整整两周的师来说就更是如此。但是要想扑灭苏军的所有抵抗，必须不惜一切代价打到伏尔加河，因此在10月29日，德军又发动了一轮进攻。苏军士兵在火箭炮和迫击炮的强大火力支援下，又一次顽强地守住了阵地。德军的突击队在艰苦的逐屋争夺战中几乎寸步难行。经过连续多个小时的战斗，他们才占领了列宁大道边上紧邻火炮厂东南角的几座建筑（网格83d1）⑤。第305步兵师还不得不应对苏军从储油设施区南北的冲沟发起的坚决反击。为了消灭再度突入储油设施区的几股苏

---

①1961年，在尼基塔·赫鲁晓夫推动的"去斯大林化"运动中，斯大林格勒被改名为伏尔加格勒。目前在伏尔加格勒，越来越多的人呼吁让这座城市恢复斯大林格勒之名，以纪念正在快速被遗忘的参加过此战的苏联老兵和伟大卫国战争。

②卡尔·盖斯勒（Karl Geissler）上尉，第578掷弹兵团第3连，1910年2月14日生于弗里德贝格，1942年10月27日阵亡。

③雅各布·拜纳特（Jakob Beinert）少尉，第577掷弹兵团第3连，1921年3月17日生于黑森勒赫斯特，1942年10月28日阵亡于斯大林格勒。

④弗奇（Fortsch）少尉，第578掷弹兵团团部。

⑤德军在地图上把斯大林格勒工厂区划分为许多边长1公里的正方形大网格，分别用数字编号；每个大网格均分为四个中网格，按西北、东北、西南、东南的顺序用字母a、b、c、d代表，每个中网格再分为四个小网格，按同样顺序以数字1、2、3、4表示。

军，激战一直持续到深夜。

为了这点小小的进展，该师付出了 1 名军官[①]和 37 名士兵战死，2 名军官[②]和 93 名士兵受伤以及 5 名士兵失踪的代价，总计损失了 138 人。在这一天的战斗结束时，该师向上级报告说，如果不能得到更多支援，他们就再也无力继续压缩苏军的桥头堡了。他们的进攻因此停顿。对该师来说唯一的好消息是一个补充连刚刚抵达古姆拉克。但是这个连只有 260 人，刚够补充该师在这两天意义不大的战斗中蒙受的损失。

★

到了 10 月底，斯大林格勒的攻击部队已经再也无法得到他们习以为常的强大支援。弹药储备所剩无几，其中手榴弹和迫击炮弹尤为短缺。步兵战斗力量已经跌落到危险的程度，以至于第 6 集团军司令弗里德里希·保卢斯（Friedrich Paulus）[③]大将在 10 月 29 日竟建议用失去车辆的装甲兵充当步兵。装甲部队的军官们都被这个如此浪费宝贵兵员的建议惊呆了：这些人员都受过极其专业的训练，无论如何也不应该把他们作为除装甲兵之外的任何兵种投入这座炼狱。为了在不实施保卢斯这个无情措施的前提下增强步兵战斗力量，各个装甲师只能在后方机关和辎重部队中搜罗必要数量的人员来补足员额，以免装甲兵像步兵一样在前线执行危险任务。

第 6 集团军一直在绞尽脑汁策划如何在斯大林格勒城内调兵遣将，如何才能最好地运用有限的资源来占领敌人在城内最后的大型桥头堡。"街垒"火炮厂以东的战局并没有影响集团军的主要目标：集结足够兵力拿下拉祖尔化工厂。按照集团军的想法，比起肃清几个小桥头堡来占领伏尔加河的一段河岸，攻占那个工厂的意义要大得多。

①汉斯·贝纳勒（Hans Baenerle）中尉，第 577 掷弹兵团第 6 连，1910 年 9 月 6 日生于绍普夫海姆，1942 年 10 月 29 日阵亡于斯大林格勒。

②弗里茨·登茨（Fritz Denz）少校，第 576 掷弹兵团第 1 营，1909 年 5 月 8 日生于布伦纳德思，其余信息不可考。康拉德·科尔布（Konrad Kolb）中尉，第 577 掷弹兵团第 7 连，1913 年 10 月 6 日生于弗兰肯施泰因，1942 年 10 月 30 日因伤死于戈罗季谢。

③弗里德里希·保卢斯元帅，橡叶骑士十字勋章，骑士十字勋章，第 6 集团军，1890 年 9 月 23 日生于梅尔孙根的布赖特瑙，1957 年 2 月 1 日卒于德累斯顿。

　　无论第 6 集团军选择什么进攻路线，在所有进攻作战中，德国空军的水平轰炸机和俯冲轰炸机的有力支援都是至关重要的。空军的一些要员，尤其是第 4 航空队司令男爵沃尔弗拉姆·冯·里希特霍芬 ①（Wolfram Freiherr von Richthofen）大将，对集团军的作战成败起着举足轻重的作用。两大军种之间良好的合作关系是胜利的绝对前提，为此要做一些努力来修补业已出现的裂痕。保卢斯必须找到两全其美的方法，既要集中足够兵力来夺取化工厂，又要安抚空军。11 月 1 日 7 时 45 分，保卢斯大将和他的参谋长阿图尔·施密特中将离开集团军司令部，搭乘飞机前往第 8 航空军位于拉兹古利亚耶夫卡火车站的前进机场。他们要在那里开一次会，而这次会议将为之后的一系列大戏揭开序幕。在机场降落后，他们被汽车接送到第 8 航空军位于拉兹古利亚耶夫卡砖厂的前进指挥所，到达时间是 8 时 30 分。第 51 军的军长瓦尔特·冯·塞德利茨 - 库尔茨巴赫 ②（Walther von Seydlitz-Kurzbach）炮兵上将已经带着他的参谋长汉斯·克劳修斯 ③（Hans Clausius）总参勤务上校和另外几名参谋在那里等候多时了。没过多久，脾气火爆的冯·里希特霍芬大将也和第 8 航空军的军长马丁·菲比希 ④（Martin Fiebig）中将一起赶到了。从冯·里希特霍芬的日记可以清楚地看出，他对陆军在斯大林格勒的缓慢进展非常恼火，这次赴会就是准备和保卢斯吵架的：

　　　　今天早上我去了战斗机机场，再从那里赶去和保卢斯以及塞德利茨开会。我告诉他们陆军没有正确利用空军的武力，"因为炮兵不肯开炮，而步兵根本没做任何利用空中优势的尝试。我们把炸弹投在离步兵近在咫尺、手榴弹都能丢过头的敌人阵地上，可是步兵却什么也不干"。他们为此做出的辩解全是老生常谈，而且其中只有一部分是真实的：兵力不足啦，缺乏针对这类战斗的训练啦，弹药短缺啦，诸如此类。我提出我愿意把运输

---

　　① 男爵沃尔弗拉姆·冯·里希特霍芬空军元帅，橡叶骑士十字勋章，骑士十字勋章，第 4 航空队，1895 年 10 月 10 日生于巴茨多夫，1945 年 7 月 12 日卒于巴特伊施尔。
　　② 瓦尔特·冯·塞德利茨 - 库尔茨巴赫炮兵上将，橡叶骑士十字勋章，骑士十字勋章，第 51 军，1888 年 8 月 22 日生于汉堡—埃彭多夫，1976 年 4 月 28 日卒于不来梅。
　　③ 汉斯·克劳修斯上校，金质德意志十字勋章；第 51 军，1899 年 5 月 6 日生于维滕贝格，1943 年 1 月 25 日失踪于斯大林格勒。
　　④ 马丁·菲比希航空兵上将，橡叶骑士十字勋章，骑士十字勋章，金质德意志十字勋章，第 8 航空军，1891 年 5 月 7 日生于西里西亚的勒斯尼茨，1957 年 10 月 24 日在贝尔格莱德被处决。

部队交给他们调遣，为他们供应弹药，还可以利用我的影响力保证后方运来经过适当训练的援军……真正的原因在于士兵和军官都消极厌战，而且陆军抱残守缺冥顽不化，在这种风气影响下他们至今还容忍总人数 12000 人的师只有 1000 人在前线，而将军们只顾发号施令，不知关心细节，也不去监督进行这类战斗所必需的备战工作是否扎实。我就是这么跟保卢斯说的，他当然不爱听，但面对事实他也无法反驳……

冯·里希特霍芬对陆军将士的这种尖刻批评肯定是不公正的，如果考虑到地面部队承受的可怕伤亡就更是如此。更何况，坐在飞机驾驶舱里的人也不容易体会到苏军士兵表现出的狂热和坚韧。可惜除了保卢斯在行程笔记中简略地提到他们进行了"长时间的对话"，再也没有任何记录能让后人知道保卢斯、施密特或冯·塞德利茨对这次唇枪舌剑的会议做何感想。这场长时间的对话持续了近三个小时，只是因为两位司令官还有其他会议要参加才告一段落。

保卢斯和冯·里希特霍芬商定当天晚些时候再次会谈后，便在 11 时 15 分各奔东西。保卢斯和施密特前往古姆拉克火车站视察第 244 突击炮营，随后去了第 295 步兵师的指挥所与该师师长罗尔夫·武特曼 ①（Rolf Wuthmann）少将会谈。13 时，保卢斯和施密特抵达冯·塞德利茨军在古姆拉克火车站的指挥所。冯·里希特霍芬大将视察完毕后也在同一时间至该处逗留。关于这次会议保卢斯的行程笔记中还是没有记录任何细节，但奇怪的是笔记中没有把这次会议像上午的会议一样说成是"Besprechung" ②，而是记为一次"Unterredung" ③。也许这是保卢斯在暗示自己对坏脾气的空军司令的恼火？这次会议持续了两个小时。会议进行一个小时后，在 14 时，第 14 装甲军军长汉斯·胡贝 ④（Hans Hube）装甲兵上将和第 305 步兵师师长伯恩哈德·施泰因梅茨 ⑤（Bernhard

①罗尔夫·武特曼炮兵上将，骑士十字勋章，金质德意志十字勋章，第 295 步兵师，1893 年 8 月 26 日生于卡塞尔，1977 年 10 月 20 日卒于明登。

②这个词在德文中意为"会谈"或"讨论"。

③这个词在德文中有"面谈""讨论"之意，但也可指与敌人的"交涉"。

④汉斯·胡贝装甲兵上将，钻石双剑橡叶骑士十字勋章，宝剑橡叶骑士十字勋章，橡叶骑士十字勋章，骑士十字勋章，第 14 装甲军，1890 年 10 月 29 日生于萨勒河畔瑙姆堡，1944 年 4 月 21 日亡于空难。

⑤伯恩哈德·施泰因梅茨中将，金质德意志十字勋章，第 305 步兵师，1896 年 8 月 13 日生于诺伊恩基兴，1981 年 1 月 22 日卒于明登。

Steinmetz）总参勤务上校也参与进来。按照保卢斯的计划，这两人的部队都要
发挥不小的作用：胡贝参加会议是因为他的一个师——第60摩托化步兵师——
要被用于巷战。冯·里希特霍芬似乎重申了他早先把德国空军的运输部队交给
第6集团军调遣的提议，因为第6集团军的战争日记花了相当多的笔墨叙述
此事：

> 由于伏尔加河沿岸地区过于狭窄，已经无法再有效运用空军。因此
> 空军愿意将它的部分铁路运输车皮份额和辎重部队交给集团军，以便将
> 更多炮弹运往前线，从而使炮兵得到更积极地运用。

在第6集团军1942年11月1日的战争日记中，只字未提冯·里希特霍芬
的另一个提议（利用影响力保证后方运来经过适当训练的援军），但却多次提
到了他同意交出运输车皮份额。

也许保卢斯并没有认真考虑过冯·里希特霍芬关于调动援军的建议？也
许在保卢斯看来这只是不值得关心的客套话？但不论保卢斯是怎么想的，也不
论他是否同意这个建议，冯·里希特霍芬确实亲自向后方提出了抽调经过适当
训练的部队用于斯大林格勒城内的要求。当天晚上，冯·里希特霍芬回到自己
的指挥所后没多久就给身在东普鲁士"狼穴"中的德国空军总参谋长汉斯·耶
顺内克①（Hans Jeschonnek）大将打了电话，要求立即调派4个工兵突击营。耶
顺内克是冯·里希特霍芬在希特勒身边的内线，冯·里希特霍芬通过他可以绕
开所有其他渠道直接向元首本人进言。耶顺内克向冯·里希特霍芬保证说，他
的请求将在次日被呈交给希特勒，但是后面我们将看到，在这两人谈话后没多
久，这份"请求"就被摆在了希特勒的办公桌上。种子就此种下。

★

保卢斯和施密特在15时离开会场，乘飞机回到位于戈卢宾斯基的集团军
司令部，对冯·里希特霍芬将要插手陆军事务毫不知情。他们与预定要参加进

---

① 汉斯·耶顺内克大将，骑士十字勋章，空军总参谋部，1899年4月9日生于霍亨沙查（今波兰伊诺弗罗茨瓦夫），1943
年8月19日自尽于东普鲁士元首指挥部。

攻的相关部队主官做了沟通，已经感到心满意足。此时他们已经写出了作战计划，内容如下：为了调集有力的突击部队，第24装甲师将要拉长自身的战线，以便在11月4—5日让第305步兵师脱离主要战场。经过几天休整后，第305步兵师将在11月8—9日接管第60步兵师在斯大林格勒北线的防区，从而"进入其冬季阵地"。第60摩托化步兵师将休整一个星期，然后就可投入城内巷战。这个师虽然一直部署在顿河和伏尔加河之间"比较平静"的北线阻击阵地，但为了抵挡苏军从北方汹涌而来的坦克大军仍然遭受了巨大伤亡①。无论如何发挥想象力，都不能把这个师看作生力师，但与在城中屡遭重创的几个师相比，它还保有相当多的兵力②。集团军认为该师能投入3~4个加强营和9个炮兵营进攻化工厂。预定支援该师的有第295步兵师部队组成的一个团级战斗群，第100猎兵师的一个加强团和从其余各师抽调的3个突击连。在18时，第6集团军参谋长施密特中将致电B集团军群参谋长格奥尔格·冯·索登斯特恩③（Georg von Sodenstern）上将，讨论"如何投入新的部队来维持对斯大林格勒的进攻，因为第79步兵师的实力已经严重折损，再也无法用来执行较大规模的任务"。对斯大林格勒的战局做了总体评估后，施密特评价说："第79步兵师仍有能力维持它目前的战线，但无力主导对化工厂的进攻。"他接着又说："另一方面，我们必须周密准备这最后的战斗，力求一举成功。为了做到这一点，我们只能从第14装甲军抽调一个师。"

随后施密特介绍了他的整套计划：用第305步兵师替换第60摩托化步兵师，以便将后者作为计划中进攻的主要矛头。最后他表示这次进攻最早可能在11月15日开始。冯·索登斯特恩上将的答复明白无误地向施密特表明了B集团军群对这个计划的看法："从时间上来讲，这肯定会造成灾难……"遭到这样的回绝后，施密特向冯·索登斯特恩指出了集团军严峻的弹药状况，还告诉他冯·里希特霍芬提议交出空军的车皮和辎重部队，以便将更多弹药运往前线。

---

① 仅在10月下旬，该师就有130人死亡，300多人负伤，而这些损失与8月和9月的战斗伤亡相比还算轻的。

② 1942年11月2日的一份报告称，第60摩托化步兵师有6个掷弹兵营：其中2个营实力为中等，1个营一般，2个营虚弱，1个营残破。此外它还有9个炮兵连：6个轻装连，3个重装连。它当时"Bedingt zum Angriff geeignet"，即处于适合进攻的状况。

③ 格奥尔格·冯·索登斯特恩步兵上将，骑士十字勋章，金质德意志十字勋章，B集团军群，1889年11月15日生于卡塞尔，1955年7月22日卒于美因河畔法兰克福。

施密特说："从我们的角度来看，这个提议似乎是正确的。我们当然要利用这段时间让前线的情况稍微改善。"在谈话的最后，冯·索登斯特恩上将告诉施密特，"集团军群无法再调拨有力的部队"。这次谈话没有解决任何问题——第6集团军仍然不知如何是好。

★

第6集团军显然对这样的答复不满，因为过了不到一个小时，保卢斯本人就在19时亲自打电话给B集团军群总司令冯·魏克斯[①]（von Weichs）大将，重申了他的参谋长已经说过的话：

> 因为第79步兵师的兵力已经不足以实施最终行动，我们不得不再调一个师上前线。所以我们已经指定调动第60摩托化步兵师。

保卢斯直言不讳地指出，如果不这么做，那么他所谓的"最终行动"就不可能实施。于是冯·魏克斯大将提出了一个他认为能够解决问题的建议："如果从第29摩托化步兵师调两个团给你们集团军，但不包括炮兵，你看怎么样？"保卢斯很满意：

> 这个解决办法当然更好。我们只需要步兵力量。不过我们还是会尽量让第79步兵师做好参加最终攻击的准备。一旦我们控制了化工厂和伏尔加河河岸，那些大型车间就会不攻自破。

最后，保卢斯提到冯·里希特霍芬大将的提议很"无私"，而且对集团军好像也"非常有利"。两人的对话就此结束，保卢斯满意地认为已经找到了解决办法。

差不多一刻钟以后，在19时20分，B集团军群的首席参谋奥古斯特·温特[②]（August Winter）总参勤务上校拨通了第6集团军施密特将军的电话：

> 关于先前讨论的事，无论29摩托化步兵师是否被用于最后总攻，第

---

① 帝国男爵马克西米利安·冯·魏克斯·楚·格隆元帅，橡叶骑士十字勋章，骑士十字勋章，1881年11月12日生于德绍，1954年9月27日卒于波恩的勒斯贝格堡。

② 奥古斯特·温特山地兵上将，金质德意志十字勋章，B集团军群首席参谋，1897年1月18日生于慕尼黑，1979年2月16日卒于慕尼黑。

6集团军仍然可以实施抽调第60摩托化步兵师的计划。也许可以把第60摩托化步兵师提供给第4装甲集团军？

冯·魏克斯大将其实不太愿意交出第29摩托化步兵师的两个团，因为此时这个师是他手上最强的机动预备队之一，随时准备用于应对第4装甲集团军和罗马尼亚第3集团军防区内的突发状况。现在这个解决方案可以让他安心。不过，所有提案都必须上报陆军总部审批。当晚B集团军群便发出了相应的公报。

★

冯·里希特霍芬种下的种子很快就生根发芽了。希特勒和冯·里希特霍芬一样，也对德军在斯大林格勒慢如蜗牛的前进速度非常恼火，希望在冬季来临前彻底结束这场战役。因此当冯·里希特霍芬抽调4个工兵突击营的要求摆上桌面时，立刻吸引了希特勒的眼球。这正对他的胃口——希特勒一向嗜好非常规的作战方式，而且对专业化的部队有着偏爱。他感到战斗工兵正是结束斯大林格勒血战的关键。

耶顺内克在电话中向冯·里希特霍芬保证，将在次日（11月2日）把他的请求呈递给希特勒。市面上所有相关书籍都暗示希特勒最早是在1942年11月2日的每日战情报告会上会看到这个请求的。但实际上德国国防军最高统帅部的战争日记是这样记录的：

> 希特勒否决了向斯大林格勒提供第29摩托化步兵师的请求，但同意了陆军总参谋长[1]从其余各师抽调工兵营部署到斯大林格勒的提议。

先前出版的相关记述都认为希特勒最早在1942年11月2日知悉此事。但是，有三份独立而且可信度极高的资料提供了过硬的证据，证明动用工兵营的决定早在1942年11月1日夜里就已做出并付诸实施。这个事实所隐含的意义令人惊讶。希特勒接到冯·里希特霍芬的请求后肯定是在短短几个小

---

①库尔特·蔡茨勒（Kurt Zeitzler）大将，骑士十字勋章，陆军总参谋长，1895年6月9日生于科斯马尔／卢考，1963年9月24日卒。

时里就促成了此事，不仅如此，他还让蔡茨勒在战情报告会上正式提出请求，给自己的独断蒙上了一层正当和公平的色彩。更令人惊讶的是，这个请求或决定完全没有考虑保卢斯的第6集团军以及它的上级部队B集团军群的任何意见。

第一个证据是第294步兵师战争日记中1942年11月1日的记录：

> 23时30分，接到第29军通过电话传达的命令，内容是要求第294工兵营做好准备，作为突击营参与斯大林格勒城内的作战。运输手段可能是卡车运输或空运。

第294步兵师从第29军接到这个命令是一件很奇怪的事，因为该师并非隶属于该军的部队——实际上第294步兵师从1942年9月25日起就直属于B集团军群。诚然，第294步兵师处于第29军防区内，但它仍然是受B集团军群直接指挥的。

第二个证据是第336步兵师战争日记中1942年11月1日的记录：

> 23时30分，接到军的命令，根据命令要求第336工兵营将被空运调走。

这里所说的"军"也是指第29军，该师自1942年7月21日起隶属于该军。

第三个证据来自第62步兵师的战争日记，其中提到在11月1日午夜有一则命令传达到该师位于梅什科夫的指挥部：

> 午夜前后，意大利第8集团军德国顾问[1]的参谋长[2]命令第162工兵营最迟在12时做好陆运或空运的准备。推测该营将被用于斯大林格勒。

以上这三个师都在B集团军群下辖的意大利第8集团军的防区内。而且，向其中两个师下达命令的第29军就隶属于这个意大利集团军。因此，上面这3道将工兵营调往斯大林格勒的命令很可能就是配属到这个意大利集团军的德国顾问参谋部发出的。事实上，11月3日德国顾问的每日报告就提到"意大利第8集团军地域内的德国工兵营已被指定用于此目的"。可惜因为B集团军

---

①库尔特·冯·蒂佩尔斯基希（Kurt von Tippelskirch）步兵上将，橡叶骑士十字勋章，骑士十字勋章，意大利第8集团军德国顾问，1891年10月9日生于夏洛滕堡，1957年5月10日卒于吕讷堡。

②瓦尔特·纳格尔（Walter Nagel）少将，意大利第8集团军德国顾问参谋长；1901年2月27日生于汉诺威，其余情况不详。

群的记录已不复存在,后人没有绝对把握判断它是否对发给其下属部队的这些命令一无所知。但是从B集团军群次日发给第6集团军的讯息的内容和语气来看,它显然被蒙在鼓里。按理说这样的命令应该自上而下逐级传达。至少B集团军群司令部应该知情。但他们似乎被有意排除在知情者的圈子之外:正轨的报告渠道被绕开了。

1942年11月2日

在斯大林格勒动用4个工兵营的提议(其实希特勒已经着手实施了)在元首的每日情况报告会上被正式提出,此举无疑是为了让与会的其他人知晓。在这次报告会上同时呈交给希特勒的还有B集团军群和第6集团军拟定的在斯大林格勒继续进攻的建议,也就是抽调第60摩托化步兵师以及抽调第29摩托化步兵师的两个团用于攻打化工厂。正如国防军最高统帅部战争日记所述,希特勒否决了向斯大林格勒派遣第29摩托化步兵师的请求,但同意了蔡茨勒将军从其余各师抽调工兵营部署到斯大林格勒的提议。第三个提议是进攻暂停8天以便部队恢复元气,结果也被驳回。又是由于未知的原因,B集团军群和第6集团军没有接到提议被希特勒否决的通知。

在当天一个无法确定的时刻(可能是在下午三四点钟),陆军总司令部终于致电B集团军群,通知他们可以使用几个工兵营作战。在16时45分,冯·索登斯特恩上将打电话给施密特中将,向他通报了最新情况。冯·索登斯特恩首先表示,要在斯大林格勒再续攻势,除了先前讨论过的两个建议,还有第三种选择,那就是从集团军群的其他防区空运4个工兵营给第6集团军。施密特回答说,最好的解决方案就是除了空运工兵营之外再抽调第29摩托化步兵师的2个掷弹兵团。接着施密特又补充说,第60摩托化步兵师无论如何都是要抽调的。从这次通话的语气来看,B集团军群显然还不知道元首已经批准了第三种"选择"。

在17时,也就是与施密特中将通话后只过了15分钟,B集团军群就向第294步兵师下达了将该师工兵营调往斯大林格勒的命令。这道命令要求该营开往罗索希机场,而营长和副官要乘汽车先期赶往卡拉奇与第6集团军联络。B

集团军群还希望立即了解该营的运输能力。

当天 20 时 30 分，第 336 工兵营的营长赫尔曼·隆特 ① （Hermann Lundt）上尉接到了次日 9 时前往伊洛夫斯科耶机场（位于尼古拉耶夫卡附近）报到，然后直飞第 6 集团军司令部的命令。虽然另三个工兵营的记录已不复存在，但可以依理推测它们也接到了类似的命令。

在几个工兵营都得到通知以后的 20 时 45 分，B 集团军群的首席参谋温特总参勤务上校终于电话通知第 6 集团军，集团军群已决定抽调 5 个工兵营给该集团军：

> 第 50 装甲工兵营和第 45 摩托化工兵营将通过陆地行军抵达，第 162 工兵营通过一个意大利运输车队的卡车开拔，而第 336 工兵营和第 294 工兵营将由飞机运输。

★

就在高层忙着计划这些调动时，针对斯大林格勒的断垣残壁发动的血腥而徒劳的攻击仍在继续。德国人希望以工兵部队为先锋对拉祖尔工厂桥头堡发动的强大攻击是这类攻击行动的最后一次，可一劳永逸地结束斯大林格勒的棘手战事。在那之前，他们不得不保持对敌人的压力。

11 月 1 日 10 时 55 分，第 51 军发布了第 102 号军长令，这份命令的开头是这样写的："在 11 月 2 日拂晓，第 305 步兵师应会同第 389 步兵师的南翼重新进攻，夺取伏尔加河河岸。"除了能依靠军属北炮群（斯蒂格勒炮群 ②）的支援外，参加攻击的各师还得到了其他支援力量：第 305 步兵师将得到装备新式 33B 型突击步兵炮的第 244 突击炮营 ③、第 14 装甲师第 4 装甲歼击营的一个自行反坦克炮连以及第 24 装甲师的一个装甲连，第 389 步兵师将得到第 245 突击炮营 ④ 和第 24 装甲师第 40 装甲歼击营的一个自行反坦克炮连。这些直射重

---

① 赫尔曼·隆特上尉，第 336 工兵营，1908 年 5 月 14 日生于基尔。
② 斯蒂格勒（Stiegler）中校，第 310 炮兵司令部。
③ 该营有 3 辆长炮管突击炮、7 辆短炮管突击炮和 3 辆 33B 型突击步兵炮可以作战，突击步兵炮虽然被列入攻击计划，但并不参与此次攻击。
④ 该营有 1 辆长炮管突击炮和 3 辆短炮管突击炮可以作战。

▲ 第 305 步兵师参谋长海因里希·科德雷总参勤务中校（左一）和师长库尔特·奥本兰德少将，摄于"蓝色"行动初期

炮支援力量不可谓不强。

11 月 2 日的太阳刚刚升起，第 305 步兵师和第 389 步兵师就再度冲向了拦在他们和伏尔加河之间的那片土地。截至 9 时 30 分，第 576 掷弹兵团在储油设施区以南遭遇激烈抵抗，无法进至伏尔加河岸边。在他们北面，第 578 掷弹兵团占领了几片街区。在更北面，第 389 步兵师第 546 掷弹兵团在砖厂以南发动的进攻举步维艰。

当两军激战正酣时，保卢斯又去前线视察了一回①。他先乘飞机降落在位于拉兹古利亚耶夫卡火车站的机场，然后在 9 时到达他的前进指挥所。他立即给冯·塞德利茨打了电话，听其汇报了第 305 步兵师和第 389 步兵师的攻击进展。随后保卢斯决定实地走访这两个师。在 9 时 30 分，他来到第 305 步兵师的指挥所，听取了师参谋长海因里希·科德雷②（Heinrich Kodré）总参勤务中校的汇报，从而了解了该师几个掷弹兵团伤亡惨重、进展缓慢的情况。仅过了十分钟，保卢斯就再次上路，这一回是去拜访第 389 步兵师的新任师长埃里希·马格努斯③（Erich Magnus）少将。在马格努斯少将的前进指挥所，他得知第 546 掷弹兵团在砖厂以南的进攻仍在进行中。在保卢斯准备离开时，第 310 炮兵司令部的一个参谋走到他跟前，建议从第 4 装甲集团军的防区调一个 150 毫米炮连④。

①本书将详细叙述这次视察，因为各支部队都向保卢斯阐明在斯大林格勒的废墟中作战是极其艰苦的，这肯定对他的思考产生了一定影响。

②海因里希·科德雷中校，骑士十字勋章，第 305 步兵师，1899 年 8 月 8 日生于维也纳，1977 年 5 月 22 日卒于林茨。

③埃里希·马格努斯少将，第 389 步兵师，1892 年 7 月 31 日生于但泽（今波兰格但斯克），1979 年 8 月 6 日卒于汉堡。

④有关命令最终在 1942 年 11 月 6 日下达。

尽管这次攻击得到了强大的火力支援，但显然还是不够。保卢斯在这几次前线视察中听到的建议和留下的印象都将影响他组织后续攻击的思路。在10时10分，保卢斯来到第14装甲师的指挥所，师参谋长贝恩德·冯·佩措尔德[1]（Bernd von Pezold）总参勤务中校把部队连续遭受惨重伤亡、疲惫不堪的情况描述得非常严重。

保卢斯的下一站是第83炮兵团的指挥所，他是在11时到达那里的。团长阿尔布雷希特·齐马蒂斯[2]（Albrecht Czimatis）上校报告了下属炮兵的运用情况。该团有部电台截获了苏军的一封电报，它明显发自钢铁厂内的一个营部，内容是苏军过河的550名增援部队有一半在到达目的地前就非死即伤。齐马蒂斯上校随后向保卢斯谈了他自己对战局的印象："我们进攻时俯冲轰炸机和大炮的火力准备已经好得不能再好。但是我们步兵的攻击能力和针对这类任务的训练还不够。"对这些意见，冯·里希特霍芬肯定会由衷赞成。

接着保卢斯再次上路，在11时40分到达第79步兵师位于拉兹古利亚耶夫卡的指挥所。该师报告说，他们又蒙受了重大伤亡。第226掷弹兵团的团长安德烈亚斯·冯·奥洛克[3]（Andreas von Aulock）上校也因病不能视事。保卢斯在中午回到自己的前进指挥所，与冯·塞德利茨上将会谈。他谈到了自己在这一天视察中形成的看法，表示要考虑把钢铁厂和伏尔加河河岸之间的最终清剿行动推迟到攻击拉祖尔的铁路大回环之后。冯·塞德利茨上将则报告了这一作战的策划和准备的细节。在13时10分，保卢斯登上自己的飞机，飞回位于戈卢宾斯基的集团军司令部。

在指挥官商谈期间，他们的部队仍然在苦战不休。在砖厂以南，第389步兵师的部队在顽强防守的苏军中间杀开一条血路，冲到了伏尔加河。北起拖拉机厂、南至砖厂以南约200米的一段伏尔加河河岸落入了德军手中。在陡峭

---

① 贝恩德·冯·佩措尔德中校，第14装甲师，1906年9月10日生于雷瓦尔（今爱沙尼亚塔林），1973年7月12日卒于下菲尔巴赫。

② 阿尔布雷希特·齐马蒂斯上校，金质德意志十字勋章，第83炮兵团，1897年4月18日生于卡托维兹，1984年12月22日卒于弗赖堡。

③ 安德烈亚斯·冯·奥洛克上校，橡叶骑士十字勋章，骑士十字勋章，金质德意志十字勋章，第226掷弹兵团，1893年3月23日生于上西里西亚的科切尔斯多夫，1968年6月23日卒于威斯巴登。

的河畔，战斗一直持续到入夜以后。德军没能拔掉砖厂南端的两个苏军据点。第389步兵师的下属单位伤亡惨重：有19人死亡、42人负伤、3人失踪。

在更南边，第305步兵师艰难前行，但当面苏军顽强抵抗，而且他们得到了来自伏尔加河中岛屿的重火力支援。德军仅仅攻占了几幢建筑和几小块土地。苏军防守之猛烈使第305步兵师认为敌人的兵力和火力都占优势。夜幕降临后，苏军对位于该师右翼（在储油设施区附近）的第576掷弹兵团发起反攻，导致该师在白天付出重大代价才占领的一些阵地得而复失。这个师的伤亡也很大：有44名士兵死亡，3名军官[①]和116名士兵负伤，1名士兵失踪。

据守"街垒"火炮厂和"红十月"钢铁厂之间阵地的是第14装甲师。这一带的地形主要是崎岖不平的地面和土路，还分布着数以百计的木棚，不过此时它们早被成千上万发炮弹的冲击波震得七零八落了。配备火焰喷射器的苏军突击队攻击了第108装甲掷弹兵团的阵地，但经过一番恶战后被击退。该师全天的损失为：23名士兵死亡，1名军官和67名士兵受伤，还有5名士兵失踪。

在"红十月"钢铁厂的北部，苏军从一处车间发动的反击使本已明朗的局势再度变得复杂起来。苏军的这次突袭拖住了79步兵师的进攻步伐。在这座化作废墟的工厂内，双方阵地本已犬牙交错，而随着苏军反击夺取了一个较小的车间，总体局势进一步朝着不利于德军的方向发展。该师参谋部无法掌握前线的准确情况。

中午时分，德军两个突击队发动钳形攻势，企图在会师后切断突入的苏军的后路。到了16时30分，这两个突击队相距只有100米，已经可以互相喊话。但是在苏军猛烈抵抗下，要继续前进实在困难。直到夜幕降临后，两个突击队才将铁钳合拢。他们计划在次日清除由此形成的包围圈。已经被削弱的该师部队在这一天又遭重创：1名军官[②]、26名士兵死亡，1名军官[③]、55名士兵负伤。

---

① 受伤军官包括贝格曼（Bergmann）医务军士长，第577掷弹兵团第2营；里夏德·施泰因豪泽（Richard Steinhauser）上尉，第576掷弹兵团第8连，1918年2月9日生于维基瑟河谷的采尔，1942年11月2日因伤死于戈罗季谢；韦伯（Weber）少校，第578掷弹兵团第2营。

② 罗尔夫·格赖夫（Rolf Greiff）少尉，第226掷弹兵团第3连，1922年11月9日生于伍珀塔尔，1942年11月2日阵亡于斯大林格勒。

③ 汉斯·约阿希姆·冯·舍恩费尔特（Hans Joachim von Schönfeldt）上尉，第212掷弹兵团第4连，1912年7月11日生于弗里英拉尔，1943年3月卒于弗罗洛夫战俘营。

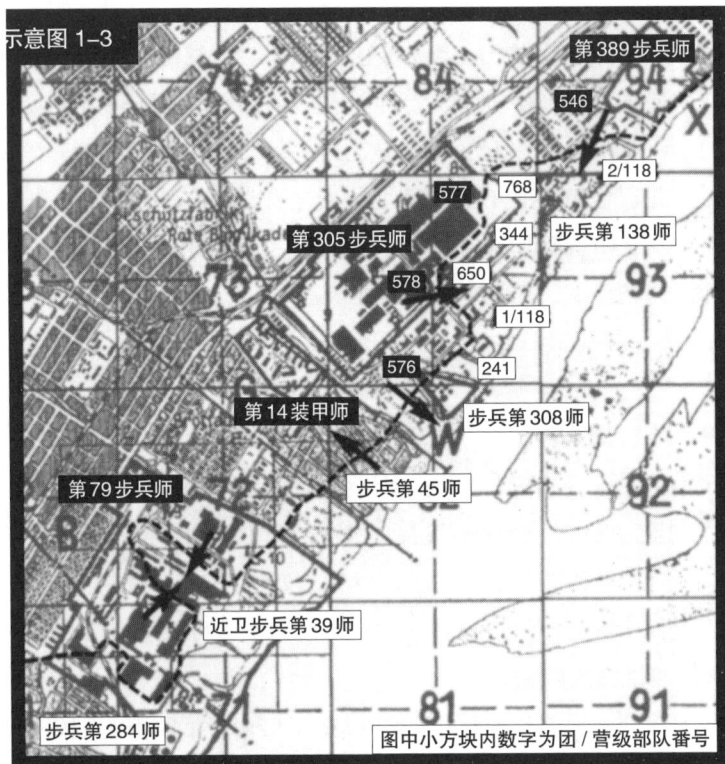

示意图 1-3

▲ 1942 年 11 月 2 日德军的进攻行动

11 月 2 日参与进攻的四个师共伤亡了 400 多人,而这仅仅是一天意义不大的战斗造成的,换来的土地也微不足道。对这几个损兵折将的师来说,更糟的是按计划他们还要在第二天继续进攻。第 51 军在 11 月 3 日的作战决心是"肃清突入第 79 步兵师阵地之敌"和"以第 389 步兵师之南翼继续进攻"。

★

在 11 月 2 日 22 时,B 集团军群再次和第 294 步兵师通话,表示工兵营在罗索希机场登机的计划遇到了延误,要等到 11 月 4 日才能进行。半小时后,第 336 步兵师也接到正式命令:

工兵营运往斯大林格勒的时间定为 1942 年 11 月 4 日。

冯·里希特霍芬大将调动工兵营的请求是以快得惊人的速度实现的。这个请求最先在 11 月 1 日提出，当天晚上立即被希特勒秘密批准，然后在 11 月 2 日被正式批准，当天晚些时候命令即下达。虽然 B 集团军群和第 6 集团军都对调动工兵一事很高兴，但他们都不认为这些令人欢迎的援军是解开久拖不决的僵局的钥匙。他们都在焦急地等待上级回复他们换下第 60 摩步师和从第 29 摩步师抽调两个团用于进攻的提议——他们从不曾幻想仅靠工兵部队来解决斯大林格勒的难题。第二天他们就等来了回答。

1942 年 11 月 3 日

既然保卢斯已经确信自己将得到几个工兵营，他就必须在进攻计划中对它们善加利用，以求最大限度地发挥它们的专业训练和能力。为此他需要和将直接控制工兵营的部署的人——瓦尔特·冯·塞德利茨-库尔茨巴赫炮兵上将面谈。于是保卢斯登上他的"鹳"式飞机，在 9 时 15 分抵达第 51 军位于古姆拉克火车站西北方的指挥所。

保卢斯和冯·塞德利茨上将及其参谋长克劳修斯总参勤务上校一起研究了在斯大林格勒发动进攻（他们希望这是最后一次）所需的部队、进攻出发地和实现目标的可能。他们反复讨论了工兵营的使用方式。冯·塞德利茨上将如此表达自己的意见：

> 只有把第 29 摩步师的 4 个掷弹兵营和这 5 个工兵营增加到进攻部队中，才有可能彻底解决此次斯大林格勒的战斗。攻击正面必须尽可能宽。先前几次攻击局限于狭小地段，导致突击部队主力翼侧被包抄。如果除了已有的部队，只有那 5 个工兵营可用（它们确实可以攻克个别目标，大大改善阵地态势），那么还是不可能实现什么最终解决。

冯·塞德利茨将军已经把话说得再清楚不过。为了更好地了解工兵在城市战中的用途，保卢斯又传唤了集团军工兵总长赫伯特·泽勒 [1]（Herbert Selle）

---

[1] 赫伯特·泽勒上校，金质德意志十字勋章，第 6 集团军工兵总长，1896 年 5 月 30 日生于布雷丁，1988 年 3 月 18 日卒于阿伦斯堡。

上校和第51军工兵处长卡尔·罗迈斯[①]（Carl Romeis）少校，这两人在10时45分赶到冯·塞德利茨的指挥所。他们汇报了自己在斯大林格勒运用工兵营作战的经验。工兵因为没有装备重武器，所以不能承担步兵营的任务，而且只有合并到他们所支援的步兵的组织中才能执行自身的特殊任务。这两位工兵专家的意见让保卢斯对如何在斯大林格勒使用这些专业部队有了全新的认识。在11时45分，会议进行两个半小时后，保卢斯打道回府。

▲ 赫伯特·泽勒上校

10时45分，当保卢斯不在指挥部时，冯·索登斯特恩将军给施密特将军打了电话，告诉他绝对不要指望陆军总司令部批准抽调第29摩托化步兵师的步兵。集团军群方面似乎认为"这完全没什么坏处，因为你们集团军将有5个工兵营可供调用"。施密特将军回答：

> 总司令保卢斯已经考虑到这一点，他正在和第51军的军长冯·塞德利茨讨论此事，而集团军同意他们的观点，即工兵营无论如何不能代替步兵，因为他们是专业部队。他们特别擅长攻破碉堡和成片楼房之类的大型目标，也擅长扫清冲沟里的敌人，但是他们缺少步兵力量。根据先前在城市战中获得的经验，在这类地形下恰恰需要强大的步兵力量来保护侧翼，并且永久地肃清已突破地段的敌人。

工兵在10月14—15日攻击拖拉机厂时的表现给冯·里希特霍芬留下了深刻印象，这是他建议增派工兵营的主要原因，但施密特向冯·索登斯特恩指

[①] 卡尔·罗迈斯少校，第51军工兵处长，1886年12月17日生于慕尼黑，1943年1月20日失踪于斯大林格勒。

出了下列问题：

> 在斯大林格勒北部的战斗中，集团军只取得过一次完全彻底的成功，那就是对巨大的拖拉机厂的攻击行动。在那一次行动中，我们能够派出足够数量的步兵跟随由工兵和装甲掷弹兵组成的先头部队前进。

施密特将军强调，"集团军只能把没有第29步兵师部队参加的进攻视作试探攻击，因为用这样的办法肯定看不到成功的机会"。尽管如此，他还是表示将尽一切努力利用一切机会，而且除了那5个工兵营，他们可能还会动用第295步兵师和第100猎兵师的各1个团（每团2个营），第79步兵师的1个营以及3个突击连（来自第44步兵师、第24装甲师和第14装甲师）。施密特最后表示，第6集团军打算从前线抽调所有可以抽调的迫击炮和步兵炮，集中用于这次攻击。

冯·索登斯特恩将军立刻给元首指挥部打了电话，转达了第6集团军的意见。结果不出所料：希特勒仍然拒绝调动第29摩托化步兵师的部队。在11时冯·索登斯特恩再次致电施密特："元首已经拒绝除提供工兵营之外再动用第29步兵师的两个装甲掷弹兵团。"施密特将军还不想放弃：

> 我们对形势的评估如下：如果我们只有那几个工兵营可用，那么我们肯定能取得一次成功，但不能做到一锤定音，还是会剩下一些敌人，需要我们建立新的战线来应对。我们的步兵力量既不足以在前期为工兵打开通向目标的道路，也不足以在随后接管防御。

冯·索登斯特恩将军似乎对第6集团军的困境不太同情，他暗示这样的要求太贪心了：

> 先是第51军提出建议，接着第6集团军说最紧要的是得到第29摩托化步兵师的两个装甲掷弹兵团，后来发现可以得到工兵营作为替代，第6集团军又突然要求同时得到工兵和步兵。

施密特不得不自我辩解："过去几天的伤亡和经验表明，第79步兵师已经废了，而那几个工兵营还不够强。"冯·索登斯特恩将军回答："我不能抬高你对第29摩托化步兵师的期望。不过我当然会把第6集团军对形势的评估上报给陆军总司令部。那么你们现在的时间表是怎样的？"施密特说："我们在11月9日或10日以前没法开始。"接着施密特将军概括了第6集团军的计划：

> 冯·塞德利茨将军就如何用兵表达了下列意见：如果只有5个新来

的工兵营可用，那么最好的办法也许是从两翼攻击敌人：首先，第295步兵师应占领南边的伏尔加河河岸，然后从钢铁厂向南发起突击。但是，元首很可能下令用新到的部队先攻取化工厂。在我看来，这个目标同样重要；也许是因为如果能占领化工厂，那么下个月就能拿下其他地方。到那时局面就会和斯大林格勒南部相仿，我们控制伏尔加河的大部分河岸，只有几个较小的桥头堡除外。

　　既然第6集团军已确信它将得到5个工兵营，接收这些部队的准备工作便迅速展开。在11时25分，施密特将军为确保全面做好接收首批抵达的3个营的准备，发出了一道书面命令。命令的开头是这样写的：

　　　　第45摩托化工兵营、第50工兵营（来自第22装甲师）和第162工兵营（来自第62步兵师）今日正在运往第6集团军，待其抵达卡拉奇时，将在战术上隶属于第51军。

　　这道命令的接收者包括第51军、3个工兵营长、汉斯·米考施[1]（Hans Mikosch）上校、第6集团军的军需处长[2]和工兵处长泽勒上校。几个工兵营长奉命立即通过电话联系51军指挥部。

　　米考施上校的主要职责是给这3个营大约1400号人安排住房。他们将住在位于卡拉奇南面顿河岸边的3个小村——库缅卡、皮亚季兹比扬斯基和小卢奇卡的集团军工兵学校的宿舍。如有必要，还可以使用卡拉奇北面的卡米舍夫斯基[卡米希]村。米考施上校可全权办理工兵营的住宿事宜，他甚至可以暂时让已经占用了住房的部队搬出去。各营一旦抵达就要向第6集团军和第51军汇报。当这几个营做好被派往斯大林格勒的准备时，米考施上校就要负责把它们向东调动，确保顺利通过卡拉奇附近繁忙的顿河桥。工兵们获得了优先通行权，其他所有交通都要为他们让路。为了帮助米考施完成这一任务，集团军还授予他超越卡拉奇城驻军指挥官的相应决策权。

---

[1] 第6集团军工兵学校校长汉斯·米考施中将，橡叶骑士十字勋章，骑士十字勋章，金质德意志十字勋章，第677工兵团团部，1898年1月7日生于上西里西亚的卡托维兹，1993年卒于赖希斯霍夫－埃肯哈根。

[2] 罗伯特·巴德尔（Robert Bader）少将，第6集团军军需处长，1899年3月14日生于林道，1945年5月10日阵亡于捷克斯洛伐克的伊赫拉拉瓦附近。

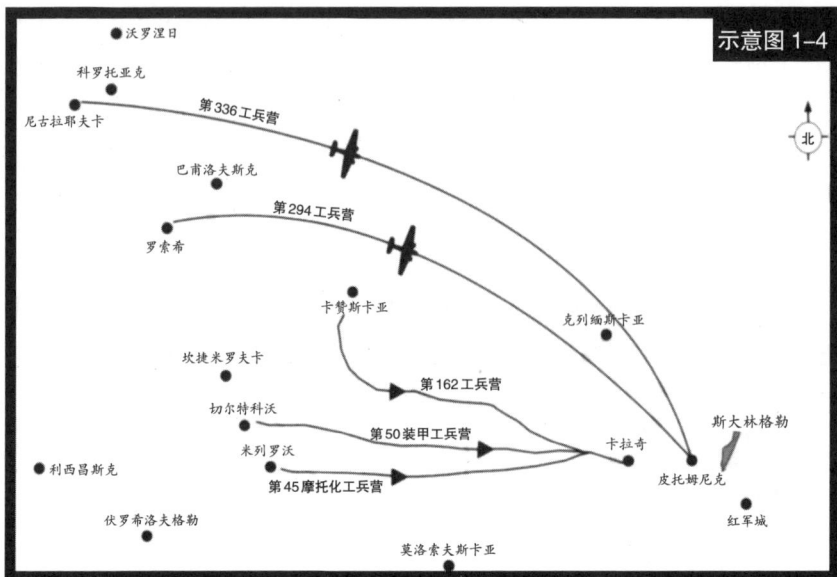

▲ 5 个工兵营调往斯大林格勒

　　集团军工兵处长泽勒上校负责火焰喷射器等工兵装备的必要安排和补充。各工兵营应到奇尔铁路终点站附近的集团军军需仓库领取口粮、弹药和油料。在集团军工兵学校里，连营长们将领到预定作战地区的地图和航拍照片。

　　冯·索登斯特恩给施密特将军打了最后一个电话，最终确认了第6集团军担心的坏消息："陆军总司令部已经拒绝抽调第29摩托化步兵师用于第6集团军的进攻。"随着这个最终判决下达，第6集团军基本失去了成功的机会。尽管施密特将军令人信服地指出了第6集团军若没有第29摩托化步兵师的步兵营就无法取得全胜，调步兵增援的事还是不了了之。这天早些时候与冯·索登斯特恩的对话已经让施密特对此有了心理准备——他当然感到失望，但第6集团军还是得把仗打下去。既然调兵的事已经最终确定，对话便再次转到如何使用工兵营的话题上来。冯·索登斯特恩将军说：

　　　　集团军群的意见是，应该先用这几个新锐的工兵营攻打化工厂，扫清钢铁厂和火炮厂以东河岸的任务可以留到以后再说。你们集团军肯定会接到相应的命令。

施密特将军回答说，虽然扫清伏尔加河河岸能带来很大优势，但集团军的思路同样是先攻取化工厂。挂断冯·索登斯特恩的电话后，施密特与身在第51军指挥所的保卢斯通了话，通报了陆军总司令部的决定。12时30分，第6集团军用电传打字机向第51军发报：

在11月4日，第336工兵营和第294工兵营将通过空运前送，到达后即转隶你部。他们到达皮托姆尼克的时间应在10时左右，第51军应临时提供必要的战斗车辆。

接收新到部队的准备工作此时已经展开。

★

在13时，第6集团军参谋部里的电传打字机开始运转，自动打出了来自B集团军群的下列指令：

1. 当前总的局势要求在不动用第29步兵师的前提下迅速结束斯大林格勒一带的战斗。

2. 为此，第6集团军将在11月4日和5日得到5个工兵营，它们将组织为突击营，通过空中和地面运输抵达战区。应选拔特别精干的掷弹兵团参谋人员领导这几个营，并辅以掷弹兵团的重装连队。

3. 待工兵营抵达后，经过周密准备，即以至少10个营的总兵力尽快实施占领"拉祖尔化工厂"区域的攻击行动。必须动用一切手段加紧准备。参战部队：5个工兵营及来自掷弹兵团的相应重装连队；第295步兵师的1个掷弹兵团；第100猎兵师的一个猎兵团；3个突击连（来自第44步兵师、第14装甲师和第24装甲师）。应尽快上报预定攻击时间。

4. 除执行第3条之攻击命令外，还应根据集团军的建议实施以第305步兵师替换第60步兵师的行动。

在18时25分，保卢斯通过电传打字机向第51军的冯·塞德利茨下达命令，确认了当天早些时候讨论的事宜，并转达了B集团军群的上述命令，此后一连串跌宕起伏的大戏就此拉开序幕。

第二章
精锐云集

短短几天内，5 个兵强马壮、经验丰富的工兵营就转到了第 6 集团军麾下。如果一个人坐在集团军指挥部里，或者坐在几十年后舒适的书斋里观察战局，那么他确实很容易忘记这些工兵部队并不仅仅是地图上可以用来达成目标的抽象符号。读者必须认识到，这些被派往斯大林格勒的工兵营全都历史悠久，队伍中充满了经验丰富、训练有素的战士，其中许多人从战争爆发时起就一直在战斗。为了让读者更好地理解以这样的方式部署这些百战精兵是多么不明智的举动，有必要在这里花些笔墨介绍一下他们。

第 45 工兵营

在被调到斯大林格勒之前的几个月里，第 45 工兵营直属于第 6 集团军，在此期间它的主要任务是在把守顿河沿岸 500 公里侧翼防线的仆从国军队后方修筑新的防御阵地。该营在 8 月的两次强渡江河行动中遭受了一定伤亡，但从那以后就几乎没受什么损失，因为他们的主要工作就是在烈日底下进行艰苦繁重的土方挖掘和工事修建。虽然这工作很辛苦，但官兵们都乐在其中，至少有一个人回忆说，那"绝对是和俄国的整场战争中最美好的时光"。就在这种轻松的气氛下，这个德国国防军中最老牌的工兵部队之一接到了一纸命令，要求

▲ 第 45 工兵营士兵在经过卡拉奇以西的旧战场时，该营的士兵在苏军坦克残骸上留影

他们经卡拉奇前往斯大林格勒，不过副官安东·洛赫雷尔 [1]（Anton Locherer）少尉却不会随他的营去斯大林格勒：

> 晚上，我们接到了让战斗部队乘车前往斯大林格勒的命令。营部的人员将留在后方，因为这次任务只会持续很短的时间。我因为当上了营的副官，所以要留在后方接管营部。第二天早上，我怀着不安的心情注视着弟兄们远行——这会是永别吗？

官兵们匆忙收拾好装备，登上营里的小汽车和卡车，从米列罗沃的乡下穿越干旱的大草原，开往 350 公里外的斯大林格勒。那些没有在 8 月参与顿河大弯曲部战斗的人都被自己看到的景象惊呆了。"我们穿过卡拉奇附近的草原，看到了第 6 集团军和一个俄国坦克集团军交战的遗迹"，二等兵卡尔·克劳斯 [2]（Karl Krauss）回忆说，"战场上分布着上千辆被打坏和遗弃的俄国坦克——从 T-34 到装备 152 毫米炮的 KV-2，各种型号都有——在这些坦克中间

---

[1] 安东·洛赫雷尔上尉，第 45 工兵营，1920 年 6 月 22 日生于乌尔姆。
[2] 卡尔·克劳斯少尉，第 45 工兵营第 2 连，1920 年 7 月 21 日生于梅尔施泰滕，2006 年尚健在。

还有不计其数的火炮和其他军用物资。伊万还有力量抵抗？"

　　在尘土飞扬的道路上经过一番车马劳顿后，这个营抵达了它的第一个目的地——卡拉奇，然后奉命住进顿河岸边的几个小村子。营长路德维希·比希[①]（Ludwig Büch）上尉赶到集团军工兵学校报到。完成这次行军的共有451人，其中有11名军官、1名文职官员、43名士官和396名士兵。该营的战斗力量[②]包括9名军官、30名士官和246名士兵，装备有27挺轻机枪、6门火炮和6具火焰喷射器。

▲ 路德维希·比希上尉，第45工兵营在斯大林格勒作战期间担任该营营长

这个营实际拥有的火焰喷射器可能比正式上报的多，因为克劳斯二等兵记得他所在的第2连就装备了3具德国造的火焰喷射器（每具重40公斤）和3具意大利造的火焰喷射器（每具30公斤），后者可能是在该营隶属于意大利第8集团军的短暂时期内获得的。

　　1942年11月4日抵达时指挥体制如下：

营长：路德维希·比希上尉
副官：沃尔夫冈·萨托里乌斯（Wolfgang Sartorius）少尉
运输班长：马丁·埃雷特（Martin Ehret）马具管理军士长
运输班长：恩斯特·许勒（Ernst Schüle）马具管理军士长
维修班长：库尔特·多代尔（Kurt Dodel）维修军士长

第1连：马克斯·邦茨（Max Bunz）中尉
排长：埃米尔·格雷夫（Emil Gräf）少尉
排长：曼弗雷德·基米希（Manfred Kimmich）少尉
排长：库尔特·萨克塞（Kurt Sachse）军士长
连军士长：康拉德·斯图姆林格（Konrad Sturmlinger）连军士长
运输班长：卡尔·温特（Karl Winter）马具管理上士

---

①路德维希·比希少校，第45工兵营，1895年6月13日生于海特。
②译注：德军的"战斗力量"只包括战斗部队中的步兵、工兵和侦察兵，不包括炮兵、通信兵等技术兵种。

▲ 1942 年夏季，第 45 工兵营四位年轻排长的合影：自左向右分别是第 1 连的埃米尔·格雷夫少尉、第 2 连的安东·洛赫雷尔少尉、弗里茨·摩尔芬特少尉和卡尔·弗格勒少尉

第2连：瓦尔特·海因里希（Walter Heinrich）
排长：弗里茨·摩尔芬特（Fritz Molfenter）少尉
排长：赫尔曼·塔格（Hermann Tag）上士
排长：洛塔尔·瓦尔特（Lothar Walter）上士
连军士长：阿道夫·舍克（Adolf Scheck）连军士长
第3连：埃伯哈德·瓦特（Eberhard Warth）中尉
排长：汉斯-迪特里希·瓦尔德拉夫（Hans-Dietrich Waldraff）少尉
排长：埃里希·斯库特拉茨（Erich Skutlartz）少尉
排长：阿尔弗雷德·哈特曼（Alfred Hartmann）军士长
运输班长：欧根·纳赫鲍尔（Eugen Nachbaur）马具管理上士

　　这个营的老兵和新兵比例极其合理。大部分军官在波兰之战或法国之战期间曾是该营的士兵或士官：该营是少数可以让军人在其中度过全部军旅生涯的幸运部队之一。也就是说，如果该营官兵因负伤、进修或晋升而离队，他们还有很大机会回到自己热爱的第 45 工兵营。

第 50 装甲工兵营

被派到斯大林格勒参与进攻的装甲工兵营只有一个——第 22 装甲师的第 50 装甲工兵营。这个营不同于另几个工兵营的地方是它的重装备明显较多，其第 3 连还装备了半履带车。年轻的埃尔温·加斯特[①]（Erwin Gast）上尉当上营长没多久，就接到了率该营东进参与斯大阿林格勒之战的命令。第 22 装甲师的指挥官们对此并不意外，因为在这个营之前该师已经有好几支下属部队被抽调到别处。他们在记录中发出了合理的怨言："第 22 装甲师还在继续被掏空。"对该师来说幸运的是，第 50 装甲工兵营将留下其第 3 连的所有装甲车辆，包括半履带车排。这个连的官兵就没有他们的车辆那么幸运了，因为他们也要和营里其他人员一样踏上前往斯大林格勒的征途。尽管第 22 装甲师自身的燃油供应很紧张[②]，师后勤参谋迪茨·冯·登·克内泽贝克（Dietz von dem Knesebeck）少校还是给工兵们划拨了充足的燃油用于行军。就这样，第 50 装甲工兵营开始朝着伏尔加河岸边的第 6 集团军进发。从他们在米列罗沃以北的驻地到卡拉奇的顿河大桥约有 250 公里路程，该营在一天之内走完，于 11 月 4 日晚上到达桥边。该营的第一任营长赫伯特·泽勒上校（他在 1940 年离任）此时已是第 6 集团军

▲ 埃尔温·加斯特上尉，第 50 装甲工兵营在斯大林格勒时的年轻营长

---

①埃尔温·加斯特上尉，第 50 装甲工兵营，1911 年 10 月 18 日生于施托尔普（今波兰斯武普斯克）。

②10 月 27 日，师后勤参谋冯·登·克内泽贝克少校写道："汽油供应状况让人受不了！各单位不断提出口头申请……运油火车还在路上。"10 月 28 日："正在赶来的运油火车少了三节车皮。因此第 22 装甲师将分配到的燃油比需要的少 30 立方米……"这趟运油火车最终在 1942 年 11 月 9 日到达。

的工兵部队总指挥，他在卡拉奇以南的一条冲沟里最后一次见到了自己的老部队。

第 2 连的二等兵路德维希·阿普曼 [①]（Ludwig Apmann）这样回忆这段行程：

> 我们营登上自己的车辆向着斯大林格勒的方向驶去，进入了已经被德国军队占领的郊区。冬天快到了，但是我们还没领到冬装。这里看上去一片狼藉，几乎所有建筑都被夷为平地了；我们还看见了许多死去的德国士兵……

这个营抵达斯大林格勒时的总人数是 10 名军官、3 名文职官员、51 名士官和 475 名士兵，共计 539 人。它的战斗力量是 10 名军官、44 名士官和 405 名士兵。10 月中旬的一次补充使这个营达到了满员状态。抵达斯大林格勒时的指挥体制如下：

营长：埃尔温·加斯特上尉
副官：克劳斯·孔策（Klaus Kunze）少尉
随从参谋：埃贡·希尔曼（Egon Hillmann）少尉
军需官：阿图尔·哈斯勒（Artur Hassler）会计上尉
维修班长：瓦尔特·欣施（Walter Hinsch）维修军士长
技术监察官：恩斯特·施耐德（Ernst Schneider）技监中尉

第1连：沃尔夫冈·齐根哈根（Wolfgang Ziegenhagen）中尉
排长：鲁道夫·戈特瓦尔德（Rudolf Gottwald）少尉
排长：弗里德里希·黑尔贝格（Friedrich Hellberg）军士长

第2连：瓦尔特·哈德科普夫（Walter Hardekopf）中尉
排长：格哈德·蒂勒（Gerhard Thiele）少尉
排长：威廉·米勒（Wilhelm Müller）军士长

第3连：林德曼（Rindermann）中尉（不能确定）
排长：恩斯特·邦特（Ernst Bunte）少尉
排长：赫伯特·帕尔莫夫斯基（Herbert Palmowski）少尉
排长：约瑟夫·勒夫勒（Josef Löffler）上士

第 50 工兵营是全军最老牌的工兵单位之一，在 1942 年 3 月改组为全机械化部队，官兵们的心态也随之发生了变化。随着年长的军官或伤亡或调走，一批自信的年轻军官走上指挥岗位，为部队灌输了较以往更为好斗的精神。被

---

① 路德维希·阿普曼二等兵，第 50 装甲工兵营，1920 年 11 月 13 日生于阿希姆，1992 年 9 月 13 日卒于明登。

▲ 1942 年 11 月初第 50 装甲工兵营奉命开往斯大林格勒前，该营的奥古斯特·乌伦道夫（August Uhlendorf）一等兵在营部的一辆法制雷诺 AHN 型卡车前留影

编入装甲师在一定程度上是令人羡慕的，而这个营的工兵们也都视自己为精英。营长加斯特上尉可以说就是该营的新气质的化身。他显然是被调往斯大林格勒的几个营长中最年轻的，和所有雄心勃勃的少壮军官一样，他希望在战场上向前辈们证明自己的勇猛。这世上也找不到比斯大林格勒更严酷的竞技场了。

第 162 工兵营

　　第 62 步兵师的第 162 工兵营在意大利盟友把守的前线修了几个月的防御工事，但官兵们并没有因此变得迟钝。砍伐树木、挖掘战壕和架设反坦克障碍的工作使他们的身体保持在最佳状态，而营长奥托·克吕格 ①（Otto Krüger）少校安排了不间断的训练和演习，再加上偶尔作为突击队实施的作战，使这些硬

①奥托·克吕格少校，第 162 工兵营，1904 年 9 月 15 日生于埃尔宾（今波兰埃尔布隆格）。

汉们（他们大部分来自上西里西亚，那里盛产吃苦耐劳的农民和工人）的战斗技艺日益精湛。他们最近一次执行作战任务是在 10 月 25 日夜里，那一仗的规模很小。此前在 10 月 9 日还参与过一次进攻，由于突击队中的步兵伤亡惨重而未能得手，但工兵们表现出色。

在调往斯大林格勒的几个星期前，这个营不幸失去了两位经验丰富的连长。长期担任第 3 连连长的汉斯·吉特[①]（Hans Gierth）上尉被调到第 29 军的参谋部，而接替他的是营副官阿尔方斯·申克[②]（Alfons Schinke）中尉。此人自从 1941年越过苏联边境以来就以胆大包天著称。第二个离开的老连长是第 1 连的蒙茨[③]（Munz）上尉，他被调回了德国。继任

▲ 1934 年，在第 1 工兵营中刚刚晋升为少尉的奥托·克吕格。1942 年 11 月，他以少校身份在斯大林格勒指挥第 162 工兵营

者是在该连服役时间较短的库尔特·巴尔特[④]（Kurt Barth）中尉，不过他已有 16 年的从军经验。还有一个连——第 2 连的连长阿图尔·巴兰斯基[⑤]（Arthur Baranski）中尉三个星期前在渡过顿河发动的一次突击队作战中挂了彩，此时还缠着绷带。这些人全都听命于克吕格。他指挥这个营已有一年多，赢得了全营官兵的绝对信任。他的勇敢是无可非议的：他从来都不是那种躲在后方发号施令的人，而他手下的连排长们也深受这种精神的感染。

11 月 1 日午夜前后，第 62 步兵师的师部接到意大利第 8 集团军德国顾问

[①]汉斯·吉特少校，第 162 工兵营，1915 年 10 月 12 日生于布龙贝格（今波兰彼得戈什），1945 年 5 月 1 日阵亡于柏林。
[②]阿尔方斯·申克上尉，金质德意志十字奖章；第 162 工兵营第 3 连，1915 年 5 月 24 日生于上西里西亚的洛伊贝尔，1943 年 2 月 2 日失踪于斯大林格勒。
[③]蒙茨上尉，第 162 工兵营第 1 连，其余信息不详。
[④]库尔特·巴尔特上尉，第 162 工兵营第 1 连，1909 年 3 月 18 日生于卡塞尔，1942 年 11 月 18 日阵亡于斯大林格勒。
[⑤]阿图尔·巴兰斯基上尉，第 162 工兵营第 2 连，1904 年 12 月 7 日生于东普鲁士的拉斯滕堡（今波兰肯琴），1943 年 1 月 5 日失踪于斯大林格勒。

的首席参谋发来的命令，要求第 162 工兵营在 11 月 2 日 12 时前做好陆运或空运的准备。该师的参谋们推测这个营将被用于斯大林格勒，便在日记中写道：

> 抽调工兵营将导致阵地的后续施工陷入严重困境，除非在每个团的防区至少留下数人指导步兵。因此，我师命令该营在每个防区至少留下两到三人。

克吕格少校和他的营在 11 月 3 日一早开始了前往卡拉奇的长途行军。营部和第 3 连有自备的车辆，但两个徒步连只能临时搭乘意大利第 248 载重卡车连 ① 的 30 辆卡车，大约有 50 名意大利司机跟随第 162 工兵营行动，指挥他们的是意大利的朱斯贝蒂（Giusberti）中尉。每个工兵连都带上了自己的野战厨房。该营用了将近两天时间才抵达目的地，其中主力是 11 月 4 日到达卡拉奇的，余部则在次日抵达。该营的就餐人数是 8 名军官、45 名士官和 384 名士兵，共计 437 人。其战斗力量是 7 名军官、31 名士官和 281 名士兵，有 27 挺轻机枪和 6 具火焰喷射器。到达斯大林格勒时的指挥体制如下：

营长：奥托·克吕格少校
副官：鲁道夫·格雷戈尔（Rudolf Gregor）军士长
第1连：库尔特·巴尔特中尉
排长：阿尔方斯·久姆布拉（Alfons Diumbla）少尉（不能确定）
第2连：阿图尔·巴兰斯基中尉
排长：恩格尔贝特·克莱纳（Engelbert Kleiner）少尉（不能确定）
第3连：阿尔方斯·申克中尉
排长：约翰内斯·许策（Johannes Schütze）少尉
排长：威廉·阿尔特曼（Wilhelm Altmann）军士长
排长：马克斯·吉斯曼（Max Giessmann）军士长

与调往斯大林格勒的另几个工兵营相比，第 162 工兵营有一个显著优势：大部分官兵来自上西里西亚，所以许多人会讲西里西亚语（一种波兰方言）以及波兰语，因而也能听懂俄语并用其交流，毕竟这几种语言都是相差无几的斯拉夫语言。抓到俘虏以后，他们能够与俘虏对话，获得能立即用于眼前战局的情报，而不必像其他大多数部队那样把俘虏送到上级指挥部，让专业翻译审问。

---

① 第 248 重型卡车连属于意大利第 8 集团军的直属单位，包括 150 名卡车司机，由 1 名上尉指挥。

第294工兵营

第294步兵师的第294工兵营在被派往斯大林格勒之前也花了好几个月在顿河沿岸修筑防御阵地。它的三个连经常被配属到步兵团，帮助建造地堡、布设雷场、架设铁丝网和砍伐草木以扫清射界。命令明确要求把阵地修得坚不可摧，因为有大片地段是仆从国军队把守的。11月1日23时30分，位于奇卡洛瓦集体农庄的师指挥所里响起电话铃声：第29军发来预备命令，提醒该师让第294工兵营做好在斯大林格勒作为突击营参战的准备。运输方式将是卡车运输或空运。当威廉·魏曼[1]（Wilhelm Weimann）少校听说自己的营要准备去斯大林格勒作战时，他立刻提出了抗议，指出该营不适合承担这样的任务。他在10月29日提交的最新一份每周报告中已经阐明"我营只适合承担有限的进攻任务和防守任务"，而且他在前几份报告中也已反复表达过这一意见。师长约翰内斯·布洛克[2]（Johannes Block）少将很同情但无能为力，因为这个命令来自级别远高于他的大人物。甚至有传言说这是元首亲自下的命令。将第294工兵营用于斯大林格勒的明确命令是11月2日17时由B集团军群直接发出，而且他们希望马上知道该营的运输能力如何。给该营的指示如下：

　　a. 营应前往罗索希机场；

　　b. 营长和副官应乘2辆客车先期前往卡拉奇与第6集团军接洽；

　　c. 营的相当一部分卡车也应搭载野战厨房和部分工程设备前往卡拉奇。

魏曼立刻接到了通知，他随即派通信员去找手下的连长。几分钟后，该营的宿营地就忙成一团。前期准备工作在接到预备命令以后已经展开，但谁都没料到要走得如此匆忙。因为此时天色已黑，所以不可能立即赶往机场，但大家还是给卡车装上货物，以便第二天一早就出发。但是在22时，B集团军群又打来电话要求推迟装车，等到11月4日再开拔。第二天，魏曼少校和他的副

---

[1] 威廉·魏曼少校，第294工兵营；1895年3月15日生于迈德利希/杜伊斯堡。

[2] 约翰内斯·布洛克步兵上将，橡叶骑士十字勋章，骑士十字勋章，第294步兵师，1894年11月17日生于比施多夫，1945年1月26日阵亡于巴拉诺夫桥头堡。

官瓦尔特·齐默尔 [1]（Walter Zimmer）少尉还是不等天亮就起身，驱车前往卡拉奇。魏曼离开以后，负责领导全营的是第 1 连的资深连长——广受爱戴而且身经百战的格哈德·波尔 [2]（Gerhard Pohl）中尉。他最近主持了一个下级指挥官训练班，将二十多名年轻士兵培养成了候补军官，而他们证明自己的第一个机会将是在斯大林格勒。另两位连长是新近调来的第 2 连连长弗里茨·贝格曼 [3]（Fritz Bergemann）中尉和第 3 连连长格哈德·门策尔 [4]（Gerhard Menzel）中尉，两人都是自战争爆发以来就在前线作战。

▲ 威廉·魏曼少校，第 294 工兵营在斯大林格勒时的营长

　　第 294 工兵营在动身前往斯大林格勒的四天前提交了最后一份实力报告，其中指出该营的战斗力量为 6 名军官、46 名士官和 356 名士兵，共计 408 人。它的士兵稍微超编，士官略有缺额，但最重要的是军官严重缺编，总共缺 12 名。魏曼少校对自己的营的状况是这样说的："部队的士气很好。但因为可担任排长的军官一个都没有，所以存在严重困难……"当这个营在 11 月 4 日 11 时 30 分抵达斯大林格勒附近的皮托姆尼克机场时，它只有 4 名军官、29 名士官和 275 名士兵，外加 20 来名非战斗人员。也就是说，总人数是 328 人——比几天前报告的少了 80 人，这部分人员留在后方作为留守分队 [5]。该营飞赴斯大林格勒时的指挥体制如下：

---

① 瓦尔特·齐默尔少尉，第 294 工兵营，1915 年 6 月 1 日生。
② 格哈德·波尔中尉，第 294 工兵营第 1 连，1915 年 4 月 21 日生于豪特罗达，1942 年 11 月 14 日因伤死于斯大林格勒。
③ 弗里茨·贝格曼中尉，第 294 工兵营第 2 连，1915 年 5 月 22 日生于兰茨贝格 / 瓦尔塔，1942 年 11 月 12 日因伤死于斯大林格勒。
④ 格哈德·门策尔中尉，第 294 工兵营第 3 连，1907 年 2 月 12 日生于厄比斯斯费尔德，1954 年 12 月 15 日卒于柏林。
⑤ 留守分队是指部队中一部分留下来充当骨干和管理行政事务的人员，德语为 "Nachkommando"，有 "后卫" 之意。

营长：威廉·魏曼少校 副官：瓦尔特·齐默尔少尉 军需官：阿恩特·鲁道夫（Arndt Rudolph）会计中尉 营军医：乌尔里希·马特乌斯（Ulrich Matthäus）医务中尉
第1连：格哈德·波尔中尉 排长：约瑟夫·里舍（Josef Rischer）军士长 排长：威廉·安格施泰因（Wilhelm Angerstein）上士 排长：伯恩哈德·克雷布斯（Bernhard Krebs）上士
第2连：弗里茨·贝格曼中尉 排长：马克斯·普佩尔（Max Puppel）军士长 排长：奥斯卡·迪克勒（Oskar Dickler）上士 排长：格哈德·胡斯曼（Gerhard Husmann）上士
第3连：格哈德·门策尔中尉 排长：阿尔弗雷德·波伦茨（Alfred Polenz）上士 排长：弗朗茨·克尔克霍夫（Franz Kerkhoff）上士 排长：弗里茨·科特尔（Fritz Kother）上士

　　该营虽然缺少军官，武器倒是不缺：许多缴获的苏制武器被纳入了营的军火库。除了大量PPSh冲锋枪外，这个营还有下列苏制武器：1挺14.5毫米机枪、13挺杰格佳廖夫DP型机枪、5支14.5毫米反坦克枪和9门轻型迫击炮。虽然包括一些较重装备在内的许多苏制武器都留给了后方留守分队和该营的战俘工兵连，但大部分武器还是随该营官兵上了飞机。

第336工兵营

　　第336步兵师的第336工兵营在飞赴斯大林格勒途中，许多人胸前佩戴着崭新的勋章，这是因为他们刚参加了被他们认为一生难遇的激烈战斗：顿河畔科罗托亚克之战。在抵达斯大林格勒时，该营的指挥体制与那场战斗发生时有很大不同。营长里夏德·帕弗利切克[①]（Richard Pavlicek）少校此时已回国休假，按理指挥权应该转给资深的连长赫伯特·博尔科夫斯基[②]（Herbert Borkowski）上尉，但他刚被调到匈牙利第2集团军任联络官。排在他之后的

---

① 里夏德·帕弗利切克中校，第336工兵营，1902年2月3日生于奥地利维尔滕，其余信息不详。
② 赫伯特·博尔科夫斯基少校，第336工兵营第1连，1909年10月20日生于但泽，1995年7月16日卒。

指挥人选是 9 月中旬才调到该营的赫尔曼·隆特上尉。他曾被一个上级评价为具有"坚定不移、精力充沛、英勇无畏"的军人风范。他为人彬彬有礼，广受欢迎，颇有领袖气质。在战争初期曾有一个指挥官用寥寥数语总结隆特的特点："一个朴素、率直、值得信赖的人。具有纯而又纯的军人品质。"

11 月 1 日午夜前半小时，第 336 步兵师接到一份通报，要求师属工兵营做好被空运到另一地区的准备。师长随即通知了隆特上尉。紧张的时间限制意味着准备工作只能做得很简略。次日 20 时 30 分，隆特接到了 11 月 3 日 9 时前往尼古拉耶夫斯卡附近的伊洛夫斯科耶机场报到的命令。他要从那里直接飞赴第 6 集团军在顿河畔卡拉奇的集团军工兵学校接受指示。两小时后，正式命令下达：

> 工兵营运往斯大林格勒的时间定为 1942 年 11 月 4 日。

隆特立刻召集了手下的连长们，命令他们做好空运准备。他要求部下带上所有能用的重武器，包括火焰喷射器。当被问及目的地时，隆特只需说出一个词："斯大林格勒。"担任炊事员的威廉·吉贝勒（Wilhelm Giebeler）二等兵收拾了自己的炊事用具。他将和营后勤梯队的其他人一起通过陆路到达斯大林格勒。在他打点行装时，身边的工兵们都在大声抱怨着这次新任务。以前每当要执行特殊的"苦差"时，吉贝勒也听他们发过牢骚。不过既然他们都是无可挑剔的巷战行家，他既不担心他们的士气，也不怀疑他们的胜利。

载着隆特上尉和副官卡尔·鲁尔①（Karl Ruhl）少尉的飞机在 9 时准时起飞，三个小时后降落在皮托姆尼克机场。而在科罗托亚克地区，卡尔·布罗克曼②（Karl Brockmann）中尉的第 2 连在中午时分爬上 9 辆卡车，于夕阳西下之时抵达伊洛夫斯科耶机场。随后他们以班为单位登上 Ju 52 型飞机。飞行过程一切顺利，全连在晚秋的夜色中降落于皮托姆尼克。接着一小队卡车载着他们沿卡拉奇—斯大林格勒铁路线一路西行，过顿河后进入为他们安排的宿营地。

11 月 4 日凌晨，另两个连在破晓前早早做好了前往伊洛夫斯科耶机场

---

①卡尔·鲁尔中尉，第 336 工兵营营部，1913 年 11 月 17 日生。其余信息不详。

②卡尔·布罗克曼中尉，第 336 工兵营第 2 连，1910 年 5 月 18 日生于汉诺威，1944 年 3 月 12 日阵亡于捷尔诺波尔州斯卡拉特附近。

的准备。凌晨 3 时刚过卡车就停在营地，15 分钟后，卡尔 - 海因茨·胡伦 [1]（Karl-Heniz Hullen）中尉的第 1 连和伯恩哈德·齐施 [2]（Bernhard Ziesch）中尉的第 3 连就带着所有武器装备挤进了卡车，开始长途行军。他们在 7 时开到机场，跳下卡车，迅速将装备装上飞机，然后自己也进入机舱。不久飞机腾空而起，在 10 时左右降落到皮托姆尼克机场。第 51 军提供的卡车将他们接到了位于顿河对面的宿营地。抵达斯大林格勒近郊时，该营的指挥体制如下：

营长：赫尔曼·隆特上尉
副官：卡尔·鲁尔少尉
营军医：霍斯特·加尔沃苏斯（Horst Gallwoszus）医务上尉
第1连：卡尔-海因茨·胡伦中尉
排长：威廉·施密特（Wilhelm Schmidt）少尉
排长：奥托·格林（Otto Grimm）军士长
排长：赫尔穆特·米尔考（Helmut Milkau）军士长
第2连：卡尔·布罗克曼中尉
排长：弗里茨·冯·韦尔森（Fritz von Velsen）少尉
排长：约翰内斯·齐默尔曼（Johannes Zimmermann）军士长
排长：格哈德·皮尔茨（Gerhard Piltz）参谋军士（第3排）
第3连：伯恩哈德·齐施中尉
排长：奥托·赖特尔（Otto Reiter）参谋军士（第1排）
排长：埃里希·奥伯斯特（Erich Oberst）少尉（第2排）
排长：伯恩哈德·艾林豪斯（Bernhard Ehringhaus）中尉（第3排）

该营在 1942 年 11 月 4 日的战斗力量为 8 名军官、38 名士官和 336 名士兵。就餐人数则还要多出 20 人左右。该营虽然满员，但火焰喷射器数量不足，每连只有 2 具，而不是编制的 3 具。该营的另一个特点是装备了一种不同寻常的武器——在 1941 年 5 月驻扎比利时期间，该营官兵获得了比利时赫尔斯塔尔国营工厂（Fabrique Nationalede Herstal）制造的勃朗宁 FN 大威力手枪。工兵们很欣赏这种手枪较大的载弹量（它的弹夹可装 13 发标准 9 毫米帕拉贝鲁姆手枪弹，若加上膛内的 1 发，则最多可装 14 发），许多人，尤其是军官和士

---

① 卡尔 - 海因茨·胡伦上尉，第 336 工兵营第 1 连，1917 年 6 月 2 日生于威特玛，1943 年 12 月 26 日阵亡于巴里谢夫卡附近。
② 伯恩哈德·齐施中尉，第 336 工兵营第 3 连，1915 年 8 月 15 日生于斯特罗许茨，1943 年 1 月 11 日失踪于斯大林格勒。

▲ 赫尔曼·隆特上尉，第 336 工兵营在斯大林格勒时的代理营长

官，都选择佩戴它防身。两个月前这种手枪已在科罗托亚克经受了考验，最有经验的人都喜欢用它作为备用武器。

科罗托亚克之战把第 336 工兵营锻造成一支令人钦佩的部队，并为他们提供了城市作战和夺取坚固建筑的宝贵经验。所有官兵都懂得了一个道理：火焰喷射器、炸药和最重要的进攻锐气相结合能有效占领坚固的敌军巢穴。在 5 个参与这次进攻的工兵营中，第 336 工兵营拥有在建筑密集区域作战的最新经验。因为他们在科罗托亚克成功完成了类似的任务，所以他们信心十足地认为自己能再次获胜。官兵们认为在斯大林格勒没有任何困难能与他们经历过的那场恶战相比。他们最近获得的勋章使他们对那场战斗记忆犹新。

★

奔赴斯大林格勒的 5 个工兵营长各有特点。路德维希·比希上尉（第 45 工兵营）是参加过第一次世界大战的老战士，受过高等教育，成熟稳重，经验丰富；埃尔温·加斯特上尉（第 50 装甲工兵营）显然是最年轻的一个，傲慢自矜，勇猛好斗；奥托·克吕格少校（第 162 工兵营）曾经当过士官，谦恭自省，值得信赖；赫尔曼·隆特上尉（第 336 工兵营）同样是行伍出身，从士兵一步步提拔上来，言行举止极为得体，诚实纯朴；威廉·魏曼少校（第 294 工兵营）是 5 人中年纪最大的，处事谨慎，但见多识广。

5 个截然不同的指挥官、5 支截然不同的部队，他们聚在一起只为一个目的：拿下斯大林格勒最后几块顽固的苏军阵地，一劳永逸地结束这场旷日持久的战事。

除了 5 个工兵营，还有另一些部队被派往斯大林格勒。为了准备最后的突击，几个先前已在这座城市中屡遭重创、遍体鳞伤的师奉命组建若干突击连。这种连队本质上是一个经过精简的营，去除了所有在战斗中不需要的人和装备——也就是说，这是一种完全由身经百战的老兵组成的连队，他们装备着许多高射速的自动武器、大量的手榴弹和多得过分的重武器。

第 24 突击骑兵连

在 11 月 4 日 14 时 15 分，第 24 装甲师发布了第 83 号师长令，要求组建一个突击连（按第 24 装甲师的叫法，是突击骑兵连），为此要从第 26 装甲掷弹兵团第 2 营抽出一个连的兵力。在第 83 号师长令的附录中注明了该连编成的相关细节，其中指出在 11 月 7 日前第 26 装甲掷弹兵团要组建一个约有 150 名战斗人员的加强突击骑兵连，其中包括一个工兵班，该连还将装备重机枪和重迫击炮。与此同时，第 14 装甲师和第 79 步兵师也将组建各自的突击连。按计划，这三个装备精良的连将加强给第 100 猎兵师，用于进攻拉祖尔化工厂。

这个突击骑兵连的编成如下：

连部，包括连长（军官）、连部班班长（士官）、8 名通信员和 1 名卫生员。

三个突击排，每排包括排长（士官）、排部班班长（士官）、3 名通信员和 1 名卫生员；

每排三个班，每班 1 名士官和 7 名士兵。

以上合计是 1 名军官、17 名士官和 83 名士兵。此外还有一个重机枪班、一个重迫击炮排、一个反坦克炮班和一个 10 人的工兵班。全连合计约 150 人，其中核心成员都来自第 6 骑兵连。被挑选来领导这个新连队的是第 26 装甲掷弹兵团第 6 连的连长埃伯哈德·拜尔斯多夫 [①]（Eberhard Beyersdorff）少尉。他是 9 月 8 日才调来接替前任连长的，以英勇善战和领导有方著称，完全具备这

---

① 埃伯哈德·拜尔斯多夫中尉，金质德意志十字勋章，第 26 装甲掷弹兵团第 6 连；1918 年 3 月 27 日生于格赖芬哈根，1974 年 9 月 15 日卒于奥尔登堡。

个新职位所需要的品质。他接到
的关于组建新连队的命令给了他
很大的自主权，允许他从自己的
连以及团里其他任何单位自由挑
选 100 人。拜尔斯多夫于 1938
年 10 月志愿从军，加入了著名
的第 5 骑兵团 [①]。他在 1941 年年
初升为军官，隶属于第 1 骑兵师，
随该部参加了"巴巴罗萨"行动
前 5 个月的战事。此后该师被召

▲ 第 336 工兵营第 3 连连长齐施中尉和他的专车。该营飞赴斯大林格勒时将所有车辆都留在了后方

回德国进行休整，并改编为第 24 装甲师。因此他认识师里许多经验丰富的老兵，能够选出最坚强、最有战斗经验的战士，他们是早就证明了自己的勇气而且胸前挂满勋章的人，是熬过了东线经年累月的残酷战斗的人。不过拜尔斯多夫对重机枪班、重迫击炮班、反坦克炮班和工兵班就没有这么熟悉。但无论如何，这些人也都是优秀可靠的战士。

连队编为多个突击班。每个班将有 1 挺轻机枪，机枪手外的其他人则装备步枪、冲锋枪、手榴弹、炸药包、苏制炮队镜、发烟罐和烟雾手榴弹。该突击骑兵连各班的具体装备情况如下：

班长：冲锋枪、2 颗手榴弹。

1 号步兵：机枪、1 个 50 发弹鼓、手枪、2 颗手榴弹。

2 号步兵：手枪、4 个 50 发弹鼓、1 个 300 发弹箱、2 颗手榴弹。

3 号步兵：步枪、2 个 300 发弹箱、2 颗手榴弹。

4—5 号步兵：步枪、每人 1 袋手榴弹（8 颗）。

6 号步兵：步枪、1 个聚能药包、2 颗手榴弹。

7 号步兵：步枪、1 袋烟雾手榴弹（6 颗）、1 个发烟罐、2 颗手榴弹。

---

① 第 5 "冯·马肯森元帅"骑兵团是德国陆军中的精锐部队，该团官兵在军帽上佩戴骷髅标志，这一传统继承自原普鲁士第 1 和第 2 禁卫轻骑兵团。在 60 页的照片中可以清楚地看到拜尔斯多夫的军帽正面佩戴有骷髅标志。

弹药配发量如下：

　　每支步枪：100 发子弹。

　　每支冲锋枪：6 个弹夹。

　　每支手枪：2 个弹夹。

　　每挺轻机枪：10 个 50 发弹
鼓和 2 个 300 发弹箱。

　　每挺重机枪：12 个 300 发
弹箱。

　　每名士兵：2 颗手榴弹。

　　除了重迫击炮和重机枪，该连
还配备 1 门 37 毫米反坦克炮，以及
第 40 装甲工兵营提供的 2 具枪榴弹
发射器。工兵班将是从第 40 装甲工
兵营抽调的一个完整的班，配备用于
逐屋争夺战的特种设备，包括火焰喷
射器。这个班早在 11 月 6 日就被调

▲ 埃伯哈德·拜尔斯多夫少尉，以第 26 装甲掷
弹兵团人员组建的突击骑兵连的连长

到突击骑兵连，而且上级严令必须将其作为完整单位使用，不得分散配置给掷
弹兵。

　　11 月 5 日上午，第 26 装甲掷弹兵团第 6 连从钢铁厂撤出，调回编组地区。
整个上午，被分配到这个新连队或由拜尔斯多夫亲自挑选的人员三三两两地前
来报到，还有一些人数较多的小队从更西面的后方地域赶来。留给这支部队磨
合的时间并不多：完成集训的截止时间是 11 月 7 日晚上。在集训的最后一天，
曾在夏季攻势初期负伤的瓦尔特·弗罗布莱夫斯基 [1]（Walter Wroblewski）少尉
随最新一批补充军官到达，因为经验丰富、了解前线和勇敢善战而被立即分配
到突击骑兵连。师长阿尔诺·冯·伦斯基 [2]（Arno von Lenski）少将在后方观摩

---

　　① 瓦尔特·弗罗布莱夫斯基少尉，第 26 装甲掷弹兵团第 7 连，1917 年 3 月 30 日生于斯德丁（今波兰什切青），1994 年
12 月 26 日卒于伊森哈根。

　　② 阿尔诺·冯·伦斯基中将，第 24 装甲师，1893 年 7 月 20 日生于齐莫黑，1986 年 10 月 4 日卒于艾希瓦尔德。

了这个突击连的训练。他就站在自己的桶车^①旁边，看着各班在一个化为废墟的小村里演练突击队战术。冯·伦斯基对自己见到的情况感到很满意：在短短两天时间里，这些来自不同单位的人员已经能做到有效配合。这支部队很快就能投入战斗了。

第 44 突击连

第 51 军各师的突击连最早也是在 11 月 4 日才开始组建的，与之相比，第 44 步兵师的突击连组建时间要早得多。它最初被设想为一支"预备应变部队"，编在一个冬季机动特遣队中，是按照第 6 集团军 1942 年 11 月 4 日下发给第 11 军的命令而成立的。这份命令的开头指出，"在占领冬季阵地后，每个步兵师都应组建一个可随时独立作战的应急群，而每个步兵团都应组建一个突击群"。应急群包括 1 个含通信分队的营部、2 个步兵连（每连得到 1 个重机枪排和 1 个重迫击炮排加强）、1 个轻榴弹炮连和 1 个重装连（含轻步兵炮排、重反坦克炮排和工兵排各一），部分人员将获得滑雪板，其他人则配备雪鞋。将以雪橇取代轮式车辆，并提供小爬犁用于拖曳重机枪。每个人都将得到全套冬装。每个步兵团要组建的突击群将包括 1 个步兵连，该连加强有 1 个重机枪排和 1 个重迫击炮班。从可以查到的少量证据来看，这些突击群似乎并未建成，但应急群在 10 月完成了组建。实际的编成与计划非常接近，确实包括了第 46 装甲歼击营的营部和通信分队、2 个加强步兵连（分别来自第 131 和第 132 掷弹兵团）、1 个来自第 132 掷弹兵团的轻步兵炮排、1 个来自第 80 工兵营的工兵排、1 个来自第 46 装甲歼击营的反坦克连（有 6 门重反坦克炮、6 门重迫击炮和 6 门轻迫击炮）和第 96 炮兵团第 4 连。10 月下旬，第 6 集团军司令部决定把这 2 个加强步兵连调到第 51 军用于攻城，但没有现存记录显示这 2 个连（此时合称为"第 44 突击连"）为何被东调到斯大林格勒。第 6 集团军在 1942 年 10 月 28 日 16 时发给第 51 军和第 44 步兵连所属的第 11 军的电报是这样说的：

---

① 译注："Kübelwagen"，即大众公司生产的 82 式军用越野车。

应在 10 月 29 日通过卡车将第 44 步兵师突击连及配属的第 672 工兵营突击工兵排前送至卡缅内布耶拉克。连长应提前到达第 51 军指挥所报到。该加强突击连到达后即转隶第 51 军。届时它应住宿于集团军在卡缅内布耶拉克安排的宿营地。

在 10 月 29 日上午，集团军工兵总长赫伯特·泽勒上校将联合第 11 军提供卡车，将该连前送至上戈卢巴亚东北偏东 8 公里的摩尔克雷。他还将负责突击工兵排的运输。

该加强突击连抵达后，第 51 军应在其每日报告中向集团军报告。

10 月 28 日 19 时 45 分，第 51 军也向第 79 步兵师发出了电报：

第 44 步兵师的加强突击连应搭乘卡车在 10 月 29 日抵达卡缅内布耶拉克西北地区。该连抵达后转隶第 79 步兵师，其后勤供应与一般部队事务均由该师负责。届时该连应住宿于军指挥部在卡缅内布耶拉克地区安排的宿营地。突击连连长应去位于拉兹古利亚耶夫卡火车站的第 79 师指挥所报到。在其报到后，该师应向军指挥部报告。

上面的电报中提到了一个"突击工兵排"。这个排配属第 44 突击连，可与其同时部署。它的番号被定为第 672 陆军工兵排，其实原本是第 672 工兵营第 3 连第 1 排，而该营是驻扎在卡拉奇附近的集团军工兵学校的教导部队。第 672 工兵营的任务是为其他部队开办课程，训练他们实施工兵专业活动，例如摧毁坦克和城市中的突击群作战。因此第 672 陆军工兵排的人员都是巷战战术的行家里手。只不过他们的知识和训练尚未经受实战考验。在 10 月 28 日，第 6 集团军内部没有其他任何与第 44 突击连和第 672 陆军工兵排相似的部队。

第 44 突击连的准确编成以及它的人员和武器数量都已不可考，但是原本为冬季机动特遣队组建的两个加强步兵连和上面提到的工兵排都是它的组成部分。也许读者会觉得考辨这支包含两个超编连队的部队是否该被称作"突击连"有点学究气，但是确实有多份资料① 称它为"第 44 突击营"。不过也有一个例

---

① 这些资料包括第 44 步兵师师史，该师的新闻通讯和老兵弗朗茨·迈尔（Franz Maier）的回忆。

外：第6集团军的战争日记一直称它为"突击连"，只在一份文件中暗示过它的编制比一个连要大。这份文件注明的日期是11月11日，其中指出第44步兵师从第131掷弹兵团和第132掷弹兵团各抽调一个加强连提供给了第6集团军。随后这份报告声称"这两个掷弹兵连都已移交给第51军"。综合前文报告中提到的编制就会发现，第44突击连拥有2个步兵连，每连加强了1个重机枪排和1个重迫击炮排，外加1个工兵排，那么总兵力就是2个连加5个排。总之，这个突击连是以第131掷弹兵团第11连和

▲ 艾特尔·布洛克军士长，第80工兵营第2连的一名排长，负责指挥配属给第44突击连的工兵

第132掷弹兵团第2连的人员加上第80工兵营第2连的1个排组成的，但其下属各单位的实力不详：每个连可能有150人，也可能只有50人。本书作者认为第44突击连的人数要明显多于一个普通的连队，可能是其他各师后来组建的突击连人数的两倍以上。它的重武器数量也是相当惊人的。因此将其人数估计为300以上并不离谱。为简单起见，后文提到这支部队时都将使用"第44突击连"这一名称。

第44突击连的人员几乎都是18～20岁的新兵，但有经验丰富的士官和老兵作为骨干。例如，工兵排的排长就是身经百战的艾特尔·布罗克[1]（Eitel Brock）军士长。来自第131掷弹兵团的那个连的连长是威廉·威尔米策[2]（Wilhelm Willmitzer）少尉，而来自第132掷弹兵团的那个连的连长维利·金

①艾特尔·布罗克军士长，第80工兵营第2连，1915年4月19日生于朗根贝格，1942年11月11日阵亡于斯大林格勒。
②威廉·威尔米策中尉，第131掷弹兵团第11连，1918年1月27日生于克拉科夫，1942年11月13日阵亡于斯大林格勒。

德勒 [①]（Willi Kindler）中尉被任命为整个突击连的连长。第44步兵师大部分官兵是奥地利人，但金德勒与他们不同，他是德国人，原本担任第132步兵团第5连连长，但在1942年6月10日受了重伤。在本土医院康复以后，金德勒于1942年10月下旬回到了师里。

10月29日上午，这个突击连离开了第44步兵师防线后方的集结地，而防线对面就是克列缅斯卡亚桥头堡。在金德勒中尉前往第51军指挥部报到时，突击连的其余官兵乘坐上级提供的卡车行军。威尔米策少尉在金德勒离开时负责带队。车队朝着东南方向前进，经卢钦斯科伊桥过了顿河，又经过维尔季亚奇，穿越斯大林格勒西面一马平川的大草原。最后这个突击连在下午抵达他们在卡缅内布耶拉克的宿营地，但第51军直到次日才接到报告。在10月30日，该突击连以及第672陆军工兵排的后勤供应和一般部队事务正式移交给第79师负责，但他们还不能用于作战——此时他们仍归第51军直接指挥。

这个连似乎从一开始就出现在针对拉祖尔化工厂的进攻计划中。

虽然第672陆军工兵排不会参与即将发起的这次进攻，但我们有必要考察一下他们的编成和作战行动，因为这肯定能帮助我们预见以此时计划中的方式使用工兵部队会有什么结果。第672陆军工兵排有6名士官和42名士兵。他们全都受过全面的街巷战训练，而且正在把这些知识传授给他人。排长是29岁的特奥多尔·雷厄 [②]（Theodor Reher）上士衔候补军官。1942年10月30日，这个排的后勤供应和一般部队事务都转到了第79步兵师。第二天，第226掷弹兵团（第79步兵师）在第179工兵营第1连和第3连的工兵支援下进攻"红十月"厂的平炉车间，起初进展顺利，但先头部队打到伏尔加河时被苏军反击切断，不得不仓皇撤退。先前在这个关键的车间攻取的所有阵地也因此全部丢失。第226掷弹兵团的伤亡极为惨重：军官1死1伤，士官和士兵则有40人死亡，116人负伤，14人失踪，50人"失散" [③]。工兵们的伤亡倒是很小：2名士兵死亡，1名士官和4名士兵负伤。因为第179工兵营的工兵突击群为

---

① 维利·金德勒上尉，第132掷弹兵团第5连，1906年12月24日生于杜尔拉赫，1944年6月21日阵亡于波兰塞弗里附近。
② 特奥多尔·雷厄少尉，第672工兵营第3连，1913年4月20日生于北基兴，1942年11月1日阵亡于斯大林格勒。
③ 在战斗中与自身所属部队失联。

这次攻击出了大力，所以为了最终占领平炉车间，师里决定增加工兵力量：新到的雷厄上士的工兵突击排既然针对这类任务受过专门训练，自然成了理想的选择。于是这个排在 1942 年 11 月 1 日在战术上转隶第 79 步兵师，供该师用于作战。在听取关于即将发动的进攻的情况简介后，这个排就被连夜派往"红十月"厂。

为了给进攻部队开路，德国空军的飞机从 10 时 15 分开始花了 45 分钟投掷凝固汽油弹之类的燃烧弹。大多数燃烧弹直接命中了目标。攻取平炉车间北侧部分的作战随即开始，第 672 陆军工兵排和第 179 工兵营第 3 连的几个工兵班连同第 179 工兵营第 2 连的火焰喷射器小组以及步兵突击队跃出了距目标 200 米（这是空地协同的最小安全距离）的出发阵地。在这个"安全地带"内（换言之还在目标车间之外），苏军的抵抗大大超出预期。德军的进攻因此被迟滞了好几个小时，直到 15 时将近，突击队才冲到车间跟前。车间内的抵抗与前一天相比毫不逊色，突击队被死死挡在外面。经过一番快速调整，进攻在 15 时 30 分重新发起。恶战持续到夜幕降临，德军最终铩羽而归。这次进攻取得的成果微不足道：目标并未受到严重威胁，没有占领任何重要的阵地，而且只抓到 5 名俘虏。第 79 步兵师各参战部队的伤亡也不是很严重：第 226 掷弹兵团有 3 名士官和士兵死亡，17 名士官和士兵负伤，1 名士兵失踪，而第 179 工兵营有 1 名士兵死亡，2 名士兵负伤，1 名士兵失踪。但另一方面，第 672 陆军工兵排蒙受了重大损失：排长雷厄上士和他的 5 名部下[1] 死亡，17 名士官和士兵负伤，1 名士兵失踪。也就是说全排 48 人有 24 人伤亡——损失率竟然达到 50% 之多。班长赫尔克（Hölker）上士接过了全排残部的指挥权。随后第 672 陆军工兵排立即解除了与第 79 步兵师的战术隶属关系，撤出"红十月"厂，调至斯大林格勒西郊的预备队阵地。它在 1942 年 11 月 3 日回归位于卡缅内布耶拉克的第 44 突击连建制。

在一片被彻底毁坏的厂区中使用第 672 陆军工兵排的这个战例本应引起

---

① 阵亡人员包括罗伯特·古廷（Robert Guthing）列兵，1923 年 7 月 25 日生于锡根；约瑟夫·奥特拜因（Josef Otterbein）二等兵，1908 年 5 月 4 日生于巴德萨尔茨希利尔夫；约翰内斯·汉斯·舒尔策（Johannes Hans Schulze）二等兵，1921 年 10 月 20 日生于不伦瑞克；维利·齐姆斯（Willi Ziems）列兵，1923 年 6 月 14 日生于布卢门霍尔茨；还有一人姓名不详。

德军上层的警觉。它证明即便是训练有素、还专门学习过城市战技巧的工兵也无法取得显著的成功。

33B 型突击步兵炮

除了那些"试验性"部队，被派往斯大林格勒参加"胡贝图斯"行动的还有一种尚未经过实战考验的新式武器。这就是装有一门 150 毫米重型步兵炮的 33B 型突击步兵炮（Sturminfanteriegeschütz 33B）。这种车辆的研发是希特勒亲自安排和监督的，可谓是他的掌上明珠。研制这种车辆的想法最初是在 1942 年 9 月 20 日希特勒召开的会议上被提出来讨论的。会议记录这样写道：

> 显然，斯大林格勒的战斗意味着我们需要一种装在重装甲车辆上的重炮，用来发射高爆炮弹，确保几炮就能摧毁整座楼房。这种武器不需要有很长的行程，也不需要快速机动能力。但是，良好的装甲防护是必不可少的。必须立即尽一切努力生产出 12 辆这样的武器，而且最初的 6 辆最迟必须在 14 天内生产出来。如果无法在三号或四号坦克的炮塔里安装重步兵炮，那就必须尝试将这样的火炮安装在突击炮上。

在 9 月 22 日的会议纪要则记载"6 门重步兵炮将在 10 月 7 日安装到突击炮上，在 10 月 10 日将再完成 6 门炮的安装。在 10 月还将用重步兵炮另外改装 12 辆突击炮。元首对此极为满意"。

斯柯达兵工厂当时已经设计并生产了装备 150 毫米炮的 33/1 型突击步兵炮，它是一种采用 38t 型坦克底盘的自行火炮。在接到希特勒的命令后，阿尔凯特兵工厂在两天时间内因陋就简地设计出了一种安装在突击炮底盘上的盒状上部结构。这个设计是以三号 B 型突击炮的底盘为基础的，但最初的 12 辆生产型却采用了三号 E 型突击炮的底盘，最后 12 辆用的是 F/8 型底盘[①]。这种车辆的模样当然谈不上漂亮：它重 21 吨，高 2.90 米，长 5.40 米，宽 2.90 米，看上去就像一个前面伸出一根管子的钢铁方盒。它配备的武器包括一门 11.4

---

① 最终德国人总共生产了 24 辆基于三号坦克底盘改装的 33B 型突击步兵炮。底盘编号为 90101 到 91400。

倍径 150 毫米重步兵炮和一挺 MG 34 型 7.92 毫米机枪，但车内储弹空间只够存放 30 发 150 毫米炮弹和 600 发机枪子弹。车内还携带了两支 MP 38 型冲锋枪（备弹 384 发），供乘员逃生后自卫用。乘员共有 5 人，包括车长、炮长、驾驶员和两个装填手。装甲最厚处为车体和上部结构正面，有 80 毫米，侧面为 50 毫米，最薄处为发动机舱顶盖，有 16 毫米。驱动这种车辆的是一台水冷 V-12 型迈巴赫发动机，可使其达到每小时 20 公里的最高速度，油箱容量为 310 升，最大公路行程可达 110 公里，越野行程可达 85 公里。总之，这种车辆速度缓慢，行程有限，但装甲防护相当不错——完全符合希特勒的命令。

在 1942 年 10 月 13 日的会议上，希特勒被告知兵工厂已经交付了 12 辆有 80 毫米前装甲的突击步兵炮，另有 12 辆将立即开始组装。

陆军武器局的报告则称，在 10 月完成了 24 辆"采用三号坦克底盘的突击步兵炮"，其中 12 辆在 10 月装备部队，另 12 辆在 11 月交付。报告还提到这是一种利用整修后的底盘生产的实验性武器。

第 6 集团军参谋部第一处在 1942 年 10 月 21 日 20 时 20 分向第 14 装甲军发出了下列电传讯息：

> 根据元首的命令，将向第 177 突击炮营调拨拥有 6 辆突击步兵炮的第 616 装甲连[①]。该连将在 10 月 23 日左右抵达奇尔火车站，军列编号为 430238。

> 陆军装备局长兼后备军司令将决定是为 6 个车组提供运输手段，还是让其自力行军至第 177 突击炮营。这些车组将转隶第 177 突击炮营。这些突击炮到达后，第 6 集团军司令部将向陆军总司令部报告。

与此同时，另一则内容相似的讯息发到了第 51 军：

> 第 244 突击炮营将很快获得拥有 6 辆突击步兵炮的第 627 装甲连，其军列编号为 430 255，目的地为奇尔火车站。陆军装备局长兼后备军司令已经为这批装备中的每辆突击炮配备 1 名驾驶员、1 名炮长和 1 名装填手，以及若干军工人员。这些车组将转隶第 244 突击炮营。该营应在奇尔火车

---

①坦克和突击炮在运往前线途中会被编成临时的连队。

▲ 从左侧拍摄的 33B 型突击步兵炮，这种武器是根据希特勒的指示为斯大林格勒的巷战而专门开发的

▼ 从右前方拍摄的 33B 型突击步兵炮，注意战斗室正面的机枪座，该车装备一门 150 毫米重型步兵炮，对建筑物具有可观的破坏力

站提供其余车组成员。这些突击炮到达后，第 6 集团军司令部首席参谋将向陆军总司令部 / 总参谋部、组织部报告。

第 6 集团军在电报中估计的抵达日期是 10 月 23 日，这有点乐观过头了。这 12 辆车其实直到 10 月中旬才离开位于柏林郊外的阿尔凯特兵工厂，而它们要花费远超过一个星期的时间才能走完从柏林到斯大林格勒的数千公里路程。第 6 集团军的军需处长是这样记录第一批车辆的抵达时间的：

> 10 月 27 日：第 616 装甲连于 1942 年 10 月 27 日抵达奇尔火车站，运有装甲车辆 8 台，军列编号为 430238。

这趟列车载有拨给第 177 突击炮营的 6 辆突击步兵炮及乘员，还有 2 辆类型不明的装甲车辆。拨给第 244 突击炮营的第二批 6 辆突击步兵炮及乘员是在次日抵达的。军需处长的记录如下：

> 10 月 28 日：第 627 装甲连于 1942 年 10 月 28 日抵达奇尔火车站，运载 6 辆突击炮，军列编号 430255。

在第二批 6 辆突击步兵炮抵达的当天，第 6 集团军向两个计划装备该炮的突击炮营所在的军发出电报，下面就是 10 月 28 日 19 时 35 分发给第 51 军和第 14 装甲军的讯息：

> 第 177 和第 244 突击炮营在奇尔分别领取 6 辆突击步兵炮后，应尽快投入斯大林格勒一带的战斗中。这将是这种新武器第一次用于实战，因此在它们第一次作战后应提交简短的经验总结报告。

10 月 29 日一大清早，第 177 和第 244 突击炮营的军官们被上级派到奇尔火车站接收新式车辆及其乘员，与他们同行的还有营里的技术人员和一些被选中成为车组成员的士兵。分配给第 177 突击炮营的 6 辆突击步兵炮开往位于戈罗季谢以东的指挥所，而另 6 辆则驶向第 244 突击炮营位于古姆拉克火车站东南方的临时营地。第 51 军在 17 时的临时报告中汇报了这些突击炮抵达的消息。

第 177 突击炮营这 6 辆新到的钢铁怪兽花了很长时间才赶到营地，这是因为途中有一辆抛锚了。它们直到日落以后才完成行军。当天 22 时 10 分，第 14 装甲军在发给第 6 集团军的每日报告中称："装备重步兵炮的突击炮已抵达营修理所，其中一辆由于运输过程中受损曾暂时抛锚。"

保卢斯大将在 10 月 29 日上午巡视前线时曾去了第 51 军位于古姆拉克火车站西北方的指挥所。他与冯·塞德利茨的会谈在 9 时 15 分开始，半小时后结束，会上这位军长重申了夺取火炮厂、面包厂和钢铁厂以东的伏尔加河河岸有多困难。恰在此时，由 6 辆 33B 型突击步兵炮及随行车辆组成的车队经过此地前往第 244 突击炮营位于古姆拉克车站东南的指挥所，这简直就像是神灵

▲ 1942 年 10 月 29 日，提供给第 244 突击炮营的一辆崭新的 33B 型突击步兵炮隆隆驶过古姆拉克火车站。这张照片是第 79 步兵师的一名士兵拍摄的。照片中站在发动机舱盖上的军官（穿大衣者）很可能就是保卢斯大将本人

▲　保卢斯大将与突击炮部队的指挥官们交谈。自左向右分别是第 244 突击炮营营长约瑟夫·格洛格尔少校、弗里德里希·保卢斯大将、第 245 突击炮营营长汉斯·齐勒施少校

降下的预兆。虽然官方记录中没有说明保卢斯是否一时兴起视察了这些新式车辆，但在他通常精确到分钟的行程记录中出现了一个小时的空档，因此他很可能就是这么做了。在 10 时 45 分，他给留守在集团军司令部的参谋长打了一个电话，下令把分配给第 244 突击炮营的 6 辆新式 33B 型突击步兵炮全部当作支援火炮使用，特别是要用于伏尔加河沿岸的险恶地带。

但是这个命令却不能马上执行，因为尽管 6 辆 33B 型突击步兵炮在 10 月 30 日被列入第 244 突击炮营的作战装备中，但在次日却有报告说，"第 244 突击炮营的 6 辆突击步兵炮仍滞留在 447 号参考点 [1] 以西 2 公里处，处于无法作战的状态"。

1942 年 11 月 1 日，分配给第 177 突击炮营的 6 辆 33B 型突击步兵炮离开该营的修理所，到达营指挥部，宣布完成战斗准备。它们被编为 3 个排，每排 2 辆，全部隶属于该营第 3 连。在更南面的地方，保卢斯去古姆拉克火车站东南走访了第 244 突击炮营。他在 11 时 15 分抵达，观看了新到的突击炮。连长坦率地表达了自己对这种新式车辆的失望。他指出了其种种缺陷，认为它是一种权宜之计，不适合用于实战。驾驶员和通信员 / 机枪手的视野都很差，火炮本身的方向射界小得几乎可以忽略，而且这种车辆整体而言很脆弱，不能执行和突击炮一样的作战任务。尽管如此，似乎还是有很多人急切地想立即用它们作战。第 305 步兵师 11 月 1 日发布的一份命令要求将部分新炮在次日的进攻中用于支援步兵：第 244 突击炮营的一个突击步兵炮排（2 辆）被配属到第 576 掷弹兵团，另一个排的 2 辆将支援第 578 掷弹兵团。现存记录都不能直接证明这些炮是否参与了这次进攻，但从一些旁证来看（特别是每日报告中一字未提），它们应该是没有参战。

在 11 月 2 日和 3 日，第 244 突击炮营只有 3 辆 33B 型突击步兵炮能作战。第 177 突击炮营虽然在 11 月 1 日曾宣布 6 辆 33B 型突击步兵炮全都做好了战斗准备，但到了 11 月 3 日又只有 3 辆能用了：另 3 辆回到了修理所。经验丰富的机械师对这些车辆做了全面检查，它们不可靠的原因已经一清二楚。在 11 月 3 日 9 时发给第 6 集团军的报告中，第 177 突击炮营指出下列缺陷：这些车辆用的是陈旧的突击炮架，而它们全都有严重的技术瑕疵，必须经过修理才能投入作战。它们的底盘和发动机处处表现出典型的老化症状，转向制动器、化油器、燃油泵、轮轴和履带等都有毛病。不仅如此，车长除了把头探出舱门外没有任何观察手段，因此不得不临时加装剪形潜望镜。希特勒直到 1942

---

[1] 447 号参考点是斯大林格勒斯基。

年 11 月 7 日或 8 日才得知首批 12 台车辆没有安装 14 Z 型剪形潜望镜。最后，厂家没有提供 150 毫米火炮的射表，也没有提供这种车辆的基本操作说明。

　　不光是这些车辆有种种弊病，随同它们被派到前线的车组成员也有不足。在 12 名随车同行的驾驶员中，有 7 个人在接受驾驶员训练前只会骑马。也就是说，他们是直接从骑兵转行当了突击炮驾驶员。这 7 个人以及另外 3 个人从未受过关于重型步兵炮的训练。换而言之，只有两个人有操作马拉式重步兵炮的经验，但是这些人无一得到过关于自行式重步兵炮的指导。这些驾驶员毫无经验，直到离开德国的前一天才接受了驾驶执照考核，其实第 244 突击炮营的新兵也都有类似的问题。此外该营还注意到，这些随车人员都来自同一个补充营。他们曾被派到生产突击炮的阿尔凯特兵工厂驻扎了 6 天，但是除了观看自己未来的装备的组装过程，既没学过这种车辆的驾驶，也没受过火炮操作训练。

　　厂家没有给这些菜鸟车组提供操作手册和射表，意味着他们无法发挥出这种新式车辆的最大效能，而且要冒严重的危险。要知道这两种资料提供了安全有效地操作车辆所必不可少的信息，如果能合理运用，它将是一种威力十足的武器。它的 38 公斤炮弹可以配用 s.Igr.Z.23 型触发引信，而该引信可以选择半秒延时起爆，足以让炮弹在穿透目标后爆炸。但是车组成员必须了解关于这种引信的一些重要知识：把装上了引信又拔掉了保险栓的炮弹堆在车里到处跑是非常危险的；炮弹的着弹角达到一定程度可能会跳飞；不能发射引信受损的炮弹，哪怕只有一点点损坏也不行；要特别注意炮口前方的炮弹飞行路线，确保没有包括树枝树叶在内的障碍物，因为引信在炮弹出膛后非常敏感，有可能被障碍物提前引爆，从而危及乘员。车组成员还要了解另一些道理：必须妥善保护发射药包，防止其被雨、雪、雾气打湿，因为发射药中的湿气增加会导致炮弹落点过近。无论白天黑夜，每开一炮都要观察炮管内部，如果发现发射药残渣或其他异物就要及时清理，否则就可能炸膛。对于经验丰富的车手来说，这些操作事项早已成为他们的第二天性，但是被派来操作这些 33B 型突击步兵炮的年轻人准备不足、训练欠缺，甚至连确保车辆操作安全所必需的手册都没有。唯一的补救办法就是从突击炮营调拨有经验的人员，尤其是车长。这些身经百战的士官和军官全都心急如焚地工作着，一方面为了把乘员们尽快锻造成合格的战士，一方面也是为了亲自掌握新式突击炮的运用。

★

多亏维护人员无与伦比的努力，第 244 突击炮营的 5 辆新式突击炮在第二天（11 月 4 日）终于做好了战斗准备。它们随同 4 辆长炮管突击炮和 6 辆短炮管突击炮前往第 79 步兵师，准备参与"胡贝图斯"行动。还有一辆需要更彻底的修理，因此被留在了营修理所。第 177 突击炮营在当天完成了 4 辆车的整备，但其中 1 辆的电台仍是坏的。在 11 月 5 日，该营得知这些新来的问题儿童将被用于别处。下面这则电文是在 15 时 50 分发给第 14 装甲军的：

> 第 177 突击炮营的 6 辆突击步兵炮应在 11 月 8 日拨给第 51 军用于"胡贝图斯"行动，前提是届时第 14 装甲军北线的局势允许这样做。应向第 51 军派遣一个引导小组。

第 245 突击炮营随后得知自己可能在 11 月 8 日接收这 6 辆突击炮。第 177 突击炮营花了一个星期把这些车辆修到能够作战的状态，到头来却是为他人作嫁衣裳。该营的新任营长格哈德·波鸿 [1]（Gerhard Bochum）少校希望在移交装备前看到它们的实战表现。因此他准备针对敌军目标进行一次小规模试验。

将要指挥这些突击步兵炮连的人是卡尔 - 奥托·马伊 [2]（Karl-Otto Mai）中尉，他从施魏因富特的补充营调来才两个星期不到，他后来回忆道：

> 我在 1942 年 10 月 27 日接到去斯大林格勒的命令，随后坐火车进行了十天十夜的长途旅行，一路上都在和臭虫搏斗。

他在 11 月 5 日抵达部队，当天他的日记是这样写的：

> 卡车旅程（搭便车）：奇尔—卡尔波夫卡—古姆拉克火车站—戈罗季谢（营指挥所）。向营长波鸿少校报了到，他刚调到第 177 突击炮营接替患病的埃里希·克普勒 [3]（Erich Käppler）少校。这个营正在斯大林格勒的北线作战。

马伊中尉很清楚自己为什么会被选中承担这个任务：

---

① 哈德·波鸿少校，第 177 突击炮营，1902 年 7 月 30 日生于拉皮茨，20 世纪 70 年代中叶卒。
② 卡尔 - 奥托·马伊中尉，第 177 突击炮营，出生年月不详，2001 年卒。
③ 埃里希·克普勒中校，金质德意志十字勋章，第 177 突击炮营，1906 年 1 月 22 日生于格雷芬通纳。其余信息不详。

很显然，我先前在重炮部队、后来在山炮部队（第3山地师）都得到了良好的评价，被委任指挥150毫米突击步兵炮参加巷战是理所应当的。这几次战斗发生在1942年11月8日和9日，我们从拖拉机厂的阵地攻击了苏军在奥尔洛夫卡河以北斯帕尔塔科夫卡工人村的桥头堡。

马伊在11月8日有4辆突击步兵炮可以调用。它们隆隆驶过拖拉机厂工人村的废墟，沿着工厂本身的西侧边界一直开到工厂最北端的射击阵地。在这里它们对目标一览无余，指定的敌军建筑挨了许多它们发射的150毫米炮弹。由于炮击效果良好，第14装甲军遂下令次日再做一次直瞄炮击，并利用炮击造成的混乱和毁伤发动攻击。第二天（11月9日），这些突击炮回到

▲ 马伊中尉

拖拉机厂北部的射击阵地，按预定时间开了火。按照马伊中尉的日记所述：

11月9日。攻击了奥尔洛夫卡河以北的敌军阵地，尤其是斯帕尔塔科夫卡的学校（150毫米突击步兵炮）。

他在战后写的文章里对此有详细描述：

凡是还有墙壁矗立的目标（例如斯帕尔塔科夫卡的学校）都被摧毁了。尽管如此，从西面攻入工人村花园的掷弹兵们还是没有取得什么进展。装甲车辆都被敌人用反坦克枪敲掉了。我们无法消除苏军在斯帕尔塔科夫卡的桥头堡（它在伏尔加河西岸有大约300米的纵深），但在拖拉机厂我们占据着车间，并控制着伏尔加河西岸。

第14装甲军在1942年11月9日的报告中没有提到这次作战。在12时左

右战斗刚结束时,6辆33B型突击步兵炮就全都被拨给了南面的第305步兵师,最终编入第245突击炮营。因为某些莫名的原因,从德国"特派"来指挥这些试验性突击炮的专家马伊中尉没有随行。第51军在21时30分的夜间报告中说:"来自第177突击炮营的6辆突击步兵炮已抵达第305步兵师。"它们被编入了该师的预备队,为11月11日的攻击做准备。

分配到第244突击炮营的33B型突击步兵炮也在11月8日经受了实战考验。这几次小规模作战对缺乏经验的车组成员大有好处,因为他们终于得以在实战条件下操作车辆并射击真实目标。这几辆新车的使用地点被定为"红十月"工厂,在那里第79步兵师从10月23日起就不断遭受惨重伤亡。有很大一部分伤亡——包括工厂里和纵深阵地里的伤亡——是苏军火炮造成的,而最让久战疲惫的掷弹兵们苦恼的是敌人的狙击手。这两者都与此时仍矗立在工厂中的巨型烟囱有关。如同塔楼一样的大烟囱能够俯瞰整个战场,德军要想阻止敌人的前进炮兵观察员和狙击手在里面安家,除了摧毁这些坚固的设施外别无他法。烟囱是苏军防线中不可或缺的部分,而且因为烟囱和巨型平炉之间有宽敞的地下烟道相连,苏军士兵不需要脱离地下工事的保护就能爬进烟囱里,所以德军想要拿下这些烟囱也几乎是不可能的。现在33B型突击步兵炮的任务就是消灭几个讨厌的观察哨。为了执行这个任务,这些突击炮被临时编入了什未林战斗群(第79步兵师)。

11月8日凌晨,4辆突击步兵炮在黎明前的黑暗掩护下小心翼翼地驶入第208掷弹兵团后方的阵地。进入阵地后,它们耐心地等待太阳升起照亮目标。烟囱是工厂中最高的建筑,沐浴在阳光下的时间远比工厂的其他部分早。车手们就选在这个时候开始炮击。几辆突击炮朝多个烟囱发射了高爆炮弹。第208掷弹兵团(第79步兵师)在报告中总结的战果相当有说服力:

> 隶属于什未林战斗群的突击步兵炮对平炉厂房的3个烟囱进行了直瞄射击,从而歼灭了5个已知的敌军观察哨。

当天深夜,第51军向第6集团军报告了这次胜利:

> 在钢铁厂……突击步兵炮歼灭了平炉厂房的敌军观察哨。

次日提交的兵力报告显示33B型突击步兵炮没有受到任何损失。第244突击炮营的一名报务员兼装填手瓦尔特·克雷茨(Walter Kretz)上等炮兵回忆了这次作战：

> 在斯大林格勒有个十字路口，每次只要有德国车辆沿街开过，那里就会被炮火覆盖，就算避开了敌人的观察也不例外。马拉的车辆往往更倒霉，因为它们跑得太慢了。后来我们判断俄国观察员带着电台藏在工厂的烟囱里，他们从那里能看到这个路口。于是第 244 营的几个车长领受了把烟囱轰平的任务，他们成功放倒了四五个烟囱。有个俄国炮兵观察员就和烟囱一起摔到地上。克罗地亚第 369 团的一个克罗地亚少校 [1] 亲眼见到这次炮击，给车长们颁发了克罗地亚的勋章 [2]。

在这次作战后，第 244 突击炮营的所有突击炮都不再隶属于第 79 步兵师，而是回到了该营在古姆拉克车站附近的临时营地。

几场小仗过后，为了准备参加 11 月 11 日的大规模进攻，这些突击炮又接受了进一步的维护。

1942 年 11 月 4 日

前一天 18 时 25 分，第 6 集团军向第 51 军下发了攻击令。目标确定为化工厂的北部，几个工兵营将听命于一些特别精干的团参谋人员。进攻的最后期限暂定为 11 月 9 日或 10 日。为了执行这个任务，第 51 军必须对部队进行重组。因此在 11 月 4 日 7 时，第 51 军下发了第 105 号军长令。为"胡贝图斯"行动预做准备。这是德军文件中第一次出现这个代号。这道命令一开头就指出："第 51 军将短暂地转入防御，同时为夺取敌军桥头堡中'拉祖尔'化工厂一带的区域做攻击准备（行动代号'胡贝图斯'）。"后文说明了各师的任务，其中有些鼓动性的文字简直像是出自斯大林的手笔："各师应坚守阵地，尽一切努力加固它们，并动用一切可行的手段加强防线前方的障碍设施。如果敌人果真在他们的革命纪念日（11 月 7 日）发动攻击，那么我们只有一个

---

[1] 基本可以确定此人是托米斯拉夫·布拉伊科维奇（Tomislav Brajkovic）少校，他在"红十月"厂指挥第 369 步兵团的战斗部队。

[2] 可惜的是，虽然克罗地亚的受勋者记录整理得很好，但克罗地亚国家档案馆没保存这些受勋车长的名单。

选择：决不后退一步！经过流血牺牲占领的阵地在任何情况下都必须无条件地坚守。"另一条指示是："通过精心准备的作战，特别是训练有素的突击队来误导敌人……"

第 100 猎兵师此时已经处于随时能进攻的状态，因此这道命令并没有提到该师。但是其他友邻部队都需要重新编组和调整部署。命令要求组建由第 79 步兵师师长冯·什未林少将指挥的什未林战斗群。该战斗群所辖部队除了第 79 步兵师外，还有第 14 和第 24 装甲师的战斗群，这两个战斗群将集中两个装甲师部署在作战地域的所有适合作战的士兵和武器。此外，第 14 装甲师还留出一个炮兵营和一个装甲连作为预备队，而该战斗群的另两个师（第 24 装甲师和第 79 步兵师）都组建了兵力达 150 人且装备重机枪和重迫击炮的突击连 ①。

什未林战斗群各部队划归该战斗群的时间定为 11 月 5 日 8 时。与此相应，第 14 装甲师下令组建"塞德尔战斗群"②（Kampfgruppe Seydel）。第 24 装甲师则组建"舍勒战斗群"③（Gruppe Scheele）。这两个师都把多余人员转移到了后方。

第 105 号军长令中还包含了大规模进攻的其他准备指示：第 14 装甲师奉命让第 54 猎兵团回归第 100 猎兵师的建制。为了腾出第 295 步兵师的兵力，

---

　　① 这两个师的突击连最晚应在 11 月 7 日完成组建，第 79 步兵师的突击连以第 212 掷弹兵团的人员组成，最终兵力为 3 名军官、28 名士官和 146 名士兵，共计 177 人，由海因里希·克拉（Heinrich Krah）中尉任连长。该连有一些极为优秀的人员，特别值得一提的是几个突击排的排长，他们全都是身经百战的士官。这三人以及排班班长都曾获得过普通军人梦寐以求的金质德意志十字勋章——在一个小小的连队里集中这么多宝贵的勋章获得者可不多见。他们是排部班班长恩斯特·诺伊艾克（Ernst Neunecker）上士，1942 年 11 月 6 日获得金质德意志十字勋章；第 1 突击排排长卡尔·赫斯（Karl Hess）军士长，1942 年 3 月 7 日获得金质德意志十字勋章；第 2 突击排排长约瑟夫·克里格（Josef Krieger）下士，1942 年 7 月 28 日获得金质德意志十字勋章；第 3 突击排排长奥古斯特·扬松（August Janson）军士长，1942 年 10 月 9 日获得金质德意志十字勋章。除此之外，指挥突击连重武器分队的军官安东·林克（Anton Link）少尉将在 1943 年 1 月 29 日获得金质德意志十字勋章。该突击连装备了 9 挺轻机枪、2 挺重机枪、4 门重迫击炮和 2 门 37 毫米反坦克炮。

　　海因里希·克拉上尉，第 212 掷弹兵团第 5 连，1914 年 1 月 4 日生于新维德，1943 年 1 月 8 日失踪于斯大林格勒。

　　恩斯特·诺伊艾克军士长，金质德意志十字奖章，第 2112 掷弹兵团第 5 连，1916 年 3 月 20 日生于埃伯斯，1942 年 12 月 15 日因伤死于斯大林格勒。

　　卡尔·赫斯军士长，金质德意志十字奖章，第 212 掷弹兵团第 1 营，其余信息不详。

　　约瑟夫·克里格下士，金质德意志十字奖章，第 212 掷弹兵团第 5 连，1917 年 1 月 17 日生，1943 年 1 月失踪于斯大林格勒。

　　奥古斯特·扬松军士长，金质德意志十字奖章，第 212 掷弹兵团第 10 连，1914 年 1 月 19 日生，1943 年 1 月失踪于斯大林格勒。

　　安东·林克少尉，金质德意志十字奖章，第 212 掷弹兵团，1914 年 12 月 12 日生于弗拉东根，1942 年 12 月 11 日阵亡于斯大林格勒。

　　② 其兵力（不含参谋人员和重武器连）为 11 名军官、60 名士官和 507 名士兵。装备的武器有 43 挺轻机枪、13 挺重机枪、5 门重迫击炮、9 门轻步兵炮、3 门 37 毫米反坦克炮、6 门 50 毫米反坦克炮、5 门 75 毫米反坦克炮、6 辆三号长炮管型坦克、1 辆四号短炮管型坦克。第 14 装甲师的第 103 和 108 装甲掷弹兵团此时的实际兵力相当于营，第 64 摩托车步兵营则相当于连。

　　③ 其兵力为 23 名军官、121 名士官和 640 名士兵。

第 71 步兵师奉命准备接管第 295 步兵师至"市场大堂"（不含）为止的南翼阵地，并迅速组建一支预备队，布置在与第 295 师结合部附近。各炮兵、火箭炮和突击炮部队也接到了为"胡贝图斯"行动做准备的命令，而且命令中还"强烈建议"后者让尽可能多的突击炮达到可作战状态。

★

当天上午晚些时候，第 51 军的军长冯·塞德利茨上将和他的参谋长克劳修斯总参勤务上校来到位于卡拉奇以北顿河西岸的小村戈卢宾斯基的集团军司令部。在与保卢斯和施密特的会谈中，他们讨论了在斯大林格勒即将发动的进攻的可能性和意图。随后他们又与第 8 航空军的军长马丁·菲比希中将进行了商讨。

★

第 294 和第 336 工兵营通过空运抵达第 51 军地域，随后转隶第 100 猎兵师。这两个营以及第 45 摩托化工兵营和第 50 装甲工兵营都归第 51 军指挥①。第 336 工兵营的军需官埃里希·鲍赫施皮斯②（Erich Bauchspiess）会计中尉在给妻子的信中写道：

> 我完成了这辈子最快的一次旅行。在两个半小时里我穿越了 500 公里，与我同行的是除了辎重队外的全营。这是一次非常愉快的体验，但是现在不安和紧张的时刻又开始了。我这会儿正和另一个营一起等候分配给我的卡车，好领取口粮。天已经黑了（现在是 15 时），所以我只能写到这里为止。我很好，不用挂念。

该营无法空运的部分——例如野战厨房、行李车和装载装备、弹药和口粮的卡车——经过几十个小时的艰苦行驶，最终在次日晚上抵达。

---

① 第 162 工兵营将在 11 月 5 日划归第 51 军指挥。
② 埃里希·鲍赫施皮斯会计中尉，第 336 工兵营营部，1913 年 1 月 8 日生，1989 年卒于汉堡。

1942 年 11 月 5 日

工兵营的到来在身心俱疲的前线士兵中间掀起一阵兴奋的波澜。普通步兵很敬重工兵部队的技艺和勇气，每当看到工兵带着火焰喷射器和炸药包赶到，他们都会欣慰地松一口气。在工兵协助下发动的进攻总是有比较大的成功机会，尤其当目标是堡垒或其他类型的坚固阵地时。5 个工兵营的来临甚至在其他工兵部队中间燃起一线希望之光，他们幻想斯大林格勒的战事也许能很快结束。11 月 5 日，第 79 步兵师第 179 工兵营的营长赫尔穆特·韦尔茨 ①（Helmut Welz）上尉在营部给一个参谋士官下了道命令，然后让他退下。房门刚在那个士官身后关上，就被人猛然推开了。保罗·菲德勒 ②（Paul Fiedler）中尉一头冲进房间里，满脸通红，光洁的额头上挂着串串汗珠。菲德勒中尉是该营第 3 连的连长，只见他飞快地敬了个礼，然后劈头问道："你听说那些新来的工兵营了吗？"说话时他淡蓝的眼珠闪闪发亮。

韦尔茨觉得他的话听来像马戏团的号角齐奏，含有庆祝胜利的意味。"你说什么营？"韦尔茨回答，他完全搞不明白菲德勒在说什么。

"那些营啊，就是昨天赶来的那些。从各地抽调的最强的几个营。他们来自克里米亚、顿河，还有北面。坐着飞机和卡车被派到斯大林格勒来了。现在他们到了，就能把事情摆平了。我是刚听步兵们说的。"菲德勒急切地解释道。

"这听起来太假了吧。"韦尔茨满腹狐疑地说。

"可这是真的。他们明天就会发动第一次进攻。我相信是攻打'网球拍'。然后是'红十月'，接着是其他地方。"

"要是一切顺利就好了！这也太突然了！"韦尔茨说，他立刻明白了这个消息隐含的意味——如果那些工兵成功占领了"网球拍"，他们接着就会被用于"红十月"工厂。那里就是他手下的几个连队战斗的地方。毫无疑问上级会要求他们协助新来的弟兄，因此韦尔茨必须考虑对 4 号厂房发起攻击。

菲德勒中尉还沉浸在兴奋中："哇，5 个整营，工兵营，这也合情合理。

---

① 赫尔穆特·韦尔茨少校，第 179 工兵营，1911 年 8 月 20 日生于托伦，1979 年卒。

② 保卢斯·菲德勒上尉，第 179 工兵营第 3 连，1906 年 1 月 19 日生于林堡，1943 年 1 月 22 日失踪于斯大林格勒。

不过让我不爽的是他们怎么现在才来。打了这么久，别人都累趴下了，他们来摘桃子。"

"这不是还没摘吗？不过我会应付的。你等一下，我先问个清楚。"

韦尔茨抓起电话，叫通了各处的参谋，问明了情况。他后来写道：

> 菲德勒说的一点没错。5 个战力强大的工兵营已经抵达，他们将解决"网球拍"……那是"红十月"工厂和斯大林格勒中央城区之间的一块地方。铁路线绕着这个区域兜了个圆圈，又顺着来路回去。画在地图上的铁路线看上去就像个网球拍。所以它才叫这个名字。这里有储油罐和较小的车间，有纵横交错的冲沟，落差很大的断阶，都是难啃的骨头。需要搞许多侦察……

★

因为韦尔茨和他的营没有被列入"胡贝图斯"行动计划中，所以他对已经全面展开的作战策划并不知情。第 51 军在 14 时 30 分发布了修订后的"胡贝图斯"行动命令。在这份第 107 号军长令中，对攻击目标的说明简单扼要：

> "胡贝图斯"是第 51 军在 X 日对拉祖尔化工厂发动的攻击，旨在突至伏尔加河。

该命令指出"必须加紧完成一切准备工作，确保攻击能在 11 月 10 日破晓时（Y 时）开始"。在这次攻击中担任主力的师是第 100 猎兵师。为此，5 个新到的工兵营都将转隶该师，并辅以 3 个突击连 ① 和强大的火炮与六管火箭炮支援。2 个工兵营和第 44 突击连将作为预备队，用于在进攻的后期阶段发力。参与进攻的还有第 295 步兵师的一个加强掷弹兵团，而什未林战斗群将参与进攻的后期阶段。在这道命令中有一个重要段落说明了工兵的运用方式："应对所有参与进攻的突击队提供工兵部队，并应准备用其执行下列任务：清理雷场，在被车皮堵塞的铁道上开辟突破口，在废墟中开路。"

---

① 3 个突击连分别来自第 24 装甲师、第 44 步兵师和第 79 步兵师。

★

23 时 15 分，冯·索登斯特恩将军致电施密特将军，告诉他元首已经表示在攻击化工厂前应该先占领钢铁厂和火炮厂以东地带。陆军总司令部的相应命令已经发到 B 集团军群。而在将这道命令转发给第 6 集团军之前，他们希望向陆军总司令部说明为什么 B 集团军群和第 6 集团军都希望先攻击化工厂。

冯·索登斯特恩上将已经向陆军总参谋长库尔特·蔡茨勒大将指出，第 6 集团军如果先攻击火炮厂和钢铁厂以东地段，就会因为兵力消耗过多而无力攻取最难拿下的化工厂。

蔡茨勒将军同意再次向元首进言，但他要求第 6 集团军回答下列问题：

1. 依靠目前已经获得的部队，何时能够发起对化工厂的进攻？

2. 何时能对钢铁厂以东和火炮厂以东地段发起攻击？

3. 集团军出于什么原因要先攻击化工厂再发动其他攻势？

1942 年 11 月 6 日

对于前一天晚上 B 集团军群参谋长就斯大林格勒战事提出的问题，保卢斯做了长篇大论的回答，重点分析了先肃清火炮厂及钢铁厂以东地段与先攻击化工厂这两种选择的利弊。保卢斯在结论中再次强调，他并不能确定哪一种办法更有可能实现占领化工厂的终极目标，因为集团军能够动用的部队极为有限。无论做何选择，最好还是给集团军调拨更多的步兵力量。因为前几天苏军又向斯大林格勒增派了生力军，所以这样的举措显得更有必要。

下面就是保卢斯对冯·索登斯特恩将军的问题的回答：

1. 对化工厂的突击有望在 11 月 10 日发起。

2. 对钢铁厂和火炮厂以东地区的攻击也可在 11 月 10 日实施。可能无法更早进攻，因为为了攻击化工厂已经开始重组步兵突击部队和重武器，要改换目标就必须取消重组。

3. 如果元首下令对钢铁厂和火炮厂以东地带实施预先攻击，我没有理由提出异议。

下面是第 6 集团军认为首先攻击该处的好处：

a. 集团军将在实施攻击化工厂的行动前肃清伏尔加河沿岸之敌；

b. 比起先前推迟的延长某些地段并腾出部队的行动，这个方案执行起来更简单；

c. 如果在可预见的将来由于缺乏兵力而无法再实施对化工厂的攻击，那么将钢铁厂和火炮厂以东的伏尔加河河岸控制在我军手中将使斯大林格勒的战线更易于防守。而如果先攻化工厂且不成功，那么集团军有可能不得不在城内防守被极度拉长的战线。

这种方案的弊端如下：

a. 化工厂实际上是斯大林格勒城中最难攻克的目标。只有动用充足而且生力的部队才能拿下。

集团军相信要在化工厂一带取得成功，目前手头的部队（12～14 个精简的营，包括 5 个未曾使用过的工兵营）勉强够用。既然这些部队与要完成的目标相比不够强大，那么早在进攻开始前就应该考虑到攻击速度可能不快，还可能无法全面成功。如果用于进攻的部队在此之前又被战斗削弱，那么就不应该实施这一进攻。从以往类似进攻作战的经验来看，突击部队必须做好伤亡 30%～50% 的准备。

b. 在对化工厂的攻击中，第 295 师和第 100 猎兵师各有一个战力较强的步兵团可以从其当前阵地发动攻击，无须预作调整。

但如果要先攻击钢铁厂和火炮厂以东地带，就必须实施重组和换防，否则我军在化工厂周边阵地针对敌军日常攻击的防御可能受影响。

c. 即使部队在攻击化工厂期间承受重大伤亡，日后仍有可能攻占钢铁厂和火炮厂以东地段。

总之，我还是要重申先前表达过的意见：在以化工厂为最终目标的前提下，无法确定哪一种方案更有可能成功，这是因为集团军能够调遣的部队非常少，因此无论选择哪种方案，最好都能给集团军提供更多步兵单位。由于过去几天俄国人又向斯大林格勒投入了生力军，这样的举措就显得更有必要。

施密特将军把保卢斯的答复口述给冯·索登斯特恩将军后，又加上了如下的评语："请做出决定并给我们下命令，我们都会执行的！"

集团军群的首席参谋这样描述集团军群司令的意见：

> 我们认为几个小桥头堡的危险程度不如拉祖尔化工厂一带的那一个大桥头堡。特别是在伏尔加河封冻以后，这个大桥头堡可能构成一定程度的战役威胁。集团军司令已确认集团军持相同意见。

19 时 40 分，B 集团军群的首席参谋温特上校打电话给第 6 集团军，与第 6 集团军的首席参谋埃尔希勒普[①]（Hans-Heinrich Elchlepp）中校通了话。温特上校说："我们接到了陆军总司令部作战部的决定，元首决定先前的命令仍然有效，因此你们应该先消灭那个'小魔鬼'（火炮厂和钢铁厂以东的桥头堡）。"

半小时后，也就是 20 时 10 分，关于在斯大林格勒发动进攻的下列决议通过 B 集团军群的电传打字机下达：

> 元首已发布如下命令：在继续进攻拉祖尔化工厂之前，应该攻占火炮厂以东和钢铁厂以东仍被敌军占据的两块市区。只有在伏尔加河河岸完全落入我军之手后，才能开始对化工厂的攻击。

第 6 集团军本来希望靠"胡贝图斯"行动消除苏军最大最危险的桥头堡，从而一举稳定斯大林格勒的战局。而这道命令一下，宣告了这一行动的夭折。次日 10 时 15 分，第 51 军发布的第 108 号军长令在一开头就把此事说得明明白白："'胡贝图斯'行动已被推迟。"

如果保卢斯如愿以偿地得到他请求的步兵单位并对拉祖尔化工厂一带的苏军主桥头堡发动攻击，历史会如何变化？这只能留给后人去猜测了。

第 45、45 和 162 工兵营已经从卡拉奇向卡尔波夫卡方向进发。截至 11 月 7 日夜，第 45 和 50 工兵营已经住进拉兹古利亚耶夫卡附近的营地，而第 162 工兵营到了飞行员学校以南。卡尔·克劳斯二等兵这样回忆前往斯大林格勒的旅程：

> 我们接近城区时，气温还有 12 摄氏度。阴沉的天空下着绵绵细雨。但在短短十个小时里，我们经历了 24 度的降温：当我们到达市区边缘时，气温已经猛降到零下 12 摄氏度！我们的车辆在路上直打滑，根本没有抓地力

---

① 汉斯－海因里希·埃尔希勒普上校，第 6 集团军，1902 年 10 月 3 日生于布赖斯高地区弗赖堡，1943 年 1 月 25 日失踪于斯大林格勒。

可言。我们不得不装上防滑链，因为雨水已经结冰，肥沃的土地上覆盖了厚厚一层冰壳。

我们希望在这座大城市里至少找到些像样的住处。但是白费心机，一眼就能看出所有建筑全毁了！这意味着：我们要在冲沟里挖伞兵坑和掩蔽部！

卸下第162工兵营第1连和第2连后，第248重型卡车连的意大利司机和载重卡车留在了后方：他们接到的命令是等待第162工兵营完成任务，然后把该营送回第62步兵师在顿河沿岸的防区。这些来自阳光明媚的意大利的官兵们根本没有想到，

▲ 第248重型卡车连的意大利司机们，后排左三是马里亚诺·普希亚沃。左四是一名军官，可能就是朱斯贝蒂中尉

自己从此将被困在一座冰封的地狱中，其中大部分人再也没有回到故土。

1942年11月7日

第6集团军和第51军在使用工兵部队先攻取哪个目标的问题上几经反复，最终由元首一锤定音。"胡贝图斯"行动被推迟了。1942年11月7日10时15分发布的第108号军长令规定了各攻击部队的配属关系。第336工兵营以及来自第44步兵师和第24装甲师的两个突击连的后勤供应和其他部队事务仍归第100猎兵师管辖。突击连和工兵营的巷战技巧训练将照原计划进行。第79步兵师的突击连仍划归什未林战斗群，第14装甲师的装甲连和第24装甲师的装甲骑兵连仍归这两个装甲师管辖，听候第51军调遣，第45、50和162工兵营的后勤供应和其他部队事务仍归第51军的工兵主任管辖，但奉命转移到分配给他们的区域，根据气象条件安营扎寨。第295步兵师和第100猎兵师在各自的防区给他们分配了必要的营地。

第 51 军通过电传打字机向第 6 集团军提交了关于计划在 11 月 11 日发动进攻的提议。行动意图是攻击"红十月"工厂里的平炉厂房和火炮厂以东的伏尔加河河岸。在第 305 和第 389 步兵师完成任务并腾出部队后，将在 11 月 13 日尽早开始后续攻势，以求夺取钢铁厂以东的伏尔加河河岸。这个计划显然很乐观，完全没有留出容错余地。无论如何，第 51 军还是在 10 时 30 分发布了第 109 号军长令，详细说明了将如何实施此次攻击。为"胡贝图斯"行动集结的部队现在将分别发动两个独立的攻势：什未林战斗群将夺取"红十月"工厂的平炉厂房；第 305 步兵师和第 389 步兵师的南翼部队将攻占火炮厂以东的伏尔加河河岸。参战部队将不会全部集中于一个目标，而是按下列安排编组：

什未林战斗群：两个工兵营、半个突击炮营（配备 3 辆新式的 33B 型突击步兵炮）、一个重型火箭炮营和两个轻型火箭炮营。

第 305 步兵师：两个工兵营、一个突击炮营（配备 6 辆新式的 33B 型突击步兵炮）、第 44 突击连、来自第 14 装甲师的一个装甲连、来自第 71 步兵师的一个重步兵炮排、来自第 14 装甲师的一个重步兵炮排和来自第 604 工兵团的 6 门重迫击炮。

第 389 步兵师：一个工兵营、半个突击炮营（配备 3 辆新式的 33B 型突击步兵炮）和第 24 突击骑兵连。

但是冯·塞德利茨将军似乎对这个提议并不是百分之百赞成，因为他的首席参谋莱奥·施普伦格[①]（Leo Sprenger）中校又向第 6 集团军的首席参谋去电撤回了它。冯·塞德利茨希望和手下几个师长磋商后拿出新的提案，而师长们都认为把无论如何都算不上宽裕的兵力分散使用是兵家大忌。正如装甲兵名将古德里安（Guderian）常挂在嘴上的那句："Klotzen，nicht kleckern！"[②] 塞德利茨也有同感。于是经过一番磋商，第 51 军在 14 时 35 分宣布第 109 号军长令作废，又下发了修改过的命令。命令中仍然要求攻占伏尔加河河岸和平炉厂房，但是把两者的时间错开了。命令的开头是这样写的："先前关于在 11 月

---

① 莱奥·施普伦格中校，第 51 军，1904 年 9 月 16 日生于德累斯顿，1943 年 1 月 25 日阵亡于斯大林格勒。
② 这句名言有很多差异很大的翻译，也许最简明的版本是"重拳打人，不要撒胡椒面！"古德里安的意思是要集中运用部队，不要把它们分散成小股使用。虽然他说的是装甲战，但这个道理其实适用于大多数军事行动。

11 日继续进攻的第 109 号军长令（发布于 11 月 7 日 10 时 15 分）作废，由以下命令取代。"主要目标是"第 305 步兵师和第 389 步兵师（南翼）经周密准备后在 11 月 11 日攻取火炮厂以东的伏尔加河河岸"。

第 305 步兵师这一次分到了可用部队中的大头：三个工兵营、一个装备六辆 33B 型突击步兵炮的突击炮营、第 44 突击连、第 14 装甲师的一个装甲连、第 71 步兵师的一个重步兵排、第 14 装甲师的一个重步兵炮排和第 604 工兵团的 6 门重迫击炮。第 389 步兵师分到了两个工兵营、一个装备 6 辆 33B 型突击步兵炮的突击炮营和第 24 突击骑兵连。什未林战斗群经过周密准备后要等到 11 月 14 日以后才执行任务 ①。时间仍然很紧，但是可用的部队集中到了一个目标上。

★

第 294 步兵师的参谋部将空运第 294 工兵营前往斯大林格勒的经验教训编纂成一份报告，在 11 月 7 日发给了 B 集团军群，以便其他部队在进行类似行动时加以参考，报告全文如下：

在第 294 工兵营空运过程中取得的经验

1. 该工兵营的运输准备工作从一开始就受到了不利影响，这是因为最初没有确定是通过车辆还是通过飞机运输该营。如果用卡车运输，可能对该营的后勤供应比较有利，因为用飞机运输的话就无法带走野战厨房。师如果决定采用空运，可以为工兵营提供帮助，办法是允许该营的卡车携带野战厨房、口粮和装备零件提前开至可能的作战地区。

2. 因为该工兵营的营长仅比全营提前一天出发，而且不得不乘车奔波 400 公里（直线距离），结果他到达作战地区的时间仅比他的营稍早。由此看来，让部队主官提前一天乘飞机出发才是明智之举。装载营部的飞机可能还要装载一部分装备，可以说是不堪重负。而营长若提前与上

---

① 首先攻击目标是"红十月"工厂的平炉车间，次要目标时攻击并占领钢铁厂以东的伏尔加河堤，执行进攻任务的部队包括 5 个工兵营，2 个突击炮营（装备 12 辆 33B 型突击步兵炮），第 24 装甲师和第 44 步兵师的突击连以及来自第 604 工兵团的重迫击炮分队。

级机关取得联系，还可以向他的营下达诸如携带哪些装备之类的命令。

3. 负责运输的空军机构为确定要装载的人员和物资数量而直接联系了工兵营，但事实证明这并不合适。工兵营营长不知道师的意图，他提供的信息是需要运输大约 5 吨装备，而实际上需要运输 18 吨左右。多亏师的干预，才及时向第 4 航空队提供了相应调整后的需求数字。

4. 在准备装载时，务必给每一件装备（机枪收纳箱、武器、火焰喷射器、弹药箱等）加上准确的标识（连、排、班），因为必须把属于不同连和排的装备装到不同的运输机上。

5. 小型装备必须装入箱包或类似容器并标明单位或所有人姓名，否则运输后分发和寻找装备会有困难。

6. 在装载设备时，必须牢记在每架运输机上混合装载不同货物。如果不遵守这一原则，例如在一架飞机上只装弹药，那么一旦这架飞机损失，部队到达着陆地后就会陷入无弹药可用的窘境。另一方面，必须考虑到有些装备（例如火焰喷射器）少了一部分组件就无法使用，所以应该将这类装备的相关组件都装在一架运输机上，因为卸载时再组装会带来不必要的麻烦。

7. 该营是在机场下车，做了防空中侦察的伪装，然后准备分头登机。如果预先派一名能与运输机领队建立联系的军官，可以在到达机场前就按照每架飞机的预定运载能力，对全营做相应分组。然后这些小组可以分头前往跑道，这样就可以在登机过程中实现有效的分散。建议在跑道尽头安排一名运输机人员作为引导员，指示接近的小组前往指定的飞机。

8. 因为大部分陆军人员是第一次来到机场或乘坐飞机，所以建议向部队指出在飞机附近和飞机上都是禁止吸烟的。

1942 年 11 月 8 日

在当日 10 时 10 分，第 6 集团军向 B 集团军群说明了在斯大林格勒的进攻决心。首先，集团军将动用所有可用的部队攻击火炮厂以东的伏尔加河河岸。为此，集团军向第 305 步兵师和第 389 步兵师南翼调拨了下列单位：

从多个师凑集的 7 个步兵连 ①；

集团军的 2 个师属工兵连 ②；

5 个新来的工兵营；

2 个装备 33B 型突击步兵炮的突击炮营；

第 14 装甲师的 1 个装甲连；

第 51 军防区内的重型步兵武器和炮群；

第 8 航空军将为这次进攻提供强力支援。

进攻开始时间为 11 月 11 日早上。系统地削弱伏尔加河东岸苏军炮兵的行动已经在 11 月 7 日开始。在占领伏尔加河河岸后，部队将进行重组，并最早在 11 月 15 日对钢铁厂以东地区展开攻击。

★

经过与第 6 集团军的又一番讨论，攻击命令不得不再度更改，因此第 51 军在 14 时下发的第 110 号军长令中没有再提及攻占平炉厂房和什未林战斗群所在地幅中的伏尔加河河岸。这道命令——《关于攻取火炮厂以东伏尔加河河岸的第 110 号军长令》，代表最终的决定。命令的第一句话就明明白白地指出这次进攻不会轻易成功：

敌人在斯大林格勒残存的市区以丝毫不见减弱的顽强势头战斗，而且源源不断地得到生力军补充。

攻击的目标很明确："第 51 军应夺取火炮厂以东从燃油设施区（含）到砖厂西南地区的伏尔加河河岸。"分配给各单位的任务则更具体：

第 305 步兵师和第 389 步兵师南翼应在破晓时（Y 时）以强大工兵部队支援多个掷弹兵团沿宽广正面发动突袭，以夺取伏尔加河河岸。

应在纵深地带准备强大预备队，确保其源源不断投入前线，保全其战斗力量，并留出足够部队拔除被绕过的敌军据点和清理被攻占的建筑

---

① 来自第 544、546、576、577 和 578 掷弹兵团，外加第 44 突击连和第 24 突击骑兵连。
② 即第 305 和 389 工兵营。

的地下室。

不得将工兵营作为整团或整营使用，而应将其配属给步兵，与步兵及步兵的重武器进行最密切的协同。

要通过各种手段广泛制造烟幕。

第51军其余各师的任务很简单：

第71步兵师、第295步兵师、第100猎兵师和什未林战斗群应实施经过精心准备的渗透作战，以诱使敌军误判我攻击正面的宽度……什未林战斗群还有一个任务，就是自进攻开始时起，以步兵武器和火炮的猛烈射击粉碎敌军从什未林战斗群左翼前方地区侧击第305步兵师进攻部队右翼的所有企图。

各单位最终的编组如下：

a. 隶属于第305步兵师的单位：

第44步兵师突击连；

第71步兵师和第14装甲师的各一个重步兵炮排[①]；

第604工兵团的6门重迫击炮；

第245突击炮营以及第177突击炮营的33B型突击步兵炮；

第14装甲师的一个装甲连；

第672工兵营的营部；

第50、294和336工兵营；

第53火箭炮团团部和两个轻火箭炮营。

b. 隶属于第389步兵师的单位：

第24装甲师突击骑兵连；

装备33B型突击步兵炮的第244突击炮营；

第45和162工兵营。

命令中还有一段是专门针对工兵的：

为防不测，应让工兵做好执行下列任务的准备：在铁路路堤上打开

---

① 分别来自第211掷弹兵团第13连和第103装甲掷弹兵团第13连。

突破口，在被封堵的街道上开辟通路和清除地雷，特别是为突击炮和坦克的移动创造条件。

★

根据上述命令，第 24 装甲师在 21 时 30 分发布了第 84 号师长令，说明了从 11 月 8 日起的任务。第 51 军即将实施的作战计划如下：

第一阶段定于 11 月 11 日发起，由第 389 步兵师攻击火炮厂当面及北面。

第二阶段是攻击钢铁厂东北部的平炉厂房 [4 号厂房]，定于 11 月 14 日以后的某一时刻开始。

第三阶段是以什末林战斗群（下辖舍勒战斗群）攻击钢铁厂以东的伏尔加河河岸。

拜尔斯多夫少尉的第 24 突击骑兵连被分配给了第 389 步兵师，于 11 月 8 日调至该师在戈罗季谢的指挥所。在拜尔斯多夫少尉报到后即正式转隶。这个突击骑兵连只是在战术上划归第 389 步兵师指挥，它的后勤供应仍然由原来的师负责。

★

德军各部队已经完成集结。一批第一流的单位正在摩拳擦掌，准备消除"街垒"厂以东的桥头堡。只要完成最后的准备工作，就可以发动进攻了。

第三章
蓄势待发

1942 年 11 月 7 日

第 305 步兵师第 578 掷弹兵团第 2 营营长欧根·雷滕迈尔 [1]（Eugen Rettenmaier）上尉此时结束休假，回到了他在斯大林格勒的部队。上次他见到自己的部下时，他们还在西面距离这座城市很远的草原上防守阵地，他回忆起当时的情形：

> 运送休假人员回前线的列车在罗斯托夫以北的亚西努瓦塔和利恰亚火车站停了很久。在这两个车站都停着运送伤员的列车。我走遍每节车厢寻找第 305 师的官兵，得到了许多人的回应。他们报告的消息令人震惊。通向斯大林格勒的铁路终点站是在奇尔，再往前就不能坐火车了。从那里到斯大林格勒北城区的距离大约是 150 公里。没有专门把休假归队人员送回前线的机构。我是随一支运送弹药的车队回去的。
>
> 我在 11 月 5 日到达斯大林格勒。与老部队的这次重逢是悲伤的。施泰因梅茨总参勤务上校接替了奥本兰德将军 [2]，参谋长则从科德雷换成了

---

[1] 欧根·雷滕迈尔少校，第 578 掷弹兵团第 2 营，1891 年 12 月 9 日生于沃尔特，1965 年 1 月 7 日卒于施瓦本格明德。

[2] 库尔特·奥本兰德（Kurt Oppenländer）中将，骑士十字勋章，金质德意志十字勋章，第 305 步兵师，1892 年 2 月 11 日生于乌尔姆，1947 年 3 月 17 日卒于加米施（战俘营）。

帕尔措中校①。第578掷弹兵团的团长文策尔上校②战死了。第2营几乎失去了所有军官③，各连分别只剩7、9、12和13个人。我无数次地询问"这个人在哪儿，那个人又在哪儿"，却一次又一次地得到相同的回答："死了，伤了，失踪了。"我回到了一个陌生的环境里。

雷滕迈尔不在时，他的营是由格奥尔格·阿尔滕④（GeorgAlthenn）上尉指挥的。自维利·文策尔上校于10月17日身亡后，第578团第3营的营长威廉·皮特曼⑤（Wilhelm Püttmann）上尉代理团长。但因为雷滕迈尔上尉的资格更老，所以他一回来便接过了代理团长一职。不过对雷滕迈尔来说这没什么可高兴的，因为他自己的第2营已经几乎不存在了。在11月6日给妻子的家信中，雷滕迈尔写道：

> 我正在伏尔加河岸边一座大工厂的厂房里。我的营里已经再也找不到军官了。我把带来的包裹给了它们原来的收件人的战友。胡莱鲍斯⑥（Hurlebaus）和塔姆⑦（Tham）死了，迈尔⑧（Maier）和青克⑨（Zink）伤了。我暂时代理团长。这块地方的战争可怕极了。双方都集中了大量毁灭性的武器。任何逃出这座地狱的人都永远忘不了在斯大林格勒度过的日子。从美好的休假时光转到这里真是巨大的反差。⑩无论如何，绝不能丧失勇气……

雷滕迈尔是师里年纪最大的人之一，而且肯定是资格最老的作战部队指

---

①鲁道夫·帕尔措（Rudolf Paltzo）上校，金质德意志十字勋章，第305步兵师，1904年10月29日生于勒芩（今波兰吉日茨科），1985年卒于慕尼黑。

②维利·文策尔（Willy Winzer）上校，骑士十字勋章，第578掷弹兵团，1894年8月10日生于泰沃伦，1942年10月17日阵亡于斯大林格勒。

③三个连长全在斯大林格勒负伤：沃尔夫冈·拉贝瑙（Wolfgang Rabenau）中尉，金质德意志十字勋章，第578掷弹兵团第5连；约瑟夫·迈尔（Josef Meyer）上尉，金质德意志十字勋章，第578掷弹兵团第6连；施图茨（Stutz）中尉，第578掷弹兵团第8连。此外，团副官温根费尔特（Wingenfeldt）中尉也负了伤。

④格奥尔格·阿尔滕上尉，第578掷弹兵团第14连，1907年10月20日生于莱格斯特恩，1943年3月27日卒于阿尔斯克第3655号特别集中营。

⑤威廉·皮特曼少校，金质德意志十字勋章，第578掷弹兵团第3营；1910年2月28日生于施派尔，1943年1月失踪于斯大林格勒。

⑥其余信息不详。

⑦其余信息不详。

⑧可能是指第578掷弹兵团第6连的约瑟夫·迈尔中尉，他在1942年10月22日负伤。

⑨青克中尉，第576掷弹兵团第12连，1942年10月14日负伤。

⑩雷滕迈尔归队的11月初是他的师在整个战役中最平静的一段时间，因此虽然雷滕迈尔将此刻形容为"地狱"，但他很快就会经历可怕得多的日子。

挥官。他 1891 年 12 月 9 日生于小村沃尔特，原本只是个普普通通的小学老师。1912 年，他进入第 119 掷弹兵团服役，并在第一次世界大战爆发前不久升为上士。作为一个年轻的少尉他从头到尾参与了整场战争，得过二级和一级铁十字勋章，并且先后五次负伤。不过尽管有伤在身，他却直到战争结束后才返回家园。1919 年他结婚成家并重拾教鞭，后来生了 5 个孩子——4 男 1 女。这 4 个儿子都将在又一场世界大战中参军服役。在第二次世界大战爆发之日（1939 年 9 月 1 日），雷滕迈尔被召回军中。1941 年，他

▲ 第 578 掷弹兵团第 2 营营长欧根·雷腾迈尔上尉休假归来，负责指挥该团在 1942 年 11 月 11 日的进攻

成为第 305 步兵师的一名连长，后来又升为营长。1942 年 5 月，他接到噩耗：他的长子奥托卡尔（Ottokar）在东线战死。他的师长以个人身份给他发了一封短信：

> 我亲爱的雷滕迈尔！
>
> 我刚刚听说您的大儿子英勇战死了。我知道如此巨大的损失一定会令您悲痛万分。您是第二次上前线参加战争的勇士，我对您抱有特别的同情。但是您必须像军人一样忍受痛苦。
>
> 战友情谊永存！
>
> 您的师长奥本兰德

不难想象，痛失爱子对雷滕迈尔影响很大，也让他明明白白地意识到自己的每一个部下都是别人的儿子或父亲。他发自内心地关爱着这些人。雷滕迈尔带着全营参加了整个夏季攻势，亲眼看见手下的许多官兵死去。在率部对绥拉菲摩维奇桥头堡发动一次成功的突袭后，雷滕迈尔因为劳苦功高而回国休了

一段时间的假，等他回到斯大林格勒时却发现自己的师已经快把血流干了。自己在家乡享福时战友们却在斯大林格勒血肉横飞，这让他深感内疚。

★

对这个师来说幸运的是，三个掷弹兵团都有优秀的领导。在雷滕迈尔上尉暂时代理第 578 掷弹兵团团长时，另两个团的团长分别是汉斯 - 格奥尔格·勃兰特 ①（Hans-Georg Brandt）中校和维利·布劳恩 ②（Willi Braun）少校。

和雷滕迈尔一样，第 577 掷弹兵团的汉斯 - 格奥尔格·勃兰特中校也爱兵如子。仅举一例即可说明。在 7 月 2 日，该团第 2 营第 6 连连部的通信员弗朗茨·温特 ③（Franz Winter）二等兵在一次苏军坦克攻击中目睹了一桩惊人的事件，它再清楚不过地证明了勃兰特对部下的感情：

> 我们的阵地地势较高，对战场可以一览无余。眼前所见的情景让我们血管里的血液都凝固了：在我们左边一条山谷的底部，第 5 连的第 3 排遭到了攻击。我们看见他们缴械投降，双手高举过头跑向敌人的坦克。结果这些怪物把我们的弟兄包围起来开了火，又把他们在履带下面碾成肉酱。

温特的部队奉命后撤，苏军的攻势也逐渐平息。此时温特和他的战友看见了勃兰特少校：

> 我们的营长坐在路边的一条干沟里，身边簇拥着几个军官，看上去深受打击。我从没见过哪个德国军官是那样的精神状态。这个人原本在我们普通士兵的眼里无论外表还是举止都是高不可攀的，但此时我们发现他和我们一样也是凡人，沮丧消沉，苦闷不堪。他当时就在我们下方，用望远镜看到了那场惨剧。也许他觉得自己也该为此负责。

从第 577 掷弹兵团成立之日起勃兰特就在该团任营长。事实上，说他在

---

① 汉斯 - 格奥尔格·勃兰特上校，骑士十字勋章，第 577 掷弹兵团，1903 年 11 月 4 日生于格里马，1943 年 1 月 4 日因伤死于斯大林格勒。

② 维利·布劳恩中校，骑士十字勋章，第 576 掷弹兵团第 2 营，1902 年 2 月 6 日生于哈森韦勒，1943 年 2 月 2 日失踪于斯大林格勒。

③ 弗朗茨·温特二等兵，第 577 掷弹兵团第 6 连，1922 年 7 月 17 日生于霍赫多夫，2006 年尚健在。

▲ 第 305 步兵师第 577 掷弹兵团团长汉斯 - 格奥尔格·勃兰特中校

▲ 第 305 步兵师第 576 掷弹兵团第 2 营营长维利·布劳恩少校，也是该团在 1942 年 11 月的代理团长

该团成立之前就是该团的营长也不为过。因为他原是第 520 步兵团第 2 营营长，而该营在 1940 年 12 月 4 日被全体抽调，组成第 577 步兵团第 2 营。当团长马克斯·福格特 ①（Max Voigt）上校在 1942 年 9 月底因为心脏问题回国后，勃兰特少校继任团长，出色地领导了全团。斯大林格勒北城区的战斗是一场严峻的考验，但他的表现给上级留下了深刻印象，因而在 11 月晋升为中校。

　　第三个团长是维利·布劳恩少校，他是个热衷于运动的人，擅长游泳、滑雪、射击和马术。最后一项爱好曾在 1939 年 5 月让他吃了苦头，当时他在一次锦标赛中马失前蹄，在床上休息了近两个月。此外他对汽车也有着狂热的爱好，在老家哈森韦勒，他是最早拥有私家车的人之一。他原本是个警察，从警 13

---

① 马克斯·福格特上校，金质德意志十字勋章，第 577 掷弹兵团，1893 年 9 月 25 日生于马克兰施泰特，1945 年 1 月失踪于科沃附近。

年以后于 1935 年 10 月转到军队。此后他担任过各种职务，最终于 1940 年 11 月下旬调到新组建的第 305 步兵师任第 576 掷弹兵团第 2 营营长。从那以后他一直指挥该营。夏季攻势自始至终都很艰难，但与斯大林格勒的几周苦战相比根本不值一提。由于团长卡尔 - 海因茨·克吕德①（Karl-Heinz Krüder）中校在 10 月离队休假，而继任的团长维尔纳·贡克尔②（Werner Gunkel）中校又在 10 月下旬调走，布劳恩便临时接管了全团。

这三个典型的德军中级指挥官将率领部下对苏军桥头堡发动进攻。

★

第 305 步兵师各级指挥官的对手是一群性情各异的人。其中战绩最突出的当数步兵第 650 团的团长费奥多尔·约瑟福维奇·佩钦纽克少校。按照柳德尼科夫的说法，他"以勇敢著称，而且天生就有那种无价的战斗直觉，能够做出大胆的决定并付诸实施"。佩钦纽克 1906 年生于日托米尔州托尔钦村的一个基督教家庭，是乌克兰族人。他上了八年学以后，于 1927 年成为共产党员，曾在日托米尔州路桑诺夫卡镇当过农会的书记，但在 1928 年选择了加入红军。从国立步兵学院毕业后，他参加了 1939—1940 年的苏芬战争，并从 1941 年 7 月起参加伟大卫国战争。他曾是步兵第 400 师第 834 团的团长，1942 年 5 月 29 日调到步兵第 650 团任团长。他是个身经百战的指挥员，因为作战勇敢和指挥有方而深受下级敬重。

步兵第 768 团的团长格里戈利·米哈伊洛维奇·古尼亚加（Grigory Mikhailovich Gunyaga）少校几乎与佩钦纽克完全相反。古尼亚加比较神经质、容易恐慌，喜欢待在指挥所里指挥作战。他相信指挥员应该从能够掌握更多情报的指挥部掌握部队，而不应该亲自上阵。再怎么说，那也是下级指挥员该干的事。柳德尼科夫对他的评价很客气，认为他"过于谨慎"，但"他冷静的远见曾带来很好的结果"。他是 1942 年 5 月 29 日接掌该团的，从那时起就以他

---

①卡尔 - 海因茨·克吕德上校，第 576 掷弹兵团，1895 年 10 月 14 日生于莱厄 / 威悉明德。1943 年 4 月 29 日卒于叶拉布加的拉格尔 97 号。

②维尔纳·贡克尔中校，第 576 掷弹兵团第 2 营，1896 年 8 月 13 日生于鲍姆加滕。其余信息不详。

▲ 步兵第 650 团团长费道尔·约瑟福维奇·佩钦纽克少校

▲ 步兵第 768 团团长格里戈利·米哈伊洛维奇·古尼亚加少校

那神经质的风格领导着下属。

　　第三个团长是最年轻的，但可能也是最受爱戴的。弗拉基米尔·阿努弗利耶维奇·科诺瓦连科 [1]（Vladimir AnufrievichKonovalenko）大尉在 1917 年 4 月 22 日生于维捷布斯克州斯克列布尼村的一户俄罗斯族基督教家庭。他上了九年学以后，于 1937 年加入红军，参加了苏芬战争。1941 年他毕业于苏呼米步兵学院，但是直到 1942 年 1 月才开始参加伟大卫国战争。当年晚些时候他成为共产党员。他以上尉和师作训科长助理的身份在 10 月 15 日晚上随步兵第 650 团渡过伏尔加河，成为师里最早踏上斯大林格勒的焦土的人员之一。

　　10 月 17 日，德军一发炮弹击中步兵第 344 团的观察所，团长德米特里·亚历山德罗维奇·留茨基 [2]（Dmitri Aleksandrovich Reutsky）上校身负重伤。弗

---

　　[1]弗拉基米尔·阿努弗利耶维奇·科诺瓦连科少校，苏联英雄，步兵第 344 团，1917 年 4 月 22 日生于斯克列布尼村，1944 年 3 月 19 日阵亡。

　　[2]德米特里·亚历山德罗维奇·留茨基上校，步兵第 344 团，其余信息不详。

▲ 步兵第 344 团团长弗拉基米尔·阿努弗利耶维奇·科诺瓦连科大尉

拉基米尔·别特拉莫维奇·米卡贝利德泽 ①（VladimirBetlamovich Mikaberidze）少校临时代理团长，但柳德尼科夫已经想到了一个和佩钦纽克一样勇敢，又和古尼亚加一样稳重的指挥员：科诺瓦连科上尉。

科诺瓦连科非常年轻，而且军衔比团里许多军官低。留茨基上校的负伤对他影响很大。柳德尼科夫听说科诺瓦连科曾经对自己的上司康斯坦丁·罗曼诺维奇·鲁特科夫斯基（Konstantin Romanovich Rutkovsky）② 少校说，要是他科诺瓦连科在步兵第 344 团里，留茨基就不会负伤。

"唉哟，你可真是个守护天使啊！"鲁特科夫斯基挖苦说。

"我不是那个意思！"一向很沉着的科诺瓦连科愤怒地喊道，"我比别人先过河，所以我了解这里的情况，也知道团长的观察所应该建在哪里。"

为了亲自检查观察所和支撑点是否建成以及它们之间的交通组织得如何，柳德尼科夫经常去各团的防区巡查，而科诺瓦连科往往会随行。就是在这些巡查中，柳德尼科夫逐渐认识到了这个年轻随从的军事天分。这天晚上，柳德尼科夫在师军事委员会的会议上对参谋长瓦西里·伊万诺维奇·舒巴中校 ③（Vasili Ivanovich Shuba）说："第 344 团需要一个团长，这个人得从你的参谋部里抽调。"

舒巴稍感意外："你想调谁？"

"科诺瓦连科。"

一时间大家都沉默不语。副师长伊万·伊万诺维奇·库洛夫 ④（Ivan

---

① 弗拉基米尔·别特拉莫维奇·米卡贝利德泽少校，步兵第 344 团，1943 年 11 月 19 日阵亡。

② 康斯坦丁·罗曼诺维奇·鲁特科夫斯基少校，步兵第 138 师，1942 年 11 月 21 日阵亡于斯大林格勒。

③ 瓦西里·伊万诺维奇·舒巴中校，其余信息不详。

④ 伊万·伊万诺维奇·库洛夫上校，步兵第 138 师，其余信息不详。

Ivanovich Kurov）上校年纪最大，柳德尼科夫想先听听他的意见。"科诺瓦连科是个聪明的指挥员，可是，"库洛夫做了个无奈的手势说，"上下级关系该怎么办？那个团里有大尉也有少校：怎么能让一个上尉来指挥？"

库洛夫的反对意见被驳回，于是他们召来了科诺瓦连科。他赶到师部时是一身战地装束，以为上级要派他去团里做什么工作。得知师长对自己的信任后，科诺瓦连科既局促不安又欣喜若狂。他注视着柳德尼科夫，一字一句地说道："要是您确实认为我能应付……"

"不准你认为自己应付不来！"师政委打断他的话说，"要不然大家都得吃不了兜着走。"

科诺瓦连科在 10 月 25 日被提拔为大尉并任命为团长，他很快回报了上级的信任，证明自己是得到部下一致拥戴的一流领导者。当然，作为一个完全没有领导大部队经验的年轻军官，他偶尔也会犯错。例如在 11 月 3 日，他提交了自己次日的书面战斗计划，主要目标是试探德军防御，摸清他们的主要支撑点的位置。为此他准备派出三个突击群。显然，柳德尼科夫认为这是科诺瓦连科早该知道的敌情。在科诺瓦连科的备忘录上，柳德尼科夫用红笔草草写道："你怎么搞的，居然不知道敌人的射击阵地在哪？"他显然带着愠怒在科诺瓦连科的职务"步兵第 344 团团长"旁边写上了"暂代"字样，意在向科诺瓦连科点明他能当上团长全靠柳德尼科夫的信任。不过必须指出，这是这两人之间仅有的一次关系紧张。在其他所有资料中，特别是战后出版的回忆录中，柳德尼科夫提到这个 25 岁的团长时只有溢美之词。

★

不过，苏军防线的核心和灵魂人物还得数师长伊万·伊里奇·柳德尼科夫上校。他在 1942 年 5 月 16 日接过步兵第 138 师的指挥权，从那一天起就成了该师的中流砥柱和前进动力。在他之前该师已经有过几任师长：雅科夫·安德烈耶维奇·伊先科 [1]（Yakov Andreyevich Ishchenko，任期 1941 年 3 月 14 日

---

① 雅科夫·安德烈耶维奇·伊先科少将，步兵第 138 师，生年不详，1970 年 4 月 1 日卒。

至 1941 年 9 月 22 日）少将、帕维
尔·马克西莫维奇·亚古诺夫 [1]（Pavel
Maksimovich Yagunov，任期 1941 年 9
月 25 日至 1942 年 3 月 23 日）上校和
米哈伊尔·雅科夫列维奇·皮缅诺夫 [2]
（Mikhael Yakovlevich Pimenov，任期
1942 年 3 月 24 日至 1942 年 5 月 15 日）
上校。但是只有柳德尼科夫能激励部
下完成不可能的任务，成为部队的主
心骨，与普通士兵同甘共苦，并为他
们提供睿智的建议。柳德尼科夫是俄
罗斯族人，1902 年 9 月 26 日生于顿涅
茨克州新阿佐夫斯克区的克里瓦亚沙
咀村。他的父亲是在亚速海边工作的
码头工人。由于家境贫寒，柳德尼科

▲ 1942 年 12 月，步兵第 138 师师长柳德尼
科夫上校在他的观察所中

夫 11 岁时就不得不在煤矿当童工。但是他有天生的军事才能，而战争和革命
在俄罗斯与乌克兰引发的剧烈动荡很快就让他崭露头角。1917 年，15 岁的他
参加了赤卫队。一年以后，他又加入正规红军成为一名军人。"从这一刻起，"
柳德尼科夫说，"我钟爱的军旅生涯开始了。"在俄国内战中，他先是作为红军
骑兵战士参加战斗，后来去了亚速海分舰队当水兵，最后又成了一辆"塔强卡"[3]
上的机枪手。内战结束后，他曾渴望进入炮兵学校深造，但他只在村里读到小
学三年级，没达到炮兵学校的招生标准。不过在 1925 年他以名列前茅的成绩
从敖德萨步兵学院毕业，并在同年加入共产党。1938 年柳德尼科夫又从工农
红军伏龙芝军事学院毕业，由于学习成绩优秀，还得到了留校任教的机会。柳
德尼科夫选择回到部队。战争的爆发证明他做了正确的选择，从 1941 年 6 月

---

①帕维尔·马克西莫维奇·亚古诺夫上校，步兵第 138 师，1900 年 1 月 10 日生于车别尔奇纳，1942 年 7 月 5 日阵亡。
②其余信息不详。
③红军骑兵使用的一种马拉机枪车。

起他开始参与伟大卫国战争。他曾先后担任基辅特别军区的步兵第 200 师师长（1941 年 6 月 26 日至 1941 年 9 月 14 日）、独立步兵第 16 旅旅长（1941 年 12 月 24 日至 1942 年 3 月）和克里米亚的亚美尼亚步兵第 390 师师长（1942 年 3 月至 1942 年 4 月）。但是，在斯大林格勒战役期间指挥步兵第 138 师的经历将为他在苏联人民心中赢得永恒的光辉地位。

1942 年 11 月 8 日

按照第 305 步兵师的命令，第 578 掷弹兵团各营的残部合并成了"第 578 战斗群"。雷滕迈尔上尉被任命为临时指挥官，直到新任团长马克斯·利泽克 ① （Max Liesecke）中校赶到为止。利泽克中校就任团长的命令从 1942 年 11 月 1 日起就已生效，但他实际上还要过相当长的时间才能到任。在 11 月 8 日，师参谋长帕尔措中校冒着危险穿过已成废墟的工厂会见了各位团长，并暗示他们要为进攻拟订计划并做好准备。他行程的第一站是勃兰特少校位于政委街上 3 号厂房附近的地堡。接着他又去了雷滕迈尔上尉设在某个车间里的指挥所。帕尔措虽然只谈了些一般性的事务，但就在动身离开时，他随口说了一句："你可能要考虑一下怎么打到伏尔加河。"

这就是雷滕迈尔接到的预备命令。另一个团长——第 576 掷弹兵团的布劳恩少校也是以类似的方式接到"预备命令"的。雷滕迈尔立刻着手研究这个任务。他在回到部队时为了熟悉情况，已经对部下做了很多询问，结果发现当面敌军显然有两个主要支撑点：

> 前线的态势大致如下（从第 578 战斗群开始）：在火炮厂和伏尔加河之间有两排房子，主要是修建得很粗糙的车间或展厅。有一座建筑曾经被我们占领过。它位于一片开阔地的左边，我们称它为"药店"②。到伏尔加河岸边悬崖的距离是 300～400 米。临近悬崖的地方矗立着 79 号楼。

① 马克斯·利泽克中校，第 578 掷弹兵团，1898 年 10 月 2 日生于帕绍，1943 年 1 月失踪于斯大林格勒。
② 苏军给这座建筑的代号是"药房"。

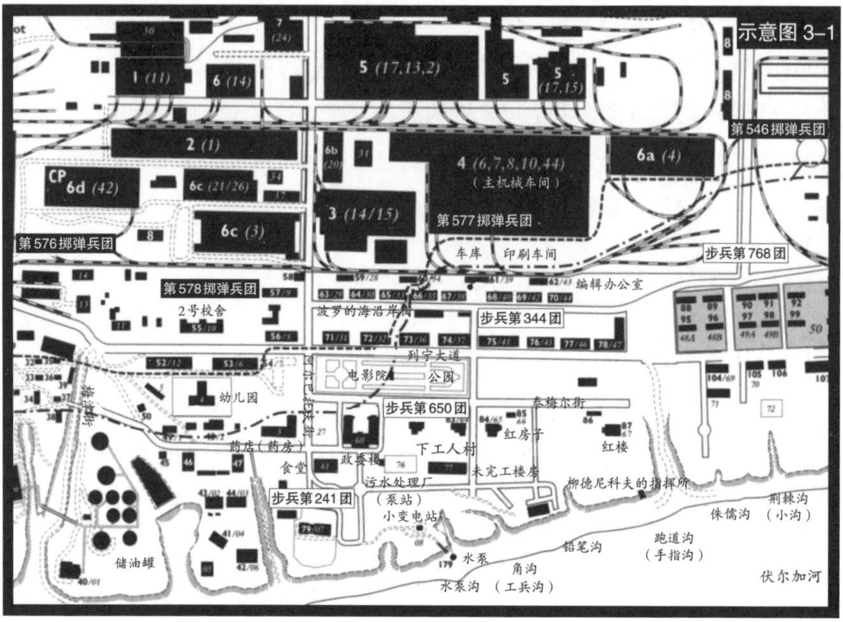

▲ 1942 年 11 月 8 日德军和苏军前线分布情况

在药店左边大约 200 米处、比它略微靠近河岸的是政委楼。这是一座堡垒式的红砖建筑，控制着伏尔加河前面一片坡度平缓的区域。在那个位置，我军的前线从河边后退了大约 800 米距离，然后左转，恢复与伏尔加河河岸平行的方向。左邻的团队是第 577 团，右邻是第 576 团。第 578 团和后面这个团能直接联络——两个团的指挥所设在同一座厂房的底楼。当晚雷滕迈尔草草写下了几句给妻子的话语：

我没有多少时间来写信。花了一整天时间思考和谋划……斯大林格勒的战斗还在继续，我们将要付出更多牺牲。

★

既然已经集中了这么多工兵营参与进攻，当然需要让一个人统一指挥它们。这个人将确保这些工兵营得到正确的运用。换言之，这个人必须精通工兵专业。集团军工兵总长赫伯特·泽勒上校负责挑选这个总指挥官：

我指派的为工兵运用提供统筹安排和技术建议的人是第 672 工兵营可靠的营长林登少校。

选择林登来监督对"街垒"桥头堡的进攻是明智之举。约瑟夫·奥古斯特·林登[①]（Josef August Linden）少校随第 6 集团军在东线立下的战功将成为传奇。林登出生和就学都在埃森，1926 年 4 月 29 日在汉诺威明登加入联邦警察部队。差不多十年后的 1936 年 3 月 16 日，他被征调到现役部队并获得中尉军衔，而他所属的第 36 工兵营是在美因茨新成立的部队。也就在这一天，他宣誓效忠元首。同年 10 月 6 日，他被调到驻扎在汉诺威明登的第 29 工兵营[②]第 2 连。1937 年 7 月 31 日，他晋升为上尉。从 1937 年 8 月 1 日到 10 月 11 日，他参加了第 49 工兵营的一个工兵部队指挥官培训班，接受了指挥摩托化工兵连的训练。从培训班结业后，他接掌第 16 工兵营[③]第 3 连，并在此职位上服役至 1940 年 5 月。法兰西会战临开始前，他被调到陆军总司令部军官后备队，并接管第 256 工兵营。他是新营长上任前的代理指挥官。他率领该营打进了比利时，但在 12 天后的 1940 年 5 月 21 日交出了指挥权。也是在这一天，他因为担任临时指挥官期间作战有功而荣获二级铁十字勋章。1940 年 5 月 30 日，他就任第 672 工兵营的营长，在此职位上一直干到被召至斯大林格勒执行特殊任务。他在 1942 年 1 月 18 日被提拔为少校（从 1 月 1 日起算），还曾在 1941 年 9 月 15 日荣获一级铁十字勋章。林登和他的营在 8 月下旬和 9 月的大部分时间参与了在顿河上建造和维护重要桥梁的工作，随后就被调至斯大林格勒以西约 90 公里处的顿河畔卡拉奇。

集团军当时正在筹建一个工兵学校，其主要目的是在即将到来的秋冬两季教导部队，林登和他的部下被选为这个学校的驻校训练营。在很短的时间内，集团军工兵学校就在卡拉奇附近顿河沿岸山丘上一座原先的疗养院里建立起来，校长是汉斯·米考施上校，林登被任命为新学校的副校长。在他的指导

---

① 约瑟夫·林登少校，第 672 工兵营，1904 年 1 月 9 日生于埃森，1981 年 3 月 26 日卒于埃森。

② 当时隆特军士长（日后的第 336 工兵营营长隆特上尉）和库尔特·巴尔特军士长（日后的第 162 工兵营的连长巴尔特中尉）也在第 29 工兵营。林登将在斯大林格勒与这两人再会。

③ 这个营也在斯大林格勒作战，番号已经改为第 16 装甲工兵营，隶属于第 16 装甲师。

下，学校开设了一整套不同科目的工兵训练课程，授课对象包括各种级别和兵种的军人。这些课程包括"野战防御工事修建""反坦克"和"突击队街巷战训练"，其中最后一项课程因为斯大林格勒废墟中的战斗久拖不决而显得日益重要。集团军工兵学校周围的区域是各种工兵课目的理想训练场，训练期间在顿河沿岸山丘上修建的战壕和防御工事后来被德军部队用于阻击苏军的反攻。附近战场上散布的成百上千辆被击毁或丢弃的 T-34——它们是苏军在 7 月和 8 月顿河大弯曲部的连番大战中损失的——成了反坦克课程的"练习靶标"，学校甚至将五六辆 T-34 修复到可以作战的状态，以便学员们用活动靶子练习自己的新技能①。他们还在附近村庄的废墟中演练突击队战术。天边的斯大林格勒激战正酣，从恶战中一点一滴积累的经验教训都被迅速整合到训练的理论和实践中。林登少校是第 6 集团军中最懂得如何在城市战中使用工兵的人——他是完美的人选。林登这样回忆他得知自己的新任务时的情景：

> 但是我在卡拉奇逗留的日子不久就结束了，因为我在 11 月 6 日晚上接到了集团军工兵处长通过电话发来的命令（当然了，他用了暗语和参照点）："你要执行一项特殊任务，11 月 7 日 9 时带上你的副官和若干必要的人员到参照点 X 报到。这次任务将持续 6~8 天。你的营要留在当前地点继续训练。"

> 我按命令要求的时间带着我副官②和另外 6 个人③到了指定地点——那是第 305 步兵师在斯大林格勒的指挥所。在这里，师长施泰因梅茨总参勤务上校和他的参谋长帕尔措中校告诉了我计划中的行动。

施泰因梅茨和帕尔措向林登介绍了情况：过去 3 个星期在"街垒"地区一直持续的拉锯战，当前的战线，已知的敌情，还有林登为了拟定攻击计划而需要知道的其他许多关键情报。林登被暂时任命为第 305 步兵师的工兵主任，他得知以下几个营都将听他调遣：第 50 装甲工兵营、第 162 工兵营、第 294

---

① 在 1942 年 11 月的苏军大反攻中，这些训练坦克将意外地起到至关重要的作用：卡拉奇桥头的德军哨兵将一队苏军坦克误认为是己方训练学校的 T-34 坦克。

② 林登的副官是霍斯特·施塔尔（Horst Stahl）中尉，第 672 工兵营营部，1902 年 6 月 16 日生于格拉，1943 年 2 月因伤死于斯大林格勒。

③ 这 6 个人中包括格奥尔格·瓦根普法伊尔（Georg Wagenpfeil）马具管理下士和埃里希·康拉德（Erich Conrad）二等兵。

工兵营、第305工兵营和第336工兵营。隶属于北方友邻部队的2个工兵营——第45工兵营和第389工兵营则奉命与他合作。林登研究了所有7个营的实力：

> 除第305和第389工兵营外，各营的实力都很完整。第305工兵营的实力大约是编制的三分之一，而第389工兵营有约一半的战斗力量。所有各营都在东线经历过很多战斗，完全具备执行眼前任务的素质。

接到要执行的任务的概要后，林登召集了各工兵营的营长，他们奉命在9时30分全部集中到第305步兵师位于"文件夹"街区的指挥部。

此时11月清爽冷冽的晨风吹过，空气仍然比较清醒。在灿烂的暖阳下，营长们站在各自的汽车边等待林登召唤。他们互相介绍了自己，握手寒暄后聊起了彼此都熟悉的人。有几个营长以前就认识，但主要是在战前的训练中见过面，并没有亲密的朋友关系。林登后来回忆道：

> 在各位营长向我报到后，我向他们简要地介绍了情况，然后下达了命令："让工兵突击队做好准备——指挥官们将听我调遣，3小时后到第305步兵师的前进指挥所实施侦察。"对各营来说，这条简短的命令意味着让突击队成员认真做好战斗准备，同时还要准备好武器和工兵作战装备，例如火焰喷射器、装有必要的导火线的聚能炸药包和长条形炸药包、手榴弹和发烟罐——此外还要检查各种工兵工具，例如大斧、鹤嘴锄、小斧、铲子和钢丝钳。为了保证所有器材都能有效发挥作用，这些准备工作必须细致认真，每一个环节都必须准确无误。

结束与几个营长的会面后，林登再次与施泰因梅茨上校碰头，带着炮兵指挥官埃里希·维克尔[①]（Erich Würker）少校一起开车去了离师指挥所不远的"街垒"厂。他们先是从位于高地棱线上的一个观察所勘察了工厂地形。然后他们小心翼翼地避开敌军视线，利用战壕和断垣残壁之间的小路深入满目疮痍的厂区。在工厂里他们遇到了前来侦察进攻地域的三个团长——第576团的布劳恩少校、第577团的勃兰特中校和第578团的雷滕迈尔上尉，他们与各个地

---

①埃里希·维克尔中校，第305炮兵团，1896年7月14日生于赖兴巴赫（今波兰杰尔若纽夫），1943年3月18日卒于叶拉布加的拉格尔97号。

段的指挥官见了面，这些人对各自防区的地标和敌军阵地已经谙熟于心，分别向这些高级来访者做了汇报。在准确了解战场概况后，林登开始自问：

摆在我面前的是怎么个情况？

第305步兵师经过连续作战，伤亡相当大。步兵连的平均战壕实力是25~35人。

该师的攻击正面宽度是2~2.5公里。

武器弹药很充足。

敌人在桥头堡里部署了精锐部队，他们的防守顽强凶狠而诡计多端。根据逃兵和俘虏的供词，他们部队的指挥官和政委也在桥头堡的前线，这些人以残酷的手段维持着军纪。俄国人严禁部队退过伏尔加河。他们经常在夜间从河对岸获得人员和物资补充。他们还能得到对岸重武器的火力支援。

火炮厂区域的地形是一片巨大的瓦砾场，地势向着伏尔加河方向逐渐降低，河岸则是陡峭的斜坡。这里散布着许多厂房的废墟，它们的部分钢铁骨架和个别由波纹铁板做成的墙壁仍然矗立。被震松后悬垂的波纹板每当劲风吹过就会发出嘎吱怪响，经常砰然相撞或是被弹片击穿，这种噪声令人无法忘怀。邻近工厂的楼房也都已毁坏，楼板大半都塌陷了。厂房的地下库房和楼房的地下室都被改造成了指挥所和坚固据点。钢铁构件、机器残骸、各种口径的炮管大量散落在地，丁字梁、波纹铁板和巨型弹坑使整片区域都无法通行。装甲车辆没法在这种地形中作战。因为正斜面上的阵地都能被敌人看见，所以基本上靠战壕作为进入前进阵地的通道，而且我军还在不断对它们施工改进。至于气象条件，可以说这段时间俄国的冬天已经来临了，气温一天比一天低，恶劣的天气可能对进攻目标的实现造成不利影响。

我在侦察后提出了关于工兵使用的提议。因为师已经将三个步兵团用于前线，而师长将主攻任务交给居中的团，所以我建议按下列顺序各用一个工兵营支援每个步兵团：第294工兵营、第50工兵营、第336工兵营用于第305步兵师，第162工兵营和第389工兵营用于第389步兵师。我把第305工兵营摆在第50工兵营身后，置于第305步兵师的尖刀团所在地域作为预备队。攻击将在 1942 年 11 月 11 日发起。至于攻击时间，我选择在晨曦初现、经适当炮火准备后。强大的工兵突击队（兵力至少有一个排）将在这些炮火掩护下进入其出发阵地，然后炮火将突然延伸。随后，工兵将作为第一波前进，克服已知阵地中敌人的抵抗并渗透至其目标。到达目标后，他们要立即组织防御。步兵将作为第二波跟进，清除与工兵之间地段的敌人，随后接管防线。

我的提议被接受了，随后我和几个团长讨论了实施细节。在这场战争中以前从没有为了攻击这么小的区域而一次集中这么多工兵营。部署到第 305 步兵师防区的各工兵营营长在现场听我详细介绍了分界线、目标和已知的敌军阵地。他们与配属的重武器分队的指挥官建立了联络。从前进观察所（高大的楼房和车间废墟）可以看到，俄国人的阵地就在 100 米外（有时甚至更近）。但是为了不暴露观察所的位置，不允许从这里射击。营长们现在已经对手下的连长交代了任务。在这个过程中他们慎之又慎，为的是不让俄国人注意到前线的动静和判明我们的进攻目标。第 389 步兵师则在自己的防区内对左邻的工兵营进行了详细的任务交代。

在侦察期间，工兵们乘机完成了准备工作并亲自体验了斯大林格勒的战地气氛。在斯大林格勒这个地方，战斗没有间歇，任何时候都有厮杀。双方炮兵和步兵武器不断交火，中间还穿插着我们的火箭炮或对方的"斯大林管风琴"的特别演奏，双方空军也经常从天上倾泻弹雨，而且每一次都会招来飓风般的高射炮火。是的，这里笼罩着一种新的气氛。任何人只要看看士兵的面孔或是冒烟的废墟就能明白这里是怎么回事。

★

听取并讨论过作战目标后，第 336 工兵营的军官们注意到斯大林格勒和科罗托亚克的地形有着显著的相似之处，他们甚至有点惊讶地发现几个苏军据点被起了和科罗托亚克的据点相同的名字："红房子""白房子"……但是他们知道凭自己的能力可以轻松完成这个任务。他们信心十足。有些人甚至到了傲慢自大的地步。

★

11月7日下午，希特勒离开位于东普鲁士拉斯滕堡的"狼穴"指挥部，前往慕尼黑和他的旧日酒友及党内死忠一起纪念1923年的啤酒馆暴动。按照纳粹党的传统，他每年都要在这个纪念活动上发表一次重要演说。然而在1942年的11月，多条战线上危机四伏，对他来说审慎的做法是留在元首指挥部。但是，取消演说无异于向公众暗示某条战线上事态严重，因此在11月8日，希特勒还是在狂热信徒的山呼海啸中走进了贝格布劳凯勒啤酒馆。他进门后，众人便放声高唱纳粹党的党歌《霍斯特·威塞尔之歌》。身穿褐衫制服、左袖上戴着卐字袖章的希特勒趾高气扬地走上讲台，接受党徒声震门窗的致敬："胜利万岁！胜利万岁！胜利万岁！"接着他便以振奋人心的口气开始了演讲："我的德意志男女同胞们！党员同志们……"他先是谈起了旧日的美好时光，例如十年前夺取政权的经过。接着他咒骂犹太人，痛斥罗斯福并嘲笑了英国人。经过几分钟狂热的演讲，他开始提起斯大林。有必要将这段演讲逐字逐句地在这里引述，因为此后在斯大林格勒发生的种种惨剧都将成为对希特勒的嘲讽：

你们要是去看看俄国人自6月22日以来的公报，那么每天都会看到发生了"无关紧要的战斗"或者可能发生"有重要意义的战斗"。还有"我们击落了三倍数量的德国飞机"，"击沉的吨位已经大于海军总吨位，比战前德国所有类型船舶的吨位总和还大"。他们消灭了那么多我们的部队，加起来比我们能动员的师还多。但最重要的是，他们一直在同一片地方战斗。偶尔他们在这里或那里……按一般情况算吧……战斗14天以后，会说"我们撤出了一座城市"。但是总的来说，他们自6月22日以来一直在同一片地方战斗，一直在打胜仗；我们不断地被他们击退，就在这样不断地退却中我们缓慢地打到了高加索。我说了，是"缓慢地"！

其实这话应该用来形容我的敌人，而不是我们的士兵。因为我军迄今为止在敌方国土上长驱直入的速度是惊人的。今年打下的土地也非常广大，是史无前例的。其实呢，我不一定按别人料想的方式做事。我会考虑别人可能相信什么，然后反其道而行之。所以如果斯大林先生预料我们将进攻中路，我就不想进攻中路，这不单单是因为斯大林先生可能相信我会进攻那里，而是因为我对那里已经再也不在乎了。我要的是打到伏尔加河，打到某一个地方，某一座城市，它恰好是用斯大林自己的名字命名的，但你们不要以为我是出于这个原因才想占领它。

说真的，它要是叫一个完全不同的名字也没关系。唯一的原因在于它是个要点，也就是说，占领它就能切断 3000 万吨的物资运输量，包括大约 900 万吨的石油运输量。来自乌克兰和库班广大地区的小麦全都要汇聚到那里，然后运往北方，锰矿石也要转运到那里。那里有个巨大的运输终点站，我要占领它。你们知道吗，我们是很谦虚的——换句话说，我们其实已经占领它了；只剩几片非常小的区域还没拿下。

现在别人又问：为什么你们在那里没有大打？因为我不想搞出第二个凡尔登，宁可用非常小的突击部队来攻打。时间在这里没有意义。再也没有船能开到伏尔加河上游——这才是有决定性的。

他们还责怪我们，问我们为什么花了那么久才拿下塞瓦斯托波尔？因为在那里我们也不想造成规模巨大的伤亡。血还是流了不少——多过头了，但是塞瓦斯托波尔落到了我们手里，克里米亚也落到了我们手里。我们顽强而执着地拿下了一个又一个目标。

如果敌人那边也在准备进攻，不要以为我想抢先一步阻止他们，到那个时候，我们会让他们来进攻。因为这时静态防守的代价会比较小。所以只要让他们进攻，他们会以这种方式把血流干，而且迄今为止我们无论如何都能控制住局面。

不管怎么说，俄国人现在没有打到比利牛斯山或者塞维利亚；而你们知道，我们如今却穿过同样的距离，打到了斯大林格勒或者说捷列克河——我们已经到了那里，这绝对是无可争议的。毕竟，这是事实。

当然了，当再也无话可说的时候，批评家们又会说这是个错误。他们会突然把话锋一转，说："对德国人来说，打到希尔克内斯绝对是个错误，到纳尔维克也是错的，也许现在打到斯大林格勒也错了——他们打算在斯大林格勒做什么？斯大林格勒是个大错，是战略性的错误。"好吧，我们就走着瞧，看看这是不是战略错误……

"我不想搞出第二个凡尔登，宁可用非常小的突击部队来攻打……时间在这里没有意义……"这些言辞掩饰了德军在斯大林格勒已经付出的牺牲。更重要的是，这些言辞宣告 5 个生力工兵营将被投入地狱般的逐屋争夺战，其中能生还的将寥寥无几。希特勒的自吹自擂使他下定了彻底夺取和控制斯大林格勒的决心，无论这要付出多大代价。不仅如此，他这段能登上有史以来最骄傲自负演说排行榜的讲话也被许多第 6 集团军的官兵听在耳里，他们不出几天就要为了追逐元首的目标而牺牲自己的生命。

★

在一封家书中，第 305 工兵营第 1 连辎重队的维利·菲辛格①（Willi Füssinger）二等兵报告了普通士兵在斯大林格勒面临的情况：

> 现在我们这里已经很冷了。待在开阔的原野上多少会感到不舒服。我们早该得到休息，但是斯大林格勒这里的战斗还没彻底打完。只有伏尔加河边一小块狭长的区域还被俄国人占领着。
>
> 现在离开东线休假的人已经到家了。真想知道家里有什么等着我。如今我们只要再看见一张床和一幢房子就会高兴。斯大林格勒已经再也没有楼房矗立了，这座城市再过二三十年才能复兴。

"现在我们怀着最美好的希望等待未来，特别是希望这里的杀戮也能停止……"菲辛格的愿望不会成真。一场更无情的杀戮即将开始。

1942 年 11 月 9 日

保卢斯决定去第 51 军视察将要发动的攻击行动的准备情况。他在 9 时 15 分坐飞机离开第 6 集团军的司令部，半小时后降落在古姆拉克火车站西北的第 51 军指挥所。第 51 军的参谋长克劳修斯总参勤务上校给他看了一份俘虏和逃兵的供词汇编，其中反映了部署在斯大林格勒的苏联军队的士气、状况和伤亡程度。保卢斯随后离开指挥所，前往位于东方的市区。在 10 时 15 分，他到达第 305 步兵师位于火炮厂以西"文件夹"街区的指挥所。第 305 和第 389 步兵

---

① 维利·菲辛格一等兵，第 305 工兵营第 1 连，1909 年 1 月 1 日生于莫尔豪斯，1943 年 1 月失踪于斯大林格勒。

师的师长和他讨论了 11 月 11 日的进攻行动,他们对这次行动的成功充满信心。调配给第 305 步兵师的工兵营已经被并入该师的掷弹兵团,不过在第 389 步兵师,工兵营仍然直属于师,而这些工兵营装备的火焰喷射器似乎还嫌太少。保卢斯和随从在 10 时 30 分再次动身,驱车前往东北方的捷尔任斯基拖拉机厂。在那里保卢斯视察了被夷为平地的厂区,和第 545 掷弹兵团的团长威廉·克内奇 ①(Wilhelm Knetsch)少校谈了话,后者并不会参加即将发起的进攻。12 时 15 分保卢斯起程回军指挥所,并在 13 时 15 分到达那里。随后保卢斯和塞德利茨 - 库尔茨巴赫炮兵上将一起研究了 11 月 11 日的攻击计划。他命令军工兵主任或集团军工兵处长帮忙调配火焰喷射器。他还要求:如有可能就尽早按计算的兵力需求选调用于进攻拉祖尔化工厂的人员。在 14 时,保卢斯登上他的"鹳"式飞机,飞回他位于戈卢宾斯基的指挥所。

在斯大林格勒郊外,新到的工兵们试图向家人解释自己现在的位置。第 336 工兵营的埃里希·鲍赫施皮斯会计中尉在给妻子的信中写道:

> 你应该能想象我们现在被塞到了什么地方。准确地说,这是最最重要的焦点之地。这里的情况看起来太疯狂了,我以前从没见过。只有少数几幢房子经过修补可以住人。其实除了几幢厂房或办公楼,这里根本谈不上有什么房子,只有和所有其他穷乡僻壤一样的茅舍。在贴近城市的地方根本什么都没有。走了 40 公里路,这是我们遇到的第一个小村子,我的军需站就设在这里。这 40 里路上是一片平原,既没有大树也没有灌木。完完全全的不毛之地。
>
> 在我们头上,各种口径的火炮日夜响个不停。白天还有各式各样的飞机投弹扫射。在已经变得很长的晚上,俄国人也会来投弹。我们希望过几天就能做个了断。不幸的是,这里四天前就变得非常冷了。昨晚是零下 16 摄氏度。但是感谢上帝保佑,泥泞期没有到来,因为它会让这里的一切都停顿下来……

---

① 威廉·克内奇上校,骑士十字勋章,金质德意志十字勋章,第 545 掷弹兵团,1906 年 2 月 26 日生于兰河畔马堡,1982 年 3 月 27 日卒于加米施 - 帕滕基兴。

随着进攻开始时间快速临近，工兵们整理了装备，准备好武器并被编入突击队。第45工兵营第2连的卡尔·克劳斯二等兵这样回忆他的营所做的战斗准备：

> 做了攻击准备并组织了突击分队（20多人的小队）。我们第一次通过航拍照片看到了一片废墟中的攻击目标。我们可靠的连长瓦尔特·海因里希中尉[1]把全连分成三个突击队和一个预备队。预备队将留在后方，由安东·洛赫雷尔少尉带队。全连的战斗力量是90人左右。

▲ 瓦尔特·海因里希中尉，第45工兵营第2连广受欢迎的连长，这是他1941年还是一名少尉时拍摄的

各掷弹兵团后来分别接到了正式的攻击命令。雷滕迈尔上尉这样回忆接到命令的时刻：

> 11月9日，传来了攻击伏尔加河河岸的命令，命令是这样说的："要将伏尔加河的河岸牢牢掌握在我军手中，并歼灭被包围的敌人。第578战斗群已获得第50工兵营和配属的第305工兵营增援。"为了实施这次进攻，所有可用的炮兵连都要在进攻地域作战或压制敌人的炮兵阵地。已经与所有这些炮兵连建立了多条联系通道和交叉联系通道。

在11月8日接到帕尔措口头的"预备命令"后，雷滕迈尔和一些了解斯大林格勒苏军战术的部下做了讨论。因此当正式命令传来时他做了如下准备：

> 攻击计划如下：通过一次出其不意的进攻夺取药店和政委楼。第576

---

[1] 瓦尔特·海因里希少校，金质德意志十字勋章，荣誉勋饰，第45工兵营第2连，1918年4月6日生于乌尔姆，1997年2月13日卒于乌尔姆/多瑙。

团对储油区设施的进攻将同时
开始，在第 578 团于攻击地域
中推进至某一预定地点后，应
穿过冲沟向伏尔加河河岸和 79
号楼突进。炮兵将在进攻开始
时突然开火，压制指定目标并
用烟幕加以遮蔽。所有步兵炮
和迫击炮都应做好与在此地抵
抗的敌军作战的准备。

已经以第 578 团为基础组
建下列战斗群：

▲ 1941 年时的威廉·皮特曼，当时他是中尉（照片是在慕尼黑的"英国花园"中拍摄的）

1. 由第 305 工兵营加强的一个群；任务：奇袭攻取药店。

2. 第 50 装甲工兵营；任务：攻取政委楼。（营长明确表示不需要步兵支援）

3. 由第 305 工兵营加强的一个群。任务：向伏尔加河突进，抵达伏尔加河岸边边并沿沙滩向该河上游继续推进。

4. 一个加强营。任务：准备攻击 79 号楼。后两队的攻击开始时间另有安排。

步兵部队做好了接纳工兵的准备。第 578 掷弹兵团第 3 营营长威廉·皮特曼上尉给自己的营下发了和第 50 装甲工兵营换防的命令：

1. 定于 1942 年 11 月 10 日 19 时向第 50 装甲工兵营移交阵地。截至 19 时，第 50 装甲工兵营应担负起街区前线的责任，其右邻为迈尔战斗群[1]（Gruppe Meier），左邻为迪托恩战斗群[2]（Gruppe Düthorn）。在换防后，

---

①由第 578 掷弹兵团第 3 营的安东·迈尔（Anton Mayer）军士长或第 578 掷弹兵团第 1 连的恩斯特·迈尔（Ernst Maier）下士指挥。

②战斗群指挥官为第 578 掷弹兵团第 7 连的约瑟夫·迪托恩（Josef Düthorn）下士，生于 1915 年 6 月 16 日，1944 年 10 月 11 日阵亡于意大利。

▲ 巨大的工业联合企业——"街垒"火炮厂东面的一小片住宅区是它的"下工人村",这里将爆发持续数月的激战。这片区域里居住着该厂的高级工作人员,例如车间主任、工程师和技术工人等。厂长也居住在这里的一座大型住宅中,并在名为"工厂行政管理楼"的办公楼中管理工厂。不过这座大楼更为人熟知的是它的德国名称"政委楼"。这是一片舒适宜人的区域,设有一个林荫公园、几个花园、一个剧院、一个俱乐部、几所学校和一个幼儿园。还有一个技术学院正在建设中。工厂普通工人的住宅则要寒酸许多,他们居住在"街垒"厂东南面成排的小木屋和工厂西面大片的"上工人村"中。1942年8月24日早上,当德国飞机工厂投下无数吨致命的炸弹和燃烧弹时,工厂里所有人的生活都被搅得天翻地覆。下工人村里的住宅很快就燃起了大火,但是没有人央求挽救自己的房子:所有人都在忙着挽救工厂。根据不完整的统计,从8月24日到9月6日,有150颗高爆炸弹和2500多颗燃烧弹落在工厂里。尽管如此,工人们还是坚定地守在自己的工作岗位上,不辞辛苦地制造出几十门76毫米火炮,送往几公里外的前线。"街垒"厂为前线提供的不仅仅是大炮。经常有工人组成的炮组和大炮一起开赴前线。随着战线日益逼近,工人们还被编成了多个民兵旅。上图是从工厂西边的高地观察到的工厂景象——这些高地很快将被德国的炮兵观测员占领。照片中的电缆塔(被德国人称为"鸡窝")将斯大林格勒以南的StalGRES发电厂的电力输送到工厂供电的变电站。"街垒"厂本身也有几台发电机

▲ 经过战火侵袭后的"街垒"火炮厂及其下工人村的航拍照片，很多地区都已经被夷为平地，地面上密布弹坑，宛如月球表面，在经过全世界有史以来最集中、最惨烈的厮杀后，这里没有一座建筑保持完好

▼ 1916 年施工中的下工人村，这是从 1 号车间（2 号厂房）屋顶上拍摄的照片。左边的空地不久就将建起 14/15 号车间（3 号厂房），此外在下工人村和工厂之间还将铺设一条铁路和建起一道混凝土围墙

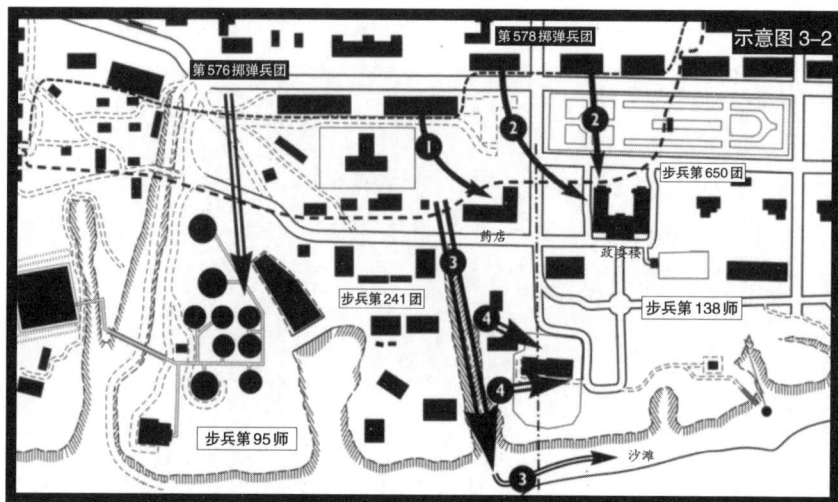

▲ 第578掷弹兵团的四个战斗群的攻击目标和计划。他们的攻击矛头将指向步兵第138师和步兵第95师的结合部，图中箭头处的数字为战斗群序号

迈尔战斗群将并入克雷茨战斗群①（Kampfgruppe Kretz），弗兰克战斗群②（Kampfgruppe Frank）将移至迈尔的地窖作为团预备队。措恩少尉③应在天黑后起出跳雷。18时前向营指挥所确认作战行动。

2. 各部成功换防并部署到新位置后应立即向营指挥所报告。

★

与其他几个基本满员而且在拟定攻击计划时接到详细指示的工兵营不同，第389工兵营将扮演相对次要的角色，而它在拟定自己的攻击计划时获得的自由也比较大。第389工兵营中的关键人物是第2连的连长汉斯-路德维希·埃伯哈德④（Hans-Ludwig Eberhard）中尉。这个营的战斗力量已经大打折扣，因

---

①战斗群指挥官为第578掷弹兵团的埃尔温·克雷茨（Erwin Kretz）中尉，1917年8月18日生于拉施塔特，1942年11月13日阵亡于斯大林格勒。

②战斗群指挥官为第578掷弹兵团第11连的阿尔贝特·弗兰克（Albert Frank）连军士长。

③汉斯·措恩少尉，第305工兵营第1连，1921年1月11日生于普福尔茨海姆，1989年9月16日卒于美因河畔法兰克福。

④汉斯-路德维希·埃伯哈德上尉，金质德意志十字勋章，第389工兵营，1917年6月9日生于中国上海，2002年11月30日卒于莱茵巴赫。

此第 1 连和第 3 连所有能参战的人员都被拨给埃伯哈德指挥。埃伯哈德之前得了一场严重的黄疸病，康复后于 10 月 28 日回到斯大林格勒，被目睹的情况惊呆了：

> 经过一段充满危险的旅程，我在斯大林格勒郊外回到了连里。从我上次离开后，他们的战斗力量缩水到只有 1 个士官和 11 个工兵。第 1 连和第 3 连也是一样，营里的军官一个不剩了。在一条冲沟里休息的辎重队都被拉了壮丁，此外，加上几个从野战医院回来的人，和另两个连调来的残余兵力，我的连的战斗力量好歹增加到 2 个士官和 30 个工兵，他们是最后的本钱了。我的连军士长加上另两个人和医务下士，组成了"后勤分队"。

▲ 第 389 工兵营第 2 连的连长兼代理营长汉斯－路德维希·埃伯哈德中尉，照片摄于 1937 年，他当时还是一名上士

埃伯哈德手下两个能作战的士官包括威廉·伊夫兰[①]（Wilhelm Iffland）下士。他是个勇敢的军人，在随第 389 工兵营在东线作战的 6 个月时间里获得了一级和二级铁十字勋章。接着埃伯哈德又说：

> 我不在部队的时候，我们师拿下了斯大林格勒郊区的拖拉机厂工人居住区和工厂本身。现在，他们离伏尔加河只有几百米了。
>
> 我们住的冲沟被改造得很舒适。机智的工兵们做了一个风轮，又从被打坏的坦克上拆下发动机和电瓶，这样我们的掩体就有电灯照明了。

---

① 威廉·伊夫兰下士，第 389 工兵营，1914 年 8 月 13 日生于瓦尔斯泰因，1942 年 11 月 11 日阵亡于斯大林格勒。他在 1942 年 5 月 29 日获得二级铁十字勋章，1942 年 8 月 17 日获得一级铁十字勋章。

　　休整期一直持续到 11 月 9 日。在这段时间，我们苦练突击队的巷战战术。我相信我已经找到了正确的人员和装备搭配。我们组建了两个突击队，每队配有两个火焰喷射器小组，其他人全都在脖子上挂着两个袋子，里面装满手榴弹。此外，人人都有一支冲锋枪，大部分是俄国造的 ①。

　　如果能自由选择进攻时间，那么我们会选在清晨，这时候仍然有黑暗掩护，因此我们能在破晓前摸到目标边上。这样一来，即使冲锋枪的射程也足够了。

埃伯哈德中尉得知上级正计划用一次大规模行动肃清"街垒"火炮厂以东的苏军桥头堡，而他的营将要参战：

　　时候到了。仍然部署在城市北部的我们师要在 11 月 11 日再次进攻，夺取伏尔加河河岸。我们右边的部队，也就是更靠近市中心的那些，面临的困难比我们大得多。因为那边市区的纵深明显更大。为了取得进展，集团军用空运来的 5 个工兵营加强了那里部署的部队。

埃伯哈德非常高兴地得知自己的部队不会在即将发动的攻击中扮演主要角色：

　　我很高兴，我们师（因此也包括"我们营的残部"）只接到要配合行动的命令。这就让我在作战计划中有了一定程度的自由。而且我能够独立行动……好吧，是基本上独立，我有自己的理由。进攻相邻区域的新工兵营想动用突击炮，这是一种优秀的武器，但是我估计它不适合巷战，在天黑以后更是如此。而且，它们很容易暴露自己的存在，因为在寒冷天气里它们的发动机需要预热。

了解到自己的营将要攻击的地点后，埃伯哈德上前线亲自做了一回侦察：

　　在 11 月 9 日晚上，我拜访了最前沿阵地里的我军步兵，求他们让我进入阵地。那里比较平静。事后想来，敌人肯定是一心想着要在市中心大战一场，他们忙着做准备，忽略了我们这块区域。我在一个突前的机枪火力点里观察地形，这时有一些平民三三两两地出现。那个机枪组的

---

① 德军将士非常喜欢苏联的 PPSh41 型冲锋枪，它的主要优点在于拥有 71 发大容量弹鼓，火力充足，而且便于卧射。

组长小声地笑了：这种事每晚都有。女人和小孩从地下室里出来，到伏尔加河边取水，他们会在半小时以后回来。我立刻决定带着我的随从加入取水者的队伍。大概走了一百米以后，我已经能辨认出通向河岸的几条冲沟。敌人的阵地肯定就在那里。这时应该回头了，因为我已经不需要再知道什么，而且我感到很不安。

★

虽然林登先前断言"装甲车辆没法在这种地形下作战"，但德军还是为进攻调配了不少装甲车辆。除了第244突击炮营的突击炮（5辆长炮管型、7辆短炮管型、6辆33B型）和第245突击炮营（2辆长炮管型、2辆短炮管型、6辆33B型）的突击炮，还有第14装甲师的一个装甲连。该连属于保罗·舒克内希特①（Paul Schuknecht）中尉的第36装甲团第2营（舒克内希特是第8连的连长，但临时代理营长）。无法确定配属第305步兵师的装甲连的指挥官姓名，但有可能就是舒克内希特自己。另一个可能的人选是第36装甲团第6连的连长汉斯-京特·特维斯勒曼②（Hans-Günther Twisselmann）中尉。无论如何，这个支援的装甲连拥有6辆长炮管型三号坦克和1辆长炮管型四号坦克。在11月5日，这些坦克曾留在面包厂（网格73d）作为预备队，随时准备介入战斗，但几天后它们被撤回市区边缘（网格65d）进行休息和整修。为了给进攻做准备，舒克内希特中尉对拟议中的战场进行了侦察，并确定了坦克到达战场需要经过的路线。他的报告读来很有意思，从坦克兵的角度阐述了在城市战中运用坦克的学问和效能：

　　进军路线：市区边缘（网格65d）到作战区域

　　距离：3公里

　　作战地形：极其困难，需要凭驾驶技术穿过瓦砾堆、炸弹坑和炮弹坑。（只能以非常低的速度行进，转弯余地极小，无法联合展开），因此坦克

---

①保罗·舒克内希特中尉，金质德意志十字勋章，第36装甲团第8连，1919年1月27日生，1942年11月19日阵亡于斯大林格勒地区的马努林附近。

②汉斯-京特·特维斯勒曼中尉，荣誉勋饰，第36装甲团第6连；1918年9月3日生，1943年1月18日失踪于斯大林格勒。

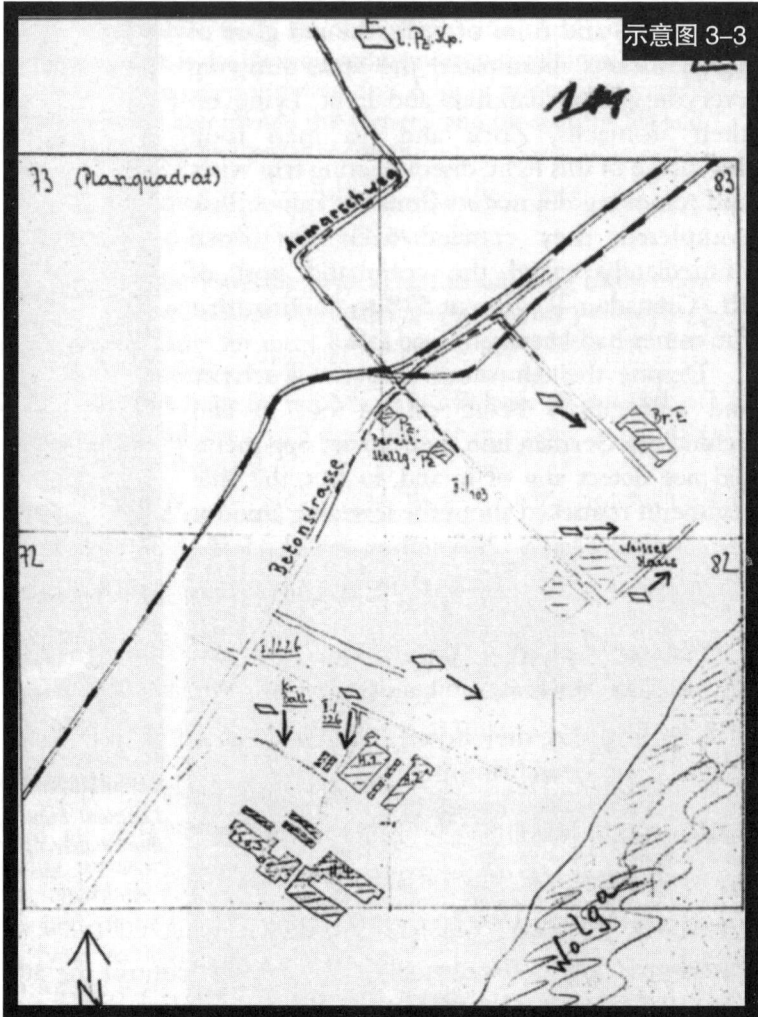

▲ 舒克内希特的报告中附的草图，上面标出了计划的接近路线。右上角标有"Br. E"的建筑就是"街垒"厂的 6e 号厂房 [32 号车间]，装甲连将利用贯穿其南边的道路（钢铁街）到达作战区域

只能以小群（2 辆左右）为单位实施作战。天黑后在布满弹坑的地形下行驶是不可能的。

武器的作战可能性：遍布瓦砾和弹坑的战场为敌军步兵提供了良好的隐藏手段，因此，弹道平直的主炮和机枪的使用受到限制。用 75 毫米炮射击墙壁效果很差或根本无效。

要想逼近伏尔加河河岸的悬崖希望不大，因为敌军观察条件良好，而我们的坦克没有多少行动自由，再加上敌人又在岛上布置了反装甲的防御武器。

只有把坦克置于有掩蔽的集结阵地中作为快速反应力量使用，以坦克控制我方前线的作战才有希望成功。

关于进军路线的补充：铁轨上停着被摧毁的货运列车，使铁路道口十分狭窄，将对进军造成不利影响，因为坦克只能在敌军观察下缓慢地驶过道口。我连请求拓宽并平整道口。

签名：营长 舒克内希特

由此可见，支援连的装甲兵完全清楚他们的作战地形和条件有多恶劣。

★

夜幕降临后，措恩少尉带着第 305 工兵营第 1 连的工兵爬出他们住的建筑，清除了一些跳雷，以防新来的第 50 装甲工兵营踩上。在他们执行这个不容马虎的任务时，双方持续的交火一刻都没有停止：机枪射出的连串火星划破黑暗，在建筑墙面上弹飞，迫击炮弹炸出的火光不时照亮完好和损毁的墙壁，信号火箭的红色照明弹将光芒洒向整片地区，给一切物体都画出明暗分界。措恩和他的部下匍匐在地，借着这些光线断开绊索，从地雷上拆下雷管。任务完成后，他们爬回掩体，然后措恩立刻向第 578 掷弹兵团第 3 营的指挥所打了电话，确认雷场已经安全。

虽然在德军防线前后都有大量活动和准备工作在进行，但他们的苏联对手丝毫没有察觉。事实上，几个步兵团都

▲ 汉斯·措恩少尉在 1942 年 10 月底赶到部队后立即就任第 305 工兵营第 1 连连长

认为敌军活动减少了。11 月 8 日，第 650 步兵团在其战斗日志中写道：

> 随着冬季开始，敌人在楼房和地下室里生起了火，而且日夜守着不
> 让火熄灭。

第二天，他们又提到"没见到敌人在楼房之间跑动，我们看见每座建筑
里都冒出篝火产生的烟"。

1942 年 11 月 10 日

为了在最有利的位置观察和指挥进攻，施泰因梅茨上校和他的参谋长帕
尔措中校把第 305 步兵师的前进指挥所进一步前移，从"文件夹"街区搬到了"街
垒"工厂上工人村里的一个炮兵观察所。这个观察所就位于可以从西边俯瞰"街
垒"工厂的高地边缘，可以将整个工厂、下工人村、伏尔加河和对岸一览无余。
在斯大林格勒北部没有比这更好的观察地点，正因如此，这条高地棱线上分布
着几十个观察所，既有建在地堡里的，也有建在几座高大建筑中的。第 305 炮
兵团 24 岁的炮兵连长弗里德里希·瓦尔德豪森 [1]（Friedrich Waldhausen）中尉
不得不把自己心爱的地堡让给师长和他的随从。在一封家书中，瓦尔德豪森提
到了光顾他的观察所的几位大人物：

> 我先前在信中已经和你说过，我拥有整个城市北部地区最好的观察
> 所。（在 11 月 9 日）我们的军长 [2] 和军参谋长 [3] 也来了，为的是从观察所
> 亲眼看看战场。而且从 11 月 10 日开始，师长和师参谋长住进了我那舒适
> 的地堡，他们今后几天都要在这里指挥城内战斗。我们这个小小的营都
> 感到非常自豪，但也发生了不少骚动。我们还请将军大人和他的参谋喝
> 了茶，因为他非常喜欢，我们还不得不用俄式茶炊煮了两回……

第 305 工兵营第 2 连的连长里夏德·格林 [4]（Richard Grimm）中尉病得很

---

① 弗里德里希·瓦尔德豪森上尉，第 305 炮兵团，1918 年 7 月 19 日生于利克塞姆，1943 年 1 月 30 日阵亡于斯大林格勒。
② 第 51 军军长冯·塞德利茨 – 库尔茨巴赫炮兵上将。
③ 克劳修斯上校。
④ 里夏德·格林上尉，第 305 工兵营第 2 连；1913 年 5 月 17 日生于基希海姆 / 泰克，1990 年 5 月 24 日卒于基希海姆 / 泰克。

重。他在 11 月 9 日寄给妻子的明信片中记录了自己的感受：

> 在斯大林格勒战斗了 21 天以后，我不得不离开战场了。我的肠胃被严重感染了，我们的新任营长（他也是我的前任）正如他已经表现出来的那样，对我比较同情。我自从病倒以来就没法写字，也没法看书。不过，今天我得到了机会口述这些内容。在我的新上司的央求下，师里已经批准我休病假。我的火车将在这个月的 19 日启程，路上可能要花 6~8 天。希望到那时，我的身体能恢复一点，也许我能比这张明信片早一步到家。

▲ 里夏德·格林中尉在 1941 年当少尉时拍的照片，当时他还没有体会到东线的艰苦

新的命令让准备休假的格林目瞪口呆：

> 我接到了在第 576 步兵团第 2 营布劳恩少校手下参加 11 月 11 日进攻的命令，这命令给我的意外可不是一点点……我和他在法国就认识了。命令要求我在到达伏尔加河岸边的悬崖后支援步兵。前一天我去他的指挥所报了到。我在火炮厂里已经住了几个星期，从我的住处到他那里大约是 150 米。一个向导带我来到一座巨大的退火回火炉边，它有又大又宽的加热室、架空输煤管道和地下灰渣收集池，在它旁边是几台硕大的冲床和落锤锻炉。当我在这些机器上看到用涂着红漆的浮雕字母拼出的德国公司名字时，那种震撼是难以言表的……有一些制成的座钣，可能是俄国重迫击炮用的，被我们的步兵拉到掩蔽部入口处当了顶板。这里静得令人怀疑，附近没有任何敌人活动。在退火炉下面，他们甚至支起了一张托盘大小的搁板桌，还给我设了一个座位。我借着烛光看到了以下命令：应立即在铁道上开出一个道口让战争中首次投入使用的 s.I.G. 自行火炮（突击步兵炮）通过，以免它们的履带损坏。我们在夜里调集了火焰喷射器（2

具）、钢丝卷、炸药和几个反坦克地雷，做好了准备。还在加热管道里面，塌陷的车间天花板托梁（15～20米高）下面建了一个掩体。这个任务不需要付出伤亡就能完成，我就在退火炉下边和布劳恩少校一起住在他的指挥所里。

★

在整条战线上，各个工兵营都在做着最后的准备。第45工兵营第2连的卡尔·克劳斯二等兵回忆了大规模进攻前一天的情景：

> 我们连的人员都还齐整，我作为排在最后的值星班长向连长报告："突击连已经为明天的进攻做好准备，整装待发！"

> 突击队的装备是：火焰喷射器、炸药包（3公斤的TNT）、用来对付地堡的长杆炸药包、手榴弹和其他近战装备。我的问题是：在我们进攻前重武器会做怎样的火力准备？

> 因为没法对犬牙交错的战线进行勘测，所以根本不可能实施常规的火力准备。敌人和我们的距离往往只有15米。我被分到了第二突击队。

> 当我站在做好战斗准备的连队前面时，只觉得凭这些如狼似虎、装备精良的战士，我们能把魔鬼本人从地狱里揪出来！

第45工兵营的营长比希上尉决定在白天把他的部下拉进阵地。因为他们的出发阵地在高大的4号厂房，要避开敌人耳目进入是相当容易而且比较安全的。克劳斯二等兵清楚地记得形容枯槁的步兵对他们的接待：

> 我们受到了已经在那里的部队的热情迎接：工兵要来把伊万赶进伏尔加河了！更令人惊喜的是，我们被部署到了由施瓦本人组成的第305步兵师（"博登湖"师，来自乌尔姆以南地区）的防区[①]。

> 现在我们的作战区域是"红色街垒"工业中心，这里原来是个火炮厂，现在成了一片难以形容的瓦砾场。它位于市区的北部，北邻拖拉机厂，南邻"红十月"钢铁厂。到处都是高大坚固、易守难攻的厂房。从现在起，

---

① 第45工兵营其实隶属于第389步兵师，而不是第305步兵师，但这两个师都有步兵在4号厂房。

我们的阵地就是瓦砾场和半毁的地下室了。

"斯图卡"俯冲轰炸机在战斗机掩护下飞过伏尔加河，朝对岸不可通行的原始森林投下了不计其数的炸弹，它们俯冲时鸣笛发出的恐怖尖啸清晰可辨，在伏尔加河岛屿上和东岸的森林里，俄国人强大的防空力量让我吃惊不小。这是我第一次看见这条俄国的传奇大河：它是一片被许多岛屿分割而成的巨大的水流迷宫。但是，虽然我充满好奇，可我只要在同一个地点两次探出头去张望，无处不在又无形无影的敌人狙击手就会要我的命。到晚上，敌人的"缝纫机"①也会来还以颜色，肆无忌惮地投下降落伞照明弹和炸弹。

第 389 工兵营的埃伯哈德中尉和部下收集起他们所有的装备、武器和弹药，等待开赴前线的预定时间。这时埃伯哈德迎来了一个意外的访客：

在 11 月 10 日，我的连军士长突然跑到我跟前。他央求说："我要参加明天的行动。假如我一步都没踏进过斯大林格勒，更不要说参加战斗，等回到家里别人问我斯大林格勒是怎样的，我该怎么回答呢？"我拗不过他，所以就答应带上他，但提醒他尽量跟我待在一起。

来自纽伦堡的莱昂哈德·朗②（Leonhard Lang）参谋军士已经 42 岁了，但他可不是只会坐机关的军人。他在"蓝色"行动期间曾多次参加实战，在 1942 年 8 月 17 日还获得了二级铁十字勋章。他渴望参加这次行动也许在旁人看来难以理解，特别是他肯定非常清楚斯大林格勒城内战斗的惨烈程度和他的营已经蒙受的可怕伤亡。但是在他心中，将来被人问起"你在战争中干了什么？"的压力远比在当下负伤、残疾或丧生的危险来得严重，因此在 11 月 10 日这个气氛凝重的夜晚，他背起自己的行囊，跟着埃伯哈德和第 389 工兵营的另外 30 多人走进了斯大林格勒。

---

①这是德国人给夜间骚扰他们的苏联双翼飞机起的绰号，这种飞机的发动机声音十分怪异。它还有一些别的绰号，包括"白色体轰炸机""值星班长""咖啡豆研磨机"。而经常驾驶这种飞机的女飞行员则被叫作"暗夜女巫"。

②莱昂哈德·朗参谋军士，第 389 工兵营，1900 年 4 月 9 日生于纽伦堡，1942 年 11 月 11 日阵亡于斯大林格勒。

★

工兵们进入了各自的阵地。第 50 装甲工兵营在 19 时接管了皮特曼的第 578 掷弹兵团第 3 营的阵地。皮特曼的一个部下回忆了自己在夜里撤出前线的情形：

> 天空晴朗，霜冻已至。我们部队撤出阵地，工兵接替了我们，而我们要通过一条地道回到连指挥所。我们收起了弹药、手榴弹和其他武器装备。到明天，我们和对面的俄国人就没有瓜葛了……

趁着夜色，工兵们进入火炮厂以东的危险阵地，第 336 工兵营的一个士兵回忆了当晚的经过：

> 我们沿着铁轨行进……在商业区的北部边缘，信号弹在空中久久悬停，而斯大林格勒原来的飞行学校一带则传来排炮的阵阵轰鸣。
>
> 我们的阵地还很安静。我们匆匆穿过一片布满碎砖烂瓦的开阔地。一辆突击炮已经从一个入口开进了阵地。车手们正在防水油布后面抽烟。另一些人裹着毛毯蹲坐在车边。
>
> 我们排成一列纵队前进，没过多久就得到了厂区。我们的少尉蹲坐在一堆钢锭后面，挥手让我们找掩护。
>
> "那边！往右走，在车间旁边！就是那里！"
>
> 少尉接着前进，我们跟在他后面。这时一发照明弹蹿上天空。我赶忙扑倒在地，鼻子撞上了一根大梁。这一下还真疼，我的眼泪都流出来了。这时整个厂房的轮廓都被照明弹的强光映得清清楚楚。接着黑暗再次降临，我们继续前行。但是一点声音都不能有！周围到处都藏着伊万。
>
> 我们卧在离厂房不远的地方观察地形。没有什么动静。我和少尉一同跃起，挤过几条管道之间的空隙，跑向了厂房。
>
> 接着我们弯腰躲在一条钢铁大梁后面。厂房似乎已被遗弃了。厂房中央有一条两米深、三米宽的砖砌地沟。铸坑周围竖立着一些金属铸造模具。少尉给我发出了信号，于是我爬回去让其他人跟上。
>
> 他们一个接一个地过来了，月光照在他们的钢盔上，发出暗淡的反光。大家的脸庞都很消瘦，长满了胡茬，装备的重负压得他们直不起腰来。我们带着很多炸药包，此外还有钢丝钳、探雷器和手榴弹。

少尉领着我们沿厂房左侧的墙壁前进。就在毫无征兆的情况下，黑暗中闪出一道火光。接着一声爆炸打破了噩梦般的寂静。尖锐刺耳的惨叫声在昏暗的月光下回荡。

肯定是地雷。显然我们有一队人闯进了雷场。一时间大家都趴在地上，屏住了呼吸。突然，我们头顶的天空传来了呼啸声。炮弹怪叫着飞来，把屋顶砸成了碎片。在震耳欲聋的爆炸声中还夹杂着迫击炮发射时的闷响。

▲ 第336工兵营第2连连长卡尔·布罗克曼中尉

我们赶紧跳起来往前跑，接着我们又找到了少尉。他的两条腿都被地雷炸断了。但是，我们找到的还不只是他。短短几秒钟时间里，我们失去了十八个弟兄，而且这还只是在前往出发阵地的途中！

第336工兵营隶属的第577掷弹兵团的恩斯特·沃尔法特（Ernst Wohlfahrt）下士是最早赶到3号厂房惨案现场的人之一。他从隔壁的一个房间冲进厂房里，一幅血腥的画面立时映入眼帘：墙根下处处躺着死者和伤者，许多人缺胳膊少腿或是肚子开了花，还有一些人被飞散的弹片击中，衣衫破烂，躺在布满瓦砾的地板上血流不止。随着爆炸产生的烟雾飘散到扭曲的房椽上，呻吟声在寒风中此起彼伏。医护兵闻讯赶来，在一条条人体之间迅速移动，检查生命迹象。伤者被从血泊中抬起，就地接受救护。死者则被留在原地，等待以后收容并运往后方埋葬。

由于已经在"街垒"工厂亲身体验了几个星期的战斗，尽管沃尔法特信赖工兵，他还是对即将发动的进攻抱着悲观的念头。而此时此刻，环顾幸存者震惊的面庞，他能够看出他们的沮丧，他们的激情已经一落千丈。这些不幸被苏军地雷杀伤的人是第 336 工兵营第 2 连卡尔·布罗克曼中尉的部下。有多份资料声称德军在这次事件中损失了 18 个人，还有档案显示在 11 月 10 日第 336 工兵营第 2 连有 7 人被一颗地雷炸伤。这些人是：斯特凡·巴尔特科夫斯基 [1]（Stefan Bartkowski）列兵、阿道夫·迪特里希 [2]（Adolf Dietrich）二等兵、维利·格鲁尔 [3]（Willi Gruhl）一等兵、鲁道夫·伊克尔特 [4]（Rudolf Ickert）一等兵、汉斯·屈恩 [5]（Hans Kühn）列兵、卡尔·塞巴斯蒂安 [6]（Karl Sebastian）一等兵和维尔纳·蒂勒 [7]（Werner Thiele）上等兵。这意味着有 11 个人被当场炸死，但我们无法查实他们的身份，这是因为他们的尸体是在次日被收容的，所以他们的死亡日期被登记为 11 月 11 日，而不是 11 月 10 日 [8]。

★

在工厂的南半边，第 305 工兵营第 2 连的格林中尉还住在退火炉下布劳恩少校的指挥所里。他的脸色苍白：肠胃的痛苦正在使他的体力流失。在东线连续 6 个月的作战已经消耗掉他短小精悍的身躯上的最后一点脂肪，但最近 3 个星期在斯大林格勒的战斗才是最要命的。生理疲劳加上目睹大多数部下惨死和受伤所造成的悲痛和精神负担严重削弱了他的免疫力，病魔得以乘虚而入。他后来回忆了进攻前夜的情形：

> 在晚上，我再次萌生了这可能是我最后一次参加进攻的念头，因为我根本无法想象自己还能爬上陡峭的河岸返回。我的人领受的任务是爆破左右两边的战壕，用铁丝网和地雷在水边架设一道临时屏障。

---

① 斯特凡·巴尔特科夫斯基列兵，第 336 工兵营第 2 连，1919 年 9 月 2 日生于斯拉沃兴，其余信息不详。
② 阿道夫·迪特里希二等兵，第 336 工兵营第 2 连，1910 年 10 月 17 日生于尼尔肯多夫，其余信息不详。
③ 维利·格鲁尔一等兵，第 336 工兵营第 2 连，1910 年 2 月 20 日生于瓦尔道夫 / 勒鲍，其余信息不详。
④ 鲁道夫·伊克尔特一等兵，第 336 工兵营第 2 连，1911 年 8 月 16 日生于奈德斯特拉瓦尔德，其余信息不详。
⑤ 汉斯·屈恩列兵，第 336 工兵营第 2 连，1908 年 9 月 24 日生于爱尔福特，其余信息不详。
⑥ 卡尔·塞巴斯蒂安一等兵，第 336 工兵营第 2 连，1918 年 9 月 24 日生于格斯尼茨，1944 年 11 月 6 日阵亡于许特根森林。
⑦ 维尔纳·蒂勒工兵上等兵，第 336 工兵营第 2 连，1920 年 3 月 29 日生于奥特曼斯多夫，其余信息不详。
⑧ 尽管后来的学者做了大量的研究，还是无法查到那位双腿被地雷炸断的少尉的确切身份，考虑到第 336 工兵营第 2 连的伤亡名单非常详细，这一点实在令人不解。

★

柳德尼科夫上校和手下的指挥员们并不知道德国人的重锤即将砸向他们，但是有备无患的道理他们总是懂的。在21时他向各团下发了第81号作战令：

> 用各种武器射击以防敌人进攻，巩固前沿和前沿纵深。安排人员昼夜不停地观察敌情，要建立观察点和观察所的网络，目标是不仅观察敌军前沿，还要观察其纵深。

他们还策划了更主动的措施。在发到第62集团军司令部的第195号战斗报告中，柳德尼科夫上报了一个计划，请求上级批准实施：

> 通过观察和侦察手段，已确认我师前线敌军集团和个别士兵的活动已经显著减少。敌军绝大多数士兵都没有冬装，因此都挤在"街垒"厂地区的防空洞和地下室里。
>
> 集团军督战队的指挥员之一克柳金上尉[1]已经向8名助理工程师询问了"街垒"厂的防护情况，厂内有大量地下室、地道和防空洞可被敌军利用。可容纳人数最多的地下室、防空洞和地道都已在示意图上标明。
>
> 我请求您指示轰炸机在白天轰炸图上指定区域，另外再用大口径火炮加以毁伤。

★

在11月10日晚上和11月11日凌晨，红空军出动了许多架次轰炸城内和纵深地区的德军阵地，但苏联炮兵只是偶尔进行了猛烈的骚扰性射击。与之相比，德军在11月10日白天和整个夜晚通过炮击和空军轰炸压制了13个苏联炮兵连。因此在伏尔加河东岸的某个地方爆炸接连不断，大火经久不灭。

这一片火海就象征着即将发生的战斗。虽然斯大林格勒市内其他战线因为双方都筋疲力尽而逐渐平静下来，但"街垒"厂以东的战场却爆发了世界上前所未有的血战。斯大林格勒的战斗毫无疑问是以肉搏战为代表，而没有一个

---

[1] 列昂尼德·米特罗法诺维奇·克柳金（Leonid Mitrofannovich Klyukin）上尉，步兵第650团，1908年生于阿尔奇，其余信息不详。

地方的肉搏战能比"街垒"厂的战斗更残酷、更野蛮、更无情。

柳德尼科夫安排的预防措施很明智，因为在第二天，德军一流的专业队伍就将集中突向他尚不稳固的阵地，而且不攻克目标誓不罢休。他的士兵哪怕只想在这种猛攻下保住性命，也必须拿出自己的全部勇气来抗争。7个训练有素的工兵营，在几千名身经百战的老兵支援下，即将在一场孤注一掷的战斗中与英勇无畏的苏联军人展开壮烈的对决。

第四章
大举进攻

1942 年 11 月 11 日

在 11 月 11 日黎明前的黑暗中，"街垒"火炮厂静得可怕。堆堆瓦砾上结着白霜。寒冷的空气笼罩整个工厂，使极细微的声音都被放大。数千名士兵一声不吭，小心翼翼地穿过厂房废墟的阴影，走向他们的出发阵地。他们呼出的白气在空中凝聚。到达集结地后，他们挤在任何能提供掩护的物体后面，等待炮火准备开始。

★

第 51 火箭炮团的团史这样记述德军火力准备开始的时刻：

> 从 3 时 40 分开始，在第一缕晨曦照耀下的冰冷大地上，各种重武器实施了短促而集中的火力急袭。火光映亮了昏暗的天空。

东方前线的掷弹兵、工兵和苏军步兵们一起望向西方，看见地平线后面闪现无数火光。蹲伏在工厂东侧边缘的楼房和车间里的士兵们能清楚地分辨出远方重炮的怒吼和火箭炮的尖啸。片刻之后，第一排火箭弹和炮弹就怪叫着掠过德军士兵的头顶，落到位于他们正前方、扎伊采夫斯基岛和河对岸的苏军阵地上。炮击就这样持续着……闪光、呼啸、爆炸……闪光、呼啸、爆炸……直到工厂的整个东部区域（包括伏尔加河和扎伊采夫斯基岛）变成一口沸腾的大锅，仍不断有炮弹落下。

汉斯-约阿希姆·麦克斯 [①]（Hans-Joachim Meix）上校的第153炮兵司令部负责指挥直属于第51军的众多独立炮兵营 [②] 为进攻提供压制火力，同时那些并不参与进攻的德军师的炮兵部队也投入了火力准备，德军炮兵对扎伊采夫斯基岛和树木丛生的伏尔加河东岸倾泻了强大的火力。这个炮兵司令部动用了一个210毫米迫击炮营支援第79步兵师对"红十月"工厂的突击。但是，它的主要任务是支援第305步兵师，因此它在该师地域集中了大部分火力。它的目标是压制苏军，与其炮兵进行战斗并防止德军的进攻受到任何阻碍——这个任务实在太艰巨，事实上是无法完成的。观测营在前几天通过不断的观察、监视和三角测量，已经确定了对岸许多苏联炮兵连的位置，但是还有数十个暗藏的炮兵连未被察觉。第8航空军的俯冲轰炸机和水平轰炸机在这天频繁出现，对扎伊采夫斯基岛和对岸倾泻弹药。在这进攻的第一天，各观测营引导打击了8个炮兵连，侦察机引导打击了6个，而第8航空军直接打击了29个。炮兵还在钢铁厂以东轰沉两艘登陆艇和一艘400吨的船舶 [③]。

为这次进攻集结的次一级炮兵是各个师属炮兵团。埃里希·维克尔少校的第305炮兵团和库尔特·舒斯特-沃尔丹 [④]（Kurt Schuster-Woldan）上校的第389炮兵团得到了第53火箭炮团的两个轻火箭炮营加强，它们在距离前线更近的地方，通过分布在前线的前进观察员引导，对目标实施了弹幕射击。两位指挥官通过密切协作，明确划分了各自的目标区域，并协调了麾下炮兵的作用。为了避免炮弹落得太近而打击己方士气，他们的目标区域在远离德军主要战线的纵深，基本处于河岸悬崖一带和扎伊采夫斯基岛。有些火箭炮还承担了向进攻区域发射烟幕弹的重要任务。

最后，与军属和师属炮兵一同参加这场死亡大合奏的是各掷弹兵团的81

---

① 汉斯-约阿希姆·麦克斯上校，第153炮兵司令部，1891年12月10日生于兰德克，1943年4月5日卒于弗罗洛夫战俘营。

② 受麦克斯指挥的炮兵单位如下：第783炮兵团团部、第64炮兵团第2营（100毫米加农炮）、第430重炮营（100毫米加农炮）、第59炮兵团第2营（重榴弹炮）、第101重炮营（重榴弹炮）、第41特种炮兵团团部、第616重炮营（210毫米臼炮）、第733重炮营（210毫米臼炮）和855重炮营（210毫米臼炮）。

③ 苏方记录显示，第343号扫雷艇1942年11月11日在钢铁厂以东被炮火击沉。

④ 库尔特·舒斯特-沃尔丹少将，金质德意志十字勋章，第389炮兵团，1893年7月30日生于慕尼黑，其余信息不详。

▲ 这两幅照片是激战之后的"街垒"工厂厂房，在一番你死我活的战斗之后，偌大的厂房内早已经是遍地狼藉。在1942年11月初，德军已经控制了"街垒"工厂的大部分地区，在随后的进攻中，德军将在这些厂房中集结，向苏军最后据守的下工人村地区突击，大多数德军官兵认为拿下工厂附近居住区的任务不会比扫清工厂车间的惨烈战斗更艰难，事实证明他们的想法是错误的

毫米迫击炮和第604工兵团的6门重迫击炮，它们全都布置在工厂本身的断垣残壁间的炮位内。在其身后，在西边俯瞰"街垒"工厂的低矮山丘后面，还有几个从前线"较平静"的地段抽调的150毫米步兵炮排：第211掷弹兵团（第71步兵师）、第517掷弹兵团（第295步兵师）和第103装甲掷弹兵团（第14装甲师）各一个排，外加第305和第389步兵师的重炮排。

苏军第62集团军参谋长尼古拉·伊万诺维奇·克雷洛夫 ① （Nikolai Ivanovich Krylov）少将虽然身处离这次炮击的重点区域相当远的指挥所，仍然对其猛烈程度感到惊讶：

> 11月11日4时，敌炮兵对我军阵地发射了过去两周内从未有过的猛烈火力，震耳欲聋的炮弹爆炸声盖过了其他一切声音，大地在我们脚下颤抖不已。我们立刻明白：一场新的暴风雨就要来了。

苏军并没有被动挨打，正如雷滕迈尔上尉所回忆的：

> 炮击是突然开始的，但是，它并没能成功消灭敌人的炮兵，他们很快就还以颜色，对指挥所和我们的出发阵地实施了积极的扰乱射击。令人惊讶的是，敌人的炮兵连远比我们先前知道得多。他们的弹药供应似乎也是无穷无尽的。

苏军的炮火反击意外地迅捷和猛烈。第305工兵营第2连的格林中尉此时还在退火炉下布劳恩少校的掩蔽部里：

> 我怀疑俄国人早就料到我们要进攻了，因为他们开始了铺天盖地的炮击。大口径炮弹纷纷落进我们旁边的退火炉里。电灯熄灭了，布劳恩少校时不时抓住我大喊："你受伤没有？"我们的掩体出口被成堆的碎砖埋没……在外面的人帮助下，费了好一阵才把它们清理掉。我们不知道进攻情况怎样……

第295炮兵团（柳德尼科夫师下属的炮兵团）的战斗记录显示，他们在夜里总共朝"街垒"地区打了50发炮弹，但他们的炮火反击是在4时30分才开始的。因此，凌晨4时的这次猛烈射击极有可能是东岸的集团军炮兵所为。不过，第62集团军的炮兵报告证明，尽管德军怀疑苏军预知了这次进攻，但

---

① 尼古拉·伊万诺维奇·克雷洛夫中将，苏联英雄，第62集团军，1903年4月29日生于加里亚耶夫卡，1972年2月9日卒。

图例：
- 空军部队压制区域
- 军属 / 师属重炮部队压制区域
- 火箭炮部队压制区域

示意图 4-1

第389步兵师

第305步兵师
"街垒"工厂
步兵第138师

扎伊采夫斯基岛

塞德尔战斗群

第79步兵师

步兵第95师

步兵第45师

"红十月"工厂

近卫步兵第39师

图中小方块内数字为团级部队番号

伏尔加河东岸

▲ 1942 年 11 月 11 日上午德军进攻前夕的火力准备计划，地面重炮部队、火箭炮部队和空军部队都划定了各自的火力压制区域

▼ "街垒"工厂的 6e 号厂房 [32 号车间]，第 576 掷弹兵团团长布劳恩少校的前进指挥所就设在该车间的一座高炉下面

这场猛烈的炮火反击并不是事先计划的。第62集团军为11月11日安排的炮击原定是在8时才开始，而且目标是拖拉机厂及其工人村。步兵第138师的炮兵原本也要参与这些炮击行动，对砖厂和拖拉机厂实施20分钟的火力急袭。但是，德军的火力准备令苏军警醒，他们以令人钦佩的速度和果断实施了准确而猛烈的火力反准备。

★

在讨论主攻行动前，我们将先考察德军另几个师发动的众多小规模袭击和佯攻，以及它们对苏军的影响。虽然与主攻相比它们只是小打小闹，但第62集团军的司令员和参谋长都在自己的回忆录提了一笔，只不过是和主攻放在一起写的。首先是克雷洛夫的回忆录：

> 敌步兵和坦克是在4时30分开始进攻的。在北起沃尔霍夫斯特罗伊街、南至澡盆沟的5公里正面上，5个德国步兵师（第79、100、295、305和389师）以及第24装甲师——也就是我集团军当面8个师中的6个——发起了进攻。我们后来从缴获的文件了解到，另两个师通过空运派来了几个营参与这次进攻。

第62集团军司令员瓦西里·伊万诺维奇·崔可夫 [1]（Vasili Ivanovich Chuikov）将军也做了同样的描述：

> 这次攻势是在从沃尔霍夫斯特罗伊街到澡盆沟的[五公里]正面上发动的。虽然这些德国师大部分不满员（它们在最近的战斗中已经受到沉重打击）……保卢斯显然打算一举击溃柳德尼科夫师（步兵第138师）、戈里什内师 [2]（步兵第95师）、索科洛夫师 [3]（步兵第45师）、古利耶夫 [4]

①瓦西里·伊万诺维奇·崔可夫上将，苏联英雄，第62集团军，1900年2月12日生于谢列布里亚内耶普鲁德，1982年3月18日卒于莫斯科。

②瓦西里·阿基莫维奇·戈里什内中将，苏联英雄，步兵第95师，1903年1月29日生于巴甫洛格勒，1962年2月15日卒于辛菲罗波尔。

③瓦西里·巴甫洛维奇·索科洛夫少将，苏联英雄，步兵第45师，1902年6月17日生于卡门内茨，1958年1月7日卒。

④斯捷潘·萨韦利耶维奇·古利耶夫少将，苏联英雄，近卫步兵第39师，1902年8月1日生，1945年4月22日阵亡于哥尼斯堡（今俄罗斯加里宁格勒）附近。

（近卫步兵第 39 师）和巴秋克[①]（步兵第 284 师），突至伏尔加河。

德军为了迷惑苏联守军和掩盖真正的攻击重点，策划了许多局部袭击和多起佯攻，可以看出这个计划执行得堪称完美。即便过了几十年，克雷洛夫和崔可夫似乎仍然没有意识到德军的主攻范围是很有限的。这些"局部袭击"和"佯攻"的战术意义虽然比较小，但它们达成了主要的战术目标。南起斯大林格勒中城区、北至雷诺克，在贯穿城市废墟的整条战线上，德军都出动了突击队。他们的作战情况总结如下：

第 71 步兵师：两支突击队突入一个苏军阵地，清除了两个据点，抓获两名俘虏。该师在这一天的伤亡极为轻微：只有 4 名士兵负伤。

第 295 步兵师：强大的突击队冲进位于 51c 的一组楼房并炸毁了 7 个地堡。这个师的伤亡要大一点：1 名军官负伤[②]，1 名士兵死亡，12 名士兵负伤，5 名士兵失踪。

第 100 猎兵师：实施了 5 起成功的作战。摧毁 19 个地堡，抓获 15 名俘虏。这个小小的"成功"是靠高昂的代价换来的：13 人死亡，58 人负伤，1 人失踪。

第 79 步兵师：这个师策划的作战规模要大得多，而且是以夺取一场大胜为目标的：为了彻底征服"红十月"工厂，他们打算占领其防御阵地的核心——平炉车间 [4 号厂房]。第 179 工兵营在得到经验丰富的第 40 装甲工兵营第 3 连（第 24 装甲师）加强后，对其发起了突击。突击群兵分四路冲向这个车间的西半部分，却与同时发起进攻的苏军撞个正着。一些先头部队最初取得了一定成功，但苏军一旦从惊讶中回过神来，便展开了迅捷而猛烈的抵抗。德国人在一片狼藉的车间里寸步难行，虽然工兵们大量使用火焰喷射器、炸药包和手榴弹，还是无法压倒苏联守军。最终这次作战宣告失败，突击队撤回了出发阵地。他们付出的代价是血淋淋的：23 人死亡，101 人负伤，10 人失踪。

---

①尼古拉·菲利波维奇·巴秋克少将，步兵第 284 师，1905 年生，1943 年 7 月 28 日阵亡于奥廖尔附近。

②威廉·勒尔（Wilhelm Löhr）上尉，第 516 掷弹兵团第 12 连，1901 年 6 月 15 日生于乌辛根，1942 年 11 月 11 日因伤死于斯大林格勒。

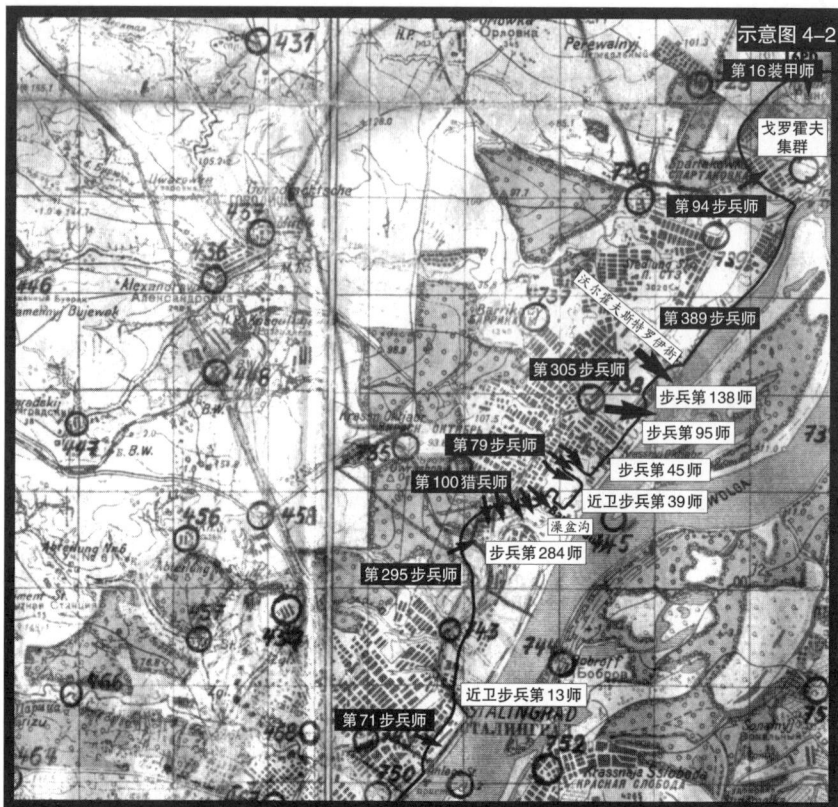

▲ 德军在 1942 年 11 月 11 日发动了多次局部袭击，目的是让苏军误判攻击的范围

　　位于斯大林格勒东北角的第 14 装甲军也针对斯帕尔塔科夫卡、佩切特卡和雷诺克实施了作战，以支持第 51 军的进攻。

　　第 94 步兵师：突击队在斯帕尔塔科夫卡成功突击了 2 个机枪火力点、4 个地堡和 1 个苏军阵地。他们带回了 15 名俘虏。伤亡据报是"微不足道"。前线推进到了被攻克的苏军阵地。该师在日终时的伤亡：1 名军官负伤，9 名士兵死亡，39 名士兵负伤。

　　第 16 装甲师：经过强大的炮火准备后，两个突击队从北面和东北面冲向雷诺克。他们成功推进到离村子不到 200 米的地方。随后在守军猛烈火力阻击下，无法继续前进。伤亡是 1 人死亡，7 人负伤。

虽然这些袭击行动的实际战果极小，但它们对苏军的欺骗和迷惑作用才是最重要的。第 6 集团军在发给 B 集团军群的一份临时报告中说：

> 我军突击队在集团军的整条战线上积极出击，其中在斯大林格勒南部收获尤其大，摧毁了 30 多个地堡并抓获大量俘虏……第 71 步兵师、第 295 步兵师、第 100 猎兵师和第 79 步兵师通过突击队作战清除了敌军地堡和据点若干，给敌军造成重大伤亡，并抓获俘虏多名。

★

现在让我们把注意力转到第 305 和 389 步兵师及配属工兵营的主攻行动上来。3 时 55 分，第一波工兵突击队带着炸药包、火焰喷射器和手榴弹开始前进。

第 576 掷弹兵团会同第 294 工兵营和第 305 工兵营第 2 连实施的进攻

当一串串炮弹还在呼啸着掠过头顶时，第 576 突击连以及第 294 工兵营和格林的第 305 工兵营第 2 连爬出他们在 6d 号和 6e 号厂房的集结阵地，猫着腰快步跑向环绕工厂的混凝土围墙。一片内部被炮火和爆炸闪光照亮的橙色雾

▲ 布劳恩少校的突击队从 6e 号厂房（左）和 6d 号厂房（右）的出发阵地出击

霾翻腾旋动，映衬出了他们左前方 2 号校舍、52 号楼和 53 号楼凄凉的废墟。北路的战斗队沿着蜿蜒曲折的路线穿过一个个半人高的炮管堆，翻过一道铁路路堤，进入另一片炮管存放区域，抵达了他们的指定出发阵地。中路的战斗队则比较轻松：他们只要排成纵队，沿着一条从铁路路堤下穿过的深沟前进就行了。南路的战斗队径直跑出 6e 号厂房，绕过几个巨大的弹坑，在废炮管堆积场列队。当数百名士兵进行这些机动时，他们的钢盔在爆炸和照明弹闪光下闪闪发亮，被苏联守军看得清清楚楚。

布劳恩少校的目标是占领储油设施区并到达伏尔加河。他和部下在 11 月 2 日就曾打到储油设施区，但只拿下了最西端的两个油槽。苏联守军通过调动最后的预备队稳住了阵脚，甚至把德军击退了一百来米，但是布劳恩没有气馁。他把自己的指挥所挪到紧邻本团前沿的退火炉下面，主动研究了在这片区域攻击的可能。当帕尔措总参勤务中校在 11 月 7 日给他下达预备命令时，布劳恩已经拟定了自己的进攻计划。四天以后，他就将计划付诸实施。

第 576 掷弹兵团的对手仍然是伊万·库兹米奇·卡尔梅科夫（Ivan Kuzmich Kalmykov）少校的步兵第 241 团坚韧不拔的步兵们。他们自 11 月初就一直把守着这片区域，虽然蒙受了惨烈的伤亡（在 11 月 5 日有 23 人死亡，97 人负伤；11 月 7 日有 2 人死亡，27 人负伤；在这次进攻的前一天还损失了 79 人），该团还是表现出令德国人恼火的顽强。当然，不断攀升的损失数字令该团的战斗力量减弱不小，在这天上午迎接德军攻势的只有两个营的 340 名"活跃战兵"[①]。其中只有少数人能够活过这一天。

★

炮兵的火力进行了延伸，并且连续猛击步兵第 241 团的后方地域直到 4 时 40 分。在第 40 号战斗报告中，步兵第 95 师描述了此地最初受到的攻击：

凌晨 4 时，在步兵第 241 团地域，敌人用大炮和迫击炮实施了密集

---

① 译注：苏军的"活跃战兵"（俄文原意是活跃的刺刀）概念与德军的"战斗力量"相似，但不计军官。"活跃"的定义是没有需要去卫生部队医治的伤病。

的火力准备。在大炮和迫击炮火力掩护以及3辆坦克支援下，超过一个营的敌军对储油槽发动了进攻。

在一个连的突击炮掩护下，工兵突击队开始发难。他们立刻遇上了雨点般的子弹。因为这片区域没有高大建筑，所以火力都来自正前方，没有来自上方的。第一批丧生的人里有第294工兵营第2连的维尔纳·梅纳特[①]（Werner Mähnert）二等兵，他在4时被一发子弹击中头部。工兵们以精心训练的动作分成小队匍匐前进，端掉了几个据点。一份苏军报告称："在4时30分，他们突破前沿，有20～25人渗透到伏尔加河岸边。我军切断了这一队敌人，并将其包围歼灭"。

步兵第241团和第161团的分界线横跨一条路堤上的小铁路支线。南路突击队的矛头就指向这个敏感的地点。一份苏军报告说得很清楚：

> 多达一个营的步兵集中攻击工厂铁路支线一带的步兵第241团和第161团结合部，并以火力射击步兵第161团的右翼。但这些迫近的步兵被我军火力击退。

工兵们继续推进，他们得到了右邻塞德尔战斗群[②]（Seydel）精心布置的各种火器的支援。迫击炮、大炮、机枪和重步兵炮猛轰第103装甲掷弹兵团前方的瓦砾场，还封锁了伏尔加河边的悬崖和河滩，第179炮兵团的火炮也加入了它们的合唱。一个装甲连的一部在紧邻装甲掷弹兵团前沿的半埋工事中射击，又为这场毁灭添加了相当强的火力。塞德尔战斗群在几份报告中汇报了它在整个上午的行动："夜晚平静度过。敌炮兵有骚扰射击。在左翼击退了一支弱小的敌侦察巡逻队。"后来又报告说："以重型步兵武器支援了左邻部队前进。"由于这些行动，来自南方的苏军侧射火力被削弱，布劳恩少校的突击群得以集中精力对付在其正面的敌人，而不必担心侧翼。

尽管得到友邻部队的支持，德军的进攻步伐还是很缓慢。布劳恩少校此时仍被困在退火炉下面，因此最初的突击少了他的鞭策和鼓舞。此外，德军不得

---

① 维尔纳·梅纳特二等兵，第294工兵营第2连，1919年10月9日生于吕特斯赫／莱比锡，1942年11月11日阵亡于斯大林格勒。

② 这个战斗群由第103装甲掷弹兵团团长彼得·塞德尔（Peter Seydek）中校指挥，包含第14装甲师所有有战斗力的部队。

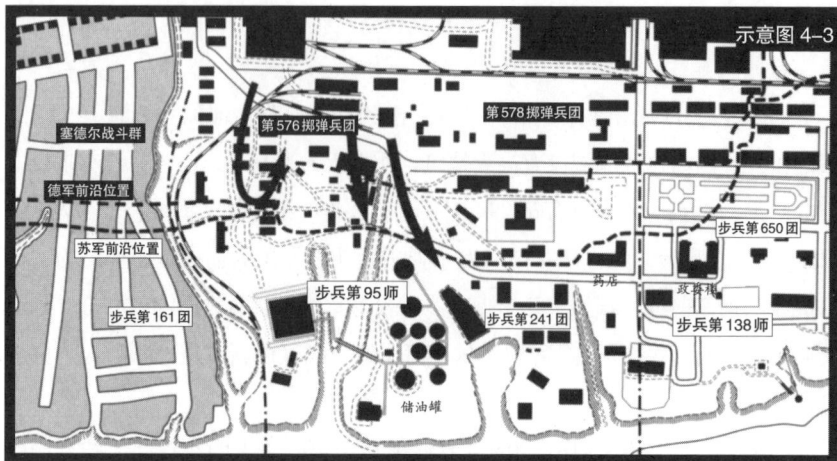

▲ 进攻初始阶段：第576掷弹兵团会同第294工兵营和第305工兵营第2连

不逐一攻击苏军的每个据点，但攻击势头随着伤亡增加而不断减弱。第294工兵营的一支突击队的队长——第3连的弗朗茨·克尔克霍夫①（Franz Kerkhoff）上士被击毙。同时丧生的还有来自第1连的瓦尔特·德默②（Walter Demme）一等兵和埃里希·德布勒③（Erich Döbler）一等兵，其中前者是头部中弹。而让进攻势头彻底消失的原因是三辆提供支援的装甲车辆在短时间内接连遭到痛击：两辆熊熊燃烧，第三辆则艰难地逃回厂区内。

摧毁德军装甲车辆的人是反坦克枪手费奥多尔·菲利波维奇·马年科夫（Fedor Filippovich Manenkov）。当时大地在航空炸弹的爆炸中颤抖，大炮、迫击炮、机枪和冲锋枪的射击声汇成令人无法忍受的轰鸣。德国人的钢铁怪兽和一小队人冲向马年科夫，其中一辆坦克被烟雾笼罩，再度出现后已经停了下来，但其他战车仍然无情地压向马年科夫和他的战友们守卫的建筑。炮弹穿墙而入，砖石飞溅，梁桁崩塌，但马年科夫没有离开自己的岗位。在他的指挥员和所有战友都牺牲后，马年科夫仍然不断用他的反坦克枪射击德国人的突击炮。据报

---

① 弗朗茨·克尔克霍夫上士，第294工兵营第3连，1913年2月4日生于于德姆，1942年11月11日阵亡于斯大林格勒。
② 瓦尔特·德默一等兵，第294工兵营第1连，1911年8月3日生于德尔齐希／莱比锡，1942年11月11日阵亡于斯大林格勒。
③ 埃里希·德布勒一等兵，第294工兵营第1连，1913年9月9日生，1942年11月11日阵亡于斯大林格勒。

▲ 53 号楼:攻击药店的部队的出发点,也是雷滕迈尔上尉的指挥所。从照片中可以明显看出它离药店(在照片底部依稀可辨)非常近

当攻击结束时,有六辆坦克和一辆装甲汽车瘫痪在他面前[①]。由于在这场战斗中表现出的勇气和英雄主义精神,马年科夫被授予列宁勋章。

德军在这片区域的进攻暂时停顿了。

第578掷弹兵团会同第50装甲工兵营、第305工兵营第1连和第44突击连一部实施的进攻

第578掷弹兵团的一个战斗群得到了措恩少尉的第305工兵营第1连的加强,他们在掠过头顶的火炮弹幕掩护下,悄悄排成纵队跑出了位于53号楼内的出发阵地。他们迅速穿过一片狭长的开阔地,滑进跑弹坑和旧战壕中。在他

[①] 在每一场战斗中敌对双方统计的坦克毁伤数量都相差甚远,这主要是因为双方都会夸大战果和将失去行动能力的坦克误判为被击毁。步兵第95师的第40号战斗报告确认"1辆重型坦克和1辆中型坦克"在此区域被消灭。

们右侧是幼儿园，这是一座双方都没有派兵占领的两层建筑，相对较完好 ①。幼儿园周围齐腰高的栅栏和长方形的院子早已被弹片打得千疮百孔。雷滕迈尔上尉经过仔细观察后发现，L 形药店的入口已经被瓦砾堵塞，使他的突击队难以进入楼内，因此他决定让部队自行开辟入口：

> 最重要的是开出进入楼内的新入口。我们自有办法。将放置大量炸药，在计划的时间起爆。

步兵们趴在后面举枪掩护，工兵们偷偷跑向药店。几个老手迅速放好炸药，并插上雷管和点火装置。接着工兵们拖着起爆电线跑回步兵身边，上好起爆器内部的发条，将所有导线头连接到接线柱上，再把起爆钥匙插进钥匙孔，然后他们就耐心等待。

★

药店的苏联守军——步兵第 241 团的指战员——保持着沉默。在 3 时 55 分，起爆信号准时发出。抓着起爆器的士兵转动了起爆钥匙……巨大的爆炸声一时间盖过了火炮齐射的怒吼，烟尘将药店完全吞没。突击队冲向大楼，钻进冒烟的洞口。苏联守军被打了个措手不及。工兵们成扇形散开，打垮了所有抵抗，一层一层地快速肃清了楼内守军。第 578 掷弹兵团的步兵紧跟在工兵后面提供支援，参与肃清行动并在被占领的大楼里布防。德军在这座大楼的四个楼层里总共抓了 45 个俘虏。在黎明前的阴暗仍然笼罩战场之时，一名通信员离开药店，穿过开阔地来到雷滕迈尔上尉设在 53 号楼里的指挥所。雷滕迈尔记得"最初的喜讯来自药店。那里的奇袭大获成功，守军都被俘虏了"。但是，药店地下室里的敌人并没有屈服。每当有德国人出现在地下室的楼梯口，就会遭到排枪攒射。德国人丢了几颗手榴弹。看到苏军火力仍未停息，他们又朝楼梯下面扔了一些炸药包。烟雾、尘土、TNT 及苦味酸炸药甜腻的气味在楼梯井里翻腾直上。又丢了几颗手榴弹以后，步兵们小心翼翼走进地下室。但是仍有几个

---

① 幼儿园（这座建筑确实是个幼儿园）很容易被 52 号楼和 53 号楼里的德军以及药店里的苏军居高临下控制。双方都明白这个阵地位置突出，如果不能先占领其附近的敌方制高点，是很难守住的。

顽强的苏联守军奇迹般地在爆炸中活下来并开了火。打头的德军步兵纷纷中弹。他们的战友赶紧把他们拖到地面。于是德国人决定不再尝试冲击地下室。

当对药店的攻击按计划进行时，跟着第 576 掷弹兵团前进并保护右翼的步兵却遇到了和南边友邻部队一样的困难。皮特曼上尉的一个部下报告说：

> 天亮时，行动开始了。虽然已经是霜冻期，但我们都脱掉了大衣，为的是能跑快点。炮兵开了火，俄国人则做了回击。我们发起进攻，但就算不穿大衣，我们的推进距离也不超过 20 米。这是一场靠手榴弹打的战斗。在我第二次或第三次尝试爬出散兵坑时，一颗手榴弹就在我右边爆炸。我的靴子、脚踝和右腿肚被炸得全是血窟窿，我对人类竟能承受这样的重伤感到惊讶。我看了看周围，然后朝一个下士喊道："我受伤了！"我爬进最近的弹坑，脱掉靴子，倒出里面的血，看了看伤势。我爬向那个下士，他对我说："下去吧。"可是怎么逃走？我怎么靠一只脚走出弹坑？那里还有另一个伤员，我对那个白痴说："来吧！我们可以互相帮助。"

★

在第 305 工兵营第 1 连的工兵引爆药店外面的炸药前，第 50 装甲工兵营的突击队已经从 56 号楼 [8 号房] 和 54 号楼 [7 号房] 一带出发，勇敢地摸近了政委楼。第 44 突击连一部（主要是第 131 掷弹兵团第 11 连的人员）从 72

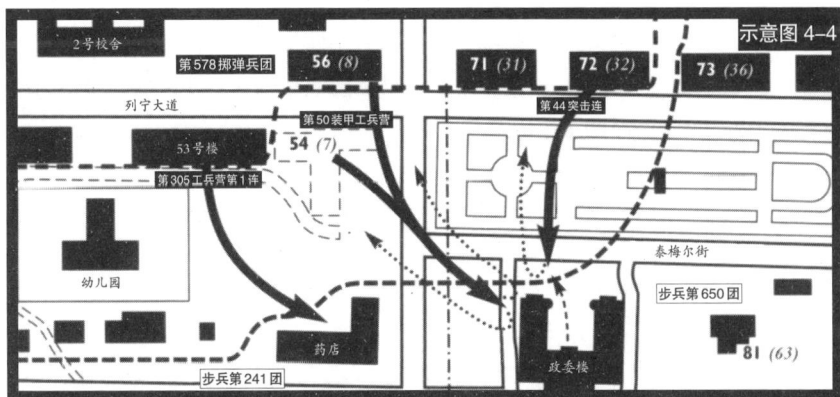

▲ 进攻初始阶段：第 578 掷弹兵团会同第 50 装甲工兵营和第 305 工兵营第 1 连

号楼 [32 号房] 出动支援他们。这几队工兵也打算用炸药开辟进入目标的通道。加斯特上尉已经让雷滕迈尔相信他的工兵不需要步兵支援就能拿下目标，此时雷滕迈尔就从 53 号楼的观察所关注着他们的进攻：

> 他们带着地雷和其他爆炸物冲进黑暗，准备将它们放在那座房子的内部和周围。他们试图找到一个入口或别的洞口，好把炸药放进去。但是他们一无所获，因为所有洞口不是被砖砌死了就是被巧妙伪装起来了，在黑暗中要想找到它们是徒劳的。因为这个缘故，工兵们只好在隐约的晨曦下等待。

工兵们认为只要再多一点光线，他们就能放置炸药了，因此他们蹲在弹坑里等待天色放亮。这座城堡式的建筑周围比较平坦，无遮无掩，楼内目光敏锐的守卫者已经注意到德国人正潜伏在他们的堡垒外面。雷滕迈尔这样回忆他们最初开火的情景："敌人很警觉。起初只是零星的点射，但很快枪声就响成一片，无情地造成杀伤。"在连续不断的火力压制下，工兵们被迫退回有全面掩护的地方，其中大多数人逃进弹坑里动弹不得。进攻就此受阻。

政委楼的守卫者们——"街垒"工厂工人民兵的残部和佩钦纽克的步兵第 650 团的几个排——注意到德国人集中在大楼前面和左侧的炮弹坑里。他们立即发现危险尚未过去，因为德国人似乎正在重整旗鼓，准备再次进攻。必须将他们消灭或逐退。民兵伊万·费定（Ivan Fedin）抓起几颗手榴弹冲进中央庭院里，然后跑向南翼角落。冲锋枪手普季林（Putirin）从一个窗口朝挤在弹坑里的工兵打长点射，为他提供火力掩护。因为普季林的位置居高临下，所以他可以将子弹射进最近的几个弹坑。当德国人蜷缩到弹坑底部时，费定朝他们掷出手榴弹。几个工兵吓得跳出弹坑，仓皇逃回德军阵地。费定追着撤退的德国人连连投弹，但他很快就中弹负伤。好在战友还在掩护，因此他一瘸一拐地退进了大楼里。

米哈伊尔·伊里奇·先奇科夫斯基（Mikhail Ilyich Senchkovsky）少尉是奉命在步兵第 138 师身后把守河岸的内务人民委员部督战队指挥员，他由衷地赞美了 Π 形房 [政委楼] 的守卫者：

> 1942 年 11 月 11 日，法西斯分子大举出动，企图占领工厂管理大楼。一个连的德国人聚集在离我们楼内阵地不远的炮弹坑里。必须消灭他们，

▲ 路德维希·阿普曼二等兵

因为他们正要组织进攻。为了执行这个任务，民兵费定抓起几颗手榴弹离开大楼，在冲锋枪手普季林的掩护下朝德国人投弹，逼得没被炸死的人放弃进攻念头，转身逃跑。虽然他们被赶跑了，但我们没有忘乎所以。费定在这场战斗中挂了彩，但是他没有下火线，仍然坚持战斗。有许多民兵为了保卫"街垒"工厂而英勇牺牲。

路德维希·阿普曼二等兵就和第50装甲工兵营第2连的另四个士兵一起蹲伏在其中一个炮弹坑里。阿普曼虽然年纪轻轻，但已经有了丰富的东线战斗经验。他曾随他的营转战于南斯拉夫、克里米亚、塞瓦斯托波尔，现在又到了斯大林格勒。他最初属于该营的舟桥分队，在大型浮桥上担任"救生员"，后来又当过摩托车传令兵，最后成了一名战斗工兵。躲在弹坑里的阿普曼感觉到手榴弹的落点越来越近，最终不可避免的情况发生了：一颗手榴弹不偏不倚地飞进他们的弹坑，将5个人全都炸成重伤。阿普曼的背部被密集的弹片击中，其中大部分是细小如豆的金属碎片，但他还是强撑着爬回急救站，最终被送往国内的医院[1]。

和"街垒"工厂里的许多士兵一样，第50装甲工兵营的阿尔贝特·海茨曼（AlbertHeitzmann）下士对苏联守军某一方面的印象大大超过了其他方面：

最可怕的东西不是炮弹，不是机枪扫射，也不是手榴弹。最可怕的是苏联狙击手！这帮人因为都披着伪装斗篷，隐蔽得实在太好了。我周

---

[1] 有好几块弹片无法取出，在他1992年去世时仍留在他体内。

▲ 政委楼堡垒式的正面。这张拍摄于战前的照片清楚地显示了工兵们面临的艰巨任务。在11月11日上午，地下室的窗户和所有门口都被砖石堵死了

围的弟兄一个接一个地倒下，不是胸口中弹就是脑袋开花。这些杀人专家只开几十枪就造成了比几百发炮弹还大的伤亡！

雷滕迈尔在他的前进指挥所里亲眼看到第50装甲工兵营仓皇败退：

> 许多工兵毫无生气地倒在地上，更多的人则爬了回来，个个筋疲力尽、鲜血淋漓，排着队走向医院。他们在这里一无所获，只不过学到一条经验：靠这种办法不可能达成他们的目标。

加斯特的部下伤亡惨重。4名士官和13名士兵死亡，1名军官、8名士官和52名士兵负伤。好在没有人失踪，所有尸体最终也都被抢了回来。这些死者中包括第2连的埃里希·皮施克 ① （Erich Pischko）下士和海因茨·施塔迪 ② （Heinz Stadie）下士，以及第3连的海因里希·马库斯 ③ （Heinrich Markus）列兵和埃里希·维尔姆 ④ （Erich Wilm）列兵。第44突击连的伤亡数字不详，但

---

①埃里希·皮施克下士，第50装甲工兵营第2连，1914年4月19日生于阿多夫，1942年11月11日阵亡于斯大林格勒。
②海因茨·施塔迪下士，第50装甲工兵营第2连，1920年2月22日生于柏林－利希滕贝格，1942年11月11日阵亡于斯大林格勒。
③海因里希·马库斯列兵，第50装甲工兵营第3连，1923年4月6日生于奥伯贾尔，1942年11月11日阵亡于斯大林格勒。
④埃里希·维尔姆列兵，第50装甲工兵营第3连，1912年11月10日生于维滕－安嫩，1942年11月11日阵亡于斯大林格勒。

格奥尔格·赖格尔[①]（Georg Reigl）二等兵死亡，菲利普·艾希霍恩[②]（Philipp Eichhorn）一等兵重伤，当天晚些时候死在戈罗季谢急救站。这个突击连还遭受了一个重大损失：工兵排的排长艾特尔·布罗克军士长战死。

值得注意的是，步兵第650团的战斗日志中甚至没有提到在政委楼击退第50装甲工兵营和第44突击连的战斗。对苏军来说药店（或者按照日志中的说法，是"L形建筑"）一带的严峻形势远比这重要，他们的这个判断是正确的。下面的文字摘自日志中11月11日的记述：

在3时30分，敌人分成几个小组，从32号房[72号楼]、33号房[65号楼]和7号房[54号楼]朝∏形建筑[政委楼]方向推进。他们动用了不超过一个排的步兵，在一名军官指挥下试图从左侧接近。炮火准备在同一时刻开始。我团在前线防守的部队与敌发生交战。迫击炮营向32、33和7号房方向的敌军集群射击……

从3时30分起，敌人以两个连的兵力在7辆坦克支援下反复攻击我团和友邻部队前线，在缺口处投入了15~20名冲锋枪手。敌人用坦克支援这些进攻，还用迫击炮和大炮系统地轰击我军部队。敌人针对的主要区域是前线左翼，L形建筑和储油槽一带，那里是我团和友邻部队的结合部，他们的目的是切断友邻部队与我团左翼的联系，打到伏尔加河。此战的结果是，敌人突破了步兵第241团的前线，占领了L形建筑，并推进到储油槽区域。

得知第50装甲工兵营对政委楼的进攻遭到完败，有人建议把第245突击炮营还在待命的突击炮调上来参加战斗。工兵作战的总指挥约瑟夫·林登少校回忆了装甲支援部队的使用情况：

在工兵进攻期间我们时不时地会动用突击炮。无论如何，由于地形难以通行，必须对突击炮执行这些任务的进军路线做准确侦察。突击炮不能跟随工兵突击队进攻，只能在后方作为火力支援力量作战。即便如此，

---

①格奥尔格·赖格尔二等兵，第44突击连，1923年2月6日生于维也纳－奥伯拉，1942年11月11日阵亡于斯大林格勒。
②菲利普·艾希霍恩一等兵，第44突击连，1908年9月12日生于奥芬巴赫，1942年11月11日因伤死于斯大林格勒。

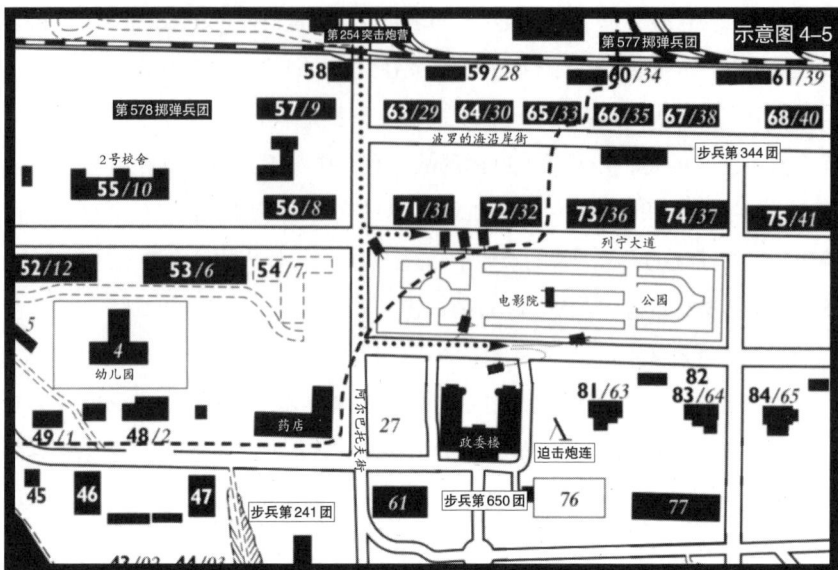

▲ 第 245 突击炮营攻打政委楼时的部署。图中显示了 3 辆被击毁的突击炮

我们这边的突击炮还是出现过损失，因为俄国人也在前线布置了经过巧妙伪装的重型防御武器……

在这进攻第一天的上午，当突击炮被拙劣地运用于前线时，就发生了这样的情况。它们的任务是用烟幕屏蔽政委楼，好让残存的工兵撤退。于是汉斯·齐勒施[①]（Hans Zielesch）少校的第 254 突击炮营里所有可用的突击炮，包括阿尔弗雷德·贝克曼[②]（Alfred Beckmann）中尉指挥的 6 辆崭新的 150 毫米 33B 型突击步兵炮，都离开了它们在"街垒"工厂中央大门附近的预备阵地。沿阿尔巴托夫街向东行驶一小段路后，公园内饱受摧残的桦树林间现出了政委楼阴森的身影。几辆突击炮在 71 号楼 [31 号房] 前左转进入列宁大道，缓缓爬行一小段距离，然后原地转向面朝政委楼，将炮弹连连射向这座硕大的堡垒。不知

---

①汉斯·齐勒施少校，第 245 突击炮营，1896 年 3 月 1 日生于达累斯萨拉姆，1979 年 12 月 19 日卒于柏林。

②阿尔弗雷德·贝克曼中尉，第 245 突击炮营，1917 年 10 月 27 日生于克隆海得，1949 年 3 月 25 日卒于乌克兰扎波罗热战俘营。

出于什么原因，另几辆突击炮却继续向东前进，转入泰梅尔街，直接冲到政委楼跟前。

列昂尼德·米特罗法诺维奇·克柳金是费多托夫（Fedotov）少尉指挥的"街垒"工厂民兵连的指导员，他回忆了德军突击炮攻击大楼的情景：

▲ 列昂尼德·米特罗法诺维奇·克柳金，"街垒"工厂民兵部队的政治指导员

> 德国人占领了街对面正对着我们的一座房子。他们用大炮朝我们射击，炮弹穿透厚厚的砖墙在房间里爆炸，机枪朝我们泼洒着雨点般的铅弹……接着敌人派出坦克和步兵扑向我们。最先与敌坦克交战的是丹尼林（Danilin）同志手下的反坦克枪手。他们用燃烧瓶烧毁了第一辆坦克。第二辆坦克绕过我们，企图碾压房子北面的迫击炮阵地。反坦克枪手们伏在大楼中央楼梯井的瓦砾堆中间。他们开了火，但是那辆坦克还在继续射击。没过多久，反坦克枪沉默了。发生了什么事？连长费多托夫赶紧爬到反坦克步枪手的阵地上。只见他们身负重伤，躺在地上失去了知觉，而这时又有两辆坦克接近了大楼。费多托夫亲自操起反坦克枪，趁一辆坦克在大楼前面转弯的时候把它打得着了火。德国人很快开始跳车，几个敌兵从附近的地下室里跑出来帮助他们。我们用冲锋枪把他们撂倒，接着又点着了另一辆坦克。第四辆坦克掉了头，跟在坦克后面的敌步兵四散奔逃。敌人在街对面一个被砖石掩盖的窗口里布置了一挺机枪，此时它开始朝我们射击。我们的反坦克枪手很快就把机枪打哑了。

这几辆突击炮径直冲向目标，导致了灾难性的后果，如此业余的战术简直匪夷所思。被毁车辆的照片证据[1]显示乘员当时肯定陷入了恐慌和绝望。此

---

① 请参见第 8 章的照片。

战中被歼灭的是 1 辆长炮管型突击炮 [①] 和 2 辆新式的 33B 型突击步兵炮，以及车上缺乏经验的乘员。在第 6 集团军的战争日记中也报告了这两辆试验型车辆的损失："在火炮厂以东，两辆新式的 33B 型突击步兵炮被直接命中毁伤，后来彻底损失。"在该营 11 月 12 日的实力报告上，还少了另两辆同型突击炮，它们很可能是在 11 月 11 日的战斗中损伤后被送到后方修理去。第 305 工兵营第 2 连连长格林中尉还报告说，这些新式突击炮的车长之一也受了伤：

> 我从团军医那里得知，昨天曾向我报到的一辆 33B 型突击步兵炮的车长（是个中尉）背部被一块弹片击中，虽然伤势没什么大不了的，但他差点死于休克。

敌对双方的记录很少吻合，这是因为双方都会误解对方的意图并严重夸大其伤亡。不过在这个案例中，步兵第 138 师战斗日志中关于佩钦纽克的步兵第 650 团的记录倒是能准确地与目击者证词以及现存的德方档案对上，只不过在德军死亡人数统计上不准确：

> 从 4 时 30 分起，步兵第 650 团与步兵第 241 团一同抗击敌人得到 10 辆坦克支援的一个步兵团。整整一个白天，敌人的所有攻击都被击退。德军有 400 人被消灭，3 辆坦克起火烧毁，1 辆坦克中弹失去战斗力。

而步兵第 650 团的战斗日志与事实的差距要小得多："……在今日的战斗中，敌人损失了 4 辆坦克，被打死打伤 180 名官兵，但摧毁了我方 4 挺轻机枪。"

既然政委楼仍在苏军手中，德军要想全面达成目标就极其困难了。这座建筑因为位置显要，绝对是整个下工人村最重要的一座。从这里可以用火力轻松覆盖四面八方，也可以同样轻松地观察周边区域的动静。雷滕迈尔的部队虽然已经基本占领了药店，此时却进退两难。从政委楼打来的精准的冷枪切断了他们与所有其他德军部队的联系。早晨抓到的 45 名俘虏此时仍在药店里由专人看管着。雷滕迈尔回忆道：

> 白昼来临，我们的工兵再也无法离开那座房子，也不能把自己暴露在任何一个门口，因为每个洞口背后都潜伏着死神。现在到底谁是俘虏？

[①] 实力报告显示第 245 突击炮营在 11 月 12 日比 11 月 11 日开始时少了 1 辆长炮管型突击炮和 2 辆短炮管型突击炮。

▲ 在 10 月 14 日的大规模进攻前，格林中尉考虑到自己可能战死，便让人拍了这张"遗照"。左起：贝特霍尔德·施泰格中尉（当时还在第 305 工兵营第 2 连，但后来改任第 305 工兵营第 3 连的连长）、里夏德·格林中尉（第 305 工兵营第 2 连连长）和格林的勤务兵保罗·诺费尔。诺费尔在 1943 年 1 月 10 日负伤，1 月 13 日乘飞机离开，是第 305 工兵营中最后一个逃离斯大林格勒包围圈的人。背景中可以看到戈罗季谢的白色教堂，它是在斯大林格勒北城区作战的所有军人都熟知的一个地标。这座教堂被德军用作救护站，周围是大片德军墓地

第 577 掷弹兵团会同第 336 工兵营、第 305 工兵营第 3 连和第 44 突击连一部实施的进攻

在进入"街垒"工厂的过程中吃了一个下马威后，第 336 工兵营的突击队和第 44 突击连的一些人员（主要是第 132 掷弹兵团第 2 连的官兵）一起小心翼翼地集结到 3 号厂房和 4 号厂房东侧内墙下的出发阵地。第 577 掷弹兵团的战斗部队有两名经验丰富的营长带队：第 577 掷弹兵团第 3 营的格奥尔格·魏特曼 [①]（Georg Wittmann）上尉和第 577 掷弹兵团第 2 营的弗里德里希·温克勒 [②]（Friedrich Winkler）中尉。

---

① 格奥尔格·魏特曼上尉，第 577 掷弹兵团第 3 营，1910 年 3 月 27 日生于上普尔法尔茨地区诺伊马克特，1997 年 9 月 18 日卒于上普尔法尔茨地区诺伊马克特。

② 弗里德里希·温克勒中尉，第 577 掷弹兵团第 2 营，1909 年 8 月 22 日生于沃尔姆斯，1943 年 2 月 8—10 日卒于别克托夫卡战俘营。他在斯大林格勒战场上留下的照片中佩戴着一枚残缺的步兵突击章，并且成为这场战役中最著名的影像之一。

布罗克曼中尉的第 336 工兵营第 2 连的那位无名士兵在报告中继续描述了他的连对目标——66 号楼 [35 号房] 的进攻经过：

没过多久，我们自己的炮兵就开火了。在厂房前面，一道火墙拔地而起。我们在徐进弹幕的掩护下向前移动，步兵弟兄们跟在我们后面，作为第二梯队。我们杀到了一片很大的街区里，虽然眼前的大楼已经半毁，但守军猛烈的火力劈头盖脸地向我们射来。我们把炸药包扔进地下室的窗户里，然后纵身跃下楼梯。我们从垂死的俄国人身边爬过，试图冲到楼上。但是没有成功。我们连冲了四次，每一次都被俄国人赶了回来。

不一会儿，援军赶到了。敌人的手榴弹顺着楼梯滚下，我们把它们捡起来又扔回去。炮兵制造的火焰飓风在大楼周围怒吼。当我们终于赢得争夺大楼的战斗时，我的许多弟兄已经和俄国人倒在一起奄奄一息。

苏联红军宁死不降。有几个人甚至从屋顶跳了下去。

对这座建筑的进攻得到了贝特霍尔德·施泰格 [1]（Berthold Staiger）中尉的第 305 工兵营第 3 连的支援。施泰格曾是排长，在 6 月 30 日沃尔昌斯克附近发生的一次事件中受到了严重的生理和心理创伤：

我在 1942 年夏天被部署到奥斯科尔河，那是第聂伯河的一条支流。当时我军正在敌方纵深推进，为了让部队过河，我们必须控制河上的一座桥梁。我和连军士长西格弗里德·扬齐克 [2]（Siegfried Janzik）一起带一支先遣队去桥上和桥周围排雷。这是一个极其困难的任务，因为我们估计那些地雷都是危险的"拉火管"（这是我们的叫法）。尽管我们百般小心，还是有一个地雷在离我不远的地方突然发生了剧烈爆炸，扬齐克上士被炸成了一团模糊的血肉。我一辈子都没法把战友惨死的画面从脑海中抹去，那实在太可怕了。当时我两个耳朵的鼓膜都被震破，但没注意，后来看见炮弹爆炸却听不见爆炸声或敌人坦克开火的声音，这才明白过来。我完全聋了，被送进医院恢复到一定程度以后才归队。其实我仍然有听

---

① 贝特霍尔德·施泰格中尉，第 305 工兵营第 3 连，1914 年 3 月 13 日生于罗特韦尔，2006 年 2 月 21 日卒于罗伊特林根。
② 西格弗里德·扬齐克上士，第 305 工兵营第 3 连，1915 年 9 月 9 日生于卡斯特罗普，1942 年 6 月 30 日阵亡于红波利亚纳附近。

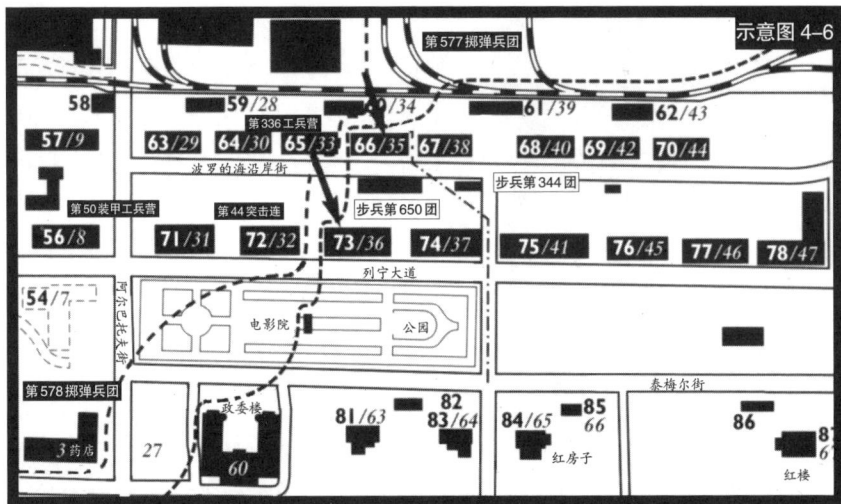

示意图 4-6

▲ 进攻初始阶段：第 577 掷弹兵团会同第 336 工兵营和第 305 工兵营第 3 连

力困难，本可以换个工作的，但我申请回到我自己的部队。

在 9 月底 10 月初，斯大林格勒的包围圈还没形成时，我的申请被批准了。当我到达皮托姆尼克机场时，我们的部队正在斯大林格勒前线。

半聋的施泰格被分配到格林中尉的第 2 连，但格林把他留在预备队里指挥一队喷火兵。然而，由于伤亡日渐增加，尤其是军官损失惨重，施泰格终于不得不接过第 3 连连长的职务。从那时起，他带着这个连在火炮厂进行了几个星期的恶战。现在他又率领自己的部下穿过火网，协助第 336 工兵营的工兵们。他手下有一名士官被一块大弹片击中：

有个叫海杜克[1]的士官是我营里的。他的名字我一直忘不掉，因为他的肚子被一发炮弹严重炸伤，眼看是活不成了。他自己也明白，就对我说，要是我能回家，就去找他的新婚妻子，把他的遗言带给她。他的新婚妻子在给一个纳粹党高官[2]当保姆。

---

①鲁道夫·海杜克（Rudolf Heiduk）下士，第 305 工兵营第 3 连，1908 年 10 月 17 日生于柯尼希斯许特，1942 年 11 月 12 日因伤死于斯大林格勒。

②这个"纳粹党高官"就是党务办公厅主任马丁·鲍曼（Martin Bormann）。海杜克的妻子在慕尼黑的鲍曼公馆中当保姆。

▲ 瓦西里·特罗菲莫维奇·皮文大尉

施泰格和他的部下冲到了大楼里，他记得当时第 336 工兵营的官兵"只占了一楼。我们一时没法扩大阵地。俄国人占着二楼和三楼。不过，这些俄国人只不过是一群残兵败将"。来自 2 个营的工兵们并肩作战，最后终于攻下了整座大楼。

布罗克曼中尉的第 336 营第 2 连和施泰格中尉的第 305 营第 3 连所攻击的大楼——66 号楼 [35 号房] 位于步兵第 650 团的右翼，事实上是佩钦纽克部把守的最右端的建筑。与其相邻的建筑是 I. S. 波格列布尼亚克（I. S. Pogrebnyak）中尉和 7 名士兵把守的 67 号楼 [38 号房]，它是步兵第 344 团第 1 营的 4 号据点。66 号楼 [35 号房] 以及另两座建筑（73 号楼 [36 号房] 和 74 号楼 [37 号房]）都是由步兵第 650 团把守的。位于这片区域的应该是佩钦纽克团里的瓦西里·特罗菲莫维奇·皮文（Vasili Trofimovich Piven）大尉和他的连：

> 1942 年 11 月 11 日，我的连在离"街垒"工厂不远的地方。整整一天，我们击退了敌人的连番进攻。虽然我们连弹药稀少，人员奇缺，但德国人却没能前进哪怕一米。后来德国人还调来坦克参战。我们的战士用燃烧瓶和反坦克手榴弹击毁了三辆坦克。共青团员尼古拉·谢缅加耶夫（Nikolai Semendyayev）在这场战斗中牺牲，他抱着手榴弹钻到一辆坦克下面，和它同归于尽。伊万·维诺格拉多夫（Ivan Vinogradov）则在很近的距离拿着燃烧瓶冲向一辆坦克，使它燃起大火 [①]。我在战斗中不得不拆下轻机枪

（接上页脚注②）施泰格为了给地捎口信而驱车赶到那里，却发现这座宅邸四面都有铁丝网保护。门卫不让他进入。他求门卫去找那个姑娘，被告知那姑娘可以到花园门口听他说口信。施泰格没有当面见到马丁·鲍曼。

[①]很难证实这些说法，因为其他资料，尤其是照片证据都显示德方承认的装甲车辆损失是发生在对政委楼的进攻中。

上的弹盘，然后拿机枪当铁棍和冲上来的敌人肉搏。德国人最终没有得逞！

在这片区域的另一名军官是步兵第 650 团卫生队的米哈伊尔·安德烈耶维奇·丹尼连科（Mikhail Andreyevich Danilenko）上尉：

▲ 米哈伊尔·安德烈耶维奇·丹尼连科上尉，一位拿起步枪战斗的医务军官

> 战争期间我在步兵第 650 团的第 3 营。作为高级医务助理，我不仅为伤员提供救护，还时不时地参加战斗，甚至拿着步枪和手榴弹参加进攻，保卫斯大林格勒城。我曾用一支狙击步枪消灭了 10 个德国鬼子，在斯大林格勒战役期间把至少 70 名伤员抬下战场，为他们进行急救。1942 年 11 月 11 日，法西斯发动了最疯狂的进攻之一，我在战斗中负伤，离开了部队……

可惜皮文和丹尼连科没有具体说明他们是在哪些建筑里。在步兵第 650 团的战斗日志中，对这片区域的情况写得非常简略：

> 在右翼，敌人企图夺取 36 号房 [73 号楼]，攻下电影院，从而切断步兵第 2 营与步兵第 1、3 营的联系。

日志对 66 号楼 [35 号房] 的损失只字未提。但是步兵第 344 团团长科诺瓦连科大尉在 8 时发出的报告却证实了这些损失。第 48 号战斗报告告诉师部：

> 1942 年 11 月 11 日 4 时，敌人经过炮火准备后，以不超过一个排的兵力对我团防御阵地左翼发动进攻，但我军通过有组织的小型武器、机枪和迫击炮射击将敌人赶回了他们的出发阵地。4 时 20 分，敌人以多达两个连的兵力再次对我团防御阵地发起全线进攻。他们突破了友邻部队的前线，并攻占了 35 号房 [66 号楼]，另以一队人攻击侧翼并冲击了主防线……

从这份战斗报告来看，虽然师战斗日志记录的是"从 4 时起，步兵第 344

▲ 1935年9月21日与玛蒂尔德结婚时拍摄。温克勒夫妇有两个儿子（大儿子生于1936年6月，小儿子生于1942年7月）。温克勒袖口的条纹代表他的两项射击成就——水平条纹表示优秀射手级别，V形条纹表示神枪手级别和资格

▲ "巴巴罗萨"行动开始前不久，在第56猎兵团担任排长的温克勒少尉。他是团里最早获得一级铁十字勋章的。第577掷弹兵团第5连的约瑟夫·特罗伊伯（Josef Troiber）二等兵曾是温克勒的部下，据他回忆温克勒是个了不起的连长。在斯大林格勒血战四个月后，温克勒侥幸活了下来，但在1943年2月初企图突出斯大林格勒包围圈时被俘。他在1943年2月8—10日死于别克托夫卡战俘营中。右边的照片是亲人见到的他最后的影像。这张照片曾被刊登在无数杂志上，他的儿子们剪下照片，在背面写了"1942年10月，我们亲爱的爸爸在斯大林格勒"。他的家人直到1948年年底才得知他的死讯

团不断击退敌人从4号和14号车间发起的猛攻"，但该团似乎没有受到德军的全力猛攻。大部分战斗发生在该团的两翼。总结了全团截至8时的作战后，科诺瓦连科告诉师部："敌人对我团防线的所有进攻都已被击退。我团仍然控制着最前沿的阵地，并继续与先前攻过来的敌军部队搏斗。损失很严重，但目前还在清点中，敌人受到的打击也是一样。敌炮火摧毁了我团的5个迫击炮位。"从最后一句可以看出，步兵第344团的7门82毫米迫击炮有5门被德军的炮火准备炸毁。

▲ 这位无名军官的面容已经成为德军在斯大林格勒工厂区徒劳无功的进攻战的象征，经过多年的研究，我们终于弄清了他的身份。他叫弗里德利希·康拉德·温克勒，1909 年 8 月 22 日生于沃尔姆斯。他的士兵身份牌（狗牌）号是 -4-1. I. R. 14。他是个 "Zwölfender"（这个单词的字面意思是 "角有十二个分枝的鹿"，被用来指代在国防军中签约服役十二年的士兵）。他在 1941 年 11 月 1 日晋升为中尉（RDA 786），1942 年 12 月 1 日升为上尉（RDA 313）。战争开始时他在第 56 步兵团（后改为第 56 猎兵团），在 1942 年年中调至第 305 步兵师，最初担任第 577 步兵团的团部连连长。这张著名的照片拍摄于 1942 年 10 月 16 日，当时温克勒已经是第 577 步兵团第 6 连的连长，正率该连经 "街垒" 火炮厂的北门推进。从照片中可以看到温克勒的步兵突击奖章缺了一半。读者也许会认为这是在战斗中被打掉的，但是在大多数情况下，这是佩戴者故意掰掉的。佩戴残缺奖章者都是曾经出于责任感英勇奋战，而且仍然随时愿意投入战斗的人，因此是 "诚实、可靠的家伙"，只不过他们在心里认为这场战争败局已定。作为军人他们不能公开发表这样的意见，因此就用这种方式来表露心迹

第389步兵师会同第45、162和389工兵营实施的进攻

卡尔·克劳斯二等兵对最初的攻击情景记忆犹新，他当时在第45工兵营第2连组成的第二突击队中：

> 我们端着上好刺刀的钢枪，悄无声息地爬向我们认准的俄军阵地。目标：所谓的"白房子"，它是俄国指挥官设在一条冲沟里的指挥所。爬了几米以后，手榴弹和燃烧瓶纷纷从黑暗中向我们飞来。俄国人知道我们要进攻？于是两边同时发出呐喊，接着机枪的嗒嗒声和步枪的砰砰声就响成一片……但我们还是看不见敌人。只听见惨叫、咒骂、炮弹爆炸……这里再也没有前线和后方之分。

分在我们队里的火焰喷射器射手维利·瓦尔特[1]（Willi Walter）二等兵在黑暗中前进时中弹了。火焰喷射器内部的压力导致油罐爆裂。黏稠的火油[2]溅得他满身都是，脸上尤其多。他顿时一头扑倒在地，一动不动。好在这些油没有着火，否则他肯定成焦炭了[3]。弟兄们把他抬了回去。我恐怕他的眼睛已经瞎了。他的脸已经成了漆黑一团，结了厚厚的硬壳，眼看就要憋死了。他能活下来吗？[4] 这时天已经亮

▲ 火焰喷射器射手维利·瓦尔特二等兵，第45工兵营第2连

---

[1] 维利·瓦尔特二等兵，第45工兵营第2连，1922年生，1998年卒于萨尔布吕肯。克劳斯曾动情地回忆说，瓦尔特能背诵歌德的《浮士德》，而瓦尔特的妻子则记得丈夫"总是希望做些改变，让世界变得更美好"。

[2] 一种黑色的油，有木馏油的气味。

[3] 油没有着火的原因在于Flammenwerfer 41式火焰喷射器上使用了改进型点火装置。旧式喷火器使用的是氢气喷嘴点火装置，较新的型号使用了子弹点火装置，它包含一个装有10发无底缘9毫米手枪空包弹的弹夹，每次扣动扳机就会自动执行上膛、击发、退壳的操作。因为燃料喷射机构和点火机构是由同一个扳机操纵的，所以实现了"热点火"，即喷射出的燃料在离开喷嘴的瞬间被点着。只要不扣扳机，就没有明火。

[4] 据卡尔·克劳斯回忆："大约过了40年，我经过多方打听，得知他还活着，后来还知道他的眼睛也保住了。我们的重逢充满了感激和喜悦之情。"

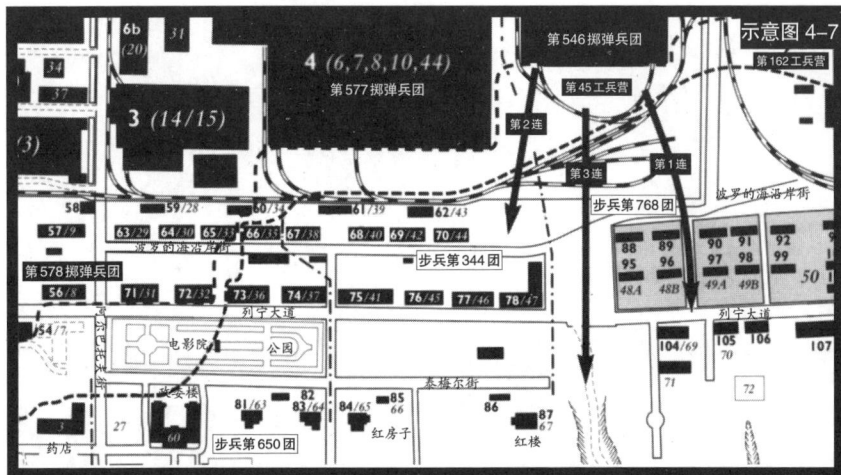

▲ 进攻初始阶段：第45工兵营

了，看不见的敌人从四面八方朝我们开火。伊万们躲在烟囱里、机器残骸中间、地下排污管里，而我们基本上没有任何掩护，接着敌人在狙击手支援下开始反击。当时气温是零下15摄氏度，但还没下雪。敌人的反击在受到一些损失后被击退了。我们占领的阵地很小，只有50~60米纵深。一个不小心就会得到爆头的下场。我注意到友邻瓦尔特上士①率领的突击队取得的进展比我们好得多。但是后来那个突击队里一个人都没活下来，因为他们闯进了陷阱，先是被敌人用火力和白刃战打成重伤，然后被残忍地肢解了（因为俄国人不留俘虏？）②。

　　接着斯大林管风琴把我们后方炸成一片火海。

　　贝托尔德·保卢斯③（Bertold Paulus）列兵和克劳斯在同一个连里，他在一封家信中记录了自己在这次进攻中的经历：

---

　　①洛塔尔·瓦尔特上士，第45工兵营第2连，1920年5月1日生于洛伊特基希，1942年11月11日阵亡于斯大林格勒。

　　②克劳斯在回忆录的脚注中写道："俄国的狙击手有一些是经过良好训练的女人，那些活着落到这些复仇女神手里的士兵可惨了！"

　　③贝托尔德·保卢斯列兵，第45工兵营第2连，1923年2月9日生于卡斯特尔/萨尔，1943年1月失踪于斯大林格勒。

▲ 贝托尔德·保卢斯列兵

▲ 哈特穆特·米勒下士

现在说说最新的情况：你们已经知道我在斯大林格勒。幸运的是，我第一次随突击队参加进攻，结果活了下来，不幸的是，我的许多弟兄没这个福气。

现在请你们做好心理准备听我说一个坏消息，我的战友和朋友哈特穆特[①]在 11 月 11 日早晨 4 时作为突击队长战死了。下面是详细的情况：我们排被分成两个突击队。率领全排的是一个少尉[②]，哈特穆特率领一个 10 人组成的小队。

凌晨 2 时 30 分，我们做好了进攻"红色街垒"火炮厂[③]的准备。进攻在 3 时 30 分开始。我们必须占领一块大约长 500 米、宽 200 米的区域。

①哈特穆特·米勒（Hartmut Müller）下士，第 45 工兵营第 2 连，1917 年 9 月 16 日生于卡斯特尔，1942 年 11 月 11 日阵亡于斯大林格勒。

②基本上可以确定此人是弗里茨·摩尔芬特中尉，第 45 工兵营第 2 连，1919 年 8 月 12 日生于乌尔姆，1943 年 1 月 23 日失踪于斯大林格勒。

③原文写的是"红十月"，可能将两处地方混淆。

那里每 10 米就有一个地堡，里面全都藏着狙击手。我们用上了机枪、炸药包、手榴弹和火焰喷射器。接着恶战开始了。全是肉搏战。俄国人没有一个投降。我们一个俘虏也没抓到。

　　现在我要告诉你们，哈特穆特是怎样英勇战死的。他带着他的小队前进了 50 米。然后他们遭到地堡和屋顶上狙击手的猛烈射击。他集合起他的小队冲向地堡。在离地堡 20 米的地方，他突然向前栽倒，当场死亡。他的头上有一个伤口，他死前一个字都没说。我们直到后来才注意到他死了。我只能说，那真是一场艰难而可怕的战斗。

第 45 工兵营攻击的是柳德尼科夫手下两个团的结合部：步兵第 344 团右翼和步兵第 768 团左翼，这里是苏军防线上最坚固的地段。

　　在上午的报告中，科诺瓦连科大尉说："在右翼，敌人突破了步兵第 768 团的防御，开始以小股兵力向 47 号房 [78 号楼] 方向前进，并通过冲沟扑向指挥所。"

　　第 45 工兵营瓦尔特上士的这次进攻严重威胁到步兵第 768 团团长古尼亚加少校设在"手指沟"以北几十米处的指挥所，当工兵们接近这条又宽又深的冲沟时，天空已经染上曙色，淡淡的光线洒在土褐色的战场上。步兵第 138 师的参谋长舒巴中校向柳德尼科夫报告说，古尼亚加少校正等他接电话。他的团在敌人进攻下快支持不住了。古尼亚加还是和往常一样一字一句地说着话，但是他颤抖的嗓音透着不安："敌人突破到团指挥所，正不停地朝指挥所扔手榴弹。我们该怎么办？"

　　柳德尼科夫有点不相信自己的耳朵："你们还能怎么办？把他们赶回去，消灭他们呗。但是你们一步都不能后退，你难道不知道，指挥所的人员不光要指挥部队，也是要参加战斗的？"

　　"这个我懂，师长同志，可是我的指挥部已经受到不小的损失，现在人手不够啊。"

　　"好吧，等着。五分钟之内，特钦斯基同志 [1] 会打击在你们团前方和你指

① 谢尔盖·雅科夫列维奇·特钦斯基（Sergei Yakovlevich Tychinsky）上校，他于 1945 年战争临近结束时身亡。

挥所一带的敌人。不过别忘了，有些炮弹可能落到你的指挥所。所以要注意隐蔽，别让通讯中断了。"

苏联炮兵进行了十分钟炮击，出色地完成了任务。古尼亚加少校再次打电话给柳德尼科夫，报告说他和他的部下都很感激炮兵。有两发炮弹正好落进指挥所的战壕里，但是没有一个人受伤。德国人则损失惨重，局面被扳回来了。

在8时，古尼亚加少校向师部发送了一份战斗报告。混乱的战局和该团捉襟见肘的战斗力量在报告中体现得很明显：

> 3时40分，在大炮和迫击炮支援下，敌人在我军右翼以不超过一个排的步兵发动进攻，突破了我军的前沿阵地。敌人的右翼位于通到泰梅尔街东北角的冲沟的入口，其左翼在其右翼的右方[1]150米处，沿着从冲沟末端通向右方的道路分布。为了应对这次进攻，我军以后勤人员和迫击炮手组成20~25人的小队，将这股敌人击退。有一股8~10人的敌军躲在一个炮弹坑里和工厂广场东侧角落对面、冲沟右边第二座房子的废墟里，战斗部队用机枪和迫击炮对他们进行了猛烈射击。

> 在击退敌人以后，我团部队占据的防御阵地如下：在右翼有一条道路从冲沟出口向右延伸了200~250米，有一个9人小队把守在这条道路靠近冲沟的位置，离冲沟远一点的地方则有一个12~14人的小队。在左翼，主机械车间右侧角落以东150米处有一台起重机，起重机旁边有铁轨经过，在与铁轨平行的位置有一个6人小队。我们尚未与位于先前防线上的营取得联系。目前我们正在采取一切措施建立联系，并已采取措施来歼灭位于右侧弹坑里的"弗里茨"。迫击炮营仍在其先前的射击阵地上。战斗中出现了死伤，不超过20人，我们还在继续清点损失。

★

古尼亚加的步兵第768团受到的压力主要来自克吕格少校的第162工兵营的大胆突击。他们的集结阵地是在火炮厂以北相对开阔的区域，那里的地

---

① 译注：这是从苏军视角而言。

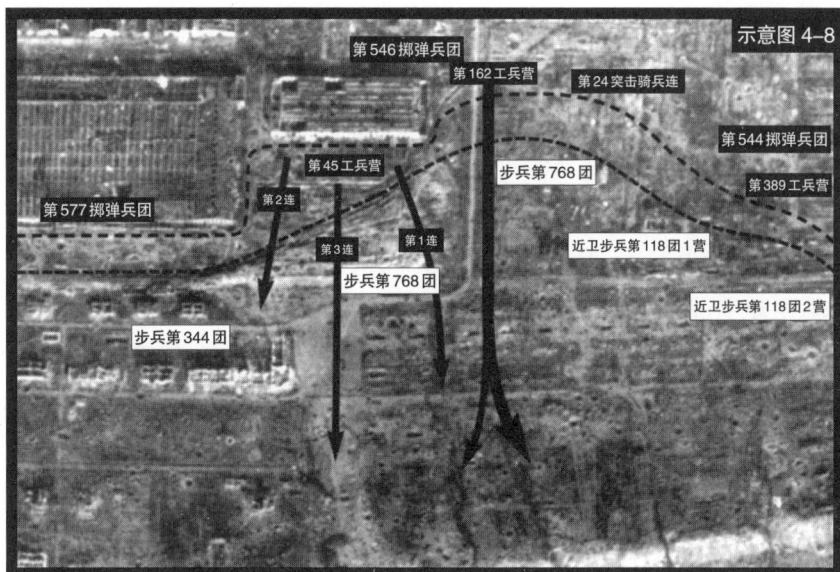

示意图 4-8

第546掷弹兵团

第162工兵营

第24突击骑兵连

第544掷弹兵团

第45工兵营

第389工兵营

第577掷弹兵团

第2连

步兵第768团

第3连

第1连

步兵第768团

近卫步兵第118团1营

近卫步兵第118团2营

步兵第344团

▲ **进攻初始阶段：第162工兵营**

形包括残破的平房、炮火犁过的土地和数以百计的弹坑。苏军在这片区域的前沿阵地横跨一条略高于地面的铁路路堤，这使守军——若卢杰夫将军[1]的近卫步兵第37师顽强的幸存者们和古尼亚加步兵第768团的步兵——占据了小小的地利。苏军在这个地段的防御还得到了坦克第84旅的5辆坦克加强，这些坦克已经失去行动能力，被半埋在地下作为固定火力点。第6集团军情报处下发的最新敌军实力报告声称，一度兵强马壮的近卫步兵第37师此时只剩一个极其虚弱的近卫步兵第118团，该团的第2连只有15人，第6连也只有23人，另一份报告则称步兵第768团的第1连有54人。真实的数字与此有很大不同——苏军的战斗兵员其实比报告所说的少得多，但是他们的顽强精神却是不可估量的。不过德军只能依靠这些情报来准备战斗，克吕格少校就把

---

①维克多·格里戈利耶维奇·若卢杰夫（Viktor Grigoryevich Zholudev）少将，苏联英雄，近卫步兵第37师，1905年3月22日生于乌格利奇，1944年7月21日阵亡于明斯克附近。

这些情报传达给了手下的连长们。

这个营的突击队在 3 时 40 分炮击开始前几分钟开始出击，和所有隶属于第 389 步兵师的工兵营一样，他们喜欢抢在炮火准备之前出动来保证突然性，而不是像南边的友邻部队那样等炮击过后再行动。克吕格的工兵蹑手蹑脚地穿过坑坑洼洼的大地摸向铁路路堤，并在第一排炮弹炸响之时迅速击溃了苏联守军。古尼亚加少校后来报告说："我们把守前沿阵地的连被一扫而空。"炮弹和火箭弹尖叫着掠过头顶飞向伏尔加河，几支工兵分队在地上用炸药和火焰开道，一路杀向东面的伏尔加河。他们的攻击准确地打在步兵第 768 团和近卫步兵第 118 团的结合部。近卫军战士们尽管伤亡惨重，还是坚守阵地，击退了"喝醉的希特勒分子"的多次进攻，但是德国工兵们在苏军防御阵地上每拔掉一个钉子，就能在两个步兵团薄弱的侧翼楔入一分。随着苏军的抵抗缓慢但切实地加强，在右翼面对古尼亚加团的工兵终于在一条横贯于面前的街道边止步。左翼的突击队则还能沿路口继续推进。拜尔斯多夫少尉的突击骑兵连与这些工兵齐头并进。他们合力击穿苏军防线，在"荆棘沟"附近打到了河边。步兵第 138 师的战斗报告指出："在 8 时 30 分，敌人将生力军投入战斗，打垮了近卫步兵第 118 团第 1 营的少数残余部队，到达伏尔加河。"此时已被包围的该团继续不屈不挠地抗击着德军攻势。德军虽然扩大了突破口，但因为南边的抵抗太猛烈，所以在这个方向的进攻停滞了。北边虽然在近卫步兵第 118 团防区占了一些地盘，但都很小而且没有连成一片。于是德军暂停进攻，以便重整旗鼓。

跟在先头部队后面的是第 546 掷弹兵团的残余步兵组成的突击队。他们解决了所有留在后面的散兵游勇和抵抗据点。这片地区有数不清的地堡和掩体，需要逐一检查，如果还有敌人则需要肃清。

步兵第 138 师的战斗报告准确记录了尼古拉·叶菲莫维奇·科洛博夫尼科夫（Nikolai Efimovich Kolobovnikov）中校的近卫步兵第 118 团受到的攻击：

> 从 4 时起，近卫步兵第 118 团被敌军以两个营的兵力从下列方向攻击：第一个攻击队的一个营从沃尔霍夫斯特罗耶夫斯克东边攻击近卫步兵第 118 团第 2 连，第二个攻击队的一个营从沃尔霍夫斯特罗耶夫斯克西边攻入步兵第 768 团和第 118 团第 1 连结合部，打击了近卫步兵第 118 团第 1 营的侧翼。

▲ 第 389 工兵营攻占的砖厂以东区域地势开阔，建筑物非常少，因此科洛博夫尼科夫中校的近卫步兵第 118 团没有多少地形可资利用

▼ 进攻初始阶段：第 389 工兵营

示意图 4-9

第 162 工兵营　第 546 掷弹兵团

步兵第 768 团　第 24 突击骑兵连

沃尔霍夫斯特罗伊街

第 389 工兵营

近步第 118 团 1 营

近步第 118 团 2 营

第 544 掷弹兵团

第 545 掷弹兵团

第二个攻击队是得到第 162 工兵营支援的第 546 掷弹兵团，而第一队是埃伯哈德中尉的第 389 工兵营和第 544 掷弹兵团。

第 544 掷弹兵团的团长科尔马·冯·德布希茨[①]（Colmar von Debschitz）中校记录了他对这次战斗的印象，并强调了柳德尼科夫的那些据点有多难啃：

> 河岸上仍被俄国人占据的建筑始终威胁着我们的侧翼，这里发生了特别残酷激烈的战斗，我团官兵组成的一个战斗群在施吕特中尉[②]指挥下几次上阵。在这一战斗中我们动用了包括坦克和火焰喷射器在内的各种武器，而俄国军队表现了坚韧的防守意志。参战的德国步兵营、工兵营和突击炮部队在充满恐怖的战斗中殊死拼杀，付出异常惨重的伤亡才夺取了一些阵地。

在冯·德布希茨中校的团所在的地段，部署在最北面的工兵营是第 389 工兵营组成的战斗群。这个工兵战斗群的指挥官汉斯-路德维希·埃伯哈德中尉对那天上午的进攻记忆犹新：

> 随着步兵和右侧的友邻部队就位，一切都安排妥当了，拂晓前就会全面打响。到达集结阵地后，我不由得做了几次深呼吸。我有些犹豫：我们是否周密考虑了所有因素？没有什么问题吗？我振作起精神，小声说道："上吧！"
>
> 我们顺着街道一路小跑，然后分别进入两条冲沟。此时还很安静。直到火焰喷射器的火龙照亮冲沟，才响起几声试探的枪响。回应它们的是手榴弹沉闷的爆炸声。我沿着冲沟上边缘（这是我在这片瓦砾场中能找到的最佳线路）跑向伏尔加河，到达河边的悬崖后我滑了下去，站在离河边只有几米的地方，简直像做梦一样，我在那里站了几秒钟，对任何人来说都是显眼的目标。夜晚的黑暗仍然笼罩在水面上，但是渐渐地我辨认出了对面一个大岛的轮廓。我从惊愕中回过神来，与此同时，战斗在西面八方爆发。那座岛上也非常热闹。设在那里的火箭炮和大炮开

---

①科尔马·冯·德布希茨中校，金质德意志十字勋章，第 544 掷弹兵团，1900 年 1 月 17 日生于贝纽黑，1980 年 10 月 7 日卒于埃朗根。

②马克斯·施吕特（Max Schlüter）中尉，第 544 掷弹兵团，1910 年 5 月 25 日生，1943 年 1 月 22 日失踪于斯大林格勒。

第四章 / 大举进攻　171

始轰鸣，它们对我很不客气。我跑回了手榴弹的闷响仍然此起彼伏的冲沟里。

为了不被我们自己人当成攻击目标，我快速爬上了坡。到了坡顶以后，我的连军士长从一道残破的墙壁后面跳出来跑到我身边。这时天已经快亮了，曙光马上就会照到这里。

"中尉先生，伏尔加河，我们到了！"他站直了身体，然后突然仰面朝天倒在地上。头部中弹。我的喜悦之情顿时消散。我叫两个路过的士兵把受了致命伤的连军士长抬下去，因为我自己不忍心再看到他。我的医务下士①后来向我报告说，连军士长是一小时后死的，始终没有恢复知觉。听到这话我扭头就走。因为周围没有别人，我开始歇斯底里地大哭。

第389工兵营在苏军桥头堡最北端成功地分割包围了近卫步兵第118团第2营的一部。在战后写的一篇文章中，近卫步兵第118团的团长科洛博夫尼科夫中校回忆了近卫军战士们受到的攻击：

敌人为这次进攻准备了优势兵力。我只有托林②的营和增援的一连预备队。我们并不惧怕敌人，每个近卫军战士都能以一敌五。我自己和军官扎特科（Zhatko）以及几个通信员一起待在指挥所里，我下令把那里的文件、地图和报告全都烧掉，以免落到敌人手里。我们知道必须和阵地共存亡。早晨六点敌人开始炮击，然后发起了一次冲锋，接着是第二次和第三次。近卫军战士们守住了阵地，他们全天击退了敌人多次进攻，自己也受到一定损失。指挥员们代替牺牲的战士，亲自操起机枪射击。

第389步兵师攻击的最终结果是：第162工兵营和第24突击骑兵连占领了古尼亚加少校的步兵第768团的右翼阵地，迫使后者退入手指沟以北的一些废墟中，而科洛博夫尼科夫中校的近卫步兵第118团与主力的联系被切断了。陷入包围的近卫军战士们守卫着他们的新战线……但是能守多久？

---

① 莱昂哈德·格林鲍姆（Leonhard Grünbaum）医务下士。
② K. T. 托林（K. T. Tolin）近卫军大尉，近卫步兵第118团第2营，1942年11月11日阵亡于斯大林格勒。

上午：攻击继续

保卢斯在 8 时 45 分降落到拉兹古利亚耶夫卡火车站附近的前进机场。苏军的炮弹在这里频频落下。一小时后，保卢斯抵达第 305 步兵师设在炮兵观察所里的前进指挥所，听取了施泰因梅茨上校的情况汇报。前线传来的细节仍然很不完整，但是预期的成功显然没有出现，因此施泰因梅茨报告说攻击进展非常慢。第 389 步兵师则告诉保卢斯，他们占领了一些阵地，但敌军抵抗很顽强。十五分钟后，保卢斯开始和塞德利茨及克劳修斯讨论其他事务，也就是在集团军左翼发现苏军强大集团的情况。

11 时 40 分，第 6 集团军通过电话向 B 集团军群简要报告了攻击进展。第 6 集团军的首席参谋埃尔希勒普中校告诉温特上校：

> 在斯大林格勒，第 305 步兵师仅仅在储油设施区附近几百米的地方占领了一小块阵地，第 389 步兵师的进展要稍好一点。敌人的抵抗异常顽强。在斯大林格勒的其余战线，我们实施了一些成功的突击队作战，证明俄国人到处都布置了相当强的兵力。

就这样，截至中午时分，德军的进攻几乎没有取得什么战果。在整条战线上，工兵牵头发动的突击都被苏军的激烈抵抗所阻止。第 576 掷弹兵团在储油设施区外止步不前；第 578 掷弹兵团拿下了一座重要的建筑（药店），但没能占领苏军防线上的枢纽——最为重要的政委楼；第 577 掷弹兵团虽然攻占了一个目标（66 号楼），但对其他目标的突击都没能得手。苏军坚强的抵抗、有力的反击和无休无止的炮火打击将德军的冲劲消磨殆尽。虽然苏军一向是难缠的对手，但他们视死如归的气概还是出乎所有人的预料。然而进攻还得继续。

重整旗鼓后，德军在布劳恩少校率领下对储油罐发起了新一轮攻势。步兵第 241 团的预备队和该团第 1 营的残部在猛攻之下毫无惧色，他们成功地遏制住了德国人的攻势，然后把他们赶了回去。负伤的苏军士兵匆匆缠上绷带后收集起手榴弹回到自己的部队，准备击退敌人的下一波疯狂冲锋。

9 时 30 分，德军集中起所有预备队，再次杀向步兵第 241 团的右翼。这里的守军属于谢利法诺夫（Selifanov）上尉的步兵第 1 营，此时已是人人带伤。但是这个营的残部还是顶住了德军的强大冲击，并给攻击者造成了严重损失。第 305 工兵营第 2 连的一个火焰喷射器分队在这次进攻中扮演了重要角色。该

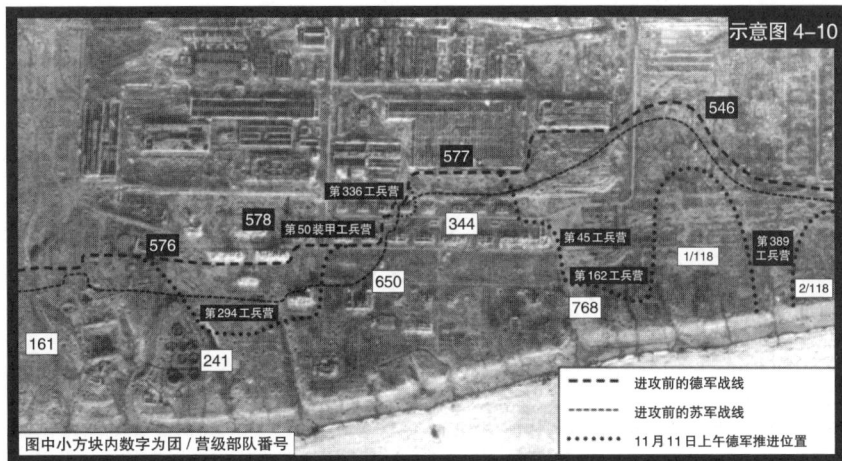

▲ 1942 年 11 月 11 日上午形势

连的一个无名士兵这样回忆战况：

> 我们中间训练水平最高的人之一是个一等兵；他负伤以后被送走了，1944 年死在意大利。

> 那次一定是在 11 月 11 日前后。来自上弗朗科尼亚的 M 一等兵是个专家，他奉命攻击下水道系统，也就是说要从整条街的每一个窨井口下去。俄国人在那里给我们制造了许多麻烦，他们在地下室和下水道里都设了障碍固守，而我们就要先清除这些地方……

> 他爬了进去，我们用步枪火力给他提供了很好的掩护，然后他爬进去把整条下水道都清干净了。这活只能一个人干。下去的人把油罐背在背上，把火焰喷射器端在身前。就像消防员用水龙一样。

> 他一路走过整条街，把所有东西都清干净了。当然，在那之后我们就能继续进攻了。

虽然上文没有指名道姓，但经过后来的研究基本上可以肯定此人是弗朗茨·米勒①（Franz Müller）一等兵。在一封写于 1943 年 7 月的信中，米勒简要

---

① 弗朗茨·米勒一等兵，第 305 工兵营第 2 连，1907 年 4 月 17 日生于布鲁赫萨尔，1944 年 3 月 6 日卒。

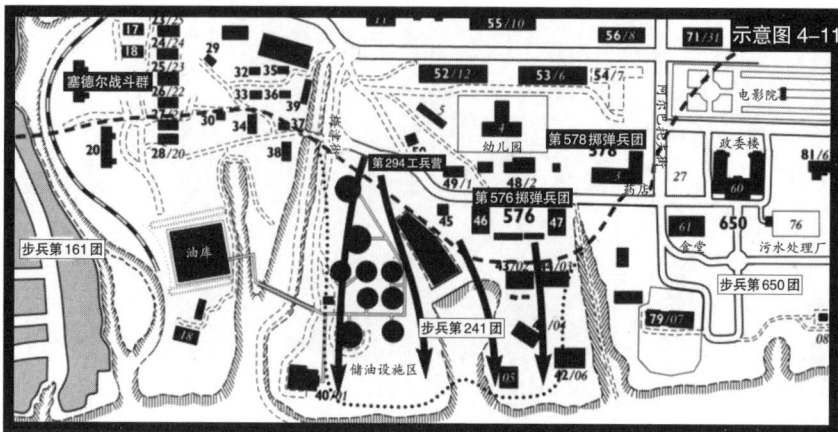

▲ 1942 年 11 月 11 日，第 576 掷弹兵团对储油罐和伏尔加河河岸的进攻

地描述了自己的行动：

> 我在斯大林格勒期间作为火焰喷射器射手作战，曾经成功作战 6 次，最后一次是 11 月 11 日在迪克勒上士[①]率领下与第 294 营的突击工兵一同作战。

米勒的故事是斯大林格勒战役中发生的最不同寻常的事迹之一。他是 7 个孩子的父亲，这是少数能让人免于在一线服役的条件之一，但他还是来到了整个东线最危险的地段，用最可怕的武器执行了最危险的任务。战后格林中尉（他称米勒是个"很难相处的家伙"）的叙述揭示了米勒被派到战斗部队的原因：

> 在我记忆中，士兵米勒是在我们过顿河以后才作为"处于缓刑期"的补充兵被分配到第 2 连的。他的档案在后勤部队那里，我是听我的连军士长口头通知的。作为 7 个孩子的父亲，他肯定犯了许多罪，才会被判处"在前线服缓刑"。为了确保他不受影响，我和连军士长都必须将他身背缓刑的事保密。
>
> 我不断地接到关于他对待别人不友好的报告，于是我把他转到了另

---

① 奥斯卡·迪克勒（Oskar Dickler）上士，第 294 工兵营第 2 连，其余信息不详。

一个班，几个士官和排长都抱怨这个"问题儿童"，只有当我在场的时候下，他才会证明自己是个勇敢的人……我带米勒执行任务时，他说"他们指控我犯了一些他们根本不能提的事"。他很有口才，在我看来这只有经历了许多次的法庭辩论才能磨炼出来，因此我把他放在二线的火焰喷射器分队里。直到在攻占火炮厂6号厂房的战斗中，我们的两具火焰喷射器才同时参战。在两次我亲身经历的进攻中，他出色地证明了自己。

米勒幸运地在这些危险的任务中活了下来，另一个火焰喷射器射手施瓦策尔一等兵①就没那么幸运了，他在10月25日战死于6号厂房。格林对火焰喷射器这种武器的评价并不高：

> 火焰喷射器主要起到心理作用，可以迫使敌人逃跑，但它给我们自身造成的损失高得不成比例。我认为人们对它的认识是错的，它们不应该继续生产。战后我听到的种种报告都让我只有摇头叹息的份。

在火焰喷射器分队烧出通路以后，第576掷弹兵团继续进攻。步兵第241团第1营的指战员并未放弃阵地，而是继续英勇地战斗了好几个小时，但是火力上的劣势使他们的战斗没有希望。至此该营已经损失了多达95%的人员，只剩15个人的残部向东撤退，占据了离河50～70米的防线。营长谢利法诺夫上尉在自己的观察所被大约45名德军包围，但他组织起守军成功将他们击退，并带着几个人冲出了包围。收拢并组织起残余部下后，他再次投入了战斗。

步兵第241团警卫排的一个士兵是守卫团指挥所的一支小分队里唯一的幸存者，他的右手粉碎性骨折，因此再也握不住他的武器。他下到地堡包扎了右手，但是当听说已经没有预备队时，他在自己的军帽里装满了手榴弹。"我可以用左手投弹。"他解释说。他就这样回到战场面对步步紧逼的敌人。

为了恢复阵地，步兵第2营和团预备队被投入战斗。友邻的步兵第161团也接到命令："动用多达一个连的预备队从南面打击敌人的侧翼，将其切断，赶回西边，恢复步兵第241团防区的阵地。"这个命令少说也是野心过大、乐

---

①卡尔·施瓦策尔（Karl Schwarzer）一等兵，第305工兵营第2连，1913年9月7日生于维也纳，1942年10月25日阵亡于斯大林格勒。

观过头的。苏军的防守此时受到一个因素拖累：他们的炮兵从 11 时开始由于弹药短缺不得不偶尔降低射速。

11 时 30 分，布劳恩少校的部下为了打到伏尔加河再次发起猛攻。此时步兵第 241 团各连的人员已经所剩无几。尽管如此，德军还是遇到猛烈火力阻击，受到一定损失。苏军残部打得很英勇，但布劳恩少校身先士卒，以令人战栗的勇猛势头率领他的掷弹兵冲进储油设施区，在被打瘪的油罐之间通过白刃战压垮了苏军步兵。在更北面，德军也向河边悬崖推进，最终在储油罐以北 300 米处到达伏尔加河。

德军迅速散开，占领了南北与苏军控制的冲沟相邻的小半岛。工兵们滑下土坡，却发现悬崖边上的地堡是难啃的骨头。格林中尉的第 305 工兵营第 2 连的工兵们暂时由亚当·保利①率领，他们奉命要在水边架设铁丝网障碍，还要在德军称为"沙滩"的地方布雷，但此时执行这样的命令实在太过危险。

步兵第 241 团的一个排总共只剩下 4 名士兵，挤在储油设施区东北方一条冲沟内的管道里。他们的弹药已经用尽，并且被大约 60 名德军包围。一个伤员设法将他们的口信带到了后方："开始炮击我们的阵地吧。我们面前有一大群法西斯分子。永别了同志们，我们没有后退。"于是炮弹和火箭弹纷纷落在他们头上。他们至死也没有后退。

★

在第 576 掷弹兵团攻击储油设施区的同时，第 578 掷弹兵团也在执行他们的下一阶段计划。大约 9 时 30 分，在友军拿下第一批储油罐时，雷滕迈尔上尉命令他的第 3 和第 4 突击队（"平谷"和"79 号楼"）前进。这两个突击队离开位于幼儿园和药店中的相对安全的出发阵地，向着他们称为"食指沟"的冲沟运动。第 3 突击队（"平谷"）由连军士长阿尔贝特·弗兰克（Albert Frank）带队，用手榴弹开路。第 4 突击队跟在后面，随时准备清除被绕过的敌军据点。药店楼上的机枪手和步枪手为他们提供火力掩护。他们通过火力和

---

① 亚当·保利上士，第 305 工兵营第 2 连，1917 年 12 月 20 日生于黑森塔尔，1943 年 1 月失踪于斯大林格勒。

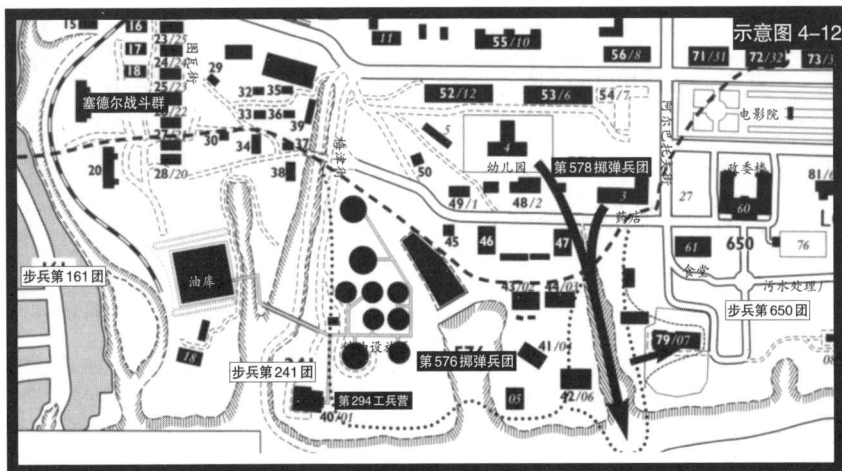

▲ 1942 年 11 月 11 日，第 578 掷弹兵团对伏尔加河和 79 号楼的进攻

机动相结合的方式击破了冲沟入口处守军的顽强抵抗，两个突击队的官兵都急着进入冲沟，好避开政委楼那边不怀好意的窥视，这种渴望给了他们动力。这条 100 米长的冲沟从药店南边通到河滩，底面是一段和缓的下坡，提供了通向河边的捷径……如果不考虑敌军防守的话。步兵第 241 团的幸存者当然不打算让德国人轻松下到河边。他们在两侧陡峭的斜坡上早就挖出了很深的散兵坑和掩蔽部。弗兰克战斗群在药店的火力掩护下，将苏军阵地一个接一个地压制。他们很快就打到河岸，并巩固了在冲沟入河口和周边地带的立足点。清除敌军散兵后，第 4 战斗群整队进攻 79 号楼——对双方都至关重要的一座建筑。

　　率领第四个战斗群攻击 79 号楼的人是 25 岁的埃尔温·克雷茨中尉，第 578 掷弹兵团第 2 营的一个戴眼镜的连长。他的战斗群由一个步兵营加上若干重机枪手和工兵班组成，指挥这样的营级战斗群是一个重任，需要沉着冷静、头脑敏锐、经验丰富的军官来承担……这个军官就是克雷茨。据一个年轻的排长阿尔班·普劳姆（Alban Plaum）少尉所述，克雷茨是个"英勇无畏、公正无私而且乐于助人的军官，是个好战友"。战争爆发时克雷茨是第 34 步兵团第 9 连的一名下士，但在之后的两年里辗转于各个单位。他在写给家人的信中除了经常诗兴大发外，就是不断地抱怨自己一直捞不到仗打，在波兰是如此，在法国也是，在其他地方也都一样。直到苏德战争开始，克雷茨才得到机会。16 个月后的 1942 年 10 月，当他的部队抵达斯大林格勒时，他已经是左胸佩戴着一级铁十字勋章和步兵突击奖章的中尉了，而且成了第 578 掷弹兵团中经验最丰富、最受士兵爱戴的连长之一。此后在这座化为废墟的城市中的一个月鏖战使军官队伍日渐凋零。自 1942 年 5 月调至东线以来，他的团已经损失了近 30 名连长 [1]——仅在斯大林格勒就损失了 11 名——不是死伤就是下落不明，克雷茨是少数坚持到 10 月底的幸运者之一。在 1942 年 10 月 30 日写给姑母的信中，他描述了自己的处境：

▲ 第 578 掷弹兵团第 2 营连长埃尔温·克雷茨中尉

您从这些污秽的信纸就能一眼看出，我不是住在非常干净的房子里。我现在正坐在一栋已经被炸得支离破碎的建筑里。伏尔加河在我面前 300 米外流过，炮弹在我四周爆炸，飞机在头顶轰鸣，大地在炮击下颤抖。我们身后躺着"红色街垒"火炮厂。它已经是一片废墟，没有一个大型厂房是完好的，一切都被摧毁了，一条条桁梁垂下挡住了道路。大地全被翻了过来，爆炸连着爆炸，弹坑叠着弹坑。斯大林格勒的战斗是一场空前的苦战，我先前所有的前线经历都不能与之相比。以上就是我搜肠刮肚用简明的语言所能描述的一切。我现在困得要死，因为我没有多少时间睡觉……

克雷茨一如既往地身先士卒，率领他的突击队杀出了冲沟。药店射出的掩护火力猛烈鞭打着 79 号楼长长的西侧墙面，压得苏联守军抬不起头。克雷茨中尉和他的部下冲过 20 米长的开阔地，突入了这座两层楼建筑的底楼。苏

---

① 包括正式的连长和临时代理的连长。

军步兵措手不及，德军迅速扫荡了整座楼房。对 79 号楼的进攻出人意料地成功，但德军的损失还是很大，而此后的所有进攻全部受挫，因为 79 号楼前面的大片空地被政委楼牢牢控制着。

★

戈里什内上校的步兵第 95 师无数次向北面的友邻部队（步兵第 138 师）求援，但无法得到回应，因为柳德尼科夫和他的部下也处于极度困难的境地。此时他们无法封闭防线上形成的突破口，因为步兵第 241 团所有的预备队，包括步兵第 161 团派来的一个半排，都已经消耗殆尽。为了堵住步兵第 241 团防线上被撕开的口子，指挥部和医务室里的每一个人都被拉上了前线。因为步兵第 95 师防守的其他地段平安无事，所以那些地方的守军也被抽调，投入这里的混战，他们包括：25 人的师侦察连、一个 18 人的工兵连和步兵第 161 团预备队中的 50 人。

步兵第 241 团的溃败导致其南邻的步兵第 161 团侧翼严重暴露，这个团顶住了德军对其防区的三次连级部队进攻，还帮助击退了步兵第 241 团左翼受

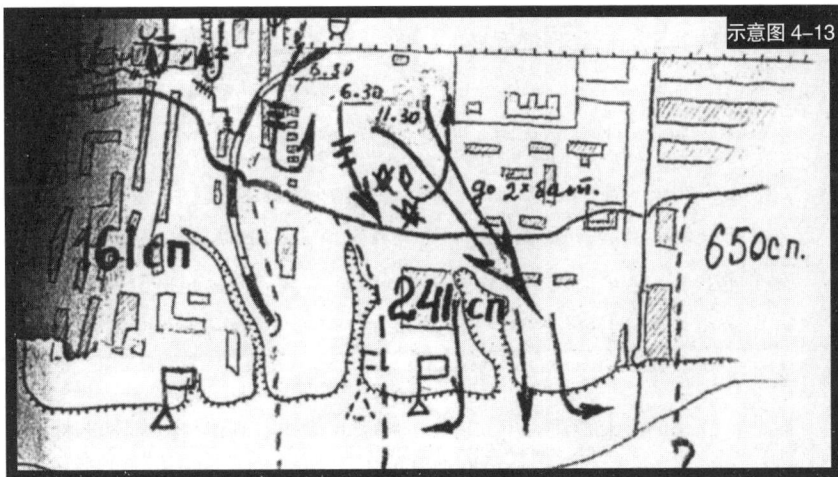

示意图 4-13

▲ 步兵第 95 师画的一张草图显示德军通过连番猛攻冲到了伏尔加河边。图中还显示了被马年科夫击毁的两辆坦克，其以菱形表示，在显示 11 时 30 分进攻方向的箭头下方。草图中显示的时间是苏方时间，而不是德方时间

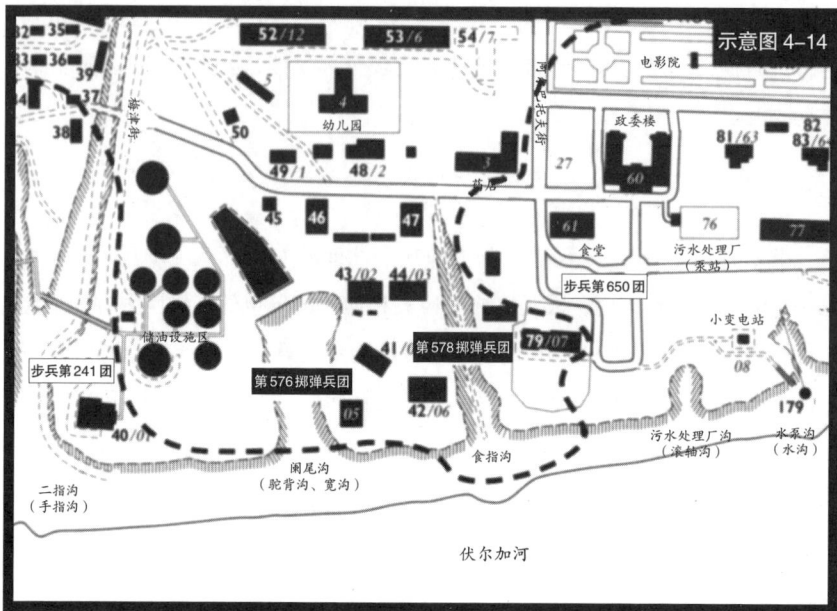

▲ 1942 年 11 月 11 日下午德军战线

到的一次进攻。最后步兵第 161 团将自己的右翼向后收缩，沿通向东北方的铁路线布防，力保其防区不失。

　　苏军的防线至此已受到沉重打击。第 62 集团军参谋长克雷洛夫将军在回忆录中写道：

　　　　敌人的炮兵在短暂停歇后发起了新一轮炮火准备，快到 10 时时，在早上一无所获的敌人又开始了进攻。这一次他们动用了预备队，主要用于"街垒"工厂以南区域，主攻方向在梅津街的轴线上。两个德国师扑向了守卫这片区域的戈里什内师的 2 个团。右翼的团被赶出了阵地。

　　　　德国人因此在步兵第 95 师和步兵第 138 师之间达成突破，占领了"街垒"工厂南部的部分土地，并打到了伏尔加河。

　　至此，柳德尼科夫和他的步兵第 138 师被与集团军其他部队分割开来。

　　巩固了在伏尔加河边突破地段的立足点后，德军的几个战斗群在河岸悬崖上分头向南北突进。第 294 工兵营在这些进攻中担任了开路先锋。经过短暂而激烈的战斗，他们在食指沟与第 578 掷弹兵团会师。攻占储油设施区的战斗使第 294 工兵营付出了沉重代价，死亡数字非常高[1]，其中许多人是头部中弹。

从沙滩向河上游继续推进是不可能的。苏军在悬崖上修建了被德军称为"Kanzeln"[2] 的工事，从沙滩上无法对其进行火力压制。德军很快就会发现，这些不起眼的小"Kanzeln"是无法攻克的据点。

---

[1] 第 1 连：菲德勒列兵、突击队长克雷布斯上士（头部中弹）和沙尔施密特下士（在伏尔加河附近头部中弹身亡）；第 2 连：弗里德尔二等兵、赫尔佐克一等兵（中弹）、埃里希·克勒策尔列兵（中弹）、马丁·克勒策尔列兵（中弹）、库比奇克二等兵（中弹）、莫根施特恩列兵（中弹）、皮克列兵（在储油设施区附近头部中弹）、施马塞尔一等兵（在储油设施区附近中弹）、舒尔茨上等列兵（在储油设施区附近头部中弹）和瓦尔特二等兵（弹片）；第 3 连：雅恩列兵、基特勒二等兵（头部中弹）、柯尼希二等兵和里德尔二等兵（中弹）。此外，贝茨下士在储油设施区附近受了重伤，在运往医院途中死亡，营部的哈迪马一等兵因为腹部受伤，死于卡尔波夫卡的一个伤亡人员收容点。

格哈德·菲德勒（Gerhard Fiedler）列兵，第 294 工兵营第 1 连，1922 年 2 月 11 日生于开姆尼茨，1942 年 11 月 11 日阵亡于斯大林格勒。

伯恩哈德·克雷布斯（Bernhard Krebs）上士，第 294 工兵营第 1 连，1914 年 9 月 20 日生于德累斯顿，1942 年 11 月 11 日阵亡于斯大林格勒。

库尔特·沙尔施密特（Kurt Schaarschmidt）下士，第 294 工兵营第 1 连，1914 年 11 月 5 日生于大吕克斯瓦尔德，1942 年 11 月 11 日阵亡于斯大林格勒。

阿尔诺·弗里德尔（Arno Friedel）二等兵，第 294 工兵营第 2 连，1914 年 7 月 25 日生于利希滕施泰因，1942 年 11 月 11 日阵亡于斯大林格勒。

奥斯卡·赫尔佐克（Oskar Herzog）一等兵，第 294 工兵营第 2 连，1913 年 1 月 27 日生于新盖斯多夫，1942 年 11 月 11 日阵亡于斯大林格勒。

埃里希·克勒策尔（Erich Klötzer）列兵，第 294 工兵营第 2 连，1917 年 10 月 9 日生于韦尔道，1942 年 11 月 11 日阵亡于斯大林格勒。

马丁·克勒策尔（Martin Klötzer）列兵，第 294 工兵营第 2 连，1922 年 3 月 7 日生于米特尔斯多夫，1942 年 11 月 11 日阵亡于斯大林格勒。

埃里希·库比奇克（Erich Kubitschke）二等兵，第 294 工兵营第 2 连，1910 年 6 月 18 日生于瓦尔登堡，1942 年 11 月 11 日阵亡于斯大林格勒。

曼弗雷德·莫根施特恩（Manfred Morgenstern）列兵，第 294 工兵营第 2 连，1922 年 9 月 30 日生于克莱因哈茨曼斯多夫，1942 年 11 月 11 日阵亡于斯大林格勒。

鲁道夫·皮克（Rudolf Pieke）列兵，第 294 工兵营第 2 连，1914 年 5 月 2 日生于赫恩斯克莱辰，1942 年 11 月 11 日阵亡于斯大林格勒。

弗朗茨·施马塞尔（Franz Schmarsel）一等兵，第 294 工兵营第 2 连，1912 年 8 月 26 日生于克莱维茨，1942 年 11 月 11 日阵亡于斯大林格勒。

赫尔穆特·舒尔茨（Helmut Schultz）上等列兵，第 294 工兵营第 2 连，1914 年 2 月 27 日生于魏达，1942 年 11 月 11 日阵亡于斯大林格勒。

阿尔弗雷德·瓦尔特（Alfred Walter）二等兵，第 294 工兵营第 2 连，1915 年 7 月 16 日生于盖比尔格斯诺伊多夫，1942 年 11 月 11 日阵亡于斯大林格勒。

瓦尔特·雅恩（Walter Jahn）列兵，第 294 工兵营第 3 连，1922 年 6 月 10 日生于登贝格，1942 年 11 月 11 日阵亡于斯大林格勒。

罗伯特·基特勒（Robert Kittler）二等兵，第 294 工兵营第 3 连，1922 年 12 月 15 日生于哈雷，1942 年 11 月 11 日阵亡于斯大林格勒。

费利克斯·柯尼希（Felix König）二等兵，第 294 工兵营第 3 连，1920 年 3 月 6 日生于穆施维茨，1942 年 11 月 11 日阵亡于斯大林格勒。

埃里希·里德尔（Erich Riedel）二等兵，第 294 工兵营第 3 连，1920 年 1 月 19 日生于雷彭，1942 年 11 月 11 日阵亡于斯大林格勒。

库尔特·贝茨（Kurt Bätz）下士，第 294 工兵营第 3 连，1920 年 9 月 9 日生于施魏姆萨尔，1942 年 11 月 11 日因伤死于斯大林格勒。

埃哈德·哈迪马（Erhard Chadima）一等兵，第 294 工兵营营部，1916 年 5 月 21 日生于比绍夫斯韦达，1942 年 11 月 11 日因伤死于斯大林格勒。

[2] "Kanzeln"是狩猎术语，意为"高台隐蔽处"。

此时德军控制了南起储油罐区、北至食指沟与污水处理厂沟之间中点的一段河岸，这个突破口的宽度大约是 500 米。德军尝试继续南进。到了 13 时 20 分，几乎损失了全部人员的步兵第 241 团继续南撤，退至步兵第 95 师的指挥部。至此该团已经被完全歼灭了。此时戈里什内能找到的每一个人都拿起步枪上了前线，阻击德军的南下步伐。步兵第 241 团的撤退也使佩钦纽克的步兵第 650 团的左翼暴露。在这一侧翼的战斗将一直持续到深夜。

★

崔可夫将军没法给陷入苦战的柳德尼科夫部提供多少帮助，白天地面部队的任何调动都会招来德国炮兵和对地攻击机的狂轰滥炸。此外，他也没有人力充足的预备队可供抽调，集团军其他部队的兵力也是捉襟见肘。德军的牵制攻击达成了目的，但苏军没过多久就认识到主要的危险在哪个地段。苏联空军在这一天只起了很小的作用。德军的观察员注意到，直至中午，战场上空只出现了两次苏军的飞机，每次都是有战斗机护航的 6 架轰炸机。在战斗的早期阶段，哪儿都看不到苏联空军。崔可夫唯一能有效帮助柳德尼科夫的办法就是使用炮兵，一个又一个炮兵连在伏尔加河以东茂密的灌木丛里放列。他们前有宽阔的大河保护，后有可靠的补给线支持，可以对敌人进行毁灭性的打击。

★

第 336 工兵营在早上占领了几座大型房屋，但在 8 时左右不得不放弃其中的一部分。据该营的一名老兵报告：

> 经过四个小时的战斗，我们不得不放弃这片街区，分在第二波的步兵显然被炮火困住了。我们因为弹药耗尽，只能撤退。稍后，我们得知我们营伤亡了 60 个人。

无论有意还是无意，苏军迟滞德军攻势的策略起到了效果：覆盖前沿的炮火使德军的援兵和补给无法运上去，导致突击队的人力和弹药逐渐枯竭。第 336 工兵营特别倒霉，因为它攻击的是苏军防线上最坚固的地段。科诺瓦连科大尉和他手下的营长们用有壕沟相通的据点编织起了能够互相支援的强大火力网，如果一个据点陷落，它有很大机会被立即夺回：苏军可以在相对安全的地方集结反击所需的部队，还可以对目标建筑实施势不可挡的近距火力支援，因此在丢失若干建筑四个小时后，科诺瓦连科的步兵将它们成功收复，第336工兵营整个上午取得的战果就此化为乌有。

经过快速重整后，工兵突击队再度出击。步兵第138师的每日报告提到了这些部队的行动：

> 截至9时30分，敌军冲锋枪手组成的几个小队成功突破该团左翼前线，渗透到防御纵深。我军与突至防御纵深的敌冲锋枪手和继续攻击前沿阵地的敌军集群的战斗一直持续到14时。至此，突入阵地的敌人被全部歼灭。

在16时的49号战斗报告中，科诺瓦连科总结了他的团的态势：

> 步兵第344团全天不断击退敌人对前沿阵地的突击。从14时起，我团歼灭了突破的敌军集群，现在已恢复我们先前的防线。

> 与步兵第650团仍然保持着联系，右翼已暴露，步兵第768团已从其先前防线后撤。不超过30人的敌军集群从48号房方向攻入右翼后方，那里有一个步兵连防守。

师的每日报告则提到了德军当天针对该团的最后行动：

> 在15时40分，敌人在该团防线中央再次发起进攻。步兵第344团各部队以稳定且协同良好的火力将敌军的所有冲锋成功击退。该团继续据守其先前占领的阵地。

在当天深夜的一份特别公告中，柳德尼科夫表扬了科诺瓦连科及其部下的杰出表现：

> 1942年11月11日，敌军投入新的预备队，从4时开始沿我师的整条战线发起重点进攻。我师各部队在敌军攻势下顽强防守，歼灭了大量可恶的德国佬。战士、指挥员和政工人员都打得很英勇。

> 步兵第344团、督战队和师警卫连的战士、指挥员和政工人员打得尤其英勇顽强，给敌人造成了重大损失。

> 我代表全军感谢步兵第344团督战队和师警卫连的全体人员在此战中表现的顽强作风。

> 立功人员：步兵第344团团长科诺瓦连科大尉、他的政治副指挥员——

福明（Fomin）政委、他的助手——政治指
导员谢尔巴克（Scherbak）大尉以及团参谋
长马斯洛夫大尉[1]。他们老练地指挥了战斗，
并为友邻部队提供了有力支援。

师通信营营长奥泽洛夫（Ozerov）
上尉和他的政治副指挥员卡连季耶夫
（Kalentyev）上尉，他们迅速而老练地消灭
了突入阵地的敌冲锋枪手。

▲ 装上玻璃假眼后的布罗克曼

炮兵第 295 团和第 499 团光荣的炮兵
们。他们以为数很少的火炮为步兵提供了
巨大的帮助。

近卫迫击炮第 292 团的参谋长列斯尼科（Lyesnikh）少校。他出色地
完成了分配给近卫迫击炮第 292 团的任务。

一头撞在科诺瓦连科的坚固防线上的是隆特上尉的第 336 工兵营，它在
这些徒劳的进攻中受到了毁灭性的损失。虽然该营的伤亡总数与另几个工兵营
相差无几，但死亡人数却高出一倍（37 人死亡、36 人负伤），而且许多伤员的
伤势都非常严重。早晨的触雷事件给该营造成了不小的伤害，但最大的损失还
是来自楼房内部的激战和楼房外面令人窒息的炮火。由于并未取得值得一提的
战果，这样的伤亡就更难令人接受。

伤员中包括第 2 连连长卡尔·布罗克曼中尉，他的左眼挨了一块炮弹片。
他被送到医院，并在 11 月 16 日上午给自己的妻子发了一则简短的电报：

1942 年 11 月 11 日左眼受伤。正在住院[2]。

第 2 连的连长之职由该连资深的排长埃里希·奥伯斯特少尉[3] 接任。

我们不清楚第 44 突击连的伤亡数字，但肯定有人战死——从战场遗尸上

①尼古拉·米哈伊洛维奇·马斯洛夫（Nikolai Mikhailovich Maslov）少校，他将在战争后期任该团的团长，直到 1945 年
2 月负伤为止。

②布罗克曼后来乘飞机离开斯大林格勒包围圈，并最终装了一个义眼。

③埃里希·奥伯斯特少尉，第 336 工兵营第 2 连，1910 年 11 月 21 日生于申肯多夫，1943 年 1 月失踪于斯大林格勒。

找到的证件证明第 132 掷弹兵团在柳德尼科夫的防区作战。

★

第 45 工兵营的攻势受阻后，许多人被困在两军阵地中间的真空地带。卡尔·克劳斯二等兵就是其中之一：

> 我在一个浅浅的炮弹坑里趴了四个多小时，其间不断有手榴弹和燃烧瓶扔过来。炮弹爆炸产生的小弹片叮叮当当地打在我的钢盔上。只要挪动一丁点我就死定了。我只能希望那些燃烧瓶里熊熊燃烧的混合液体不流进我的弹坑里，许多无助的弟兄就是这样成了靶子。好在朝我丢过来的东西只落在弹坑边上。后来俄国人又发动了反击，我在这个藏身地只能勉强自保，不过敌人好歹是撤退了。这时我的冲锋枪打不响了。这破玩意真娇气，比俄国人的波波沙差远了！

★

经过短暂的重整，第 162 工兵营在 11 时重新发动攻势。他们沿着伏尔加河向南推进。申克中尉一如既往地走在最前面，带着他的部下冲进了敌军阵地。工兵们绕过古尼亚加的步兵第 768 团的右翼，渗透到其后方，向着手指沟步步紧逼。他们暴露在河对岸苏军的炮口下，但苏军炮兵因为担心误击友军而不敢开火。柳德尼科夫察觉到这一攻势的危险，立即实施了反制措施，一支由师部和团部参谋、后勤部队及各种勤务人员匆忙组成的部队被派出去阻击德国人。古尼亚加的通信连连长 S. M. 布舒耶夫（S. M. Bushuyev）上尉只带着两个战士就打退了德军一个排的冲锋，这名军官和他手下的战士在战壕中来回奔跑，不断从各个位置向进攻的德军射击和投掷手榴弹，造成了阵地上有大量守军的假象，从而使敌人望而却步。

在敌人的一次进攻中，步兵第 768 团迫击炮连连长战死，排长兼连指导员 R. B. 扎卡耶夫（R. B. Zarkayev）负伤。但是他没有离开战场，而是亲自接过了全连的指挥权。当德军再度发起冲锋时，扎卡耶夫一跃而起，高喊口号"同志们，为了祖国，前进！"冲向德军。战士们跟着他奋勇向前，通过肉搏战阻止了德军攻势。

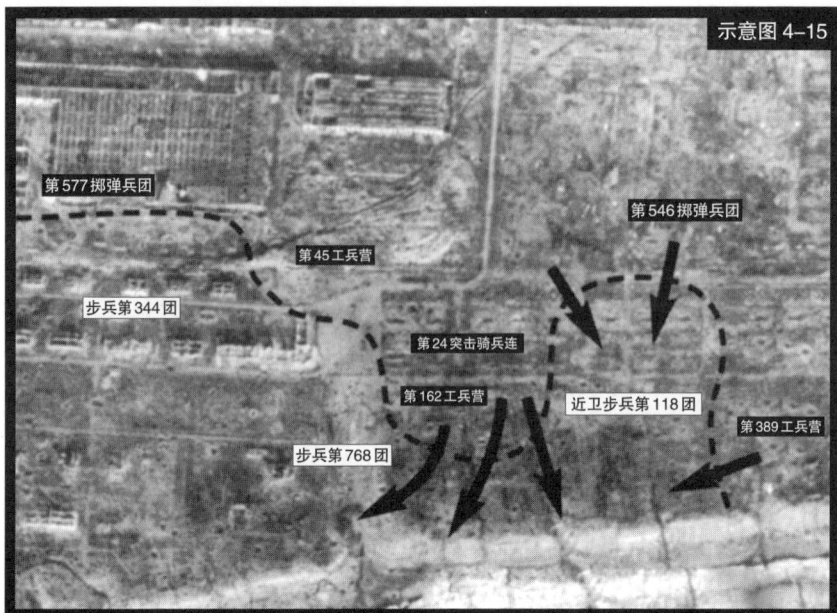

▲ 第162工兵营再次进攻

步兵第344团也派了一个12人的小分队来加强防御。率领这个小分队的是费奥多尔·阿尼西莫维奇·列辛（Fedor Anisimovich Lesin）上尉，他是前一天才渡河进入斯大林格勒的补充人员，刚到部队就被科诺瓦连科任命为连长：

我们很快就在一条从"街垒"工厂通到伏尔加河的冲沟右侧占领了防御阵地……德国人企图把我们赶进冲沟，进而赶进河里。我们把德国人放进到15～20米，然后一起开火，他们纷纷扑倒在地，然后就撤退了，德国人在战场上留下了6名死者和伤者。

在夜里德国人播放了施特劳斯的华尔兹舞曲和另一些唱片。"俄国人，你们很快就会掉进伏尔加河里吐泡泡！伊万，投降吧，乖乖到战俘营里来！"德国人叫嚣道。

当然了，德国人确实占领了斯大林格勒的一部分土地，但他们无法动摇"街垒"工厂保卫者的钢铁意志，我们团里没有一个人投降。

残酷的近距离战斗在悬崖顶上展开，拜尔斯多夫少尉带着他的突击骑兵连杀入战阵。拜尔斯多夫只顾向前冲锋，浑然不知自己已经被一个苏联反坦克枪手瞄上。这个苏军士兵在仅仅 20 米的距离上开了火，沉甸甸的 14.5 毫米穿甲弹撞进拜尔斯多夫的左臂，将他的手肘打得粉碎，还造成了大面积的组织损伤。

突击骑兵连里的另几个老兵也非死即伤，其中就包括汉斯·勒德 [1]（Hans Roeder）军士长。他时年 32 岁，是个经验丰富的老骑兵，从骑兵师时代起就在第 24 师服役。这一次他担任一个突击排的排长，在下临伏尔加河的悬崖上中弹身亡。

德军的前进步伐被阻止了，苏方资料声称"截至 13 时，突破前沿的敌军部队已被彻底消灭"。但是，大多数德军部队其实撤到了本方阵地，并重整旗鼓准备下一次冲锋。这次冲锋开始于 13 时 30 分，是当天步兵第 768 团承受的第五次攻击。步兵第 138 师的战争日记称"敌人动用了新的部队，他们又是处于喝醉的兴奋状态"。这次针对古尼亚加团的新攻势非常强大，苏军防线被冲垮了。德军突击队突破苏军防线后，分别在悬崖顶上以及悬崖下的河岸上沿河推进。古尼亚加团连迫击炮手在内只剩下 24 人，他们继续坚守着"街垒"工厂东北角以东 150 米处的一组建筑，并且向附近的柳德尼科夫指挥所发出了警报："德国人正在进攻！他们正沿着河岸逼近！"

作训科长鲁特科夫斯基少校冲进柳德尼科夫的指挥所。他的助手古尔科大尉 [2] 已经用洪亮的声音发出了命令："去拿枪！大家都去拿枪！"

柳德尼科夫跑到门外。在指挥所左边靠近水线的地方，有机枪正在射击。喊杀声随风飘来。在从指挥部通到河边的战壕里，两挺机枪被转向北方以应对德军威胁。

"我们去第 768 团的指挥部视察过了，"舒巴向柳德尼科夫报告，"我刚在电话里和古尼亚加谈过。他抱怨说：'他们拼命朝我扔手榴弹。'不过我认为这次古尼亚加遇到的只是佯攻。是一支牵制部队突破到这里来了。"

---

[1] 汉斯·勒德军士长，第 26 装甲掷弹兵团第 2 连，1910 年 8 月 3 日生，1942 年 11 月 11 日阵亡于斯大林格勒。

[2] 彼得·弗拉索维奇·古尔科（Peter Vlasovich Gulko）大尉，步兵第 138 师，出生年月不详，1942 年 11 月 20 日阵亡于斯大林格勒。

柳德尼科夫打电话给师属工兵营营长安德烈·瓦西里耶维奇·科萨列夫[①]（Andrei Vasilyevich Kosarev）大尉："你还剩几个兵？"

"18 个，连我 19 个。"

"你来负责保护指挥部。行动要快。"

战斗持续到夜里，两位上校（师长柳德尼科夫和副师长库洛夫）一直守在机枪旁边。科萨列夫大尉在一个小时后返回，带来了从德军尸体上找到的证件，一共有 42 份证件，全都是马格德堡特别野战工兵营下发的。

"工兵对上了工兵。金刚石切金刚石！"科萨列夫咬牙切齿地说。他的营已经只剩 7 名战士。指挥部的卫兵也折损了不少。

柳德尼科夫回到办公室，给被德军突破防区的古尼亚加挂了电话。古尼亚加为了不被责备，开始向师长抱怨："法西斯分子拼命朝我扔手榴弹。我们被打得抬不起头……"

先前古尼亚加曾请求把自己的指挥所搬到别处，但柳德尼科夫不同意，现在古尼亚加希望师长同情自己的处境。

"为什么敌人会朝你扔手榴弹？"柳德尼科夫故作单纯地问道，他已经知道古尼亚加会怎么回答。"为什么是你挨他们的打，而不是反过来？"

"'一号'同志，"听筒里传来的声音听上去有些沮丧，"我不是在战壕里，我这里是指挥部，有很多文件。我必须指挥，不能像列兵一样去打退敌人的冲锋啊……"

"够了！"柳德尼科夫厉声打断他，"别再怨这怨那了。我这就到你那里去，听见没有？我们一起把敌人打跑。"

他们在去第 768 团指挥部的路上必须先打退敌人的几次进攻。年轻的侦察兵佩图霍夫[②]与柳德尼科夫同行，他可能是"街垒"工厂里最勇敢的人。科利亚[③]·佩图霍夫对这里蛛网般的壕沟和地道了如指掌，曾经不止一次渗透到

[①] 安德烈·瓦西里耶维奇·科萨列夫少校，苏联英雄，工兵第 179 营，1913 年生于卡宁诺，1943 年 11 月阵亡。

[②] 侦察兵第 155 连的尼古拉·伊万诺维奇·佩图霍夫（Nikolai Ivanovich Petukhov）中士是步兵第 138 师的传奇人物，今天在伏尔加格勒有一座专门为他竖立的纪念碑，位于当年他留下最著名事迹的"街垒"厂以东战场。

[③] 科利亚是尼古拉的小名。

德军后方抓获俘虏并带回宝贵的情报。佩图霍夫提醒他的师长，最危险的地段是通向古尼亚加的指挥所的战壕。德军的手榴弹雨点般地飞向那段战壕，但因为战壕很窄，很少能落在里面。柳德尼科夫和这个侦察兵弯腰跑到战壕前跳了进去，从那里到指挥所的途中，手榴弹不断地在他们身后爆炸，柳德尼科夫记得一共炸了6次。在距离掩蔽部只有几米远的地方，佩图霍夫朝德国人投了一颗手榴弹，然后和他的师长一起快步冲过拐角。哨兵事先已经知道柳德尼科夫要来，因此把他放了过去。佩图霍夫留在哨兵身边保卫指挥所。

古尼亚加少校已经做好了见师长的准备，他开始像往常一样报告情况，说到一半却突然停了下来：

"您受伤了吗，上校同志？"古尼亚加惊呼，"大衣！瞧瞧您的大衣！不，不是那儿！在您胸口上……"

柳德尼科夫这才注意到自己的大衣上有一道大口子，当他脱掉大衣后，又发现自己的军装上衣也有一道差不多的口子。一块手榴弹破片划过了上衣的左口袋。柳德尼科夫从口袋里拿出一个皮革制的盒子打开。他的党员证封面上被切掉的一角从盒子里掉了出来。

"我得把这个保存好。"柳德尼科夫从地上捡起那个角，把它藏进口袋里。

"这是证据。你，少校，要在党委替我作证，不然的话他们是不会给我换党证的……"

但是古尼亚加可没心情开玩笑。

"您为什么来这儿？"古尼亚加抬高了嗓门，虽然他明白不应该用这样的语气和师长说话。"既然我在这儿，在指挥所，我就是负责人。我要为全团负责。也要为您的性命负责，上校同志！"

"别嚷嚷！少校，没人要侵犯你的权力。你也别指望我同情你，虽然你确实在被德国人攻击。但是他们的大炮没有对着你的前沿阵地轰，他们的飞机也没有把炸弹丢到你头上。你就不能看到这些好处吗？"

但是古尼亚加已经准备放弃这些"好处"，他垂头丧气地回答说："我需要让团指挥部能工作的正常条件。而我现在没有。你也看到了。"

"我知道，"柳德尼科夫肯定了他的话，"在'街垒'工厂这里，按战争的标准看这里没有一样是正常的，但打破常规的是我们自己！我们逼着敌人用他们不喜欢的方式打仗。你也许认为我冷酷无情，但是我不允许你更换指挥所。不——允——许！"最后一句话加重了语气。

听到这番话，古尼亚加不再争辩。但是他的沉默并不表示他赞同师长的决定，柳德尼科夫也看出了这一点。古尼亚加倾向于认为他的师长不公正。

"告诉我，你觉得我冷酷吗？"

柳德尼科夫明白必要的冷酷与残忍的区别，他希望古尼亚加也明白。

"我们现在与我们的人民断了联系，我们就是自己的法官。你知道吗，古尼亚加，你现在的力量在哪里？就在你的指挥所。"古尼亚加少校惊讶地看着自己的师长，师长则加重了语气："是的，我们之所以强大就是因为我们有指挥所。我们的战士都知道恰巴耶夫 ①，也记得他对指挥员在战斗中的作用是怎么说的。现在条件变了，但本质却没变，你明白吗？战士们看见你的指挥所就在他们的战壕附近。战士们知道你很困难，但是你没有离开。为什么？因为你这个团长信任你的战士。于是他们就不会退缩！对他们来说天底下没有什么比这种信任更亲切。"

★

德军的猛烈攻击甚至使柳德尼科夫手下最能干的指挥员也一度像古尼亚加那样陷入了悲观。步兵第650团的通信兵瓦西里·安德烈耶维奇·卡梅沙诺夫（Vasili Andreyevich Kamyshanov）下士无意中听到了柳德尼科夫和佩琴纽克的一次对话：

> 那是在1942年11月11日。我修复了从团部通到师观察所的一根电话线。团长 F. I. 佩钦纽克对师长柳德尼科夫报告说："报告，第650团已经不存在了。现在该怎么办……"伊万·伊里奇·柳德尼科夫回答说："只

---

① 瓦西里·伊万诺维奇·恰巴耶夫（Vasili Ivanovich Chapayev，即夏伯阳，1887年1月28日—1919年9月5日）是随着小说和1934年上映的同名电影而举世闻名的布尔什维克革命英雄。电影曾轰动一时，看过它的人在全苏联人口中占了惊人的比例。在电影最令人难忘的一段情节中，恰巴耶夫严厉斥责了一名在战斗中负伤的军官，并用土豆、烟斗和倒着的碗做示范，给他上了一堂即兴的战术课，让他明白指挥员在自己的部队投入战斗时应该站在什么地方。那个负伤的军官先是复述了共产党教给他的军事战术，然后笑着反驳了恰巴耶夫的说教，指出恰巴耶夫自己无论什么情况下都会带着部下冲锋在前。一天晚上，恰巴耶夫的部队遭到保皇党白军偷袭，恰巴耶夫虽然能轻易逃走，但他却守着一挺机枪击打敌人，最后被部下架走时，还嚷嚷说"恰巴耶夫从不撤退"。

要还能联系上,那就表示你们团还在。"可是这时备用电话线都用完了。

我借着黑暗的掩护,出去找到一些电话线。路上还撞见德国人,我杀了几个以后把线接到了 Π 形房 [政委楼]。

★

继第 162 工兵营之后,第 24 突击骑兵连和第 546 掷弹兵团的步兵突击队也冲到了伏尔加河边,近卫步兵第 118 团面临的形势变得越发险恶。近卫军战士们英勇地守卫着阵地,但他们的人数随着敌人的每一次攻击而逐渐减少。直到当天入夜时分,当近卫步兵第 118 团的人员几乎全部战死后,德军才完全占领了该团的阵地。团长科洛博夫尼科夫中校在报告中写道:

到了晚上,我们只剩下寥寥数人,而德国人开始了最猛烈的进攻。根据我们的统计,这是第九次或第十次进攻。我们的营长 K. T. 托林牺牲了。近卫军战士们与敌人展开了肉搏。德国人突破至铁路线,逼近了指挥所。我们包括通信员在内的所有人编成一队,在近距离对德国人猛射,

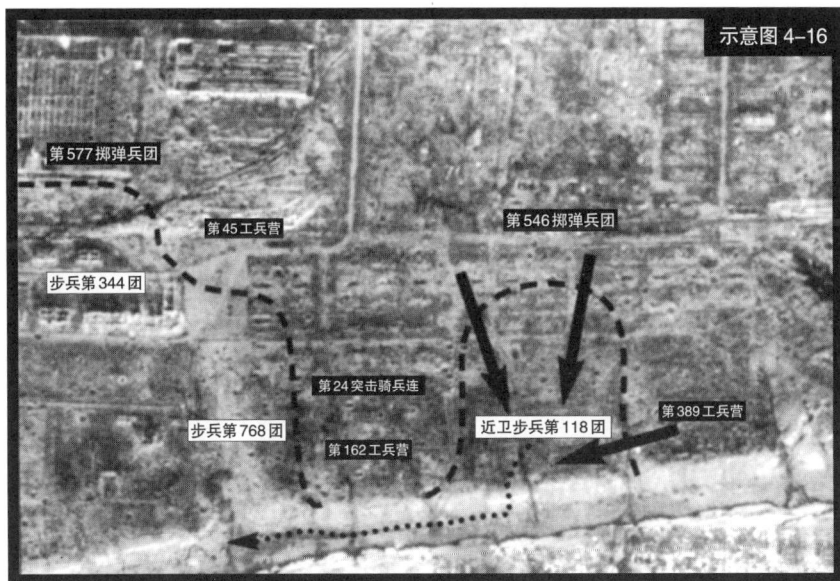

示意图 4-16

第 577 掷弹兵团

第 45 工兵营

步兵第 344 团

第 546 掷弹兵团

第 24 突击骑兵连

步兵第 768 团

第 162 工兵营

近卫步兵第 118 团

第 389 工兵营

▲ 科洛博夫尼科夫的近卫军战士(近卫第 118 团)突围

阻止他们到达我们后方。我们挡住了敌人，但是转眼之间，一发迫击炮弹把我炸成重伤。军官扎特科、格洛托夫（Glotov）以及另几个人和我一起被炸伤……

这些陷入重围的近卫军战士曾经死战不退，而现在，7个伤员试图带着他们的指挥员与柳德尼科夫部的主力会合。要运走负伤的团长并非易事。柳德尼科夫派出一队侦察兵接应他们，但在工厂以南遭遇了德军。残存的近卫军战士们一时无法到达渡口，而伏尔加河上顺流而下的大块浮冰非常多，靠小舟渡河是不可能的。最后他们想出了一个办法——沿着河岸突破敌人阻拦，到达渡口。战士V. I. 布格罗夫（V. I. Bugrov）表现得非常英勇，当他们一行人朝河岸移动时，德军一个机枪火力点挡住了去路。"站住！"有人高喊。布格罗夫毫不迟疑地做出反应。他爬到离火力点不远的地方，扔过去一颗手榴弹。机枪被炸哑了。接着由V. F. 库兹涅佐夫（V. F. Kuznetsov）在前面开路，扎特科等人用担架抬着他们的团长紧随其后。最终他们到达渡口，把团长送上了一条渡船。第二天上午，科洛博夫尼科夫在医院里接受了复杂的手术并输了血。他过了很长时间才脱离生命危险。

他的团打光了。只有7个近卫军战士留在西岸，而且人人带伤。他们被编入了步兵第768团的序列。

★

在上午占领一座地堡（并在此过程中失去了朋友哈特穆特·米勒下士）后，贝托尔德·保卢斯列兵和同一突击队的第45工兵营第2连的其他官兵开始忙于自保：

> 我们拿下地堡后，立刻转入防御。夜色降临时俄国人发动了进攻，但最终被击退。我永远忘不了那一天，我亲眼看见左右两边的弟兄纷纷倒下，但我顾不上救他们，因为我必须不停地射击和保住自己……

克劳斯二等兵和第45工兵营另几个仍然被困在真空地带的士兵也经历了苏军黄昏时的这次反击：

> 幸好，薄暮眼看就要降临了。但是，敌人又冲上来了。我成了孤家寡人，身边的人不是死了就是伤了，要不就是撤退了，而最要命的是，我

的枪卡壳了。我一个翻滚跃出了弹坑，我仅有的自卫武器只是几颗手榴弹和从死去的弟兄丢下的步枪上折下的刺刀。一发炮弹落在离我不远的地方，我被气浪抛到空中，然后带着被扯烂的衣服落在俄国人的一个地堡上。我赶紧滚到边上寻找掩护，好用手榴弹打退猛冲过来的敌人。就在这时，传来一声可怕的巨响。一发炮弹就落在我身边，接着又是一发，也许是迫击炮弹。我受了重伤倒在地上，仍然挣扎着想用手枪和刺刀自卫。冲上来的伊万

▲ 卡尔·克劳斯二等兵

们离我只有 10 米远了。我会被活活打死还是被痛快地捅死？我在愤怒和绝望中发出了尖叫，因为我孤立无援，而且连动一动的力气都没有了。但就在这时，我听到有人用德语说话。我勇敢的连长海因希中尉大喊一声，带着好几个弟兄冲向俄国人，和他们展开了肉搏战。海因希中尉的脸在这场战斗中很快就被划伤了。

就在这时，我得救了。大家冒着猛烈的炮火，用防水油布抬着我穿过瓦砾场，送到前线后方的一个救护站，那个救护站在一个很深的地下掩体里。接着我又被送到设在一条深谷中的临时野战医院，那里的医生和护士看上去活像一群屠夫。

检查结果：我的腿上有两处枪伤，全身超过 35 处被弹片击伤。我放在左胸口袋里的一本俄语字典和我的士兵证被穿了三个洞，制服上一个金属纽扣被打扁了。在进攻前，我把这些小册子放在口袋里就是为了保护心脏的——不过真正立功的还是腓特烈大帝牌烟盒。

虽然遭受了一些挫折（尤其是在第 45 工兵营附近地段），但第 389 步兵师还是占领了一段 500 米长的伏尔加河河岸，攻下了火炮厂东北部的几条街道，并在此过程中击毁了 5 辆半埋的坦克。该师随后肃清了这一整片区域中的敌人。

至于为什么第 389 步兵师取得成功而第 305 步兵师没能得手，埃伯哈德中尉有自己的解释：

> 友邻师的进攻还是被堵在半路上。也许敌人把兵力都集中在了友邻师的地段，所以我们师才能全线推进到河岸，而没有遭遇特别厉害的抵抗。
>
> 斯大林格勒大约 90% 的地盘都已经在德国人手中了。我相信要不了多久，这座城市剩下的部分也会被征服。我们的任务眼看就要完成了。
>
> 在紧绷的神经放松后，我才发现我低估了黄疸病的后效。因为我们的地段已经恢复了平静，我按照医生紧迫的要求请了个假。后来当师部宣布我的继任者已经上路时，我便启程回家度假[①]。

★

在这新一轮攻势的第一天，天气一直很不错。晴朗的天空使空中支援得以实施，但也使覆盖战场的霜冻更加浓重，导致气温降至大大低于零摄氏度。凛冽的寒风更是加重了部队的痛苦。对德军来说，冬季装备和制服的供应是毫无规律的，完全是碰运气：有时一支部队得到了温暖的冬装，而友邻部队只能凭夏装苦熬。第 305 炮兵团的瓦尔德豪森（Waldhausen）中尉指挥了一天的炮战后，在晚上给家里写了一封信：

> 我今天累得要命，但是明天我可以通过信使寄一封信，所以我要利用这个机会——冬天已经来了。老天还算客气，不等我拿到了皮衣，而且一直等我的部下拿到冬装才入冬。我们的冬装有毛皮长裤、毛皮长筒靴、毛皮衬里内衣、保暖帽盔等。我们刚领到这些，晚上的温度就一下降到零下15 摄氏度。不仅如此，还刮起了让人很不舒服的冷风。不过这些都是可以忍受的。你要是看到这些冬季装备就会放心了。当然了，不是每个士兵都有毛皮大衣，但是我们领到的足够分给那些必须在外面站岗或守着炮队镜的人。我在内裤外面套了一条漂亮的皮裤，在最外面则穿着一条棉布长裤。

---

① 埃伯哈德在 11 月 18 日晚上离开斯大林格勒。他和司机一起连夜驱车通过顿河大桥，无意中逃出了身后即将封闭的包围圈。

▲ 卡尔·林中尉

我在军装上衣外面穿了一件兔皮夹克，所以我连大衣都不必穿。

这一天对炮兵来说并不轻松。战局的混乱逼着他们把炮打得比平时更准，此外他们还得对抗苏军致命的反击炮火。第13连所属轻步兵炮的炮组也是如此，而冒最大风险的是跟着战斗部队进攻的前进观察员。第305炮兵团的奥托·施瓦茨迈尔[1]（Otto Schwarzmaier）少尉就是在执行这样的任务时战死的，与他一同战死的还有第577掷弹兵团第13连连长保罗·莱希纳[2]（Paul Lechner）上尉。有些观察员置身于烟囱中和厂房高层，但另一些人的位置更加靠前，据汉内曼中尉[3]的第517掷弹兵团（第295步兵师）第13连的排长卡尔·林[4]（Karl Ring）中尉报告：

11月11日，我随重步兵炮排参加了"红色街垒"火炮厂附近的一次进攻，而第517步兵团的大部队则留守在阵地上……汉内曼对我介绍了情况，然后说："你要作为专家领导全排进行这次作战，因为重武器排接到了一个特殊的任务。等到了战场上我再和你说具体的任务。"直到我和前线的几个营长见了面，我才了解到让他们苦恼的问题：俄国军队死守着伏尔加河岸边的悬崖，并且在悬崖下面修筑了掩蔽部，我们的炮弹没法打到他们。我们的炮弹总是掠过悬崖边缘远远落地，无法造成值得一提的破坏。而如果炮弹落在这些掩蔽部顶上，又打不穿厚厚的土层，只有

---

① 奥托·施瓦茨迈尔中尉，第305炮兵团，1915年9月5日生于蒂尔林根，1942年11月11日阵亡于斯大林格勒。
② 保罗·莱希纳上尉，第577掷弹兵团第13连；1909年4月27日生于坦恩，1942年11月11日阵亡于斯大林格勒。
③ 卡尔－恩斯特·汉内曼（Karl-Ernst Hannemann）中尉，第517掷弹兵团第13连，其他信息不详。
④ 卡尔·林中尉，第517掷弹兵团第13连，1914年生，2006年尚健在。

航空炸弹才能击穿它们。第 4 排把阵地移到了北面靠近"红色街垒"火炮厂的旧炮兵阵地（1942 年 10 月间建的）。每一门重步兵炮都是靠 10 匹套在炮车上的小马拉进阵地的，火炮放列过程基本上没出岔子。俄国人的这些阵地是在斯大林格勒内层防御地带构筑的，被我们在 10 月占领，作为全排的营地很合适。我们本来对阵地很满意，但是后来发现一个严重的缺点：那里虱子成灾。附近还有来自另几个团的 10 门火炮。

所有大炮的弹药供应都是集中调配的。可供使用的弹药很充裕。汉内曼在从山丘延伸到伏尔加河的坡地上向我交代任务。我们在被烧毁的车厢下面匍匐前进，翻过铁轨，经过二号面包厂地区一颗未爆的 500 公斤航空炸弹，然后到达"红色街垒"火炮厂。汉内曼向我说明了前线情况，并把我们计划的目标区域指给我看。我们的大炮开火了，我坐着的斜坡几乎就在炮弹飞行路线的正下方。我看见炮弹从头顶上飞过，目送它们画着弧线落地爆炸。因此我可以在炮弹临落地前准确测出每个目标的方位角。目标距离越远，炮弹的散布就越大，要么击中伏尔加河悬崖的边缘，要么掠过悬崖，从下面的河岸上腾起一团烟云。随后我克服重重险阻去了几个工兵营的指挥所，有个营长对我解释说："俄国人在重炮轰击时就躲在他们的地下掩体里，但是一旦炮击停止或者炮火延伸，他们就会出来，做好发动反击和把我们赶回来的准备。我们总是被他们候个正着，所以伤亡很大。这仗太疯狂了，根本打不赢。"他说得很对。照这样的老办法反复攻击纯粹是精神错乱。我们要想解决这个问题，就必须认真思考。我对那个营长说："我们在这个地段至少有 10 门重步兵炮。你可以选择 10 个目标，每门炮对付一个。然后，为了压制每个目标的敌人，我们可以给每个目标设定不同数量的炮弹。比方说，我们知道对某个目标打了十发炮弹以后就不会有第十一发炮弹落下，但是俄国人什么也不知道，他们还会等待下一发炮弹。有了这样确定的射击方案，你的人就可以得到一定的时间，赶在守军出来准备战斗之前接近地堡。而相邻的目标则不一样，还会继续受到炮击，比方说要一直打到第十五发炮弹。由你的人选择目标，我可以负责调整对它们的射击方案。在这段时间里，我们可以根据这个模式研究必要的细节。"他觉得我的提议简单明了，于是他和手下的指挥官谈了谈，结果我一下子就成了"街垒"工厂地区十多门重步兵炮的战斗群指挥官。

这样的战斗群指挥官不需要关心弹药供应或部下的给养，至少在我们这里一开始是这样的。换句话说，这是根据战斗需要，为了实现一个明确的目的而临时集中火力的做法，于是我就走马上任了。我来到一处楼房废墟的一楼，爬上一道被航空炸弹摧毁了一半的楼梯，以便能够统观全局。这个努力失败了，没等我透过破裂的墙壁把更多瓦砾场收入眼底，就有一大块砖石落下来砸在我的钢盔上。与此同时，一颗子弹嵌进了墙壁里。要是我胆敢在窗台前张望，肯定已经变成死人了。我刚一个箭步冲下破烂的楼梯，一阵急促的火力就把这处废墟打成了碎片。在这样的条件下，从营指挥所进行观察是不可想象的，移到离前线更近的地方也不明智，这意味着我们每天只能对一个目标射击，或者最多打两个目标，但是我们没有多少时间——这就是为什么我带了一部与最前线的突击队连通的电话，他们最清楚哪些目标给他们造成的麻烦最大。突击队的指挥官告诉我他希望重步兵炮轰击哪里，而我把这些信息转化为给步兵炮排排长或炮位士官的指令。就这样，每个重步兵炮排负责两个目标，必要时每门炮都可代替其他炮射击。在第一天炮击结果出来以后，我们认为我们的计划也适合在以后继续执行。

★

雷滕迈尔上尉总结了第578掷弹兵团的情况：

夜晚剩下的时间并不愉快。以前在进军过程中，我们一次又一次地击破敌人抵抗，每天前进40公里以上。但是那时候的伤亡从来没有像今天这么大。在这里，我们只拿下了一两座房子，前进了大约400米。我们必须认识到，在这里我们不得不进行另一种形式的战争。现在包围圈已经形成，围住了大约2000个俄国人；师对这次成功评价非常高。

到天黑时，德军在储油设施区东部和东北部的伏尔加河河岸及其北面的冲沟中，肃清了苏军残兵，并用障碍和地雷封堵了南面。这些障碍是由格林中尉的第305工兵营第2连的官兵架设的，此时指挥他们的是埃尔温·兴斯

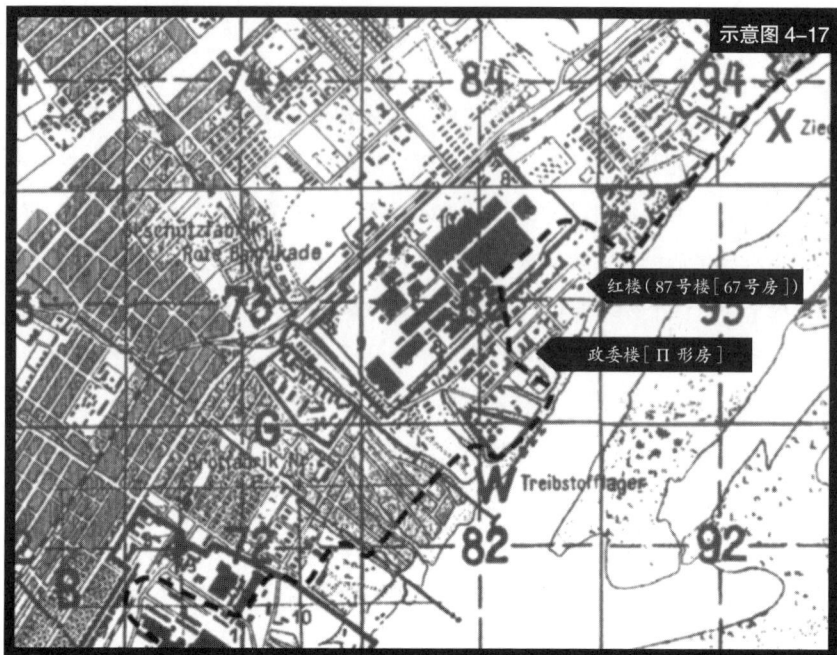

▲ 1942 年 11 月 11 日前线位置

特（Erwin Hingst）[1] 少尉。

在 17 时 15 分，塞德利茨向第 6 集团军发了一份进展报告：

第 305 和 389 步兵师的进攻未能取得决定性胜利。第 305 步兵师占领了储油设施区以东的伏尔加河悬崖，然后推进至该处以北的下一条冲沟。第 389 步兵师夺取了一段 500 米长的伏尔加河河岸，与先前占领的河岸连成一片。这两个师的突击都受阻于敌人顽强激烈的抵抗……11 月 12 日的目标：为 11 月 13 日继续进攻火炮厂以东区域做准备。

德军在"街垒"工厂以东地区新的前线分布如下：邻接储油设施区的旧前线—储油设施区南角—伏尔加河悬崖顶部—通向 83d3 网格中冲沟的陡坡—

---

①埃尔温·兴斯特中尉，第 305 工兵营第 2 连，1908 年 9 月 14 日生于威悉河畔哈默尔恩，1943 年 2 月 2 日失踪于斯大林格勒。

街角楼房（药店）—从那里通到 4 号厂房东北角的旧前线—火炮厂东北角—网格 93a3 附近伏尔加河边的陡坡—邻接旧前线的悬崖顶部。从随附的地图可以看出，德军占领的土地与所用部队的规模和能力相比是很小的。尽管如此，为了清除苏军的这个小桥头堡，进攻还将继续。在 18 时 20 分，第 51 军下发了旨在为后续突击做准备的第 111 号军长令：

> 经过英勇而艰苦的战斗，第 305 和 389 步兵师及其配属的工兵从敌人手中夺取了火炮厂以东桥头堡的相当一部分征地。

塞德利茨将军明白部队需要花些时间重整：

> 进攻将在 11 月 13 日继续。第 305 和 389 步兵师应在 11 月 12 日完成准备工作，并立即向军部发送关于突击时间（Y 时）的提议。
>
> 第 305 步兵师的目标：政委楼和该楼房与伏尔加河之间的区域。第 389 步兵师的目标：红楼。
>
> 如果两个师的突击队沿伏尔加河进攻都取得良好进展，则它们应会师，然后拔除敌军剩余据点。第 162 工兵营转隶第 305 步兵师，立即生效。
>
> 其余各师应实施小规模突击队作战以拖住敌人。应向军部报告作战目标。

在 11 月 13 日，炮火支援和第 8 航空军的空中支援将与 11 月 11 日大体相同，而在 11 月 12 日将用火炮进行有针对性的单发破坏射击。

按照这份军长令，克吕格少校及其第 162 工兵营将他们在伏尔加河边的阵地移交给第 546 掷弹兵团的步兵，然后在夜间小心翼翼地列队回到了"街垒"工厂北部区域，他们没有得到休整恢复的机会。这一天的作战使他们付出了惨重代价——20 人死亡、70 人负伤和 1 人失踪的，进攻前 319 人的战斗力量（7 名军官、31 名士官和 281 名士兵）共减少了 91 人。但是他们的进攻很成功，完成了预定目标，这使他们信心十足，认为在新的地段也能取得胜利。

★

在战斗平息后，第 51 军统计了当天抓获的俘虏和缴获的战利品数量：共俘虏 202 人（其中 11 人是逃兵），击毁 5 辆半埋的坦克，缴获 3 挺机枪、1 门反坦克炮、2 门迫击炮、16 支反坦克枪和 9 支冲锋枪。此外，步兵炮和大炮还在钢铁厂以东的伏尔加河上击毁 2 艘登陆艇和 1 艘 400 吨的船只。

在 17 时发出的第 195 号战斗报告中，步兵第 138 师报称：

> 以轻武器火力给敌人造成的损失：共计抓获 9 名俘虏，毙伤约 750 名希特勒分子 ①，此外敌人有 4 挺机枪和 1 门火炮被摧毁，3 辆重型坦克起火烧毁，1 辆轻型坦克被击中失去战斗力。

与稀少的战果相比，德军的伤亡高得可怕：

第 305 步兵师及加强部队（第 50、294 和 336 工兵营）：2 名军官死亡，3 名军官负伤；83 名士官和士兵死亡，271 名士官和士兵负伤。

第 305 步兵师，不计加强部队：2 名军官死亡，1 名军官负伤；11 名士官和士兵死亡，118 名士官和士兵负伤。

第 389 步兵师及加强部队（第 45、162 工兵营和第 24 突击骑兵连）：2 名军官死亡，3 名军官负伤，1 名军官失踪；46 名士官和士兵死亡，149 名士官和士兵负伤，180 名士官和士兵失踪。

各工兵营在 11 月 11 日的伤亡：

第 45 工兵营：1 名军官死亡，1 名军官负伤，1 名军官失踪；18 名士官和士兵死亡，68 名士官和士兵负伤，44 名士官和士兵失踪。

第 50 装甲工兵营：1 名军官负伤；4 名士官死亡，8 名士官负伤；13 名士兵死亡，52 名士兵负伤。

第 162 工兵营：4 名士官死亡，6 名士官负伤；16 名士兵死亡，53 名士兵负伤，1 名士兵失踪。

第 294 工兵营：5 名士官死亡，7 名士官负伤；13 名士兵死亡，51 名士兵负伤。

第 336 工兵营：1 名军官负伤；5 名士官死亡，3 名士官负伤；32 名士兵死亡，32 名士兵负伤。

伤亡总计：1 名军官死亡，3 名军官负伤，1 名军官失踪。110 名士官和士兵死亡，280 名士官和士兵负伤，45 名士官和士兵失踪。总计 5 名

---

① 德军记录的伤亡数据也是 750 人左右，因此这个数字十分准确。

军官以及 435 名士官和士兵伤亡。

进攻开始时工兵的总人数是 1753 人，现在伤亡了 440 人，也就是说工兵们仅在第一天就蒙受了 25% 的伤亡率。因为各步兵单位在进攻前的兵员数字不可靠，所以无法计算德军在 11 月 11 日的总伤亡率，但可以肯定这个数字也很高。

★

苏军的伤亡也很严重，与其总兵力相比更是惊人：

步兵第 344 团（在德军进攻前共有 207 名活跃战兵）：3 名军官死亡，2 名军官负伤；3 名士官死亡，8 名士官负伤；8 名士兵死亡，38 名士兵负伤；有 5 名军官、11 名士官和 46 名士兵损失，共计 62 人。

步兵第 650 团（在德军进攻前共有 167 名活跃战兵）：1 名军官死亡，15 名军官负伤，6 名军官由于"其他"[1] 原因损失；5 名士官死亡，2 名士官由于"其他"原因损失；8 名士兵死亡，45 名士兵负伤，16 名士兵由于"其他"原因损失；有 22 名军官、7 名士官和 69 名士兵损失，共计 98 人。

步兵第 138 师伤亡总计（不计近卫步兵第 118 团）：8 名军官死亡，40 名军官负伤，6 名军官由于"其他"原因损失；7 名士官死亡，34 名士官负伤，2 名士官由于"其他"原因损失，1 名士官被送往后方；31 名士兵死亡，207 名士兵负伤，16 名士兵由于"其他"原因损失，2 名士兵失踪，1 名士兵被送往后方有 55 名军官、43 名士官和 257 名士兵损失，共计 355 人。

步兵第 138 师实际有 1288 人在伏尔加河的斯大林格勒一侧，现在有 355 人伤亡，也就是说柳德尼科夫的师在德军进攻的第一天伤亡了 27%。该师还损失了 7 门迫击炮、2 门 76 毫米炮和 1 门 45 毫米炮。

步兵第 95 师的损失是毁灭性的。步兵第 161 团原有 420 人，损失了 100 人（24%），但这与步兵第 241 团遭到的血洗相比是小巫见大巫：德军进攻前该团兵力有 340 人，一天下来却损失了整整 400 人。伤亡率竟高达 117%[2]！

---

① 苏军报告中使用"其他"一词代替"被俘"或"失踪"。
② 该团伤亡人数高于其原有兵力是因为它不仅损失了在编人员中的大半，战斗中抵达的援兵也有许多伤亡。

在 15 时，柳德尼科夫师的实力如下：全师指战员总数为 2226 人，其中928 人位于伏尔加河西岸。在这些人中有 333 人是活跃战兵。武器装备包括209 支步枪、4 挺重机枪、1 挺高射机枪（DShK）、6 挺轻机枪、106 支 PPSh、10 门迫击炮、4 门反坦克炮和 9 支反坦克枪。

★

当天晚上，戈里什内请求炮兵轰击下列地段：L 形房 [药店]、E 形房 [2号校舍 /56 号楼]、"街垒"工厂中央区域以及该厂东南角至储油设施区一带。炮击的目的是压制德军炮兵，并阻止德军将预备队从厂区前调至东面的突破地带。他还给自己的部队下发了一道命令：

1. 阻止敌人向南方扩大突破口。

2. 在独立步兵第 93 旅第 3 营到达后，收复步兵第 241 团地段的阵地，并与右侧友邻部队——步兵第 138 师建立直接联系。

在 20 时，步兵第 241 团不屈不挠的指战员们发起一次小规模攻击，扫清了伏尔加河河岸，将德军从悬崖边击退了 70 米。

★

无常的命运决定了许多负伤士兵的遭遇。他们每个人都有自己的故事可讲。下面仅举几例：

第 45 工兵营第 2 连的卡尔·克劳斯二等兵：

一个护士一声不响地为我换了绷带，但是从医生脸上的表情可以看出，我已经不值得"修复"了。我被裹进一个芬兰纸袋里，丢在附近一座半毁的教堂里冰冷的石砌地板上。这座房子里已经躺了三四百个受伤的弟兄。我的心里还挂念着我的连，恐怕我的战友已经有近半数死去或负伤了。

第 305 工兵营第 2 连的里夏德·格林中尉：

不知是因为好运还是因为上级的命令，我一眼就认出了和我说话的医生：和当初随我们师去过法国的人重逢还是令人高兴的。他建议我回团指挥所去，并且给师部挂了电话。因为我有肠炎还便血，他希望把我送进卡拉奇的医院，但是没有如愿。其实我也不希望去那里住院，因为那样一来就不能回我的部队了。

皮特曼上尉的第578掷弹兵团第3营的一个无名士兵：

战火平息以后，我靠单腿撑着走了几步，寻找下一块掩体。最后我来到卫生员所在的街区，一瘸一拐地走进地下室，看见里面已经躺满了伤员。我还没有给自己包扎。我先把水壶的套子去掉，然后把水壶放到火上烤着，好热一热里面的茶，我还吃了一片面包。然后我对一个卫生员说："好吧，现在你可以给我上绷带了。"

在地下室里，我遇到同班的一个弟兄，他是施瓦本人，有两个小孩，受的伤和我是一样的。在晚上，我们俩都被挪出门外，只好一瘸一拐地往营军医的掩蔽部走去。那里也挤满了受伤和垂死的人。军医看了看我们，问："你们已经裹上绷带了？""对。""那你们还来这里干什么？看看周围吧。你们不能住在这儿。我们也没法把你们送走，因为人手不够了，所以你们只能自己想办法去总救护站。"他们只是又给我们打了一针……我们只好再一路回前线，回到有卫生员的地下室里，因为我们需要找个房子睡觉。外面太冷了……

第二天早上，我们对彼此说，不能再待在这儿了。我们从篱笆上拆了几根木栏当拐杖，蹒跚着走过一片片楼房的废墟。开阔地里实在太可怕了，因为俄国炮兵会朝那里倾泻炮火。我们互相拉扯着穿过一条长长的冲沟来到一座砖石建筑前……这时我们筋疲力尽，就坐在角落里，一个胖乎乎的医务上士走过来问我们："你们这是怎么回事？""我们俩都走不动了。""噢，"他说，"下一趟救护车马上就到。"

救护车带着我和我的伙伴开了几公里，到了戈罗季谢的总救护站。他们围上来，隔开了我的靴子。我的脚已经全黑了。我单腿跳着上了手术台，看着自己的脚。医生严厉地对我说："躺下！你没必要看。"等手术过后我醒来时，发现他们在我脖子上挂了一块红牌牌，把我送到了重伤员住的教堂。在那里待了多久，我不清楚，也许我在稻草上躺了一两天。护士时不时地叫醒我，给我喝了点茶。

我被送到皮托姆尼克机场时是个大晴天。我先是被放在一个帐篷里，然后又被送上一架飞机，躺在稻草上。大多数时候我昏昏沉沉的，但是我知道我那条黑色厚厚的旧羊毛围巾因为爬满了虱子，简直能自己动起来。

★

由于德国人占据了两翼的悬崖，柳德尼科夫和他的师处于岌岌可危的境地，因此柳德尼科夫召集了他的智囊团："在午夜，我们召集了一个'小军事委员会'来总结这一天的战斗，并得出了一些结论。"该师当天最终的战斗报告在开场白中总结了这多事的一天：

在4时，经过半小时强大的炮火准备，敌人以三个步兵团和两个工兵营的兵力对我师前沿阵地发起了全面进攻。第544步兵团、第546步兵团和第45独立工兵营从北面和西北面进攻我师右翼和中央（近卫步兵第118团和步兵第768团）。第577步兵团和第336工兵营进攻我师左翼（步兵第344团、步兵第650团和步兵第95师的步兵第241团）。

根据俘房的士兵和军官的供词，以及从尸体上缴获的证件，可以确定第45和336工兵营是在1942年11月5日至10日间全员到达斯大林格勒的，前者是从米列罗沃乘汽车行军，后者是从罗索希乘飞机抵达。

敌步兵的进攻得到了飞机、大炮的支援，在左翼还有10辆坦克参战。接着柳德尼科夫指出：

我师勇敢地击退了敌人的强大进攻。科诺瓦连科镇定而自信地指挥了他的部队。瓦西里·伊万诺维奇·舒巴说，他有时回想起从前，就想请求下放到营里去。舒巴跟我说了这个请求，但是形势根本不容许我们这么做。

结论是什么？我们击退了敌人的猛烈进攻，包括敌生力军的进攻。佩钦纽克和科诺瓦连科送来了20把14响"勃朗宁"手枪——是从新来的敌工兵手中缴获的[1]。我要求所有指挥员检查他们的防御，并注意明天将会和我们战斗的部队。

我对特钦斯基说："谢尔盖·雅科夫列维奇，明天，我们将主要依靠

---

[1] 这些手枪无疑来自第336工兵营。

炮兵。敌人会继续进攻,但是我们的炮兵必须在进攻开始前就地阻止他们。给你的炮兵下达简明扼要的命令,如果敌人冲到了师指挥所,那么指挥所也必须成为炮击目标。万一出现这种情况,我命令师的所有炮兵对指挥所开火。"参谋长则提醒参谋们做好战斗准备。

1942 年 11 月 12 日

德军新占领的阵地被苏军的大炮和迫击炮火力覆盖。戈里什内的师属炮兵轰击了储油设施区附近,药店、政委楼和整个厂区内德军集中的地方。此外,根据第 6 集团军的统计,苏联飞机一夜之间来袭 25 次,主要轰炸目标是火炮厂一带,不过这并未阻止德军发动夜袭:在储油设施区东北部,一个工兵突击队通过大胆的突袭占领了 80 号楼。虽然占领的土地很少,却显著增强了德军对河岸的控制。

更南边的战斗也在继续。在 11 月 11 日 20 时和 23 时,以及 12 日 1 时,储油设施区北部的德军三次尝试以 100 人的兵力沿河岸向南推进。这三次攻击都被击退。德军逼近步兵第 241 团的前沿阵地,以小型武器和机枪倾泻密集火

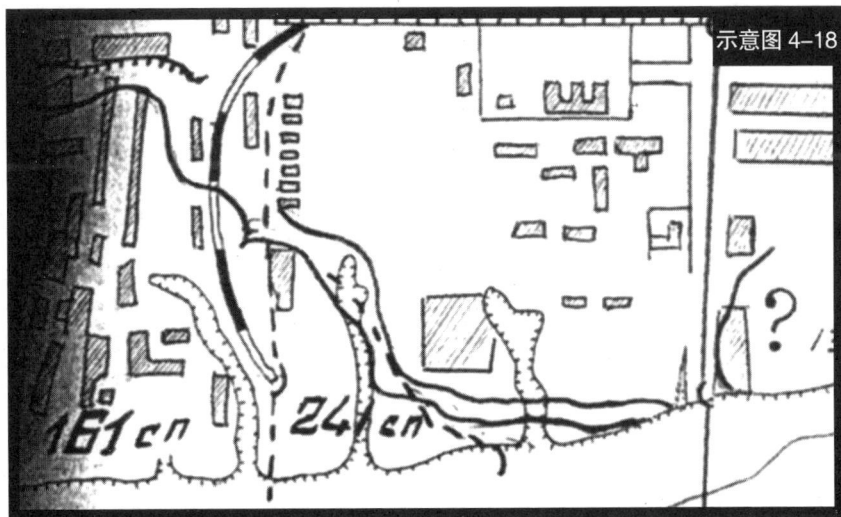

▲ 1942 年 11 月 12 日上午步兵第 241 团的阵地

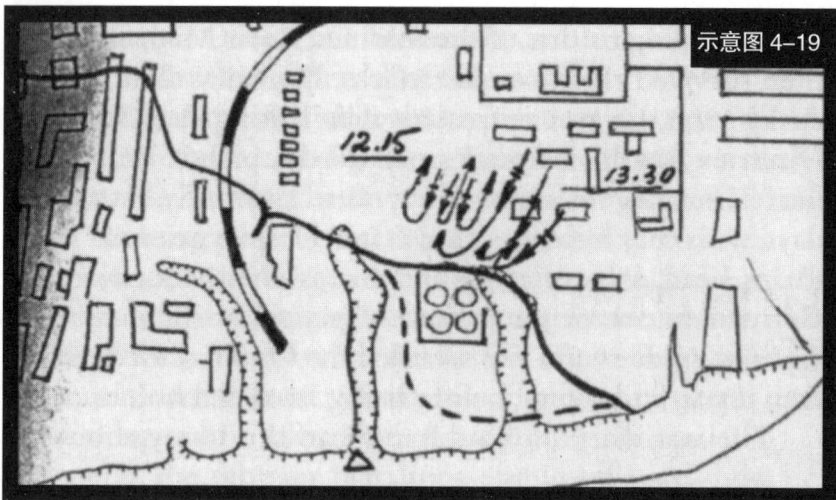

▲ 储油罐被收复，德军的反击被击退。（注：这些草图上显示的时间是苏方时间，而不是本书中大部分叙述使用的德方时间）

力，并大量使用了手榴弹。

在这个晚上，为了给柳德尼科夫师减轻一些压力，并最终为其解围，苏军实施了一些行动。步兵第92旅的第3营（营里都是海军的硬汉）抵达戈里什内的防区，帮助他的部队援助柳德尼科夫。第一轮进攻在7时30分发起，德军几个阵地被占领，2挺重机枪被缴获，但攻击部队很快就被击退。第51军向第6集团军报告说，"敌人在储油设施区东南边缘（82b1）的进攻被击退"。戈里什内的部下将会发现，重夺储油设施区并与柳德尼科夫建立联系绝非易事。克雷洛夫将军报告了这些攻击行动的情况：

> 戈里什内师一部及配属的步兵第92旅的一个营围绕储油设施区附近河边悬崖上一个有利的阵地进行了顽强战斗。尽管如此，他们还是无法在那里站稳脚跟。德国人进行了激烈的抵抗，储油设施区几度易手。

下一次攻击发生在9时30分。经过炮火准备后，一支突击队在步兵第241团第2连副连长——上尉衔政治指导员祖耶夫（Zuyev）率领下猛冲敌阵，于10时占领了储油设施区，并在此过程中缴获9挺德国机枪。他们很快巩固了阵地。在10时15分，德军一支连级部队发起反击，但被猛烈火力击退。11时30分，德国人再次攻向储油设施区——这一次动用了营级部队，结果这次

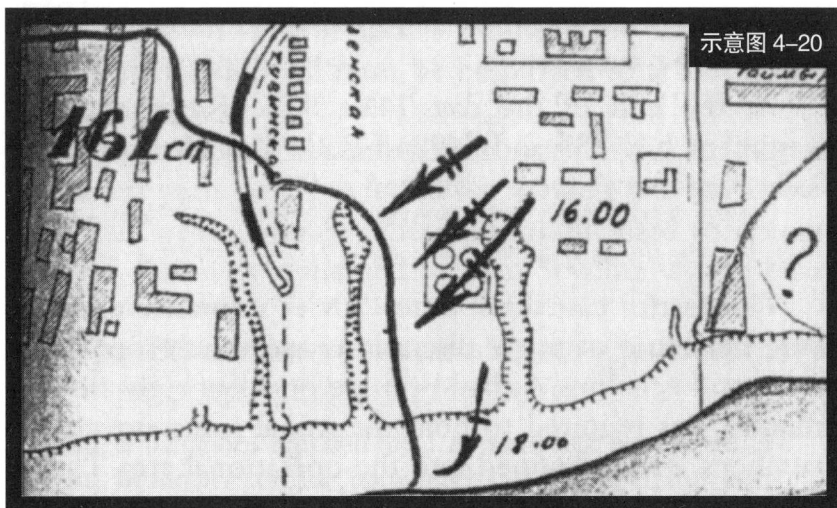

▲ 德军重夺储油设施区

进攻也被击退，损兵折将的德国人撤回了他们的出发阵地。在打退这些反击的过程中，友邻的步兵第 161 团也出了一份力，对进攻德军的侧翼进行了射击。

14 时，德军一支营级部队在大炮和迫击炮火力掩护下，又对步兵第 241 团右翼和步兵第 92 旅第 3 营的防区发动进攻，夺回了储油设施区。14 时 40 分，德军两个步兵排试图从储油设施区冲向伏尔加河，但被一支苏军小分队的 8 名士兵死死拦住，德军部队受到一定损失后撤回储油设施区。由两个连组成的另一队德军顺着"阑尾沟"推进，打到了伏尔加河边，接着又沿河岸南下，攻击步兵第 92 旅第 3 营。15 时 50 分，他们的攻势被苏军火力粉碎，此次进攻遂告一段落。

步兵第 92 旅第 3 营一支以反坦克枪连连长什波尔特（Shport）中尉为首的小分队，被德军 14 时的进攻截断在储油设施区以北 200 米处的伏尔加河悬崖上。他们身陷重围，仍然坚持战斗，主力部队与这支小分队的通信中断了[①]。

---

① 我们不知道什波尔特的这队海军步兵战士后来的遭遇。有可能大多数人都在激烈的战斗中牺牲了，但一份德方资料显示至少有几个人是被俘了。请参见后文特劳布上尉的叙述。

步兵第 92 旅的士兵是原属太平洋舰队的海军步兵战士，他们像狮子一样勇猛作战，使自己令人生畏的名声更加响亮。他们穿在制服里面的海魂衫是他们的团队精神的有力象征，也为他们在德军中间赢得了"海魂衫死神"的绰号。崔可夫曾生动地回忆了海军步兵在这一天的功绩：

> 德国士兵不是喝醉了酒，就是疯了，他们一波又一波地冲上来。前来增援戈里什内师的远东部队的水兵们则向敌人展示了著名的红海军战士的战斗技艺，图瓦街上的储油设施区几度易手。在战斗趋于白热化时，红海军的战士脱掉大衣，只穿着汗衫和帽子打退了敌人的攻势，然后又主动转入了进攻。

根据一位海军步兵战士鲍里斯·米哈伊洛维奇·德米特里耶夫（Boris Mikhailovich Dmitriev）的回忆，在这些反击战中只有不到四分之一的人活了下来。后来德米特里耶夫领受了一项新任务：和红军陆军的 12 名战士一起阻击德军进攻。为了执行这个命令，德米特里耶夫和他的同志们守在一个小高地上的一座碉堡里，成功地挡住了德军连续的疯狂进攻。他们最终陷入包围，但是凭着很少的一点食物和水，他们又把阵地守了 14 天。虽然身负重伤——头部被 5 发子弹和一些弹片击伤，胸部被刺刀捅伤，还受了脑震荡和"瓦斯毒害"（很可能是德军的烟雾或白磷手榴弹造成的）——但是德米特里耶夫击毙了不计其数的德国士兵，凭这些英勇表现荣获红旗勋章。他在医院住了一年多以后复员回家。

第 62 集团军的战争日记是这样描述这一天的战斗：

> 步兵第 95 师击退德军多达两个营的三次进攻后，为了收复右翼的储油设施区的阵地又与敌军顽强战斗，这些阵地在这一天多次易手。在 14 时，敌人投入两个营的预备队再次发起进攻，逼退了步兵第 241 团的右翼，并再度夺取了储油设施区，收复该阵地的战斗仍在继续。

到这一天日落时，步兵第 241 团有 23 名活跃战兵，步兵第 161 团有 235 名，而步兵第 92 旅第 3 营有 15 名。损失率还是高得惊人，估计步兵第 241 团损失了 90%。

★

部队伤亡惨重，苏军殊死抵抗，目标未能完全达成，以上种种因素在德军高层将校之间引发了许多讨论和深刻反省。正如从一开始就有人指出的，无论在作战地区投入多少训练有素的工兵营，要想保住初期获得的战果都需要有一定实力的步兵，负责合理运用工兵的林登少校对攻击失利的原因看得很准：

> 工兵们觉得这样的战斗对他们很不利，因为在这种极其恶劣的地形下，他们除了武器还不得不带上庞大笨重的工具和设备。因此，他们有时只能放弃携带数量充足的步兵武器和弹药。在尝试穿越这些几乎无法通行的地形时，他们往往不得不把更多的注意力放在障碍上，而不是在掩体后面关注着一切动静的敌人身上，结果经常不幸地成为敌人的好靶子。如果工兵好不容易拿下了目标而步兵没有及时跟上，那么工兵很快就会在俄国人的反击下消耗殆尽，有时不得不放弃刚刚经过流血牺牲占领的阵地。进攻第一天的经验表明，只有在步兵能提供有力支援的情况下，工兵才能完成他们艰巨的任务。尽管步兵进行的英勇战斗堪称典范，但已经严重失血的各个步兵团无法充分提供这样的支援。能投入战斗的步兵部队都很单薄，兵力不足，而且他们发现自己在不断地干这干那，没有时间休息。他们不得不利用一切战斗间歇来巩固阵地，侦察敌情，获取弹药和给养，等等。

林登少校被叫到第305步兵师的前进指挥所开会，这个指挥所位于"文件夹"街区的一座多层建筑的地下室里。到了那里以后，他向第51军的军长冯·塞德利茨将军汇报了11月11日的进攻情况，第51军的参谋长克劳修斯总参勤务上校、第305步兵师的师长施泰因梅茨上校和师参谋长帕尔措总参勤务中校也在场听取了汇报。林登直言不讳地表达了自己对形势的估计：

> 要在这样困难的地形下快速战胜这样强大的敌人，就必须调一个步兵团来加强第305步兵师。这个艰巨的任务只有在这些生力军的帮助下才能成功。我知道伏尔加河边的各师都伤亡很大，并且被拖在各自的防区，但是空运一个加强步兵团来应该还是可以做到的，工兵营不也是空运到斯大林格勒来的吗？

冯·塞德利茨将军回答说："没有步兵可用了。我们的侦察显示俄国人正在我们的友邻集团军当面调集大量摩托化部队。归我们支配的少数装甲师必须布置在罗马尼亚人、意大利人和匈牙利人后面作为防御基石，这些装甲师抽不出一兵一卒。"

林登对此回应说："将军阁下，我们必须把部署在这里的工兵营视作特种部队。在目前的这种情况下，如果不能马上提供步兵部队，这几个营就会伤亡殆尽。等到来年春天，重新开始全面进攻时，少了这些工兵我们就要后悔了。我有责任提醒您立刻注意到这个问题。"

冯·塞德利茨将军回答："我们目前的任务是巩固和坚守我们在伏尔加河边已经控制的阵地。我必须动用我能支配的所有力量来达成这个目的。等春季来临时，我们再考虑其他问题。"

林登后来写道："后来在斯大林格勒包围圈里，在七年的战俘生涯中，我会时不时地想起这次对话。"林登不知道的是，在此前的一个半星期里，冯·塞德利茨为了争取到步兵部队已经竭尽全力，但是没有成功。此时冯·塞德利茨唯一能做的就是尽到军人的本分，执行上级给他的命令。

在发给 B 集团军群的例行公报中，第 6 集团军总结了前一天的作战……一次被许多人寄予厚望的作战：

> 提供给第 51 军的 5 个工兵营在第一天的作战中总共损失了 440 人，占其兵力的 30%。估计在今后的战斗中，到 11 月 15 日为止他们至少还会再损失 25%，此时它们就会变得过于虚弱（尤其是在下级指挥官方面），再也无力执行艰巨的任务，例如攻打平炉厂房。

动用大批爆破和近战专家攻击一个地段的豪赌失败了，而为此付出代价的是工兵们。

★

不管林登乐不乐意，进攻还是得继续，而工兵营无论受了多大损失似乎都摆脱不了这个命运。在 15 时 30 分，塞德利茨发出了对前一天 18 时 20 分下发的第 111 号军长令的补充令。命令开头是这样说的：

> 我部将以一连串系统的突击队作战继续进攻，因此部队必须做到准备充分，指挥坚定，并在攻克目标后有系统地调整部署。

命令指示将尽可能多的突击队部署到前沿，只要战场上有能充分发挥其作用的空间即可，其他部队则要进一步靠后部署，仅在需要时前调，任何情况下都不能让集结的部队暴露或者停留在可能遭到大炮和迫击炮火力打击的地区。如果被绕过的敌军抵抗据点重新活跃，必须立即动用可用的突击队加以清除。原则上，对已占领的楼房、地堡和地下室都要再扫荡一遍。

根据第389步兵师提交的报告，对红楼的突击要等到11月14日晚上或者11月15日早晨才能实施。第305步兵师可根据自身判断推迟对政委楼的进攻（计划于11月13日晚上发起），以使其攻击地段中的所有进攻与第389步兵师对红楼的进攻同步展开。各部应将其意图上报第51军。

此前已命令其余各师实施牵制敌军的作战，但如果没有合适的目标，而且预计付出重大伤亡后也无法取得相应的胜利，则这些作战可暂停。但是这几个师的炮兵要继续以密集的破坏性射击和弹幕压制苏军部队，此外还要按照炮兵司令部的调遣，在第305和第389步兵师进攻期间对伏尔加河东岸单独或联合进行火力压制。什未林战斗群要以密集的火力阻止苏军解围部队针对第305步兵师的攻击。

麦克斯上校和他的第153炮兵司令部继续承担与第305和389步兵师协同的角色。除了炮火压制外，以密集弹幕轰击伏尔加河岛屿和钢铁厂对面的伏尔加河东岸也是优先的任务。为了对付观察到的敌军个别火力点，第305和389步兵师"应召"的210毫米榴弹炮划归第153炮兵司令部指挥。

冯·塞德利茨将军还宣布，阻止敌人援兵进入火炮厂以东桥头堡具有决定性的意义（如有可能，还应阻止敌人的物资运入桥头堡）。为此，第305和389步兵师应使用大炮和重武器对其前方的河面和河对岸实施弹幕拦阻射击。在夜间，应积极使用照明弹并主动实施袭扰射击。

最后，命令指出了一条减少伤亡的必要办法：挖掘足够的交通沟和交通壕，使部队能够隐蔽地进入前线和沿前线运动，不必暴露在致命的大炮及迫击炮弹幕、机枪火力和精确狙击之下。构筑壕沟是一项需要优先完成的重要任务。应该动用战俘来执行。

在16时45分，第51军向第6集团军报告了它在11月13日的目标：

继续以突击队战术进攻，直至最终占领火炮厂以东的伏尔加河河岸。

林登少校报告说：

上级命令 11 月 13 日一早再次发动大规模进攻……俄国人已经加强了我们当面的桥头堡中的守备力量，我们的部队必须重整。第 294 工兵营需要留在第 305 步兵师的左翼，因为敌人部队从南面对这一区域发动袭扰。但是第 305 师的主攻团必须得到加强，为此只能把第 162 工兵营从第 389 步兵师抽调过来，让其与第 50 工兵营并肩作战，之所以能这么做是因为友邻各师当面的敌人一直没什么动静。工兵部队的重整是在 11 月 12 日进行的，因此这一天只发生了小规模的局部进攻。

★

在一份临时报告中，第 51 军称"从 13 时起，我部一直在储油设施区以东和东北方扫荡伏尔加河边悬崖峭壁上残存的地堡"。在攻打其中一些"残存的地堡"时，德国人很快就将体验到苦涩的现实。

在悬崖峭壁上分布着许多洞穴。其中有些是在坚硬的土壤中挖出的浅坑，另一些则是挖得很深的大型掩蔽部，把它们一个一个地检查并清扫过来将是一场噩梦。不过对德军来说幸运的是，大部分洞穴已经被苏军放弃，但是少数有人据守的洞穴还是给他们造成了太多的麻烦。在悬崖峭壁中最顽固的一个据点是"滚轴"小分队把守的，"滚轴"不属于任何一个步兵团，它是步兵第 138 师独立通信第 203 营的四名战士的共同名字。这四名战士操作着一台小型电话交换机，"滚轴"就是他们的呼叫代号。此时他们看似陷入了绝境：他们的洞穴位于一个半圆形缺口的两边峭壁的半山腰处，每边一个，每个洞里藏着两个人。但是这两个洞穴的位置使他们能够互相支援和掩护：南边的两人能射击出现在北边两人头顶峭壁上的敌军士兵，反之亦然。而且由于悬崖十分陡峭，德国人要想对苏军的洞穴射击就必须冒险暴露自己。

当德国人在悬崖顶上向北推进时，他们在靠近缺口的峭壁边上停了下来。一个德军士兵趴在地上，从悬崖边探出身子向缺口里面张望。"滚轴"小分队的一名战士早有准备，立刻一枪击中他的头，其他德国人随即退了回去。后来他们绕过缺口，爬到离悬崖边缘不远的地方，架起一具改造过的潜望镜。通过潜望镜他们看见一道向外突出的崖壁，里面被挖出了一个很大的洞穴，有一根电话线从洞里通向伏尔加河，另一根则通向缺口的另一侧。德国人找到了第

示意图 4-21

▲ "滚轴"沟

二根电话线，并将它切断。此时他们意识到自己遇到的是苏军设在两支部队之间的一个通信站，步兵第138师与其左邻的步兵第95师和第62集团军的通信联络就此中断。

在缺口侧壁上挖出的两个洞里坐着四个通信兵：他们是尼古拉·尼基福罗维奇·库兹明斯基（Nikolai Nikiforovich Kuzminsky）下士、亚历山大·谢苗诺维奇·科洛索夫斯基（Aleksandr Semyonovich Kolosovsky）下士、安德烈·尼科诺罗维奇·韦托什金（Andrei Nikonorovich Vetoshkin）列兵和谢苗·康斯坦丁诺维奇·哈拉济亚（Semyon KonstantinovichKharaziya）列兵。没有人给他们下达撤退的命令，因此他们坚守在自己的岗位上，维护着与师指挥所的那一条通信线路。

库兹明斯基下士联络了他们的指挥员奥泽洛夫上尉，报告了自己的处境和观察到的敌情。接着他说道："我们能看见德国人，但他们看不见我们。他们知道我们在哪儿，但是没法把我们赶出这里。只要我们还有弹药和食品，'滚轴'就不会停止转动。"

奥泽洛夫把这个情况报告给了柳德尼科夫。午夜时分，库兹明斯基下士被叫到指挥所。他告诉师长，德国人正在他的阵地上方挖掘壕沟。"敌人就在我们头顶，但他们只能朝我们和伏尔加河之间几米宽的地上射击。除此之外，他们的火力伤不到任何人。"库兹明斯基还认为那里是船只安全靠岸的最佳地点。

"我们不会让德国人冲到河岸上的……"

他本来还想加一句"只要我们活着"，但为了不让师长心里难受，话到嘴边又咽了回去。柳德尼科夫此时已经明白"滚轴"给德国人的前沿阵地造成了

▲ 1947 年"滚轴"沟的实地照片，悬崖顶上是一座"滚轴"分队的纪念碑。左边的洞穴清晰可见，但右边的洞穴被灌木丛挡住了。电线杆是战后才有的

什么样的麻烦：就让德国人试试能不能拔掉这个眼中钉吧！这位师长把四个战士的姓名写在自己的笔记本里，还询问了他们的年龄、参战时间以及各自得过的嘉奖。随后师长和下士商定了生死攸关的紧急情况下需要采取的措施——以防"滚轴"和指挥所的通信被切断。

"把真实情况跟你的人说清楚，"柳德尼科夫在和下士告别时对他说，"在'滚轴'左边已经没有一个人了。那里只有你们、伏尔加河和德国人。'滚轴'已经成为我们被敌人切断的地点，将来也会成为我们和大部队会师的地点。我对这一点充满信心，就和我对你们充满信心一样！"

★

第 51 军后来报告说："当天成功地在已攻占区域实施了清剿行动，尤其是在储油设施区以东及东北的伏尔加河边陡坡和河岸。顽强防守的敌人有 30 人被俘，还有许多被击毙。"

德军的伤亡数字反映了战斗的激烈程度。第 305 步兵师（不计配属的工兵营）在这一天战死的官兵比前一天还多 [1]。

---

[1] 在 11 月 12 日第 305 步兵师有 21 人死亡，而 11 月 11 日是 13 人死亡。

　　个别单位损失惨重。措恩少尉的第 305 工兵营第 1 连前一天在药店一带的激战中奇迹般地没有损失一兵一卒，但是在这一天清除敌军残余抵抗据点的小规模局部进攻中却流了不少血，至少 6 人伤亡。两名士兵——瓦伦丁·瓦特[1]（Valentin Warth）二等兵和恩斯特·克鲁泽[2]（Ernst Kruse）列兵战死，保罗·默克（Paul Merk）二等兵、黑尔贝（Helber）二等兵和约瑟夫·贝尔奇（JosefBertsch）二等兵负伤。措恩少尉的左上臂也中了弹。

　　第 294 工兵营在上午进攻时、储油设施区附近抗击苏军突击时以及清除悬崖上敌军地堡时都经历了血战。在这些战斗中担当先锋的是贝格曼中尉的第 2 连和门策尔中尉的第 3 连，因此所有的伤亡也都来自这两个连。贝格曼中尉身负重伤，当天晚些时候死在戈罗季谢附近的一个医院里。营副官瓦尔特·齐默尔少尉接过了第 2 连的指挥权[3]。

---

① 瓦伦丁·瓦特二等兵，第 305 工兵营第 1 连，1920 年 7 月 7 日生于豪恩贝施泰因，1942 年 11 月 12 日阵亡于斯大林格勒。

② 恩斯特·克鲁泽列兵，第 305 工兵营第 1 连，1922 年 8 月 3 日生于特里布塞斯，1942 年 11 月 12 日阵亡于斯大林格勒。

③ 第 294 工兵营第 2 连在这一天阵亡的人还有波尔二等兵（弹片击中头部）和辛德勒列兵。此外，该连还有下列人员失踪：克劳斯一等兵、莱默特一等兵、洛伊纳特一等兵和奥特列兵。第 3 连的死者有鲍尔二等兵、亨茨舍尔下士、林德纳上等列兵（肺部中弹）、洛温二等兵（在伏尔加河边悬崖上被一颗手榴弹炸死）和保拉一等兵。此外，措伊恩二等兵在战斗中失踪。

　　埃里希·波尔（Erich Pohl）二等兵，第 294 工兵营第 2 连，1914 年 7 月 31 日生于德米茨－图米茨，1942 年 11 月 12 日阵亡于斯大林格勒。

　　卡尔·辛德勒（Karl Schindler）列兵，第 294 工兵营第 2 连，1922 年 12 月 26 日生于布吕克斯，1942 年 11 月 12 日阵亡于斯大林格勒。

　　阿尔弗雷德·克劳斯（Alfred Claus）一等兵，第 294 工兵营第 2 连，1919 年 6 月 21 日生于布罗斯维茨，1942 年 11 月 12 日失踪于斯大林格勒。

　　埃尔温·莱默特（Erwin Lehmert）一等兵，第 294 工兵营第 2 连，1918 年 7 月 19 日生于利希滕海恩，1942 年 11 月 12 日失踪于斯大林格勒。

　　埃里希·洛伊纳特（Erich Leunert）一等兵，第 294 工兵营第 2 连，1919 年 10 月 8 日生于黑姆斯多夫，1942 年 11 月 12 日失踪于斯大林格勒。

　　赫伯特·奥特（Herbert Otte）列兵，第 294 工兵营第 2 连，1923 年 8 月 9 日生于桑德斯多夫，1942 年 11 月 12 日失踪于斯大林格勒。

　　格哈德·鲍尔（Gerhard Bauer）二等兵，第 294 工兵营第 3 连，1921 年 11 月 17 日生于安娜贝格，1942 年 11 月 12 日阵亡于斯大林格勒。

　　库尔特·亨茨舍尔（Kurt Hentzschel）下士，第 294 工兵营第 3 连，1910 年 1 月 12 日生于阿门多夫，1942 年 11 月 12 日阵亡于斯大林格勒。

　　海因茨·林德纳（Heinz Lindner）上等列兵，第 294 工兵营第 3 连，1922 年 9 月 6 日生于莱比锡，1942 年 11 月 12 日阵亡于斯大林格勒。

　　保罗·洛温（Paul Lowin）二等兵，第 294 工兵营第 3 连，1912 年 5 月 17 日生于盖尔森基兴，1942 年 11 月 12 日阵亡于斯大林格勒。

　　弗朗茨·保拉（Franz Paula）一等兵，第 294 工兵营第 3 连，1916 年 5 月 17 日生于格雷平，1942 年 11 月 12 日阵亡于斯大林格勒。

　　维尔纳·措伊恩（Werner Zeun）二等兵，第 294 工兵营第 3 连，1915 年 2 月 17 日生于德累斯顿，1942 年 11 月 12 日失踪于斯大林格勒。

★

由于上至希特勒和保卢斯，下至阿尔凯特兵工厂工人在内的许多人都对新式武器33B型突击兵步兵炮寄予厚望，它们的首次亮相吸引了众多目光。当这些新式武器的车组成员结束战斗后，他们报告了这种车辆的实战表现。大多数人都对它不满意。他们的主要观点被编入了一份题为《关于突击步兵炮的初步实战经验的简要报告》的报告中。这份报告是这样说的：

如果能继续改进的话，这将是一种非常有效的武器。它们为突击炮连提供了合适的补充。

截至目前，突击步兵炮要么是与突击炮编组使用，由突击炮负责火力掩护；要么是个别地开进固定目标前方的预设隐蔽阵地，以直射火力作战后撤出。

这种武器的射击效果良好，但观测能力不足，必须安装潜望镜。

底盘过于孱弱，因此只能携带区区几发炮弹。装甲板的厚度和形状有待改进。火炮方向射界太小；驾驶员视野不足，看不到整个路面。

因为没有输弹槽，所以目前射速只能达到每分钟两发。

在11月11日进攻火炮厂以东区域时，有两辆因为被直接命中而彻底损失。

建议：派一名突击炮营的军官去军工厂，帮助现场评估使用经验。

★

在21时50分，第51军向第6集团军发送了当天的报告：

敌人在上午进攻了第100猎兵师北翼的冲沟阵地，还在钢铁厂内发动了一些进攻，随后除通常的袭扰射击外，其作战活动有所减弱。入夜时，敌人以重炮对钢铁厂腹地和接近钢铁厂的道路进行了袭扰射击，并空袭了市区。

我军对伏尔加河沿岸储油设施区以东和东北方的陡坡及河岸进行了清剿。顽强防守的敌人有30人被俘，还有许多人被打死。

第51军共抓获57名俘虏，其中9人是逃兵。对前一天俘虏的审讯结果揭示了一些非常有意思的信息。步兵第241团的一个步兵说，在这次德军进攻

▲ 一辆被击毁的 33B 型突击步兵炮被苏军缴获，后来用于测试

前，他的团有 700 人左右，但是后来伤亡惨重。步兵第 650 团的一个士兵则透露，他的团在这次进攻开始前已经非常虚弱：只有 200～250 人，而且在这一战中又受到重大损失。最后，步兵第 768 团的一个人说，步兵第 339 团（步兵第 308 师）总共只剩 32 人，全都并入了他的团。这些报告令德国人大受鼓舞。而另一方面，苏军也得到了令他们鼓舞的消息，据柳德尼科夫报告：

> 在晚上，步兵第 344 团的团长科诺瓦连科大尉给我带来一封信，是从一个死去的德国军官身上找到的。这封注明日期为 11 月 11 日的信上说："我们离伏尔加河只有一公里之遥，但是无论如何都没法再拉近一步。我们为了这一公里战斗的时间比我们为了整个法国战斗的时间还长。我们在这里打死的敌人比塞瓦斯托波尔一战更多，但是俄国人还是像磐石一样屹立不倒。我觉得他们已经下定决心要战斗到最后一人。"

> 他没有说错。我们确实决心战斗到最后一兵一卒。

苏军在德军尸体上还找到了另一些重要情报，据第 62 集团军的战争日记记载：

> 从尸体上找到的证件证实了一些新部队的存在：第 161 步兵师的第 336 步兵团、第 44 步兵师的第 132 步兵团、第 162 步兵师的第 162 工兵营和第 294 步兵师的第 294 工兵营。

虽然这份报告并不是没有差错，但它正确识别出了四支部队中的三支，而且第四支也与事实相去不远。苏军情报机关尚未发现的是第45和50工兵营。

1942年11月12日双方的伤亡情况
苏军步兵第138师：9人死亡，16人负伤，6人因其他原因损失，共计31人
德军第305步兵师：21名士兵死亡，1名军官和20名士兵负伤，1名士兵失踪

★

"11月12日，这一地段的防御战斗并不比前一天轻松。"克雷洛夫将军回忆说。

> 步兵第92旅的一半人马和戈里什内师的一个团（这是我们寄予厚望的援兵）此时仍在伏尔加河的另一边，因为运输船无法冲破浮冰的阻拦。不久以后，浮冰还冲毁了电话线，我们与河东岸的电话联络又中断了。集团军这一天的战争日记做了下列论述："由于援兵迟迟未到，独立步兵第92旅和步兵第90团的运输又发生延误，集团军处于极度困难的境地。集团军完全是靠着指战员异乎寻常的英雄气概和坚忍不拔的战斗意志才守住了现有阵地，粉碎了敌人以相当数量的优势兵力发动的进攻，并对其造成大量杀伤……"

步兵第138师战斗日志中当天的记录则显示该师得到了一些增援：

> 11月12日。经过11月11日的战斗，敌人花了一整天重整旗鼓。步兵第138师击退了敌人的多次小规模试探进攻。上级拨给步兵第138师289人，他们是步兵第193师的残部。该师的指挥人员已经转移到伏尔加河左岸。

问题是这些人员无法到达柳德尼科夫手里。集团军司令员崔可夫将军回忆了这支小小的援军是怎样拼凑起来的，后来又是被怎样使用的：

> 我们只得想法从我们在右岸的部队里找出（或者毋宁说挤出）一定的兵力兵器。集团军军事委员会决定，首先把斯梅霍特沃罗夫（Smekhotvorov）的步兵第193师的全部人马编成一个团，即第685团，在戈里什内师右翼后面集结，然后沿伏尔加河由南向北反击敌人，以同柳德尼科夫师会合。

我们从斯梅霍特沃罗夫师的所有部队中，总共只调集到250个有战斗力的人员。

14时30分，第62集团军下发了第237号作战令"歼灭到达伏尔加河的敌军集团"。内容如下：

步兵第193师的合成团应在1942年11月13日5时前集结于澡盆沟入河口以北邻接区域，该团的作战归步兵第138师师长指挥。

该合成团的任务：1.与步兵第95师部队联合作战，歼灭在储油设施区和梅津街一带到达伏尔加河河岸的敌军集团，并恢复步兵第138师和步兵第95师结合部的阵地。2.在步兵第138师和步兵第95师部队之间建立直接联络。

由叶甫盖尼·伊万诺维奇·德罗加伊采夫（Evgeny Ivanovich Drogaitsev）中校指挥的步兵第685团的战斗日志这样描述他们为新任务所做的准备：

为了封闭突破口并确保步兵第138师的弹药和粮食运输畅通，根据第62集团军司令员的命令，步兵第685团抽调了步兵第883团、步兵第895团和步兵第193师师部直属指挥和控制部门的人员——兵力总计为258人[1]——开赴前线与步兵第95师各部队共同执行任务。

为了进入作战区域，全团编为三个梯队，每个梯队编为若干行军单位（步兵排），各单位之间保持100米的间隔，紧贴河岸运动。因此，虽然河岸一带的迫击炮火力密度比以前更大，行军过程中因迫击炮造成的损失却减少了。

崔可夫说：

除了这个合成团，戈里什内师右翼还逐渐得到左岸来的一些零星士兵和小分队的补充。我们就以这些部队向北实施反击，以争取同柳德尼科夫会师。我们的反击确实没能恢复阵地，但也使敌人无法歼灭柳德尼科夫师。

---

[1] 在这些人中间，只有100名活跃战兵。该合成团装备24支波波沙冲锋枪、1挺轻机枪、1门45毫米反坦克炮、8门82毫米迫击炮和2门120毫米迫击炮。

德罗加伊采夫中校的合成团在午夜开始了第一次进攻，此后这样的进攻还会有许多次。

柳德尼科夫和部下的处境很困难，但是当天也有一些明显的迹象在第62集团军指挥集体中激起了乐观情绪，正如克雷洛夫将军回忆的：

> 直到11月12日快结束时，仍然没有关于我们在这一天毙伤敌军数字的报告摆在我面前。但是我们已经可以确认一些比我们等待的数字更重要的情报。师长们先后报告说，种种迹象显示敌人已经疲惫不堪，无法在明天继续进攻了。这个结论看来是正确的，集团军参谋部也持同样意见。可以认为德军的11月攻势已被挫败。

第五章
一次一楼

1942 年 11 月 13 日

苏军炮兵以大口径火炮实施的零星骚扰射击持续了一整夜，炮弹主要落在北城区，但也有不少深入德军腹地，连戈罗季谢都躲不过炮击。苏联空军也对这片区域进行了许多架次的袭扰，用高爆炸弹和燃烧弹搅得下面的德国人不得安宁。

德罗加伊采夫中校的合成步兵第 685 团在午夜开始突击，据该团的战斗日志记载：

> 到达步兵第 241 团（步兵第 95 师）的防区后，我团依照步兵第 95 师师长的口头命令和第 62 集团军司令部的作战指示，在未得到步兵第 241 团任何支援的情况下开始实施进攻作战。

> 进攻开始于 1942 年 11 月 12—13 日 24 时。在进攻中，我团以步兵第 2 营和第 3 营组成前进梯队，以步兵第 1 营置于这两个营的结合部，但拖后 100 米。

苏军步兵向北推进，与敌人从凌晨一直战斗到中午。

★

为了应对连续的作战，德军连夜调兵遣将。第 45 工兵营的部队从前线撤下，准备休整几天。贝托尔德·保卢斯列兵写信告诉家人："战斗从 11 月 11 日早晨 3 时 30 分打起，到 11 月 13 日 6 时为止一直没停过。后来我们被换了下来，回来的只有 1 个少尉、1 个下士和 10 个士兵。我们死了 9 个，伤了 24 个，全是头部中弹。"第 162 工兵营作为援军被调入第 578 掷弹兵团的战斗区域。他们的目标：收紧已经形成的包围圈。第 576 掷弹兵团（连同第 294 工兵营）要击退苏军为解围而从南边发动的进攻，第 577 掷弹兵团（连同第 336 工兵营）要拿下波罗的海沿岸街和列宁大道上一些守备坚固的楼房，而第 578 掷弹兵团将与第 50 装甲工兵营和第 44 突击连一道重新进攻政委楼，并沿着伏尔加河会同第 162 工兵营突入苏军后方。第 578 掷弹兵团还担负着扩大其在伏尔加河沿岸控制区的任务。林登少校回忆了工兵们面临的局面：

> 这里有一些孤立的废墟，因为对我军侧翼构成威胁，必须不惜一切代价清除。在这些废墟和伏尔加河之间是一片未开发的平地，在靠近河岸处急剧下降形成陡坡。俄国人在这些悬崖的半腰处构筑了掩蔽部，并以分布在悬崖顶部边缘的掩体保护，这些掩体能够以有效火力扫射其前方的开阔地，他们还能得到伏尔加河对岸准确的火力支援。因此在这里开展进攻是非常困难的……

步兵第 138 师的目标很简单：守住前线阵地，阻止德国人到达伏尔加河，如有必要则战至最后一人。柳德尼科夫已经命令他手下各部队的指挥员动员一切人力物力来实现这一目标，他甚至重申了斯大林提出的口号："不得后退一步！"他的部队已经加强了对德军活动的观察，发现德国人在 11 月 12 日花了一天一夜的时间准备新攻势。德军在该师前沿集结了步兵和装甲单位，工厂中央大门一带兵力尤为密集。

德军的进攻在 3 时 45 分开始，比天色泛白时间早了半个小时，比第一缕晨曦出现的时间更是早了整整八十分钟。他们的计划是利用黑暗达成奇袭，抢先突破并占领苏军在伏尔加河沿岸的阵地，让政委楼的保卫者来不及干预。如果沿河向北的大胆突进能够奏效，苏军的几个重要据点就会被与后方割裂开来。这次突击的主要出发阵地是 79 号楼和药店。战斗的序曲是由炮兵奏响的。重炮和迫击炮的火力，包括六管火箭炮的齐射，覆盖了进攻区域。随后德军的突击队冲了出去。从 79 号楼出发的是埃尔温·克雷茨中尉的队伍，他两天前刚刚率部成功拿下了这座建筑。这一次他又冲在队伍的最前面。当他们接近苏军

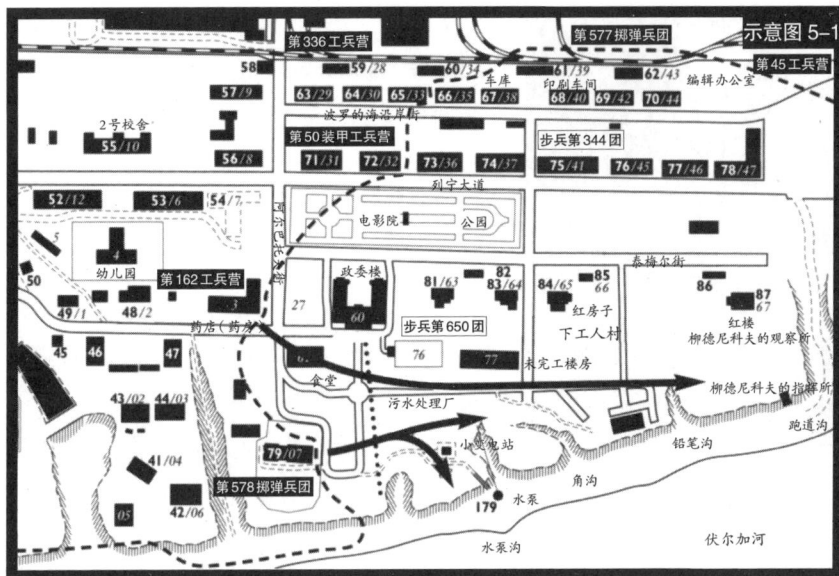

▲ 1942 年 11 月 13 日上午德军的进攻

设在政委楼和滚轴沟之间的防线时，克雷茨遇上了一个有敌军潜藏的炸弹坑。一支冲锋枪发出怒吼，克雷茨应声倒地。他的临终遗言是："向我的弟兄们致意，向祖国致意！"为了纪念他，那座由他率部夺取并且就在他身后见证他战死的楼房后来被命名为"克雷茨楼"。

德军的进攻起初很顺利。突击队在黑暗中悄然前进，干掉一个个苏军哨兵，炸掉一座座掩体，离他们的目标越来越近。佩钦纽克的步兵第 650 团报告：

> 敌人在早晨 3 时 45 分开始进攻。敌军投入兵力不详，但是他们把许多手榴弹投进了 Π 形建筑 [政委楼] 内部。敌人用步枪和机枪猛烈射击，并偶尔以迫击炮和大炮助阵。他们从红房子 [79 号楼] 朝我军后方和伏尔加河方向射击。敌人企图包围我们。我团坚守防御阵地，继续与来袭之敌交战。

79 号楼和药店被用做掩护突击队的重火力点。第 162 工兵营沿伏尔加河向上游推进。他们在河边悬崖顶上向柳德尼科夫的指挥所发动的这次突然进攻大大出乎苏联守军的意料。在一份战后的报告中，佩钦纽克少校的团部的

▲ 步兵第 650 团的阿列克谢·约瑟福维奇·戈尔巴坚科在战后的照片

一名成员——阿列克谢·约瑟福维奇·戈尔巴坚科 ①（Alexei Iosifovich Gorbatenko）上士回忆了这次奇袭。他首先描述了位于 83 号楼 [64 号房] 的团指挥所的位置：

> 指挥所和参谋部设在下工人村一座两层的楼房里，我们后面有一座未完工的楼房 ②，我们在夜里挖了一条通到那里的交通壕。在我们前面是公园。我们那座楼房的一楼有一架大钢琴，杜博夫 ③ 和另一些人有时会上去弹几下。伊万·瓦西里耶维奇·杜博夫是团里的一个老兵，非常机灵，总是热情开朗、精力充沛地干着参谋工作。二楼的窗口都被战士们改造成了工事。

> 这段时间营里的战士越来越少，德国人已经打到公园里了。二楼的每个人都要不停地值班，事实上，谁都躲不过值班的差事——达秋克（Datsyuk）、托尔卡奇（Tolkach）、侦察兵们、杜博夫、我自己等等。

接着戈尔巴坚科描述了第 162 工兵营突入阵地的那个早晨：

> 这天早晨，防化股长达秋克发出了警报。这时天还没亮。他说："德国人在后方，就在我们和伏尔加河之间！"所有人都抓起了步枪。我们冲进那座未完工的楼房，只见一条条人影在窗前掠过。他们正朝着师指挥所的方向运动，人数很多。达秋克问："他们是什么人？""德国人！开火！"我们毫不迟疑地开了枪，接着右边也射来了炮火，后来我们发现开炮的是恰拉什维利和他的炮兵。

---

① 阿列克谢·约瑟福维奇·戈尔巴坚科上士，步兵第 650 团，1922 年生于维捷布斯克的赫拉布罗夫，其余信息不详。
② 这座建筑原计划作为技术学院的校舍。
③ 伊万·瓦西里耶维奇·杜博夫（Ivan Vasiliyevich Dubov），步兵第 650 团，1914 年 6 月 7 日生，其余信息不详。

★

伊万·格奥尔基耶维奇·恰拉什维利（Ivan Georgiyevich Charashvili）上尉原是步兵第 90 团（步兵第 90 师）炮兵连的连长，但此时已经编入步兵第 650 团。他已经在斯大林格勒经历了许多战斗。在 9 月 19 日刚进入这座城市，他就随部队投入了马马耶夫岗（102 高地）的激战。在这次冲锋中，恰拉什维利首次受伤，但是第二天他就脸上缠着绷带回到了部队。他在马马耶夫岗的争夺战中继续指挥他的炮兵连，并为师属火炮对高地顶上水箱的轰击提供校正，直到 9 月 30 日为止。在马马耶夫岗的一次战斗中，恰拉什维利曾与死神擦肩而过：他当时和几个侦察兵及通信兵一起待在一个圆形水箱里，德军一发大口径炮弹穿壁而入，贴着水箱内壁滑行几圈后落在恰拉什维利脚下，没有爆炸。在马马耶夫岗的争夺战中，恰拉什维利失去了一半的部下和一门大炮。接着他的师被调到其他地段，并在 10 月中旬参与了拖拉机厂以南的恶战，最终步兵第 95 师几乎全部损失。随着步兵第 90 团的指挥部渡过伏尔加河到东岸重整，该团的其他幸存者被移交给其他仍然坚守着斯大林格勒的部队，恰拉什维利和他的炮兵连就是从此时开始支援步兵第 138 师作战的。恰拉什维利回忆说：

在 1942 年 11 月 4—5 日，我们得知我们的团属炮兵连被划给步兵第 95 师的步兵第 161 团了，但是这时候把大炮拉到步兵第 161 团是不可能的，因为德军的炮火很猛，Ju 87 也是铺天盖地。连里的火炮和我的人遭到狂轰滥炸，此时总共只剩下一门没有炮瞄镜的大炮和几发炮弹，外加 11 个人。

我们在 1942 年 11 月 8 日接到新的命令：去见步兵第 138 师的步兵第 650 团团长。当天 15 时，

▲ 步兵第 90 团的伊万·格奥尔基耶维奇·恰拉什维利在战后的照片

我赶到了团指挥所，我记得它设在一座两层楼建筑的一楼，它南面有一些长长的 2~3 层楼的建筑遮挡，北面看起来则比较开阔，只能看见一些砖砌的烟囱耸立在各处被烧塌的木头房子上；而在它后方，也就是西面，还矗立着几座残破的楼房；在它前方，也就是东面 50~100 米开外，有一座未完工的砖砌 U 形楼房①。在这座 U 形建筑和步兵第 650 团指挥所之间，挖了一条深 80 厘米、宽半米的交通壕。这座 U 形楼房离河岸不超过 100 米。

在步兵第 650 团的这个地段，我们连的大炮到 11 月 11 日为止就被全部摧毁了，连里的士兵在和敌人的激战中不是牺牲了就是受了重伤。

1942 年 11 月 13 日的战斗特别值得一提。在这天早晨，我在未完工的 U 形楼房的东侧，注意到大批士兵藏在土坑里躲避炸弹和炮弹。德国人似乎在我们不知道的时候接近了这座楼房，他们坐在土坑里，显然在等天色完全放亮。

我们在这座楼房里的有 10~11 个人，我在这场战斗中主动领导了大家。鉴于我们面临的形势，为了取得增援，我派了一个上士去找团长，所以我们只剩下 10 个人。因为形势容不得迟疑，我们必须果断行动，弄清到底有多少敌人，然后投入战斗。这时曙光初现，我看到两个身材魁梧的德国军官在 100~200 米开外朝着伏尔加河岸边前进。我决定不让他们通过。于是我抓起一支步枪，填进一发子弹，朝第一个军官开了枪。那个德国人晃了一下，然后我又开枪把第二个军官打倒。第一个军官转过身来，开始朝我们这边移动，但是我又朝他开了一枪，他一头栽倒了。

土坑里的德国人没有动弹，显然在等待某种信号。援兵迟迟不来，我们也没看见那个上士，但是时间不容许我们再等下去了。我决定开打。我们先把手榴弹丢进藏着大批德国人的土坑里，等德国人从坑洞里冒出来，我们就用手上所有的轻武器把他们撂倒（我们有几支俄国造的步枪、一些冲锋枪、几十颗手榴弹和几把手枪）。

---

① 在俄文资料中，恰拉什维利称它为 "Π 形楼房"，但是为了避免和更著名的 Π 形楼房 [政委楼] 混淆，我们在引用恰拉什维利的叙述时将以 "U 形楼房" 代之。在本书其他地方，我们称这座建筑为 "未完工楼房"。请参见后文对它的描述。

这支据称被全歼的德军突击队是第 162 工兵营第 3 连，人数在 70 人上下，指挥官就是该连勇悍的连长阿尔方斯·申克中尉，这种悄无声息的快速进攻正是申克的拿手好戏。德军突击队按照接到的命令，不顾两边守军的抵抗据点，只管向前猛冲。苏军开火后他们继续朝着北面柳德尼科夫的指挥部推进，事实上成功地摸到了指挥所边上，柳德尼科夫和他的参谋们完全明白自己面临的危险。随着柳德尼科夫上校一声令下"准备战斗"，每一个能战斗的人员都被动员起来阻击这些胆大妄为的德国人。包括柳德尼科夫在内的师部全体军官，科萨列夫大尉的独立工兵第 179 营残存的 12 名官兵，以弗拉基米尔·伊万诺维

▲ 第 162 工兵营第 3 连连长阿尔丰斯·申克中尉的大胆进攻严重威胁了柳德尼科夫上校的指挥所

奇·格里希纳 [①] （Vladimir Ivanovich Grichina）上尉为首的警卫连的 6 名官兵，以及几个轻伤员和女卫生员 S. Z. 奥泽洛娃（S. Z. Ozerova），全都奋起反击。他们高喊着"为了祖国！""为了斯大林！"和"乌拉！"奋不顾身地扑向大吃一惊的德军部队。苏方记录声称，德国渗透部队在随后的白刃战中被消灭，阵地在两个小时后被收复。独立通信第 203 营的一个连长彼得·帕夫洛维奇·佩琴金（Petr Pavlovich Pechenkin）上尉以及独立工兵第 179 营的斯捷潘·尼古拉耶维奇·拉德金（Stepan Nikolayevich Radygin）上士和伊万·尼科诺维奇·伊万诺夫（Ivan Nikonovich Ivanov）列兵因此战荣获红星勋章，而排长谢尔盖·瓦西里耶维奇·帕诺瓦罗夫（Sergei Vasilyevich Panovalov）中尉和苏里克·亚历山德罗维奇·阿韦季相（Surik Aleksandrovich Avetisyan）列兵、卡利尔·阿洛耶夫（Kalir Aloyev）列兵获得了勇敢奖章（这三人全都属于科萨列夫的营）。

在步兵第 650 团防区的那座未完工楼房里，戈尔巴坚科上士和他的战友

① 弗拉基米尔·伊万诺维奇·格里希纳上尉，侦察第 69 连，1916 年 8 月 5 日生于布罗尼斯拉夫，2003 年尚健在，居住于伏尔加格勒。

仍在朝偷袭的德国人开火：

> 天开始亮了。从师部那里传来齐声喊出的"乌拉"。我们的反击从背后打击了德国人，这些法西斯分子陷入了混乱，他们所有的抵抗能力都消失了，我们干脆而成功地给他们送去了彻底的毁灭。

恰拉什维利和他的炮兵也参与了反击：

> 随着我一声令下，我们一口气朝那些土坑里投了将近50颗手榴弹（大多数是柠檬形手榴弹，不过是德国造的）。在我们投出手榴弹之后，一些德国人从土坑里站起身来，开始乱七八糟地朝伏尔加河岸边跑去。我们就在10~15米的距离上开始射击他们，德国人连一枪都没有回，他们钻进一些灌木丛里，被树枝挂住了，正好这时步兵第650团的参谋人员和他们的团长也赶到了。佩钦纽克少校抄着一支德国造的冲锋枪，带领部下朝德国人开火。打了几分钟以后，我大喊："为了祖国！为了斯大林！乌拉……同志们，跟我上！"然后我就从楼房里跳了出去。大家几乎都跟在我后面追杀德国人，枪声响个不停。在左翼，随着一声"乌拉"，有一支12人的小分队也开始朝德国人射击。战斗持续了10~15分钟。也许可以毫不夸张地说，德国人的这个营或连里没有一个希特勒分子跑掉，他们全被打死了。等到一切尘埃落定，我们回到了那座未完工的U形砖楼里。我记得很清楚，我们这帮人一个都没死。我们从德国人身上捡了不少战利品，最宝贵的是食品和香烟，更不用说还有缴获的武器。
>
> 我清楚地记得，就在这片小小的区域里，我们缴获了15挺轻机枪、49支冲锋枪（其中8~9支的弹仓是满的）、大约136支步枪、许多手榴弹、11把"帕拉贝鲁姆"手枪，还有几副双筒望远镜。

步兵第650团的皮文大尉也描述了这次反击：

> 清晨，团长佩钦纽克来到我这里，他说格鲁吉亚人I. G. 恰拉什维利上尉的炮兵连被德国冲锋枪手包围了，必须马上援助他们。我叫上几个战士，佩钦纽克少校给了我一支德国冲锋枪，然后我们就去消灭那些突破了我们防线的德国人。那里爆发了一场激战，最后变为白刃战。结果，德国人被消灭，恰拉什维利的炮兵连得救了。
>
> 德国人在战场上留下了大约40具尸体，还有许多冲锋枪和手榴弹，

在后来的战斗中帮了我们大忙。V. 列舍特尼科夫（V. Reshetnikov）上士和另一名军官在这场战斗中牺牲了。恰拉什维利也受了伤……

在当天晚些时候发布的一份战情报告中，步兵第 138 师称：

> 突破防线的一队冲锋枪手被歼灭，只有个别人逃脱……

这队德军虽然没有被苏军的反击全部歼灭，伤亡也不像苏方资料宣称的那样严重，但其损失毕竟还是很高的。我们无法查到第 162 工兵营各连的完整档案来统计总伤亡人数，但申克的第 3 连至少有 9 人战死[①]。无论如何，这次沿伏尔加河进行的鲁莽突击是失败的。柳德尼科夫将根据俘虏口供和缴获文件得知，得到加强的第 305 步兵师发起此次进攻的目的是突破步兵第 138 师侧翼进入其后方，在师指挥所附近打到伏尔加河。

当天晚些时候，一个德国人对未完工楼房里的恰拉什维利上尉及其部下实施了小小的复仇：

> 几个小时以后，有个德国狙击手在短短 5~6 分钟时间里打死了我们 4 个人，其中 3 个是士官，1 个是军官。我发现那个德国狙击手就坐在屋顶上一个砖砌烟囱和几块金属构件之间，离我们不远（60~70 米）。于是我架好我的单发步枪，当着佩钦纽克少校的面，一枪把德国狙击手打死在屋顶上。

突破步兵第 650 团左翼的德军将苏军部署在那里的掩护部队完全击溃。

---

① 他们是：赫尔穆特·伯姆（Helmut Böhm）二等兵、安东·布伦达（Anton Bulenda）二等兵、库尔特·格劳尔（Kurt Grauer）二等兵、奥托·哈克施米德（Otto Hackerschmied）列兵、里夏德·霍夫曼（Richard Hoffmann）二等兵、里夏德·伊尔冈（Richard Irrgang）下士、恩斯特·卡特兰斯（Ernst Kattelans）二等兵、格哈德·基尔施（Gerhard Kirsch）列兵和弗里茨·施穆德（Fritz Schmude）列兵。格哈德·诺瓦克（Gerhard Nowak）一等兵身负重伤，于次日不治身亡。

赫尔穆特·伯姆二等兵，第 162 工兵营第 3 连，1922 年 6 月 6 日生于诺因多夫，1942 年 11 月 13 日阵亡于斯大林格勒。

安东·布伦达二等兵，第 162 工兵营第 3 连，1912 年 5 月 31 日生于格雷瓦尔斯多夫，1942 年 11 月 13 日阵亡于斯大林格勒。

库尔特·格劳尔二等兵，第 162 工兵营第 3 连，1921 年 1 月 19 日生于马塞尔，1942 年 11 月 13 日阵亡于斯大林格勒。

奥托·哈克施米德列兵，第 162 工兵营第 3 连，1923 年 5 月 16 日生于杜克斯，1942 年 11 月 13 日阵亡于斯大林格勒。

里夏德·霍夫曼二等兵，第 162 工兵营第 3 连，1920 年 9 月 16 日生于兰考，1942 年 11 月 13 日阵亡于斯大林格勒。

里夏德·伊尔冈下士，第 162 工兵营第 3 连，1921 年 1 月 9 日生于埃卡茨瓦尔道，1942 年 11 月 13 日阵亡于斯大林格勒。

恩斯特·卡特兰斯二等兵，第 162 工兵营第 3 连，1921 年 4 月 20 日生于德姆，1942 年 11 月 13 日阵亡于斯大林格勒。

格哈德·基尔施列兵，第 162 工兵营第 3 连，1923 年 3 月 16 日生于开姆尼茨，1942 年 11 月 13 日阵亡于斯大林格勒。

弗里茨·施穆德列兵，第 162 工兵营第 3 连，1922 年 3 月 9 日生于利格莱茨（今波兰莱格尼察），1942 年 11 月 13 日阵亡于斯大林格勒。

格哈德·诺瓦克一等兵，第 162 工兵营第 3 连，1911 年 10 月 28 日生于克罗斯特布吕克，1942 年 11 月 14 日因伤死于斯大林格勒。

苏军把所有能抽调的人员都派去封堵缺口。在工兵的突击被粉碎后，德军的攻势逐渐减弱，最终陷于停顿。这给了苏军部队反击的勇气，结果 79 号楼差一点失守。位于二楼的一个机枪手及时意识到危险，用猛烈的火力迫使苏军退到掩体后面。随后德军立即组织反击，恢复了局面。到了 10 时，步兵第 138 左翼的战局已经稳定下来。一份不祥的寂静弥漫在这个清冷的上午。苏军将士感到德国人不会就此罢休。

★

在第 162 工兵营为了占领伏尔加河沿岸土地陷入苦战之时，第 577 掷弹兵团、第 336 工兵营和第 44 突击连也发起了新的进攻。他们的攻击目标还是和两天前一样：彻底占领 73 号楼 [36 号房]、67 号楼 [38 号房] 和 66 号楼 [35 号房]，也就是所有妨碍他们继续推进的苏军据点。67 号楼 [38 号房] 由步兵第 344 团步兵第 1 营的 I. S. 波格列布尼亚克中尉和几个士兵把守。另两座楼

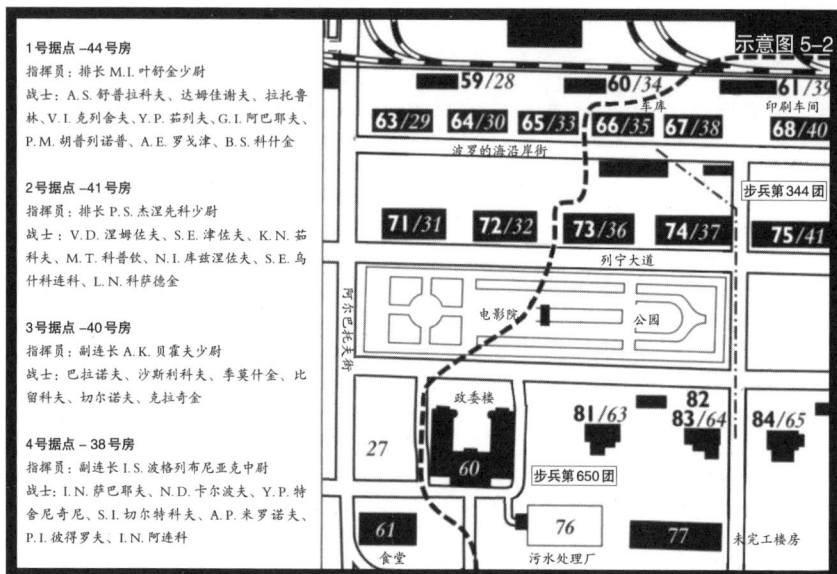

1 号据点 −44 号房
指挥官：排长 M.I. 叶舒金少尉
战士：A.S. 舒普拉科夫、达姆佳谢夫、拉托鲁林、V.I. 克列舍夫、Y.P. 茹列夫、G.I. 阿巴耶夫、P.M. 胡普列诺普、A.E. 罗戈津、B.S. 科什金

2 号据点 −41 号房
指挥员：排长 P.S. 杰涅先科少尉
战士：V.D. 涅姆佐夫、S.E. 津佐夫、K.N. 茹科夫、M.T. 科普钦、N.I. 库兹涅佐夫、S.E. 乌什科连科、L.N. 科萨德金

3 号据点 −40 号房
指挥员：副连长 A.K. 贝霍夫少尉
战士：巴拉诺夫、沙斯利科夫、季莫什金、比留科夫、切尔诺夫、克拉奇金

4 号据点 − 38 号房
副连长 I.S. 波格列布尼亚克中尉
战士：I.N. 萨巴耶夫、N.D. 卡尔波夫、Y.P. 特舍尼奇尼、S.I. 切尔特科夫、A.P. 米罗诺夫、P.I. 彼得罗夫、I.N. 阿连科

示意图 5−2

59/28　60/34　61/39
印刷车间
63/29　64/30　65/33　66/35　67/38　68/40　车库
波罗的海沿岸街
71/31　72/32　73/36　74/37　75/41　步兵第 344 团
列宁大道
阿尔巴托夫街
电影院　公园
政委楼　81/63　82　84/65
27　83/64
60　步兵第 650 团
61　76　77　未完工楼房
食堂　污水处理厂

▲ 苏军步兵第 344 团和第 650 团在 1942 年 11 月 13 日上午的防线。图中还显示了步兵第 344 团第 1 营在各据点的守军名单

房则由步兵第650团步兵第2营和第3营的残部把守。这几个"营"各自只剩一小队久战疲惫的官兵,他们在11月11日德军进攻时曾经英勇地(但很勉强地)收复了他们占据的楼房。事实上在这一天的战斗开始时,算上从参谋部和后勤机关中抽调出的少数补充人员,步兵第650团总共只有90个人。至于武器方面,该团有61支步枪、2挺重机枪、2挺轻机枪、2支反坦克枪、13支PPSh冲锋枪和7门迫击炮。现在,他们准备再一次击退敌人的疯狂进攻。

第336工兵营的主攻连是伯恩哈德·齐施中尉指挥的第3连。相对而言,第3连在11月11日的损失是最少的:只有6人死亡,3人负伤。11月12日夜至13日晨,第3连的70多条汉子悄无声息地排成纵队穿过战壕和弹坑,集结到他们的出发阵地——65号楼[33号房]的地下室。金德勒中尉的第44突击连一部集中在72号楼[32号房]。在3时45分,他们与第578掷弹兵团和第162工兵营同时出击。

苏方资料声称,在4时,一队多达70人的德国冲锋枪手沿着列宁大道成功突破至步兵第344团迫击炮连的火炮阵地。这个炮兵连此时已经没有可作战的火炮,因为他们的7门迫击炮在前两天的战斗中已经被全部摧毁,但是阵地上仍然有人把守。德军开始将手榴弹投进炮位,白刃战随即爆发。一群迫击炮手在别柴金(Bechaykin)中尉率领下,配合几个步兵击退了德军的进攻。这些迫击炮手随即发起反击,他们击毙了10名德军,逼得其余进攻者落荒而逃,还缴获了4挺轻机枪、1挺重机枪、18支步枪和1支冲锋枪。

步兵第650团的战斗日志没有提及73号楼[36号房]和66号楼[35号房]受到攻击的情况,因此我们对该团的这两个据点发生的激战所知甚少。唯一能查到的资料就是步兵第138师当天报告中一条简略的叙述:"到日终时,35号房和36号房被敌人占领,那里的守军被全歼。"不过,对于第三座成为攻击目标的楼房,我们能查到步兵第344团的第51号战斗报告,其中描述了67号楼[38号房]附近的战斗:

> 在4时15分,一队多达70人的敌军攻击了步兵第2连。我军以猛烈火力和手榴弹击退了这次进攻,敌军一部被消灭,其余的在我军反击下退回了其出发阵地。我军共歼灭敌官兵60～70人,并俘房1人。

齐施中尉的第3连在这些战斗中蒙受了非常大的伤亡:10人战死、11人负伤。死者是弗朗茨·盖杜施①（Franz Gedusch）一等兵、约瑟夫·赫尔齐希②（Josef Herzig）一等兵、鲁道夫·朗③（Rudolf Lang）下士、阿图尔·门策尔④（Arthur Menzel）上士、约瑟夫·普法伊费尔⑤（Josef Pfeiffer）二等兵、赫尔穆特·赖歇尔⑥（Helmut Reichel）一等兵、弗朗茨·吕普里希⑦（Franz Rüprich）列兵、鲁道夫·施米德⑧（Rudolf Schmied）一等兵、马克斯·乌尔班⑨（Max Urban）一等兵和埃里希·温特⑩（Erich Winter）二等兵。伤者是汉斯·埃伦（Hans Ehren）⑪一等兵、库尔特·法尔克⑫（Kurt Falk）二等兵、格哈德·格布勒⑬（Gerhard Gäbler）列兵、鲁道夫·科赫⑭（Rudolf Koch）一等兵、海因里希·奥斯特坎普⑮（Heinrich Osterkamp）列兵、库尔特·里希特⑯（Kurt Richter）下士、保罗·席勒⑰（Paul Schiller）列兵、阿尔弗雷德·泽利希⑱（Alfred Seelig）二等兵、赫伯特·西特纳⑲（Herbert Sittner）一等兵、阿尔诺·齐默尔曼⑳（Arno Zimmermann）二等兵和赫尔穆特·茨瓦德洛㉑（Helmut Zwadlo）列兵。此外，第2连的阿尔弗雷德·维利·施特劳赫㉒（Alfred Willy Strauch）二等兵也战死了㉓。

---

① 弗朗茨·盖杜施一等兵，第336工兵营第3连，1911年7月13日生于蒂尔西特－贡宾嫩（今俄罗斯加里宁格勒州苏维埃茨克），1942年11月13日阵亡于斯大林格勒。

② 约瑟夫·赫尔齐希一等兵，第336工兵营第3连，1908年3月4日生于塞登施旺茨，1942年11月13日阵亡于斯大林格勒。

③ 鲁道夫·朗下士，第336工兵营第3连，1910年10月6日生于赖兴巴赫，1942年11月13日阵亡于斯大林格勒。

④ 阿图尔·门策尔上士，第336工兵营第3连，1914年3月27日生于哈雷，1942年11月13日阵亡于斯大林格勒。

⑤ 约瑟夫·普法伊费尔二等兵，第336工兵营第3连，1909年7月19日生于帕绍，1942年11月13日阵亡于斯大林格勒。

⑥ 赫尔穆特·赖歇尔一等兵，第336工兵营第3连，1918年7月30日生于乌尔施普龙，1942年11月13日阵亡于斯大林格勒。

⑦ 弗朗茨·吕普里希列兵，第336工兵营第3连，1922年8月30日生于施托伊登，1942年11月13日阵亡于斯大林格勒。

⑧ 鲁道夫·施米德一等兵，第336工兵营第3连，1911年8月23日生于开姆尼茨，1942年11月13日阵亡于斯大林格勒。

⑨ 马克斯·乌尔班一等兵，第336工兵营第3连，1908年11月15日生于勒鲍附近劳斯卡，1942年11月13日阵亡于斯大林格勒。

⑩ 埃里希·温特一等兵，第336工兵营第3连，1909年5月15日生于霍恩巴赫，1942年11月13日阵亡于斯大林格勒。

⑪ 汉斯·埃伦一等兵，第336工兵营第3连，1910年7月17日生于门策伦，1942年12月失踪于斯大林格勒。

⑫ 库尔特·法尔克二等兵，第336工兵营第3连，1912年6月24日生于富莱尼茨，其余信息不详。

⑬ 格哈德·格布勒列兵，第336工兵营第3连，1922年8月30日生于德累斯顿，1943年9月失踪于梅利托波尔附近。

⑭ 鲁道夫·科赫一等兵，第336工兵营第3连，1911年2月7日生于雷姆瑟，其余信息不详。

⑮ 海因里希·奥斯特坎普列兵，第336工兵营第3连，1908年11月29日生于哈默尔恩，1943年6月4日阵亡于俄罗斯村以西。

⑯ 库尔特·里希特下士，第336工兵营第3连，1910年5月27日生于凯姆尼茨，1946年1月17日卒于法国的战俘营中。

⑰ 保罗·席勒列兵，第336工兵营第3连，1919年10月7日生于艾本施托克，其余信息不详。

⑱ 阿尔弗雷德·泽利希二等兵，第336工兵营第3连，1913年5月27日生于克莱因乔赫，1942年12月2日因伤死于别尔基切夫。

⑲ 赫伯特·西特纳一等兵，第336工兵营第3连，1910年7月28日生于上维拉，其余信息不详。

⑳ 阿尔诺·齐默尔曼二等兵，第336工兵营第3连，1909年1月14日生于奥特维希，其余信息不详。

㉑ 赫尔穆特·茨瓦德洛列兵，第336工兵营第3连，1912年12月4日生于但泽，其余信息不详。

㉒ 阿尔弗雷德·施特劳赫二等兵，第336工兵营第3连，1912年3月28日生于开姆尼茨，1942年11月13日阵亡于斯大林格勒。

㉓ 也有资料说他于1942年11月11日失踪。

在第 162 和 336 工兵营进攻的同时，德军还在朝两个方向拓宽伏尔加河沿岸的阵地。虽然克雷茨中尉几乎刚一开战就命丧黄泉，但是德军的攻击箭头还是沿着悬崖顶部和德军称为"沙滩"的平坦沙地向北推进。雷滕迈尔注视着攻击部队穿过开阔地：

> 俄国人的抵抗大大加强。随着我军推进到伏尔加河岸边，那些被围之敌的补给线就被切断了，最终结果就取决于能否控制住这段河岸。俄国人把他们的全部兵力都调到了那里，他们一整天都在用精心瞄准的炮火轰击这条狭长地带，俄国人的射击准得出奇。我们的攻击部队在装甲车辆支援下从南向北推进。但是这些装甲车辆一个接一个地变成了火球。

林登少校回忆说，沿着河边悬崖推进的部队"通过一条壕沟成功接近了河边，我们用这种方式拓宽了我们在伏尔加河沿岸的阵地。按说俄国人这时应该被赶出桥头堡的其他区域了，但是他们一次又一次地投入了新的人员和装备。因为敌人的老练和顽强，我们实施的进攻没能取得成功。我们投出的手榴弹总是从陡坡上滚下去，在坡底爆炸，没有任何效果。重武器发射的炮弹也是一样，大部分都落到伏尔加河里去了"。

▲ 从一个德军机枪火力点拍摄的扎伊采夫斯基岛。德军机枪手从悬崖顶上的阵地可以轻松控制河面。照片中德国空军正用炸弹攻击藏在茂密灌木丛中的苏军火炮阵地

悬崖下面伏尔加河河岸上的情况也一样棘手。"布置在沙滩上的那个班只回来一个人，还挂了彩，"雷滕迈尔上尉回忆说，"他带回来了关于其他人的噩耗。有个下士听到这个消息后自告奋勇，要带着他的班去占领那块阵地。不一会儿，他们就只剩了三个人。往那里继续填人是毫无意义的。我们把哨位后撤到冲沟出口，并尽可能地沿整条沙滩布了雷。"

在更南边，第 576 掷弹兵团位于储油设施区附近的伏尔加河沿岸地带，采取守势的一方则是德军，德罗加伊采夫的步兵从午夜开始就在不断地进攻。8 时 50 分，塞德尔战斗群观察到"一股数目在 250 人左右的敌军攻击了储油设施区。这次进攻被击退"。德军对苏军兵力的估计极为准确。德罗加伊采夫团对当面德军的估计如下：

> 在步兵第 193 师合成团（步兵第 685 团）进攻的地段，敌军以 100～120 名步兵防守阵地，并用大炮和迫击炮轰击合成团的战斗队列。

步兵第 685 团的日记记载了他们对储油设施区的第一次攻击结果，其中高估了与他们对垒的德军兵力：

▲ 步兵第 193 师的合成团沿伏尔加河向北推进

截至 1942 年 11 月 13 日 9 时，我团经过苦战，将敌军逐出了十处散兵坑、战壕和掩蔽部，向北推进了 200 米。但是此后所有继续推进的努力都被从储油设施区、冲沟入口和冲沟北坡射来的大炮、迫击炮和机枪火力以及掷来的手榴弹所阻止，因此我团在已占领的区域构筑工事转入防御。我团在进攻期间，从澡盆沟获得了下发的补充弹药（尤其是手榴弹）。

初次进攻战斗表明第 95 师参谋人员提供的敌军兵力估计不准确——与事实相差 30～80 人。在我团正面，敌人平均部署了 200～250 人，而且他们通过利用步兵第 241 团前一天放弃的掩蔽部和战壕，早已构筑并加强了工事。

敌人的火力组织得很巧妙，因此若不压制其火力点，就没有任何机会穿越储油设施区以北的冲沟。我团的攻势陷入停顿是因为敌人的火力不仅来自正前方，而且主要来自储油设施区以及该区域以北的冲沟入口。第 62 集团军的战争日记是这样报告该团的进展的：

> 部署在步兵第 95 师右翼的步兵第 193 师合成团遇到敌军猛烈火力抵抗后，受阻于梅津街及其以东一线。激烈的战斗仍在继续。

在 11 时，塞德尔战斗群报告说："敌军炮兵的射击重点已经北移到我左邻部队（第 305 步兵师），该部如果提出请求，我部必须以炮兵支援其攻击。"而第 179 炮兵团在中午的报告中记录道："伏尔加河上有渡船往来。临近中午，我军轰炸机轰炸了前线从火炮厂到钢铁厂 4 号厂房一带的河岸。左邻部队报告：'我部攻击进展非常缓慢，只能以个别突击队实施作战……'"

在首次进攻被击退后，步兵第 95 师在中午时分整军再战。这次战斗将在冲沟和储油罐中间持续到傍晚。第 47 号战斗报告记录了结果：

> 步兵第 193 师合成团进至储油设施区东北的冲沟入河口，但在冲沟北面和楼房中敌火力点的拦截下，无法继续前进。

第 62 集团军的战争日记对该师的战斗一笔带过：

> 敌军沿河岸向南突破以扩大阵地的所有企图都被挫败。各部队守住了他们的阵地，但未能恢复步兵第 241 团右翼的态势。

该师的损失如下：合成第 685 团——45 人，步兵第 241 团——10 人，步兵第 92 旅第 3 营——5 人，步兵第 161 团——30 人。

★

到了 10 时，德军在"街垒"工厂工人村的各处建筑中又集结起大队人马，卷土重来。这一次他们以至少两个步兵营的兵力在装甲支援下攻击步兵第 650 团左翼，目标就是政委楼本身。

对政委楼的首次攻击给了加斯特上尉惨痛教训。当他们接近这座建筑时，万万没想到竟找不到入口——在如此庞大的楼房上，可供进入的通道却非常少。南面的窗口虽多，但都离地过高，而齐膝高的地下室窗口都被瓦砾堵死，主要入口则被苏联守军严密封锁。吃一堑长一智，加斯特意识到自己不该对目标不做仔细观察就进攻，更不该顽固地拒绝雷滕迈尔的步兵支援……在这次重新进攻政委楼时，工兵突击队配备了向导，他们是第 576 掷弹兵团的人员，已经对这座楼房进行了透彻的研究，知道最佳攻击路线。此外，金德勒中尉的第 44 突击连一部也计划与加斯特的工兵一起进攻政委楼。

政委楼是一座令人生畏的坚固要塞。没有哪座民用建筑比它更适合作为防御据点。"街垒"工厂民兵连指导员列昂尼德·米特罗法诺维奇·克柳金回忆了这座楼房的模样：

> 在战前，这座楼房是当地最美丽的建筑之一。它建于几十年前，以别具一格的建筑布局、图案繁复的砖塔和装饰精美的窗户而著称。

这座楼房于 1916 年年初完工，因此是当地最老的建筑之一，它刚一建成就成了火炮厂的主要办公楼。到了 1942 年，楼里许多办公室都摆放着成排的书架和档案柜，各种设施应有尽有，完全能满足厂长列夫·罗伯托维奇·戈诺尔 ①（Lev Robertovich Gonor）和领导班子管理这座大工厂生产的需要。这座大楼的正式名称是"工厂行政管理楼"，但是柳德尼科夫的士兵只知道它叫 Π 形房 ②。后来它又被定名为 60 号房。德国人则称它为政委楼，不过这个名称是 11

---

①列夫·罗伯托维奇·戈诺尔，社会主义劳动英雄，1906 年 9 月 15 日生，1969 年 11 月 13 日卒。他被任命为苏联最大的军工企业之一——"街垒"火炮厂的厂长时年仅 33 岁。当德国人在 1942 年晚秋时节几乎占领斯大林格勒全城时，"街垒"工厂的工程师和工人们被疏散到乌拉尔，在那里建起一座新的火炮厂，而戈诺尔担任了该厂的厂长。戈诺尔拥有少将军衔，曾经多次获得嘉奖，并在 1942 年被授予"社会主义劳动英雄"称号。在 1946 年 8 月到 1950 年 8 月间，他是远程弹道导弹生产的带头人。他在 1952 年被捕，被控从事间谍活动和与"犹太人反法西斯委员会"有染。他在审讯中受到严刑拷打，只是因为斯大林去世他才保住性命，但由此种下的病根在余生中一直折磨着他。

②因为它的平面形状很像西里尔字母"Π"。

▲ 政委楼（在"街垒"工厂的工人口中是"工厂行政管理楼"）在 1916 年接近完工时，照片中可以清楚地看出它类似堡垒的特征

月才出现的。它起因于被俘苏军士兵的供词，他们透露这座大楼的守军有些来自一支内务人民委员部的督战队，而且楼里还有几个政治指导员。在德国人看来，政治指导员和政委是一回事，因此"政委楼"这个名字就很快传开了[①]。

政委楼的墙壁非常坚固，某些部位厚达一米。楼板是用钢筋水泥浇筑的，底下是许多狭小的地下室和车库组成的迷宫，其间有狭窄的过道相连。不仅如此，在低于地面大约 1 米的地方有一条连接这座大楼和工厂的地道。在和平时期，这条宽度和高度都在两米左右的地道曾被工长和厂领导们用作往来的通道，但是在战时，它显然有了更多的军事用途。

政委楼左右两翼的末端都有结构坚固的扶壁加强，外形极像城堡的塔楼。这两个塔楼的屋顶轮廓线和窗户周围都装饰着华丽的砖砌镶边，是不折不扣的堡垒。为数不多的窗口都极为狭小，像极了中世纪城堡上的尖顶窗，此外两个塔楼里都有上通二楼、下通地下室的楼梯井。每个塔楼都有一个很小的外部入口，开在面向庭院的曲面墙壁上，因此可以被另一翼的窗口射出的火力覆盖，

① 为明晰起见，本书统一使用"政委楼"这个名称。

▲ 在这张拍摄于现代的照片中可以看到政委楼外墙的厚实程度，背景中是重建的 31 号房 [71 号楼]

▼ 1942 年 11 月 13 日德军对政委楼的攻击示意图，他们通过主入口和中央楼梯井进入楼内，随后德军突击队迅速跑上二楼

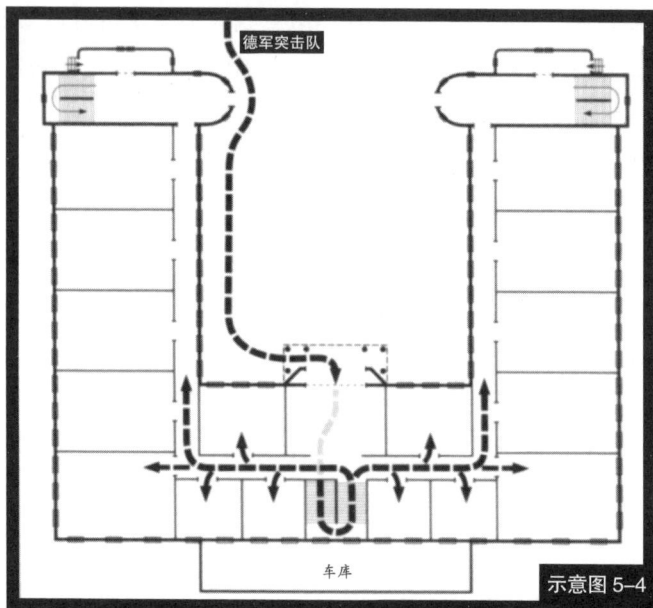

可谓易守难攻。大楼的主入口面向公园，从这里进入则要面对另一个难题。从主入口拾级而上会进入一个狭小的前厅，这个结构特征在严冬条件下大有用处，既有利于主要办公区域保暖，又不妨碍访客频繁进出。但是，一旦这个结构被大楼的守卫者利用，那就意味着攻击者要进入大楼内部就必须经过这个狭窄的前厅，而它正是一个天然的杀戮场。

克柳金回忆了这座大楼的守备情况：

在 11 月初，工人民兵和军人一起在这座楼房里建起了工事。在各个窗口架设了机枪，迫击炮则布置在二楼。成箱的弹药在夜间从伏尔加河岸边运来，窗边趁手的地方摆放着手榴弹、子弹和装满混合燃烧剂的瓶子。在这段时间，我们得到了一个在工厂里被打死的德国人身上的文件。我们从中找到几张被夹在纸张中间的照片，其中有些让我们全身的血液都沸腾了。这些照片反映了德国人在一个村庄的街道上对妇女和儿童的暴行。德国人把他们放在坦克履带下面碾压……我记得民兵万尼亚·穆霍尔托夫（Vanya Mukhortov）在看了照片以后是这么说的："我们一定要打

▲ 一队"街垒"厂的民兵正在操练队列，这些工人战斗得很英勇，但是其中只有极少数在这场战役中幸存

败他们！消灭这些法西斯！"

到 13 时为止，德军连续几次进攻都被击退，但是此时步兵第 650 团的前线已经被严重撕裂，政委楼也在德国人的炮兵和步兵打击下伤痕累累。克柳金描述了这些艰难的时刻：

> 德国人向工厂行政管理楼发起冲锋，我们这些平民卫士和步兵第 138 师的军人则在楼里并肩战斗。德国人用大炮和迫击炮向这座堡垒开火，每处窗口和墙壁裂缝都在敌人的狙击手瞄准下。楼里多处起火，火光冲天，呛人的浓烟弥漫在每个楼层。装着沃特曼牌绘图纸和书籍的文件柜与家具一起熊熊燃烧，所有易燃的物品都被点着了。战士们纷纷脱下身上的棉袄和衬衣，在房间、走廊和楼梯上扑火。他们还在继续战斗。我们的迫击炮继续从被浓烟笼罩的工厂堡垒开火，机枪和冲锋枪的点射声响个不停，手榴弹像雨点一样砸向楼下。德国冲锋枪手的进攻被打退了一波又一波……守卫者们还击退了坦克的进攻。我记得丹尼林班的战士们把装了混合燃烧剂的瓶子掷向一辆接近大楼的坦克，火焰顿时吞没了敌人的这台车辆。

在 13 时 10 分，德军又增派 10 部装甲车辆轰击这座大楼。这一次，他们决定先对政委楼进行暴风骤雨般的直瞄射击，然后再发起突击。于是在工兵出击前，这些车辆（包括第 36 装甲团的那个连的残余坦克，以及 3 辆新式的 33B 型突击步兵炮和第 245 突击炮营的几辆突击炮）移动到已成焦土的公园对面，正对大楼，它们的任务就是摧毁政委楼的顶楼。随着开火信号发出，每一辆坦克和突击炮都将高爆炮弹直接射向狭小的窗口。一次又一次的齐射如同利斧劈向二楼。其间还穿插着穿甲弹。硕大的堡垒在这阵钢铁风暴下瑟瑟发抖，灰色的浓烟和红色的尘雾从每一个洞口成团涌出。二楼的守军大部分尸骨无存，但是有少数幸存的迫击炮手丢下被炸碎的武器，跟跟跄跄走下楼梯寻找掩护。二楼就这样被摧毁，上面再也没有苏联守军。

德军的攻击计划简单而巧妙，目的就是打苏联守军一个措手不及。据约瑟夫·林登少校回忆：

> 我军再度发起大规模进攻……侧面的入口无法突破，因为敌人从暗藏的阵地用侧射火力将它们封死了，所以第 50 工兵营发起了正面进攻……

工兵和第 44 突击连的掷弹兵没有白费力气去攻击两翼塔楼下被严密封锁的入口，而是冲过了南塔楼的入口，贴着半包围前院的内墙前进，沿路向经过的窗口投掷手榴弹。这个大胆的行动大大出乎克柳金和他的部下的预料，因为此时为数不多的守军都被布置在俯视庭院的窗口处。工兵们迅速聚集到中央入口的柱廊外，其他人则跪在地上，用武器瞄准众多不怀好意地凝视着他们的窗口，掩护主力部队行动。中央入口的大门已经被闩死并加固，后面还堵着碎砖烂瓦。工兵们放上烈性炸药包炸飞障碍物，开

▲ 第 50 装甲工兵营第 3 连排长恩斯特·邦特少尉在政委楼中战死

出一个边缘参差不齐的洞口。几颗手榴弹通过冒烟的洞口飞了进去，等它们爆炸后，工兵们小心翼翼地爬进楼内。

越过门槛进入这座墙壁很厚的建筑后，德国人感到战争的喧嚣突然消失了，没有弹片的呼啸，没有子弹的尖叫，就连无处不在的炮火轰鸣也变成了隆隆的闷响，在政委楼内部，静得如同墓穴一般。心脏狂跳不已的工兵和掷弹兵们警觉地散开队形，等待着苏军随时可能射来的火力。率领他们的是第 50 装甲工兵营第 3 连的两个排长恩斯特·邦特少尉 [1] 和赫伯特·帕尔莫夫斯基少尉 [2]，以及第 131 掷弹兵团第 11 连的连长威廉·威尔米策（Wilhelm Willmitzer，他现在属于第 44 突击连）少尉。他们进入了大楼的主门厅。正前方是一道厚实的水泥楼梯，楼梯中间有一个平台，楼梯上面左右两侧是通向两翼的走廊，

---

[1] 恩斯特·邦特少尉，第 50 装甲工兵营第 3 连，1912 年 10 月 13 日生于霍尔茨豪森，1942 年 11 月 13 日阵亡于斯大林格勒。

[2] 赫伯特·帕尔莫夫斯基少尉，第 50 装甲工兵营第 3 连，1911 年 9 月 11 日生于克勒贝格，1942 年 11 月 13 日因伤死于斯大林格勒。

有几个门口正对着主门厅。楼内光线阴暗，只有走廊上面朝庭院的窗口斜斜地透进来几束橙色的阳光。正在焖烧的图纸产生了刺鼻的烟雾，混杂着烧焦的书报和砖粉的气味，弥漫于空中。许多墙壁和天花板都被浓烟熏黑，地板上一片狼藉，主要是剥落的灰泥和成千上万份被焚烧和践踏过的文件。

侦察、观测以及11月11日夭折的进攻都表明苏联守军集中在一楼，二楼只配置了支援武器。因此，德军的计划简单而直接：从上方包抄苏联守军。在进攻前，他们已经明确了自上而下扫清政委楼的战术。工兵们果断地设置起路障来封锁走廊，并在路障后面架起机枪，然后他们小心翼翼地登上楼梯。他们边走边感到自己的心脏怦怦直跳。楼里的寂静是对神经的极大折磨。几颗手榴弹被丢到楼上，负责掩护的一个班也对同一片区域进行了扫射，一小队工兵趁此机会顺着楼梯疾步冲了上去。德军士兵的靴声在空荡荡的走廊里回响。工兵们迅速散开建立防线，控制住两边的走廊，同时检查了头几间办公室。他们只找到少数苏联守军的尸体，全都血肉模糊，以扭曲的姿势倒卧在冒烟的瓦砾间。到达政委楼的二楼（也就是顶楼）只花了德国人几分钟时间。在下面的底楼，路障后面的一挺机枪开始吼叫。俄语的呐喊声传来，紧接着就是冲锋枪的点射声和步枪的脆响。手榴弹发出沉闷的轰响，而德国人的机枪更是响个不停。这些声音在大楼的封闭环境中绝对达到了能把人震聋的地步。

苏联守军意识到发生了什么，立刻沿着走廊发起了猛烈的反击。被德军突入的危险是显而易见的。苏军士兵中有些人在几个月前还是"街垒"工厂的工人，战前就来过这座大楼，而最近两个星期守卫大楼的战斗更是让他们对楼内布局了如指掌。此时他们俯身穿过一间间办公室和墙上凿出的孔洞，试图从德军意想不到的方向打击他们。

当同袍在楼下抵抗苏军反击之际，顶楼的工兵组成两个战斗队，沿走廊朝两个相反方向同时进击。而在楼下，克柳金和他的部下正在殊死战斗：

> 希特勒匪帮的冲锋枪手成功突入了中央入口处的楼梯井，楼内的战斗开始了。迫击炮手们在工厂行政管理楼的右翼战斗，战士们用手榴弹击退了沿二楼走廊进攻的法西斯分子……民兵和红军战士控制着一层楼，而法西斯分子控制了另一层。每一个房间、每一个楼梯井、每一间地下室都爆发了战斗。我们的许多民兵在这里英勇牺牲了。我要特别提一下

工人万尼亚·穆霍尔托夫，他生性开朗，心地善良，人人都喜欢他。他在每次战斗中都打得很勇敢，经常激励战友并救助伤员。万尼亚·穆霍尔托夫和战友们一起在保卫工厂行政管理楼的战斗中浴血奋战。他在那里受了重伤，虽然血流如注，但是万尼亚在他生命的最后一刻还是奋力向冲上来的法西斯分子投出了一颗手榴弹。牺牲在这里的还有保卫科的工人，前边防战士伊万·费定，在战斗中他把一挺机枪从大楼一头搬到另一头打退了敌人的进攻，那一幕在我的记忆中永远不会：褪色。在这所伏尔加河边的堡垒中，守卫者就这样越打越少了。

工兵们迅速拿下二楼，并控制了每道楼梯的顶端，但是要从楼梯上冲下去就是另一回事了。工兵们使用锥形装药的炸药包在钢筋水泥地板上炸出大洞，通过洞口把手榴弹接二连三地丢到底楼。他们还把火焰喷射器的喷嘴伸进洞里，向楼下的房间射出可怕的火龙。步兵第 138 师后来报告说："敌人从顶楼将房间炸开，并将里面付之一炬。"由于德军控制了大楼中央的楼梯，两翼末端的另两道楼梯就成了苏联守军逃进地下室的唯一通道。在遭到楼上和大楼中央德军部队的猛攻后，守军立即意识到自身即将被切断，因此克柳金和他的民兵与步兵第 650 团剩下的迫击炮手一起匆忙顺着楼梯跑进了地下室。迫击炮手们原先用来接收目标坐标的电台现在被用来请求后方炮兵对大楼开炮。这个请求得到了回应，扎伊采夫斯基岛和伏尔加河东岸的大炮纷纷将炮弹砸向大楼和周围的空地，有几门迫击炮也加入了炮击行列。虽然这让德军吃了一惊，但给他们造成的威胁却比较小，因为二楼的德国人已经跑到楼下了。苏联守军这个殊死一搏的请求只是将大楼不可避免的陷落推迟了一些。

▲ 政委楼的一间地下室内景。可以看出，这座楼房里并没有铺地板（有几本书里说"工兵们掀开地板来攻击敌人"，是错的）。它的楼板都是钢筋混凝土制成的。在战后，当地居民把地下室的大部分通道用砖砌死，以便把它们当作安全的车库或储藏室使用，但是这片黑暗的地下世界也吸引了一些令人讨厌的家伙（吸食毒品的瘾君子），还成了逃犯钟爱的藏身之所

工兵们开始攻击潜伏在地下室的苏军。他们故伎重演，先是炸开地板，投下几十颗手榴弹，

然后用火焰喷射器泼洒烈焰，但德军还是没能冲进地下室。克柳金和他的部下在下面默默等待，他们明白德国人会千方百计把他们赶出去。重伤员全躲在地道里，爆炸和烈焰都伤不到他们。还能战斗的士兵则集中起来守卫楼梯井。地下室里的情况非常恐怖，几道微弱的阳光从少数没被瓦砾堵死的窗口射进来，照亮了布满碎砖烂瓦的地板和倚在角落里的尸体。火焰喷射器的油料焖烧后产生令人窒息的烟雾，混杂着火药气体和水泥粉尘，熏得守卫者们喉咙肿痛、眼泪直流。头上的天花板随时可能突然崩塌，把他们压死在下面。唯一对他们有利的条件是这个地下要塞的建筑布局：地下室分成许多隔间，有助于把德国人造成的爆炸冲击波和火焰限制在一定范围。

在14时，工兵们决定冒险进攻。他们把几个炸药包从洞口塞了进去。剧烈的爆炸撼动了大楼的地基。接着工兵们又给装满汽油的简便油桶绑上炸药，拴在绳子上从洞口放下去。爆炸形成的火球席卷地下通道，还耗尽了恶臭的空气中的氧气。从外面看，这座房子的每条缝隙都在冒烟。少数幸存的苏联守军被冲击波震得头晕眼花，烧伤更是令他们疼痛难忍，于是他们只得撤退到地下室里最远的角落。克柳金描述了接下来发生的情况：

> 法西斯分子随后又使用燃烧手榴弹对付我们的战士，刺鼻的烟雾让我们透不过气来，战士们的眼睛也几乎被熏瞎了。

我们不清楚这些"燃烧手榴弹"到底是什么，不过很可能是指采用易碎玻璃弹体的烟雾手榴弹。这些手榴弹被称作"致盲弹"（Blendkörper），形似大号电灯泡，装填了260克琥珀色的四氯化钛。致盲弹是为了对付坦克而设计的，他撞上坦克后玻璃弹体就会破碎，里面的化学药剂会自发进行挥发性反应。投弹时要瞄准坦克上任何连通主要乘员隔舱的开口，带有腐蚀性的烟雾一旦渗入坦克内部，就会使乘员失去战斗力或逼得他们弃车而逃。致盲弹在封闭空间里效果非常好。在如此可怕的火力打击持续十分钟后，克柳金和另外9个人带着累累伤痕成功地逃出了已成焦黑废墟的大楼。

内务人民委员部督战队的指挥员先奇科夫斯基少尉回忆了克柳金及其部下的英勇顽强：

> 我记忆中特别突出的事迹就是"街垒"工厂工人民兵部队表现的爱国主义精神。当胆大妄为的德国侵略者侵占了工厂一角时，我们的工人

奋起保卫自己的工厂，共产党员列昂尼德·米特罗法诺维奇·克柳金就是其中之一，他请求加入我们的部队。我当然无法拒绝他。每一个工人都宣誓要保卫心爱的工厂，直到用尽最后一丝气力。

　　他们确实在战斗中实践了自己的誓言，帮助我们的部队守住阵地并给敌人造成了重大损失。尽管他们每个人都受了伤，但是没有一个离开岗位。我举个例子：德国人使用催泪手榴弹反复攻击我军在原工厂行政管理楼的防御阵地，许多在那里驻守的人，包括民兵克柳金、克莱米亚托夫（Kleimyatov）和费定都被熏得失明了，克柳金后来还受了伤……

　　一个通信员来到雷滕迈尔上尉设在 53 号楼的指挥所，报告说政委楼已被完全攻克：

　　直到晚上，俄国人才从地下室消失，通过朝向敌方阵地的出口逃走了。当那里派来第一个通信员时，指挥所里一片欢腾，因为在白天我们只能通过电台和前线部队联系。

　　由于德方记录留存下来的极少，我们无法提供德军在争夺这幢建筑的恶战中所受伤亡的准确数字。第 51 军后来报告说，损失"非常严重"。在一份初步统计中，第 305 师报告伤亡 80 人，这还是未计入配属的工兵营的结果。第 50 装甲工兵营有许多官兵伤亡：死者中包括第 3 连的 2 个排长——恩斯特·邦特少尉和赫伯特·帕尔莫夫斯基少尉（重伤并在稍后死亡），以及第 2 连的赫尔曼·佩尔兴[①]（Hermann Paelchen）列兵，但肯定还有许多人。第 44 突击连在突击政委楼的过程中也损失了 1 名军官——威廉·威尔米策少尉。奥地利青年的尸体布满了战场和政委楼焦黑的废墟。步兵第 138 师在 15 时发出的战情报告称，德军第 305 步兵师"得到了第 44 步兵师的第 131、132 步兵团以及第 80 工兵营的部队加强"。这份情报肯定源自从尸体上搜获的证件，不过也可能来自俘虏的口供，因为第 44 突击连有不少人被宣布为失踪。

　　在 16 时 20 分，第 51 军向第 6 集团军报告：

---

①赫尔曼·佩尔兴列兵，第 50 装甲工兵团第 2 连，1923 年 12 月 6 日生，1942 年 11 月 13 日阵亡于斯大林格勒。

▲ 在战后，政委楼的废墟没有被列为纪念遗址，尽管当地老兵团体提出了抗议，政委楼的废墟还是在 2003 年 7 月 27—28 日被拆除。但在大部分瓦砾被清除后，连接这座建筑和工厂的地道得以显露

▼ 被瓦砾堵塞的地道内景

第 305 步兵师的突击队攻克了敌军桥头堡中的两座楼房(73 号[①] 和 66 号)，正在清剿政委楼中的敌人。桥头堡中的敌军得到了来自伏尔加河岛屿和伏尔加河东岸的大炮、高射炮及迫击炮火力支援……

---

① 第 6 集团军的战争日记里写的是 "71 号楼"，但这肯定是笔误，因为这座楼房在这次进攻开始前已经落入德军之手。

在形势如此恶劣的一天，步兵第 650 团的战斗日志却写得相当简略，只字未提该团最重要的防御堡垒失守一事。我们不清楚苏军在政委楼中所受伤亡的准确数字，但步兵第 650 团的 90 名指战员在这一天总共损失了 55 人，民兵基本上全军覆没。只有克柳金和另一个人被编入把守悬崖顶上新设防线的部队中。其余幸存者大多严重烧伤，艰难地走进了柳德尼科夫指挥所旁边的医院地堡，还有许多伤员被留在连接政委楼和工厂的地道里。没有人知道他们如何迎接自己的死亡，但可以肯定的是无人幸免。有证据显示地道入口坍塌，活埋了里面的人员，而德国人对地道的存在一无所知 ①。

★

当政委楼里上演的活剧接近尾声时，第 576 掷弹兵团防区内的储油设施区一带仍在激战。戈里什内师的解围攻势旨在为遭到围攻的柳德尼科夫部减轻压力。在 14 时 15 分，苏军以 200 人发起新一轮进攻，这一次的目标是塞德尔战斗群的左翼，最终德军依靠白刃战才在入夜时分将这一带的所有进攻打退。

步兵第 95 师卫生第 103 营的一名军医瓦莲京娜·伊万诺夫娜·弗拉先科（Valentina Ivanovna Vlasenko）描述了她为伤员做手术的条件，并提到了德军使用的致盲弹：

> 部队在伏尔加河高耸的岸边悬崖下挖出了很多掩蔽部，我们就在其中一个里面建立了手术室。那里的条件实在难以言表，但我们必须在那样的条件下动手术。墙壁和天花板无时无刻不在颤抖，灰泥簌簌直落。虽然墙壁和天花板都用床单盖住，但也不一定管用。"斯大林格勒牌"灯具（用炮弹壳灌上汽油做成的油灯）能提供一点亮光，但它们经常会爆燃，烧着人们的手，这种现象在氧气不足的小掩蔽部里尤其严重，因此我们不得不把电话线编结成束然后点燃，借助其亮光来做手术，像这样的新发明随处可见。伤员们都吃了很多苦，他们长期在战壕和掩蔽部里连续作战，

---

①战争结束几十年后，人们在政委楼对面的公园里挖掘一条窄沟来铺设管道，结果重新发现了这条地道。工人们进入地道时，找到了许多遗骨、武器和装备。随后他们又封闭了地道，让这座"大坟墓"再度沉睡。又过了很多年，地道才被重新开启，里面的尸体终于得到妥善安葬。如果德国人知道这条地道，为了利用它，他们肯定早就把尸体搬走了。

又累又乏，身上脏兮兮的，有些人还受了好几次伤。许多人是被烧伤的——德国人投掷装满易燃液体的玻璃球，飞机还空投了许多小块的磷。伤员们因为受到连续战斗的影响，再加上始终面临死亡威胁，精神都处于亢奋状态，上了手术台还"惦记着打仗"，会详细地描述他们的经历。他们不仅需要医治，还需要关切、同情和抚慰的话语。

在11月，随着伏尔加河进入冰冻期，河上漂满薄冰，已经困难重重的处境变得更加复杂。我们与左岸的交通中断了，没有绷带，也没有口粮。伤员的后送停止了，许多伤员滞留在这里，我们必须给他们吃饱盖暖、悉心照料。所有这些工作都是在连续不断的炮击和轰炸下进行的，随时可能突然中断。伤员们住在伏尔加河陡峭的河岸上挖出的掩蔽部和洞穴中，但是那里的空间已经不够了。后来我们在河岸边的礁石上支起一顶帐篷，我们在帐篷里摆了一个用油桶做的火炉，然后把伤员搬到里面，桶里有温水和热水给他们用，但是有一天帐篷起火烧毁了，好在所有伤员都被及时救了出来。

★

对任何一支向北进攻的德军而言，政委楼都如同悬在头顶的达摩克利斯之剑。既然这个据点已被攻克，德军便获得了相当大的行动自由。德国步兵和装甲部队的猛烈进攻一直持续到黑暗降临。在夕阳映照下，第162工兵营再次沿着伏尔加河向北推进。由于苏军抵抗激烈，他们只能在重要的伏尔加河沿岸空地上再前进70米而已。因此这个营在伏尔加河边只有一小块立足地，必须尽一切手段拓宽。入夜后，德军的小股步兵继续进攻已经后退的苏军桥头堡防线，直到深夜才停止。步兵第138师的整个防区始终被猛烈的大炮、迫击炮和机枪火力所笼罩。

在20时30分，第51军向第6集团军报告：

经过激战，除了两座被加固得如同堡垒的楼房外，第305步兵师还占领了政委楼和储油设施区东北约70米长的一段伏尔加河河岸。

第51军在这一天总共抓获53名俘虏，包括3名逃兵。大多数俘虏来自"街垒"工厂一带。当天深夜，第6集团军向B集团军群报告说，第51军在11

月 14 日的目标是"肃清火炮厂以东已占领区域的残敌，并重整部队，为 11 月 15 日的进攻做准备"。但是这一次他们不会再发动大规模的攻势。德军调整了战术，决定集中兵力将这一带的建筑一个一个地拿下来。

随着最后一缕阳光在清冷的天空中消逝，柳德尼科夫和他饱经磨难的步兵们连续三天的苦战终于告一段落。柳德尼科夫后来写道："在各个楼层和房间里拼手榴弹的战术变得非常重要，德国人经常把不愿投降的英勇战士炸死在楼梯井里。"该师当天的报告中写道：

> 在这一天，步兵第 138 师与敌激战，通过火力和反冲击击退了优势敌军的连番冲锋。但天黑时，由于 35 号房、36 号房和 Π 形大楼中的守军全军覆没，我军也没有任何预备队为其补充，敌人终于占领了这些建筑。

根据尸体上找到的证件和俘虏的口供，柳德尼科夫断定有几支新来的部队在与他的师交战：第 44 步兵师的第 131、第 132 步兵团和第 80 工兵营的下属部队（这是第 44 突击连人员的三个来源），以及第 162 工兵营。这些部队其实在 11 月 11 已经和科洛博夫尼科夫中校的近卫军战士交过手，但是苏军情报部门没有注意到。

步兵第 138 师已经与第 62 集团军的其他部队失去联系，补给线也被切断。德军虽损失惨重，还是占领了图瓦街一带并控制了伏尔加河河岸，打乱了通常的补给品和增援部队输送。该师不得不在夜间人工搬运所有物资，而且被迫分配了 35% 的人员来执行此任务。与集团军主力分开后，该师对作战物资和口粮的需求越来越急迫。如果得不到补给，全师就会被活活困死。弹药和食品储备严重不足，到当天结束时，只够再撑 24 小时。在可预见的将来，继续获得补给的前景堪忧，因为渡河的条件正在迅速恶化。河面上已经覆盖厚厚的浮冰，在某些地段造成航道堵塞，不仅步兵第 138 师受到威胁，就连整个第 62 集团军的弹药、食品和人员补充都有中断之虞。"叶梅利扬·普加乔夫"号拖船和第 2 号拖船曾试图将步兵第 90 团送至澡盆沟，但因无法突破库罗帕特基河上的浮冰阻拦，只得返回图马克。该团在两天后的 11 月 15 日才被送上西岸 ①。

---

① 当天，"斯巴达克派"号和 3 艘装甲汽艇输送了 1500 名指战员，这些船还撤回了 543 名伤员。

德军以密集的大炮和迫击炮火力对扎伊采夫斯基岛和伏尔加河东岸的渡河口轰击了一整天，光是迫击炮弹就打了1500多发。

柳德尼科夫师估计了自身给德军造成的损失：俘虏1人，缴获1挺重机枪、4挺轻机枪、45支步枪和5支冲锋枪。歼灭德军官兵450人，击毁1门反坦克炮、2门迫击炮、5挺机枪，使1辆坦克失去战斗力并压制1个迫击炮连。

为了取得这些不大的战果，全师遭受了惊人的伤亡：5名军官、2名士官和14名士兵死亡，6名军官、13名士官和72名士兵负伤，还有6名军官、4名士官和23名士兵因其他原因损失，共计损失145人。

截至17时，该师的战斗力量和人数为：

全师总人数2051人，但其中只有750人在伏尔加河西岸。西岸的活跃战斗兵人数如下：

步兵第344团：157人，130支步枪、22支冲锋枪、1挺重机枪、4支反坦克枪和2挺轻机枪。

步兵第650团：35人，24支步枪、9支冲锋枪、1挺重机枪、1支反坦克枪和6门迫击炮。

步兵第768团：49人，41支步枪、1挺DShK机枪、5支冲锋枪、1门45毫米炮和2门迫击炮。

反坦克第230营：2门反坦克炮。

在18时40分，第51军下令撤下支援第305步兵师的装甲连。电报是这样说的：

第14装甲师预定参与第305步兵师11月14日作战的装甲连在战后应从前线撤下，转隶塞德尔战斗群，以便尽快回归第14装甲师的建制。第24装甲师应派遣一个装甲骑兵连支援第305步兵师。该部应在11月14日下午到达。其后勤补给由第305步兵师直接安排。

这道命令对于第14装甲师的那个连是否仍要参加11月14日的预定作战说得有些含糊，21时35分的一通电话则澄清了事实：

第14装甲师的装甲连仍要参加11月14日的作战，但随后第305步兵师应将该连移交给塞德尔战斗群。塞德尔战斗群应让该连尽快到第14装甲师归建。

当天晚上，第336工兵营的军需官埃里希·鲍赫施皮斯会计中尉给家里写了一封信：

> 我们的外派任务原来说好只持续很短时间，现在看来会拖得久一些，争夺斯大林格勒最后几座废墟的战斗是我有生以来目睹的最激烈的战斗。这座城市只有不到三分之一的区域没被我们占领。但是每一座残破的楼房都必须经过战斗才能夺取，每一次作战都需要长时间的准备，判明敌人的火力点，然后为突击队提供足够的火力掩护。飞机和大炮没日没夜地狂轰滥炸，炸弹和炮弹把瓦砾堆翻了一遍又一遍。正如昨天国防军战报公布的那样，我们已经取得了一些辉煌的胜利，但是只能一步一步地前进。当然，零下20摄氏度的气温也影响了我们的进攻节奏。不过就算要花几周时间，斯大林格勒终究会被攻克的。然后我们就可以期待撤回舒适的地堡里过冬。老天对我的工作特别照顾，道路已经被冻硬了，但是还没下雪，今天的阳光也仍然温暖，所以对我来说天气是好得不能再好了。到目前为止，一切都很顺利……

在鲍赫施皮斯的后勤分队里担任炊事员的威廉·吉贝勒二等兵却开始意识到他们营面临的情况并非"一切顺利"。吉贝勒在"街垒"工厂以西的后方野战厨房工作，他正等自己的传令兵朋友来领全连的晚饭。自从"街垒"工厂的战斗打响以来，这个朋友不断给他带来前线的战斗消息。在第一天，他告诉吉贝勒一切都很顺利。在第二天，他带来了吉贝勒很熟悉的几个士兵的照片、信件和其他个人物品，他叫这位炊事员把这些东西寄给那些人的近亲。而到了13日这一天，吉贝勒身边已经堆了上百个要寄回德国的小包裹。他一边倾听着东方炮弹和手榴弹爆炸的交响曲，一边翻阅那些信件和照片，等待他的朋友来访，但是那个人没有出现。吉贝勒再没见过他，也没见过第336工兵营的其他任何士兵。

1942年11月13日双方的伤亡情况
苏军步兵第138师：21人死亡，91人死亡，33人因其他原因损失，共计145人
德军第305步兵师：大约80人伤亡，但不含配属的工兵营的伤亡，而且这一数字来源于不完全的报告
德军第389步兵师：2人阵亡，4人受伤，共计6人

1942 年 11 月 14 日

第 336 工兵营第 2 连的一个无名士兵报告："11 月 14 日早上，传来第 162
工兵营已经打到伏尔加河的消息。我们的部队经过重整，和其他部队的残余人
员一起被增派到突破地段。当我们到达那里时，第 162 工兵营的工兵都松了一
口气，我们立刻明白了情况有多严重。俄国人沿河岸修了很多地堡，他们全都
藏在里面，河对岸苏联炮兵发射的炮弹一刻不停地怪叫着向我们飞来。"

★

8 时 30 分，第 62 集团军司令员崔可夫命令步兵第 95 师和步兵第 193 师
合成团在当天向北进攻，与步兵第 138 师连成一片。第 241 号作战令内容如下：

敌人在步兵第 95 师防御地段突破防线后已进至伏尔加河河岸。步兵
第 241 团已放弃其阵地，导致步兵第 138 师左翼暴露，其炮兵阵地受到威胁。

现已将步兵第 92 旅第 3 营、步兵第 92 旅的一连冲锋枪手和步兵第
193 师的合成团配属步兵第 95 师。在 1942 年 11 月 14 日，该部应以右翼
沿伏尔加河河岸向北进攻，以恢复步兵第 95 师防区内的阵地，与步兵第
138 师部队取得直接联系。

集团军炮兵主任应以炮火支援步兵第 95 师作战。

戈里什内向第 62 集团军报告了准备进度：

我师已开始执行第 241 号作战令。投入兵力为：步兵第 241 团——70
人，步兵第 92 旅第 3 营——22 人，步兵第 193 师合成团——149 人，以
及从步兵第 161 团地段抽调的部分人员——125 人[1]。

步兵第 92 旅第 3 营的冲锋枪连 79 人已到达，原定并入步兵第 241 团，
现改由步兵第 193 师合成团的团长指挥。

进攻开始时间：11 月 14 日 20 时。

古尔季耶夫少将[2]麾下的步兵第 308 师炮兵团（炮兵第 1011 团）在先前的

---

① 抽调了两个连增援步兵第 241 团。

② 列昂季·尼古拉耶维奇·古尔季耶夫（Leonty Nikolayevich Gurtiev）少将，苏联英雄，步兵第 308 师，1891 年 7 月 14
日生于舍马哈，1943 年 8 月 3 日阵亡于奥廖尔附近。

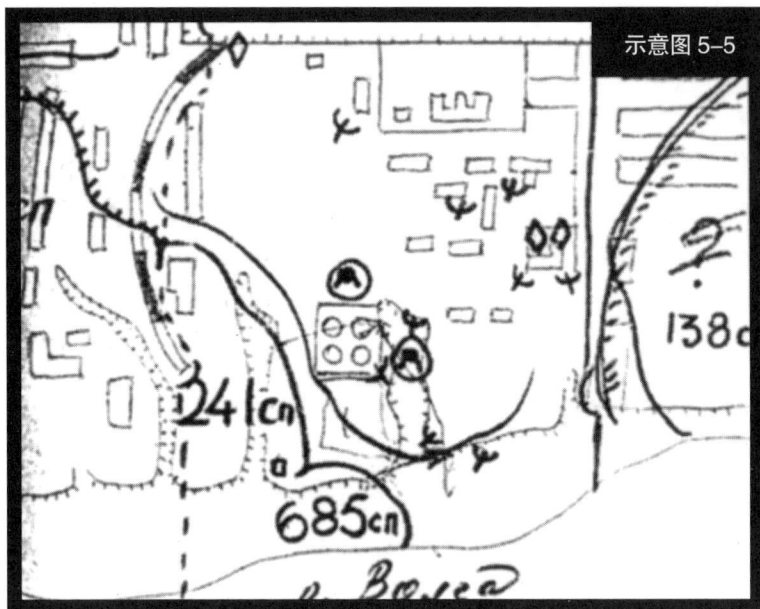

▲ 1942 年 11 月 14 日储油设施区一带的形势，图上标出了德军的迫击炮和机枪阵地

战斗中因为准头奇高已经打出了名声，该师的步兵残部于 11 月初被移交给步兵第 138 师，师部剩余人员都已撤到后方，这个团却留在了东岸的炮兵阵地里。这一天，团长 G. A. 富根菲罗夫（G. A. Fugenfirov）少校一如既往地驻守在前线的观察所里，准备用他的 122 毫米和 76 毫米炮的猛烈炮火支援戈里什内师。

克雷洛夫将军回忆了他们如何拼凑出几支部队来援助戈里什内：

> 最初，我们还希望柳德尼科夫不会被围困太久。为了增援把作战重点移向北方的步兵第 95 师，我们匆匆忙忙地派出了斯梅霍特沃罗夫师（该师截至此时一直在保护渡口）的合成团，以及步兵第 92 旅（该旅得到了太平洋舰队的水兵补充，并且已经到达岸边）的两个营。我们本来准备用他们反攻马马耶夫岗和"红十月"工厂。现在这些部队的任务是把德国人从伏尔加河边赶走，在被突破的地方重新建立连续的防线。

第 62 集团军的战争日记总结了这一地段的战斗：

> 步兵第 95 师会同步兵第 92 旅第 3 营和步兵第 193 师合成团，参与了

为恢复步兵第 241 团地段原阵地而进行的激战，目的是重新建立连续的防线，与步兵第 138 师部队取得直接联系。战斗在储油设施区一带持续进行。该师左翼部队也从其原先阵地出击。

合成团在其日志中记录了攻击经过：

> 截至 1942 年 11 月 14 日上午，步兵第 92 旅的一连冲锋枪手（75 人）已作为我团的援军抵达，而我团在未得到步兵第 95 师协助的情况下再度独立实施了进攻。

> 我部在 9 时 30 分发起进攻，进攻前三个炮兵团和一个集团军直属炮兵团进行了 15 分钟炮火准备，但是由于步兵指挥员和观察所为炮兵提供的目标方位不够准确，炮击几乎没有造成任何效果，我团突破冲沟的所有尝试再次被敌军火力点击退。1942 年 11 月 14 日 14 时，在我团作战区域，敌军以一连步兵发动反扑，但是在损失多达 55 人后退回其出发阵地。另一方面，敌军以连级兵力在储油设施区附近步兵第 241 团地段发动的进攻未被击退。

> 我团击退敌军进攻后，仍处于 1942 年 11 月 13 日到达的战线上。

★

德军这一天没有在黎明时发动进攻。他们利用早晨的这段时间向苏军阵地发射了大量炮弹和迫击炮弹。德军对苏军前沿的防御工事特别关照，同时也轰击了这一带所有的建筑。坦克和突击炮进入隐蔽的发射阵地，将一发又一发炮弹射向砖石筑成的目标，机枪吐出的火舌则在这片狭小的防区来回舔舐。苏联守军都在地窖中等待炮击结束。佩钦纽克少校设在 64 号房的指挥所受到大炮和坦克火力的无情践踏，这座建筑被完全摧毁，地下室的顶部也严重受损。

9 时 30 分，就在苏军攻击储油设施区的同时，德军也从"街垒"工厂的 3 号和 4 号厂房一带发起了进攻。担任前锋的是第 336 工兵营的两个连（卡尔 - 海因茨·胡伦中尉的第 1 连和伯恩哈德·齐施中尉的第 3 连）以及金德勒中尉的第 44 突击连的一些分队，进攻矛头直指位于科诺瓦连科的第 344 团和佩钦纽克的第 650 团结合部的两座楼房：37 号房和 38 号房。37 号房由步兵第 650 团全部三个步兵营的残部把守，托波尔科夫（Toporkov）大尉的步兵第 1 营是这

▲ 战前的波罗的海沿岸街。左起：63号楼 [29号房]、64号楼 [30号房]、65号楼 [33号房]、66号楼 [35号房]、61号楼 [38号房]

▼ 战争刚结束时的景象。当地有关部门没有拆除废墟，而是对房屋进行了"翻修"，也就是用新的砖瓦填补了破洞和缺失部分。这种做法可以节省时间和宝贵的资源，为了重建城市，每一块砖都不能浪费

里最早的守备部队，但前一天35号房和36号房失守后，另两个营的士兵也撤到这里加入了他们的行列。另一方面，38号房归步兵第344团把守，在步兵第1营由四座堡垒组成的防线上被指定为"4号据点"。这座房子里的守军一直不多：在11月9日，这里只有7名战士以及他们的头领——副连长 I. S. 波格列布尼亚

克中尉。在过去三天里这些人中间出现过一些伤亡，但有少数援军接替了他们。

在这两个目标中，37号房无疑更坚固。它比38号房大一倍，有更大的射界，而且更容易得到其他楼房中守军的支援。但是，如果先拿下37号房，攻打38号房就会比较轻松，反之则不然。最终德军决定先攻37号房。

9时30分，在弹幕掩护下，德军突击队迅速穿越开阔地，他们发现进攻路线上既没有地雷也没有铁丝网挡道。步兵第138师的战斗日志称，"敌人以多达一个连的步兵发起进攻，他们三四十人组成一队，并且有坦克支援"。猛烈的炮火准备已经有效地将所有障碍夷为平地，而机枪和小型武器日夜不停地扫射也使苏军工兵无法架设有效的防御障碍。在37号房，各个工兵班在墙根下重新整队，通过爆破有条不紊地攻入底楼。苏联守军不得不退入地下室，有几个人在中央楼梯井进行了抵抗，但面对火力凶猛的工兵要夺回底楼几乎是不可能的。几个苏军步兵在一声巨响中被炸药包炸死，这让其他人看到了留在地下室里的悲惨前景，因此幸存者们决定放弃这座楼房。他们带上伤员，利用

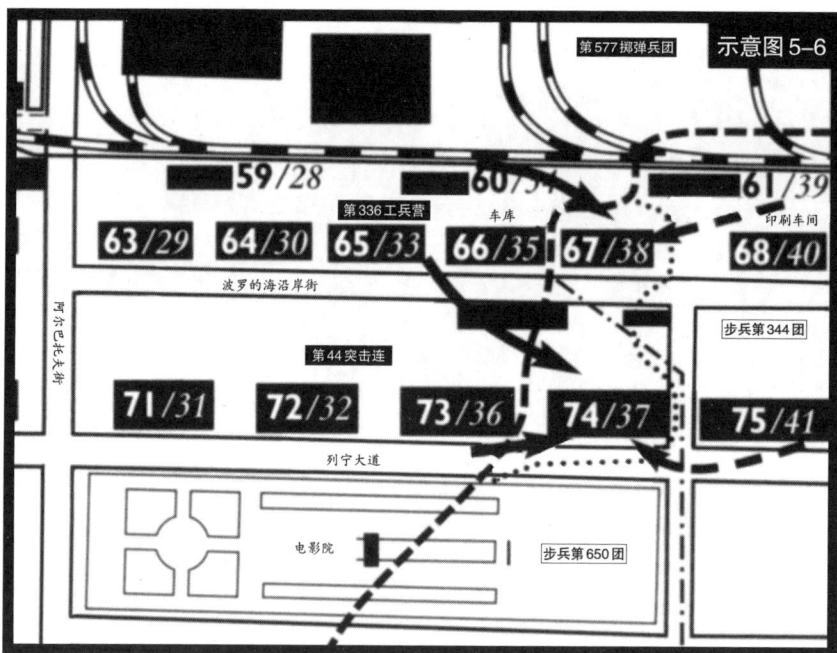

▲ 1942年11月14日，争夺37号房 [74号楼] 和38号房 [67号楼] 的战斗

一条横穿马路的壕沟退出地下室，来到友邻的步兵第 344 团的重要据点——41号房。37 号房就这样落入德军之手。

下一次突击开始于 11 时。大炮和坦克的火力将 38 号房轰成齑粉。这座房子的二楼被炮火完全削平，一楼以上只剩下大块的碎石和内墙的些许残迹。波格列布尼亚克中尉率领的小分队虽然被落到楼房上的无数大口径炮弹震得昏昏沉沉，但当德军突击队通过窗口进入屋内时他们还是进行了顽强的抵抗。苏方观察者估计德军动用了 150 人攻击这座建筑，不过真实数字大约比这少一半。步兵第 344 团后来撰写的一份战斗报告声称他们在 38 号房的守备分队被全歼了，但有证据表明波格列布尼亚克中尉活了下来，并后撤到了主阵地上，也许还有几个人和他一起撤回。柳德尼科夫向第 62 集团军报告说："38 号房在 10时 30 分被摧毁，德国人冲进了这座房子的废墟，那里的小分队与突入的希特勒分子激烈搏斗了一个半小时，幸存的战士一次又一次地向我们证明他们个个都能以一当十。"不过，德军一次攻击一座建筑的新战术似乎很有成效。第305 步兵师向第 51 军发出的报告说，他们轻松占领了 67 号楼和 74 号楼。

G. V. 托尔卡切夫上尉[①]指挥的步兵第 1 营的战士表现突出。经过猛烈炮火打击后，德军一队步兵与几台装甲车辆一起突入该营后方，使该营面临被包围的危险，但是全营战士没有一个动摇。Z. K. 亚姆希科夫（Z. K. Yamshchikov）中士操纵机枪以准确的点射将敌人连连撂倒，在负伤并逐渐失去意识的情况下，他仍然坚持射击到生命的最后一刻，至死都没有放开手中的武器。一队德国冲锋枪手冲进一座楼房的车库，猛烈射击守军侧翼。Z. I. 戈留欣（Z. I. Goryukhin）上士带着 5 个战士爬到这座楼房跟前，用手榴弹消灭了这股德军。托尔卡切夫巧妙地指挥了战斗，总是出现在战斗最激烈和最需要他的地方。托尔卡切夫还经常亲自端起冲锋枪投入战斗，和他的部下一起将德国人赶走。在一个掩蔽部附近经过一番激战，他发现德国人丢下了许多尸体。

从 37 号房撤出的步兵第 650 团的战士们利用 41 号做掩护，制订了反击

---

① 格里戈利·瓦西里耶维奇·托尔卡切夫（Grigory Vasiliyevich Tolkachev）少校，苏联英雄，步兵第 344 团第 1 营；1919年生，1943 年 11 月 15 日亡于日托米尔附近。

计划。重夺阵地的行动刻不容缓，因为他们知道德国人将会疯狂地进行防御准备。中午时分，他们与步兵第 344 团步兵第 2 营的几队人马联手，对 37 号房里的新住户发起了精心准备的反击。在 41 号房猛烈的火力掩护下，他们快步冲向 37 号房，打算通过窗口进入室内，因为先前他们穿过地下室北墙逃离的路线已经被德军迅速堵死并埋了地雷。德国工兵有效利用了占领这座建筑以后的两个半小时：除了封闭连通地下室的壕沟，他们还在面朝列宁大道的主要入口安放了炸药，在一些窗口设置了绊雷，并埋下了几个地雷。苏军突击队就撞上了其中一些陷阱，连着跳雷的绊索无情地杀死了几名试图爬进一个窗口的步兵。不过，虽然地雷造成了严重伤亡，苏军还是成功冲进屋内，经过一番短暂而血腥的搏斗赶走了德国人。在 12 时 20 分，这座建筑已经重归苏军掌握。

在 13 时，托尔卡切夫上尉的步兵第 344 团第 1 营也发动反击，目的是收复他们失去的据点——摇摇欲坠的 38 号房。这支突击队的战斗得到了扎伊采夫斯基岛上大炮的支援，炮兵们发射了 200 发炮弹。步兵第 138 师后来报告说，"敌人通过巧妙使用地雷迟滞了我军行动"。

托尔卡切夫的步兵最终占得上风，在 13 时 20 分夺回了这座弹痕累累的建筑。由于在战斗中表现英勇，该营的每一名官兵（人数不过几十）都得到了政府嘉奖，而托尔卡切夫更是成为全师第一个获得亚历山大·涅夫斯基勋章的人。科诺瓦连科报称两座楼房里的德军都被歼灭，不过事实稍有不同：第 305 步兵师的报告是，"面对敌人以优势兵力发动的反攻，突击队不得不撤回他们的出发阵地"。在此战中，科诺瓦连科的部下缴获了 1 挺重机枪、3 挺轻机枪、超过 25 支步枪、大量手榴弹和大约 40 公斤炸药。他们还宣称给敌人造成了严重伤亡，消灭德军官兵多达 85 人[①]。

---

① 德方准确的伤亡数字不可考，但我们知道齐施中尉的第 3 连的损失是 2 死 8 伤，其中死者是安东·乔瓦尼茨（Anton Chowanietz）列兵和霍斯特·拉舍（Horst Rasche）一等兵。伤者是威廉·多伊布纳（Wilhelm Deubner）列兵、维尔纳·弗赖（Werner Frey）上等兵、库尔特·克尔纳（Kurt Körner）二等兵、埃里希·莱曼（Erich Lehmann）二等兵、海因茨·莫特斯（Heinz Mothes）二等兵、维尔纳·奥尔彻（Werner Oltscher）二等兵、海因茨·普法伊费尔（Heinz Pfeifer）列兵和瓦尔特·特普费尔（Walter Töpfer）一等兵。胡伦中尉的第 1 连伤亡不详，但似乎无人战死。胡伦本人被一发子弹打穿右上臂，随后进了野战医院。齐施的第 3 连的排长贝恩德·艾林豪斯中尉被任命为第 1 连的连长。

安东·乔瓦尼茨列兵，第 336 工兵营第 3 连，1909 年 10 月 15 日生于霍茄夫，1942 年 11 月 13 日阵亡于斯大林格勒。

霍斯特·拉舍一等兵，第 336 工兵营第 3 连，1914 年 3 月 10 日生于施托尔彭，1942 年 11 月 13 日阵亡于斯大林格勒。

威廉·多伊布纳列兵，第 336 工兵营第 3 连，1908 年 7 月 12 日生于汉诺威，其余信息不详。

第 44 突击连连长维利·金德勒上尉在当天的战斗中身负重伤，被送至后方。我们无法确定接替他指挥突击连的是谁，因为连里除他之外唯一的军官威尔米策少尉已经在前一天阵亡了。此时随第 44 步兵师驻扎在顿河沿岸防线的另一名军官——第 131 掷弹兵团第 11 连的连长汉斯·冯·瓦尔特堡[①]（Hans von Wartburg）少尉被任命为这个突击连的连长，然而一场大病却使他因祸得福，躲过了"街垒"工厂的大屠杀：

> 就在我准备出发的那一天，我得了严重的黄疸病，高烧发到 41 摄氏度。我在自己的连里待到 11 月 20 日，然后才被送进师级医院。总而言之，我在突击连一天都没干过。

冯·瓦尔特堡少尉在 1942 年 12 月 1 日下午乘飞机离开包围圈，至于突击连从 11 月 14 日起的新连长，可能是由硕果仅存的资深士官——库尔特·扬森[②]（Kurt Janssen）下士来担任。

在苏军方面，步兵第 138 师的损失也不小：22 人死亡、93 人负伤，共计 115 人。德军火箭弹造成的伤亡尤其严重。德国空军在该师上空盘旋了一整天，还攻击了扎伊采夫斯基岛、伏尔加河东岸和柳德尼科夫的师指挥所。步兵第 344 团还损失了 1 挺重机枪和 1 门 45 毫米火炮。

各步兵团合计活跃战兵有 244 人，共有 164 支步枪、70 支波波沙冲锋枪、2 挺轻机枪、5 支反坦克枪、2 挺重机枪、6 门迫击炮和 2 门反坦克炮。

16 时，德军开始有系统地使用大炮和迫击炮对步兵第 344 和 650 团的前沿阵地进行破坏性射击。最前方的阵地还遭到重机枪扫射。佩钦纽克手下的观察员发现个别和小队的德军在 5 层楼的白房子及储油设施区附近跑来跑去，还

（接上页脚注①）维尔纳·弗赖上等兵，第 336 工兵营第 3 连，1914 年 10 月 30 日生于蒂尔西特 - 贡宾嫩，其余信息不详。

库尔特·克尔纳二等兵，第 336 工兵营第 3 连，1909 年 1 月 18 日生于布伦德布拉，其余信息不详。

埃里希·莱曼二等兵，第 336 工兵营第 3 连，1911 年 12 月 8 日生于霍尔茨豪森，其余信息不详。

海因茨·莫特斯二等兵，第 336 工兵营第 3 连，1922 年 4 月 30 日生于奥厄，1944 年 8 月 28 日失踪。

维尔纳·奥尔彻二等兵，第 336 工兵营第 3 连，1913 年 1 月 26 日生于普劳恩附近诺因多夫，其余信息不详。

海因茨·普法伊费尔列兵，第 336 工兵营第 3 连，1922 年 6 月 2 日生于克莱因乔赫，其余信息不详。

瓦尔特·特普费尔一等兵，第 336 工兵营第 3 连，1910 年 10 月 7 日生于莱姆巴赫，其余信息不详。

贝恩德·艾林豪斯中尉，第 336 工兵营第 1 连，1917 年 9 月 7 日生，1943 年 1 月 6 日失踪于斯大林格勒，但有可能被俘并活到了战后。

① 汉斯·冯·瓦尔特堡少尉，第 131 掷弹兵团第 11 连，1920 年 8 月 20 日生于萨尔茨堡，2005 年尚健在。

② 库尔特·扬森下士，第 131 掷弹兵团第 11 连，1910 年 4 月 7 日生于乌丁根，1943 年 4 月卒于弗罗洛夫战俘营。

有人奔向伏尔加河岸边。

在 16 时 40 分，第 51 军向第 6 集团军报告："目前，有一股敌人（约 50 人）正从东南方攻击储油设施区。"

★

若是没有师属炮兵杰出的火力支援，柳德尼科夫师肯定坚持不下来。柳德尼科夫这样回忆师属炮兵的辉煌成就：

> 在这些阴暗的日日夜夜，除了步兵、机枪兵、工兵和通信兵外，我们的炮兵也以大无畏的勇气创造出一个个奇迹，展现了他们精准、有效和及时的炮火打击能力。但是到了 11 月 14 日黄昏时，他们也耗尽了弹药，而敌人正准备发起新的冲锋。那一刻的情景我会永远记住，我们师的炮兵主任特钦斯基中校站在我身边，用电话命令各炮兵部队的指挥员对步兵第 344 团把守的阵地前沿进行弹幕射击，阻止德国人前进。他坚持要求各炮兵团的团长反复报告自己还有多少弹药，我看见他的眉头皱得越来越紧。通话结束后，他放下听筒，摘下军帽，差点就把它甩到地上。
>
> "完了！"他气冲冲地说。
>
> "什么完了？"我问他。
>
> "炮弹完了。各连报告的数字都是零。"
>
> 我知道炮兵部队总是会留下一小部分应急储备炮弹用来自卫，我们师的炮兵都在伏尔加河东岸，因此我判断现在这种情况正是动用这批储备的时候。于是我对特钦斯基说："时间不等人。德国人马上就要进攻了，命令你的人动用应急储备。"
>
> 几分钟以后，我们的炮兵就射出了密集的弹幕，敌人受到重大损失以后被击退了。我们的炮兵在没有炮弹的情况下击退敌人的消息传遍了全师，从那天起，每当谈起炮兵，我们师的战士都会满怀深情地说："那帮小伙子即使没有炮弹也能赶走纳粹。"

该师的师属炮兵和加强炮兵部队的阵地设在伏尔加河左岸斯塔任基农场一带。此外，在扎伊采夫斯基岛上还部署了独立迫击炮第 292 营的两个连。各炮兵部队都有指定支援的步兵团，他们的观察哨就设在步兵的战斗阵地中。

▲ 谢尔盖·雅科夫列维奇·特钦斯基上校，步兵第 138 师的炮兵指挥员

他们的存在使炮兵能快速应对敌情的变化。V. G. 索科洛夫（V. G. Sokolov）大尉的炮兵第 295 团以 76 毫米炮支援步兵第 344 团，N. S. 科舍列维奇（N. S. Koshelevich）大尉的反坦克炮兵第 397 团以 76 毫米反坦克炮支援步兵第 768 团，而尤罗夫（Yurov）近卫军少校的近卫炮兵第 86 团（近卫步兵第 37 师）以 122 毫米和 76 毫米炮支援步兵第 768 团。由步兵第 138 师直接掌握的炮兵包括独立迫击炮第 292 营（有 25 门左右的 120 毫米迫击炮）和亚历山大·弗拉基米罗维奇·伊斯特拉托夫（Aleksandr Vladimirovich Istratov）上尉的反坦克第 230 营残部（此时只有 2 门 45 毫米炮和 16 名炮兵），后者的反坦克炮手们在战斗中表现出色，击毁了德军多辆坦克和不计其数的机枪。当月下旬，伊斯特拉托夫被授予红星勋章，而雅科夫·伊万诺维奇·鲁季科夫（Yakov Ivanovich Rutikov）中尉、阿法纳西·伊万诺维奇·西涅古布（Afanasi Ivanovich Sinegub）上士和德米特里·马特维耶维奇·米哈伊连科（Dmitri Matveyevich Mikhailenko）列兵都获得了勇敢奖章。

克雷洛夫将军对反坦克歼击炮兵第 397 团评价非常高："N. S. 科舍列维奇大尉的反坦克团的观察所设在步兵第 138 师阵地上，他们先前就与该师合作过，这是我们最好的反坦克团之一。该团配备无线电器材的炮兵观察员提供了非常有效的支援。"而科舍列维奇大尉最优秀的部下之一——炮兵连长尼古拉·彼得罗维奇·斯捷潘诺夫（Nikolai Petrovich Stepanov）上尉不久就会获得红星勋章。

若卢杰夫将军的近卫步兵第 37 师自 10 月 14 日以来在德军猛烈突击下受到重创，残部最后都合并到科洛博夫尼科夫中校的近卫步兵第 118 团。在 11 月初，这个合成团转隶柳德尼科夫师，被分配到和古尼亚加的步兵第 768 团相邻的地段，这两个团都由尤罗夫少校的近卫炮兵第 86 团提供炮火支援。前文已经提到，在 11 月 11 日，科洛博夫尼科夫的近卫军战士除 7 人外全部战死，虽然再也没有同一个师的部队可以支援，但近卫炮兵第 86 团的团部还是坚守在斯大林格勒，该团继续在位于扎伊采夫斯基岛的阵地上为柳德尼科夫师各部提供火力支援，尤罗夫少校后来向近卫步兵第 37 师的参谋长布鲁什科（Brushko）报告：

> 敌人一直在步步逼近。我们的指挥所右边 300 米就是伏尔加河，但是没法从伏尔加河取水，我们也没有食物……

由于德军包围了柳德尼科夫师，而且能够控制一段河道，若卢杰夫将军与留在斯大林格勒城内的炮兵失去了联系。因此他下令重新打通交通线：

> 在 1942 年 11 月 13 日夜至 14 日晨，尽一切可能送一艘摩托艇或橡皮艇到炮兵指挥员尤罗夫少校的指挥所驻地（指挥所位于先前的阵地），与该炮兵指挥员建立联系并将负伤的拉夫列涅夫少尉和列图科夫少尉撤回……从 62 号渡口沿河岸到尤罗夫少校指挥所的路线已被德国人切断……

我们不知道拉夫列涅夫和列图科夫是否获救。

通信大体上是靠无线电维持的，特钦斯基中校和他的参谋在师指挥所里对师属炮兵的火力进行集中控制和处理。克雷洛夫将军对他评价很高：

> 柳德尼科夫上校对他的师属炮兵团和一流的炮兵科长 S. Y. 特钦斯基特别自豪。现在集团军炮兵主任波扎尔斯基（Pozharski）已经发现，这位师长给他的炮兵规定了一个特别信号，用来请求他们对他的指挥所开炮，他要求他们万一收到这个信号就立即对这个目标开火。

★

在 20 时 35 分，第 51 军向第 6 集团军总结了当天的战况：

> 第 305 步兵师的突击队作战由于遭到优势敌军反击而未能成功。我军在火炮厂以东前沿阵地遭到大炮和迫击炮火力持续而猛烈的打击。敌军从东南方针对储油设施区的进攻被击退，我军火炮成功打击了渡口、敌地堡、火箭炮和大炮，一艘伏尔加河上的划艇被击沉。

> 11 月 15 日的目标：第 305 步兵师突击队针对 81 号和 85 号楼实施作战，

第 389 步兵师突击队攻击"红楼"。

★

当天日终时，步兵第 344 团剩余的子弹和手榴弹只够维持一天的战斗，口粮也是如此。步兵第 138 师已经消耗掉大部分储备，因此他们越来越多地依赖从德军手中缴获的粮弹。形势变得越发严峻，第 62 集团军指挥部为此忧心忡忡。集团军参谋长克雷洛夫写道：

　　我面前摆着一份集团军司令员崔可夫在 11 月 14 日夜里发给方面军军事委员会的报告影印件："我很担心步兵第 138 师，敌人正在以大批部队围攻他们。我们确实在用大炮和喀秋莎火箭炮支援他们，但我们已经无兵可派了……"崔可夫请求用飞机向该师阵地空投子弹、手榴弹和巧克力，他还命令扎伊采夫斯基岛上的守军在那里建立一个登陆场（在扎伊采夫斯基岛和柳德尼科夫的小"桥头堡"之间是一条名叫"富河汊"的小岔流，它的封冻时间比伏尔加河的其余部分要早）。

　　我们从方面军指挥部接到一份打印在空白表格上的报告，上面以醒目的字母写着 A. I. 叶廖缅科[①]（A. I. Yeremenko）将军的以下决心："决不能让敌人歼灭步兵第 138 师……"接着他指示用方面军炮兵和其他辅助手段加强对这个被切断的师的支援力度。

以下摘自步兵第 138 师战斗日志：

　　考虑到我师正在缺粮少弹的情况下作战，全师指战员在坚守伏尔加河右岸时的表现堪称英雄主义的完美典范。

　　在一次战斗中，别洛秋科夫（Belotyukov）大士和马哈茂多夫（Makhmudov）中士各击毙 3 个德国鬼子，并抓获 1 名俘虏。其他战士也以他们为榜样，不顾自己多次受伤，依然投入反击，击退了敌人的疯狂进攻。许多人由于这些立功表现而被吸收入党，并获得勋章。

---

　　① 安德烈·伊万诺维奇·叶廖缅科苏联元帅，苏联英雄，斯大林格勒方面军，1892 年 10 月 14 日生于马尔科夫卡，1970 年 11 月 19 日卒。

步兵第 344 团的宣传干事维柴肯（Vechaiken）中尉在战斗中用自己的行动教育了共产党员们，他用步枪亲手击毙了 7 个德国鬼子。

在步兵第 138 师官兵的英雄事迹层出不穷之际，也出现了一些背道而驰的行为。以前曾获得勇敢奖章的预备党员什帕克（Shpak）大士只受了一点小伤就离开战场，渡过伏尔加河到了东岸。师长剥夺了他的奖章，并把他的军衔降为列兵，什帕克大士还失去了预备党员资格。

★

在德军后方，还有大批官兵过着安稳的日子，战斗对他们来说只不过是天边传来的隆隆闷响。不过，死去的战友、迅速扩张的墓地和载着残缺的躯体疾驰而过的救护车还是不断把血淋淋的现实展现在他们面前。维利·菲辛格二等兵属于第 305 工兵营第 1 连的辎重队，不必在枪林弹雨的一线冲杀，但每天晚上他都要冒着危险把补给运送到位于药店附近的该连阵地。在一封家书中，他写道：

这几天装着冬季用品的一公斤包裹已经安全运到了，同时运到的还有装着姜饼和书写纸的小包裹。非常感谢这一切。我们已经需要冬季用品了，因为这里已到了零下 20 摄氏度。在过去几天里，我的健康状况不是很理想，一连 4 天吃不下任何东西，不过现在已经完全恢复了。汉斯·伯恩哈特[1]（Hans Bernhart）又回到了这里，正好赶上这一摊烂事。但是我还没和他见过面，不过我的连和他的部队都在伏尔加河边，是紧挨在一起的。每天晚上我上前线送补给时都有希望见到他，也许等到我们在斯大林格勒最终胜利时我才会见到他，反正俄国人的地盘也只剩那几米了。斯大林格勒的战斗是任何人都想象不到的，是这场战争中最激烈的战斗，任何经历过这种战斗还能活下来的人都可以自豪地宣称自己有守护天使庇佑，许多不信神的人都在这里学会了祈祷。送补给去前线的工作一直都

---

[1] 汉斯·伯恩哈特上等兵，第 578 掷弹兵团第 1 连，1908 年 7 月 20 日生于博德内格，1943 年 1 月失踪于斯大林格勒。菲辛格和伯恩哈特都来自自治市博德内格，那里的居民关系很融洽。

是非常困难的……

菲辛格的营长也在后方，苦战三天后，第 305 工兵营营长威廉·特劳布 ①（Wilhelm Traub）上尉回到了他设在斯大林格勒腹地戈罗季谢的指挥部。他这么做无可厚非，因为 11 月 14 日是他的生日。他在给妻子的信中记录了自己的想法：

在斯大林格勒待了四天后，今天一早我回到了我的住所，原因之一是为了过生日我要把自己全身上下洗干净并刮个脸。另一个原因是我想读一读收到的庆生邮件，最后一个原因是为了庆祝生日，我要好好休息一晚。

今天早晨我把自己好好洗了一遍，还刮了脸，感觉像重获新生一样；至于庆生邮件嘛，很遗憾，没有值得一读的，你或别人寄来的都是如此，我现在希望明天能收到我期待的邮件。今晚我要好好睡一觉，不能被俄国飞行员吵醒。

过去几天我们经历了艰苦的战斗。我们不得不通过白刃战一座一座地夺下布尔什维克盘踞的楼房，俄国人把剩下的楼房全变成了堡垒。尽管如此，我们还是在某些地方打到了伏尔加河，而且我相信我们这个地段的战斗最晚将在一个星期内结束。然后，我们还必须占领我们南面的冶金厂和化工厂，这需要的时间会更长一点，到那时斯大林格勒就被彻底征服了。每个人都相信，这里的战斗是这场战争的最高潮，肯定能和第一次世界大战中的凡尔登之战相比。

▲ 维利·菲辛格二等兵，第 305 工兵营第 1 连

---

① 威廉·特劳布少校，第 305 工兵营，1895 年 11 月 14 日生于黑尔姆施泰特，1943 年 2 月失踪于斯大林格勒。

今晚我请副官、另一个少尉和军需官① 开了一个小小的庆生会。我营里剩下的两个军官② 都在前线的阵地上。第3连现在是由一个上士在③ 指挥。但是，我希望一些受了轻伤的军官能很快归队。

第51军在11月14日抓获了50名俘虏，包括16名逃兵。

1942年11月14日双方的伤亡情况
苏军步兵第138师：22人阵亡，93人负伤，共计115人
德军第305步兵师：17人阵亡，1名军官和57名士兵负伤，共计75人
德军第389步兵师：2人阵亡，2人负伤，共计4人

1942 年 11 月 15 日

在给妻子的下一封信中，特劳布上尉详细叙述了前一天晚上的庆生活动：

今天，许多我一直焦急等待的信件终于送来了……另外，我的生日礼物包裹也送来了，每一样礼物都让我感激不尽。现在我晋升少校的仪式可以进行了，因为我已经有了足够的肩章，谢谢你。昨天晚上我和副官、医生、军需官一起庆祝我的生日，享用了好几瓶酒。在庆生宴的最后，我们还喝了一瓶起泡葡萄酒。另三位军官（我的营里军官只剩这几个了）都在各自的岗位上，当然不能陪我们。

我本来打算今天下午去前线，但是今天晚上约好了要见师长。所以明天我才会出发。昨晚我睡得很香，敌人的飞机没有来，就算来了我也听不见。我实在太累了。

他还描述了其他个人事务：

目前我们的烟酒供应很充足。你把香烟存在家里我没有任何意见，这样等我下次休假时（我估计是在2月或3月），我在家里就有烟抽了……

---

① 马克斯·凯普勒（Max Keppler）会计中尉，第305工兵营，1909年3月7日生于基希海姆，1943年1月失踪于斯大林格勒。
② 这两个军官是第2连连长兴斯特少尉和第3连连长施泰格中尉。
③ 朗根德费尔（Langendörfer）上士在1942年11月12日措恩少尉负伤后继任第1连连长。

这里的天气还不算恶劣。我们遇到了大约 10 度的霜冻，但风已经变小了，所以一般人都能忍受。我们的保暖衣物供应良好，我还没开始穿我那件暖和的毛衣，打算等天再冷点才穿……不过我们还是相信俄国人快撑不住了，几天前我们抓到的一些俘虏是从符拉迪沃斯托克的一个海军士官学校来的[①]。值得注意的是，他们已经不得不把这样的人送上前线了。

▲ 第 305 工兵营的营长威廉·特劳布上尉

晚上大体平安无事。苏军对储油设施区的骚扰炮火有所加强，一小队苏军沿伏尔加河北上攻击第 305 步兵师的右翼，但被击退了。

步兵第 650 团的战斗日志报告了这一天德军进攻开始时的情形：

经过短暂的炮火准备，敌人在 4 时 10 分以多达一个连的步兵从 П 形建筑 [政委楼]、35 号房 [66 号楼] 和 36 号房 [73 号楼] 方向在我军左右两翼进攻，企图占领 37 号房 [74 号楼]、先前曾被用作指挥所的楼房和离伏尔加河 60～70 米的未完工楼房。

恰拉什维利上尉和他的炮兵们此时仍在未完工楼房的废墟中：

上午，德国人开始用迫击炮和大炮不停地轰击未完工的 U 形楼房，以及步兵第 650 团的指挥所。我用一支反坦克枪干掉了两辆德国坦克——一辆在距离我们的楼房 10～15 米的指挥所旁边，另一辆在 1942 年 11 月 13 日德国人从我军手中强攻拿下的 П 形大楼旁边。

第 578 掷弹兵团与配属的工兵分队跃出阵地冲向攻击目标——政委楼附近的 81 号楼。一开始，他们通过地下室成功突进楼里，在这次攻击中打头阵

① 这些人是支援戈里什内师向北进攻的步兵第 92 旅第 3 连的海军步兵。

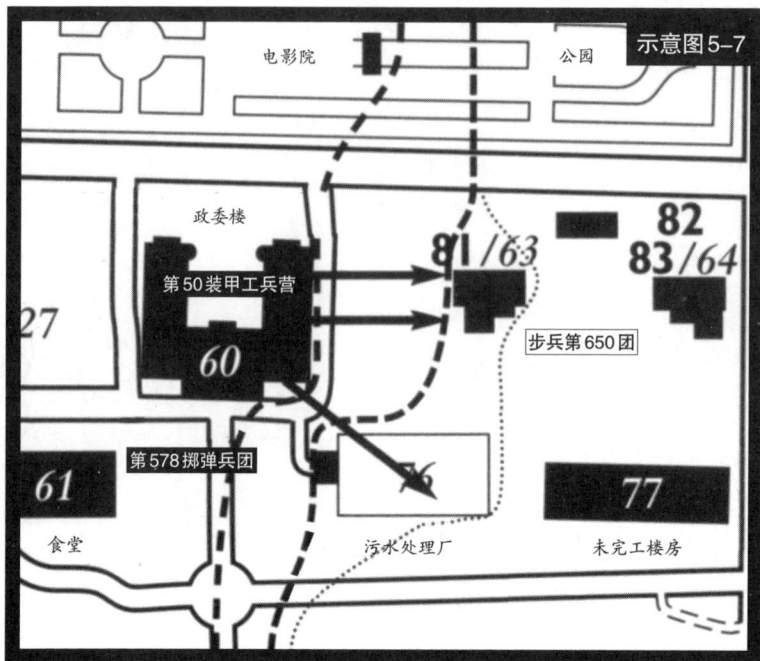

▲ 1942 年 11 月 15 日德军对 81 号楼 [63 号房] 的攻击

的是第 50 装甲工兵营的第 2 连和第 3 连。雷滕迈尔写道："又有一个意外在那里等着我们，敌人炸毁了通向楼上的楼梯。他们还能想出什么下流招数？"其实用了"下流招数"的并非只有苏军，步兵第 650 团的战斗日志就提到："敌人使用了冒烟的化学武器，使我们的战士呼吸困难、直打喷嚏，还让他们流泪不止、视线模糊。敌人企图利用这些化学武器的烟雾把我们的指战员从楼房里熏出来。"柳德尼科夫部的一名士兵回忆说："为了不被呛死，必须用水把布打湿，捂在脸上才行。"

雷滕迈尔上尉用寥寥数语概括了 81 号楼的激烈战斗："我们不得不花一整天在一个个房间里战斗。双方都在战斗中表现出难以想象的勇猛和韧劲。"

在这次进攻中，哈德科普夫中尉[①] 的第 50 装甲工兵营第 2 连损失了 3 名

经验丰富的士官：维尔纳·弗里德里希斯 [1]（Werner Friedrichs）下士、赫伯特·格里普 [2]（Herbert Griep）上士和恩斯特·彼得斯 [3]（Ernst Peters）上士。该连的死者还有格奥尔格·布劳恩斯 [4]（Georg Brauns）一等兵和卡尔·施泰因勒 [5]（Karl Steinl）一等兵。第 50 装甲工兵营第 3 连的损失要轻一些：汉斯 - 奥托·埃勒斯 [6]（Hans-Otto Ehlers）马具管理下士和维利·恩格尔 [7]（Willi Engel）一等兵战死。

★

　　在第 305 步兵师及其配属部队从南面攻击柳德尼科夫师之际，第 389 步兵师也在北面呼应。在他们的这次进攻中担当先锋的是第 45 工兵营、第 24 突击骑兵连和第 546 掷弹兵团的战斗群，第 244 突击炮营的突击炮和 33B 型突击步兵炮为他们提供支援。当天早晨可投入战斗的兵力是 7 辆长炮管型突击炮、7 辆短炮管型突击炮和 5 辆 33B 型突击步兵炮，其中一个 33B 型突击步兵炮排由未来的骑士勋章获得者库尔特·尼佩斯 [8]（Kurt Nippes）少尉指挥。

　　攻击目标是夺取位于大冲沟对面的 87 号楼，不过德军称它为"红楼"的时候比较多。这座建筑就像一个以砖石为躯干的哨兵一样矗立在那里，警戒着所有通向北方的道路，为苏军防线提供了一个坚固的支撑点，因此也成为德军在火力准备中重点关照的对象。大炮和迫击炮火无情地鞭打着这座建筑。突击炮和 33B 型突击步兵炮利用北面起伏的地形为掩护，将一发发高爆炮弹射向这座坚固的大楼，其中后者发射的炮弹效果尤其显著。大块的砖石被炮弹削去，大楼发生多处坍塌。当天晚些时候，第 6 集团军将向 B 集团军报告说，这座

---

　　① 维尔纳·弗里德里希斯下士，第 50 装甲工兵营第 2 连，1916 年 1 月 6 日生于汉堡，1942 年 11 月 15 日阵亡于斯大林格勒。

　　② 赫伯特·格里普上士，第 50 装甲工兵营第 2 连，1915 年 2 月 25 日生于汉堡，1942 年 11 月 15 日阵亡于斯大林格勒。

　　③ 恩斯特·彼得斯上士，第 50 装甲工兵营第 2 连，1915 年 8 月 3 日生于汉堡，1942 年 11 月 15 日阵亡于斯大林格勒。

　　④ 格奥尔格·布劳恩斯一等兵，第 50 装甲工兵营第 2 连，1910 年 12 月 6 日生于黑姆斯宾德，1942 年 11 月 15 日阵亡于斯大林格勒。

　　⑤ 卡尔·施泰因勒一等兵，第 50 装甲工兵营第 2 连，1910 年 4 月 5 日生于格拉斯利茨（今捷克克拉斯利采），1942 年 11 月 15 日阵亡于斯大林格勒。

　　⑥ 汉斯 - 奥托·埃勒斯马具管理下士，第 50 装甲工兵营第 3 连，1916 年 6 月 17 日生于基尔，1942 年 11 月 15 日阵亡于斯大林格勒。

　　⑦ 维利·恩格尔一等兵，第 50 装甲工兵营第 3 连，1917 年 12 月 20 日生于小维斯滕曹尔德，1942 年 11 月 15 日阵亡于斯大林格勒。

　　⑧ 库尔特·尼佩斯中尉，骑士十字勋章，1917 年 6 月 19 日生于杜塞尔多夫，1943 年 12 月 10 日阵亡于基辅东北的别奇。由于在第 276 突击炮营中作战英勇，尼佩斯于 1944 年 1 月 29 日被追授骑士十字勋章。

楼房已被"轰塌"。33B型突击步兵炮终于发挥了其设计者预想的作用。

德军步兵和工兵在这猛烈的火力掩护下向前推进,冲垮了古尼亚加的步兵的防线。接着他们又穿过遍布战壕和弹坑的阵地奔向冲沟和红楼。随着德军突击队冲进苏军的掩蔽部,双方展开了残酷的对决。手榴弹的爆炸此起彼伏,昏暗的地堡中处处都在混战。工兵们的炸药包和火焰喷射器成为德军主要依赖的武器,海因里希中尉的第45工兵营第2连照例冲在最前面,紧跟其后的是第24突击骑兵连经验丰富的装甲掷弹兵们,他们现在由瓦尔特·弗罗布莱夫斯基少尉指挥。在一封写给曾经与自己同属一支部队的兄弟的信中,第26装甲掷弹兵团的副官汉斯·约阿希姆·马蒂乌斯[1](Hans Joachim Martius)中尉描述了第24突击骑兵连遇到的恶战:

> 拜尔斯多夫现在第三次住进了医院——这次是伤在手臂上。要不了多久,这里就不剩什么人了。第5连今天失去了第七任连长!这座城市已经完全成了地狱,我们和敌人就隔着20米对峙,有那么多的钢铁消耗在这里,赫尔曼·戈林看见了会大发雷霆的[2]!我们的人经常要用铲子往俄国人的脑袋上招呼。昨天有个士兵拽住机枪的一头,俄国人拽着另一头和他扭打。最后一颗手榴弹结束了这场拔河……

先头的突击队不顾身后的残酷搏杀,继续向前挺进,顺坡而下进入手指沟。他们的突然出现如同捅了马蜂窝。这条冲沟里有成排的掩蔽部,主要由文书、卫生员和其他后勤梯队人员组成的红军战士蜂拥而出与德军交战。冲沟里的厮杀之惨烈是惊人的,手榴弹和炸药包给守卫这里的苏军造成了可怕的伤亡。但是,尽管目标——红楼——就在对面的坡顶,德国突击队却在苏军拼死抵抗下无法前进半步。既然攻势受挫,再留在沟底就是自寻死路。因此德军突击队纷纷后退,一路收拢被打散的个别士兵和小股部队,最后利用一些已经占领的苏军战壕匆忙建立了防线。

第389步兵师在这次进攻中的总损失很严重:16名士兵死亡,1名军官

---

① 汉斯·约阿希姆·马蒂乌斯中尉,第26装甲掷弹兵团,1920年5月23日生于波恩,1942年12月25日阵亡于斯大林格勒。
② 赫尔曼·戈林(Hermann Göring)当时负责一个五年计划,该计划的主旨是合理利用德国有限的自然资源。

和 43 名士兵负伤，15 名士兵失踪[①]。11 月 16 日早上，第 244 突击炮营上报的
实力是 5 辆长炮管型突击炮、5 辆短炮管型突击炮和 4 辆 33B 型突击步兵炮，
也就是说，有 2 辆长炮管型突击炮、2 辆短炮管型突击炮和 1 辆 33B 型突击步
兵炮在 11 月 15 日的战斗中损失了。但是，后来的报告显示这些车辆无一彻底
损毁——该营在 11 月 19 日早上，该营报告的实力是 7 辆长炮管型突击炮、7
辆短炮管型突击炮和 6 辆 33B 型突击步兵炮。

★

11 时 45 分，第 336 工兵营的营长赫尔曼·隆特上尉通过第 100 猎兵师向
他原来的师——第 336 步兵师发了一封电报，内容是关于从 11 月 12 日到 11
月 14 日 16 时该营所受伤亡的简报：

第 1 连胡伦中尉负伤。第 1 连现任连长为艾林豪斯中尉。

伤亡：2 名士官和 10 名士兵战死，3 名士官和 30 名士兵负伤[②]。

---

① 第 45 工兵营伤亡惨重。该营继 11 月 11 日遭受可怕损失后，再度遭到重创，几乎一蹶不振。在邦茨中尉的第 1 连中，
维利·马蒂厄（Willi Mathieu）列兵、排长库尔特·萨克塞军士长、欧根·瓦尔登迈尔（Eugen Waldenmaier）二等兵和路德维希·齐
普夫（Ludwig Zipf）二等兵死亡，排长曼弗雷德·基米希少尉负伤，卡尔·费塞尔（Karl Fässer）二等兵失踪，米夏埃尔·里
滕巴赫尔（Michael Rittenbacher）二等兵据报被苏军俘虏（但同时代的另一份文件暗示他战死了）。在海因里希中尉的第 2 连
中，恩斯特·尼科尔（Ernst Nickel）下士和弗朗茨·菲舍尔（Franz Fischer）一等兵死亡。在斯库特拉茨少尉的第 3 连中，特
奥巴尔德·伯姆（Theobald Böhm）下士、雅各布·科恩（Jakob Kohn）列兵和赫尔曼·舍尔（Hermann Schärr）下士死亡（伯
姆和舍尔都是被手榴弹炸死的），卡尔·科赫（Karl Koch）一等兵失踪。

马克斯·邦茨中尉，金质德意志十字勋章，第 45 工兵营第 1 连，1914 年 7 月 10 日生于乌尔姆／多瑙，1943 年 1 月 23
日失踪于斯大林格勒。

维利·马蒂厄列兵，第 45 工兵营第 1 连，1923 年 3 月 21 日生于诺伊许滕，1942 年 11 月 15 日阵亡于斯大林格勒。

库尔特·萨克塞军士长，第 45 工兵营第 1 连，1914 年 12 月 4 日生于伍珀塔尔，1942 年 11 月 15 日阵亡于斯大林格勒。

欧根·瓦尔登迈尔二等兵，第 45 工兵营第 1 连，1921 年 8 月 3 日生于卢斯堡，1942 年 11 月 15 日阵亡于斯大林格勒。

路德维希·齐普夫二等兵，第 45 工兵营第 1 连，1910 年 11 月 9 日生于施明登，1942 年 11 月 15 日阵亡于斯大林格勒。

曼弗雷德·基米希中尉，第 45 工兵营第 1 连，1920 年 1 月 23 日生，1944 年 10 月 20 日卒于阿尔克莫克斯第 3655 号战俘营。

卡尔·费塞尔二等兵，第 45 工兵营第 1 连，1909 年 7 月 6 日生于霍亨韦特斯巴赫，1942 年 11 月 15 日失踪于斯大林格勒。

米夏埃尔·里滕巴赫尔二等兵，第 45 工兵营第 1 连，1920 年 12 月 14 日生于舒恩多夫，1942 年 11 月 15 日阵亡于斯大林格勒。

恩斯特·尼科尔下士，第 45 工兵营第 2 连，1914 年 7 月 23 日生于波鸿，1942 年 11 月 15 日阵亡于斯大林格勒。

弗朗茨·菲舍尔一等兵，第 45 工兵营第 2 连，1920 年 1 月 20 日生于卡珀尔罗代克，1942 年 11 月 15 日阵亡于斯大林格勒。

埃利希·斯库特拉茨中尉，第 45 工兵营第 3 连，1916 年 4 月 14 日生于拉尔－丁根，2001 年 12 月 30 日卒于布赖萨赫。

特奥巴尔德·伯姆下士，第 45 工兵营第 3 连，1915 年 10 月 27 日生于上斯海姆，1942 年 11 月 15 日阵亡于斯大林格勒。

雅各布·科恩列兵，第 45 工兵营第 3 连，1908 年 2 月 6 日生于魏登施泰滕，1942 年 11 月 15 日阵亡于斯大林格勒。

赫尔曼·舍尔下士，第 45 工兵营第 3 连，1915 年 12 月 26 日生于乌尔姆／多瑙，1942 年 11 月 15 日阵亡于斯大林格勒。

卡尔·科赫一等兵，第 45 工兵营第 3 连，1917 年 11 月 20 日生于泽弗林根，1942 年 11 月 15 日失踪于斯大林格勒。

② 在这份报告提到的伤亡中，全部 12 名死者都属于齐施中尉的第 3 连，而 33 名伤员的分布如下：胡伦中尉的第 1 连，2
名士官和 11 名士兵；奥伯斯特少尉的第 2 连，1 名士兵；齐施中尉的第 3 连，1 名士官和 18 名士兵。该营自抵达斯大林格勒
以来所受的总伤亡是：7 名士官和 42 名士兵死亡，2 名军官、6 名士官和 62 名士兵负伤，共计 119 人。

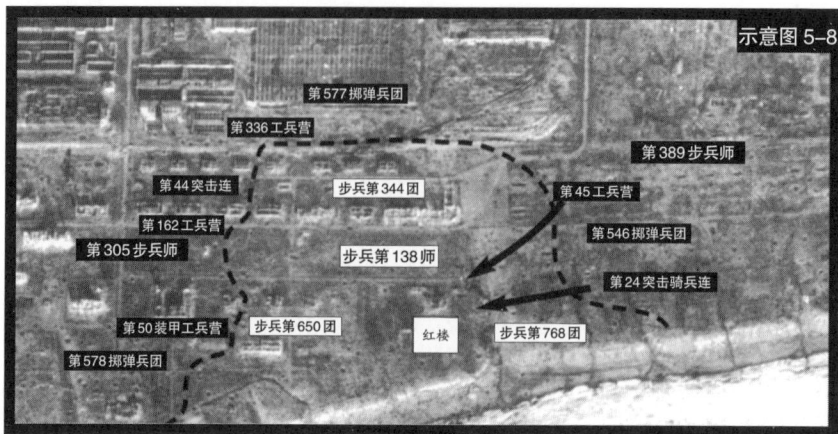

▲ 1942年11月15日第389步兵师在北面的进攻

请求为工兵营补充新兵。

签名：隆特上尉

在苏德两军为争夺81号楼展开生死搏斗之时，该楼北面的近邻83号楼也在经受战火洗礼。佩钦纽克少校的指挥所就设在这座楼房里。团部的军官们没有躲在后方，而是在一线卷入了战斗。在11月13日打退申克的那次进攻后，阿列克谢·约瑟福维奇·戈尔巴坚科上士仍然留守在这座楼里：

保卫团指挥所的战斗在11月中旬开始。德国坦克参与了进攻。有一辆德国坦克就在我们那座楼的墙边熊熊燃烧[①]。中午的时候，我和二楼的战士一起警戒敌情。我们朝德国人打了两个弹夹，打第三个弹夹时卡壳了，射击孔边的战士纷纷被狙击手击中，子弹打得墙上的灰泥片片飞散，接着敌人射来曳光弹。炮弹开始在房子上爆炸，猛烈的炮火摧毁了楼梯。参谋人员住的地下室被炸开大洞，正在工作和不值班的侦察兵们就死在桌边，佩钦纽克得到了将指挥所迁往伏尔加河岸边的许可。指挥大楼保卫战的是团副官加里宁（Kalinin）少尉和防化股长达秋克，守军的成员有：

---

①这肯定是恰拉什维利上尉击毁的两辆坦克之一。

团工兵股长格拉斯金（Geraskin）、侦察股长杜博夫、我自己和其他几个人。团工兵股长在战斗中牺牲了，一块大约 10 厘米长的弹片击中了他的脖子。刚才他还站在窗边用步枪射击，一转眼，我就看见他的脑袋滚过了地板。那块弹片本身则嵌进了钢琴旁边的墙壁里。炮击又来了，敌人一波接一波地冲锋。我们开始唱起《瓦良格》《喀秋莎》《国际歌》，继续坚守阵地。

肉搏战的残酷无情显然对雷滕迈尔上尉刺激很深，虽然他给家里写的信通常十分冗长，但这一天他却只能写下寥寥几行，尽管此时距离他上一次写信已经过了一个星期：

> 我知道你们一直在等我的消息。这是一场骇人听闻的战争，充满了无休无止的流血和死亡，没有任何喘息或休息的机会。我没法告诉你们什么，因为我不知道从何说起，要不等以后再说吧……

天边暮色渐浓时，佩钦纽克少校请求炮兵轰击药店、政委楼、79 号楼、53 号楼（雷滕迈尔的指挥所）和"街垒"工厂中央大门。第 51 军在 15 时 45 分提交给第 6 集团军的临时报告中提到了这次炮击：

> 在火炮场以东敌桥头堡一带的战斗中，第 305 步兵师攻克了 81 号楼，将其前线推进到 81 号楼 -73 号楼一线以东的污水处理厂。清剿 81 号楼内残敌的战斗尚未结束。敌军炮兵猛烈轰击了政委楼和火炮厂一带。

> 第 389 步兵师攻占了"红楼"以北的冲沟和部分土地。

大约一小时后，第 6 集团军向 B 集团军群发送了一份战情报告：

> 在斯大林格勒，第 305 步兵师的突击队经过苦战，夺取了政委楼东北方的一座大楼，将前线向东北方进一步推移。第 389 步兵师的突击队推进到了"红楼"（网格 93a）。敌军对我多处阵地的突击均被击退。

在几分钟后的一次对话中，第 6 集团军的首席参谋埃尔希勒普中校与 B 集团军群的首席参谋温特上校交换了意见。埃尔希勒普先是总结了当天的战事："在斯大林格勒，我军在火炮厂以东发起的突击队作战取得了成功，俄国人的防线被逼退了少许，党部大楼［政委楼］以东的几座建筑已经被我军拿下。在第 389 步兵师的地段，所谓的'红楼'已被轰塌。突击分队已推进到该楼房下方。"

接着温特上校提了一个问题："现在你们打算怎样占领火炮厂的其余地区？"

埃尔希勒普回答："我们将每天从南北两面逐步蚕食，直到胜利会师……"

第6集团军的想法在这段小小的对话中暴露无遗，一次投入几个营攻击苏军防线以求获得大胜的日子已经一去不复返了。触目惊心的伤亡和微不足道的进展迫使德军指挥官意识到，这样的打法很快就会耗尽他们的兵力。现在他们将集中精力夺取容易攻克的小目标，以便集中德军的所有火力。

★

在83号楼，虽然守军顶住了德军整整一天的进攻和炮击，但处境非常艰难。佩钦纽克少校已经带着团部的几个成员撤出这座楼房，在伏尔加河岸边峭壁中的一个掩蔽部里建立了新的指挥所。有一小队人被留了下来，其中包括戈尔巴坚科上士：

> 在晚上，我们的守备分队分成了两组。加里宁留守在指挥所里，达秋克和我去了那座未完工的楼房，杜博夫也和我们同行。在未完工楼房里，I. V. 杜博夫被一发炮弹的弹片打伤了。

和大多数军人一样，杜博夫对自己负伤时的情景记忆犹新：

> 我们步兵第650团最后的防守据点是距离伏尔加河岸边两百米的一座两层楼房，按照守备小分队的领队达秋克大尉的命令，我的朋友斯捷潘诺夫（Stepanov）和我负责防守这座楼房的一个房间。我们注意到德国冲锋枪手在几栋大楼之间奔跑，企图在重整队形后朝我们进攻。斯捷潘诺夫同志和我用步枪连连朝他们开火，消灭了大约20个德国鬼子。德国人注意到了我们，就用坦克朝我们直瞄射击。坦克打出的第二炮让我的朋友受了致命伤，我自己的左胸也被弹片击伤。这块弹片算是斯大林格勒战役的纪念品，它留在我的体内，一直没有取出来。我用了手头能找到的任何东西包扎伤口——那里没有任何绷带或纱布，所以我用的是死人身上扒下来的衬衣。我没有离开战场，又继续战斗了四天……

在戈尔巴坚科、达秋克和杜博夫离开后，原来的指挥所里只剩下4个人，其中的团副官加里宁少尉是这支小分队的指挥员，他的处境可以说是绝望的。德国人已经控制附近的几座楼房，事实上已经把他们与柳德尼科夫的主力割裂开来。他们的阵地是孤岛中的孤岛。他们就算立刻被敌人击溃也无可指责，但他们却在这座楼房里又坚守了好几天。

★

柳德尼科夫的部队在这一天遭到了沉重打击，64 人死亡、137 人负伤，总计 201 人。由于局势极为严重，步兵第 138 师在这一天竟然无法提交详细的战情报告。全天的战事只被概括为短短一句话："这一天，敌人对我师的整个前沿阵地发动了猛烈的攻击。"在该师的战斗日志中可以再找到一点细节：

> 敌人整天都在猛烈进攻，占领了我师侧翼的一些阵地。敌人发起了多次冲锋，大多被我军战士坚定不移地击退。随着夜幕降临，敌人开始集中攻击我师侧翼。

在当天战斗结束时，该师的战力如下：步兵第 768 团及其指挥机关——15 人；步兵第 650 团及其指挥机关——31 人；步兵第 344 团及其指挥机关——123 人。冲锋枪弹药和手榴弹已完全耗尽，每支步枪只剩 20～30 发子弹。战士们此时主要是靠德国造的武器和弹药在作战。该师官兵当天领过一次食品，此后就再未得到任何补充。在师指挥所旁边的一处大型地堡中，已经摆放了 250 名伤员。师长请求集团军司令员立即采取行动为该师补充物资和口粮，并将伤员疏散到后方。第 62 集团军的参谋长克雷洛夫将军向第 138 师师部发了一份密码电报："用篝火指示前线位置。飞机将在夜间抵达，空投补给。"

该师前沿此时呈不规整的马蹄形，从前沿阵地到伏尔加河的最大纵深不过三四百米。在晚上，指战员们沿着前线点起一堆堆篝火，用一道火环勾勒出了这个"岛"的轮廓。三架波 -2 式飞机缓缓越过伏尔加河，飞向"街垒"厂。柳德尼科夫知道空投补给并不容易：

> 上级尝试借助波 -2 式飞机为我们补给，但这也是很难完成的任务。

▲ 伊万·瓦西里耶维奇·杜博夫

飞行员需要在很低的高度飞到右岸上空，然后关闭发动机滑翔，询问是否可以空投货物。如果他得到许可，就会投下装着弹药和食品的袋子。

由于目标区域实在太小，尽管波 -2 的飞行速度很慢，要准确空投也是困难重重。柳德尼科夫回忆说："这些袋子大多数都会掉进河里，还有一些会被德国人捡去。此外，还有一部分弹药无法使用，因为袋子是没有使用降落伞直接投下的，落地时的冲击使弹药都变了形。"不过步兵第 650 团第 1 营的副营长帕维尔·格里戈利耶维奇·秋帕（Pavel Grigoryevich Tyupa）营级政委却记得有些补给是通过降落伞空投的：

> 我军的波 –2 式飞机通过降落伞给我们空投了弹药和食品，但大部分不是落在敌后就是掉进了伏尔加河。有时他们把成箱的弹药直接丢给我们，但是弹药撞在地上都变了形，变得不适合射击了。

德军把苏军空投补给的行为视作胜利在望的信号，因为他们认为那些顽固的苏军据点已经撑不了多久了，正如雷滕迈尔上尉所说：

> 晚上我们遇到了一次意外之喜。两架俄国飞机以很低的高度在阵地上空盘旋，突然它们投下了一些东西，但是我们觉得那看起来不像炸弹。原来那是一个个麻袋，其中有些落到了我们的地盘上，麻袋里装着面包和油脂，那些被包围的家伙肯定非常需要这些东西。欢乐的气氛立刻在我们中间弥漫开来，因为现在我们看到了迅速取得全胜的希望，我们认为饥饿会迫使被包围的敌人投降。

投下装着干粮和弹药的麻袋后，波 -2 式飞机返回机场重新装货。但是当它们第二次出现在"街垒"工厂上空时，飞行员却再也看不到熟悉的前线轮廓了。原来德国人很快就搞明白是怎么回事，便点起了自己的火堆。这样一来，飞行员便无法分辨前线的位置了。这几架波 -2 式飞机的领队关闭发动机，沿着河岸低空飞行。当他掠过柳德尼科夫的掩蔽部时，地面上的人听到了他的呼叫："喂，柳德尼科夫岛！灭掉篝火！"柳德尼科夫师所在区域的火堆立刻被熄灭，出现一片清晰可辨的半圆形黑暗区域，飞行员趁着德国人还没灭掉自己的火堆，迅速完成了空投。尽管如此，大部分麻袋还是落入德国人之手，还有不少货物掉进了河里。这块被飞行员称作"岛"的桥头堡实在太小，不适合从空中补给。柳德尼科夫决定拒绝让飞机再做飞行。

★

在未完工楼房里，已经在斯大林格勒战斗了 6 个多星期的恰拉什维利被子弹射穿了大腿：

> 13 时或 14 时，在激烈的肉搏战中，我在未完工的砖砌 U 形楼房的废墟里受了重伤。"街垒"工厂的一个工人和迈苏拉泽（Maisuradze）列兵把我从战场上抬了下去，我不记得那个工人姓什么了，但我记得迈苏拉泽是步兵第 650 团指挥所的炊事员。

> 在伏尔加河岸边的悬崖峭壁上，我军已经挖出了一个很大的坑道，用来安置伤员，我被送到那里包扎伤口。我记得很清楚，有一个老医生给我做了检查，我不记得他姓什么，但听人说这个老医生是犹太人（伤员不知为什么不喜欢这个医生）。有个姓阿利耶夫（Aliyev）的阿塞拜疆人在他手下工作，后来还来了一个护士瓦莲京娜（Valentina），我们都称她"我们的"瓦莉娅。

> 在坑道里，卫生员先是拿走了我的所有武器，包括我的手枪，然后给我的大腿做了包扎，瓦莲京娜也帮了忙。包扎完以后，瓦莲京娜扶着我沿河岸朝着我来的方向走了一段。我一只手挂着一根木棍，另一只手搭在瓦莲京娜的肩膀上。我们就这样从一个个伤员身边走过，因为没有空地方让我坐下，所以我只好继续往前走。最后我实在走不动了，被安置在一个地方，身边还有 20 个伤员，大多数是指挥员。我在这地方只能坐着，因为实在太挤了，没法躺下来。我们直到 11 月 20—22 日才吃上东西，全都饿坏了。

在恰拉什维利负伤后，原步兵第 90 团炮兵连作为独立的单位便不复存在了。该连残存的少数炮兵被直接并入了佩钦纽克团。恰拉什维利上尉记得，"在我们连的军官中，除了我自己和 A. A. 米久克（A. A. Midyuk）中尉以外，所有人都在战斗中牺牲了，就埋在'街垒'工厂附近。"

★

第 51 军在晚上的报告中说："第 576 掷弹兵团在下午击退了敌军（150 人）多次进攻。在晚上，敌军过沟冲向储油设施区。"这次针对第 576 掷弹兵团的进攻只不过是一系列攻势中最新的一次，苏军将一直持续这样的进攻，直到打破德军对柳德尼科夫的包围为止。虽然每次进攻都没有成功，但它们引开（或者至少是拖住）了一部分德军，从而为柳德尼科夫减轻了一些压力。第62集团军的战争日记对这次进攻是这样说的：

> 11时30分，经过半小时的炮火准备，步兵第95师一部和步兵第92旅第3营及步兵第193师合成团发起了进攻，任务是恢复梅津街一带的阵地。我军部队冒着敌军特别猛烈的火力缓慢推进，在储油设施区一带的激烈战斗最后发展为白刃战，储油设施区地区几经易手。到当天日落时，敌军投入了生力军发起攻击，夺回了储油设施区一带。战斗仍在继续。

步兵第685团的战斗日志对这次进攻的记述要更详细一些：

> 1942年11月15日11时30分，为了进攻储油设施区，步兵第241团获得了步兵第90团第1营作为增援。步兵第685团得到两个步兵排增援后，经过30分钟的炮火准备，朝先前方向发起进攻。

> 此次进攻的组织如下：所有人员分成若干8~10人的小组，任务是连续地冲过冲沟，封锁敌军固守的掩蔽部和战壕。有一个这样的突击小组成功地冲破了迫击炮、机枪和手榴弹火力的猛烈阻击，冲过了冲沟，但是无法完成突击前几个掩蔽部的任务，因为所有人员都在冲沟斜坡上狙击手和冲锋枪手的射击下伤亡。因此，步兵第685团和241团的进攻此时都被击退。在13时30分，敌军以两个排的兵力再次对我团地段发起反击，但损失多达40人后被击退了。在20时，我团与步兵第241团一同进攻，反复尝试突破冲沟达一整夜，但我军所有尝试都被敌军火力击退。

步兵第685团团长德罗加伊采夫中校和团参谋长科尔舒诺夫（Korshunov）少校在11月22日撤出战斗后，经过一段时间的分析总结，记录了未能突破冲沟的原因：

> 敌人在逼退步兵第95师和第138师的部队后到达伏尔加河，还从这些部队手中夺取了一些战壕和掩蔽部并建立了防御，其火力点不仅布置在斜坡上，还布置在冲沟底部，因而能够以密集火力打击任何进入冲沟的人，尤其是那些试图渗透到冲沟中的部队。这些火力点大部分隐藏在冲沟里，我军无法在攻击前将其查明，因而我军火力对其毁伤效果也很小。

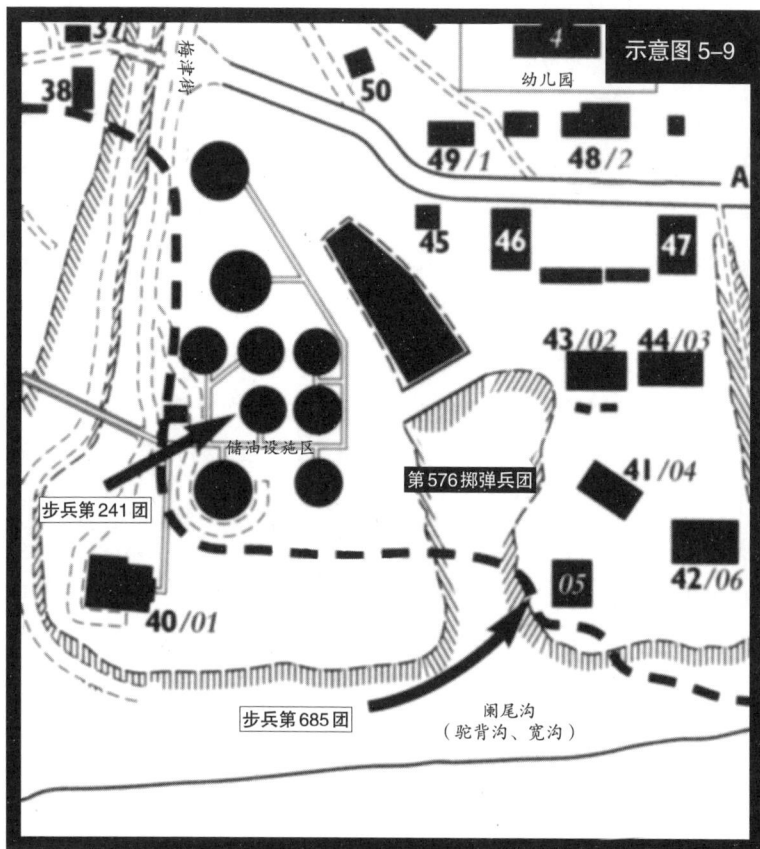

▲ 11 月 15 日，向阑尾沟对面发起的失败攻击

　　敌人广泛利用了壕沟和钢筋混凝土管道来调动人员和投入援军。敌人大量使用手榴弹和跳雷，我们估计我军在这些战斗中有 50%～60% 的伤亡都是这些武器造成的。除此之外，壕沟和管道还使敌人能够暂时放弃个别防御地段，然后立即通过一套信号火箭系统召唤迫击炮和大炮火力。

　　敌人在这些战斗中对狙击手的使用尤其广泛，他们的狙击手隐藏在所有防御地段，因此在其前沿和河岸上的每片区域都暴露在他们的火力之下。

　　我团则广泛使用了迫击炮和手榴弹。装备 6 门 82 毫米迫击炮的迫击炮连始终与团指挥所和步兵部队保持着通信联络，知道经过预先调整的参照点的准确方位，在战斗过程中能够朝任何必要方向即时射击。迫击炮火力在打击敌军集结地和抗击敌反击时效果最好。

在穿越冲沟时，与敌人战斗的主要手段是手榴弹和冲锋枪。每个战士至少随身携带四五颗手榴弹，我军从弹药堆放地不断将手榴弹前送，并储存在进攻出发阵地上，用手榴弹歼灭了占据 12 处掩蔽部和战壕的敌军。

第 62 集团军总结了 11 月 15 日的战斗结果："步兵第 241 团地段的阵地尚未恢复。"崔可夫为了救援柳德尼科夫和他被围困的部队，下了一道命令：

步兵第 95 师和合成步兵第 685 团的部队应通过夜战歼灭已在梅津街以东地区到达河岸的敌人，并与步兵第 138 师的部队建立联系。其他战线上的阵地应固守。我命令扎伊采夫斯基岛上筑垒地域的部队为步兵第 138师输送弹药，并组织横渡富河汊疏散伤员的行动。

步兵第 95 师也得到一个喜讯：该师的第三个团——鲍里索夫少校^①的第90 团已经抵达斯大林格勒河岸。这个团的步兵第 1 营已经被投入北上进攻，第 3 营则占领了步兵第 161 团和步兵第 241 团接合部的防御阵地。

★

第 6 集团军的敌情部在 20 时发出的一份报告中含有苏军俘虏交代的一些值得注意的情报：

据说从 11 月 14 日起，所有位于斯大林格勒战线后方的部队都将被部署到前线。前线部队已经 5 天没有得到补给，3 天没有领到口粮。迄今为止空投了三个带补给品的降落伞，但只有一个落在正确的位置。在桥头堡中政委和军官的数量很多。

过去四天的惨烈战斗表明，哪怕只是攻取一座楼房也要克服重重困难并付出重大伤亡，这迫使德军上下反思战术，必须找到更好的办法。即便在进攻前用猛烈精准的炮火做准备，并由经验丰富、装备火焰喷射器和炸药包的工兵

---

① 米哈伊尔·谢苗诺维奇·鲍里索夫（Mikhail Semyonovich Borisov）上校，苏联英雄，步兵第 90 团，1904 年 1 月 21 日生，1944 年 2 月 9 日阵亡。

突击队实施攻击，还是无法保证成功。于是一份耐人寻味的机密文件在 20 时 25 分送到了第 6 集团军的指挥部。内容如下：

第 6 集团军应立即为下列部队提供补给并使其加入斯大林格勒的作战序列：

第 301 装甲营第 1 混成连（炸弹运输车）[①]。

第 301 装甲营第 1 混成连更广为人知的名称是阿本德罗特连（Kompanie Abendroth）：它是一支特别组建的超编遥控武器部队。该部队的主力来自第 301 装甲营第 2 连，并增补了第 301 装甲营第 1 连和营部的若干人员（一名专业指挥员、若干维护人员和 84 名驾驶员），以及第 3 连的一个"歌利亚"排。这支部队的指挥官是费迪南德·冯·阿本德罗特[②]（Ferdinand von Abendroth）中尉。

第 301 装甲营的番号原为第 300（遥控）装甲营，它接到派阿本德罗特连南下的命令时正驻扎在列宁格勒地区。这个营在 1942 年 6 月攻克塞瓦斯托波尔的战斗中曾立下战功，在 7 月的大部分时间里随第 1 装甲集团军攻向顿涅茨河、下顿河和罗斯托夫。随后经过短暂休整，这个营在 8 月 6 日登上火车，开往西北方的列宁格勒，这是因为在攻克塞瓦斯托波尔以后，冯·曼斯坦因元帅[③]率领的经验丰富的第 11 集团军——塞瓦斯托波尔的征服者——领受了实施"北极光"行动（Operation Nordlicht）的任务，目标就是攻取列宁格勒，预定的进攻日期是 1942 年 9 月 11 日。但是，苏军在 8 月 27 日大举进攻，达成深远突破，从而打乱了这个计划，迫使德军动用第 11 集团军来恢复原有态势。曼斯坦因的部队成功粉碎苏军并收复了失地，但是为"北极光"行动积蓄的弹药和预备队也在战斗中消耗掉了，对列宁格勒的进攻因此被推迟。此后第 301 装甲营又被卷入阵地战，从 10 月初一直战斗到 11 月中旬。就在此时，阿本德罗特连接到了调至 B 集团军群防区的命令。

[①] 该部番号原文为 1. Gem.Kp./Pz.Abt.301（Sprengstoffträger）。

[②] 费迪南德·冯·阿本德罗特少校，金质德意志十字勋章，第 301 装甲营第 1 连，1916 年 1 月 4 日生于克瑟恩，1944 年 7 月 16 日伤死于伦贝格（今乌克兰利沃夫）。

[③] 埃里希·冯·莱温斯基·曼斯坦因（Erich Von Manstein）元帅，宝剑橡叶骑士十字勋章，橡叶骑士十字勋章，骑士十字勋章，第 11 集团军，1887 年 11 月 24 日生于柏林，1973 年 6 月 10 日卒于伊尔申豪森。

阿本德罗特连使用两种不同的炸药输送车：一种是"博格瓦尔德 IV 型"（Borgward IV），它是 3.6 吨的小型无线电遥控坦克，能够将 450 公斤炸药[1] 放置在目标旁边，然后自动切换至倒挡，高速驶离冲击波影响区域；另一种就是"歌利亚"（Goliath），它是线导的微型坦克，自重 370 公斤，能运送 60 公斤炸药。"博格瓦尔德 IV 型"于 1942 年 3 月底在"狼穴"首次向希特勒展示了威力。当时第 300（遥控）装甲营第 2 连的一个排长——尤斯·菲舍尔（Jus Fischer）少尉当着希特勒、凯特尔元帅[2]、几个将军和纳粹党高级干部的面做了演示。在一道专为演示而架设的大型反坦克障碍被炸毁后，希特勒迫不及待地登上一辆指挥坦克前去察看效果。菲舍尔少尉在回忆录中写道：

> 希特勒在弹坑边上爬出坦克，和我一起走向凯特尔。他断断续续（好像把话砍成几截一样）地说道："我在想象……把它们用在塞瓦斯托波尔的情景。首先……用小型的"歌利亚"……攻击宽广的正面……冲进步兵阵地和堑壕体系……然后……再用大型炸药输送车突破！……我们就用这种方式突破这个复杂的阵地体系！"

每当希特勒停顿时，凯特尔就会点头附和，"是，我的元首"，"是，我的元首"，"是，我的元首"。但是菲舍尔明白，对遥控爆破车来说最糟糕的用法莫过于此，因为这种履带车辆很容易被铁丝网缠住或是陷入纵横交错的壕沟中。在凯特尔说完最后一句"是"之后，菲舍尔接上话茬说："我的元首，第一次任务能否成功将取决于地形，我们需要对坦克绝对有利的地形。"希特勒闻听此话几乎大吃一惊，他两眼直勾勾地望着前方，一时对凯特尔都视而不见。在沉默片刻后，希特勒对凯特尔说："请你研究一下这个问题。"

尽管菲舍尔明智而大胆地提出了异议，炸药输送车还是在塞瓦斯托波尔被投入使用。正如菲舍尔事先警告的那样，它们发挥作用的机会被地形和苏军工事大大限制了。许多这种车辆毁于炮火，还有不少陷入了弹坑或雷场。但是

---

①使用的炸药是黄色炸药，其性质较为稳定，比较安全。只要雷管没有起爆，炸药即使被小口径弹药打中也不会爆炸，即使燃烧也会慢慢烧完。

②威廉·凯特尔（Wilhelm Keitel）元帅，骑士十字勋章，国防军最高统帅部参谋长；1882 年 9 月 22 日生于甘德斯海姆，1946 年 10 月 16 日被绞死于纽伦堡。

如果真能摸到苏军堑壕和碉堡边上，它们就会发挥极大的威力。有两辆"博格尔瓦德 IV"型各炸毁一个地堡，另有四辆摧毁了苏军精心构筑的步兵阵地，包括一个曾经顶住了三次步兵突击的阵地。剧烈的爆炸夷平了十多米长的战壕，而杀伤半径更是这一距离的好多倍。德军后来发现苏军步兵的尸体横七竖八地躺在战壕里，全都被震得口鼻流血。

我们尚未找到资料来证明究竟是谁最早建议将炸药输送车用于斯大林格勒。档案中完全没有第 6 集团军申请使用这些武器的线索，而且就算 B 集团军群的正式记录散失了，冯·魏克斯和他的参谋人员在申请之前总该和第 6 集团军就这种新战法做一些讨论（并留下通信记录）。看来我们可以合理地推定出主意的就是元首本人，希特勒曾经下令在塞瓦斯托波尔使用炸药输送车，后来又要求把它们调到北方用来进攻列宁格勒，因此没有理由认为他在"北极光"行动取消后不曾考虑把它们用于斯大林格勒。

阿本德罗特连的一名无线电操作员海因茨·普伦茨林（Heinz Prenzlin）在日记中记录了他们得知调动消息的那一刻：

> 1942 年 11 月 16 日：全连弥漫着少有的不安气氛。几乎见不到一个军官。而且连军士长今天一反常态，显得特别安静。在 12 时我们奉命集合，他们要求我们立刻收拾行李，我们将要出发，但谁都不知道去哪儿。大家议论纷纷，有人声称听到了我们要回德国的消息，另一些人说我们要去库尔兰，但是还有人说我们会去斯大林格勒。我们这支部队在保密方面是非常严格的……

出发准备完成后，阿本德罗特连在 11 月 17 日 12 时启程，16 时到达加奇纳并登上火车。该连装备有 10 辆三号指挥坦克，以及许多"博格瓦尔德 IV"和"歌利亚"。火车在午夜驶出车站。当它在 11 月 19 日 20 时 30 分到达迪纳贝格时，普伦茨林狂喜地在日记中写道：

> 大家欢欣鼓舞，我们要回家了。

他们的兴奋之情持续到 11 月 21 日为止，火车就在这一天改变了方向，开始一路东进。普伦茨林闷闷不乐地写道：

> 我们都很失望，回家的希望破灭了。有人在私下里嘀咕说，我们这是要去斯大林格勒。

这些传言是真的。但是，命运终将使他们免于在遍布瓦砾的斯大林格勒街道上战斗 [①]。

猜测阿本德罗特连会给战斗带来什么影响是很有意思的事。毫无疑问，炸药输送车将给步兵第 138 师的防线造成严重破坏，地形的性质迫使柳德尼科夫的部下以密集队形集中在坚固设防的建筑物中，因此每一个防守据点都是高价值目标，值得消耗多辆炸药输送车。只要炸毁一座建筑，就能在防线上造成相当大的缺口，而德军为此付出的人命却不会多。炸药的效果好不好？楼房的厚墙可能会吸收爆炸的冲击波，但是很难想象一个 450 公斤的炸药包在门口爆炸以后里面的苏联守军还能安然无恙，更不用说几个炸药包一起炸。地形对炸药输送车的运用会有什么影响？纵横交错的壕沟、遍布瓦砾的街道和重重叠叠的弹坑无疑会妨碍其作战，但是既然坦克和突击炮都已经在这片地区使用了，那就没有理由认为炸药输送车无法使用，而且从本方阵地到目标的距离都非常短，遥控车操作员可以毫不困难地把这些自爆车引导到指定的楼房。如果让几辆“博格瓦尔的 IV”冲向政委楼会怎样？如果让一两辆“歌利亚”掉进“滚轴”沟又会怎样？如果德军利用炸药输送车摧毁了所有主要据点，柳德尼科夫的桥头堡会不会被彻底扫平？阿本德罗特连会不会力挽狂澜，以压倒一切的力量解决这看似无解的血腥僵局？没有人能下肯定的结论……我们能做的只是凭空猜测，提出一个发人深思的架构而已。

★

与此同时，在斯大林格勒阴暗扭曲的废墟中，又发生了几件与希特勒的另一个宝贝 33B 型突击步兵炮有关的事。第 51 军在 19 时 45 分下发的第 113 号军长令中，有下列指示：

> 装备突击步兵炮的第 244 突击炮营应在 11 月 19 日解除与第 389 步兵师的隶属关系，转归什未林战斗群调遣，该营应在第 389 步兵师留下两辆

---

① 阿本德罗特连在 11 月 26 日 15 时抵达奥布利夫斯卡亚火车站，他们本来要继续前往奇尔斯卡亚站，那里是到斯大林格勒前的最后一站，也是第 6 集团军的主要铁路终点站。但是，因为苏军已经打到几公里之外，所以他们再也无法前进一步。就这样，苏军在斯大林格勒发动的大反攻使阿本德罗特连没能到达终点，他们没能用炸药输送车对付柳德尼科夫的坚固堡垒。

突击炮用于对"红楼"作战。

苏军的顽强抵抗已将德军的计划全盘打乱，只有先完成占领"街垒"桥头堡的任务才能腾出部队供什未林战斗群用来击破"红十月"桥头堡。但是，柳德尼科夫和他的部下岿然不动，逼得冯·塞德利茨把他的大多数部队留在这个"岛"周围。冯·塞德利茨唯一能拨给什未林战斗群的部队就是第244突击炮营，而且还得让他们至少留下两辆突击炮。

在20时，第6集团军通知第51军：

> 11月底，应从突击炮营派一名已经亲自使用过突击步兵炮，并积累了实战经验的军官向陆军总司令部做报告。他可能要在元首面前汇报，报告还可能转给生产厂家。第51军应挑选合适的军官，为此项任务做好充分准备。他必须曾亲身参与进攻，并对这种武器的战术操作和所有技术方面都很有把握。

> 第51军须报告该军官预计完成准备的时间。

最终被选择执行这一任务的是第244突击炮营的库尔特·尼佩斯少尉。中选的军官来自这个营，而非来自在政委楼附近的恶战中损失多辆33B型突击步兵炮的第245突击炮营，这已经很说明问题。

★

在远离斯大林格勒的罗索希地区，设在奇卡洛瓦集体农庄的第294步兵师师部在20时接到了第294工兵营营长魏曼少校发来的电报。魏曼报告说，他的营已经完成从斯大林格勒火炮厂突至伏尔加河并肃清河岸的任务。不过这次任务造成了严重的伤亡，该营损失了3名军官、13名士官和134名士兵，其中1名军官、5名士官和27名士兵战死。师长布洛克少将和他的参谋们都被这个消息惊呆了，该营的有效战力在短短几天内就损失近半。超过三分之一的经验丰富的士官进了伤亡名单，更糟糕的是，4名一线军官竟有3人已退出战斗。实际上军官的损失比布洛克了解到的还要严重。在2名负伤的军官中，第1连的格哈德·波尔中尉已经在前一天因伤势过重死在医院里，但魏曼在发出报告时还不知道这个噩耗，而唯一仍在前线没有负伤的军官——第3连的格哈德·门策尔中尉已经染上重病。该营的战斗部队此时负责带队的是久经沙场的士官，例如第 1 连的威廉·安格施泰因上士和第 2 连的奥斯卡·迪克勒上士。

★

在 20 时 30 分，第 51 军向第 6 集团军发送了当天的每日报告：

第 305 步兵师用突击队拿下了污水处理厂，81 号楼以及 81 号楼和 73 号楼之间的区域已被我军牢牢控制。第 576 掷弹兵团在下午击退了敌军（150 人）多次进攻。晚上，敌军过沟冲向储油设施区。

第 389 步兵师在"红楼"以北占领部分阵地。

晚上，敌军炮兵轰击了政委楼一带。

前线位置：基本维持原状，只有第 305 和 389 步兵师附近有少许变动。

第 51 军在这一天俘虏了 44 名苏军士兵，包括 16 个逃兵。在一份关于敌情的报告中，第 6 集团军的敌情部评论了柳德尼科夫得到的空投补给：

在 11 月 15 日夜到 16 日晨，敌军共投下 15 个带补给的降落伞，其中只有 5 个落在火炮厂以东的桥头堡内。

这份报告相当准确。据步兵第 138 师在 11 月 16 日的第 193 号战情报告记载："飞机提供的帮助微不足道。飞机共投下 6 袋物资、8 箱 45 毫米炮弹和 2 箱 82 毫米迫击炮弹。有 4 个袋子落在敌军控制区。"

1942年11月15日双方的伤亡情况
苏军步兵第138师：64人阵亡，137人负伤，共计201人
德军第305步兵师：3人阵亡，40名士兵负伤，共计43人
德军第389步兵师：16人阵亡，1名军官和43名士兵负伤，15人失踪，共计75人

1942 年 11 月 16 日

在 5 时 55 分，第 51 军向第 6 集团军报告说："火炮厂以东的敌人在夜间以突击队反复朝我军前沿阵地进攻。这些敌人在夜里得到了来自空中的补给……"

步兵第 650 团则报告说："从 1 时 30 分开始，敌人以机枪和冲锋枪开火，并以大炮和迫击炮有规律地射击。"

德军部队报告在整个晚上和早晨都遭到炮兵袭扰射击，尤其是在第 576 掷弹兵团和塞德尔战斗群地段。

在一份战情报告中，步兵第 138 师提到"敌人继续集中在'街垒'工厂东部以及储油设施区以西和以北的地带"。柳德尼科夫和他的部下此时得到了喘息机会，因为他们对面的德军各部正在调整部署，为后面的进攻做准备。在 11 月 16 日这一天，大部分战斗将发生在更南边的地方，据守储油设施区的第 576 掷弹兵团将与戈里什内的各攻击部队展开激烈争夺。

破晓时分，戈里什内师成功突入了伏尔加河沿岸位于储油设施区东南方的德军阵地。第 576 掷弹兵团立即发起反击，遏制了苏军的突破，并在此过程中俘虏了苏军 1 名军官和 35 名士兵。戈里什内师的步兵和水兵在 9 时和 11 时以残余力量再次发起攻击，并得到了坦克和火焰喷射器的支援。他们的目标一如既往，是要与"街垒"厂后面被围的柳德尼科夫部取得联系，但是所有攻击均告失败，而且有一辆坦克被击毁。据第 79 步兵师的战争日记记载：

> 11 时 15 分时塞德尔战斗群当面平安无事。我军以步兵重武器与一辆喷火坦克进行了搏斗。

第 179 炮兵团也报告说，苏军在第 305 步兵师附近发起的进攻在该团第 3 营支援下被击退。在当天的每日报告中，该团总结了自己的行动：

> 中午，敌军以强大部队从网格 82a4 沿伏尔加河攻向第 305 步兵师右翼。我团轰击了网格 82a4 的敌军集结地和岛上的步兵重武器，敌军的攻击被击退。敌军炮兵的打击重点是第 305 步兵师的前沿阵地……

在当天下午打给 B 集团军群温特上校的电话中，第 6 集团军的埃尔希勒普中校描述了战况："在储油设施区的南面，敌军将一辆喷火坦克投入了战斗，我们不得不调施泰因梅茨上校的突击队南下应付这次攻击。"

苏军关于这一天的进攻作战的记录很简短，而且没有提供关于坦克和被德军俘虏的人员的详细信息。步兵第 685 团的战斗日志称：

> 我团从出发阵地用迫击炮和步枪火力为从渡口赶来的步兵第 90 团（步兵第 95 师）下属部队提供掩护，步兵第 90 团攻击了储油设施区和储油设施区以北的冲沟入河口，但是当天他们冲过冲沟的所有尝试都被敌军的火力击退。

第62集团军的战争日记对储油设施区一带的情况说得更清楚：

步兵第95师部队联合步兵第92旅和步兵193师合成团继续对梅津街地区进行反击，以求恢复原有阵地。敌军进行了顽强抵抗，战斗发展为肉搏战，双方都大量使用手榴弹。在当天结束时，敌人投入了生力军。

步兵第241团地段的态势未能恢复。沿梅津街一线的战斗仍在继续。

在击退苏军进攻的战斗中，第576掷弹兵团第6连连长欧根·黑林[1]（Eugen Hering）中尉和他残存的少数部下发挥了重要作用。黑林的大腿和右脚前脚掌在短兵相接的战斗中被一颗手榴弹轻微炸伤。"但是他没有撤到后方，因为他不想在这样困难的时候丢下战友。"他的妻子在给娘家的一封信中写道。

虽然我身上的每一个细胞都希望他归来，但我完全理解他没有这么做的原因。他是个不折不扣的军官，上帝肯定会奖赏他的英勇。欧根还告诉我，随着战斗变得越来越可怕，他们的伙食却越来越好；他们得到了特别的优待，这在我看来就像是死囚临刑前的最后一餐。

在击退所有猛烈进攻后，第576掷弹兵团的团长布劳恩少校命令第294工兵营和第305工兵营第2连的官兵用反坦克雷和跳雷封锁伏尔加河河岸。这个命令得到了执行：在河滩和周围的悬崖及冲沟上都密集地布设了这类夺命的装置。在14时，德军再度牢牢控制了河岸的前沿阵地。第294工兵营全天损失了数人：瓦尔特·京特[2]（Walter Günther）一等兵和霍斯特·赫尼克[3]（Horst Hönicke）一等兵都失踪了，而恩斯特·科哈内克[4]（Ernst Kochanek）二等兵头部被一发子弹击中，当场身亡。

为了帮助第576掷弹兵团及其配属单位，冯·塞德利茨决定将他们的防区缩小一些，以减轻抗击南面苏军日益猛烈和坚决地攻击的压力。在16时25分，第576掷弹兵团接到了在11月17日夜到18日晨将部分防区移交给什未林战

---

①欧根·黑林上尉，金质德意志十字勋章，第576掷弹兵团第6连，1915年9月24日生于劳特巴赫，1942年12月19日因伤死于罗斯托夫。

②瓦尔特·京特一等兵，第294工兵营第3连，1911年8月18日生于图姆，1942年11月16日失踪于斯大林格勒。

③霍斯特·赫尼克一等兵，第294工兵营第2连，1921年3月3日生于德累斯顿，1942年11月16日失踪于斯大林格勒。

④恩斯特·科哈内克二等兵，第294工兵营第2连，1921年12月13日生于佩斯科雷查姆（今波兰佩斯科维采），1942年11月16日阵亡于斯大林格勒。

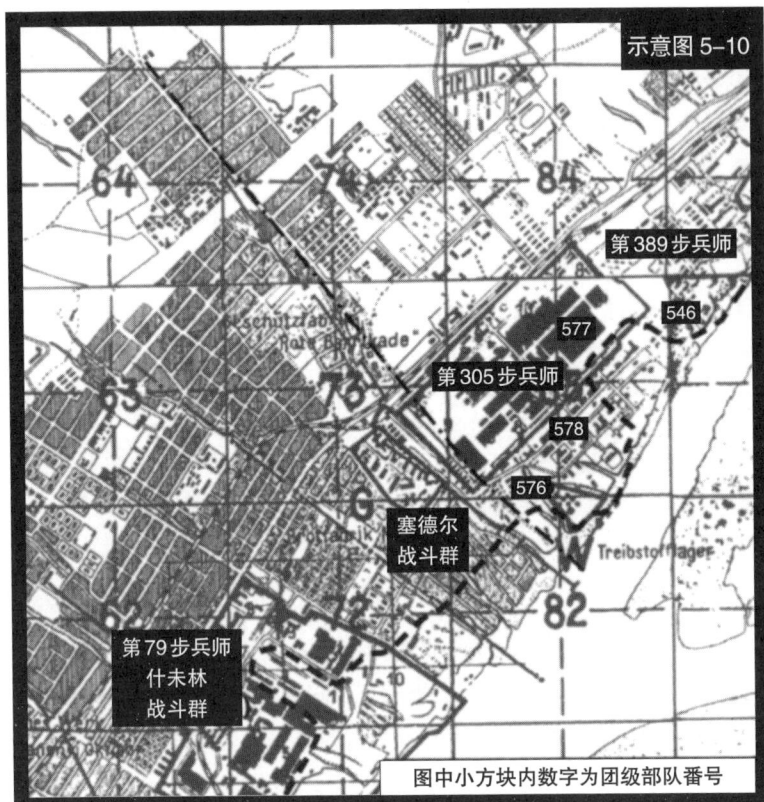

示意图 5-10

64

84

第389步兵师

546

577

第305步兵师

578

576

塞德尔
战斗群

Treibstofflager

82

第79步兵师
什末林
战斗群

图中小方块内数字为团级部队番号

▲ 第 305 步兵师和塞德尔战斗群之间的新界线

斗群的命令。进入这部分阵地的是以第 14 装甲师部队组建的塞德尔战斗群。第 576 掷弹兵团将保留储油设施区、二指沟和该冲沟以南一半的岬角。塞德尔战斗群和第 576 掷弹兵团的新分界线是：网格 64b 与网格 74c 之间的宽阔街道广场—火炮厂南 6 号厂房的西南角—游乐场中央—南岬角中央—游乐场以东。

　　冯·塞德利茨希望通过这样的措施减轻部队负担，并且让什末林战斗群增强的火力发挥作用。

★

　　柳德尼科夫岛上相对平静，但不时被一些小冲突打断。

　　12 时 10 分，第 577 掷弹兵团和第 336 工兵营的突击队从 35 号房 [66 号楼]、

36 号房 [73 号楼] 和 14/15 号车间 [3 号厂房] 方向对步兵第 650 团的右翼发动了一次进攻。佩钦纽克不能确定德军动用的兵力。他的部下不顾德军扔进楼里的手榴弹，仍然坚守着 37 号房的阵地。第 336 工兵营略有伤亡：第 2 连的格哈德·里希特 ①（Gerhard Richter）二等兵阵亡，瓦尔特·克内德尔 ②（Walter Knödel）列兵负伤；第 3 连的奥托·鲁贝尔 ③（Otto Rubel）列兵阵亡，海因里希·克劳斯 ④（Heinrich Claus）列兵负伤。

佩钦纽克的部下注意到了对手阵中一些不祥的征兆。在 11 月 15 日晚上，他们听到发动机低沉的轰鸣声，可能是坦克发出的。而在政委楼一带和左翼的敌后区域，德国人集结了多达 200 人。他们明白，这群敌人早晚都会扑向他们薄弱的防线。步兵第 138 师在日志中记载："敌人还在继续积聚实力。"

在 14 时，有小股德军试图穿过苏军的主要防线，渗透到步兵第 138 师的战斗队形中间。

"滚轴"小分队的 4 个通信兵仍然在德国人的鼻子底下坚守着悬崖峭壁中的掩蔽部。这支小分队勇敢无畏和冷静沉着的事迹很快就传遍了全师，每天早上"街垒"工厂保卫者的心中都会想到一个问题："我们的'滚轴'怎样了？还在坚持吗？"从左翼最远端传来的枪声和爆炸声回答了他们："'滚轴'在转动！'滚轴'在开火！也就是说他们安然无恙，还在战斗！"

德军曾无数次尝试消灭库兹明斯基下士和他的部下。他们朝掩蔽部投了几十颗手榴弹，但不是无害地掠过洞口，就是在陡坡上一路弹跳到悬崖底下爆炸。如果德国人想要朝通信兵们射击，就得从悬崖顶上探出身子，从而让自己的脑袋映衬在天空背景中，为"滚轴"小分队提供理想的靶子。这个小分队所处的隐蔽位置堪称完美，当德国人企图用迫击炮打击他们时，他们就移到掩蔽部的深处，在那里他们仍然能互相掩护。只要炮击一停止，他们就挪近掩蔽部入口，随时准备干掉任何愚蠢地暴露自己的德国人。有一次，当炮击刚结束时，

---

① 格哈德·里希特二等兵，第 336 工兵营第 2 连，1910 年 2 月 6 日生于魏法，1942 年 11 月 16 日阵亡于斯大林格勒。
② 瓦尔特·克内德尔列兵，第 336 工兵营第 2 连，1909 年 7 月 15 日生于布赫霍尔茨，其余信息不详。
③ 奥托·鲁贝尔列兵，第 336 工兵营第 3 连，1909 年 1 月 26 日生于戈门，1942 年 11 月 16 日阵亡于斯大林格勒。
④ 海因里希·克劳斯列兵，第 336 工兵营第 3 连，1909 年 7 月 1 日生于盖特海恩，其余信息不详。

德国人就把一门反坦克炮推到悬崖顶上，但他们很快发现炮管俯角不够，打不中掩蔽部。而且他们只来得及匆匆射出几炮——"滚轴"小分队趁着德国人装弹的几秒钟时间用冲锋枪扫射了这门炮。大多数德国炮手非死即伤。

在这段时间里，"滚轴"自始至终保持着联系。它与师指挥所的通信只在11月16日中断过一次。科洛索夫斯基下士担起了修复线路的任务，他发现通向线路中断处的道路被几个德国兵封锁了。科洛索夫斯基用准确的枪法打死了两人，又用一颗手榴弹消灭了第三人，随后修复了线路。后来他因为这次功绩而荣获红星勋章。

"滚轴"是柳德尼科夫岛上最南端的防御阵地。沿悬崖边缘向北的下一个阵地是由"街垒"工厂民兵残部（在11月13日从政委楼的炼狱中幸存的战士）和先奇科夫斯基率领的内部人民委员部督战队把守的。民兵指导员列昂尼德·克柳金就是这群人中的一员，他身上还带着在政委楼的恶战中所受的烧伤：

> 在11月中旬，我们的部队在步兵第138师左翼，防守"滚轴"信号小分队和该师其他部队之间的阵地。由我们部队和第650团人员组成的三个小组在泵站和邻近的冲沟里占据着防守阵地。我的小组位于泵站以北，靠近陡峭的河岸。连长负伤了，我不得不接替他指挥。
>
> "柳德尼科夫岛"有三条冲沟，德国人企图沿着这些冲沟到达伏尔加河。敌人的进攻在我们的阵地跟前被挫败了多少次啊！我还记得我们的友邻——"滚轴"小分队的战士们。敌人对他们发动了极其凶狠的进攻，但是根本无法征服这些英勇的保卫者们。
>
> "'滚轴'还活着！"我们的战士每次发现友邻部队又打退一次进攻，都会欢欣鼓舞。有一次，"滚轴"陷入了沉默。分队指挥员先奇科夫斯基把我叫去，命令我和参谋菲诺格诺夫（Finogenov）去找"滚轴"。当我们终于找到这些通信兵，亲眼看到他们还活着时，都非常高兴。原来"滚轴"的战士们打退了敌人最近一次进攻后正在休息。
>
> "两位同志，你们有烟吗？"一个战士问。我们摇了摇头，我们的烟草也断顿了。在回去的路上，当我们穿越冲沟时，敌人用迫击炮开了火。菲诺格诺夫的腿受了伤，我们费了好大功夫才回到指挥所。第二天，德国人又发动了一次进攻。"俄国佬，去死，去死……你们要是不想死……

就投降！"他们叫喊道。

我们把德国人放近了再开火。德国人始终没能冲到我们的战壕里。从指挥所也来了几个军官和士兵协助我们。敌人这一次又没得逞。

在比克柳金他们稍偏北的地方，是步兵第650团的残部。被迫将指挥所从83号楼迁出后，佩钦纽克少校在河边的众多掩蔽部中找了一个安顿下来。他剩余的少数部下则在悬崖边缘构筑了选址巧妙的阵地，这些阵地对敌人的大炮和迫击炮来说是极难击中的目标，但它们却能轻松地用火力覆盖悬崖和楼房之间的开阔地。苏军还用坑道将散兵坑和战壕连成一片。步兵第1营的副营长秋帕营级政委回忆说：

我们坚守在陡峭的伏尔加河河岸上以及靠近伏尔加河的房屋废墟中。我们击退了沿着伏尔加河渗透到我们后方的敌人冲锋枪手……我们的处境变得比以前复杂多了。弹药和食品补给都已断绝。我们只能靠缴获的武器和弹药与德国人战斗。大家几乎都负伤了，阵地上没剩下几个人，但是他们仍然分成几个3~5人的突击小组。突击小组不但坚守阵地，还渗透到敌人后方，消灭他们的人员并夺取武器、弹药和食品。

戈尔巴坚科上士曾试图给他的战友们补充一些养分：

在晚上，我们在伏尔加河沿岸组织了防御。我找了参谋部的每一个人，还联系了师领导，得到的补给品是：4~8人份的食糖和一块猪油——这就是未来二十四小时的口粮。

★

在对红楼的进攻无果而终后，第45工兵营第2连的贝托尔德·保卢斯工兵又匆匆给忧心忡忡的父母写了一封信，信上注明的日期是11月16日：

我身体很好，活蹦乱跳的，希望你们也一样……

我要简单跟你们说说这里发生的事。我在13日给你们的信里已经说了哈特穆特是怎么死的。我们在16日把他和另外10个战友用军礼埋葬在英雄公墓里。你们先别告诉他的父母，等连里写信通知他们再说。

我在13日到16日又参加了战斗。我们连着进攻了两天，在20日又进攻了一次。现在我们只剩一小队人了。许多战友都死了，其他大多数

▲ 步兵第 650 团的防御阵地

都负伤了。我到目前为止运气很好。希望今后也是这样。

　　我从没料到战争是这么可怕。要是我运气好能活着回家，我会和你们谈谈斯大林格勒，到目前为止我看到的情景是无法形容的。还能让人满意的只有天气——这里很冷也很干燥。气温平均是零下 12 到零下 20 摄氏度，我得到的冬季装备很充足……

与此同时，"岛"上的食品储备却快要见底了。柳德尼科夫不得不对每个士兵和军官规定以下每日口粮配额：25 克干面包（和饼干差不多）、12 克谷物和 5 克食糖。在柳德尼科夫下达这道命令时，从扎伊采夫斯基岛出发的 18 艘渔船只有 2 艘到达"街垒"工厂附近的伏尔加河西岸，另外 16 艘船在伏尔加河上被炮火打得粉碎。

2艘船被水流冲到了岸边，每艘船上都装着一袋袋被水打湿的饼干和一个个猪油罐头。此外，每艘船上都有3个死者：1个舵手和2个划桨手。"岛民"们收下了这批死者送来的礼物，柳德尼科夫下了死命令，要求每个人都必须分到一份。

柳德尼科夫在签发命令时，用一个装着热水的瓶子贴在自己的右髋部。战前他就得了胃溃疡，虽然后来溃疡愈合了，但此时微薄的口粮导致病情复发而且加重了。柳德尼科夫对谁都没有说，只有为师长提供热水的卫生员西玛·奥泽洛娃知道这个病给柳德

▲ 苏军步兵第138师的参谋长瓦西里·伊万诺维奇·舒巴中校

尼科夫带来了多大的痛苦，后来这位师长很不情愿地向参谋长承认了自己的病情。舒巴中校找副师长库洛夫上校商量了一下，然后两人一起去见柳德尼科夫。

"我们军人在闹饥荒时能够勒紧自己的裤腰带，"柳德尼科夫一边说着，一边把每天42克口粮配额的命令交给舒巴，"但是实在太难为伤员了……没有药品，没有绷带。我们这边有多少伤员？"

舒巴回答："三百多个。另外还有一个得了严重胃溃疡的。要让这个病号拿健康冒险……"舒巴明显加重了最后几个字的语气，"……我们没权利这么做。要是运伤员的船今晚回来……"

"够了，中校同志！我没问你病号的事，这是哪些该死的在乱嚼舌头……"

这时库洛夫上校加入了对话："伊万·伊里奇，我们绝对是认真的……"

柳德尼科夫抬起了手，库洛夫立刻把后面的话咽到了肚子里。他太了解这位师长，知道师长这个手势的意思，何况他还看到了从师长拧成一线的浓眉下射来的咄咄逼人的目光，但是柳德尼科夫的语气仍然很平静。"作为这个师的首长，我也是绝对认真地要求结束这次对话。"

库洛夫没有接话，但是被师长的这些话刺激到的舒巴不愿放弃："我认为我有责任把师长的病情报告给集团军司令部。"

"如果你对你的责任是这样理解的——那就报告吧！顺便说一下，这将是你作为师参谋长发出的最后一条消息。"

舒巴一下懵了，出现了长时间的沉默。

"坐下吧，"柳德尼科夫用温和的语气说道，他的目光也柔和了许多，"我不会为我的粗鲁道歉，因为这是你们挑起来的。"

"伊万·伊里奇！"库洛夫叫道，"请原谅，我们都是出于好意。"

"我明白。但是现在除了守住阵地战胜敌人，我们还能有什么意图？我们一起组建了这个师，我们一起打这场战争。很显然，我们互相都认识，但我们彼此之间真的了解吗？作为军人，我们应该学会坦诚相见！"柳德尼科夫说，他的脸上虽然还有愁容，但已经变得开朗起来。"两个士兵晚上坐在一条战壕里，很快就会了解彼此的一切。他们住在哪儿，是干什么的，爱上了什么人，喜欢干什么事……昨晚我梦见了我的叔叔，安德烈·柳德尼科夫，要我跟你们说说我的叔叔吗？"

库洛夫和舒巴对望了一下，都对谈话的意外转折感到惊讶。柳德尼科夫绝不是多愁善感的人，他只想和他们说说掏心窝子的话。等他讲完了他的故事，他们自然会明白。于是他就从回忆遥远的童年说起，那时他住在亚速海边上一个小渔村里，每年春秋两季，亚速海上都会刮起强劲的东风，只有本领最高强的渔民才敢于出海。在舵手中间，安德烈·柳德尼科夫被认为是最棒的。因此，每当海风吹起，渔民们都会关注安德烈叔叔的举动。如果他继续出海，那就表示其他人也可以扬帆出航。这个人不会作无谓的冒险，也不会给别人树立坏榜样。"很显然，我梦到安德烈叔叔不是没有道理的，"柳德尼科夫继续说着他的故事。"我在梦里看见他的驳船穿过伏尔加河，冒着各种轻重武器的射击，安全地停泊在我们的掩蔽部旁边的河岸上。安德烈叔叔说：'别忘了你的渔民祖先，万纽沙①。只要你还有一口气，就不要放开船舵。我在打鱼时要和大家齐心合作，

---

① 译注：万纽沙是伊万的小名。

你在部队里也是一样。如果你表现得软弱无能，如果你被吓破了胆，逃过伏尔加河，是的，逃过伏尔加河，逃得离敌人远远的——那么整个俄罗斯都被你抛弃了。'说完这些话，他就好像被溶化了一样：我再也看不到他了。"

这时库洛夫和舒巴已经听懂了。"当船要翻沉时，船长是最后一个离开的，"柳德尼科夫说，"但是我们的船不会翻掉。我们不可能沉没。我们是在永不沉没的'街垒'岛上。"

★

步兵第138师牢牢守着阵地，击退了德军无数次小规模进攻。这一天德军对该师的猛烈进攻暂时停止了。在柳德尼科夫看来，德国人经过11月11日到13日的战斗后，显然无力继续进攻了。由于步兵第138师指战员的不屈不挠，德军不得不花几天时间休整，为以后的攻击行动做准备。柳德尼科夫估计德军的新攻势将在11月17日早上展开，因此他请求上级立即采取措施减轻他的师所受的压力。柳德尼科夫师此时实力之薄弱已到了非常危险的程度，它在西岸总共有800人，其中450人是还能战斗的指战员，350人是伤员。这一天又有新的伤亡：全师有3人死亡，15人负伤，共计伤亡18人。手榴弹、冲锋枪子弹、药品和包扎材料都用完了，粮食供应中断了。电台使用的电池也所剩无几。该师必须向上级报告自己的严峻处境，但是唯一的电台已经无法发报，就连收报也只能在非常有限的时间段里进行。柳德尼科夫命令侦察科长 T. M. 巴图林（T. M. Batulin）少校挑选出精干的侦察兵，去集团军司令部报告该师地段的事态。巴图林选中了富有传奇色彩的尼古拉·伊万诺维奇·佩图霍夫中士，他是利用地道、下水道和电缆沟渗透到德军后方的行家里手。几乎每天晚上他都会潜入敌后制造混乱，杀死敌人，破坏设备和抓"舌头"（苏军用来称呼敌人俘虏的俚语）。最近他炸毁了德军在伏尔加河岸边悬崖顶上朝渡口射击的一挺机枪，而且迄今为止已经抓了10个俘虏，从他们口中问出了从前线其他地段调来的新部队。佩图霍夫最终将因在斯大林格勒立下的战功而荣获列宁勋章。

这一次为了赶到第62集团军指挥部，佩图霍夫想出了一个冒险的计划：他要盖着白色的罩衣躺在一条小船里，靠伏尔加河的水流漂到集团军司令部所在的地段。

★

这一天非常难熬：气温从未升到冰点以上，阳光也始终透不过布满阴云的天空。河道里漂满大块的浮冰。到了晚上，气温显著下降，河上形成了更大的冰凌，由于它们发出的噪声太大，德军没有听到两艘渔船在"滚轴"掩蔽部附近出发的声音，其中一艘船顺流而下，佩图霍夫平躺在船里隐藏自己。与此同时，另一艘船则直驶扎伊采夫斯基岛。浮冰在夜间呈现出雾霭般的诡异外表。两艘渔船都用湿帆布包裹着，上面结起一层冰壳，渐渐也变得像大块浮冰了。"滚轴"小分队在他们的阵地上目送被冰块裹挟着的第一艘船消失在"红十月"工厂附近的一道峭壁后面。第二艘船却在河道中间停滞不前，它为什么停下？也许是因为湿帆布在把船往下游拖。随后"滚轴"小分队看见这艘船到了没有浮冰的水面，里面的人站起身来，跳下了船，这时德国人开了火，很快就将船击沉 ①。苏军的炮兵则对德军阵地猛烈轰击，希望阻止他们杀害那位勇士。"滚轴"小分队不知道那个跳进水里的人下落如何，他们把自己观察到的情况报告给了师部。

就在这天晚上，斯大林格勒方面军工兵部队的参谋长召见了扎伊采夫斯基岛上的独立舟桥第107营的营长。见面时参谋长身前坐着一个政治指导员，他穿着一件和他的军衔不相称的新大衣。这个政治指导员脸庞消瘦，看上去精疲力竭，似乎刚刚经历了一场大病。

"这是大尉衔政治指导员祖耶夫，他是从柳德尼科夫岛来的。"参谋长对营长说。"在你领受命令前，我要你和祖耶夫谈谈，然后你们两个一起去舟桥营。我希望舟桥部队看看这个人，听听他要说的话。"米哈伊尔·季莫菲耶维奇·祖耶夫（Mikhail Timofeyevich Zuyev）大尉衔政治指导员是师报《祖国保卫者》的编辑，也是个运动健将。他自告奋勇游到扎伊采夫斯基岛，报告他那陷入绝境的部队的需求。他在跳入冰冷的河水中时早已将生死置之度外，因为他知道要和主力部队取得联系没别的办法了。舟桥部队先前已经知道步兵第138师的处境，但是在听过祖耶夫的叙述后，他们完全明白了自己所在的真实岛屿和

---

① 第51军在21时的报告中称，"第389步兵师的火炮击沉一艘载有20人的划桨船"。也许该师夸大了战果？

祖耶夫待过而且将要回去的"岛"有什么区别。

佩图霍夫的行动也成功了。崔可夫根据他的报告向斯大林格勒方面军的军事委员会打了电话："我很担心步兵第138师。敌人正以大部队向他们步步紧逼。事实上，我只能用大炮和火箭炮帮助他们……"

★

浮冰期对第62集团军来说是一段危险的时间，德军确实极有可能成功利用苏军补给被浮冰严重干扰的机会，局面比苏军官方资料承认的更严重。崔可夫此前攒下了少量储备，但不太多：

> 在严重浮冰期和敌人发起新攻势之前的几天时间里，集团军积攒了一些弹药……我还有自己的秘密仓库。负责抓这件事的是斯帕索夫（Spasov）上校。仓库里是集团军的应急储备——大约12吨巧克力。我估计在困难时期，通过每次给每人发半块的办法，可以让我们支撑一两个星期，坚持到伏尔加河封冻，能够正常输送补给为止。

但是对于柳德尼科夫和他饥饿的部下来说，在他们和这批储备粮之间隔着德军的两个团和几百米被敌人占领的河岸。比食品更重要的是保证柳德尼科夫岛和第62集团军主力的联系。崔可夫写道：

> 柳德尼科夫师被和集团军主力割裂了，我们必须设法援助他们。这个师的处境极其严重：它的北、西、南三面都遭到敌人的猛攻，东面又被漂满浮冰的伏尔加河断了后路……我不能不说说以伊万·伊里奇·柳德尼科夫上校为首的该师指挥员的勇敢精神。尽管局势异常艰难，他们还是保持了镇定和自信。当然，电话线路是被切断了。唯一的通信手段就是无线电。我有好几次通过无线电与柳德尼科夫本人用明码通话，我们之间不用称名道姓就能根据声音辨认出对方。我毫不含糊地告诉他，援助将会送到，我们很快就会和他会师。我希望他能明白我为什么和他说得这么直白，也希望他明白我们的部队其实不能给他任何帮助了。他也回答说我们很快就能会师。我们就这样尽力迷惑敌人。

但与此同时，崔可夫也在扎伊采夫斯基岛上设置了特制的装甲火力点，在里面安置了重机枪、冲锋枪和反坦克炮，以求阻止德军突破防线完成包围。

此举表明他很担心柳德尼科夫岛失守，更担心德军进而包围第 62 集团军其他残破的部队，完成对斯大林格勒的占领。

这天晚上天气一度意外转暖，因此伏尔加河上浮冰的密度和大小都有所降低。第 62 集团军的渡轮运输量因此陡然增加，但是为步兵第 138 师输送食品和弹药的任务只能由飞机来完成。按照崔可夫的命令，波 -2 式飞机在夜里再次向该师空投了少量补给。在投下的 13 个包裹中，只有 8 个被部队捡到，其余的都落进了德军控制区或伏尔加河。该师得到的补给是 4 包食品、2 包 45 毫米炮弹和 2 包 82 毫米炮弹。该师依然严重缺乏子弹、迫击炮弹和口粮。

第 51 军在 11 月 16 日抓获的俘虏：69 人，其中包括 21 个逃兵。

1942年11月16日双方的伤亡情况
苏军步兵第138师：3人阵亡，15人负伤，共计18人
德军第305步兵师：26人阵亡，42人负伤，共计68人
德军第389步兵师：2人阵亡，2人负伤，共计4人

1942 年 11 月 17 日

整个晚上，德军在火炮厂、面包厂和钢铁厂地带都不断遭到猛烈的炮火袭扰，塞德尔战斗群和第 576 掷弹兵团的前沿阵地落弹尤多。此外并无特殊情况发生。步兵第 650 团则记载："敌人整整一天一夜都没有实施积极活动，只是有计划地炮击了我前沿阵地，并间歇性地以机枪和冲锋枪扫射……"双方都没有什么活动。这一天最值得一提的情况就是第一场大雪在深夜降下。

★

第 305 步兵师已在斯大林格勒战斗了一个多月，而第 389 步兵师犹有过之，这两个师都已到了山穷水尽的地步。这两个师因为伤亡已经失去了数以百计的军官和数以千计的士兵，它们彻底失去战斗力的时候已经指日可待，因此第 6 集团军认为必须紧急加以补救。前一天 20 时 45 分，他们通过电传打字机向 B 集团军群发了一则电报：

集团军要求尽快向第 389 步兵师派遣一个补充营。

在 11 月 15 日，该师的战斗力量共计有 3530 人，但是其中步兵战斗力量仅有 1600 人左右。

先前提供给该师的补充兵数量远远低于提供给其他各师的平均数量。目前，第 389 步兵师是我集团军中唯一无望继续得到本土以外补充兵的师。当天 11 时 20 分，第 6 集团军的埃尔希勒普总参勤务中校给 B 集团军群的舒尔策（Schulze）总参勤务中校打了电话：

第 389 和 305 步兵师部署在斯大林格勒前线。第 389 步兵师已经有很长时间连一个补充营都没有得到，因此这个师有兵力枯竭的危险。所以我们请求加快输送补充兵。

第 305 步兵师曾接收了大约 1000 名补充兵，但其中没有初级指挥官。因为士官短缺，基本上也不可能给这些兵进行训练。必须尽快补上缺少的员额，哪怕是用飞机空运也好。

一个师没有得到过补充，另一个师虽然得到了一些，但仅仅是些"人手"而已，只是一群还算不上士兵的幼稚的年轻人。而第 305 步兵师根本没有经验丰富的士官来训练他们。该师的士官不是已经埋在黄土下，就是还躺在医院里，要不就是在前线脱不开身。把未经训练的补充兵送进"街垒"工厂残酷的地狱里没有任何益处，只能徒增死伤。要想让这些人发挥任何作用，就必须调教他们，而且不仅要训练巷战战术，就连基本的训练也不能少。雷滕迈尔上尉在 11 月 18 日被调离前线，送到后方帮助把这些新兵蛋子整合到他的团里："目前我是在斯大林格勒的后方。来了一些补充兵，而我们的团也必须重整，这将是今后几天里我的任务。"

从当事人的回忆看，补充兵的训练安排似乎是各部队自行决定的。虽然几个掷弹兵团开展了基本的训练，但第 305 工兵营却将他们直接送上了前线，据约瑟夫·茨伦纳①（Josef Zrenner）二等兵回忆：

我们在 11 月中旬得到了一些后备部队，他们被打散分配到各部队。

---

① 约瑟夫·茨伦纳二等兵，第 305 工兵营营部，1920 年 12 月 5 日生于诺伊施塔特，2006 年尚健在。

可惜我不得不说他们是些只受过速成训练的人员，没有任何方面的经验。他们都是些年轻人，我们根据各连剩余的兵力，把他们按比例分配到连队里。

他们先是听参谋介绍了情况。然后就被分散到各个战斗小组里。参谋对他们做了一些指示，然后由已经去过前线的人告诉他们具体要怎么做，接着在夜里，他们就被带到前线，进入最前沿的阵地。在那里，每个据点都被分配了到2个、3个或4个新兵。那里没有连续的战线，只有一个个独立的据点，他们就这样被分配进去，这里去两个，那里去两个，因此他们都是在前线通过有战斗经验的人来熟悉情况的。

我不得不说，这些补充兵对我们来说其实算不上增援。我们一个部队接收了10~15个新兵，其中有一个是军官，到现在我还清楚地记得，我曾对他说："中尉先生，把你的肩章拿掉，因为如果你还戴着它，被俄国军队里的那些狙击手看到了，那么你很快就会成为牺牲品。"于是他摘掉了他的肩章，接着我们就让这群人就在夜里前进，进入前沿阵地，加入一线部队。第二天，我去阵地上找那个中尉，结果他已经失踪了，不见踪影了。我们什么也没找到。至于那批年轻人，有些已经死了，或者受伤了，而最多的是因为在阵地中间迷路而失踪了。他们应该明白，那里经常是我们的部队守着大楼和道路的一边，俄国人的部队守着另一边，而且两军的交界线经常会进进退退。我们之所以没法继续前进，就是因为顶用的部队太缺了。

这些只受过速成训练的年轻人被送来参加这场战斗真是不幸，两三天以后我就惊讶地发现这些年轻人根本不适合战斗。他们回来的时候，有些人已经有了精神障碍，他们丢弃了自己的武器，他们失去了理智，他们胡言乱语，如此种种。我这么说算是客气的，他们发疯是因为他们体验到了战斗，他们无法承受那种精神压力。我们不得不解除他们的武装，还不得不对那些躺在雪地里撒泼的人来硬的。他们都不让别人接近，完全失去了理智，跟他们讲道理一点用都没有。其中有个家伙用他的枪对准我们，接着又对准自己，我们不得不缴了他的械。另一些人就干脆躺在雪地里，还有的拼命狂奔，直到跑不动为止。我们只好把这些人送去总救护站，交给卫生兵来处理，但是这类情况都发生在我们被包围以前，从 11 月 21 日开始，包围圈形成以后，我们就再也顾不上这些人了，因为自身都难保了。

虽然伏尔加河沿岸的战局极为残酷，德军将士们在故乡的亲人面前还是要摆出一副勇敢的姿态。第 578 掷弹兵团第 1 连的汉斯·伯恩哈特上等兵在信中写道："我身体好得很，不比这里的任何一个人差。我们这里还没下雪，不过已经非常冷了……"

这天上午，一道关于攻占斯大林格勒的元首令传到了第 6 集团军指挥部：

> 向在斯大林格勒参战的所有团级及团以上指挥官口头传达下列元首令：
>
> 我深知斯大林格勒战斗的艰难和战斗力量日趋枯竭的情况，但是伏尔加河上已经出现浮冰，这给俄国人造成了更大的困难。如果我们能有效利用这段时间，就能避免今后大量的流血。
>
> 因此我希望将士们和以往经常表现的那样，拿出他们的全部精神和气势，至少在火炮厂和钢铁厂一带突破至伏尔加河，占领市区的这些地段。
>
> 空军和炮兵必须尽一切努力为这次进攻做准备和支援。此令
>
> 元首

保卢斯无精打采地发出了答复：

> 我请您向元首报告，斯大林格勒地区的指挥官们和我正在不折不扣地按这道命令的精神，利用俄国人因为过去几天伏尔加河上产生浮冰而暴露的弱点。元首的命令将为部队提供新的精神动力。

保卢斯在 13 时 15 分将元首令转发给下级，并加上了他自己的评语："我相信这道命令将为我们英勇的将士注入新的精神动力！"

希特勒的胃口已经变小了，他再也没有谈笑间调动大军横扫大片苏联领土的豪气。现在，他只要征服河边几百米残破不堪的城区就心满意足了。率部攻打火炮厂和钢铁厂的军长塞德利茨将军看到这道命令时大惊失色："千辛万苦打了这么久，我接到这道命令就像挨了一记耳光。"

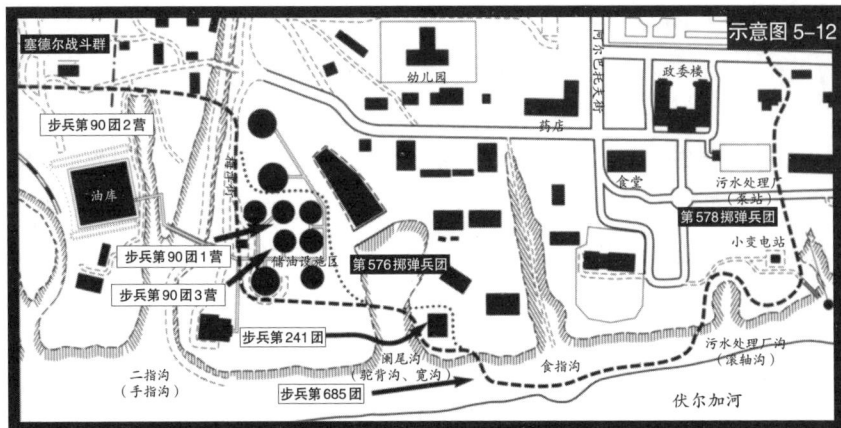

▲ 1942 年 11 月 17 日苏军在储油设施区一带的攻击

★

　　在前一天 23 时 37 分，第 62 集团军司令部下发了第 220 号命令，指示集团军一部对梅津街以东的德军集团发起反击，以求与步兵第 138 师会合。这个任务落在步兵第 95 师及其配属部队肩上，而第 63 集团军的炮兵集群将为他们提供支援。为了准备这次进攻，计划从 5 时开始炮击，一直持续到 11 时 45 分，目标是摧毁储油设施区附近的德军碉堡和火力点。炮火准备的最后 15 分钟将是暴风骤雨般的炮火急袭，然后步兵就发起冲锋。

　　一团浓雾如同灰色的毛毯懒洋洋地盖在"街垒"工厂的残垣断壁和河面上，各种声响都因此减弱了不少。偶尔有几发炮弹怪叫着掠过天空落进废墟里，但是随后的爆炸却异常沉闷。步枪和机枪零星开火的声音也在前线回荡。双方士兵都睁大眼睛，竖起耳朵，留心浓雾中的动静。在柳德尼科夫岛的边缘地带，一切都很平静。和前几天一样，炮兵轰击和步兵进攻的重点已经转移到南面储油设施区一带弹坑累累的高地和冲沟。苏军的大炮从早上 5 时开始对这一整块地段进行火力袭扰，喀秋莎火箭炮也在 10 时加入其中，对工厂东南部分实施齐射，试图歼灭德军人员和所有在防线后方不远处的预备队。而在 11 时 30 分左右，密集的弹雨陡然降临在第 576 掷弹兵团和塞德尔战斗群左翼的阵地上。德军估计这一阵火力至少来自两个重炮连、多个轻炮营和为数众多的火箭炮。

第179炮兵团报告：

> 我团集中火力对塞德尔战斗群阵地前方敌军集结地和运动队形进行了有效轰击……我团对指定地区实施了猛烈的袭扰射击。

猛烈而密集的大炮、迫击炮和火箭炮弹幕在11时45分转移到德军前沿阵地工事上，并持续打击这些地段至12时，然后向德军防御纵深延伸。火箭炮的最后一次齐射落在储油设施区区。随后，戈里什内的部队就对第305步兵师在储油设施区中的右翼阵地发起了进攻。

苏军的猛烈炮火从攻击区域延伸，自什米林战斗群左翼到第389步兵师右翼的德军阵地被一直轰击到13时为止。"喀秋莎火箭炮"对"街垒"工厂东南区域的齐射则持续到14时。第51军向第6集团军报告说："我军自身的炮兵只能靠数量不足的储备炮弹进行有限的反击。战斗仍在继续。"苏军并未注意到德军的弹药短缺：在第51号战斗报告中提到，"敌人连续猛烈炮击伏尔加河河岸，试图阻止攻击的部队向'宽沟'推进"。

储油设施区的战斗变得越来越残酷。德国掷弹兵和工兵们已经竭尽所能修筑了工事。他们在阵地前沿拉了带刺铁丝网并密集布设了地雷，伏尔加河滩头和冲沟里面更是重点布防区域。德军还沿着各个储油罐的底座周围以及"二指沟"的边缘修筑了工事。防线的基石是位于"阑尾沟"北侧的一座低矮而坚固的变电站 [05 号房]：机枪从变电站的窗口可以轻松控制储油设施下方平缓的台地。储油罐本身只剩下几个垮塌焦黑的罐体，散发着石油化学制品焚烧后的恶臭。戈利什内的步兵和水兵在进攻时主要沿着河岸和冲沟前进，尽可能避开开阔地。

步兵第95师师长瓦西里·阿基莫维奇·戈里什内上校从位于储油设施区以南几百米处悬崖中掩蔽部的指挥所指挥了所有这些进攻。他可以从掩蔽部前面的一个观察所看到部队沿着大约20米宽的河岸攻击前进的情形，但是在北面更远处的储油罐都被悬崖挡住了。虽然戈里什内和他的部下担负着为柳德尼科夫解围的任务，但他们自己的处境也是危机四伏的：他们的防区是一片狭长的地带，夹在伏尔加河和与伏尔加河平行而且离水只有几百米的德军前沿阵地之间。更糟糕的是，他们与第62集团军其他部队的联系通道非常不牢靠……他们的后方横贯着"深沟"，这是一条底宽坡陡的冲沟，一直通到内陆的面包厂。

▲ 1942 年 11 月 17 日，步兵第 90 团和 685 团在伏尔加河边以及储油设施区附近向北推进

德军称它为"Bandwurm Rachel"（绦虫沟），或者干脆叫它"Brotfabrik Rachel"（面包厂沟）。不过，苏军士兵还给它起了一个更可怕的名字。自 10 月 23 日以来，这条冲沟里一直恶战不休，德国人无数次企图通过它冲到伏尔加河，但是都在它的黏土沟壁之间撞得头破血流。沟中因此尸体枕藉，被摧毁的军用品充塞其间，于是苏军士兵给它起了个"死亡沟"的诨名。在 11 月中旬，塞德尔战斗群在此处控制的阵地离伏尔加河不过 400 米，整条冲沟都暴露在他们的步枪和机枪火力下。苏方人员要想到达步兵第 95 师的阵地和戈里什内的指挥所，唯一的办法就是沿着河岸运动，并且尽可能贴着地面匍匐爬过死亡沟的入河口。即便如此，德军射出的子弹还是能找到牺牲品。为了避免损失，苏军工兵架起一道横跨冲沟的双层木栅，并在中间填满沙石。这道土木屏障发挥了无可替代的作用，苏军士兵靠着它的保护终于能在德军机枪火力下安全地来回移动了。

　　另一方面，在第 576 掷单兵团的南翼，苏军在中午发动了进攻。他们借着浓雾掩护沿河岸和冲沟蜂拥向前。地雷和德军机枪手对冲沟内的盲目射击造成了重大伤亡。步兵第 685 团的战斗日志描述了该团所在的狭窄地带内的战斗：

　　我团的剩余部队会同步兵第 92 旅步兵第 3 营的下属单位进行了突破

冲沟的尝试。有一组8个人成功过了沟，但被位于伏尔加河河岸和冲沟北坡上的掩蔽部及战壕中的敌人用机枪、冲锋枪和手榴弹歼灭。

尽管遭遇挫折，步兵第90团的部队还是突破德军防线进入了储油设施区。一条条幽灵般的身影在乳白色的雾霾中飞快掠过，德军设在储油罐西北方大型建筑中的机枪对他们猛烈扫射。手榴弹接连爆响，机枪声伴着喊杀声此起彼伏。储油设施区密布战壕、弹坑和散兵坑，因此突入阵地的苏军能够寻找隐蔽。突破口周围的掷弹兵立刻意识到危险，随即后撤。步兵第95师在第51号战斗报告中记载了夺取储油设施区的战斗：

> 步兵第90团第1营和第2营在12时转入进攻，虽然遭到严重损失，但截至13时50分已经夺取储油罐并站稳脚跟，继续向东北方向发展胜利。

守在变电站的德军是戈里什内师这次进攻的主要目标之一。同一份战斗报告中提到了这个据点的争夺战：

> 经大炮和迫击炮火力准备后，步兵第241团对"宽沟"中的火力点发起进攻，截至13时50分已经占领位于悬崖角落的房屋和冲沟，但是损失严重，无法再前进。通信中断。
>
> 根据副团长的命令投入了一个排加强攻势并援助先头部队，但是未能取得任何良好效果。

戈里什内的部下在扭曲变形的储油罐之间又攻占了一些土地，但是后续的进攻全被德军凶残的机枪火力粉碎。第62集团军的战争日记记载了这次战斗：

> 在12时，经过炮火准备后，步兵第95师的步兵第241、90和685团攻击了梅津街以东地区的敌军。步兵第90团克服敌军顽强抵抗，占领了储油罐，个别部队继续向北前进。
>
> 步兵第241和685团占领了梅津街东北150米处的冲沟，并继续向伏尔加河河岸攻击。敌军在战斗中投入了预备队。战斗的激烈程度正在加大。

德军部队的伤亡不是很大，其中大多数是苏军火力准备造成的。在苏军这次进攻中首先遭到攻击的是第576掷弹兵团和第305工兵营第2连。格林手下的"问题儿童"——有7个孩子的弗朗茨·米勒一等兵就被卷入了这场激战。他写道：

> 从11月11日到17日，我们在一个阵地上守了7天，我在那里被指

定为班长，在排长保利上士手下作战。后来俄国人以压倒优势的兵力占领了阵地，保利上士、丹纳（Danner）一等兵和我是第 2 连中仅有的幸存者……保利上士向我保证，我会得到一级铁十字勋章。

米勒差一点就丢了性命，他所在的地堡被炮弹直接命中，他被活埋在里面，但是后来战友们把他挖了出来，并送到后方治疗。

魏曼少校的第 294 工兵营也有折损。第 1 连的格奥尔格·胡夫 [1]（Georg Huf）二等兵被一发迫击炮弹直接命中，当场身亡；第 2 连的保罗·巴桑 [2]（Paul

▲ 第 305 工兵营第 2 连亚当·保利上士

Basan）列兵在一片混乱中消失，再也没人见到他。在 13 时 35 分，魏曼少校向自己原来的上级师报告：

> 我营为保住已夺取的目标，参与了步兵作战。
>
> 自上次报告以来的伤亡：1 名军官染病住院——门策尔中尉 2 名下士和 12 名士兵伤亡，其中 2 名士兵阵亡波尔中尉伤重不治。
>
> 第 294 工兵营营长 魏曼少校

★

柳德尼科夫岛上平静得有些诡异。敌对双方都庆幸获得了喘息机会，但是他们仍然小心地戒备着对方——两军的阵地实在靠得太近，容不得半点松懈。时不时有一挺机枪打破沉默，或者有一发迫击炮弹呼啸飞过或者落地炸响。双

---

[1] 格奥尔格·胡夫二等兵，第 294 工兵营第 1 连，1913 年 6 月 15 日生于黑基尔多夫，1942 年 11 月 17 日阵亡于斯大林格勒。
[2] 保罗·巴桑列兵，第 294 工兵营第 2 连；1921 年 6 月 29 日生于波鸿，1942 年 11 月 17 日失踪于斯大林格勒。

方都对对方的狙击手保持着敬畏。有一个德国士兵就亲身体会了这些隐身杀手的厉害，他是 19 岁的掷弹兵弗朗茨·迈尔① （Franz Maier），第 44 突击连为数不多的幸存者之一：

> 我们待在斯大林格勒一个大工厂的厂房里，从阵地上能看到伏尔加河。我们两个突击连和一个工兵排出动五六十人，攻击了一次又一次。最后只剩下没几个人了，许多人受了伤，但大多数被打死了。我们把死者的尸体收集起来，堆在炸弹坑里，然后摘下他们的身份牌，交给了军官。

> 11 月 17 日早上 9 时，我在一条交通壕里站岗时，左手的手肘中了一枪，子弹打穿了我的肺。我身边的一个战友头上挨了一枪，当场就死了。那里到处都是狙击手。

神志不清的迈尔被送到急救站，第二天又被救护车送到后方的卡拉奇附近。最终他幸运地在苏军反攻前被送上火车运到西面更远的地方。突击连的其他伤员就没有这么好运，尤其是那些不得不留在戈罗季谢的野战医院里的重伤员。这其中就有约翰·库迈尔② （Johann Kuhmayer）二等兵和卡尔·基梅斯温格尔③ （Karl Kimmeswenger）二等兵，前者在 11 月 21 日因伤势过重死于戈罗季谢，后者在 11 月 25 日步其后尘。

★

柳德尼科夫师这一天的战斗日志记载得很简略："全天，敌人派出小股冲锋枪手多次试图趁我不备在师左翼渗透到伏尔加

▲ 第 44 突击连掷弹兵弗朗茨·迈尔

①弗朗茨·迈尔掷弹兵，第 44 突击连，1923 年 10 月 6 日生于圣珀尔滕，2006 年尚健在。
②约翰·库迈尔二等兵，第 131 掷弹兵团第 11 连，生年不详，1942 年 11 月 21 日因伤死于斯大林格勒。
③卡尔·基梅斯温格尔二等兵，第 131 掷弹兵团第 11 连，1923 年 7 月 5 日生于赛滕施泰滕，1942 年 11 月 25 日因伤死于斯大林格勒。

河。步兵第 138 师这一天与敌进行了战斗。"该师的损失很小：3 人死亡，10 人负伤，合计损失 13 人。该师各团的活跃战兵数量：步兵第 344 团——82 人，步兵第 650 团——28 人，步兵第 768 团——28 人，另有伤员——358 人。

★

擅长反击的德军没过多久就卷土重来，扑向储油设施区。他们的突击队在苏军突破地段的西侧发起猛攻，攻下了数个苏军阵地，并俘虏了几个苏军步兵。突破口被部分封闭，但是苏军还是守住了小小的突破口周围尚不稳固的阵地。整个下午，交战地区的天气情况不断恶化，狂风暴雨和漫天飞雪使战场上到处积水，并且在冰点以下的气温中迅速冻结。这给苏军造成了很大麻烦，因为他们需要在结冰后变得溜滑的冲沟坡壁上爬上爬下。苏军轻型火炮仍然对整个地段进行了袭扰射击。

在 16 时 35 分，施密特将军与 B 集团军群的温特上校通了话，向他汇报了情况：

> 在斯大林格勒，临近中午时俄国人在猛烈炮火支援下猛攻储油设施区的南线。因为电话线被打断，目前这次交战的结果尚不明朗。军部认为第 305 步兵师能解决所有问题。

在 17 时，苏军重启攻势。夜幕降临后，他们还进行了连续的猛烈炮击。根据计算，苏军的火箭炮在这一天对火炮厂一带打了 50 次齐射。苏军的火箭炮射击是从 10 时开始的，目的是歼灭位于工厂东南部的德军人员和预备队。第 577 掷弹兵团团部电话班的班长彼得·勒夫勒 [①]（Peter Löffler）一等兵就是亲身体验火箭炮威力的人之一。勒夫勒是几天才当上班长的，因为原来的班长（一个下士，勒夫勒认为他是个胆小鬼）"靠撒谎和弄虚作假住进了医院"。这一天，勒夫勒再次奉命执行他这个兵种最危险的任务——找到并修复被打断的电话线：

[①] 彼得·勒夫勒一等兵，第 577 掷弹兵团团部，1916 年 5 月 14 日生于施特滕阿姆卡尔滕马尔克特，2006 年 5 月 25 日卒于厄蒂希海姆。

▲ 第577掷弹兵团彼得·勒夫勒一等兵

1942年11月16日晚到17日晨非常冷。泥土冻得像石头一样硬。树枝和电线上裹着手臂一样粗的冰霜。我们又被要求出去检查中断的线路。我和芬克（Fink）列兵一起离开政委街上的团指挥所，朝着设有急救站的变电站方向走去。我听到炮弹飞近的呼啸声，刚想找掩护，一阵"斯大林管风琴"①射出的弹雨就落在我们头上，有一发火箭弹在我左前方爆炸。我当时正站在一个弹坑边上，被夹着无数弹片的冲击波打个正着，我的两条小腿都受了重伤，还有一块弹片打在离心脏不远的地方。它射穿了我的制服，然后嵌进一本比较厚的战地教堂祈祷书里没有穿透。这本书和一个笔记本一起用一个皮制的匣子装着，就放在我的左胸口袋里面。因此我的胸口连皮都没破一点！这本小书成了我的守护天使，要是没有它的话，这块豌豆大小的金属碎片就会直接把我打个透心凉。我的左腿断了，脚踝上方的骨头被弹片打得粉碎，右腿小胫骨也挨了两块弹片。

我受伤的时间是10时30分，地点离急救站大约50米。芬克立刻跑到急救站里求援，然后带着两个俄国"Hiwi"②和一副担架回来了。我刚被他们放上担架，第二阵弹雨又落下来了。

我被他们抬到了急救站。11时，他们在急救站里对我做了紧急包扎。我的靴子和衣服被剪开，表面的弹片也被取出了。在晚上，我被送到大约500米外的下一个救护站。那里的人再次清了我的伤口，取出弹

---

① "斯大林管风琴"：德军给苏制喀秋莎多管火箭炮起的绰号。

② "Hiwi"即"Hilfswilliger"的缩写，是指德军中的俄国辅助志愿者。德军大量使用苏军战俘或逃兵作为志愿人员，从事开车、做饭、抬担架、运弹药等辅助工作。由于斯大林格勒久攻不下，这些人还经常被用作一线士兵。据估计第6集团军在斯大林格勒使用的苏方志愿者多达5万人。

片，然后给我的两腿都敷上石膏，一直敷到肚子下面。这天夜里我被抬进一间非常大的拱顶地下室，孤单一人留在里面，受着伤痛和口渴的折磨。我身上的水壶已经被拿走了，房间里一个人也没有，后来也没人进来，我觉得他们已经把我忘了。不过到了第二天一清早，我还是被救护车运到了 1/542 野战医院，那里有好几顶大帐篷。许多重伤员躺在那里，只有一个卫生员照料他们，医生们都不知道该先治哪个。晚上下了第一场雪，积了大约 40 厘米厚。

勒夫勒一等兵在 1942 年 12 月 1 日由容 -52 式飞机运往罗斯托夫。当他痛苦地被拆去石膏后，医生发现他的腿已经长了坏疽。他的右腿因为严重感染而在 1942 年 12 月 17 日被切除，他的左腿也在 1943 年 1 月 21 日接受了大手术，清除了 900 毫升脓液，不过好歹是保住了。随后他辗转于多家医院直至 1944 年下半年，并在 1945 年 3 月因残疾退伍。

★

塞德尔战斗群在当天的报告中写道："在命令地段与第 305 步兵师换防的行动将在入夜时开始。"这个举措无疑对第 576 掷弹兵团大有帮助，因为这缩短了该团的防线，使其能够组建更大的预备队用于反击，既然瞎子都能看出苏军不会停止对储油设施区的进攻，那么无论得到什么帮助都是好的。虽然该团的伤亡数字每天都在波动，但战斗力量始终在不断减少，损失主要是大炮和迫击炮造成的。虽然塞德尔战斗群也一直遭到炮击，但强度不能和把储油设施区犁了一遍又一遍的炮火相比。现在，这个战斗群要分担第 576 掷弹兵团的一部分防务了。按照计划，换防应该在夜幕降临时开始，但是储油设施区一带的危机使这个行动推迟到深夜才进行。大雾也严重影响了能见度。

★

为了给阻止苏军解围的部队提供一些火力支援，几天前有几门第 305 装甲歼击营的反坦克炮被转移到药店以西幼儿园附近的阵地上。在德军夏季攻势的早期，该营的修理所对缴获的 T-60 和 T-70 式坦克进行了改造，他们拆掉这些坦克的炮塔，并在车体后下方的装甲板上焊接了挂钩，把它们当作牵引车使用。这些车辆在整个夏天都表现出色，并且随该营来到了斯大林格勒，但事实证明它们不适合用于城市战。在工厂区的作战中，挂钩经常被突出的障碍物（尤其是铁轨）撞脱。从那时起，炮手们就不得不靠人力把他们的大炮推进工厂区的各个阵地。他们在黑暗的掩护下，靠肩扛手推费力地让大炮穿过"街垒"工厂阴森扭曲的废墟，在幼儿园的背风处中放列，然后进行了伪装。装甲歼击营的里夏德·博伊尔勒[1]（Richard Bäuerle）二等兵回忆了这次行动：

> 我是个护炮步兵。每门炮都有一个护炮步兵，任务是防范敌人步兵对大炮的攻击……我们被调到了伏尔加河方向，进入一个幼儿园放列。我们离伏尔加河大概100米，每天都要用我们的反坦克炮朝伏尔加河对岸射击。给这些反坦克炮下这样的命令真是蠢透了，因为它们实际上都是用来直射的火炮，而现在却要我们朝伏尔加河对岸打曲射。伏尔加河在这个地方有3000米宽，我们的大炮最远只能打2500～3000米。所以所有炮弹都掉到水里去了，但我们还是每天都要执行这样的任务。我在那里和另外4个人一起作战，结果一发迫击炮弹把我们5个人都放倒了。连里还剩10个人，都待在房子里。我记得我受了伤以后一点不想回到后方去，因为当时正在发香烟。我们有香烟配额，人人都像烟囱一样一根接一根地抽，只要抽着烟就能忘掉所有事情。正因为如此，我不想回后方去。后来他们对我说，你不管怎样都该回去，回去了有你乐的。于是我去了总救护站。到了那里以后，就看见有人站起来，在救护站里到处跑，边跑边唱："有机会去后方的人真有福气，因为他们又能见到家乡了。"

博伊尔勒将在几天后幸运地逃出命中注定降临在第6集团军头上的厄运。

> 于是我就乘着救护车回去了，车开得比我预料的要快。在正常情况下，车里应该有两三张木板床。但是，这时候车里的设备全被拆了，每个人都是被直接塞进车里的，然后救护车就开起来。我相信车里塞了足有15个人，里面有头部受伤的，有脚部受伤的，有手臂受伤的，就连那些应该躺下的人也被塞进来了。车里一片尖叫，就像疯人院一样。我们就这

---

[1] 里夏德·博伊尔勒二等兵，第305装甲歼击营，1922年11月18日生，2004年尚健在。

样穿过原野，朝卡拉奇方向前进。

几天以后，当苏军的大规模反攻全面打响时，一趟列车冒着苏军的迫击炮火离开奇尔火车站，把博伊尔勒和另一些伤员送到了安全的地方。当时博伊尔勒并不知道，他们是通过陆路逃离斯大林格勒的最后一批德军人员。

★

这天下午近黄昏时，第51军汇报了它次日的意图："如果第305步兵师的情况允许，将在11月18日继续对火炮厂以东的敌桥头堡实施突击队作战。"而在征求第305步兵师的意见后，他们在当晚坚定了这一意图。在20时20分，第51军表示："计划使用突击队进一步蚕食火炮厂以东的敌桥头堡。"

德军的调兵遣将没有躲过柳德尼科夫和他的部下的眼睛。第138师的战争日记中记载：

> 敌人继续在14/15号车间、主车间、35号房、36号房一带集结兵力，"街垒"工厂中央大门以东200米处集结的敌军尤其多……师长判断我师的处境非常困难。通过船只为师获取补给和口粮的行动未能成功。在本日日终时，师部一带约有380名伤员。在我师两翼进至伏尔加河的敌军以步枪和机枪火力扫射我师部队，而我师防守区域长不过400米，纵深不过300米。
>
> 敌人以机枪、大炮和迫击炮日夜不断地集中射击伏尔加河河面。在过去5天中，步兵第138师主要靠缴获的武器和弹药继续作战。在如此艰难的情况下我师还是守住了防线，敌人付出许多人命后仅仅前进了200米。

柳德尼科夫后来写道："伤员人数到11月17日已经多达380名，他们的处境特别艰难。他们得不到药品，也得不到像样的治疗。"德军对此知道得一清二楚。有许多苏军战俘描述了火炮厂以东苏军部队补给困难的情况，和得不到足够补给的伤员日益增加的数字。在11月17日晚上，柳德尼科夫的部队差点发生了兵变。当时柳德尼科夫正和他的参谋长舒巴讨论严峻的补给状况，从预备队人数到弹药，各方面都快到极限了。为了证明这个事实，舒巴中校向他的师长报出了一个又一个数字。柳德尼科夫听得聚精会神，没注意到有人敲门。只见护士奥泽洛娃带着眼泪走进来，恳求师长去见见伤员，不然他们就要"散伙"。

"他们到底想去哪儿？"柳德尼科夫问道，"难道要走进伏尔加河？"

"您一定得去听听他们要说的话！他们对我说，不带上师长就别回去见他们。'我们要的是师长，不是你这娘们的同情。'他们就是这么对我说的。我根本没法和他们讲道理。"

于是柳德尼科夫动身去见伤员。他们就在师指挥所隔壁，住在一个特别修筑的掩蔽部里。"战士们，你们好！大家过得怎样？跟我说说吧。"

伤员们似乎已经拿定主意要怎么和首长对话。一个左手被打坏的士兵走上前去。他的左手裹在一件衬衣里面，用一根带子吊在肩上。尽管如此，这个士兵还是用另一只手向师长敬了个礼，然后朝众人所在的方向做了个手势。"上校同志！我要代表他们发言！"他大声宣布。接着他放低嗓门，用毕恭毕敬的语气说出了下面的一番话："我们感谢您称我们为战士。在护士西玛眼里我们只是伤员，但是在您，上校同志的眼里我们仍然是战士。既然我们曾是战士，我们就要作为战士去死！我们中间伤势不是很严重的人要求您发给我们武器，让我们回到部队……上前线去。"

"不，我不允许！我拒绝您的要求！"

对柳德尼科夫来说，向一群如此坚定的人说出这样的话并不容易。他重重地叹了一口气，然后走向掩蔽部的深处。他试图借着昏暗的光线辨认出伤员们的面貌，但是他只能看到一双双带着疑惑表情的眼睛，仿佛在问："为什么您不允许我们这么做。上校？"

"你们知道我姓什么吗？"

"我们知道……这个姓已经出名了。"伤员们异口同声地回答，接着伤员们的发言人又带着一点失望补充道："为什么您不相信我们呢，上校同志？我就算说不出我们师的番号，也不会不知道我是在柳德尼科夫指挥下战斗在'柳德尼科夫岛'上啊。"

"我们师现在剩下的人太少了，我都快成光杆司令了，你们还要我把最后一点英勇的老兵送到冷酷无情的敌人手上？！战士们，你们没有替你们的指挥员着想。还有一件事我必须让你们知道：我们没有弹药分给你们。让你们去拼刺刀也不合适。还有问题吗？"

掩蔽部陷入了长时间的沉默。终于，在最黑暗的角落里有人发了声："还有一个问题：等待我们的是什么？"

　　许多人都不喜欢这个问题，掩蔽部里出现了小小的骚动。接着，同一个声音做了澄清："我们不怕死，上校同志……在'街垒'工厂我们见到的死亡已经太多了，但我还是想知道，伏尔加河对面的人知道我们的情况吗？他们是不是已经把我们当成死人了？他们能等到伏尔加河封冻吗？"

　　骚动再次出现："我们等不到河面封冻就会死的！"

　　"别说丧气话！""安静！"

　　"我们要讨论的不是这个！我们要求回到前线去。"

　　于是他们开始讨论起这个"岛"的命运。在这些艰难的日子里，与它的命运息息相关的不光只有伤员。只是前线的战士们没有时间考虑这些事情，他们一有空闲就会睡觉，因为他们知道战斗的声音随时会把自己唤醒。掩蔽部里的伤员们倒是喜欢争论这些问题，甚至会开会讨论。

　　柳德尼科夫抬起了手，争论顿时终止。在一片沉寂中，只能听到伤员粗重的呼吸声。

　　"这么说来，你们还有一个问题：等待我们的是什么？答案只有一个——胜利。军人只要还在奋战，就不用想什么死亡……我们也不会干等伏尔加河封冻。我们在战斗！集团军指挥部的人，还有方面军指挥部的人，他们能听到'街垒'工厂传来的雷霆，他们也在等待河面封冻。也许今晚不会有船来，但是明晚一定会来——会给我们带来弹药，还会把你们送到对岸。这些都是实话，我对你们从不隐瞒什么。有件事不用保密：有个勇士已经游到下游去找崔可夫。还有一个政治指导员游过了伏尔加河去找叶廖缅科和赫鲁晓夫。援助会来的！而到了那时，朋友们，我就会需要你们的帮助。任何人都可以报名参加从船上卸货的志愿小队。光靠师部的人干不了这些活，我又不能从前线抽调人手。我们将不得不冒着敌人的炮火干活，每一个活下来的人都会得到我亲手颁发的勇敢奖章。至于那些死在这一小块土地上的人，等待他们的只有一样东西：永恒的光荣！你们对我的回答满意吗？"

　　"很满意！谢谢您，上校同志！"

　　在21时10分，第51军向第6集团军报告说，第245突击炮营已经没有可作战的33B型突击步兵炮，而隶属于第244突击炮营的33B型突击步兵炮将从前线撤下，做好执行新任务的准备。他们已经下令想尽一切办法回收那些被打瘫后仍然躺在前线的突击炮，但这说起来容易做起来难。第二天早上，两个突击炮营上报的实力如下：

第244突击炮营。可作战：7辆长炮管型、7辆短炮管型、4辆33B型。正在小修：1辆长炮管型、5辆短炮管型、2辆33B型。正在大修：0辆长炮管型、0辆短炮管型、0辆33B型。

第245突击炮营。可作战：2辆长炮管型、0辆短炮管型、0辆33B型。正在小修：0辆长炮管型、3辆短炮管型、2辆33B型。正在大修：6辆长炮管型、5辆短炮管型、1辆33B型。

★

在21时35分，第51军下发了第114号军长令，这道命令终于要求发动对钢铁厂以东的进攻。这次进攻之所以不断被推迟，就是因为工兵营和突击炮仍然被牵制在柳德尼科夫岛附近。为了配合这次进攻，第305和389步兵师也要发动各自的攻势：

什未林行动I号将在11月20日上午实施。具体时间将另下命令。

第305步兵师应以一支突击队配合什未林战斗群进攻，与右翼友邻部队联手肃清储油设施区西南边缘冲沟之敌，并占领"工厂"附近的伏尔加河河岸。

在11月21日，第389步兵师应夺取"红楼"和该楼房东南方的伏尔加河河岸。此次作战结束后，第24装甲师的突击连应撤出战斗，归军部调遣。

冯·什未林少将和他的参谋们一丝不苟地策划了以他的姓氏命名的作战行动。他们打算以10支突击队击穿苏军防线，一劳永逸地占领河岸。

★

第51军在11月17日抓获俘虏18人，其中包括12个逃兵。

1942年11月17日双方的伤亡情况
苏军步兵第138师：3人阵亡，10人负伤，共计13人
德军第305步兵师：2人阵亡，11人负伤，共计13人
德军第389步兵师：2人阵亡，4人负伤，共计6人

23时30分，在无疑极为脆弱的平静降临到千疮百孔的储油设施区之后，塞德尔战斗群从其左翼的友邻部队手中接管了指定的地段：从原为什未林战斗群左侧边界的大冲沟，到位于储油设施区以南"叉子沟"（也叫"二指沟"）的岬角。

德军正在为又一次进攻做准备，而柳德尼科夫明白自己获得援助的唯一希望在扎伊采夫斯基岛上。岛上的部队为了救援步兵第138师已经做了各种尝试，在11月17日深夜，第327营陆军工程营的两艘小船又准备执行这一危险的任务。这两艘船满载着食品、药品和弹药，还未离岛就遭到了德军的迫击炮射击，其中一艘船被炮弹直接命中，炸得粉碎，但好在船员无人伤亡，因为他们当时正在离船很远的地方。第二艘船安全地离开了岸边，并且冲破浮冰阻拦，成功到达步兵第138师的地段。它送去了6箱弹药和用于便携式电台的电池，但是这艘船在返航途中又遭到德军炮击。在5名船员中有2人——扎哈罗夫（Zakharov）和苏沃罗夫（Suvorov）——身亡，2人——叶廖缅科（Yeremenko）中士和亚历山德罗夫（Aleksandrov）列兵——负伤。

当天早些时候，独立舟桥第107营已经接到第62集团军工兵主任要他们组织从扎伊采夫斯基岛到步兵第138师防区的摆渡行动。集团军工兵第327营负责把送给步兵第138师的货物从伏尔加河东岸运到扎伊采夫斯基岛，但将货物送到柳德尼科夫部队固守的桥头堡的任务要由独立舟桥第107营来完成。

当天夜里他们又做了一次输送弹药和食品的尝试。10对两两联结的渔船满载货物从扎伊采夫斯基岛出发，驶向"街垒"工厂。这些渔船在航行途中得到来自扎伊采夫斯基岛和伏尔加河东岸的炮火掩护。有6艘小船克服湍急的水流、密集的浮冰和德军炮火的阻拦，成功到达柳德尼科夫部所在的区域。这些船没能提供足够的食品或弹药，但是它们提供了更重要的东西——希望。这条跨越浮冰阻塞的河道建立起来的脆弱交通线让柳德尼科夫手下筋疲力尽的战士们明白，自己不再是孤军奋战。重新建立的联系虽然还不能给他们继续作战的手段，至少给了他们奋战到底的勇气。

第六章
最后一搏

1942 年 11 月 18 日

柳德尼科夫上校决定让佩钦纽克少校负责左翼直到河边的所有防务。在步兵第 138 师师部的第 85 号命令中，规定将下列部队划归步兵第 650 团：彼得连科（Petrenko）上尉指挥的小队，先奇科夫斯基国家安全少尉指挥的集团军督战队，佐林（Zorin）大尉指挥的小队，以及步兵第 241 团的炮兵和他们的 45 毫米炮。虽然这听起来让佩钦纽克的战斗力量有了很大增强，但事实正好相反。这几支队伍只不过是少数久战疲惫之士组成的杂牌军，是早已在激战中消失的部队的幸存者，这几支队伍中实力最强的要数先奇科夫斯基少尉的内务人民委员部督战队。柳德尼科夫把七零八落的左翼各部队交给一名指挥员统一指挥，希望通过此举稳定左翼局势，建立起连贯的防线，以防德军将步兵第 138 师驱离河岸。现在全师的命运都取决于水上的生命线。对柳德尼科夫来说，除了步兵第 650 团的团长佩钦纽克少校，没有人能让他放心地托付如此重任。后来柳德尼科夫在回忆录中写道："佩钦纽克少校以勇敢著称，而且天生就有那种无价的战斗直觉，能够做出大胆的决定并付诸实施。"他的这些本领即将接受严峻的考验。

现在德军每次进攻前都要一丝不苟地做准备。他们会挑选出作为目标的个别建筑物，用大炮和迫击炮的间瞄火力以及装甲车辆和反坦克炮的直瞄火力对其猛烈轰击。在新的战法中，被指定支援进攻的坦克连起着至关重要的作用。让坦克在进攻部队后面炮击一定距离外的目标很有效果，尽管对如此贵重的进攻性武器来说这并非最佳的使用方式。第36装甲团（第14装甲师）的坦克连在11月11日到14日配属第305步兵师作战期间蒙受了很大损失，但是接替它的部队——第24装甲师第24装甲团以汉斯·梅塞施密特[1]（Hans Messerschmidt）中尉为首的装甲连——的情况却要好得多，这主要是因为德军采用了新的攻击模式，而梅塞施密特也很擅长正确使用他的坦克。据梅塞施密特回忆，他的坦克曾攻击过柳德尼科夫岛上的建筑：

▲ 第24装甲团第4连汉斯·梅塞施密特中尉

　　在夜里，我们的坦克停在街上，借助一些三到四层的混凝土公寓楼做掩护。这些公寓楼的排列方式是与南北走向的伏尔加河平行的，它们大多数都烧得不成样子了。这些楼房有地下室，地下室下面是更深的地下室。我们把钢丝床垫框架悬挂在这些地下室的天花板上，这样就能比较舒服地躺在上面睡一会。虽然有飞机轰炸和伏尔加河对岸大炮的炮击，但这些公寓楼保护了我们的坦克和地下室里的我们。

　　伏尔加河东岸的苏军随时会用高射炮、反坦克炮和重炮射击东西向的街道，因此我们想出了这样一个办法：在破晓前，我们就开着我们的坦克沿这些街道向东前进。俄国人当然听到了我们的履带的声响，但是他们因为天黑看不见，只能盲目地射击。每天早上，各个突击队都按这

[1] 汉斯·梅塞施密特骑兵上尉，第24装甲团第4连，1919年7月27日生于贝伦多夫，2006年尚健在。

个办法进入出发阵地。我们在城区地图上，对工厂后面的大型建筑都编了号，我们每天攻击一个街区。我们的坦克（配备长身管和短身管 7.5 厘米主炮的四号坦克）从隐蔽的地点开出来，像突击炮一样支援进攻部队。我们用直射的炮火对事先选定的楼房进行火力准备，我们会瞄准窗口开炮，因为那后面都潜伏着敌人，随时准备对我们的步兵突击队开火。我们进攻前的火力准备主要是大炮和大口径榴弹炮的轰击，以及"斯图卡"俯冲轰炸机投下的炸弹。准备完后一发信号，步兵就会奋勇向前。

德军在 4 时开始了进攻，炮弹和子弹如冰雹一般砸向指定的目标。佩钦组克的部下观察到大约 100 名德军士兵聚集在政委楼东南方 20 米处。这是第 50 装甲工兵营和第 162 工兵营的人员组成的战斗群。在 4 时 20 分，这些部队开始朝苏军左翼推进，似乎企图夺取未完工楼房并绕到苏军后方的伏尔加河河岸上。梅塞施密特手下的一辆坦克开到政委楼的南侧角落，对未完工楼房开了火。在楼里坚守阵地的是 11 月 15 日转移到这里的几个勇士——达秋克大尉、戈尔巴坚科上士和团部文书杜博夫，后者还裹着用死人的衬衣做的绷带。过去三天还有一些援兵被派到这座楼里，但是守军的总人数始终不是很多。他们的

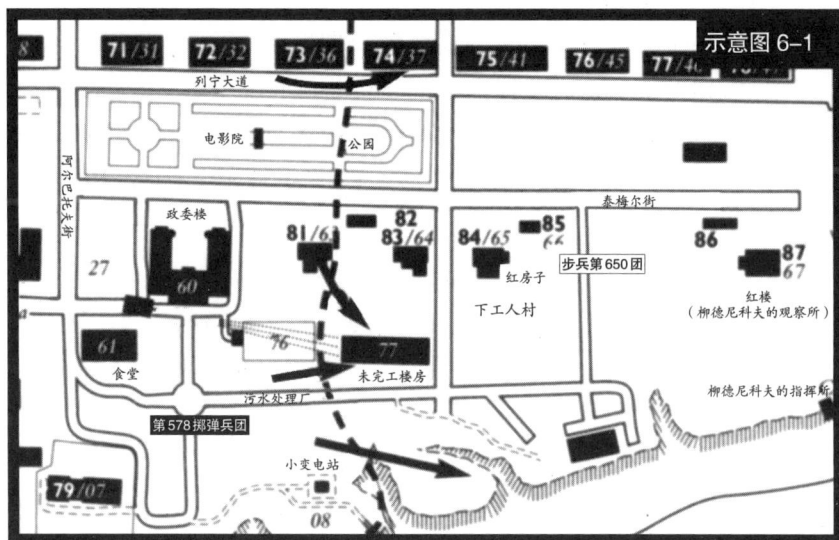

▲ 德军在 1942 年 11 月 18 日上午的进攻

堡垒之所以被称作"未完工楼房",是因为它只建了一半,还没完工就因为战争爆发而不得不停建。这座大楼原定作为技术学院的教学楼,但是内部从未装修过。地下室、厚重的外墙和内部隔墙都已完工,但是屋顶尚未安装。不过这也无关紧要了,因为到了1942年11月,下工人村里已经没有一座带屋顶的建筑了。从地下室北端通出去的壕沟将这座楼房与河岸及其他据点连成一体。现在,当德军的炮弹纷纷雨下时,守军就在地下室里等待炮击结束。梅塞施密特的坦克和突击炮的火力效果尤其好,它们的炮弹可以穿过窗口在楼内爆炸。与此同时,在公园另一边的37号房[74号楼]也受到了同样待遇。步兵第650团在其战斗日志中提到:"敌人的进攻得到了3辆坦克的帮助,它们起了毁伤建筑的作用。"步兵第138师的战争日记则说:"德国人的进攻伴有5~7辆坦克。"炮击持续了整整一上午,而且起到了牵制楼内守军的作用,德军的几个战斗群乘机沿伏尔加河悬崖边缘向北推进,与主要由民兵、机关人员和内务人民委员部督战队成员组成的顽强守军搏斗。

因为德军在这天观察到了一个特殊事件,所以我们必须在此探讨一个迷雾重重而且颇有争议的话题——声名狼藉的"督战队"(заградотря́ды)所扮演的角色。由于一部卖座电影和几本畅销书的描写,大众对这些督战队的印象就是:他们是一群带着机枪部署在苏军部队身后的家伙,随时准备像割麦子一样撂倒任何擅自后退的自己人。一看到"督战队"这个字眼,人们脑海中大概就会浮现出凶神恶煞的内务人民委员部士兵用枪瞄着普通苏联军人后背的画面。这种印象符合事实吗?引出这个问题的是欧根·雷滕迈尔上尉在1942年11月20日写下的一封家信,他在信中描述了自己在撤到后方之前,在11月18日上午亲眼看到的一件事:

几天前,我们发现有人在俄国人的阵地纵深开枪猛射。最初我们完全没有头绪,搞不懂这是怎么回事。后来我们才开始明白。有些俄国人想从前线后撤,结果他们被守在他们身后的政委①很干脆地开枪干掉了。

① "政委"是德军官兵对苏军政工人员的统一称呼,其实在1942年10月9日斯大林已经下令废除政治委员制度,所有政工人员都在降低军衔后被赋予了普通军官的职务。

不仅如此，在伏尔加河对面还有一门大炮对着这些人开火，把他们的尸体以扭曲的姿势炸上天。这种方法当然很有效。难怪他们会抵抗得这么顽强。

我们首先来考察一下支持这一说法的证据。

雷滕迈尔的其他信件和报告已被证实是非常可靠的，它们经常能得到档案和其他确凿证据的印证。他以前当过教师，这个职业使他具有很强的观察能力，而且能对自己亲眼所见和亲身经历的事情作合乎情理的解释。而且他也从来不是那种喜欢大放厥词的人。雷滕迈尔声称后撤的苏联人被"很干脆地开枪干掉"，这当然有些骇人听闻，要不是一些旁证支持了雷滕迈尔，或者至少为事件的发生提供了基本条件，我们也许可以对他的说法一笑置之。从前一周的战斗记录我们已经了解到，有一支督战队就驻守在雷滕迈尔团的对面——如果它不是部署在佩钦纽克的步兵第 650 团背后，我们也可以立刻否定雷滕迈尔的说法，但是它恰恰就在那个位置。就在 11 月 18 日这一天，步兵第 138 师下达了将督战队划归步兵第 650 团直接指挥的命令。下面的内容就摘自该团的战斗日志："从师指挥部收到了第 085 号命令：划归步兵第 650 团团长指挥的部队有先奇科夫斯基国家安全少尉的督战队……"

雷滕迈尔当时就在前线，亲眼观察到了这个事件。他的观察所应该给他提供了极好的视野，如果他使用了望远镜那就更能看得清清楚楚。当时苏军士兵在射击，但奇怪的是目标不是德国人。他们打的是什么人？正是这个事实引起了雷滕迈尔的注意。也许这就是那种只有敌人才会留下记录的事件？比如，在步兵第 138 师的战斗日志中曾提到，德军有一次进攻时驱使俄国男女走在他们前面。我们能因为在德国老兵的叙述或者德方报告中找不到相关线索，就不予采信吗？

尽管有上述证据，我们还是有理由怀疑雷滕迈尔的说法。第一条也是最重要的理由是：他的叙述多少有些模糊，而且带有猜测性质。雷滕迈尔不可能百分之百地肯定那些猛烈的射击是来自苏军防线后方。在步兵第 138 师的任何档案以及任何其他记录中都没有提到这次事件。不过，督战队直属于集团军，因此他们的报告是直接提交到集团军司令部的。除此之外，苏联官方对于此类敏感的争议事件向来讳莫如深，因此我们不能断定这一事件不可能发生。

这支督战队之所以被部署在步兵第 650 团后面，是因为该团的防线是柳德尼科夫手下几个步兵团中最不稳固的。既然内务人民委员部的士兵忠诚可靠，柳德尼科夫就把坚守到底的希望寄托在他们身上。

步兵第 138 师的兵力此时已经少得可怜，因此督战队的官兵也被当作步兵，用来巩固该师的防御阵地。在如此严峻的情况下，还让督战队干枪毙苏军士兵的活是毫无道理的。既然苏军指挥员已经从野战厨房、办公机关等任何有人力的部队抽调援兵，那么在危急时刻有什么理由不让这支特殊部队也顶到前线去呢？它虽负有特殊使命，不见得就不能充当战斗部队。

雷滕迈尔确实是目击者，但他是从德军的角度观察的。德军可能产生误解，在战斗中更是如此。如果苏军一方有同样的记述，那么说服力会大得多，而且几乎是无法辩驳的。其实，督战队的指挥员——米哈伊尔·伊里奇·先奇科夫斯基少尉——确实作为亲历者留下了记录，不过他没有详细描述督战队的"正常"工作，诸如扣押逃兵，抓捕敌方渗透人员，或是"用机枪扫射同胞"之类。当然了，在 1942 年 11 月的艰难岁月里，柳德尼科夫岛上没有什么是正常的。为了阻止德国人在伏尔加河饮马，每一个人都必须战斗。先奇科夫斯基在记述中说的全是他的督战队在柳德尼科夫岛上执行的军事行动，并且简要总结了他们战斗的地点：

> 我不是步兵第 138 师的成员，而是带领一个特遣队独立执行任务，由第 62 集团军的军事委员会直接指挥。我指挥的这个特遣队参加了保卫顿河畔卡拉奇、顿河畔韦尔佳奇、马马耶夫岗的战斗，当敌人在 1942 年 10 月 20 日左右突破到伏尔加河时，我们接到集团军军事委员会的命令，调至"街垒"工厂下工人村一带，当时步兵第 138 师已经驻守在那里。

他在报告的其余部分讲述了他的督战队参与保卫柳德尼科夫岛的情况，本书多处摘引了这份报告中的内容。

也许有人认为，先奇科夫斯基之所以没有提到雷滕迈尔报告的事件，只不过是因为他在自己的记述中隐瞒了这类事实。持这种观点的人确实让人很伤脑筋：他们喜欢选择事实来配合自己的论点。无论有多少份资料声称督战队从不对己方士兵开枪，许多人还是会拒绝相信它们。另一方面，只要有一份给督战队的形象抹黑的资料浮出水面，他们就会立刻拿着这份比较吸引眼球的资料大做文章，来驳斥所有相反的证据。

关于督战队的真相是一个极其复杂的话题。围绕它的说法往往是杜撰多于事实。详细介绍各支督战队情况的资料非常稀少，因为大部分此类档案尚未解密，但我们还是能获得有关这类部队的大体信息。"督战队"的俄文"заградотря́ды"原意是"拦阻分队"，顾名思义，建立这类部队的目的就是用来阻拦后撤的军队……而不是用机枪把他们就地处决。他们的工作就是扣押那些后退者，把他们送回前线。在某种程度上，督战队其实和宪兵差不多，只不过权力更大一些。这些部队通常被放在二线建立最终的防守阵地，因为他们都是可靠的内务人民委员部官兵。据一个在惩戒营待过的老兵说，他们实际上也会在前线后方构筑辅助的防守阵地。P. N. 拉先科将军 [①] 曾在著作中指出，督战队总是被置于前线后方，但他没有说明离前线多远。不过从他的措辞来看，很可能离前线几百米以上。拉先科将军还指出，除了扣押逃兵外，督战队还必须对付敌军可能派出的奸细、间谍和破坏分子。这些督战队就是 1943 年成立的锄奸反特局（Smersh，"斯梅尔什"）的前身。

督战队是按照斯大林在 1942 年 7 月 28 日下达的著名的第 227 号命令组建的。按照斯大林的指示，要向所有部队和某些机关宣读这道篇幅很长的命令。为了让读者更好地了解组建督战队的背景，我们有必要引述其中的一些文字：

> 敌人不顾重大损失，向前线增派了新的军队，已经深入到苏联境内。敌人侵占我国领土，摧毁我们的城市和村庄，奸淫掳掠并屠杀苏联人民……我国人民是热爱并尊敬红军的，但是红军的表现却使人民感到沮丧，他们开始失去了对红军的信心。很多人咒骂红军，因为他们自顾自地向东脱逃，把人民置于德寇的铁蹄之下。前线一些愚蠢的人散布言论自我安慰，说什么我军还可以继续向东撤退，我们还有大片的领土……但是这些言论愚蠢至极，实际上是帮助了我们的敌人。每一个指挥员、红军战士和政治委员都应当清楚我们的资源不是无穷无尽的……因此，诸

---

① 彼得·尼古拉耶维奇·拉先科（Pyotr Nikolayevich Laschenko），苏联英雄，1910 年 12 月 19 日生于图里亚，1992 年 4 月 21 日卒。

如我们能无休止地撤退，我们有大片的领土，我国地大物博，人口众多，我们总有足够的面包等等言论，必须被禁止。这些言论是错误的，危害极大，这些言论削弱了我们自己而有利于敌人。如果我们不停止撤退，我们将没有面包，没有燃料，没有金属，没有原材料，没有工厂，没有铁路。所以我们的结论只有一个：是停止撤退的时候了。一步也不能后退！现在这应该成为我们主要的口号。必须坚守每一个阵地，每一寸土地，直到流尽最后一滴血……如果我们要扭转局势保卫祖国，就必须在我们的部队里建立最严格的组织和树立铁的纪律。不能容忍指挥官和政治委员允许部队擅自脱离阵地。不能容忍指挥官和政治委员允许动摇军心者带动其他战士临阵脱逃，从而影响战局，使前线阵地落入敌手。应当就地处决动摇军心者和懦夫。今后将用铁的纪律约束每一个指挥官、红军战士和政治委员——没有上级的命令，不得后退一步……

在这些铿锵有力的言辞后面，是红军最高统帅部对各方面军军事委员会、集团军军事委员会和各军、师级指挥员及政委的不同指示。该命令的第 2 条 b 款大体上与集团军军事委员会有关，特别针对集团军司令员而发，其中就提出了组建督战队的要求。在此有必要逐字引述："在每个集团军内，组建 3 ~ 5 支武器精良的督战队（每队人数不超过 200），将他们直接部署在最不可靠的师背后，命令他们在这些师发生无序撤退的情况下就地枪决懦夫和动摇军心者，从而帮助这些师中忠诚的士兵履行对祖国的义务。"该命令的第 3 条 b 款则针对军、师级指挥员及政委而发，指示他们"尽一切可能帮助和支持集团军督战队执行强化部队秩序和纪律的任务"。

该命令还要求组建惩戒连（在集团军一级）和惩戒营（在方面军一级）[①]。在一般人的想象中，惩戒部队和督战队是密不可分的，督战队应该专门把机枪架在惩戒部队的后面。在几份访谈资料中，惩戒部队的老兵确实提到了督战队，但当采访者问起督战队是否曾故意用机枪扫射惩戒部队的士兵时，所有老兵都

---

① 各军兵种中的中高级指挥员和政治委员如果因贪生怕死和意志不坚而违反军纪，就将被送到方面军一级的惩戒营。这些惩戒营将被部署到战线上最危险的地段，让这些人"有机会用鲜血洗刷他们对祖国犯下的罪行"。士兵和初级指挥员如果有同样的过错，将被送到集团军一级的惩戒连，同样得到赎罪的"机会"。

表示自己从未听说过这样的事……至少在他们战斗过的地区闻所未闻。也许在极端情况下，特别是在 1942 年夏天，这种事情可能发生过，但是后人找不到任何确凿证据，也得不到老兵的证实。许多人的叙述中提到逃兵被当场处决，但是没有一份老兵的证词声称督战队曾射杀过成群的逃兵。既然老兵们能回忆起就地枪毙的事，为何没有人记得后一种情况？事实上，虽然督战队毫无疑问曾处决过不少人（肯定有数以千计），但是这和他们扣押并送回部队的人数相比是极其稀少的。在一份写于 1942 年 10 月 15 日的有关斯大林格勒方面军和顿河方面军督战队活动的备忘录中，我们可以读到下列内容：

> 根据国防人民委员会第 227 号命令，截至 1942 年 10 月 15 日，在红军内部已经组建了 193 支督战队。其中有 16 支在斯大林格勒方面军，25 支在顿河方面军，它们都隶属于方面军下辖的各集团军的内务人民委员部特别处。

> 从 8 月 1 日到 10 月 15 日，各督战队共扣押了 140755 名本应在前线作战的军人。其中 3980 人被逮捕，1189 人被处决，2776 人被送到惩戒连，185 人被送到惩戒营，其余 131094 人都被遣送回其原来的部队和分配点。

> 大部分逮捕和扣押行动都是由斯大林格勒方面军和顿河方面军的督战队执行的。

> 顿河方面军的统计：36109 人被扣押，736 人被逮捕，433 人被处决，1056 人被送到惩戒连，33 人被送到惩戒营，32933 人被遣送回其原来的部队和分配点。

> 斯大林格勒方面军的统计：15649 人被扣押，244 人被逮捕，278 人被处决，218 人被送到惩戒连，42 人被送到惩戒营，14833 人被遣送回其原来的部队和分配点。

> 应该指出，各督战队，尤其是斯大林格勒方面军和顿河方面军的督战队，在激战中确实发挥了良好的作用，维持了部队的纪律和秩序，阻止了部队从防御阵地无序撤退，并将相当数量的军人遣送回了其所属部队。

这份备忘录中还举出了个别督战队履行职责的例子，此处有必要引述一些：

8月29日，斯大林格勒方面军第64集团军步兵第29师的师部被突破我军防线的敌坦克包围，该师下属各部队失去领导，开始乱哄哄地撤退。菲拉托夫（Filatov）国家安全中尉指挥的督战队就部署在该师防线后方，他们拦住了逃跑的部队，将这些人赶回了防御阵地。

另一个更严重的例子：

9月14日，敌人攻击了保卫斯大林格勒的第62集团军步兵第399师的部队。步兵第396团和第473团的人员惊慌失措，开始丢下阵地后撤。一支督战队的指挥员——叶尔曼（Elman）国家安全少尉——命令他的部下向撤退中的部队的上空开火。这两个团的人员因此停下脚步，并在两个小时后回到了他们的阵地上。

这份备忘录还提到了督战队被用于计划外用途的几个例子，有相当数量的此类部队被当作常规一线部队部署，并因而蒙受伤亡。例如，有一支督战队因为伤亡了65%而不得不解散，还有一支督战队的伤亡率更是达到70%，非但被解散，人员还被分配到了步兵团；还有几支督战队因为伤亡严重而后撤整补。

那么，既然督战队执行的任务并不像人们通常想象的那样，而且他们还经常英勇作战，为什么还会有那些误解？为什么普通苏军士兵那么害怕他们？其实，单是对督战队的恐惧就足以使大多数士兵留在阵地上。首先，每个红军士兵都知道督战队的存在。第227号命令曾向每一支部队宣读，谣言和亲眼看到的就地处决很快就让"一步也不能后退"的思想深入人心，正如一个普通士兵所写的：

我们讨论过第227号命令的意义。这道命令无疑起到了把问题大大简化的作用。只要上级一喊停止前进，我们就都会停下，再也没有不确定的时候。每个士兵都知道，自己停下的时候同伴也会停下。是的，每个人都会停下，做好死在那里的准备，而且知道没有人会逃跑。这道命令给大家提供了很强的精神激励。同时大家也知道后方有专门的督战队，他们有权枪毙任何真的临阵脱逃的人……

由于一种被不断强化的观念，普通人一看到"督战队"这几个字，脑海中就会立刻冒出苏军士兵被背后打来的黑枪成片射倒的画面。这种观念还导致许多人对苏联军人抱有不公正的看法，认为他们只有在脑袋被枪指着的情况下才能作战。事实上，柳德尼科夫岛的保卫者根本不需要在强迫或威胁下战斗。在斯大林格勒的各处战场上，这里是苏联军人表现得最英勇、最大胆的地方。但是，如果有那么一次，有一些军人临阵脱逃并被自己人枪毙，这些英雄事迹可能就会失色。柳德尼科夫这样的师长或者佩钦纽克这样的团长要是知道自己的部下逃跑并被督战队射杀，肯定会认为这是耻辱吧？

也许我们应该把最后的发言权留给柳德尼科夫岛上的内务人民委员部督战队指挥员，听他说说这支督战队实际扮演的角色。先奇科夫斯基少尉：

> 与主要后勤基地的联系被切断后，我们发现食品出现了短缺，而更重要的是弹药短缺。但是，没有一个人——无论是战士还是指挥员——有过放弃这个桥头堡的念头。所有人都坚守决不放弃伏尔加河的誓言，毫不动摇地为每一寸土地而战。德国侵略者每天都凭借着我们根本没有的优势兵力和火力疯狂进攻，我们英勇的战士打得敌人的尸体和弹药在战场上堆积如山，我们还通过搜寻战利品补充了我们的武器和弹药。

督战队的详细历史还有待他人来论述。

★

储油设施区一带的恶战还在继续。鲍里索夫少校的步兵第90团的官兵在夜间竭尽所能构筑工事保护自己，但是德军的机枪对他们小小的立足点交叉扫射，迫击炮则不断轰击冲沟和河岸。苏军损失很大，不过戈里什内上校还是决心坚守这一小块土地，因为这是攻向柳德尼科夫岛的理想出发地。他们的战友似乎已近在咫尺。

德军将苏军逐出这块地方的意愿也同样强烈。他们在夜间做好了发动新反击的计划，突击队在5时30分借着迫击炮和大炮的火力掩护出动。苏军炮兵做出了回应，在储油设施区以西打出一道火墙。德军的第一次进攻被击退了，但是二十分钟后他们又发起第二次进攻，而且同样是来自西北方向。6时30分，他们又从西南方向发起进攻。根据苏方报告，所有进攻都被击退，德军撤回了他们的出发阵地。

5时35分，步兵第241团的部队在储油设施区东北的"阑尾沟"与敌人

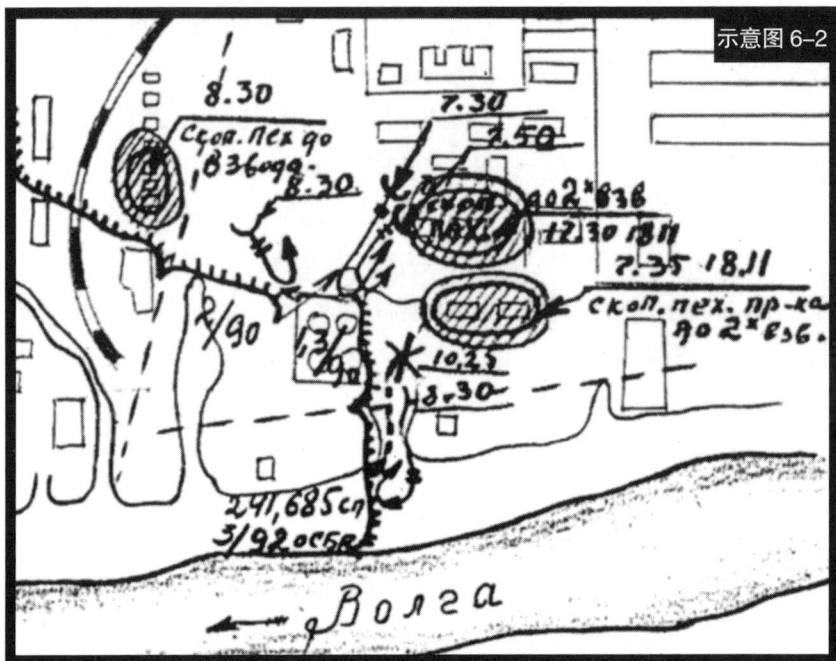

▲ 1942年11月18日，步兵第95师地段的形势。三块阴影区域显示了苏军炮兵驱散德军集结部队的位置。图中还显示了苏军击退德军对储油设施区发动的几次进攻和沿阑尾沟进行的一次渗透。从这张草图看不出德军又重夺了储油罐设施区，图上的时间是苏方时间，不是德方时间

拼手榴弹。与此同时，从面包厂方向传来发动机的轰鸣声。在6时30分，兵力相当于一个连的德军从北面沿伏尔加河河岸攻击了步兵第241团、步兵第685团和步兵第92旅第3营。8时25分，试图通过"阑尾沟"渗透的一队德军（12～15人）被歼灭。

苏军记录明确表示本方控制着储油设施区，但德军的资料也说得毫不含糊。第51军在6时的报告说：

> 敌人对储油设施区的进攻直到1时才告一段落。人数不多的几股残敌仍然占据着储油设施区东南角和伏尔加河河岸。我军已开始清剿他们。

在16时35分则报告：

> 第305步兵师肃清了储油设施区的残敌……

除了步兵第 95 师的战斗报告（从中我们得知了德军几次进攻的时间），我们还可以查到第 62 集团军的日记，其中也明确表示其部队仍控制着储油设施区：

> 步兵第 95 师在储油设施区附近击退了超过一个营的敌人的进攻。步兵第 90 团控制着储油设施区，并且巩固了那里的阵地。步兵第 241、685 团巩固了梅津街东北 150 米外的冲沟一线。

步兵第 685 团的战斗日志也没有提供更多线索：

> 1942 年 11 月 18 日，我团实施了一整天的防御作战，击退了多次尝试渗透到冲沟以南的小股敌军。

此后苏军的行动似乎暗示储油设施区可能落入了德军之手——尽管只是暂时的。苏军炮兵在下午又猛烈炮击了储油设施区和周边区域。作者认为双方都相信自己控制着储油设施区，而实际上这块地方在当天曾几度易手，因为双方都提交了声称自己重夺储油设施区的报告。

★

对于德军官兵在储油罐一带经历的痛苦折磨和惨重损失，从第 576 掷弹兵团第 12 连的一名机枪手——保罗·施佩特（Paul Späth）[1]一等兵写的信中可见一斑。施佩特虽然没有明确提到这次反击战，但他把普通士兵的各种体验写得明明白白：

> 我要在这里给你们写几句。首先，我要谢谢你们寄来的第二个 1 公斤包裹，它送到我手里的时候包得很好，让我高兴极了。以后别再费心给我寄什么了，因为我们这里吃的喝的都足够了，基本上什么都不需要了，就算寄来也没地方放。之所以这样是因为到今天我们连里就只剩 16 个人了，而且每天都会再少几个，可我们还是不停地收到寄给死者或者伤者的包裹。因为这个缘故，我们有足够的东西可吃。邮局不会再把这些包裹寄去。我们这里的香烟也已经太多了，再也不用寄了。所以，你们

---

[1] 保罗·施佩特一等兵，第 576 掷弹兵团第 12 连，1910 年 7 月生于博门，1942 年 12 月 11 日失踪于斯大林格勒。

只要给我寄信就行，对我来说这就足够了。现在我要跟你们说说我们的战斗情况。我们在这里不得不做一些非常残酷的事。我们是在斯大林格勒第一个打到伏尔加河的师，别的师都不能冲到我们已经到达的地方。但是，我们基本上也不剩多少人了。全师已经伤亡了95%，其中超过一半人死了。今天俄国人在伏尔加河对面的重炮又给了我们一顿猛击。经过5个星期的战斗，基本上没有一个人还能撑下去。每隔三四天就有一个新的营上来，但是没过多久就会被打得七零八落。我们的阵地在斯大林格勒北部，靠近伏尔加河的悬崖上，俄国人就在我们下面的河边上，但是我们没法把他们赶走。我们只能用手榴弹对付他们，所以双方的阵地只隔着20~30米远。我们这里的情况可怕极了，炮弹坑一个连着一个，都叠在一起了。现在讨厌的冬天已经来了，气温在零下25~30摄氏度，而我们因为在前哨阵地，晚上只能露宿。我想不通我们为什么要在这里打仗。大家全都生了病。我不知道有哪一个钟头是没有人下葬或者受伤的。伏尔加河在这里有3~4公里宽，河面上密密麻麻都是浮冰。俄国人每天都要进攻两三次，给我们造成了很大伤亡。我们身后是一个又一个工厂，全都被炸成了碎片。它们是火炮厂、拖拉机厂、炸药厂和坦克厂，绵延几公里。现在我们都像犹太人一样，头发有15~20厘米长，胡子也有5厘米长，从8个星期前就没洗过澡。我们个个满身污秽，说来真是丢脸，而我还不知道我们什么时候能离开这儿。也许我现在轮不到休假，因为这里需要每一个人。你们没必要再寄东西了……就在我写这封信的时候，我们周围至少落了200发炮弹，四面八方都有。我就写到这里吧，希望我主上帝保佑我平安回去！明天早上6时天亮，下午3时天黑。祝你们大家一切安好。你们的儿子保罗。

★

在对储油罐反击的过程中，第294工兵营也遭受了伤亡……在储油设施区周边弹坑密布的冻土地狱中作战的部队没有一个能逃脱这样的命运。两军的炮弹如同倾盆大雨一般降临在这片暴露的土地上，意味着即使掩蔽部和散兵坑也不能保证安全。第294工兵营在这一仗中至少又损失了三个人：第1连的卡

尔·伯德克 [①]（Karl Bödecker）二等兵和弗朗茨·米勒 [②]（Franz Müller）二等兵
失踪，第 2 连的鲁迪·里希特 [③]（Rudi Richter）二等兵头部中枪身亡，全营负
伤人数不详。这种持续不断的流血令第 294 步兵师深感忧虑。该师的战争日记
中出现了下列记载：

> 由于工兵营在斯大林格勒伤亡惨重，必须考虑从我师其他部队抽调
> 人员补充该营的可能。我们打算抽调仍在师部工作的工兵分队，并且再
> 次对留守分队进行彻底清理，抽出冗余人员。此外，上次的转运补充营
> 中有些工兵因为当时工兵营人员充实无法安排，被放到了步兵团的工兵
> 排里，现在也可以抽调。我们希望通过这些措施匀出 70 名左右的工兵，
> 在留守分队原指挥官贝纳德（Benad）中尉的带领下行军到斯大林格勒增
> 援工兵营。

又一批第 294 工兵营的兵员将被送往浸透了鲜血的"街垒"工厂战场。

★

在柳德尼科夫岛上，步兵第 650 团继续在未完工楼房和悬崖一带击退德
国人的进攻。德军主要依靠工兵来将苏军逐出悬崖。约瑟夫·林登少校描述了
他们遇到的困难：

> 俄国人在悬崖的半山腰上构筑的掩蔽部经常通过壕沟相连，因此我
> 们在这里使用了一些强力的手段，通过挖掘和爆破，改善了我们在伏尔
> 加河边的前沿阵地的态势。

在两条冲沟周边发生了特别激烈的战斗。南边的一条冲沟被德军称为"水
房沟"，被苏军称为"水沟"，防守者是克柳金和"街垒"工厂工人民兵的残部：
由于德军在冲沟边缘对他们形成包围之势，他们的处境岌岌可危。北边的一条
冲沟被德军称为"角沟"，被苏军称为"工兵沟"——双方在它的南侧边缘争
夺得非常激烈。因为这条沟是德军与柳德尼科夫的指挥所之间的最后一道天然

[①] 卡尔·伯德克二等兵，第 294 工兵营第 1 连，1911 年 2 月 13 日生于阿尔采格布施，1942 年 11 月 18 日失踪于斯大林格勒。
[②] 弗朗茨·米勒二等兵，第 294 工兵营第 1 连，1914 年 4 月 20 日生于科默恩，1942 年 11 月 18 日失踪于斯大林格勒。
[③] 鲁迪·里希特二等兵，第 294 工兵营第 2 连，1920 年 5 月 24 日生于德累斯顿，1942 年 11 月 18 日阵亡于斯大林格勒。

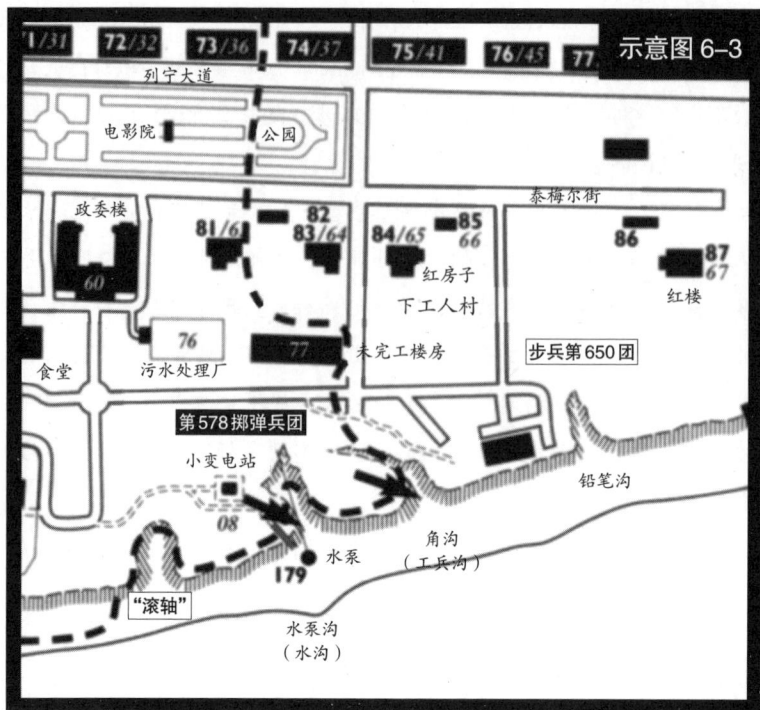

▲ 1942 年 11 月 18 日的冲沟争夺战

屏障，所以苏军的抵抗特别顽强。正是因为这条沟发生的血战和德军在此遭受的惨重伤亡，苏军才会将它命名为"工兵沟"。

第 578 掷弹兵团和配属的工兵营在这些进攻中又占领了一些土地，把前线沿着伏尔加河悬崖边缘又向北推进了 100～150 米。当然，在此过程中他们不可能没有损失。第 162 工兵营第 1 连的连长库尔特·巴尔特中尉就在这些进攻中阵亡。他的部下瓦尔特·汉克 [1]（Walter Hanke）上等兵受了重伤，被运回政委楼后因为伤势过重死在那里，此外，赫伯特·比朔夫（Herbert Bischof）一等兵也失踪了。

---

[1] 瓦尔特·汉克上等工兵，第 162 工兵营第 1 连，1922 年 6 月 15 日生，1942 年 11 月 18 日因伤死于斯大林格勒。

★

佩钦纽克少校与他手下各营的通信中断了，这些部队分布在从伏尔加河河岸到 37 号房的多处阵地上。德军继续进攻苏军左翼，他们分成 15～20 人的小队投入战斗。最终第 50 装甲工兵营的战斗群突入了未完工楼房，每个房间里都爆发了残酷的小规模战斗。由于德军突击这幢楼房的部队源源不断，楼内经过短兵相接的搏杀后，只剩下 4 名苏军战士。为了避免被德军歼灭，他们匆忙穿过地下室，沿着一条通向东北方的壕沟逃出大楼，占领了大约 50 米外的防御阵地。到这一天入夜时，德军已经攻入步兵第 650 团的防御纵深。战斗又持续了一整夜，到天明时，德军的前锋离第 138 师的指挥所只有 150 米了，师部的人员再一次做好了自卫的准备。东岸的炮兵因为担心误伤友军，而停止了对德军前沿的炮击。

步兵第 650 团估计德军在他们的防御地段被打死打伤了 50 人，这个数字跟实际情况很接近，但有可能稍微偏高。我们查不到德军各部队的准确伤亡数字，但是知道第 50 装甲工兵营至少有五人战死：第 1 连的库尔特·舍恩赫尔 [1]（Kurt Schönherr）上等列兵和库尔特·威廉米 [2]（Kurt Wilhelmy）一等兵，第 2 连的海因里希·赫贝尔 [3]（Heinrich Höbel）列兵，第 3 连的海因里希·本克 [4]（Heinrich Behnke）列兵和斯坦尼斯劳斯·冯·库茨科夫斯基 [5]（Stanislaus von Kuczkowski）列兵。该营真实的战死人数还不止于此。伤员人数不详。

第 50 装甲工兵营第 1 连的格奥尔格·莫尔坎普 [6]（Georg Moorkamp）下士给家里写了一封信：

> 晚上好。简单给你们写几句。我的身体还是一点事也没有。天气可

---

[1] 库尔特·舍恩赫尔上等列兵，第 50 装甲工兵营第 1 连，1914 年 10 月 13 日生于奥厄 / 萨勒，1942 年 11 月 18 日阵亡于斯大林格勒。

[2] 库尔特·威廉米一等兵，第 50 装甲工兵营第 1 连，1919 年 8 月 27 日生于埃森，1942 年 11 月 18 日阵亡于斯大林格勒。

[3] 海因里希·赫贝尔列兵，第 50 装甲工兵营第 2 连，1908 年 12 月 19 日生于林登费尔斯，1942 年 11 月 18 日阵亡于斯大林格勒。

[4] 海因里希·本克列兵，第 50 装甲工兵营第 3 连，1908 年 12 月 6 日生于布莱克德，1942 年 11 月 18 日阵亡于斯大林格勒。

[5] 斯坦尼斯劳斯·冯·库茨科夫斯基列兵，第 50 装甲工兵营第 3 连，1923 年 12 月 22 日生，1942 年 11 月 18 日阵亡于斯大林格勒。

[6] 格奥尔格·莫尔坎普下士，第 50 装甲工兵营第 1 连，1916 年 2 月 12 日生于林登 / 奥尔登堡，1942 年 12 月失踪于斯大林格勒。

以忍受，现在外面解冻了，到半夜又会结霜。斯大林格勒的战斗进展很慢，我们必须一幢一幢地攻下敌人的房子，你们肯定想象不到这意味着什么……

★

此时正安全地待在后方的雷滕迈尔上尉也草草地给家人写了一封短信：

> 我的身体还是很好。我这里和斯大林格勒隔着几座山，各种条件当然都是一般人能忍受的。特别是这里的雾很大，所以敌人的飞机

▲ 格奥尔格·莫尔坎普下士

也不来了。最近我们经历的苦战是我在第一次世界大战时也从未遇到的。不过最终还是会胜利结束的。

第 578 掷弹兵团送别了弗里德里希·冯·格罗尔曼[①]（Friedrich von Grolman）上尉，他正在接受成为总参谋部军官的培训，到该团工作本来就是培训的一部分。格罗尔曼从军之初在骑兵和装甲部队服役，战前属于第 7 骑兵团，后来先是在波兰战役和法国战役期间任第 2 装甲团（第 16 装甲师）一个装甲连的连长，接着又在"巴巴罗萨"行动期间指挥第 18 装甲团（第 18 装甲师）的一个装甲连。在第 18 装甲团服役期间，他成为第一批获得金质德意志十字勋章的军人之一（1941 年 10 月 27 日受勋）。随后他开始接受总参谋部的培训，在 1942 年 4 月 10 日被分配到第 88 军的参谋部，接着在 1942 年 8 月 5 日被分配到第 305 步兵师参谋部任首席参谋。第 578 掷弹兵团的副官肯宁斯少尉[②]于 1942 年 10 月 17 日受重伤后，格罗尔曼上尉顶了他的缺：

[①] 弗里德里希·冯·格罗尔曼少校，金质德意志十字勋章，第 578 掷弹兵团团部，1913 年 7 月 7 日生于阿尔滕堡，2004 年 7 月 5 日卒于波恩。

[②] 费利克斯·肯宁斯（Felix Könnings）上尉，第 578 掷弹兵团团部，1915 年 5 月 13 日生于唐格许特。其余信息不详。

▲ 弗里德里希·冯·格罗尔曼上尉

我从 10 月中旬到 11 月中旬代理了一个步兵团的团副官，这个团在斯大林格勒北城区的火炮厂里战斗。在 11 月 18 日，我接到调我去柏林军事学院的命令。正是这道命令让我逃出了围困第 6 集团军的苏军包围圈。当我在第二天上午向保卢斯大将辞行时，他对我说："小伙子，你能离开真是运气好。俄国人眼看就要包围我们了，而我还不知道上哪儿去找预备队……"

冯·格罗尔曼上尉向这位悲观的集团军司令官道别，趁着苏军的铁钳还未在斯大林格勒周围合拢，踏上了西行的旅程。

★

第 51 军在这天晚上给第 6 集团军的报告中说："第 305 步兵师沿着伏尔加河边的悬崖将前线向北推进了 100 米左右，为继续对 83 号楼和 74 号楼中的敌军据点实施突击队作战创造了必要条件。"这个报告显示了德军使用的新战法。他们不再同时攻击众多目标，而是通过精心准备的行动逐步实现总的目标。在占领未完工楼房后，德军可以有效地从侧翼包抄 83 号楼，因而夺取后者的时机已经成熟。更重要的是，未完工楼房中的苏军可以轻易地从侧翼射击任何攻打 83 号楼的部队，因此拔掉这个可能造成麻烦的据点也为后面的进攻铺平了道路。德军逐步蚕食苏军桥头堡根部的计划似乎正在奏效。

★

德军的装甲车辆照例在天黑前撤到后方，因为一旦黑暗笼罩战场，它们就很容易成为靶子。梅塞施密特中尉回忆说：

在夜里，当黑暗降临时，我们开着坦克回到能保护我们的公寓街区，补充燃油、弹药和口粮。每天晚上俄国人都会从伏尔加河西岸的河边悬崖里溜出来……河边的悬崖保护了敌人，我们的空军和炮兵都打不到他们。

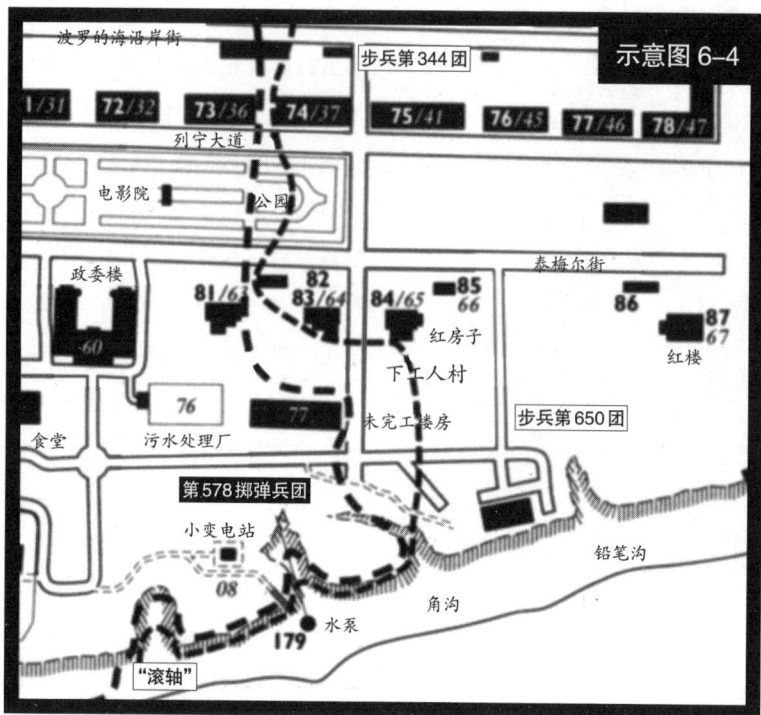

▲ 1942 年 11 月 18 日晚上的前线

前一个星期的战斗已经充分证明守军的这些大悖常理的堡垒简直是无敌的，军事教科书往往强调控制高地，可是在柳德尼科夫岛上（以及斯大林格勒的许多其他地方），河边的悬崖具有举足轻重的战术意义，构成了令人生畏的最后一道防线。德军想出了各种方案来对付悬崖，梅塞施密特中尉就听到过其中一个极其大胆的计划：

> 有个预备役军官（是个中校）① 向我提出了如下建议：他打算让他的工兵炸塌河边的一段悬崖，造出一道斜坡，然后我就可以让我的坦克从斜坡上开下去炮击悬崖，消灭利用悬崖做掩护的敌人。我觉得这个主意真是妙不可言，于是我邀请这位中校作为我的装填手和我一起执行这个

---

① 可惜梅塞施密特不记得此人的姓名了。

任务。结果我没有得到答复，而且从此以后再没有听人提起这个有可能赢得骑士十字勋章的创意。

装甲骑兵连不会被用来执行如此鲁莽的行动。第 24 装甲师的战争日记提到："梅塞施密特装甲骑兵连将留在第 305 步兵师，继续支持他们执行火炮厂以东的清剿行动。"

在 18 时 20 分，第 51 军发布了第 115 号军长令：

配属第 305 步兵师的装甲骑兵连应留在该师。

第 389 步兵师的第 244 突击炮营应在 11 月 20 日上午转到什未林战斗群，但应留下两辆突击炮用于攻打第 389 步兵师附近的"红楼"。

只要天气条件许可，第 8 航空军就将以强大力量摧毁"白房子"并削弱桥头堡内的敌军，以支援第 305 步兵师攻击。进攻应在 11 月 19 日开始。

★

步兵第 138 师的战争日记总结了当天的战斗：

整整一天，敌人以多个兵力超过一个排的集群攻击我师中央和左翼，他们得到了炮兵火力支援并伴有 5~7 辆坦克。敌人不顾严重损失，企图攻入师指挥部区域。这些进攻持续了一整天，但每一次都被我军将士顽强击退。

每一个人都参与了防守，包括通信兵以及团部和师部的指挥员。由于药品短缺，伤员又无法后送，因伤死亡的人数有所增加。

我师的处境正在继续恶化，已到大难临头之时。口粮耗尽，作战物资也没有了，步枪弹药不足每日配额的一半。

电台的电池即将耗尽，因此我师即将无法请求伏尔加河左岸的炮兵火力支援。

局面已经极其严峻。该师这一天有 6 人死亡，24 人负伤，合计损失 30 人，但最让柳德尼科夫担心的还是大批伤员。尽管河面上的浮冰比前一天少，还是无法通过渡船将伤员送到左岸。根据统计，这一天滞留在该师的伤员有 357 人。各步兵团的战斗力量也少得可怜：科诺瓦连科大尉的步兵第 344 团有 74 人，佩钦纽克少校的步兵第 650 团有 25 人,古尼亚加少校的步兵第 768 团有 28 人。

德军的进攻严重打乱了佩钦纽克与部下的通信联络,电话线被打断了,通信员不得不冒着巨大的危险在楼房和河岸之间的开阔地穿梭。在夜幕降临后,佩钦纽克决定查清楚某些部队是否仍控制着他们的楼房。他派出了几支小分队。戈尔巴坚科上士就在其中:

> 佩钦纽克给团通信股长托尔卡奇交代了一个任务,要他查清楚我们的战士是不是还守在原来的指挥所里。那个指挥所是一幢两层楼房①,现在已经被摧毁了,而且陷在敌后。托尔卡奇坚持要我陪他去,我们上交了自己的证件,然后带上手枪和手榴弹。我们在夜里出发,穿过前线。那是个漆黑的夜晚,只能看见一座座楼房的轮廓。我们绕到未完工楼房的右边,然后跳进一条壕沟,神不知鬼不觉地摸向我们原来的指挥所。我们能看见一个哨兵站在一个墙壁豁口里。可是,他是哪边的哨兵?

> 托尔卡奇一拳把那个哨兵打倒在地。他做出了反应——用俄语骂人,是我们的人。托尔卡奇训了那个哨兵几句,然后哨兵带着我们穿过一个大洞进到地下室。加里宁就在里面,还有两三个战士和他在一起。他们还守着这幢房子的废墟,弹药和食品都是他们自己找来的。

加里宁少尉是步兵第 650 团的副官,自从 11 月 15 日佩钦纽克少校带着团部撤离后,他和三个战士一直坚守着这座楼房。他们的给养是靠自力更生解决的,据戈尔巴坚科报告:

> 加里宁报告说,波 -2 飞机投下的降落伞有些落在他和德国人之间。加里宁在手下的战士掩护下爬到一个降落伞边上,割断伞绳,用伞布和伞绳捆好包裹。然后他把包裹拖回了地下室,里面装的是弹药。

> 附近的几座房子也是由加里宁这样的勇士把守着,他们属于友邻的第 344 团,是科诺瓦连科的部下。我们也拜访了他们,把这些守卫者的姓名一一记下,然后带着报告回去找佩钦纽克。我们回去的时候月光变亮了。在通过一块中间地带的时候,德国人朝我们开了火。

---

① 这是 64 号房 [83 号楼]。

佩钦纽克手下各个据点的守备力量都非常薄弱。37 号房的情况更是危急，那里的守军（全团三个步兵营的残部）都知道德军再次向他们猛扑只是时间问题。

★

波 -2 式飞机继续空投装有弹药、食品、药品和其他必需品的包裹。在这天晚上，步兵第 138 师只接到 5 个包裹：1 个装着食品，4 个装着冲锋枪、步枪和反坦克枪的弹药。有 4 个包裹掉进了伏尔加河，6 个落在扎伊采夫斯基岛上。

同一天晚上（11 月 18 日夜到 19 日晨），独立舟桥第 107 营的两艘船两次前往柳德尼科夫岛，送去了少量弹药和食品。

第 51 军在这天抓获的俘虏：6 人，其中有 1 名逃兵。他们还击毁 2 辆坦克。

1942年11月18日双方的伤亡情况
苏军步兵第138师：6人阵亡，24人负伤，共计30人
德军第305步兵师：1名军官和10名士兵阵亡，1名军官和41名士兵负伤，共计53人
德军第389步兵师：1名军官和15名士兵负伤，共计16人

1942 年 11 月 19 日

在这天早上 5 时 40 分的报告中，第 51 军告诉第 6 集团军："敌侦察部队对网格 82b1 的储油设施区的进攻已被击退。在火炮厂以东被包围的敌军集群得到了一些空投补给。"

这天黎明时天色阴沉，大雾弥漫。河岸上已经覆盖了一层薄薄的积雪，仍然飘着浮冰的伏尔加河被雾气形成的轻纱笼罩。恶劣的天气意味着飞机无法起飞，这使斯大林格勒城内的苏军松了一口气，因为他们不必担心空袭了。但是城外的苏军此时却需要有利于飞行的好天气——他们雄心勃勃的大反攻定于 5 时 30 分开始，目标是一举包围第 6 集团军。但是大雾却妨碍了他们的战斗机和轰炸机出击……

天上布满低垂的阴云，温度稍高于冰点。德军在 4 时 30 分发动了进攻。

▲ 尼德林豪斯上士的 432 号长炮管型四号坦克。炮管在"街垒"工厂的巷战中被打断了。乘员无人受伤，在几天后更换了炮管

他们的第一个目标是 74 号楼，揭开进攻序幕的是对多幢楼房的猛烈炮击，目标都是消灭楼内的守军。

梅塞施密特中尉和他的装甲骑兵连再次上阵。他的坦克在进攻开始几小时前就离开了在"文件夹"街区的宿营地，他不得不非常小心地选择坦克的进军路线：

> 瓦砾和弹坑非常麻烦，还会损坏我们的履带。我们总是绕着"街垒"火炮厂走。那里面是一片布满碎砖烂瓦的荒原。我们穿越铁路线，部署到东面的位置。我们总是作为一个整体执行任务——不会拆分成更小的小组，而且从来没有让坦克单车作战。我们平均每天只有5～6辆坦克可用。

他的坦克大多数是威力十足的长炮管和短炮管四号坦克，不过他也有一辆三号坦克。有一份关于坦克在斯大林格勒作战的报告写于 11 月初，这份报告在总结了许多宝贵而痛苦的教训之后，指出这些坦克具有下列优点和缺点：长身管 75 毫米炮只有在对付装甲目标时才能发挥最大效果，但这种火炮太容易损毁，短身管 75 毫米炮是最佳的武器。装有延时引信的炮弹在对付地堡和楼房时效果极佳，穿甲弹很适合对付砖石建筑，而烟幕弹被实战证明可用来击破敌军最顽固的抵抗和遮蔽敌人狙击手的视线。

有人怀疑把坦克用在通常由突击炮执行的任务中是对这种贵重兵器的滥用，梅塞施密特对此的回答是："不能算是滥用，不过我们的坦克的主炮是装在旋转炮塔上（突击炮则相反，它们的主炮只能横向转动一丁点儿），因此不太适合这样的任务。大多数时候，由于炮管太长，在楼房废墟和瓦砾堆之间旋转不便。"

第24装甲师的一份报告则提供了坦克在城市废墟中作战的一些细节：

> 地形方面的许多困难，例如房屋废墟、炸弹坑、狭窄的街道、雷场、反坦克障碍等，大大限制了坦克的机动性和观察能力，因此原则上必须避免让装甲部队参与城市战。在这类战斗中，这种对陆军而言最为宝贵的武器受到的损失与取得的成功不成比例。坦克的主要法宝——"火力加机动"——在这类战斗中无法有效运用。它们是敌人的靶子，而自身的视野非常狭小。

> 坦克不适合以大部队形式（例如团或营）参与城市战。在城市边缘以及城市中被彻底夷为平地的地段，坦克往往可以发挥很大作用，特别是在敌人没有时间构筑防线的情况下。为了支援兵力薄弱和久战疲惫的装甲掷弹兵和步兵部队，也可以破例使用坦克组成的支援骑兵连（作为最大的战术单位）。

> 它们的运用应该遵循下列原则，如果背离这些原则，用于战斗的少数坦克将极易被潜藏在工事中并经过精心伪装的敌军反坦克武器摧毁。

> 进攻：虽然理论上坦克应该支援经验丰富的装甲掷弹兵作战，但现实中它们只会被用来与外行的步兵合作，这是因为德国军队中大部分步兵未曾学习也尚未习惯与坦克协同作战。

> 在进攻开始前，必须对目标区域和敌情（敌军的坦克、反坦克炮、地雷等）进行周密的侦察。

> 所有参战的车长应共同讨论、制订详细进攻计划和实施进攻的方案。

> 坦克应在指定的街道上以排和班为单位作战，并且应将三号和四号坦克混编。应该禁止单车作战，因为通常无法保证掩护火力的相互支援。

在进攻开始前，应该由徒步人员引导一辆长炮管四号坦克进入隐蔽的阵地，以消灭敌人的坦克和反坦克炮。

装甲排和装甲班不能在装甲掷弹兵前方战斗，只能在他们的队形中间或后方战斗，因为只有这样才能做到互相联络。

应将坦克用于提供掩护火力，不能当作突击炮使用。

不能让步兵挤在坦克后面跟随坦克前进，必须让他们在坦克火力掩护下排成宽广正面，仔细搜查地形。在城市中，坦克会吸引各种类型的火力。

曾有坦克在已知和不明的雷场中作战，在无法通行的地形中作战，在斯大林格勒遍布弹坑的工厂和居民区废墟中作战，结果这些坦克的损失都高得出奇。它们取得的战果根本不能弥补遭受的损失。与训练不足的步兵协同作战后果尤其严重，因为后者往往对坦克提出不切实际的要求。

根据在斯大林格勒的战斗经验，原则上必须避免在城市战中使用坦克，只能将其视作应急手段。

如果遵守上述原则，在通常的情况下与经验丰富的装甲掷弹兵配合实施作战可以取得成功。

步兵必须学会更好地与坦克协同，而步兵指挥官必须认识到坦克的局限性，它们不是装甲防护加倍的突击炮！

自从这份报告写成后，几个星期过去了，坦克仍然被用在满目疮痍的斯大林格勒，而且大多数时候是和其他师配合作战。但是，第24装甲师已经吸取了教训，他们对坦克的使用更谨慎了。坦克最多以骑兵连为战术单位作战，而且由最能干的指挥官掌握。原先参战的几个骑兵连已经被打得七零八落，因此坦克不再按照原先带数字番号的骑兵连组织，而是合并成几个新的连队，各连以连长的姓氏命名，例如梅塞施密特装甲骑兵连。坦克及其乘员的安全和生存更多地取决于战术和组织，而不是乘员个人采取的措施。"我们经常把备用履带贴在坦克的正面，"梅塞施密特回忆说，"除此之外，没有什么特别的措施。每辆坦克都带着手榴弹和冲锋枪，不过不是乘员随身携带的。如果我们在坦克中弹后要弃车，会带上这些枪用来自卫。"先前在斯大林格勒外围战斗中一次死里逃生的遭遇让梅塞施密特明白了在坦克上应该如何使用这些武器：

在一次进攻斯大林格勒的战斗中（是在开阔地上，没有房子），我从炮塔里看见前面三四米的地方有个散兵坑，里面有两个苏联兵正用一支反坦克枪瞄准我们的坦克。因为在这么短的距离没法开炮，我就让我的装填手递给我一颗卵形手榴弹。我拔出保险销，把手榴弹掷向那两个苏联兵，其中一个人站起来，捡起手榴弹又扔了回来。我赶紧关上舱盖，手榴弹掉在炮塔顶上爆炸了——没有造成什么明显的破坏。这种手榴弹不能投得太快，它们要过 3～5 秒钟才会爆炸。我当时因为太紧张，拔了保险销就马上投出去了。于是我让坦克后退，然后用冲锋枪结果了那两个苏联兵。

这件事发生在两个多月前。从那时起，梅塞施米特和他的部下积累了大量如何在城市作战的经验。他们学到的战术是装甲兵学校里从来不教的。现在梅塞施米特装甲骑兵连就部署在公园南端，隐藏在建筑废墟之间，他们已经将炮口对准 74 号楼，就等开火命令了。

　　每天进攻时，我们都要选定一座建筑（在我们的地图上它们都编了

▲ 第 24 装甲团第 4 连在斯大林格勒战役中幸存的车长们（照片摄于 1944 年）。左起：鲁道夫·尼德林豪斯上士（1915 年生于弗里德瓦尔德，2003 年 9 月 28 日卒于弗里德瓦尔德）和该团第一位骑士十字勋章获得者齐格弗里德·弗赖尔（1917 年 2 月 11 日生于沃特纳森，2005 年仍健在）。弗赖尔在"街垒"工厂的战斗中受过重伤——当时他从 434 号坦克的炮塔探头张望，结果被一发反坦克枪弹击中脖子。神奇的是，子弹没有击中任何重要器官。有人认为苏联反坦克枪手就是瞄着他的骑士十字勋章打的。照片中的另两人身份不明

号）。在黎明前或者清晨，"斯图卡"和重炮（还包括 360 毫米的迫击炮）会对目标建筑进行猛烈打击，削弱其防御。我必须在炮击开始前通过电台向我手下的几辆坦克（有时还有突击炮）指示目标，突击炮和我们的坦克都已经趁着黑暗进入阵地，它们会一直射击到信号弹上天为止。

梅塞施密特手下所有的坦克都把火力集中在目标上。"我们的坦克炮弹效果不一，"梅塞施米特回忆说，"我们的突击队和经常支援他们的装备火焰喷射器的工兵都趴在掩体后面等待炮击结束，信号一发他们就会穿过瓦砾堆冲进楼里，这个过程中总要流很多血。"

在坦克和突击炮支援下，德军以两个连的兵力沿波罗的海沿岸街攻击步兵第 344 团和步兵第 650 团的右翼。突击队的核心由第 336 工兵营加上少数来自第 305 工兵营第 3 连和第 577 掷弹兵团残部的人员组成。梅塞施米特在比较安全的炮塔里注视着工兵们如何对付建筑的外墙：

> 工兵们用炸药包在大约 30 厘米厚的混凝土楼板上炸出窟窿，他们把做成钟形的炸药包安放好，然后捂着耳朵引爆炸药。冲击波的所有威力都集中在墙上，冲开一个大洞。爆炸声刚落，工兵们就朝洞里投掷手榴弹①。炸药炸出的洞口直径是 40～50 厘米，因此人钻不过去，只有手榴弹和发烟罐能通过。在"街垒"工厂最近的这几次进攻中，我军成功地使用了火焰喷射器，我们能从坦克里看见工兵的火焰喷射器。只见工兵们把火焰喷射器从炸开的洞口戳进去喷火。然后，工兵和突击步兵就成功拿下"烟熏过的"地下室。有时苏军也会冲出地下室发动反击。

74 号楼 [37 号房] 的苏军应该没有反击。这座楼房被炮击夷为平地，然后在 8 时被德军占领。步兵第 138 师的战斗日志记载说："我们在这座楼房中的守卫者被歼灭了。"但是，步兵第 650 团的战斗日志却明确指出有几个战士逃出了废墟："坦克和大炮的火力将 37 号房完全摧毁，一些守卫者离开了这座建筑。"无论如何，守卫这座楼房的步兵第 650 团的步兵单位不复存在了——少数幸存者拖着伤躯来到 41 号房，被编入了步兵第 344 团的涅姆科夫

---

① "胆子真大！"这是梅塞施密特接受作者采访时的感叹。

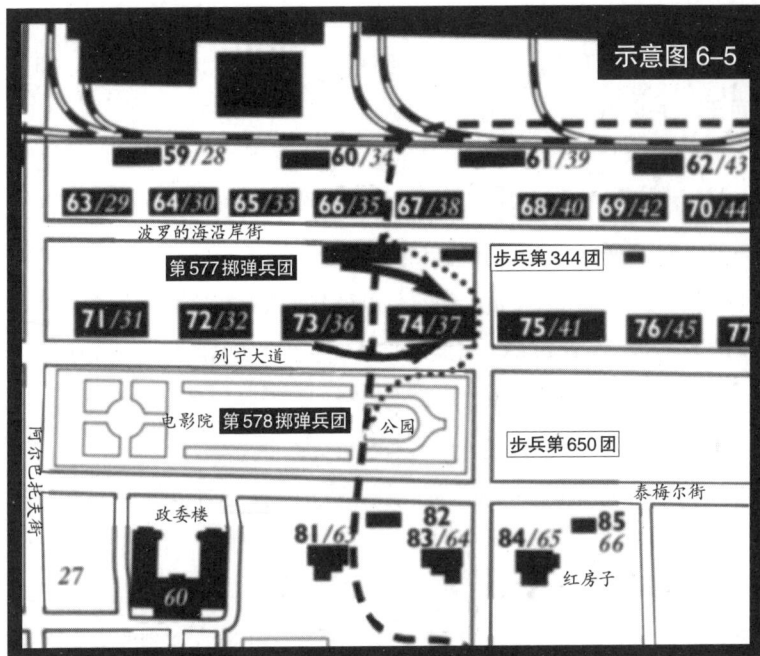

▲ 1942 年 11 月 19 日上午，德军对步兵第 344 团地段的攻击

（Nemkov）大尉的步兵第 2 营。

★

　　5 时 20 分，在斯大林格勒西北约 180 公里外顿河边绥拉菲摩维奇桥头堡中，苏联坦克第 5 集团军的炮兵，以及在克列茨卡亚以西顿河岸边的第 21 集团军的炮兵，同时收到了提示暗语"汽笛"。于是成千上万的苏军炮兵将炮弹填入了炮膛。十分钟后，随着一声开火令下，3500 门大炮和迫击炮开始了持续 80 分钟的大规模炮击。在炮击过程中，苏军的坦克和步兵也进入了出发阵地。苏军火炮在 6 时 48 分打出最后一排齐射，6 时 50 分，步兵第一梯队——坦克第 5 集团军的近卫步兵第 14 和第 47 师以及步兵第 119 和第 124 师——发起进攻。整个攻击正面的宽度达到 320 公里，但是三个指定突破地段的宽度加起来也只有 23 公里。虽然大雾要到 10 时左右才会消散，但进攻部队进展顺利。截

至10时，坦克第5集团军和第21集团军已经击破杜米特雷斯库将军[1]的罗马尼亚第3集团军的防线。坦克第5集团军的坦克第1和第26军在11时到12时之间开始穿越突破口，紧随其后的是骑兵第8军。在有些地段，个别罗马尼亚部队仍在顽强抵抗（并且坚持了好几天），但是大部分罗马尼亚部队仓皇溃退，并且患上了严重的"坦克恐惧症"……在惊慌失措的罗马尼亚人撤退后，光秃秃的草原上留下一地被遗弃的武器和装备。至此德军败局已定。苏军机动部队根据上级指示，绕开所有抵抗的德军，以尽可能快的速度冲向卡拉奇。

仍在城内苦战的德军将士对遥远西方草原上突变的局势还一无所知。

★

在柳德尼科夫岛上，情况一如既往，苏军部队报告说德军的冲锋枪手和狙击手非常活跃。8时30分，在佩钦纽克部的防御地段，有一队50~60人的德军从政委楼方向攻向河边。苏军迅速召唤炮火，在准确的火力打击下，这股德军就地卧倒，钻进了战壕。11时30分，德军突击队在猛烈的迫击炮和机枪火力掩护下，试图夺取水塔。一辆突击炮小心翼翼地挪向伏尔加河悬崖，直到将红砖砌成的水塔纳入视野。随后它便将炮弹射进水塔。在冲沟和悬崖边缘列阵的德军掷弹兵和工兵也向水塔投掷手榴弹和装着混合化学药剂的瓶子。政治指导员克柳金和他的部下顽强守卫着水塔和邻近的冲沟。一颗手榴弹在离克柳金不远的地方爆炸，令他暂时失明。但是克柳金不顾伤势，仍然留在火线上，挥舞着手中的武器激励部下。坚守水塔的这一队苏军共有9人，大部分是来自督战队的内务人民委员部士兵。

步兵第650团的防线完全由这样的小队战士组成，他们从各种意义上讲都不是一线步兵——他们是文书、参谋军官和任何可以上战场的冗余人员，其中军官占了绝大多数。有一队人守卫着从未完工楼房通到伏尔加河的"工兵沟"。这队人中有达秋克大尉和团部警卫排的剩余人员。在这道防线下方，是佩钦纽

---

① 彼得·杜米特雷斯库（Petre Dumitrescu）大将，橡叶骑士十字勋章，骑士十字勋章，罗马尼亚第3集团军，1882年2月18日生于多尔日，1950年1月15日卒于布加勒斯特。

▲ 1942 年 11 月 19 日上午，德军对步兵第 650 团地段的攻击

克设在一个掩蔽部深处的团指挥所。而在内陆的 83 号楼（原来的团指挥所），有加里宁少尉和三个战士把守。在 37 号房 [74 号楼] 被毁后，轮到他们来面对德军的集中进攻了。

德军在短时间内巩固了对 74 号楼的控制并重新部署了装甲车辆，随后便向 83 号楼倾泻密集的弹雨。可惜除了战斗结果外，有关这座楼房中的战斗没有任何详细资料留存，我们只知道经过短暂搏斗后，加里宁及其小分队终于力不能支。德军成为这座弹痕累累的楼房的主人，加里宁小分队的英勇抵抗结束了。

步兵第 650 团的战斗日志相当坦率地记载了两个关键防守据点失守的情况：

坦克和大炮的火力将 37 号房完全摧毁。这座楼房被夷为平地，我们的守卫者从那里撤离。在原来的团指挥所也发生了同样的情况。在 37 号房和原来的团指挥所最终被毁后，遭到毁灭性打击的两支守备小分队只剩5人。他们无法在这两座建筑里继续坚持，被迫转移到41号房。

我们不知道"加里宁小分队"的少数幸存者中是否包括勇敢的加里宁少尉。

佩钦纽克部受到的压力并未减轻。该团的战斗日志指出："敌人不顾损失，对我团防线发动了不计其数的进攻，试图占领从未完工楼房到伏尔加河和水塔的土地。我们观察到在Π形建筑和未完工楼房附近有一队约80人的敌军士兵。"

第51军向第6集团军报告说："第305步兵师的突击队已完成当天的目标，攻克了83号楼和74号楼。部队肃清了两座楼房内部、83号楼以东区域和这两座楼房之间区域的敌人，伤亡微不足道。"这个喜讯很快就传到B集团军群："在斯大林格勒，第305步兵师的突击队以很小的伤亡夺取了2块很大的街区（网格83d2），并肃清了该区域两侧的敌人。"

★

在南边，围绕着成为争夺焦点的储油设施区，双方你来我往的进攻和反击仍在继续。上午，戈里什内部在大炮和火箭炮的火力掩护下，以60人的兵力再次向储油设施区进攻。第576掷弹兵团轻松击退了这次冲锋。但是苏军在这一天的进攻并未就此结束，何况也不能结束——只要步兵第138师与集团军主力的联系没有恢复，解围攻势就必须继续下去。每天晚上，戈里什内上校都要报告自己与右侧友邻重建联系的努力。第62集团军的参谋长克雷洛夫将军写道：

> 集团军司令员在11月19日的作战决心已经写在战争日记中："以你的部分兵力实施反击，与步兵第138师会合。"这个"你的部分兵力"（除此之外，还要动员一切其他力量在这一地段进行更多反击）无论如何都不会很多。在过去几天里，戈里什内师已经伤亡了400人。
>
> 我们还在不断尝试从集团军主力的阵地突破到柳德尼科夫部并沿河岸重新建立连续的防线，因为梅津街地区的敌人已经从伏尔加河边被逐退。每次进攻似乎都是成功在望。戈里什内师的右翼部队终于在储油设施区站稳了脚跟，他们与柳德尼科夫岛之间只隔着几百米。但是，"岛"上的部队无力朝着必要的方向推进。

克雷洛夫和集团军参谋部都明白，戈里什内的部队并无足够实力独立突

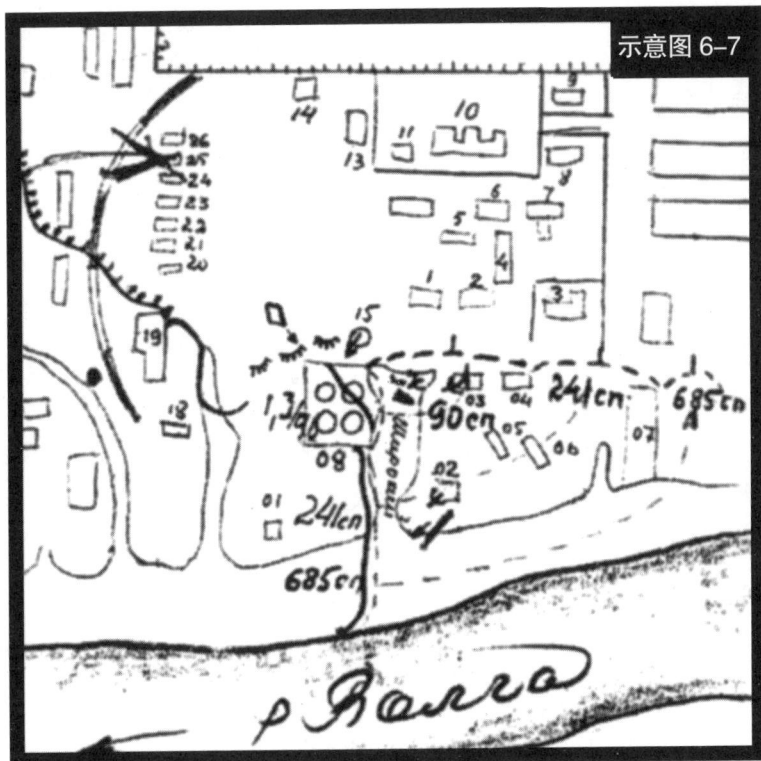

▲ 步兵第 95 师为与步兵第 138 师会师而制订的进攻计划。结果与计划大不相同

破："和往常一样，我们竭尽全力用炮兵给已经元气大伤的步兵提供尽可能多的支援。我们每天都修正并下发专门的炮兵支援计划，用来支援步兵第 95 师向步兵第 138 师突破。"

在一份临时报告中，第 179 炮兵团声称："在 12 时 15 分，敌人对左邻部队的右翼集中了强大的大炮、迫击炮和火箭炮火力。根据我团自己的观察，有大量炮火落在俄国人的前沿阵地上。"塞德尔战斗群的报告也是一样："在 12时 15 分，敌人对我战斗群左翼从前沿阵地到面包厂西侧边缘的地段进行了强大的火力急袭。此后，敌人攻击了左邻部队，并动用了火焰喷射器。友邻在抗击此次进攻的战斗中，得到了塞德尔战斗群的步兵重武器和大炮支援。"

第 576 掷弹兵团疲惫的官兵冒着可怕的炮火，在他们勇敢的指挥官布劳恩少校的巧妙指挥下，牢牢控制着被他们占领的河岸，顶住了苏军多次反击。

与他们并肩作战的还有第294工兵营的精疲力竭的士兵们。该营又有新的损失：第2连的海因里希·黑尔戈特 [1]（Heinrich Hellgoth）列兵和约瑟夫·席姆内克 [2]（Josef Schimunek）列兵都中枪身亡。

步兵第685团的战斗日志这样描述这次进攻：

> 在12时30分，我团与步兵第95师的部队配合再次发起进攻，但全天占领储油设施区和越过冲沟的所有努力都未获成功，在16时我团转入防御……

在这些激战中，苏军各部的兵力也在快速消耗，有克雷洛夫将军的记述为证：

> 储油设施区又发生了激战，但是那里的局面仍未改观。我们控制着现有阵地，但未能突破至柳德尼科夫岛。到这一天日落时，戈里什内师加上转隶该师的其他部队，共有708人……该师的三个步兵团人数分别为212人、91人和330人，第92旅转隶戈里什内师的那个营有44人。以斯梅霍特沃罗夫师的残部组建的合成团也没剩多少人 [3]。因此所有这些部队只能以小规模的战斗群推进……

第62集团军的战争日记总结了这一地段的战事：

> 步兵第95师为恢复步兵第241团地段的阵地，并与步兵第138师部队建立直接联系而进行了战斗。敌人在夜间发动猛烈反击，将步兵第95师的部分部队逐回出发阵地。步兵第90团控制着储油设施区。步兵第241和685团控制着梅津街东北150米外的冲沟。为了恢复步兵第241团地段的阵地，战斗仍在继续。

在16时40分，第51军向第6集团军报告说："目前，敌人又在大炮和火箭炮支援下重新发起进攻，兵力尚不详。"这次进攻被德军以反击打退。

----

[1] 海因里希·黑尔戈特列兵，第294工兵营第2连，1908年8月12日生于德罗伊西希/蔡茨，1942年11月19日阵亡于斯大林格勒。

[2] 约瑟夫·席姆内克列兵，第294工兵营第2连，1921年9月27日生于马特斯多夫，1942年11月19日阵亡于斯大林格勒。

[3] 这些数字基本正确。以下内容摘自集团军战争日记："各部残余人数：步兵第161团——330人，步兵第241团——91人，步兵第90团——212人，步兵第685团——77人，步兵第92旅第3营——44人。"合计是754人，而不是克雷罗夫所说的708人。

★

下午天色始终阴沉，随着时间慢慢流逝，战场上起了薄雾。片片瓦砾被薄冰覆盖，能见度略受影响。德军仍然占据上风，继续发动猛攻。佩钦纽克的部下发现对方的大队人马又扑向了另一座建筑：这一次是 84 号楼。这座楼房与 83 号楼隔街相望，事实上从 83 号楼奋力投掷的手榴弹足可落入 84 号楼内。经过迫击炮和机枪的短暂火力准备，集结在 83 号楼的德军突击队冲向 84 号楼。德军遇到的抵抗很微弱，他们只用几分钟就拿下了这座建筑。苏军各部已经山穷水尽了。

与此同时，在波罗的海沿岸街上，德军又发起了新的攻势。他们的目标是 67 号楼 [38 号房]。这座楼房被指定为步兵第 344 团步兵第 1 营的 "4 号据点"，原本在 11 月 11 日由波格列布尼亚克中尉和另外 7 名战士把守。德军在 11 月 14 日曾占领此楼，但苏军很快以老到的反击将其收复。从那以后，这座楼房一直被苏军牢牢控制。在最初失守后原波格列布尼亚克小分队的幸存者很少，因此现在防守这座建筑的是一个新的小分队。

德军的进攻经过精心策划。虽然苏军早料到这样的攻击，德军突击队还是从两边同时突入楼内，并迅速扫清了整座大楼。第 51 军通知第 6 集团军："在下午，第 305 步兵师以突击队攻占了 84 号楼和 67 号楼。"

在这些进攻中，柳德尼科夫的部下注意到德国人使用了新战术。以下摘自第 138 师战斗日志：

> 敌人的空军以小机群在离地面非常低的高度飞行，佯装对我军攻击，但是他们没有开火，因为双方距离实在太近，他们怕伤及自己人。

在第 577 掷弹兵团的地段攻占 74 号楼 [37 号房] 和 67 号楼 [38 号房] 被德军视作胜利是合情合理的，而且以斯大林格勒巷战的标准来衡量，德军付出的代价也是很低的，但损失还是难免。第 336 工兵营至少有 3 人战死，3 人负伤：第 1 连的阿尔弗雷德·绍克斯[①]（Alfred Szaks）下士被一发炮弹直接命中，

[①]阿尔弗雷德·绍克斯下士，第 336 工兵营第 1 连，1910 年 1 月 10 日生于蒂尔西特，1942 年 11 月 19 日阵亡于斯大林格勒。

当场身亡；第 2 连的马丁·菲利普 [①]（Martin Philipp）下士和威廉·彼得曼 [②]（Wilhelm Petermann）二等兵也双双战死。此外，第 2 连的阿图尔·昆特 [③]（Arthur Quint）一等兵和弗朗茨·特茨拉夫 [④]（Franz Tetzlaff）列兵都受了重伤，第 3 连的弗里茨·克勒 [⑤]（Fritz Köhler）二等兵也负伤但伤势较轻。

我们查不到第 305 工兵营第 3 连的伤亡数字，但知道他们至少有一人负伤：彼得·泰歇尔坎普 [⑥]（Peter Teichelkamp）二等兵的臀部被一发子弹击中。泰歇尔坎普后来报告说，在他受伤时，他的连还有 15 人，第 1 连有 7 人，第 2 连有 6 人。

泰歇尔坎普在前一个星期曾目睹了几起非同寻常的事件。他认为，那些在斯大林格勒战斗了很长时间的德军部队已经再也称不上纪律严明了。他曾看见几个士兵非常顽固地违抗一个上尉的命令，气得那个上尉用枪托狠揍这些人。幸亏苏军恰好在那个时候发动攻击，这件事才不了了之。还有一次，泰歇尔坎普看见四个战斗工兵在应该向敌人进攻的时候却躲在地窖里无动于衷。

★

德军的进攻对柳德尼科夫和他的师打击很大。德军已经放弃了在大量火炮和装甲车辆支援下用几个营全线进攻的做法，现在，他们的进攻有明确的目标，经过精心策划而且执行得当。德国人不再尝试实现宏大的目标，而是集中力量攻取易于实现的小目标。苏联守军弹尽粮绝的状况也给他们帮了忙。步兵第 138 师的战斗日志揭示了冷冰冰的现实："迄今为止，我师已经连续三天没有口粮和弹药补给，指战员们三天未曾合眼，战士的数量每天都在减少，每一天的情况都比前一天更悲惨。"步兵第 650 团的战斗日志说得更清楚："作战物资已基本耗尽，没有手榴弹，也没有食品。伤员无法后送。"

第 138 师这一天损失很大：24 人死亡，28 人负伤，共计损失 52 人。根

---

① 马丁·菲利普下士，第 336 工兵营第 2 连，1914 年 3 月 26 日生于诺伊萨尔察－斯普伦贝格，1942 年 11 月 19 日阵亡于斯大林格勒。

② 威廉·彼得曼二等兵，第 336 工兵营第 2 连，1912 年 8 月 26 日生于科斯费尔德，1942 年 11 月 19 日阵亡于斯大林格勒。

③ 阿图尔·昆特一等兵，第 336 工兵营第 2 连，1910 年 5 月 4 日生于开姆尼茨。

④ 弗朗茨·特茨拉夫列兵，第 336 工兵营第 2 连，1922 年 2 月 14 日生于诺伊施塔特。

⑤ 弗里茨·克勒二等兵，第 336 工兵营第 3 连，1912 年 12 月 9 日生于茨维考。

⑥ 彼得·泰歇尔坎普二等兵，第 305 工兵营第 3 连，1910 年 4 月 10 日生。其余信息不详。

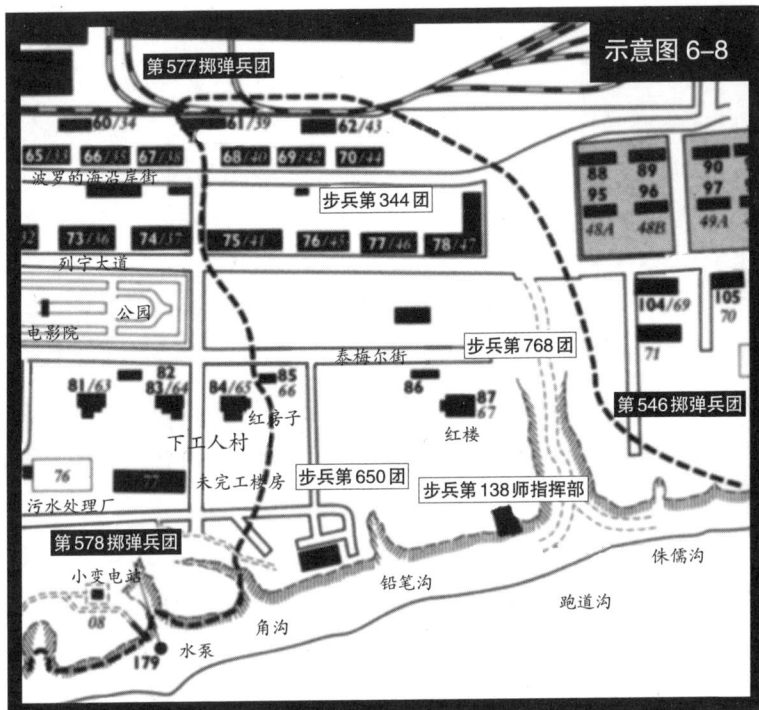

▲ 1942 年 11 月 19 日步兵第 138 师前线

据该师在 15 时上报的兵力情况，步兵第 344 团有 62 人，步兵第 650 团有 29 人，步兵第 768 团有 40 人。西岸身体健康的战士总计只有 371 人。此外，还有 357 名伤员。即使计入 23 名来自其他部队的人员，该师在斯大林格勒城内的总人数只不过是 811 人。

柳德尼科夫师在这一天失去了四个重要据点。在 17 时，该师控制的前线是"师指挥所以北 150 米，47、43、39、41 号房，以及从 38 号房沿街至伏尔加河一线"。这里未考虑 84 号楼 [65 号房] 的失守。步兵第 650 团在其战斗日志中对前线位置的描述是："我团以督战队各小队（14 人）、彼得连科小队（10 人）、一些援兵和我团的残余力量据守从未完工楼房至河边和水塔的区域，以及水塔以北 100 米长的一段河岸。"

在一封家信中，第 336 工兵营的军需官埃里希·鲍赫施皮斯会计中尉提到了一个小麻烦，它看似微不足道，实则预示着许多严重得多的问题：

> 因为纸张有限，我今后只能时不时地用小卡片给你写信了。我们没料到这一仗会打这么久，所以许多东西都开始短缺了。我们只能尽量节省，这当然很讨厌，而且造成了许多麻烦。即便如此，还是有用完的时候。唯一的好消息是，我们得到的口粮真是前所未有地丰盛。我们对天气也很满意。大雾使气温一直保持在冰点上下……

在开赴斯大林格勒之前，5个工兵营的官兵都满心以为能在一两个星期内完成任务，然后回到原来的驻地。因此，他们没有携带许多能让生活舒适一点的东西，只带了各种必需品。而那些早已驻扎在城内的师因为有现成的供应渠道，所以情况完全不同，我们从特劳布上尉给妻子的一封信中可以明显看出这一点：

> 今天早上我从前沿阵地下来，好好洗了个澡，又刮了脸，重新有了做人的感觉。要是没有什么变故，我会在后天再上前线去。不过首先我要给你写信……这当口我已经吃过了晚餐。其实现在只有5点，不过我想要让自己享受一下。我住的小屋很不错，很暖和，而且里面已经摆了一瓶红酒，人只要有了这些就能熬过战争。几天前我就在信里告诉过你，现在我们一点也不缺酒，而且，指挥官还有特别的补贴，而我现在又有一个顶呱呱的酒窖。明天我会给你寄一瓶可可豆浆，这就是我给你的圣诞礼物。真希望能给你送点别的东西，不过这里实在没有。不管怎么说，你还是可以高兴的，除了空袭，战争对你没什么影响。在斯大林格勒，虽然打得不可开交，还是有些俄国平民留在城里。他们住在地下室和下水道里，饿得半死，可怜巴巴地过日子。给你举个例子吧，今天我的翻译告诉我，几天前他们在一个炮弹坑里找到一个四岁的小姑娘，她已经在她死去的母亲身边躺了两天，那个女人是被炮弹片打死的。这样骇人听闻的事还有很多，不过我们对他们很麻木了，早就不会被这种事触动了……

> 今年冬天我们显然很走运，天气一直不错，霜冻又减少了。目前天气很温和。现在气温是4摄氏度，但愿不会下雨，要是下了雨，那就非常难受了……目前我有足够的雪茄和香烟可抽。除了没有女人陪伴，我们不缺任何物质享受。前天晚上，我们坐在我的酒窖里，借着暗淡的烛光，玩了

一回精彩的"Doppelkopf"①。十四天前，最近一批休完假的人回来，他们说在边境车站能领到一种非常丰盛的食品包裹，里面有四磅黄油、一磅面粉和其他好东西。要是我轮到休假就好了，不过在1943年2月前没这可能。

★

在一份特别备忘录中，第6集团军提到了下列事项：

向元首做关于33B型突击步兵炮的报告。

第244突击炮营的尼佩斯少尉将向第6集团军做初步报告，然后起程前往陆军总司令部做汇报。

我们不知道尼佩斯是否向第6集团军做了汇报，因为一种新型车辆的性能很快就会成为该集团军最不关心的问题，整个集团军的生存才是大问题。不仅如此，尼佩斯少尉也需要和他的33B型突击步兵炮在一起，因为第244突击炮营奉命撤出城区，向西渡过顿河，抵挡正从西北方向杀来的苏军装甲前锋。11月24日，尼佩斯在一场装甲对决中身负重伤，后来搭乘飞机逃出包围圈，他不太可能去陆军总司令部汇报。

★

西边的草原上，灾难正在急剧扩大。罗马尼亚第3集团军已经崩溃，苏军坦克把充其量只能靠47毫米炮来迎战的罗马尼亚人打得一败涂地。夜幕降临时，苏军前锋已经推进了近20公里。

第305工兵营第3连的泰歇尔坎普二等兵忍受着臀部伤口的痛楚搭上一辆前往奇尔火车站的汽车，经过一番历险后逃出了正在形成的包围圈。泰歇尔坎普二等兵在布琼尼与受伤的战友交谈后得知，苏军突破了罗马尼亚人防守的地段……罗马尼亚人只有区区几件重武器。而在奇尔，泰歇尔坎普发现他们连一件重武器都没有了，只顾扒着各种车辆大声哀求德国人带他们走。他认为苏军故意选择了罗马尼亚人的地段来突破。按照泰歇尔坎普的看法，总的来讲罗马尼亚兵

---

① 在德国很流行的一种纸牌游戏。

比意大利兵强，但是他们的军队里阶级差异太明显：罗马尼亚的野战厨房会准备三种不同的伙食，一种给军官，一种给士官，还有一种给士兵而且分量少得可怜。

在21时30分，魏克斯向第6集团军发去下列消息：

> 罗马尼亚第3集团军的事态发展迫使我们采取激烈的手段调动部队来保护第6集团军的侧翼纵深，在斯大林格勒的所有进攻作战应立即暂停。

随同这条消息发送的还有一道命令，要求从城内调出两支机动部队（其中一支是步兵师，另一支如有可能应该是摩托化师）划归第14装甲军指挥，将它们部署到第6集团军的左翼后方来抵挡苏军进攻，以保护纵深侧翼，确保利乔夫斯科伊铁路线和奇尔火车站的安全。这道命令肯定经过了希特勒同意，因为他在两天前的11月17日还曾下令继续在斯大林格勒城内进攻，所以我们可以推测这道命令是在蔡茨勒的恳求下才发出的。

片刻之后，在22时05分，第51军向下属部队发出了第116号军长令。这道命令首先提到了"什未林"行动，也就是旨在消除"红十月"工厂内桥头堡的进攻作战：

> 根据最高司令部的命令，我军必须考虑暂时中止对敌桥头堡的进攻。因此，什未林行动Ⅰ号将不予实施。无论如何，先前对第305步兵师和第389步兵师的指示仍然有效。

该军也果断调动了装甲部队来应对危机：

> 在11月20日，第24装甲师应将第24装甲团及所有可作战的坦克（包括部署在前方的装甲骑兵连），第40装甲歼击营的一个连和第89装甲炮兵团第4营调至维尔季亚奇－佩斯科瓦特卡地区。

> 如果接到撤出该装甲师的命令，则应执行下列隶属关系变更：a. 第244突击炮营应转隶第305步兵师，并在第389步兵师留下2辆突击炮；b. 第53火箭炮团的2个轻火箭炮营仍隶属于第305步兵师；c. 第2火箭炮团仍留在第100猎兵师附近。仅在敌军发动猛烈进攻时才执行任务。

在22时45分，第51军向第6集团军报告：

> 除火炮厂以东的突击队作战外，在斯大林格勒城内的进攻作战将立即暂停。第51军将立即抽调第14和24装甲师以及第244突击炮营，命其向卢钦斯科伊的顿河大桥方向开拔。

赤焰孤岛

斯大林格勒巷战实录

（下册）

[澳] 杰森·D.马克 著

胡毅秉 译

民主与建设出版社

·北京·

ⓒ 民主与建设出版社，2020

图书在版编目（CIP）数据

赤焰孤岛：斯大林格勒巷战实录 /（澳）杰森·D.
马克著；胡毅秉译 . -- 北京：民主与建设出版社，
2020.6
书名原文：Island of Fire: The Battle for the
Barrikady Gun Factory in Stalingrad
ISBN 978-7-5139-3015-4

Ⅰ . ①赤… Ⅱ . ①杰… ②胡… Ⅲ . ①斯大林格勒保
卫战 (1942-1943) – 史料 Ⅳ . ① E512.9

中国版本图书馆 CIP 数据核字 (2020) 第 063104 号

著作权合同登记图字：01-2020-1349

赤焰孤岛：斯大林格勒巷战实录
CHIYAN GUDAO SIDALINGELE XIANGZHAN SHILU

著　　者	〔澳〕杰森·D. 马克
译　　者	胡毅秉
责任编辑	彭　现
封面设计	周　杰
出版发行	民主与建设出版社有限责任公司
电　　话	（010）59417747　59419778
社　　址	北京市海淀区西三环中路 10 号望海楼 E 座 7 层
邮　　编	100142
印　　刷	重庆长虹印务有限公司
版　　次	2020 年 6 月第 1 版
印　　次	2020 年 6 月第 1 次印刷
开　　本	787 毫米 × 1092 毫米　1/16
印　　张	47.5
字　　数	750 千字
书　　号	ISBN 978-7-5139-3015-4
定　　价	199.80 元（上下册）

注：如有印、装质量问题，请与出版社联系

▲ 梅塞施密特中尉带着他的坦克离开"街垒"工厂，进入斯大林格勒郊外的雪原

按照这道命令，先前奉命继续支援第 305 步兵师的梅塞施密特装甲骑兵连也要随第 24 装甲师所有能作战的坦克一起调离。梅塞施密特生动地回忆了那天晚上的情景：

在 11 月 19 日夜到 20 日晨，西北远方传来的战斗的巨响是谁都无法忽视的，大量火光更是被所有人看在眼里。与之相比，斯大林格勒城内的前线显得特别安静。那天晚上，我们接到命令，要与城内敌人脱离接触，开往顿河畔卡拉奇方向。路上结着厚厚的冰，天上大雾弥漫，气温很低，接着又下了雪，大得让人几乎看不见前方行驶的车辆。

就这样，梅塞施密特和他的坦克离开了这片被鲜血浸透的战场。

★

第 179 炮兵团在夜里的报告中说："临近 19 时，一艘摩托艇在'绦虫沟'一带驶近河岸，但在炮火打击下被迫掉头。"塞德尔战斗群的夜间报告提到了同一件事："临近 20 时，敌军一艘小船在多马施克营（左）和斯特芬营（右）地段的'绦虫沟'入河口处靠岸，但在炮兵打击下被迫掉头返回。"

浮冰阻塞的河道和德军对河上一切船只的凶猛打击使步兵第 138 师连最基本的补给都得不到。每一颗子弹和手榴弹都无比珍贵。必须采取措施改变现状。因此斯大林格勒方面军司令员叶廖缅科上将给 D. D. 罗加乔夫海军少将[1]下了命令：伏尔加河区舰队要给柳德尼科夫上校的师输送 60 吨弹药和 20 吨粮食，并

---

[1]德米特里·德米特里耶维奇·罗加乔夫（Dmitri Dmitriyevich Rogachev）海军少将，伏尔加河区舰队，1895 年 9 月 20 日生于大罗斯利亚科夫卡，1963 年卒于泽列诺多尔斯克。

接走那里的所有伤员。此后为了执行这个命令，伏尔加河区舰队司令部将组织装甲汽艇和破冰船进行四次航行，以求提供足以让柳德尼科夫坚持下去的补给。

1942年11月19日双方的伤亡情况
苏军步兵第138师：24人阵亡，28人负伤，共计52人
德军第305和389步兵师：伤亡数字不可考

1942 年 11 月 20 日

黎明时分，在斯大林格勒以南，叶廖缅科将军的斯大林格勒方面军下辖的第64、57和51集团军已经沿着200公里的正面部署完毕。他们将构成强大的南线突击集群，在第6集团军身后封闭包围圈。但是，大雾造成能见度低下，导致进攻时间推迟。最高统帅部大本营从莫斯科发来口气严厉的命令，要求叶廖缅科尽快发动攻势，但叶廖缅科表示自己身在一线，有权自主决定。大雾在7时20分消散，8时，苏军炮兵终于开火。进攻随即展开。F. I. 托尔布欣中将①的第57集团军和N. I. 特鲁法诺夫中将②的第51集团军轻松撕开罗马尼亚第6军在别克托夫卡以南一系列盐湖地带的防线。罗马尼亚军队土崩瓦解。据霍特③的第4装甲集团军记载，由于罗马尼亚军队瓦解速度太快，使一切阻止士兵逃跑的措施未及实施便失去意义。塔纳希欣将军④的坦克第13军高歌猛进，虽然在遭遇莱泽少将⑤的第29摩托化步兵师后一度止步，但是不久之后莱泽就奉命西撤保护B集团军群后方，坦克第13军攻势再盛。沃尔斯基将军⑥的

①费奥多尔·伊万诺维奇·托尔布欣（Fedor Ivanovich Tolbukhin）元帅，苏联英雄，第57集团军，1894年6月16日生于雅罗斯拉夫尔，1949年10月17日卒。
②尼古拉·伊万诺维奇·特鲁法诺夫（Nikolai Ivanovich Trufanov）中将，第51集团军，1900年5月2日生于韦利科耶，1982年2月21日卒于哈尔科夫。
③赫尔曼·霍特（Hermann Hoth）大将，宝剑橡叶骑士十字勋章，橡叶骑士十字勋章，骑士十字勋章，第4装甲集团军，1885年4月12日生于新鲁平，1971年1月25日卒于戈斯拉尔。
④特罗菲姆·伊万诺维奇·塔纳希欣（Trofim Ivanovich Tanaschishin）少将，坦克第13军，1903年生，1944年4月2日阵亡。
⑤汉斯－格奥尔格·莱泽（Hans-Georg Leyser）少将，骑士十字勋章，金质德意志十字勋章，第29摩托化步兵师；1896年6月16日生于沃林，1980年4月15日卒。
⑥瓦西里·季莫菲耶维奇·沃尔斯基（Vasili Timofeyevich Volsky）上将，机械化第4军，1897年3月10日生于莫斯科，1946年2月22日卒于莫斯科。

机械化第 4 军几乎没有遇到任何抵抗，但它在北进途中遭遇猛烈的暴风雪，因而行动谨慎，进展不快。

虽然德军阵营中一片大乱，但这些情况都未直接影响到柳德尼科夫岛。第 6 集团军匆忙发布命令，调动能够机动的部队封堵正在后方推进的苏军前锋。随着苏军在斯大林格勒以南又发动攻势的消息传来，情况更显危急。苏军的目标已经昭然若揭，任何人只要看一眼地图就会明白第 6 集团军正处于生死关头。因为第 51 军所辖师旅的数量在第 6 集团军中最多，所以该军奉命从斯大林格勒的瓦砾场中抽调尽可能多的部队驰援西方。

在 9 时 45 分，第 51 军通过电传打字机向什未林战斗群发送电报：

> 在坚守现有阵地的前提下，尽快抽调下列部队开拔。
>
> 1. 从什未林战斗群抽调：a. 第 14 装甲师的塞德尔战斗群，先前抽调的部队应在 11 月 20 日出发；b. 第 24 装甲师的舍勒战斗群。什未林战斗群就地解散。
>
> 2. 从第 305 步兵师抽调：立即让第 14 装甲师的重步兵炮归还第 14 装甲师建制，不得有误。
>
> 3. 从第 389 步兵师抽调：第 244 突击炮营在 11 月 20 日调往卢钦斯科伊。第 24 装甲师的突击连应尽快调往舍勒战斗群。

★

柳德尼科夫岛上的局势比往常平静。步兵第 138 师的战斗日志称："当天上午，敌人没有发动任何进攻。"步兵第 650 团的战斗日志则与此略有出入：

> 多达 40 名敌人在 2 时 45 分从未完工楼房方向发起进攻，与此同时还有一些敌步兵聚集在该建筑附近，企图将前线从未完工楼房推进到伏尔加河。

当天下午，德军以大约一个排的兵力在"工兵沟"一带对步兵第 650 团的左翼发起进攻。他们仍然试图突入佩钦纽克团的阵地，但是苏军以大炮和步枪火力将其击退。德军的大炮和迫击炮又轰击了步兵第 138 师的战斗部队和扎伊采夫斯基岛。

在 17 时，夜幕降临后，多达 50 名德军攻击了步兵第 650 团防线中央，

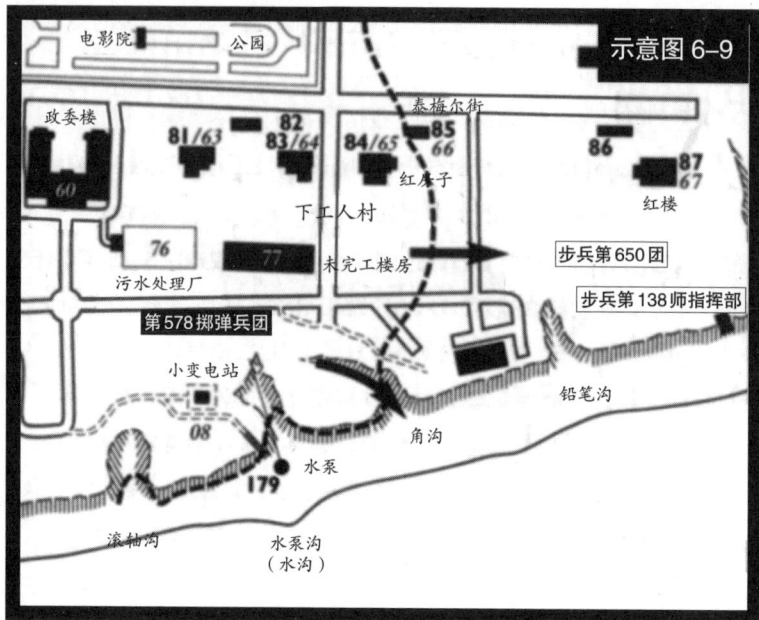

▲ 1942 年 12 月 20 日德军的进攻

但苏军步兵没有让德军得逞。在 18 时 30 分，步兵第 650 团地段中央的战斗仍在继续。步兵第 138 师的战斗日志称：

> 我们的防守特别出色。现在前线的师部人员已经比普通士兵多了。我们没有口粮和弹药，我们的处境又恶化了。空军没有给我们空投任何补给，渡河运送口粮和弹药的行动也不成功。5 艘满载补给的船遇上冰凌，被冲到了伏尔加河下游。尽管有这一切困难，战士们还是像狮子一样作战。只要还有一个战士活着，敌人就别想前进一寸。

该师在这一天的损失是 4 人死亡，4 人负伤。此时该师的战力如下：在伏尔加河西岸共有 793 人。其中 348 人是伤员，还有 83 人不属于该师。

★

储油设施区一带的局势也相当平静。第 62 集团军的战争日记写道：

> 步兵第 95 师击退了敌人从储油设施区方向发起的两次连级进攻，各

部仍坚守着先前的阵地。步兵第 685 团和步兵第 92 旅第 3 营的残部已并入步兵第 241 团编制。

　　各部残余力量：步兵第 241 团——72 人，步兵第 90 团——60 人，步兵第 161 团——162 人。

步兵第 685 团的战斗日志提到："在 22 时，按照第 62 集团军的命令，我团将人员移交给步兵第 95 师。"

从前一天的兵力数字来看，步兵第 95 师的三个团的人数都大大减少了：步兵第 90 团少了 152 人，步兵第 161 团少了 168 人，而步兵第 241 团在吸收步兵第 685 团和步兵第 92 旅第 3 营后，仍然少了 121 人。这些差额极有可能是 11 月 19 日血战中的伤亡造成的。

雷滕迈尔上尉的一个部下——第 578 掷弹兵团第 1 连的汉斯·伯恩哈特上等兵给未婚妻写了一封信：

　　"我正坐在深深的地窖里"[1]，我几乎都可以唱出来了，只要有桶酒就行。你的士兵仍然和许多战友一起住在令人难以置信的瓦砾之城底下，白天黑夜都靠烛光照明。当然了，我们会出去呼吸新鲜空气，最近这几天天气稍微晴朗了一点。我们已经把俄国人彻底赶出我们作战的地段，现在已经在伏尔加河的河滩上布置了岗哨。空气很清醒，不过我要穿戴整齐才敢出去。自从来到这里，我就没脱过你给我的夹克，它已经有点变色了，可是那又怎样，它太合身了。我们现在都顾不上洗澡和刮脸，我们脸上都是胡子拉碴，盖满烟灰，所以个个看上去都像陌生人。我们都盼着早一点换防。这里下起雪来还是太冷，我真不想见到雪……明天我们又要在早上 5 时出去，站一整天岗，然后每隔一天都这样。你肯定看到过关于"红色街垒"的消息……他们不准我写更多……

　　好吧，"一切都会过去，五月终将再来"[2]……口粮马上就会送来，然

---

　　①这是一首古老的祝酒歌《地窖之歌》(*Im kühlen Keller sitz ich hier*) 中的歌词。伯恩哈特是想表达他的现状和过去的美好时光的反差。

　　②这也是一句歌词，引自另一首歌《一切都会过去》(*Es geht alles vorüber*)，这首歌创作于战争年代，在士兵中非常流行，因为歌词让他们相信"一切都会过去"，他们不久就能返回家乡与亲人团聚。

后我就要去值班了。

伯恩哈特的好朋友——第305工兵营第1连的菲辛格二等兵在家信中也无法掩饰沮丧的心情：

　　首先，非常感谢那三个装着糖果、香烟和护膝的小包裹，这个冬天我会好好利用那副护膝的。等你们看到我这封信的时候，圣诞节应该快到了，我们只能在这屎一样的俄国过一个伤心的圣诞。已经有百分之九十的战友受伤或死掉了，这里弥漫着万灵节的气氛，我们几乎已经忘记快乐的时光是怎样的。

忧伤的思绪和郁闷的心情并非普通士兵所独有。雷滕迈尔上尉也在给亲人的心中吐露了心声：

　　昨天收到你们的包裹我一点也不意外，非常感谢你们想得这么周到，我真的很喜欢姜饼和美味的香肠，砂糖在这里也很受欢迎。可惜我找不到战友来分享这些好东西。这里的一切都被砸成了可怜的小碎片……过去几天，我一直在前线，负责重整我们团。

　　军队的官方报告只有很简略的消息："在斯大林格勒实施了突击队作战。"但是那些没有亲身来这里参加战斗的人根本想象不到这短短几个字背后隐藏了什么。我们的突击队必须日复一日地忍受泼在他们头上的地狱烈火，而且几乎每天都要执行危险的任务。要想了解俄国人究竟有多顽强，非来这里的前线亲眼看看不可……

　　但是，我们开始相信在我们作战地段的敌人正在慢慢地变得脆弱。他们与外界的所有联系已经被切断好几天了，我们对他们的包围圈正在越收越紧。这些敌人背后是宽约150米的伏尔加河。他们在那里无法用船把任何东西运过河。晚上有飞机过来，用降落伞给他们空投弹药、口粮和医疗用品，但是大多数都落到了我们的阵地上。因此我们作战地段的敌人的情况正变得越来越绝望，再过几天他们就会被彻底消灭，然后我们就有望过上安宁一点的日子了。在我们的战区，前线永远不会彻底平静的……总是有这样那样的事发生。在更南边的城区，敌人修了很多地堡。不过即使那样他们也会被打败。

　　对我来说，刚刚休假回来就直接投入战斗真是反差巨大。最初几天总是很困难，只有适应过来并且了解敌人情况以后才好办。我现在已经熟悉了这里的环境，正在尽力履行好我的职责，我知道这场战争的结果有很大一部分将在这里决定。

关于天气，雷滕迈尔乐观地写道："我已经做好了过冬的准备。现在还不是特别冷，不过有一次温度跌到过零下16摄氏度。不过，我们现在已经习惯了这样的温度，所以不再像当初在家乡过正常生活时那样，觉得它有多可怕了。"

★

这天晚上，第24突击骑兵连从正对柳德尼科夫岛北面的充满危险的战壕中撤了出来。最后一任连长① 马蒂乌斯中尉② 在11月21日的信中描述了这次换防：

　　我只当了一小会儿突击骑兵连连长，就重操副官的旧职。那个骑兵连驻守在伏尔加河河岸以西130米的地方，我刚赶到那里，就接到了要把骑兵连撤走的命令。因为当时骑兵连还隶属于另一个师，而那个师刚好领到了巧克力，我就给团长打电话说了这事——结果到了晚上，我就给骑兵连的每个人发了四大块巧克力，大家欢声震天。另外我们还发了荷兰产的杜松子酒，虽然当时冷得出奇，大家的情绪还是为之一振。当我像圣诞老人一样扛着一个大口袋出现时，有个人说："这真像圣诞节一样！"还唱起了《来吧孩子们》（Ihr Kindedein kommet）。总之，士兵们的精神非常好。撤出阵地的过程多少有点困难，因为刚刚下了雪，而且我们要在斜坡上爬——20米外就是俄国人。整个撤退过程中有四个人受伤……

★

21时50分，在遥远的罗索希火车站，增援第294工兵营的人员登上了一列火车。约翰内斯·贝纳德中尉带着70名工兵乘火车穿越冰原，开往斯大林

---

① 前任连长瓦尔特·弗罗布莱夫斯基少尉在1942年11月18日被手榴弹破片击伤。
② 马蒂乌斯有八分之三的犹太血统，在升为少尉前他被要求签署保证书——保证在战后不继续担任军官。根据国防军最高统帅部1940年4月8日的秘密指令，50%的"杂种"不得在军中服役，有25%犹太血统的可以——但有附加条件。每一个这样的人要想晋升都必须经过元首批准。为德国而战的马蒂乌斯于1942年12月25日被一发迫击炮弹直接命中，当场身亡。他的弟弟弗里德里希（1922年9月2日生于波恩）也是为德国捐躯的，他于1944年9月24日身负重伤，次日不治身亡。

366

▲ 汉斯·约阿希姆·马蒂乌斯中尉，第26装甲掷弹兵团第2营的副官，第24突击骑兵连的最后一任连长

格勒。师长沮丧地看着自己的最后一批工兵被毫无意义地送进斯大林格勒绞肉机。魏曼少校间或发来的报告已经明明白白地指出工兵营遭受了可怕的伤亡，布洛克少将没有理由认为这最后一批援兵能逃过同样的命运。

22时50分，第51军发布第117号军长令，要求下属部队转入防御：

> 强大的敌军部队已对西方友邻集团军形成深远突破，必须估计到敌军将尝试以装甲部队扩大突破。集团军已在暂停斯大林格勒城内进攻的情况下采取了反制措施。第51军将暂停在斯大林格勒城内的进攻，组织自身防御，控制所有已通过激战夺取的前沿阵地……

包围柳德尼科夫岛的两个师的任务如下：

> 第305步兵师应继续实施突击队作战，直到彻底歼灭已在火炮厂以东地区被严密包围的敌军集团为止。为此，第245突击炮营应派出能作战的突击炮和突击步兵炮。从其他师调拨的重步兵炮和重迫击炮仍归第305师调遣，直到完成任务为止。

> 第389步兵师应做好攻取"红楼"的准备，并配合第305步兵师实施此次进攻。此外，在歼灭火炮厂以东敌军集团后，该师必须接管第94步兵师防区南部自奥尔洛夫卡河河口以下的区域，为此必须预先做好侦察工作。

虽然后方的危机正在逼近，但德军对"火岛"的进攻还将继续。第6集团军司令部已经开始认识到己方面临的战略危险，但他们仍要为消除斯大林格勒城内最后的苏军据点做战术努力。

苏方战后的回忆录似乎暗示他们很清楚德军的意图。第62集团军参谋长克雷洛夫曾写道：

> 直到11月20日晚上我们才确认，敌人已决定不再做任何完全占领

斯大林格勒的尝试。他们停止了在城内的进攻（但柳德尼科夫师的地段除外，那里的敌人在 11 月 21 日又进攻了一整天，甚至到 11 月 22 日还在进攻），并开始调走某些部队。特别是装甲部队。

★

天色完全变暗之后，罗加乔夫海军少将和他的伏尔加河区舰队组织的第一支补给舰队在 17 时 35 分离开了图马克。这第一支舰队中包括装甲汽艇 61、63 和 12 号①，以及一艘破冰型的拖船"锅炉工盖特曼"号②[船长是 E. V. 马斯列耶夫（E. V. Masleyev）海军上尉，政委是加夫里洛夫]。这艘拖船行驶在舰队的最前头，为其他船开辟穿越浮冰的通道，装甲汽艇上装载了 15 吨弹药和 5 吨口粮。这支小舰队的指挥员是坐镇于装甲汽艇 63 号[艇长是 V. G. 科罗坚科（V. G. Korotenko）海军准尉]上的装甲汽艇第 2 分队长 A. I. 佩斯科夫（A. I. Peskov）海军大尉。这艘汽艇是舰队中的第二艘，紧跟在拖船后面。跟在装甲汽艇 63 号后面的是装甲汽艇 61 号[临时代理艇长是 D. R. 梅德韦杰夫（D. R. Medvedev）海军中尉政治指导员]，装甲汽艇 12 号[艇长是 V. I. 切列德尼琴科（V. I. Cherednichenko）海军中尉]殿后。

当舰队在 19 时 30 分到达"红十月"工厂北部厂区附近时，遭到敌军射击，但各船都无损伤，舰队继续朝"街垒"工厂开去。当天夜里光线很暗，偶有大风。这些炮艇在薄冰中开出通路，逐渐接近柳德尼科夫岛。最危险的地段就在前头。它们必须穿过狭窄的"富河汊"，航道右边是扎伊采夫斯基岛和聚集在岛边的大堆冰凌，左边是被德军占领的悬崖。为了掩护它们靠岸，扎伊采夫斯基岛上的机枪对德军猛烈开火。曳光弹在伏尔加河上空划出密集的弧线，形成

---

　①参与这些补给行动的装甲汽艇（俗称"河上坦克"）都是"1125"型。这种船是在 1934 年由 Y. Y. 伯努瓦（Y. Y. Benua）主持设计的。原型艇在 1936 年通过测试，被批准大规模投产。在部分装甲汽艇上安装着 T-28 式坦克的 76.2 毫米主炮塔。战时建造的汽艇则安装 T-34 式坦克的炮塔。排水量 26.5 吨，长 22.65 米、宽 3.55 米，汽油内燃机功率 720～800 马力，航速 15 节（28 公里/小时），航程 400 公里，船身和驾驶舱装甲厚度为 4～7 毫米，武备为 1 门装在 T-34 坦克炮塔中的 76.2 毫米炮，1 挺 12.7 毫米机枪和 2 挺 7.62 毫米机枪，艇员 13 人。

　②译注：这艘船的名称显然来自苏联英雄伊万·伊万诺维奇·盖特曼，他是破冰船"格奥尔基·谢多夫"号的司炉。1937 年"格奥尔基·谢多夫"号前往北极勘察极地航线，但遭遇极为恶劣的天气，被困于冰海长达两年多。在此期间，全体船员和科考人员不屈不挠、坚持工作，将这艘船变成了苏联历史上第一个浮动极地科考站。1940 年 2 月 3 日，"格奥尔基·谢多夫"号上的全部 15 名人员都被最高苏维埃授予苏联英雄称号。盖特曼本人后来也参加了伟大卫国战争，牺牲于 1943 年 1 月 27 日。

示意图 6-10

扎伊采夫斯基岛　红斯洛博达　图马克　"街垒"工厂　"红十月"工厂　马马耶夫岗　斯大林格勒中城区

▲ 补给船从图马克溯伏尔加河而上到达"街垒"火炮厂以东"柳德尼科夫岛"的路线

一片亮丽的华盖。第578掷弹兵团的哨兵发现了逆流而上的苏军船只。他们不用别人告诉也知道那是援助步兵第138师的。雷滕迈尔上尉下令将两门75毫米反坦克炮推到前沿阵地，直接架在悬崖峭壁的边缘。虽然这些炮就在幼儿园附近，但是靠人力推它们穿过坑坑洼洼的地表是累死人的重体力活，因此它们没能赶上当晚的战斗①。

在"红十月"工厂附近挨了半小时炮火后，这些装甲汽艇在柳德尼科夫的指挥所附近靠近了河岸。装卸队正藏在悬崖底下的掩蔽部里，等待它们到来。由于人手奇缺，不能从前线抽调一兵一卒来做这个危险的工作，因此这支临时装卸队全部由师部人员和受了轻伤的士兵组成。黑暗掩盖着河上的船只，但是当船一靠岸，一场致命的焰火表演随即开始。藏身在悬崖下面的装卸队眼看着逐渐靠岸的船只周围不断发生爆炸，弹片在空中嗖嗖乱舞。他们实在太需要船上的货物了，因此别无选择，只有放弃掩体的保护，冲进这团烟火漩涡中。

从船上卸货绝非易事。迫击炮炸出的火球在河岸上此起彼伏，漫无目的

① 雷滕迈尔错以为这件事发生在11月16日，但苏方资料对此事的记载极为准确，因此我们按照苏方资料的时间来记述。

▲ 从柳德尼科夫的指挥所通到水边的壕沟。右边是一个地堡的入口

地寻找着船只和那些试图卸货的人，大炮射出的炮弹也呼啸着前来凑热闹，南北两头悬崖顶上的机枪朝停泊的船只不断打来长点射。降落伞照明弹带着嘶嘶声在水面上爆裂，将卸货地点照得如同白昼。冲向水边的人们时不时会突兀地栽倒在地，那是只有受了致命伤的人才会做出的动作。死亡随时都会降临，师作训科长助理彼得·弗拉索维奇·古尔科大尉就是在卸载补给品时牺牲的，与他一同死去的还有许多人，包括一些曾勇敢地志愿报名的伤员。柳德尼科夫估计光是他的师指挥部就损失了 25 名指战员。

装甲汽艇的艇员们也帮着卸货和将伤员送上船，指挥员们则找到了柳德尼科夫上校。他们提醒他，扎伊采夫斯基岛以东的冰情正在恶化，不久以后就没法再渡河了。

"德国人阻止不了我们，可是浮冰……"船长们无奈地说。

"德国人也阻止不了我们，"柳德尼科夫说，"但我们没法控制天气。不过，可能的话还是请你们明天晚上再来一趟……要是你们觉得我的话中听，船长同志……"

"上校同志，你根本没必要求我们！"船长们打断了柳德尼科夫的话，"每次来你的'岛'都是我们的荣幸。"

"我们师至少还需要一次像你们今天这样的援助。再来一次这样的援助，我们的危机就会结束……"

官兵们排除万难，只用 45 分钟就卸完了船上的货物，并且把 100 名伤员送上了船。代价是高昂的，但是正如柳德尼科夫后来所写："我们最大的困难就是得到弹药和食品并且将伤员后送，现在这个困难解决了。"

截至此时，照料伤员的重担全都压在独立通信第 203 营的医务助理——S. Z. 奥泽洛娃医务中尉的肩上。在地道、掩蔽部和伏尔加河边悬崖的大裂缝里，滞留着近 400 名伤员。奥泽洛娃不顾疲惫和压力，一直冒着无休无止的敌军炮火走遍一个个掩蔽部，为伤员们提供必要的帮助。柳德尼科夫对奥泽洛娃的忠诚和勇敢评价很高，她后来获得了红星勋章和两枚勇敢奖章。

21 时 20 分，装甲汽艇离开了河岸。一马当先的还是拖船"锅炉工盖特曼"号。舰队刚进入德军射程，德军就立即用大炮、迫击炮和机枪对它们开火。这些装甲汽艇则瞄准德军炮口的闪光，用主炮和机枪还击。

第 576 掷弹兵团至少有两发反坦克炮弹击中"锅炉工盖特曼"号。其中一发穿入驾驶室，给 L. I. 佩利什基纳（L. I. Peryshkina）海军上尉造成了致命伤。这发炮弹还打坏了舵机，使这艘拖船无法操控。第二发炮弹则钻进轮机舱，使该船失去了动力。

无法操控并失去动力的拖船被水流裹挟冲向浅滩，船长随即用电台求救。佩斯科夫海军大尉命令装甲汽艇 12 号的艇长切列德尼琴科海军中尉援救遇险的拖船。装甲汽艇 12 号冒着德军炮火将牵引绳系到"锅炉工盖特曼"号上，将它拉出浅滩，拖回了基地。

在拖船经历生死考验之时，德军继续向其他船只开火。装甲汽艇 61 号也挨了两发炮弹，其中一发钻进驾驶室，打死了舵手 A. N. 叶梅林（A. N. Yemelin）海军中士，并重创了 B. N. 日托米尔斯基（B. N. Zhitomirsky）海军上尉和 D. R. 梅德韦杰夫海军中尉衔政治指导员。

由于驾驶室里无人操舵，这艘汽艇开始做起漫无目的的机动。J. K. 萨莫伊洛夫（J. K. Samoilov）红海军列兵发现情况不对，立刻冲进驾驶室把住舵轮。与此同时佩斯科夫海军大尉也注意到 61 号遇险，便指挥装甲汽艇 63 号前去救援。在发现负伤的 61 号有损失的危险后，佩斯科夫转移到这艘船上亲自指挥。后来各艘装甲汽艇都脱离了德军炮击范围，在午夜时分回到图马克。

在这次航行中，装甲汽艇上有 1 人死亡、9 人负伤，"锅炉工盖特曼"号拖船上也有 1 人死亡。

尽管各船损伤不轻，这第一次补给行动还是成功的。它们除了输送 15 吨弹药和 5 吨食品外，还运回了 100 名伤员。更重要的是，开辟了一条有效的补给线路,哪怕只是暂时的。在伏尔加河封冻前,苏军还将继续努力输送更多补给。

1942年11月20日双方的伤亡情况
苏军步兵第138师: 4人阵亡, 4人负伤, 共计8人
德军第305和389步兵师: 伤亡数字不可考

1942 年 11 月 21 日

在凌晨 1 时,里夏德·克拉森 [①](Richard Claassen)中校指挥的第 517 掷弹兵团(第 295 步兵师)完成了与塞德尔战斗群的换防,该团还得到了第 295 工兵营的一个工兵连加强。换防后,塞德尔战斗群与什未林战斗群的其他部队分道扬镳,不再参与储油设施区附近的战斗。第 517 掷弹兵团现在据守从"城堡"到储油设施区附近的大冲沟之间的地段。

这天早晨,第 305 步兵师怀着急切的心情开始了最终消灭柳德尼科夫师的尝试。在 4 时 30 分,德军以大约一个连的兵力,在 5 辆坦克和大炮及迫击炮火力支援下,对步兵第 344 团发起进攻。在 8 时 15 分,他们攻击了 68 号楼 [40 号房] 和 75 号楼 [41 号房],并以 3 辆突击炮沿街接近这些楼房,对准楼内开火,但这次进攻被击退了。

佩钦纽克的防区也有战斗。在 5 时,德军向水塔和"滚轴"小分队投掷手榴弹。佩钦纽克报告说,德军"随后试图夺取花园以东 50 米外的冲沟 [②],但是在苏军火力下无法得手,损失惨重后被迫撤退"。接着德军机枪和迫击炮又开始射击已经判明的苏军阵地,大炮和重迫击炮则猛轰扎伊采夫斯基岛。德军的大口径机枪从步兵第 650 团以南和步兵第 768 团以北控制了伏尔加河河面,并对扎伊采夫斯基岛上的任何移动物体开火。

没过多久,苏军观察员发现有一队 70 ~ 80 人的德军在未完工楼房和政委

---

①里夏德·克拉森中校,骑士十字勋章,第 517 掷弹兵团,1900 年 1 月 4 日生于柏林,1943 年 5 月 26 日卒于斯大林格勒附近的弗罗洛夫战停营。

②即"滚轴沟"。

楼东南花园内运动。佩钦纽克请求炮兵对未完工楼房开火,炮弹很快呼啸而至,砸进楼房内部和周边地面。德军不得不就地卧倒——他们的进攻还未开始就告失败。随后德军炮兵也开始还击。双方都有伤亡。

在 9 时,德军再次攻向科诺瓦连科团,企图分割包围 68 号楼 [40 号房] 和 75 号楼 [41 号房] 内的苏军。直到 10 时 20 分,经过近一个半小时的激战,在付出重大伤亡后,德军终于歼灭 75 号楼 [41 号房] 的守军并占领该楼。这座大楼是苏军最强的据点之一,也曾是团长科诺瓦连科的指挥所,它的失守对苏军的防御是个沉重打击。它是列宁大道一带最庞大的建筑,德军占领了它就如同在科诺瓦连科的防线上插了一把匕首。而仅仅一周前,它似乎还是不可能攻破的堡垒。德军迅速调来预备队控制大楼各处,并增设了机枪阵地,运进大量子弹和手榴弹,他们还立刻开展了改造这座大楼与 74 号楼之间壕沟的工作。双方的交火仍在继续,这座德军的新据点如同一艘不会移动的无畏舰,用侧舷的所有机枪火力压制周边的苏军堡垒。入夜以后,德军又用里三层外三层的带刺铁丝网和密密麻麻的雷场进一步加强 75 号楼的防御。

步兵第 138 师在这一天的损失是 25 人死亡,26 人负伤,共计 51 人。该师宣称给德军造成了下列损失:击中 1 辆坦克并使其起火烧毁,还使另 1 辆坦克失去战斗力,摧毁 2 挺重机枪和 3 挺轻机枪,炸毁一处弹药库,击毙敌军官兵多达 100 人;缴获 1 挺能够使用的轻机枪。

在夜幕降临时,该师在西岸的战斗力量是 407 人,外加 83 名来自其他部队的人员。滞留在柳德尼科夫岛上的伤员此时有 348 名,几乎与身体健康的人员数量相等。

德军在储油设施区附近也发动了进攻。苏军从南面不断发动的反击非常令人头疼,因此德军决定通过一次先发制人的攻击来阻止苏军的下一次反击。炮兵在 3 时开始大规模炮击,从药店和 2 号校舍调来的突击队在 8 时 50 分跃出阵地。激烈的战斗持续了几个小时,最终步兵第 90 团在 10 时 15 分击退了德军,该团损失 13 人。克雷洛夫后来报告说:"戈里什内师及配属该师的部队在储油设施区和梅津街区域击退了德军进攻,这些部队在天亮以后已经伤亡了 200 人。我集团军几乎所有阵地都遭到了系统的骚扰炮击。"第 62 集团军的战争日记则称:"步兵第 95 师击退了敌军多支小股步兵的进攻,坚守原先的阵地与敌交火。"

▲ 1942 年 11 月 21 日，德军对 75 号楼 [41 号房] 的攻击

随后苏军还发动反击，戈里什内报告说他的士兵占领了机器街上的几幢房子。

★

整个上午大雾一直未散，后来还下起了大雪。临近 10 时，在斯大林格勒能听到远方猛烈的炮火轰鸣声。第 62 集团军的指挥员们非常清楚这些炮声的含义，他们明白德军将被合围，因此克雷洛夫实施了一些先发制人的措施：

> 我联系了各个师长们，提醒他们认真观察德军动向，发现敌人开始撤退要立即报告。我还通过电台用暗语和柳德尼科夫通话，向他提了同样的要求。柳德尼科夫回答说目前还不需要关注敌人是否撤退，因为法西斯分子仍在进攻。其他地段也报告了同样的情况。

柳德尼科夫立即发出了第 086 号师长令。他要求部下密切观察敌人动向，做好追击敌军撤退部队的准备，并在夜里抓一个"舌头"。这道命令特别强调"仔

▲ 一张现代拍摄的照片显示了敌对双方据点相隔之近：左边是 74 号楼 [37 号房]，右边是 75 号楼 [41 号房]。从这张照片可以看出后者相当大

▼ 在德军占领 75 号楼 [41 号房]（左）之后，幸存的苏联守军躲进了 76 号楼 [45 号房]（右）。这些现代的楼房与战时的楼房有着完全相同的布局、设计和建筑特征，因为它们是在旧的废墟和地基上重建的。背景中是"街垒"厂的厂房

▲ 1942 年 11 月 21 日，德军对储油设施区的进攻

细观察敌人的行动、集结点和调动情况，用各种武器积极向敌人开火，如果敌人撤退，应向师指挥所报告并做好追击撤退的敌军部队的准备。动员所有力量组织一支侦察队，其任务是在 1942 年 11 月 22 日夜到 23 日晨抓一些俘虏"。

★

随着斯大林格勒城内的战斗暂告一段落，轮到第 305 步兵师来储备物资、重整部队和制订加强战斗力量的计划了。雷滕迈尔上尉出席了有关的会议：

今天我们在师部开了一个会。新团长① 已经来了。我们讨论了如何分

---

① 马克斯·利泽克中校。

配计划中的补充兵并将他们送上前线。我们师将要补充 1700 人——他们来自东边疆区（奥地利）和莱茵兰，还有一个符腾堡人组成的转运补充营。卡拉奇的铁路线已经受到攻击了，因此靠铁路把他们运来是不可能的。我们将部署一队卡车来运输他们，施瓦茨上尉①将负责此事。我们对关于这些补充兵的消息感到高兴，这下我们就能把正在斯大林格勒作战的部队换下来了。

各个工兵营统计了自己的实力。由于对自己的营的惨重伤亡忧心忡忡，隆特上尉向第 305 步兵师表达了他的焦虑，并请求与原来的上级师通话。在随后的对话中，隆特与第 336 步兵师讨论了给工兵营补充兵力的长远措施。

★

整个白天，伏尔加河区舰队都在为去柳德尼科夫岛的下一次航行做准备。前一天晚上受到重创的拖船"锅炉工盖特曼"号在图马克接受了修理，但即使有斯大林格勒船厂的一队技工奋力抢修，它也要等到 1942 年 11 月 24 日才能重新上阵。不过，在装甲汽艇出发前，一些更小的船只组成的船队也在执行任务。为了给步兵第 138 师提供补给，普通的渔船也被利用起来了。担负步兵第 138 师供应任务的独立舟桥第 107 营（营长是卢茨基大尉）在 11 月 20 日派出拉佩托（Lapeto）上尉指挥的一个连到扎伊采夫斯基岛组织渔船摆渡。在 11 月 21 日，又派出了以希巴叶维姆（Shibayevim）中尉为首的 15 人。在 17 时几个士兵登上渔船驶向步兵第 138 师。

按照方面军军事委员会的命令，要利用所有船只在"街垒"工厂一带开展渡河行动。卢茨基大尉手下的舟桥兵们在阿赫图巴河上游一带搜集了 23 艘小船。这些船被装在卡车上运到伏尔加河边，然后渡过伏尔加河的主航道来到扎伊采夫斯基岛边，再经过岛上茂密的灌木丛被拖曳到"富河汊"岸边。苏军认为这种方式要比让小船绕岛行驶强，因为可以避免不必要的损失。步兵第

---

① 赫尔穆特·施瓦茨（Helmut Schwarz）上尉，第 578 掷弹兵团第 2 营，1915 年 11 月 16 日生于施瓦本哈尔，1943 年 1 月 17 日阵亡于斯大林格勒。

138 师分管支援的副师长 M. S. 舒斯托夫（M. S. Shustov）少校、师后勤科长 A. P. 古谢夫（A. P. Gusev）少校以及该师的后方机关工作人员组织了这次运输的补给品调集工作。弹药和口粮从该师设在图马克农场（斯大林格勒以东 12 公里）附近的仓库被输送到扎伊采夫斯基岛上的转运基地。第 156 筑垒地域独立机炮第 400 营的战士们在离德军占领的悬崖只有几百米的岛西岸，冒着持续不断的炮火将弹药和口粮装上待发的船只。

　　为了保证准确导航，E. V. 舍斯托帕洛夫（E. V. Shestopalov）、P. S. 特鲁巴切夫（P. S. Trubachev）和 R. 久谢诺夫（R. Dyusenov）奉命设置一个航标，以便夜间渡河的船只调整航向。除此之外，他们还需要和第 138 师师部商定哪些货物要优先运送以及伤员如何后送。

　　河道里布满浓稠的泥浆，浮冰不停地互相碰撞，当它们的边缘碎裂时，就会发出碎冰机磨制冰粉时的刺耳声响。舍斯托帕洛夫操纵着小船的航向，他坐在食品袋上，不时地向在浮冰间划船前行的战友们发出指令。有时小船会被夹在较大的冰块之间带往下游，士兵们不得不使出吃奶的力气让船向"火岛"方向前进，而一路上德军的机枪从未停止过射击。船里有一部便携电台、几箱弹药和几袋食品。这次补给任务是为了输送最急需的补给品而实施的。舟桥兵们的参照点就是将德军与柳德尼科夫的阵地隔开的前线，在河中可以清晰地看见机枪和步枪吐出的火舌，以及曳光弹画出的弹道，因为苏军士兵都在数着子弹过日子，所以船员们知道开火的绝大多数是德国人。

　　离岸边还有 100～150 米时，一串机枪子弹像鞭子一样抽打在船上。士兵们无一中弹，而小船在最后的奋力一冲后终于靠上了河岸。

　　柳德尼科夫称赞了这些浑身是胆的战士，他同意了设置航标的主意，并调拨了必要数量的士兵来帮助舟桥兵工作。

　　航标应该设置在只有渡河的船只才能看见的地方。有个士兵建议在伏尔加河岸边高耸的悬崖上挖一个洞，在洞里生一堆火。这个主意很聪明，因为这堆火只有在河道里和扎伊采夫斯基岛上才能看见，而德国人根本看不到。于是步兵第 138 师的士兵开始生火，舟桥兵和船员们则为危险的渡河行动做准备。

　　第一队渡河的船只属于科里科夫（Korikov）大尉的舟桥第 1 连，这个连在 9 月间将部队抢渡到市中心主登陆场的行动中就曾有突出表现。科里科夫命令部下将船只集中列队，他不忘提醒他们，先前渡河去柳德尼科夫岛的几次尝试都没有成功。

阴云密布的天空开始放晴了，船队必须趁着月光还没变亮赶紧行动。随着一声命令"登船"，船队带着巨大声响穿过浮冰区，进入开阔水面。好在德国人没有注意到苏军已开始渡河。越来越多的月光从云后透射过来，漂着浮冰的黑色河面变得明亮起来——使得河面上的船只和人员清晰可辨。"滚轴"小分队是最先注意到船队渡河的。他们立刻向鲁特科夫斯基少校发出信号，后者被柳德尼科夫任命为所有渡河行动总指挥，他立刻提醒了师部的全体人员。

一队志愿者离开伤员住的掩蔽部，通过一条深深的壕沟跑向河边。河两岸的大炮开始合唱，步兵第138师的两翼此时已被曳光弹的火光照亮。随着小舟在河道中前行，船上的人渐渐可以看清这个"岛"的轮廓，因为越来越密集的炮火不断将它照亮。在船抵达西岸并进入悬崖下相对安全的区域前，船员们没有任何地方可以躲避德军的炮弹，他们只能竭力加快划船速度。独立机炮第17、348和400营为这些勇敢的舟桥兵提供了炮火掩护，他们向所有暴露的德军阵地倾泻了炮弹。"岛民"们知道德军的炮火永远不会完全停止，即使在船只到达西岸并开始卸货后，德军的机枪和迫击炮也会继续进行骚扰。在船只卸完货并装上伤员后，它们还要沿着同一条布满烈火的通道返回。"岛民"们知道德军的子弹和炮弹不一定能击中目标，这是唯一能让他们感到安慰的事。尽管如此，还是有相当数量的小船被击毁，一些被炸成碎片的船只与船员和货物一起沉入河底，另一些则带着重伤的桨手顺流而下。尽管损失惨重，渡河行动还是继续下去。舟桥兵们显示出了罕见的勇气，他们的船只在航标火堆的指引下，整晚都在河道上穿梭往返。最初参加渡河行动的23艘船中，只有14艘幸存。独立舟桥第107营就这样建起了横跨河道的"船桥"。由于渡河行动实在太危险，能够完成两次往返的人都被授予勇敢奖章，而连续完成四次往返的人则获得了红星勋章，后一种勋章的颁发量寥寥无几。

由于这些拼死实施的补给行动，柳德尼科夫师得到了一批急需的食品和弹药补充——但是渡河的代价几乎是令人无法接受的，舟桥第107营的勇士们不仅被埋葬在扎伊采夫斯基岛，还有不少长眠于漆黑冰冷的伏尔加河水底。

★

装甲汽艇对步兵第 138 师的第二次运输开始于 17 时 30 分，这一次参加的只有两艘艇：13 号（艇长是 S. Z. 瓦先科海军中尉）和 63 号（艇长是 V. G. 科罗坚科海军准尉）。引导装甲汽艇通过浮冰区的任务由拖船 2 号承担，它行驶在船队的最前头，两艘装甲汽艇上装载着 127 名援军、4 吨弹药和 6 吨口粮。

炮火支援由装甲汽艇 12 号和 61 号从扎伊采夫斯基岛南端附近提供，在此之前，这两艘汽艇已经将 200 名援军和 10 吨各种物资送到"澡盆沟"附近的锚泊地。

装甲汽艇 13 号、63 号和拖船 2 号在接近"街垒"工厂时遭到射击，装甲汽艇一边以自身火炮还击，一边继续前进，装甲汽艇 12 号和 61 号也轰击了德军在"街垒"工厂以南的炮兵阵地。

装甲汽艇 13 号和 63 号最终抵达了步兵第 138 师地段，人们再次冒着猛烈的迫击炮、步枪和机枪火力卸载弹药和口粮，并将伤员送上船。柳德尼科夫写道：

> 师指挥部人员协助卸载了船上物资，我们的河岸暴露在敌人的迫击炮火打击下，但是我们必须抢下能够抢救的物资，人们纷纷奋不顾身地冲进爆炸的烟云中。

在卸载船上货物的过程中，负责装卸的总指挥——师作训科长康斯坦丁·罗曼诺维奇·鲁特科夫斯基少校牺牲了。师部的卫生员西玛·奥泽洛娃中尉亲眼看见少校一头栽倒在满是烂泥的河水中，她飞奔到少校身边，想把他受了致命伤的躯体从水中拉出来，但是她自己的右眼也被一块迫击炮弹的破片击中。她的意识开始模糊，差一点跟着少校倒在水里。河岸上只有一个人始终关注着她的情况，这个人就是她的丈夫。奥泽洛夫上尉把自己的妻子从水里拉了出来，并把她背到一个掩蔽部里。抢回少校遗体的任务则是其他人完成的，其中一个是 N. G. 叶皮申中尉 [1]：

---

[1] 尼古拉·格里戈利耶维奇·叶皮申（Nikolai Grigoryevich Epishin）近卫军中校，步兵第 138 师师部，1913 年 10 月 18 日生，1979 年尚健在。

装甲汽艇停泊在师指挥所附近的河岸边，遭到敌军火力的猛烈打击，师指挥部要求师部所有成员都要帮忙从船上卸货。师部第1科的科长 K. R. 鲁特科夫斯基少校和师部的其他官兵都参与了卸货工作。卸货工作是在敌军密集的机枪火力下进行的，鲁特科夫斯基少校的心脏部位受了致命伤。我本人就在现场，和几个军官以及第4科的干事费奥多尔·瓦西里耶维奇·扎格列别尼（Fedor Vasilyevich Zagrebeny）中士一起，用一块防水帆布抬着鲁特科夫斯基的遗体回到师指挥所。

在渡口工作被视作执行战斗任务，这是合情合理的，很多军官和士兵因此获得了勋章和嘉奖。师报的编辑 M. T. 祖耶夫大尉衔政治指导员获得了红星勋章，他前不久刚完成游过冰冷的伏尔加河的壮举。这一次他又在渡口履行指导员的职责，并在关键时刻不顾个人安危，代替鲁特科夫斯基出色地监督了所有工作。

师部人员在卸货过程中损失惨重。鲁特科夫斯基的助手古尔科大尉已经在前一天晚上牺牲，舒巴中校的勤务员科切尔加（Kocherga）列兵以及5名志愿参加卸货的轻伤员也献出了生命。他们被合葬在一处大型的军人墓穴中，这样的墓穴还有好几处。

卸下所有物资并装载78名伤员后，汽艇开始掉头返航。在从"街垒"工厂南返的路上，这支小舰队又一次遭到炮火洗礼。雷滕迈尔上尉的那两门75毫米反坦克炮已经恭候多时了，它们从高处向着下方的船只猛烈开火，当德军炮手看到苏军的一艘船开始燃烧时无不兴高采烈。装甲汽艇13号的轮机舱被炮弹直接命中，一根燃油管道破裂，引发了大火。这艘装甲汽艇开始偏离航向，闪耀的火焰使它失去了夜幕的保护，德军士兵能清楚地看见船上人员在慌乱地奔跑。他们坚信这艘船已经无可救药，但他们还是用步枪和机枪朝它猛烈扫射。轮机舱的火灾最终被扑灭，但轮机已经损坏，船仍然无法航行。装甲汽艇63号果断前去救援，冒着炮火套上牵引索后将它拖走。最终船队在22时30分返回基地。这第二次航行为步兵第138师送去了127名援兵、4吨弹药和6吨食品。它们还疏散了78名伤员。

★

作为援军抵达的 127 名战士立刻被分配到步兵第 138 师各个步兵团，他们在师指挥所旁边的一个大型医院地堡里集合。科诺瓦连科大尉的勤务员兹雷德涅夫（Zlydnev）中士是个脾气倔强但英勇无畏的人，他是因为腿上的伤势还没好才被临时调去干勤务工作的，他以自己特有的方式向新兵们介绍了情况。柳德尼科夫目睹了这一切：

> 伊万·兹雷德涅夫从心底里深爱着他的团长。我差不多能逐字逐句地回忆起兹雷德涅夫对一小队新兵的讲话——他们是步兵第 344 团得到的第一批增援，他们是在夜间由装甲汽艇运到我们这里的，兹雷德涅夫带着他们从岸边沿一条壕沟来到掩蔽部里。团政委福明和我也在掩蔽部里，我们站在没人注意的暗处，亲眼看见了兹雷德涅夫对新兵们的"政治动员"。
>
> "这里的仗打得怎么样？"一个新兵问兹雷德涅夫，"前线真的是贴着河岸吗？"
>
> "胡说！"兹雷德涅夫回答，"德国人离河岸还有 200 来米呢。"
>
> "就这么点？"大家异口齐声地惊叹道，语气中透着担心。
>
> "别害怕！在'街垒'工厂，每一米都很特别。"
>
> "我们真的要分到著名的科诺瓦连科团吗？"另一个新兵问。
>
> "我们在伏尔加河对岸听说你们的团长是真正的英雄！"
>
> 于是兹雷德涅夫打开了话匣子，滔滔不绝地讲述他怎么跟着第一梯队踏上伏尔加河右岸，怎么作为"要塞司令"战斗，又怎么在受伤以后被科诺瓦连科大尉亲自任命为勤务员。而整个方面军里都找不到第二个像科诺瓦连科大尉这样的指挥员。
>
> "这里的仗非常简单，"兹雷德涅夫开导新兵们，"有一条铁路线贯穿我们的前线。我们就用牙死死咬住铁轨，谁都别想把我们赶走。要是你们的牙口不够好，那你们就不配参加科诺瓦连科团。"
>
> "你说的不是真的吧！"兹雷德涅夫的听众有些怀疑。
>
> "等你们像我一样在科诺瓦连科大尉的团里战斗了这么久，就不会说这话了。"

★

在前一支舰队返回基地一个半小时后，苏军又组织了去柳德尼科夫岛的第三次航行。

这一次前往"街垒"工厂的是装甲汽艇 12 号和 61 号，船上载有 14 名援兵和 10 吨粮弹。护送装甲汽艇穿过浮冰的是汽艇"埃里克"号（船长是 N. I. 叶祖申）。它们在突破到"街垒"工厂车行的过程中得到了装甲汽艇 53 号（艇长是 I. D. 卡尔普宁海军中尉）和 63 号（艇长是 V. G. 科罗坚科海军准尉）的直射火力支援。

这支小舰队在"街垒"工厂以南遭到了敌人射击。汽艇"埃里克"号上有一名船员丧生，船长 N. I. 叶祖申被弹片擦破了皮，装甲汽艇 12 号的艇长 V. I. 切列德尼琴科海军中尉也被炮弹破片击伤。

这些船不顾德军火力继续开往"街垒"工厂，最终在柳德尼科夫的指挥所附近靠了岸。卸下援兵和物资后，又装上 133 名伤员返航，最终在 11 月 22 日 3 时 30 分安然回到基地。这第三次航行为步兵第 138 师输送了 14 名援兵、6 吨弹药和 4 吨食品，他们还疏散了 133 名伤员。

得到渔船和两支装甲汽艇舰队输送的物资后，第 138 师的处境有了显著改善。

1942年11月21日双方的伤亡情况
苏军步兵第138师：25人死亡，26人负伤，共计51人
德军第305步兵师：5名士兵死亡，1名军官和42名士兵负伤，4名士兵失踪，共计52人

1942 年 11 月 22 日

德罗加伊采夫中校的步兵第 685 团自从将残部并入步兵第 241 团后，其指挥人员就显得多余，因此他们都回到了原先所属的师。据该团的战斗日志记载：

> 凌晨 1 时，团参谋部、团部排和通信连渡河回到伏尔加河东岸，由步兵第 193 师的指挥员掌握。

战斗日志对该团十天的战斗总结如下：

　　由于在先前作战区域的进攻作战，我团有 210 人伤亡。我团缴获 3
挺德制重机枪，压制了 2 挺重机枪和 1 个迫击炮连的火力，摧毁 6 个掩蔽部，
歼灭第 294 步兵师第 294 工兵营官兵多达 180 人。

　　这个团历经苦战后只剩 44 人没有挂彩。

　　苏军在这一地段的进攻还在继续。9 时，步兵第 95 师发起进攻，目的是
夺取图瓦街。部队克服德军激烈抵抗缓慢推进，截至 16 时，他们占领了机器
街上的几座房子。

★

　　步兵第 138 师的战争日记报告说："在前日 22 时 40 分，敌人有 15～20
名士兵企图渗透到步兵第 344 团战斗队形中间，攻击迫击炮部队的阵地，但是
他们发现我军人数出乎意料，结果在被击毙 11 人后撤回其出发阵地。"

　　在 4 时 30 分，一队总人数达 120 人的敌人从 41 号房、38 号房和主
机械车间一带再次进攻保卫 40 号房的小分队，并且得到了大炮、迫击炮
以及坦克的猛烈火力掩护。有一小队敌人成功突入步兵第 344 团的防御纵
深。步兵第 344 团通过反击和有组织的火力顶住了敌人的进攻，敌人在被
击毙 60 人后撤退。

　　这几次进攻的主力是第 577 掷弹兵团，他们得到了第 336 工兵营和第 305
工兵营第 2 连的支援。第 336 工兵营的损失情况如下：第 2 连的马丁·鲍尔[1]
（Martin Bauer）一等兵和恩斯特·福佩尔[2]（Ernst Vopel）上等列兵死亡，阿尔
弗雷德·赫尔比希[3]（Alfred Herbig）二等兵、阿尔弗雷德·孔茨[4]（Alfred Kunz）
二等兵和卡尔·卢格特[5]（Karl Lugert）二等兵负伤；第 3 连的马克斯·伯尔
纳[6]（Max Börner）列兵、瓦尔特·格内格罗斯[7]（Walter Gernegross）列兵、库

<hr>

① 马丁·鲍尔一等兵，第 336 工兵营第 2 连，1909 年 3 月 29 日生于开姆尼茨，1942 年 11 月 29 日因伤死于斯大林格勒。
② 恩斯特·福佩尔上等列兵，第 336 工兵营第 2 连，1920 年 1 月 16 日生于阿尔斯莱本，1942 年 11 月 22 日阵亡于斯大林格勒。
③ 阿尔弗雷德·赫尔比希二等兵，第 336 工兵营第 2 连，1905 年 11 月 9 日生于贝恩施塔特。
④ 阿尔弗雷德·孔茨二等兵，第 336 工兵营第 2 连，1911 年 3 月 17 日生于菲劳，1944 年 10 月 4 日阵亡于波兰。
⑤ 卡尔·卢格特二等兵，第 336 工兵营第 2 连；1912 年 8 月 26 日生于开姆尼茨。
⑥ 马克斯·伯尔纳列兵，第 336 工兵营第 3 连；1909 年 11 月 4 日生于波考。
⑦ 瓦尔特·格内格罗斯列兵，第 336 工兵营第 3 连；1922 年 12 月 28 日生于罗滕塔尔。

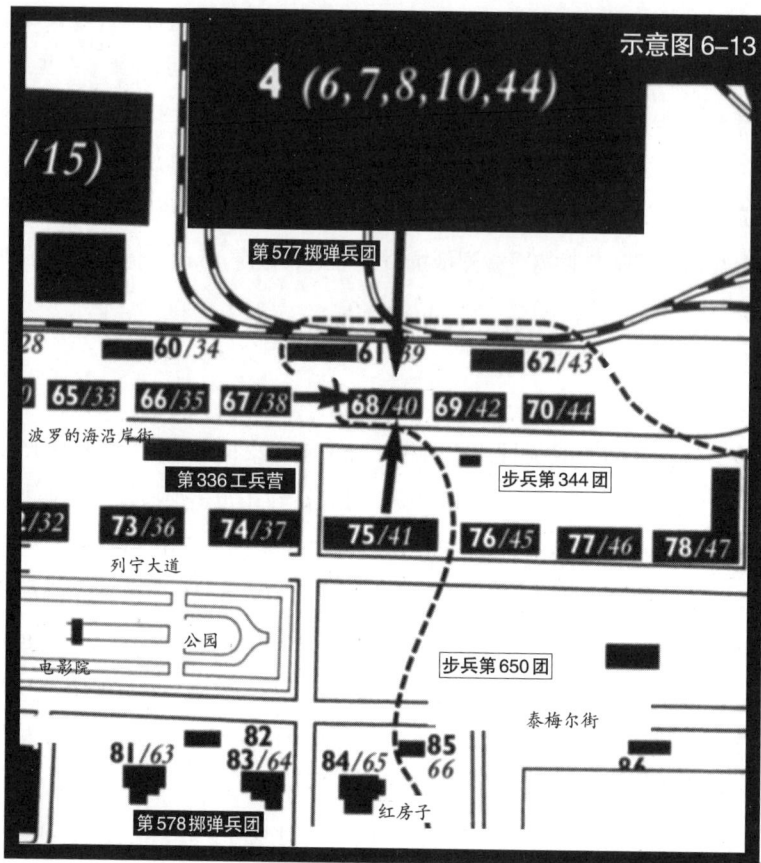

▲ 1942 年 11 月 22 日德军的进攻

尔特·霍普斯托克①（Kurt Hoppstock）一等兵和卡尔·施泰尔②（Karl Steier）列兵负伤。

★

在为歼灭柳德尼科夫岛顽强的保卫者而做最后努力时，德军又一次攻击

①库尔特·霍普斯托克一等兵，第 336 工兵营第 3 连；1912 年 5 月 10 日生于格劳豪。
②卡尔·施泰尔列兵，第 336 工兵营第 3 连；1922 年 10 月 12 日生于上格奥尔根塔尔。

了"滚轴"小分队——但这一次他们使用了新的战术。"滚轴"自从 11 月 11 日起就是德军的眼中钉,而步兵第 138 师的全体指战员从那时起就密切关注着他们。当"滚轴"沉寂时,全师的气氛都会变得紧张,而当"滚轴"开火时,大家的士气就会随之高昂。该师的战士们都说:"只要'滚轴'在转动,他们就不会让敌人越过那个缺口到河边。"

▲ "滚轴"阵地和四个通信兵,最右边的人是哈拉济亚,左起第三人正在从他们藏身的洞穴之一走出来,德军就在悬崖顶上的战壕里

但是在这天早上 4 时 30 分,"滚轴"的阵地上升起一个巨大的火球,一声巨响震撼了整个"岛"。师通信营的营长奥泽洛夫上尉发现,"滚轴"陷入了沉默。他静静地等待着,没有发出任何信号。过了不到一个小时,从缺口方向又传来一声巨响。

"我的部下都死了!"奥泽洛夫想。他立刻动身去找柳德尼科夫,想让师长批准他在夜里带几个志愿者去查明那四个人的下落。

奥泽洛夫刚走到师长的房间门口,就又听见一声爆炸。一秒钟后,电话铃响了,"滚轴"在呼叫师长。

"喂,'一号'!我听不见你说话!我什么也听不见……"

是库兹明斯基的声音。他很快就解释了他那里发生的情况和"滚轴"沉寂的原因:"德国人把炸药包吊在绳子下面,想放进我们的掩蔽部里。我们用步枪把绳子打断,炸药包就掉下去了。然后一声爆炸,我们就全都聋了,接着他们又放下来一个。啥?我说我们都聋了……我什么也听不见。晚上我们会过来领点弹药……我什么也听不见!喂,'一号'?你听明白了吗?喂?"

"我明白。你的话我听见了……"柳德尼科夫低声说,他知道下士听不见自己的话。"我会给你们弹药的!为了你们——我会的!"

柳德尼科夫岛上的弹药配给是受到严格控制的。没有人能违反这个规定,

▲ 今日"滚轴"纪念碑一角，滚轴沟就在这张照片的左下角，请注意河面宽度——伏尔加河上筑起的水坝使水位大大升高，因此如今的河面比 1942 年时宽得多，扎伊采夫斯基岛现在大部分都被淹在水下

▼ 滚轴沟在今天的模样，里面长满了乔木和灌木，但令人痛心的是还有大量垃圾

▲ 新修的"滚轴"纪念碑。注意碑上的四颗金星,这是"苏联英雄"奖章的标志,但在这里只是用来代表"英雄通信兵"的符号而已。许多人错误地以为滚轴小分队的每个人都获得了这一罕见的荣誉,这倒也情有可原

▲ 约瑟夫·茨伦纳二等兵,第305工兵营营部

就连师长也不行。但是对于"滚轴"的要求,柳德尼科夫无法拒绝。那位下士会在晚上过来,然后带着弹药离开。接着天就会亮,在整条战线上,战斗又将继续……而"滚轴"将是最先打响的。战士们将听到最左端的阵地传来的枪声,然后展颜一笑:"'滚轴'在转动……死神没有带走他们!"

德军虽然屡次企图歼灭"滚轴"小分队和摧毁悬崖下其他掩蔽部及指挥所,但始终没有得手,只有一名苏军士兵在德军接二连三的爆破中受伤。第305工兵营营部的约瑟夫·茨伦纳二等兵对攻击这些崖下阵地时遇到的困难记忆犹新:

俄国人在下面挖了工事,而我们在上面,所以我们实际上根本不可能打到他们。最糟的是,俄国人不光在我们下面,有时还会突然出现在我们后面,因为他们会从城市的下水道里钻出来,从背后攻击我们。

斯大林格勒的下水道系统非常发达,而俄国军队把下水道也作为战斗手段。当我们以为我们的部队在步步推进时,俄国人就会通过下水道突然出现在后方,攻击我们的阵地。后来有一支工兵部队被派去用火焰喷射器清扫下水道,防止俄国人再通过它们渗透。但是下水道实在是四

通八达，尤其是某些区域的下水道，根本防不了俄国人利用。

德军其实并不了解苏军的地下活动规模到底有多大，就连柳德尼科夫也不是很清楚，直到他有一次拜访了手下的一个团长：

> 在我走访科诺瓦连科大尉的指挥所时，我看见一张不同寻常的地图，是"街垒"工厂的一个工程师佳利切夫（Tyalichev）交给科诺瓦连科的。这张地图上标出了这座工厂里由竖井、管道和地道组成的庞大地下系统，通过它可以进入被敌人控制的车间。情报军官和工兵们已经打响了地下的战争。他们渗透到敌人后方发起突袭，然后消失得无影无踪。每一次这样的出击都要冒很大风险，只有志愿者才能参加。科诺瓦连科会亲自监督他们的训练，给他们作战前的指示，并目送他们去执行任务。

德军一整天都在向苏军防线投掷手榴弹。他们还试图以小分队经"水沟"和"工兵沟"渗透到伏尔加河。在水塔对面的一处小高地上，德军架设了一挺轻机枪和一挺大口径机枪。

德军试图侦察佩钦纽克的防线右翼，但被发现后不得不与苏军交战。德军的这支侦察队大约有11人，他们在混战中不敌对手，丢下了一具尸体。苏军缴获3支步枪和1支冲锋枪。步兵第138师后来报告说，这一天他们给德军造成了下列损失：炸毁1个弹药库，摧毁1门营属迫击炮和3门连属迫击炮，以及1挺重机枪和3挺轻机枪。

★

雷滕迈尔上尉在日记中记录了援军的抵达和他们带来的消息：

> 有130人来到了团里，他们中间有些是年轻的士兵，习惯毫无畏惧地扫视四周，其他人则是没法调教的老兵油子。他们还带来了一些传言：俄国人已经在斯大林格勒以南突破了罗马尼亚人的防线，我们的盟友溃不成军，正在仓皇逃跑。而在顿河对岸，俄国人正在从卡尔梅克草原向南进攻。这样一来麻烦就大了，所有书面通信都被禁止提到这件事。我们真的被包围了吗？

既然整个战局的严重程度已经明朗，德军指挥官终于意识到再对柳德尼科夫岛发动任何进攻都是愚蠢的行为，因此第305步兵师各部接到了命令："第

305 步兵师应停止进攻，等候进一步通知！"

★

夜幕降临后，对柳德尼科夫岛的渡船补给行动再度展开。这天夜里，独立舟桥第 107 营向步兵第 138 师派出了 6 艘满载弹药和口粮的小船，它们安全抵达西岸，将所有货物都送到了目的地。这天晚上它们总共往返了 11 次。在 11 月 21 日和 22 日的两个晚上，舟桥工兵们用小船一共运输了 15～16 吨货物和 40 名援兵，并疏散了 40 名伤员。在执行这个危险任务的过程中，S. M. 克列茨科（S. M. Kletsko）下士和 I. 戈罗文科（I. Gorovenko）列兵牺牲，战士 A. J. 谢格洛夫（A. J. Shcheglov）、M. M. 帕夫柳克（M. M. Pavlyuk）、I. J. 博尔德列夫（I. J. Boldyrev）等人负伤。

装甲汽艇也执行了对步兵第 138 师的第四次也是最后一次补给，这次的舰队包括装甲汽艇 12 号（艇长是 D. F. 卢金海军中尉）和 13 号（艇长是 S. Z. 瓦先科海军中尉）。汽艇"埃里克"号（船长是 N. I. 叶祖申）再次护送它们穿越浮冰，而装甲汽艇 61 号和 53 号提供了炮火支援。

虽然德军炮火猛烈，舰队还是安全抵达步兵第 138 师地段，输送了 14 名援兵和 9 吨粮弹。返航时装甲汽艇捎带了 155 名伤员，它们在 23 时 30 分回到基地。

装甲汽艇 61 号和 53 号用直射火力摧毁了 7 个德军炮位。

这第四次航行输送了 14 名援兵、5 吨弹药和 4 吨食品，还疏散了 155 名伤员。至此，装甲汽艇在四次航行中总共为步兵第 138 师输送了 49 吨物资（30 吨弹药和 19 吨食品），并疏散了 466 名伤员，也就是说几乎所有伤员都已被送到后方，这让柳德尼科夫肩上的担子轻了不少。

斯大林格勒方面军司令员下达的水上补给任务是在特别艰难的条件下完成的。装甲汽艇艇员们表现出了无与伦比的勇气，钢铁般的胜利信念，高超的战斗技能和不屈不挠完成任务的坚定意志。

在赞扬装甲汽艇艇员的同时，也必须提到陪伴伤员忍受战斗煎熬和饥寒交迫的医务人员的英雄主义精神。护士塔妮娅·基里洛夫（Tania Kirillov）参加了所有航行，她当时只有 19 岁，但是在德军的炮火下她毫无惧色地将几十名苏军伤员抬上了船。基里洛夫在最后一次航行中负伤并被送进医院，但是她在康复后又回到了自己工作的装甲汽艇上。为了表彰基里洛夫的英勇表现，第63集团军司令员授予她战功奖章。

在这最后一次大规模补给航行后不久，暂时解冻了几天的伏尔加河又被厚厚的冰凌覆盖。日常补给问题再次变得突出，个别装甲汽艇在天气和航道条件允许的情况下继续进行着充满危险的航行。

1942年11月22日双方的伤亡情况
苏军步兵第138师：9人阵亡，29人负伤，共计38人
德军第305步兵师：伤亡数字不可考

1942 年 11 月 23 日

在德军暂停所有进攻行动后，一种令人不安的平静笼罩了整个战场。2时，佩钦纽克的部下注意到德军的小型武器和机枪的射击声变稀了，但是他们并未像一些苏联军官料想的那样撤出阵地。此外，德军的哨兵也不再发射照明弹来照亮河岸了。此时的伏尔加河上一片漆黑，与前三天沿岸一带火光冲天的景象形成鲜明对比。没有曳光弹，没有照明弹，也没有迫击炮弹，只有浮冰在漂向下游时相互摩擦产生的刺耳噪声。

寒冷而晴朗的黎明到来后，德军偶尔朝水塔扔几颗手榴弹，并用迫击炮不规则地射几发，仅此而已，他们显然是偃旗息鼓了。据步兵第138师的战斗日志记载："这一天，在我师的整个前线，敌人没有实施任何进攻作战。他们只是偶尔用小型武器和机枪射击我师的战斗队列。"

柳德尼科夫师现在要由守转攻了。步兵第768团的几个侦察小队向西北方向推进了150~200米来改善阵地态势，同样的行动也发生在左翼：步兵第650团奉命将部分兵力前移，最左边的小分队占领了一个新阵地并开始构筑工事。不过苏军的行动并非一切顺利，有一支在政委楼一带活动的侦察队遭到德军小型武器和机枪射击，损失为2死4伤。

经历了几个星期的残酷防御战后，哪怕只收复了极少的土地也令苏军欢欣鼓舞。克雷洛夫将军在回忆录中写道：

11 月 23 日，在我们集团军的多个地段，我们成功地迫使德军后退。尽管困难重重，尽管进展缓慢，而且我们最多只攻下了几十米的土地，但这是第一次。就连步兵第 138 师的一个团也前进了一点，虽然柳德尼科夫岛上战士的数量依然很紧缺。

关于储油设施区一带的情况，第 62 集团军的战争日记提到：

步兵第 95 师实施了规模小但有力的侦察袭扰行动，并奋力改善阵地态势。人员数量：步兵第 241 团——230 人，步兵第 161 团——303 人。

步兵第 138 师当天的战斗日志显得比过去两周的任何时候都要乐观：

敌人全天没有任何行动。我师士气很高，因为传来了斯大林格勒方面军胜利进军的消息。大家情绪高涨，都相信红军会继续进攻。装甲汽艇运来了补给和口粮，还有增援我师的士兵。

步兵第 138 师顶住了敌人的猛攻。当然，胜得很惊险，这是靠顽强和勇气创造的丰功伟绩。在这一天日落时，该师的战力如下：在伏尔加河西岸有 516 人，其中 50 人是伤员，此外还有 77 名不属于该师的人员。武器包括 344 支步枪、2 挺重机枪、19 挺轻机枪、66 支冲锋枪、3 支反坦克枪、3 门 45 毫米炮和 1 挺高射机枪。

该师估计自己当天给德军造成了下列损失：击毙 20 名士兵和军官（不包括炮兵战果），缴获的战利品包括 1 挺大口径机枪和 1 门国产的 45 毫米炮。

★

苏军炮兵给德军后方造成了巨大破坏，第 305 工兵营营部及后方梯队所在的拉兹古利亚耶夫卡和戈罗季谢这两个小村受到的打击尤其严重。特劳布上尉在一封给妻子的信中描述了有关情况：

俄国人猛烈炮击了我们住的村子，我们刚冲进防空洞炮弹就落下来了。后来我们发现有几块很大的弹片把我的"宫殿"打得一塌糊涂，就连我挂在椅子上的夹克都被打出几个相当大的窟窿。我们的军需官正好站在一发炮弹的杀伤区边缘，奇迹般地只破了点皮，但是他的卡车和营里的另一辆车并排停在那里，当场就燃起了大火。糟糕的是，那辆卡车上装着许多炸药，大约十分钟后就随着一声巨响上了天，给我的小屋造成了许多破坏，也许这是为了让我体会一下你在空袭中的遭遇吧①，不过现在一切都恢复正常了。奇怪的是，俄国人后来没有继续炮击。除了军需官，还有两个人受了轻伤，不过他们都留在部队里。

★

"街垒"工厂的德军此时尝到了功败垂成的滋味……虽说他们充其量只能获得一场得不偿失的胜利，但那也要比现在的困境强得多。在这里已经流了太多的鲜血，现在却连一点回报都没有。他们曾确信苏军的防守再过几天就会土崩瓦解，前几天的战斗已经清楚地证明苏军的抵抗力量几乎消失了——虽然德军自身也非常虚弱和疲惫，但是通过精心策划和周密执行的进攻还是成功占领了几个坚固的堡垒，而仅仅一周前它们还被认为是几乎无法攻破的。第305步兵师的前沿阵地与第389步兵师的防线只隔着区区几百米……这几百米都是开阔地，唯一的障碍是柳德尼科夫的桥头堡的中流砥柱——不可征服的87号楼（德军更常用的叫法是"红楼"）。苏军给它的正式代号是"67号房"，但是它的保卫者们却错误地管它叫"柳德尼科夫的指挥所"②，尽管师长从未将自己

▲ 1942年11月23日，小村拉兹古利亚耶夫卡遭苏军炮击过后

---

① 特劳布家所在的不来梅港曾屡遭英军轰炸。
② 这座建筑的遗迹留存至今，而且它的说明牌上也是这么写的。

的指挥部设在那里。不过,他确实将这座楼用作观察所。有一条秘密的地道从地下室通到河岸,因此柳德尼科夫可以毫发无伤地进入楼内。这座原本很气派的两层楼房一度是厂长列夫·戈诺尔的宅邸,此时已经被暴风骤雨般的航空炸弹和从三个方向打来的炮弹变成一座怪诞的塔形雕塑。除了地下室外,它只剩下大堆红色砖石,几堵参差不齐的断壁,一些钢筋混凝土楼板残迹,以及它的中央楼梯井。楼梯井现在就是它的塔楼,被当作墙壁很厚的观察所。地下室小窗周围的瓦砾都已被清理干净,因此守军可以轻松地用火力覆盖这座楼房周围的开阔地。德军在 11 月 15 日曾差一点将它攻下,他们预定在 11 月 21 日由第389 步兵师再次进攻,但是形势迫使这次作战被取消了。考虑到前几天第 305 步兵师在进攻中取得的战果,第 389 步兵师完全有可能通过拿下红楼与之争锋,并一举完成对柳德尼科夫的英勇守军的最后包围。

但是现在被包围的是德军,而不是苏军,这个现实对德国人来说是苦涩的。雷藤迈尔在日记中写道:"我们必须夺回卡拉奇。我们后防的维修连应该已经遭到敌人的装甲部队攻击了。俄国人占领了奇尔河,从伏尔加河向顿河进军的敌人已经和从顿河大弯曲部南下的敌人会师了,包围圈被封闭了,我们成了瓮中之鳖。我们的补充兵再也运不过来,他们在离我们很远的后方陷入了战斗。我们要怎么办?目前正在做向南突围的准备。"

1942年11月23日双方的伤亡情况:
苏军步兵第138师:10人阵亡,15人负伤,共计25人
德军第305步兵师:伤亡数字不可考

1942 年 11 月 24 日

上午,柳德尼科夫的队伍试图转入进攻。一些小部队开始攻击,但德军用大量炮火和侧射机枪火力作为回应。苏军战士们不得不卧倒在地保护自己。他们的主要任务仍然是密切监视德军动向和不断射击德军阵地。第 62 集团军的战争日记写道:

在 8 时,经过炮火打击后,我集团军全线转入进攻,但遭遇敌人猛

▶ 战役刚结束时"红楼"
的废墟

▼ 今日的废墟，可以看到厚实的墙体

烈火力抵抗，部队只能缓慢前进。

步兵第 95 师在"街垒"工厂东南边缘一带遇到敌人的猛烈火力抵抗，但是到 15 时已经攻占机器街西侧边缘，右翼突破了机器街以西的铁丝网。

一辆半埋的坦克被击毁。人员：步兵第 241 团——325 人，步兵第 161 团——217 人，步兵第 90 团——320 人。

德军没有发动任何进攻。他们仅有的行动就是偶尔用大炮和迫击炮轰击柳德尼科夫的师指挥所和扎伊采夫斯基岛，以及时不时以机枪和小型武器扫射苏军前沿阵地。显然，德军此时主要关心的是防御。值得注意的是，步兵第 650 团的战斗日志中出现了对德军防御阵地的侦察结果：

> 敌人沿我团前线建立了一个由据点组成的防御体系，这些据点的射界都相互重叠。在未完工楼房右侧 67～70 米处的一部拖拉机下方，有一个配备一挺轻机枪的掩蔽部。
>
> 在未完工楼房内，有 1 挺轻机枪和不超过 10 名步兵。在小变电站内有 2 挺轻机枪和不超过 15 名步兵，在长排红色楼房 [79 号楼] 和环形冲沟的东南峭壁中，有 4 挺轻机枪、1 挺大口径机枪和不超过 20 名步兵。在幼儿园东南边缘处有 1 挺重机枪，在 Π 形房 [政委楼] 里也有 1 挺，在 L 形房 [药店] 里还有第 3 挺。在"街垒"工厂里的 14 号车间 [3 号厂房] 西北方 75 米处有一个迫击炮组。

★

14 时 45 分，第 51 军命令下属部队坚守当前阵地，并通知他们第 118 号军长令作废。这道军长令是前一天下发的，它指示各师为可能要进行的突围做准备。这是军长冯·塞德利茨将军自作主张的决定，他希望以此来迫使保卢斯下决心。虽然保卢斯已经多次请求希特勒给他行动自由（这意味着他也希望突围），但冯·塞德利茨知道时间宝贵，集团军要想自救就必须马上行动起来。保卢斯为了获得希特勒授权，在 11 月 23 日干等了一整天。冯·塞德利茨将军此时已经认定突围势在必行，便命令他麾下位于包围圈东北角的各师后撤。他希望此举造成多米诺骨牌效应：这几个师撤退后，其他的师也会跟着后撤，那样一来保卢斯就不得不下令向西南方突围。东北角各师的撤退发生在 11 月 23

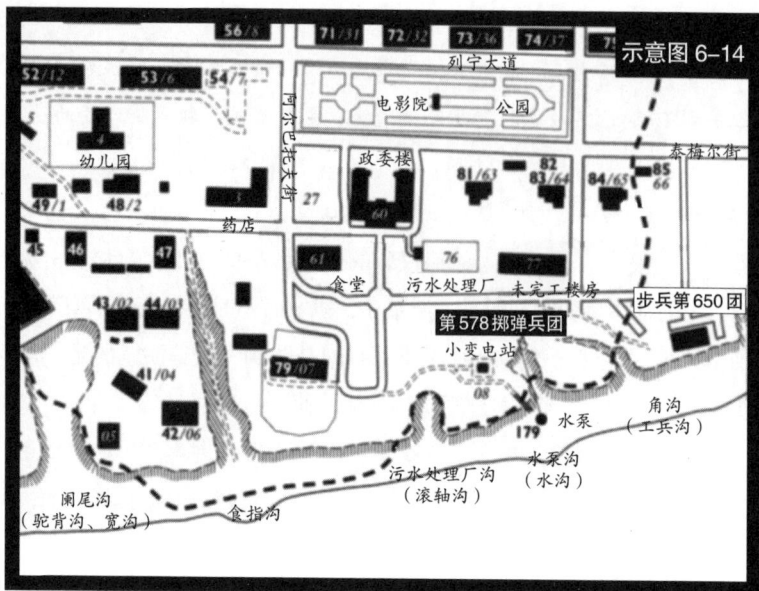

示意图 6-14

日夜间，但是却变成了小规模的溃败，因为苏军士兵注意到德军的举动后便立即攻击了第94步兵师，该师伤亡很大。

　　第二天（11月24日）上午，希特勒一听说这次撤退事件，立刻要求查看关于此事的详细报告，并禁止再作撤退。报告中的解释是：部队是后撤到预设阵地，通过此举省下了一个师，可用于别处。希特勒并不相信这些说法，他怀疑撤退是保卢斯授意的①，因此把包围圈内北线部队的指挥权交给了实际上应该为此事负责的冯·塞德利茨。保卢斯接到这个命令后，带着愤愤不平的参谋长走访了冯·塞德利茨设在附近的指挥部。保卢斯当然要跟冯·塞德利茨谈谈他的独断独行，不过保卢斯用的是就事论事的口气，没有露出一点个人的怨气。随后保卢斯把刚收到的电报交给冯·塞德利茨，不无讽刺地说："现在你有指挥权了，可以突围了。"冯·塞德利茨一时难掩尴尬之色。最后是冯·曼斯坦

---

　　①冯·塞德利茨在回忆录中写道："保卢斯以高尚的姿态代我受过，在这件事上我一直对他评价很高。另一方面，我必须强调的是，我自己从未试图逃避此事的全部责任，连一句这样的话都没说过。"

▲ 第 6 集团军司令弗里德里希·保卢斯大将

因元帅平息了希特勒的怒气，说服他把斯大林格勒包围圈内的部队重新交给保卢斯统一指挥。

希特勒在得知撤退事件之前写下的决定在 8 时 30 分发到第 6 集团军司令部。不出所料，他命令该集团军在已经被他称为"斯大林格勒要塞"的区域就地坚守，等待解围部队到来。他明确要求第 51 军在任何情况下都必须守住伏尔加河沿岸的现有阵地和北方的现有阵地。冯·塞德利茨将军冒失的策略直接违背了希特勒的意愿，而此时第 51 军的北部防线无非是在几个小山包上匆忙构筑的工事而已。

在 11 时 15 分，保卢斯向下属各军发布命令，解释并阐发了元首的决定：第 51 军要不惜一切代价坚守其当前的阵地，包括在雪原上建立的新防线。这促使冯·塞德利茨在 14 时 45 分向下级发布了命令。不过他的心情是很郁闷的，于是提笔写下了斯大林格勒战役期间最不同寻常的文件之一。这份注明日期为 11 月 25 日的备忘录详细阐述了冯·塞德利茨反对暂缓突围的理由。它的开头是这样写的：

> 由于收到了集团军 1942 年 11 月 24 日继续战斗的命令，而我又非常清楚局势的严峻性，因此我感到自己有义务再次以书面形式提出我的意见，这些意见已被过去 24 小时中发生的事件进一步加以证明。

> 集团军正面临明确的二选一的局面：要么向西南科捷利尼科沃的大方向突围，要么在几天之内遭到毁灭。

> 这个结论是根据对实际情况的冷静评估得出的。

随后他对局势做了全面而悲观的分析。他指出，在苏军反攻前已经开始短缺的补给是决定因素。"数字本身已经说明问题。"他写道。他还补充说，把希望寄托在空中补给上只是一厢情愿，因为集团军只有 30 架 Ju 52 运输机可用，即使再增加 100 架，也无法满足集团军的全部需求。随后冯·塞德利茨逐条强调了形势之严峻，以及就地坚守之愚蠢：

> 陆军总司令部要求我们固守待援，显然是根据错误的前提下达的命令，因此这样的命令不可行，将不可避免地把集团军引向灾难。要挽救集团军，就必须马上另下命令或另做决定。

在 1942 年 3 月和 4 月，冯·塞德利茨曾率部救援杰米扬斯克包围圈中的友军并最终成功，而他也因此注意到这类解围战斗是"极其困难的"。在斯大林格勒的德军将领中，数他对这类情况最有经验。在最后一段中他甚至公然号召同僚无视希特勒的命令，自行采取行动，并回答施特雷克尔将军 ① 所说的"每一个军人要面对的最困难的良知问题：为了以自己认为最好的方式应对战局，是否要违抗上级的命令"：

> 如果陆军总司令部不能尽快收回要我们就地坚守的命令，那么我们的良心和对军队及德国人民的责任就要求我们必须取得上一道命令所禁止的行动自由，利用所剩无几的时间主动发起进攻来避免彻底的灾难。否则 20 万将士和他们所有的装备就有全军尽没的危险。
>
> 我们别无选择。

保卢斯告诉塞德利茨不要插手不归他管的事务。据集团军参谋长施密特说，他们没有把塞德利茨的备忘录给元首过目，再说冯·塞德利茨也不是集团军的司令。不管怎么说，保卢斯对冯·塞德利茨的意见是基本赞同的，他在 11 月 26 日给冯·曼斯坦因的私人信件中再度请求获得行动自由，而冯·曼斯坦因深知希特勒在此问题上所持的立场，当然无法满足保卢斯的愿望。

就这样，第 6 集团军不得不在斯大林格勒的冰天雪地里坚守他们的"要塞"。

★

夜幕降临后，苏军再次通过小船向柳德尼科夫岛运送了口粮。当天日落

①卡尔·施特雷克尔（Karl Strecker）大将，骑士十字勋章，金质德意志十字勋章，第 11 军，1884 年 9 月 20 日生于拉德曼斯多夫（今斯洛文尼亚拉多夫利察），1973 年 4 月 10 日卒于奥地利里茨勒恩。

时第 138 师的战力如下：活跃站兵 462 人，武器包括 344 支步枪、69 支冲锋枪、19 挺轻机枪、2 挺重机枪、3 支反坦克枪和 3 门 45 毫米炮。

1942年11月24日双方的伤亡情况
苏军步兵第138师：2人阵亡，20人负伤，共计22人
德军第305步兵师：2人阵亡，23人负伤，共计25人

1942 年 11 月 25 日

在远方冰封的荒原上，贝纳德中尉和他率领的第 294 工兵营的补充人员还在赶往斯大林格勒的路上。苏军成功封闭包围圈意味着这些人无法向尚在斯大林格勒的工兵营报到了，于是第 294 步兵师的指挥部迅速做出了让他们折返的决定，发给他们的电报要求他们在利恰亚火车站停止前进。师后勤科长奉命安排贝纳德中尉和他的人马通过铁路或公路运输返回师驻地。于是，贝纳德和他的部下侥幸逃脱了正等待着第 294 工兵营其他人员的悲惨命运。

★

虽然冯·塞德利茨取消了他先前准备突围的命令，但那道命令似乎也没有被下级认真执行。雷滕迈尔上尉在日记中写道：

"重新编组"的命令来了。这条暗语的意思是，所有准备工作都要做起来了，不用再隐瞒什么，我们要做好撤退的准备。需要带走的是弹药，这是最重要的东西，其次是口粮和冬装。每连 3 辆车，可以带 2 个野战厨房，再多就不行了，我们没有更多的马了。其他所有东西——摩托车、其他车辆、马具、所有私人物品，都要集中起来销毁。这里面有很多，甚至可以说数量巨大的宝贵物品。还有，我们的大炮怎么办？我们没法搬运它们，拉大炮的马也没有，给炮车用的汽油也没有。要是我们不得不炸掉这些大炮，那真是奇耻大辱。不过到了下午，上头对形势的判断变得乐观一点了。元首下了命令："我军要继续占领斯大林格勒，要采取必要措施，让我军在这里的处境不至于太糟糕。"要是我们不得不放弃流了那么多血才打下来的斯大林格勒的土地，任谁都会号啕大哭的。

他在一封家书中也表达了同样的想法：

> 这几天我们做好了向南突围的准备，但是元首的命令来了，要求我们必须在斯大林格勒坚守。各处的部队都接到了节约物资的命令。少数快饿死的马是我们的活储备肉，不过我们还是信心十足，希望我们头上的阳光能重新变得灿烂。

★

柳德尼科夫岛上仍然比较平静。步兵第138师的战斗日志记载：

> 敌人并不活跃。他们偶尔用小型武器和机枪射击我师部队。敌人全天都在继续实施土工作业，以加强他们的防御。

苏军观察的结果很准确。第578掷弹兵团刚接收的补充兵被派到伏尔加河前线构筑工事。前线战壕里的恶劣条件让这些年轻人吃惊不小，而他们的工作也危险重重。据步兵第650团的战斗日志记载："我团用机枪射击了敌人的掩体和四处奔跑的人员，并且不分昼夜地监视着敌人的动向。"任何粗心大意的举动或是好奇的张望都会被苏军以准确的火力惩罚。步兵第138师宣称这一天歼灭约50名德军士兵并击毁1挺重机枪，但第305步兵师3死12伤的伤亡记录表明苏军的说法过于夸张了。此外，步兵第138师还宣称炮兵取得了下列战果：打坏载有冲锋枪手的2辆卡车和1辆小汽车，摧毁2个机枪火力点、2门大炮和其炮手，以及1个有若干步兵的掩蔽部，并压制1门迫击炮。

步兵第138师的战力如下：位于伏尔加河西岸的人数是505人，其中25人是伤员，此外还有91名不属于该师的人员，因此在该师作战地段共有596人。

★

步兵第95师的小规模突击队冒着"街垒"工厂方向射来的大炮、迫击炮和轻机枪的弹雨，突破几道铁丝网，并攻下了德军的几个碉堡。在此过程中，该师的各个步兵团伤亡惨重：步兵第241团少了125人，步兵第90团损失60

人，步兵第 161 团损失 22 人。到这天日落时，各团的战斗力量如下：步兵第 241 团——200 人，步兵第 90 团————260 人，步兵第 161 团——195 人。

1942年11月25日双方的伤亡情况
苏军步兵第138师：3人阵亡，6人负伤，共计9人
德军第305步兵师：3人阵亡，12人负伤，共计15人

★

在 22 时 30 分，第 51 军下发第 119 号军长令，其中要求：

第 305 步兵师应将第 162、294 和 336 工兵营解散，用其人员组成一到两个工兵营。

第 389 步兵师应将第 45 工兵营并入该师自身的工兵营。

对第 44 突击连也应照此法办理，将其人员并入第 305 步兵师的某一掷弹兵团。

残酷的战斗早已让各工兵营严重失血，约瑟夫·林登少校后来写道：

在火炮厂一带每天实施的进攻作战和由此带来的严重伤亡大大削弱了各营的实力。当敌人发动旨在包围第 6 集团军的大规模反攻后，我们的作战就不再是优先事项了。进攻行动暂停了，工兵们因为伤亡惨重而合编为一个营，由原第 162 工兵营的营长克吕格少校任营长，在第 305 步兵师的地段充当步兵。

各工兵营解散重组后，营部人员就有了富余，不过林登说各工兵营合并为一个营，这并不完全正确，我们查到的资料显示只有第 162 工兵营和第 305 工兵营合并为一个新的营。在一封写给失踪战友的妻子的信中，第 305 工兵营第 1 连的阿尔布雷希特·勒夫勒（Albrecht Löffler）二等兵说："快到 11 月底的时候，我们营和另一个工兵营被解散，合并成一个营，这样每个连就有了 60 多人。这些连还包括了辎重队和我们营部的人。"

包括特劳布上尉在内的原第 305 工兵营营部的一些人被调走担任特别职务，而克吕格少校作为军衔最高的工兵军官带着他的营部班子接过了这个合成营的指挥权。在家信中，特劳布从未向妻子透露自己再也不能统率心爱的工兵营，他在这件事上的沉默表明这次降职让他多少有点纠结，不过他对克吕格绝对没有一点恨意。这两位军官都深受各自部下的尊敬和爱戴，而且不久以后第305工兵营的官兵就把克吕格视作和特劳布一样可靠的领导。重新编组后的这个营实力很强，下辖5个连：第1连有1名军官（姓名不详）、5名士官和75名士兵，配备6挺轻机枪；第2连有1名军官（兴斯特少尉）、6名士官和65名士兵，配备6挺轻机枪；第3连有1名军官（施泰格中尉）、5名士官和83名士兵，配备6挺轻机枪；完全以第162工兵营人员组建的一个连有1名军官（申克中尉）、3名士官和29名士兵，配备3挺轻机枪；最后一个连是用苏军战俘组建的，兵力达270人，其中35人是德国人，包括连长胡贝特·洪布格尔 [1]（Hubert Homburger）少尉在内。第162工兵营的人员似乎大多被分散在前3个连中，只有一小队核心人员未被拆散，而是组成了第4连，该连能够担当独立分队。

我们不知道另3个营长（加斯特、魏曼和隆特）和他们的营部人员被分配了什么职务，不过他们显然仍作为独立团体存在，并未被拆散作为补充人员。他们的营分别缩编为一个连，以一名一线军官任连长，然后分别配属到一个掷弹兵团：第50装甲工兵营到第578掷弹兵团，第294工兵营到第576掷弹兵团，第336工兵营到第577掷弹兵团。也就是说，每个营都隶属于过去两个星期他们一直在支援作战的那个团。第50装甲工兵营的战斗力量为1名军官、6名士官和92名士兵，配备2挺重机枪和7挺轻机枪；第294工兵营有1名军官、7名士官和40名士兵，配备6挺轻机枪；第336工兵营有1名军官、4名士官和95名士兵，配备7挺轻机枪。

此时编入第305工兵营的还有第248载重卡车连的50名意大利司机和30辆卡车。在11月初将第162工兵营运进城以后，他们接到的命令是就地等候，待该营完成任务后再将其运回。这个任务始终不曾完成，因此这些倒霉的意大利人也被困在了苏军的老鼠笼里。司机马里亚诺·普希亚沃 [2]（Mariano

---

①胡贝特·洪布格尔少尉，第305工兵营轻装工兵分队，1907年11月23日生于赖泽尔芬根，1942年12月22日阵亡于斯大林格勒。

②马里亚诺·普希亚沃，第248载重卡车连，1911年3月2日生于博洛尼亚，1943年1月失踪于斯大林格勒。

Puschiavo）给家里写信说：

> 我们被分配到德国人的部队里，但是我们听不懂他们说什么，也不明白他们在干什么。我们只能自己挖散兵坑，好有个躲炮弹的地方。

第44突击连被并入第578掷弹兵团，因为缺少军官，所以统领他们的是一个身经百战的士官——扬森下士。

各掷弹兵团也有变化。现在每个团下辖两个掷弹兵营，支援力量是每个团原编制内的第13连和第14连（分别是重步兵炮连和反坦克炮连），以及一个新增的工兵连和从第305炮兵团专门分配的一个炮兵营（第1营支援第578掷弹兵团，第2营支援第577掷弹兵团，第3营支援第576掷弹兵团）。此外，第577掷弹兵团还有一个用多余炮兵组建的步兵连，单从数字上看这是一个实力很强的连队——有3名军官、36名士官和253名士兵，配备10挺轻机枪。此外，在后方还有以第578掷弹兵团第2营人员组建的施瓦茨训练营，这个营由能干的团副官施瓦茨上尉指挥，它是为了让新来的补充兵做好在"街垒"地区战斗的准备而建立的。后来随着局势日益恶化，这个训练营还将训练炮兵、军乐手、文书之类的士兵（基本上包括了所有冗余人员）掌握城市战的复杂技能。施瓦茨上尉的任务很艰巨，但他始终充满激情而且泰然自若地工作着。

在第389步兵师也进行了类似的重组，只不过要简单得多。比希上尉的第45工兵营被并入了第389工兵营。第45工兵营第2连的贝托尔德·保卢斯列兵写信告诉家人：

> 在11月25日晚上，我们营不得不破坏掉宝贵的车辆。我们再也不是第45工兵营了，而成了第389步兵师的工兵。现在我们是"莱茵黄金"师的一部分。在我们毁掉各种东西的那天晚上，我们听说斯大林格勒要被放弃，我们要想办法冲开包围圈逃出去。当初和我一起进连队的30个人现在还剩3个，我们原来的营只剩一半兵力，这就是为什么要把两个营合成一个。正因为这样，我们的战地邮箱号也改了。现在是44509。比希上尉担任了合成营的营长。

★

随着各工兵营的合并，本书对这几个营的进攻作战的详细考察也要画上句号了。它们不再是"街垒"工厂上演的死亡活剧中的主要演员。从此刻起，我们将把重点转到苏军视角，因为他们现在掌握了主动权。这些工兵营还将出现在此后几个月的战斗中，但是在这一天，它们实际上已经失去了各自的身份，也失去了各自的战地邮箱号，成了"博登湖"师的一部分。

★

整编后的第305师接到的第一批任务中包括在后方构筑新的防御阵地。最近因为"街垒"工厂以东进攻作战停止而"失业"的林登少校将监督这些工程。新的防线将建在戈罗季谢周边的高地上。城里的另几个师也接到了类似的命令。命令要求林登少校在11月27日18时前提交关于施工计划的建议。劳工将来多个不同的单位：第305工兵营将提供60名工兵和135名战俘，师部提供23人，第305装甲歼击营提供45人，第305通信营提供40人，炮兵团提供40人。

这个新任务表明德军的心态发生了重大而持久的改变。他们不再把一切力量投入进攻，不再想着推进到伏尔加河、占领斯大林格勒全城了。现在，防守才是头等大事。在一个星期前，离占领已成废墟的全城只差一步之遥的德军做梦都想不到攻守之势会发生逆转。现在他们必须在后方构筑防线，还必须不惜一切代价守住斯大林格勒的现有阵地。这场战役进入了新的阶段。

第七章
僵持不下

1942 年 11 月 26 日

苏军不知道（实际上大多数德军普通士兵也不知道）的是，将被打残的德军部队进行重组和合并其实是突围的前提条件，这些师旅若想在穿越冰原的艰苦行军中找到任何生存机会，就必须精简机构并抛弃所有多余的行李。每过一天，苏军的包围圈就会收紧一分，而德军成功突围的机会也会相应减少一分。希特勒向来不喜欢让部队突围，现在他更是坚定地把一切"放弃"斯大林格勒的意见拒之门外，因为在他看来这意味着拱手让出 3 个月来流了无数鲜血换取的战果。因此元首命令第 6 集团军就地坚守，等待援军到来。

当然，蜷缩在光线暗淡的地窖或寒气袭人的战壕里的一线士兵对此一无所知。就连指挥士兵的军官也所知甚少，而且他们知道的只是流言和道听途说。雷滕迈尔上尉在日记里记录了自己的感想："今天早上前线明显安静多了。南边的敌人又在进攻。我们这一带一切都比较平静。我们听说我军有一个师过早地破坏了他们的车辆 [1]。"

---

[1] 他说的是第 94 步兵师在 1942 年 11 月 23 日夜到 24 日清晨那次招致惨败的撤退。

★

另一方面，在雷滕迈尔认为"明显安静多了"的"街垒"工厂一带，仍在发生着人们习以为常的事件。整个晚上，德军都在用小型武器、机枪和零星的迫击炮火射击柳德尼科夫部和扎伊采夫斯基岛。在佩钦纽克负责的地段，守在悬崖顶部战壕里的第578掷弹兵团的步兵朝水泵和"滚轴"小分队投掷了手榴弹。苏军各部为了报复则频繁以小型武器和机枪对德军据点猛烈射击，并伴以成排投出的手榴弹。炮兵也做了系统的射击，在惯常的炮击模式中穿插了不少火力急袭。经过两个星期尸山血海的战斗，这些交火在双方疲惫不堪的士兵看来确实"明显安静多了"。

佩钦纽克团的观察员确认，德军在政委楼和83号楼 [64号房] 之间架了3门迫击炮，他们还在84号楼 [65号房] 右侧15～20米处发现了一挺轻机枪。和以往一样，苏军各部不分昼夜地密切监视着德军动向。佩钦纽克团接到了师指挥部下达的第27号命令，准备发动原定于11月23日发起的进攻：

> 命令：你团应组织人力物力充分开展土工作业。为了实施此次作战，应彻底摸清敌占楼房的布防情况，发现敌人埋设的地雷。

★

暂停进攻作战后，第305步兵师加强了自己的各个据点，做好长期固守的准备。楼房周围的雷场变得更密集了，带刺铁丝网又多了好几道，战壕都被挖深，弹药也被大量贮存。机枪手把机枪架在能发挥最大作用的地方，迫击炮手对敌人可能接近的路线都做了标定，预备队则集结在防线后方的建筑物地下室里，随时准备发起反击。为了确保防线稳固，德军采取了所有能想到的措施。最前沿据点的守备任务很快就会使士兵的神经不堪重负，因此德军还制定了定时轮换制度。雷滕迈尔上尉在日记中写道：

> 在10时左右，我将与在伏尔加河沿岸驻守的皮特曼上尉换防，然后在12时我会去团指挥所，13时30分回到我们的营指挥所。我会在19时左右视察我们的阵地。

几乎可以肯定，苏军观察员注意到了雷滕迈尔的第1营换下皮特曼的第3营的行动，因为步兵第138师当晚提交的每日报告写道：

敌人继续构筑工事。这一天，我师前线的敌人没有实施任何进攻行动。

有小股敌军士兵调动，表明敌人可能在准备对我师各部发起攻击。

此时第 6 集团军已经被围近五天，为了确保守住阵地，不得不采取一些必要的措施，其中最重要的措施之一就是节约弹药和食品，定量配给制度在各部紧急施行。雷滕迈尔写道："上级指示我们要非常节俭地使用弹药和口粮，因此我们只能领到维持战斗力所必需的数量。面包的定量是 375 克，今后几天我们还会再领到一些马肉，补给只能靠飞机运进来。谁能逃出这个漫天风雪的地方？"

在 19 时，第 51 军下发了第 120 号军长令。命令一开始就毫不含糊地说明了自一个星期前苏军开始反攻以来形成的局面：

我集团军由于友邻地段发生的战斗而被包围，现在必须坚守阵地直至最后一刻。每个师的任务都是一句话：一步都不准后退！无论哪里的阵地丢失了，都必须毫不迟疑地夺回来。解围部队已经出发。补给将通过飞机运进来。

随后命令列出了各师为节省弹药消耗和增加战斗力量而需要采取的措施：

在这次战斗中，必须动员所有可用的部队（包括每一个人和每一件武器）投入战场。在这次战斗中我军处于固守待援的境地，无论这种状态会持续多久，我们都必须以最经济的方式使用弹药，严格合理地控制燃料消耗，谨慎节约其余所有物资，就连蜡烛和纸张也不例外。必须将所有可用库存集中起来，以便按战友间平等互惠的原则充分利用。

指挥官必须确保手下的每一个士兵都遵守这些要求，以求将他们塑造成一个坚定勇敢、服从命令的整体。任何违背这些要求的行为都是在背叛我军坚守到底的坚强决心，必须受到严惩，严重者甚至可处以极刑。

必须动用一切可行的手段进一步改造和加固阵地。首要措施是以在火力控制下的障碍和雷场充分保护阵地，不得以作战疲劳和消耗过大为由推迟对阵地的加固工作，必须严格实施此类作业。只要做好这些工作，就会换来伤亡减少、阵地防御能力提高的回报。

各师的师长有权归并各部来获得有战斗力的部队，有权减少辎重队的人员数量，等等。如有意采取此类措施需上报……

必须节约使用弹药。对任何目标都只能以相应的（换言之，威力足够的）武器射击。如果重步兵炮足以应付，就不得动用大炮。要严格控制射击次数。

应将散落各地的弹药集中起来。每一发炮弹都是宝贵的！只要稍加注意，就可找到相当数量的弹药。

要节约使用燃料！只要现状持续下去，每公里不必要的行车都是犯罪！通信兵必须更多地利用他们的双腿、自行车或马匹。必须出行的人员应该多人同行，做到一次完成多项使命。

最后，为了强调局势的严重，命令还针对"独苗"政策做了说明：

目前，我们无法照顾"家中仅剩的独苗"之类的人，因为形势要求我们将每一个能够作战的人推上战场。

★

接管可能是斯大林格勒最危险的地段后，雷滕迈尔上尉对由他的营把守的阵地做了一次巡察。他负责的前线地段起自"阑尾沟"和"食指沟"之间的地峡，沿伏尔加河边的悬崖顶部延伸，绕过"滚轴"沟，止于"水泵沟"（一座砖砌的小变电站是该处的防御支撑点）。第 578 掷弹兵团其余部队的前线则从该处折回西边未完工楼房和 84 号楼 [65 号房] 的阵地，止于公园中央一片由战壕和掩蔽部组成的迷宫。在前沿阵地后方，79 号楼 [07 号房]、83 号楼 [64 号房]、81 号楼 [63 号房] 和政委楼都是坚固的堡垒，能够以机枪的弹雨淹没任何进攻的苏军部队。雷滕迈尔上尉在日记中写道：

19 时，罗明格尔中尉[①]和我视察了阵地。天上挂着明亮的满月，寒风凛冽，雪花纷飞。阵地紧贴着河边。各条冲沟都有良好的保护。几乎每一处阵地附近都有俄国人驻防，双方的距离近得可以互掷手榴弹。反坦克炮架设在前沿阵地中，用于阻止伏尔加河上的航船。在我们的防御地段中央，前线向北弯曲的地方，我们的士兵正在构筑一条通到河边悬

---

① 路德维希·罗明格尔（Ludwig Rominger）中尉，第 576 掷弹兵团第 13 连，1943 年 1 月 25 日获得金质德意志十字勋章。

崖边缘的壕沟，以便占据有利地形，他们只要再挖 5~8 米就能完工了。

政委楼是一座有许多地下室的大楼。我自己正坐在 53 号楼下面的一个地下室里，这座楼原是供暖设施的一部分。天花板上有个大洞，有道梯子从入口通到我的住处。在地面上矗立着一堵 10 米高的砖墙的残迹。如果有必要，我们可以在墙上打通出口。

大家都在利用这个机会写信，我也一样。我们比往常更思念亲人。

按照一份在 11 月 26 日第 51 军向第 6 集团军报告前线部署战斗士兵人数的备忘录[①]，雷滕迈尔手下总共有 66 名战斗士兵可用来防守他负责的地段。第 305 步兵师各部的战斗士兵人数如下：第 576 团第 2 营（布劳恩少校）——76 人，第 576 团第 3 营（肯普特上尉[②]）——75 人，第 577 团第 2 营（温克勒中尉）——132 人，第 577 团第 3 营（魏特曼上尉）——131 人，第 578 团第 1 营（雷滕迈尔上尉）——66 人，师预备队第 578 团第 2 营（施瓦茨上尉）——172 人，第 578 团第 3 营（皮特曼上尉）——77 人，第 305 工兵营（特劳布上尉）——45 人，第 162 工兵营（克吕格少校）——99 人，第 294 工兵营（魏曼少校）——40 人，第 336 工兵营（隆特上尉）——92 人，第 44 突击连（扬森下士）——38 人[③]。

他们北边的友邻部队——第 389 步兵师的实力如下：第 544 团第 1 营——195 人，第 544 团第 3 营——220 人，第 545 团第 1 营——86 人，第 545 团第 3 营——90 人，第 546 团第 1 营——88 人，第 546 团第 3 营——139 人，第 389 自行车营——53 人[④]。

他们面对的是步兵第 138 师在伏尔加河西岸的 508 人，其中 42 人是伤员。此外，还有 91 名不属于该师的人员。步兵第 138 师作战地段的总兵力是 599 人。他们的武器包括 344 支步枪、69 支冲锋枪、19 挺轻机枪、2 挺重机枪、3 门反坦克炮、3 支反坦克枪和 1 挺高射机枪。

---

① 但是必须指出，这些数字似乎是按照 11 月 25 日部队重新编组之前的各部实力和构成统计的。
② 汉斯·肯普特（Hans Kempter）少校，第 576 掷弹兵团第 3 营，1895 年 8 月 11 日生，1980 年 7 月 12 日卒于兰茨胡特。
③ 不知为什么，这份清单里没有列出第 50 装甲工兵营。
④ 这份清单里没有列出第 45 和 389 工兵营。

1942年11月26日双方的伤亡情况
苏军步兵第138师：伤亡数字不可考
德军第305步兵师：7人阵亡，1名军官和17名士兵负伤

1942年11月27日

舒服地躺在相对安全的地下室里，再不用关心进攻的事，于是许多德军官兵陷入沉思，纷纷想起了故乡的亲人。"现在是5时，"雷滕迈尔写道，"我的亲人在家乡，应该还在甜美的睡梦中。这很好，他们没必要知道我们的境遇，因为这只会让他们更焦虑、更担心。总医院已经不再收容高烧39或40摄氏度的病人，至少到11月29日为止是这样。"

伤员已经使德军的医院和救护站人满为患，自从包围圈形成以来，伤员得到一流水平医治的唯一机会就是搭乘飞机离开，住进苏联内地的大医院。第一批飞机在11月23日降落，但是根本不足以减少伤员人数。在空运行动的头五天，总共有119架次降落在包围圈内（五天的数字分别是29、20、31、27和12架次），机型包括Ju 52、Ju 86和Ju 290。可惜如今没有资料能证明这几天有多少伤员飞出包围圈，但肯定不到1000人 [①]。被送到急救站的伤员远远超过飞机疏散的伤员人数。第6集团军面临着令人担心的局面：医护人员只顾得上照料伤员，而雷滕迈尔上尉这样的指挥官则为部下的健康深感忧虑。

★

11月27日比前一天更平静。步兵第138师继续固守原来的阵地，德军也没有显出一丁点进攻的意思。整整一天，德军只是用迫击炮零星射击了苏军的防线，并继续朝水泵和"滚轴"小分队投掷手榴弹。德军的机枪火力点则比较卖力，系统地扫射了周围区域，架在未完工楼房右侧的1挺重机枪和1挺轻机枪尤其活跃。德军狙击手也频繁出手，架在政委楼和83号楼 [64号房] 之间的迫击炮则时不

---

① 截至12月9日共有741架次运输机进入包围圈，运走6441名伤员，平均每架次运输8~9名伤员。

时投射弹幕。苏军的 3 个团以步枪和机枪射击了活跃的德军据点，并继续观察德军动向。柳德尼科夫师已经知道其他地段的某些德军部队正在撤退，但苏军担心退却的德军可能掉头攻击北面的戈罗霍夫集群。因此，柳德尼科夫命令部下发现当面德军有撤退迹象就立刻上报，即使是极细微的迹象也不能忽视。

在 13 时 40 分，例行的交火被一架德军的 Ju 88 飞机打断。这架飞机自东南向西北飞越"街垒"战场，但没有投弹。双方都暂时停止了射击，抬头观察这个低空飞行的不速之客。当它消失在远方之后，步枪的脆响再度回荡在战场上。苏军炮兵的零星射击持续了一个下午。

步兵第 138 师的兵力：位于西岸的总人数——517 人，其中 42 人是伤员，不属于该师的人员——89 人。该师作战地段内的总人数——606 人。武器装备：344 支步枪、69 支冲锋枪，19 挺轻机枪、2 挺重机枪、4 门反坦克炮、3 支反坦克枪和 1 挺高射机枪。

★

夜里，雷滕迈尔仍然思绪万千：

> 晚饭时（我们把一整天的食物都放在晚上吃），我拿到两份报纸，日期分别是 10 月 31 日和 11 月 6 日，另外还有一封 11 月 6 日从家里寄来的信。读信的时候，我满脑子都想着家里，我家房子的每一个角落都浮现在我眼前，每一个细节都是那么真实。比起待在这里，谁都想回家陪着老婆孩子。要摆脱这样的念头是很难的，但是为了家里的亲人，我们必须留在这里坚持战斗。外面刮着寒冷刺骨的东风，还在下小雪。

第 305 装甲歼击营第 1 连的汉斯·卢兹（Hans Luz）二等兵是架在悬崖顶上的一门 75 毫米反坦克炮的炮组成员。他的炮长是瓦尔特·克尼特尔[1]（Walter Knittel）下士：

> 11 月 22 日，我们接管了伏尔加河边上一处极其危险的阵地。那里只有后方没有敌人，也就是说，俄国人从三面包围着我们。我们和俄国人

---

[1] 瓦尔特·克尼特尔下士，第 305 装甲歼击营第 1 连，1914 年 11 月 2 日生于梅青根，1942 年 11 月 27 日阵亡于斯大林格勒。

隔着大约 80 米的距离。我们的任务是扰乱伏尔加河上的船运交通，并且在敌人的攻击下守住这个阵地。你们也许想象得到，那里一直非常热闹。我们在那里只守了一个星期。虽然一开始很成功，但是在 11 月 27 日，命运给了我们重重一击。这天晚上，我们这个炮组有 4 个人被一发迫击炮弹放倒。当时两个弟兄、克尼特尔下士和我正在大炮边上忙碌，敌人的炮弹正好落在大炮上爆炸了。我立刻被炸翻在地，身上中了很多弹片。尽管如此，我的神志还是很清醒，立刻环顾四周，想看看弟兄们怎样了。不幸的是，克尼特尔下士就躺在我边上，右大腿被弹片打出了一个很大的伤口。没有受伤的弟兄立刻把他抬进我们的地堡里，对他进行了急救，稍后他们把我也抬了进去。另一个弟兄当场就被炸死了，还有一个受了轻伤。接着大家检查了克尼特尔和我的伤势。不幸的是，他几分钟后就失去知觉，最后因为失血过多英勇战死了。我在斯大林格勒一直待到 1942 年 12 月 18 日，然后被飞机运到包围圈外面的萨利斯克。

由于局势不断恶化，很多像卢兹二等兵这样的伤员（甚至包括许多在 11 月攻势初期受伤的人）都被长期困在包围圈内。第 45 工兵营第 2 连的卡尔·克劳斯二等兵在 11 月 11 日身负重伤，此时仍然躺在戈罗季谢教堂冰冷的石砌地板上：

现在我已经记不清我在这座房子里躺了多久了，而就在这段时间里，第 6 集团军被团团包围了！

我身上多处受伤，所以只有手臂和头部能动。卫生员把我抬上一辆在等候的救护车，但我没被送上飞机，而是被丢进了一间开阔的地窖里。我在那里又被一片呻吟和哭叫包围，但是既没人照料也没有东西可吃。时不时会有几个人被抬出去，我非常嫉妒他们，这主要是因为我相信他们是被送去机场了。后来我才愧疚地发现，这些弟兄里面有好多人已经死了。气温跌得更加厉害，已经到了零下 20 到零下 25 摄氏度。我不记得自己在这个开阔的老鼠洞里躺了多久。辛亏身上裹着纸袋，再加上又在发高烧，我才没有被活活冻死。

后来我终于被抬了出去，送进一个木棚，躺在一块凹地里。风雪从木板的缝隙直往里灌。那里是个临时搭建的手术室，我的绷带终于被拆掉了，一个长着花白胡子的老医生给我做了检查。

诊断结果：除了许多伤口以外，还长了坏疽。我很清楚这意味着什么。死刑判决？

医生说："小伙子，落到我手里算你走运。我是从第一次世界大战干到现在的少数坏疽专家之一，不用截肢就能治好它。"接着他用乙醚麻醉，给我动了手术，但是因为乙醚很紧缺，所以我很快就因为疼痛难忍而恢复了知觉。（后来我又在包围圈外面接受了三次手术，全都成功了。）直到今天我还是全胳膊全腿的！

接着我被送到一顶很大的医疗帐篷里（可能是在斯大林格勒斯基附近）。俄国人的步兵突破了阵地，子弹嗖嗖地穿过帐篷，卫生员们纷纷进入帐篷周围的防御阵地。突然，传来一阵发动机的轰鸣和鸣笛的尖啸，还伴随着可怕的爆炸声——德国的"斯图卡"飞机救了我们。

我们得到了德国红十字会的姐妹们的照顾。这些勇敢的小姑娘决定留下来陪我们，让我觉得很过意不去。过了很长时间以后，我们又领到了茶和薄脆饼干，还有大约 25 克马肉，死去和冻硬的马都被人用斧子分成了小块。我的高烧持续了几个星期，体温一直徘徊在 41.3～41.8 摄氏度。"缝纫机"常在晚上光临，不分青红皂白地扔下炸弹，根本不管下面是不是医疗帐篷。我们全都很清楚，如果伊万突破了防线，我们会有什么下场：假设卡拉奇还没被占领，有一趟运伤员的列车正要往西开，那么俄国人的第一辆坦克就会直奔火车站的入口。俄国人会把伤员和医护人员统统赶下火车，在零下 25 摄氏度的严寒中，用水浇遍他们全身！后来，俄国战俘冷静而沉默地把我抬出帐篷，塞进一辆正在等候的救护车。车子载着我去了古姆拉克机场！在我眼里，机场上等候的 Ju 52 就是一部长着天使翅膀的机器。但是西伯利亚来的暴风雪太冷了！天色渐渐变暗，好几架飞机飞走了，但是我的飞机还趴在地上，因为天太冷，发动机转不起来，飞行员气得七窍生烟。单机飞行意味着被击落的可能性大大增加，因为没有战斗机护航。最后，经过许多徒劳的努力，发动机终于发出了美妙的声响。飞行员小心地操作着，没让发动机熄火。这种飞机在俄国战斗机面前基本上是不堪一击的，我们能平安逃出去全靠黑暗的掩护。

这是我第一次坐飞机①。我们降落在莫洛索夫斯卡亚，上一年秋天我们曾在那里度过了许多美好的日子。我的住处是一幢上下两层的楼房，它只有几扇窗子和门还在。我被放在一楼，过道和楼梯都被冻结的人体脓血和浸透血液的绷带铺满了。过了很长时间，我们被安置到一顶医疗帐篷里，摆在地上准备继续运往后方。空袭持续不断，城区和许多红十字帐篷都挨了炸弹。我们这里最受欢迎的人是一位维也纳来的牧师，他在一顶帐篷里和所有伤员一起被炸死了。我们全都放声大哭。俄国人突破了奇尔河防线……

1942年11月27日双方的伤亡情况
苏军步兵第138师：无
德军第305步兵师：19人负伤②

1942 年 11 月 28 日

在平静的夜间，趁着德军活动最少的时候，步兵第 650 团的防区里举行了一次授勋仪式。尼古拉·费奥多罗维奇·巴拉诺夫（Nikolai Fedorovich Baranov）中士、约瑟夫·安德烈耶维奇·莫塔梅夫（Iosif Andreyevich Motamev）中士、格里戈利·伊万诺维奇·普罗斯科诺斯（Grigory Ivanovich Ploskonos）列兵、尼古拉·米哈伊洛维奇·斯米尔诺夫（Nikolai Mikhailovich Smirnov）列兵和菲利普·米哈伊洛维奇·季莫菲耶夫（Filip Mikhailovich Timofiyev）列兵被授予勇敢奖章。众人喝了庆功酒，然后回到各自的岗位。

在 3 时，步兵第 138 师报告说："在我师前线，敌人继续用小型武器、机枪和零星的迫击炮火作有规律的射击，未发现敌人有积极的作战和调动。"佩钦纽克的步兵第 650 团则报告说："敌人仍守在他们原先的据点中。在昨天晚

---

① 为了庆祝克劳斯的 80 大寿，他的儿子安排他乘坐极少数仍能飞行的 Ju 52 型运输机之一又飞了一次。不用说，卡尔·克劳斯第二次乘坐 Ju 52 的飞行比第一次平安得多。

② 不知为什么，克尼特尔下士和第 305 装甲歼击营第 1 连另一个无名士兵的死亡没有被列入第 305 步兵师通常每天上午提交的伤亡报告。

上和今天白天，他们的射击很频繁，小型武器和机枪尤其活跃，他们还偶尔朝"滚轴"和水泵投掷手榴弹。"各团都加强了对德军射击情况的观察，以标定他们的火力点并做特别关照。伏尔加河东岸的苏军炮兵射击了偶尔暴露的目标和已经判明的德军火力点。在刚刚过去的这一个晚上，苏军的3个团都报告自身无一人伤亡。

在6时，第51军报告了夜间在第305步兵师地段发生的情况：

> 在火炮厂以东，敌人的若干突击队被击退。在储油设施区西南的冲沟内，我军肃清了渗透进来的敌军部队。

★

虽然自从德军被包围以来，柳德尼科夫部受到的压力明显减轻，但他们仍处在危机四伏的境地。此时他们的前沿阵地分布如下：

步兵第768团——伏尔加河河岸到48号房[95号楼]、列宁大道与48号房[95号楼]东南冲沟交汇处、泰梅尔街北端的冲沟。

步兵第344团——47号房[78号楼]西北50米处、"街垒"工厂铁路支线沿线、40号房[68号楼]、41号房[75号楼]（不含）、列宁大道。

步兵第650团——花园南侧边缘、41号房[75号楼]以东150米处、

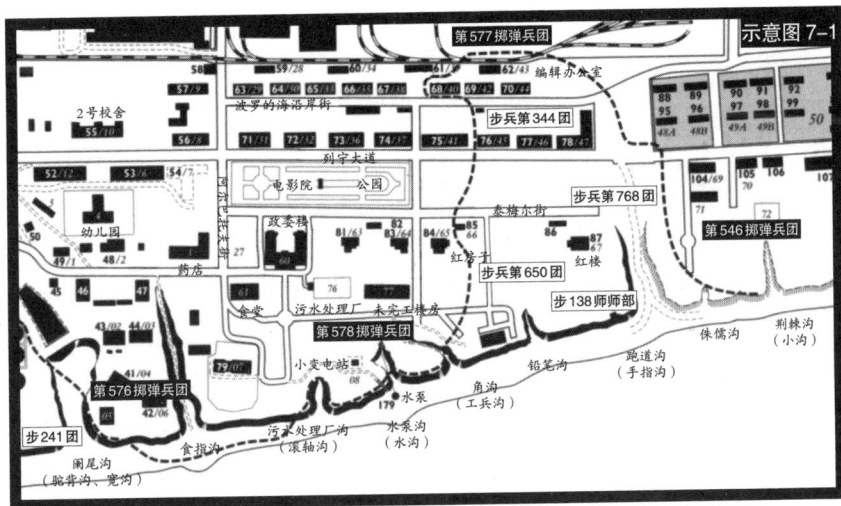

▲ 步兵第138师的前线，1942年11月28日

水泵冲沟处的伏尔加河河岸。

此外，步兵第 138 师还向第 62 集团军报告说："在猛烈炮火掩护下通过小船运来的弹药和口粮还不能满足部队需要，浮冰增加了渡河的困难。"德军在自己控制的地段尽了最大努力阻止任何船只渡过伏尔加河，而第 578 掷弹兵团在伏尔加悬崖上的前进阵地使他们能够观察很长一段伏尔加河的航道。雷滕迈尔上尉报告说："在中午，临近 13 时，俄国人在我们南面大约 2 公里的地方组织船只准备渡过伏尔加河。我们本身对此无能为力，因此我将这件事上报到团部。"团部将这个情报传递给了第 79 步兵师，因为这些船只是在该师的防区渡河的，不过该师自己的观察员也已经发现了小船。与此相比，观察员发现的另一个动向要让德军上下紧张得多，据第 179 炮兵团报告，"在伏尔加河对岸，观察到卡车和其他车辆频繁往来。有一辆卡车载着浮舟……一些小型船只多次渡河。在网格 80a，敌人已经建起一个登陆场。伏尔加河航道两边聚集着顺流而下的冰凌"。

德军最不想看到的就是苏军架起横跨伏尔加河的浮桥，而随着冬意日渐浓重，伏尔加河的河冰会变得越来越厚，不久整条河道就会封冻，形成跨越宽广的伏尔加河的天然桥梁。这一切只是时间问题。而在那之前，德军将尽一切努力干扰苏军渡河。

★

苏军集中火力打击德军活跃射击孔的战术收到了效果，雷滕迈尔也在他的日记中提了一笔：

现在我们的敌人让我们很不舒服。每天都有人伤亡……元首下了命令："坚守伏尔加河边的堡垒，我将竭尽所能来缓解我们受到的压力。"集团军司令保卢斯将军又给这道命令加了一句；"从明天起，口粮配额减半。"

元首的命令是在 11 月 27 日下发到第 6 集团军各师的："斯大林格勒及周边阵地必须坚守至解围为止。"保卢斯补充的说明则指出集团军已经被包围，但不能放弃现有阵地："总司令部为了从外部打破包围圈，已经在调兵遣将了。"这是被围将士第一次全面了解到自己所处的危险境地。雷滕迈尔上尉费尽心机地研读上级传达的自相矛盾的信息，试图从中理清头绪。获救的希望、尽忠职守的信念和明显不断恶化的处境相互冲突，令他深感苦恼。雷滕迈尔爱兵如子，而已经 51 岁的他事实上要比许多士兵的父亲年纪更大。他的几个儿子与他的部下是同龄人，再加上他还当过几十年的教师，因此他把这些士兵几乎都看作亲生儿子一样。他感到自己肩负着照顾他们、抚养他们和引导他们的重大责任，因此希特勒的"固守"命令在这令人不知所措的局面下给他提供了一些指导，让他觉得自己肩上的重担总有卸下的时候。他们只需要就地坚持，等援军到来就好。但实际上，他的部下将不得不靠减半的口粮"固守"，因为第 51 军在 11 月 26 日向所辖各师下发了减少每日口粮配额的命令。随着这道即时生效的命令下达，每个人的每日口粮将包括：400 克面包（正常情况下是 750 克）、120 克猪肉或马肉、相当于标准配额一半的蔬菜（正常情况下是 250 克）、30克油脂（正常情况下是 60 克）或相当于标准配额五分之三的果酱（正常情况下是 200 克）；晚餐仍然按标准配额供给，食糖是 40 克；盐是标准配额的一半（正常情况下是 15 克）；如果有需要，可以供应三份兑水的饮料；最后，对士兵来说重要性不亚于主食的香烟和雪茄也减半发放（正常情况下是 7 支香烟或 2 支雪茄）。各师最迟应在 11 月 29 日向第 51 军报告现有库存。

　　除了削减口粮配给，命令还要求减少弹药消耗。第 51 军在前一天 22 时40 分发出了有关的备忘录，其中说道：

　　　　因为陆军总司令部采取的行动措施需要一定时间才能奏效，所以集团军的命运首先取决于弹药。必须极其小心地节省库存弹药以及预期将通过空运送达的补充弹药，确保它们足以支撑到包围圈被打破为止。如果做不到这一点，我集团军就将处于无力自保的状态，换言之就是将被消灭。必须向每个人明确这一要求。因此，必须尽量做到以最低的弹药使用量换取最大的战果。务必向每一个士兵灌输这一理念！

然后备忘录又提出了几条具体措施：

　　　　弹药只能被用来消灭目标。每消灭一个较大的目标（迫击炮、反坦克炮、机枪、大批人员等）都要向团级指挥机关报告，并说明弹药用量。

　　　　只准对已明确识别的目标（而不是疑似的目标）开火。

　　　　必须在有效射程内开火。保持冷静！精确瞄准或装定射击诸元！严格执行射击纪律！

应将大队敌人放近，然后趁其不备以火力急袭。采用这种打法，效果会大得多，而弹药消耗会少得多。

飞机运来的少量火炮弹药对我军来说是特别宝贵的，因此对这些弹药的使用要特别强调上述指导方针。少做弹幕射击，只有在步兵火力不足的情况下才可使用炮兵火力。任何情况下都禁止使用大炮射击个别人员或侦察分队，最好只用于在有利的距离上射击已经识别的敌军集群、工事或重武器。我要求以特别谨慎和严格的态度监控弹药消耗量，确保部队按照这些指导方针严格执行射击纪律。

如果能做到这些要求，胜利必将属于我们。我集团军将会击退敌人的所有进攻，坚持到援军到达。

但是苏方记录中却有大量证据可以证明，柳德尼科夫岛周围的德军并没有减少扣扳机的次数。例如步兵第138师战争日记中就提到：

敌人继续用小型武器和机枪有规律地射击。船只由于遇到猛烈炮火，无法为我师运来足够的口粮和弹药。河上的浮冰也妨碍了渡河。步兵第138师与友邻部队仍未取得联系。

苏军的渡船是"已明确识别的目标"，而且德军的火力似乎取得了一些战果，据雷滕迈尔记录："夜里，俄国人企图冲击我们的阵地，但是经过短兵相接的战斗后被击退。在伏尔加河上我们击毁了两艘船，一艘是用反坦克炮打的，另一艘是用机枪干掉的。"

1942年11月28日双方的伤亡情况
苏军步兵第138师：伤亡数字不可考
德军第305步兵师：1人阵亡，1名军官和6名士兵负伤

1942年11月29日

德军还是日夜不停地用机枪射击渡河的船只。当天黑看不见船时，伏尔加河悬崖顶上的哨兵只要听到像是船桨击水或者桨架嘎吱作响的声音，就会朝河道中扫射。不过，大多数时候他们听到的其实是浮冰相互擦撞以及小块碎冰落水的声音……当然，有时德国机枪手也会交上好运。一旦他们确认自己发现的是渡船，一串串子弹就会画着弧线飞向那不幸的小船和船员。令人惊讶的是，大多数时候，小船能缓慢地划进悬崖下面的死角，或者躲到向河中突出的峭壁后面，从而逃过一劫，步兵第 138 师就通过这样细水长流的方式获得刚够保证生存的补给。但是要不了多久，这条生命线也会被切断，这只是时间问题，该师在当天的报告中紧张地记录道："伏尔加河上出现大冰凌，妨碍了船只渡河。"

★

德军的机枪按照每天的惯例射击了苏军阵地。苏军还报告德军的炮击有所增强，此外苏军自己的炮弹有时飞得不够远，也会落进苏军阵地（主要是落在河岸上），保护柳德尼科夫的指挥所的那个排有两人受伤。

第 578 掷弹兵团的迫击炮从 84 号楼 [65 号房]、幼儿园和未完工楼房对步兵第 650 团的前沿防御阵地轰击了一整天，狙击手和冲锋枪手也很活跃，"滚轴"小分队和水泵遭到手榴弹攻击。佩钦纽克的步兵发现德军有个别或三五成群的人员在小变电站一带跑动，立刻用猛烈的火力将他们放倒。苏军各团一边继续监视德军动向，一边用小型武器和机枪还击，并引导重炮轰击德军炮位。佩钦纽克有两名部下被狙击手和迫击炮火击伤。

★

雷滕迈尔上尉在日记中记录了这一天的事件：

> 对我们来说，今天和别的日子没什么两样……炮弹和平时一样，在 9 时到 12 时之间带着轰然巨响落在我们周围的废墟上，巨大的砖石碎块像雨点一般砸到我们地下室防护薄弱的天花板上。人们围在火炉边或坐或躺，外面冷得很：温度在零下 15 到零下 21 摄氏度之间。我们有一台收音机，靠着它我们才知道家乡是什么情况。我们和家乡的亲人听着一样的歌曲……要是我们能隔着万水千山和他们通话就好了，哪怕只是简单地说一句："我们活着。"

> 我们现在的处境就像死囚在等待行刑，不知道什么时候就会等来一刀。不过，我们还是很有信心，元首会把我们救出这个包围圈的。

起初，第305步兵师的大部分官兵都相信他们能逃出斯大林格勒的这个捕鼠笼，但是随着日子一天天过去，这个信念逐渐动摇了。第305工兵营第3连的施泰格中尉回忆说：

> 被包围后，我们的士气一落千丈。我们彼此之间开始公开议论说，这场战争终究要输掉，尽管我们都相信宣传的口号："集团军被包围了。坚持下去，元首会救你们出去的！"但是就连这点希望也很快消失了。

1942年11月29日双方的伤亡情况

苏军步兵第138师和德军第305步兵师：伤亡数字不可考

1942年11月30日

前一天苏军看见小股德军在小变电站附近奔跑，这是有原因的。德军在这一地段的指挥官非常清楚渡河的小船只要一进入伏尔加河悬崖下的死角就可高枕无忧，于是他们决定把几挺机枪布置到离河更近的地方来阻断河上交通。只是说起来容易做起来难，因为小变电站下方的悬崖和河岸是苏军控制的，侵

▲ 小变电站留存至今，仍然占据着悬崖上的制高点

入那块区域要冒很大的生命危险。尽管如此，德军还是派出了由无畏的机枪手和掷弹兵组成的一个班。步兵第138师在当天的报告中写道："在小变电站一带，有一小队敌人带着2挺轻机枪企图下到伏尔加河边阻止运送补给的船只渡河，但是步兵第650团把他们全部消灭了。"

这些勇敢但运气不佳的德国机枪手并不知道，当天晚上其实一艘船都不会来。河里的浮冰已经大大增加，变得特别密集，因此船只无法渡河到达柳德尼科夫岛。这些小划艇当然无法完全满足步兵第138师的弹药和口粮需求，但它们提供了相当大的帮助。为这些渡船提供船员的独立舟桥第107营蒙受了重大损失，在1942年11月21日到30日的这十天时间里，这个营有6人牺牲，18人负伤。他们在这段时间往返23次，输送了80名援兵、2部便携式电台和相应的蓄电池、13吨弹药和食品，还将70名伤员疏散到后方。每晚都勇敢地执行这一危险任务的船员有卡利亚诺夫（Kalyanov）中尉、M. V. 邦达尔丘克（M. V. Bondarchuk）技术上士，以及战士舍斯塔科夫（Shestakov）、久谢诺夫（Dyusenov）、沃罗申（Voloshin）、希巴耶夫（Shibayev）、格列别纽克（Grebenyuk）、梅什金（Myshkin）、叶列梅耶夫（Yeremeyev）和奥西波夫（Osipov）——他们最后全都因为表现英勇而获得嘉奖。在1942年11月30日，密集的浮冰再次阻断了补给线。柳德尼科夫后来回忆起为步兵第138师运送补给的英雄时写道："红旗步兵第138师头发花白的老兵们都愿意向舟桥兵和伏尔加河区舰队的水兵鞠躬致意，他们驾着渔船和装甲汽艇一次次为我们送货，他们知道我们需要什么……"

★

德军在这一天没有发动任何攻击，只是偶尔对苏军部队开火。他们使用未完工楼房里的迫击炮和"街垒"工厂里的重迫击炮轰击了步兵第650团的防守部队。79号楼[07号房]的机枪和位于未完工楼房以北40~50米处的一个机枪火力点始终用火力控制着伏尔加河。苏军在小变电站附近又发现个别德军在跑动。狙击手们仍然很活跃。佩钦纽克的团有5人受伤。

★

雷滕迈尔上尉又在一封信中记录了自己的想法：

> 再过四个星期左右，圣诞节就到了。昨天是基督降临节的第一天，真希望对我们来说降临节能保持它的本意，为我们带来重获自由的曙光。
>
> 俄国飞机撒下了一些传单："你们被包围了，红军的任务就是歼灭你们。"后面照例是劝说我们投诚的文字。
>
> 晚上送饭的人来到阵地上，大家七嘴八舌地向他们问了许多问题。形势怎样，是好是坏？大家想知道是不是有一个匈牙利骑兵师正在（从卡尔梅克草原）赶来。昨天，俄国人乘坐几艘小船渡过了伏尔加河。这一次他们渡河的地点更靠近上游，有一挺重机枪开了火。我们左边的友邻部队没有动静。现在是10时左右，俄国人的大炮又开始朝我们发出诅咒。

1942年11月30日双方的伤亡情况
苏军步兵第138师：伤亡数字不可考
德军第305步兵师：3人阵亡，15人负伤，共计18人

1942 年 12 月 1 日

午夜时分，苏军观察员发现未完工楼房附近有人活动。显然那里的德军正在接收援兵。柳德尼科夫也利用这个机会堵住了自己防线上的几个漏洞。在20时，佩钦纽克少校接到师部发来的第088号命令：

> 派一个由中级指挥员领导的5人小分队，到被击毁的坦克一带布防，以堵住步兵第344团左翼和步兵第650团右翼之间的缺口。

两个团之间的这个缺口是在已被夷为平地的公园里，位于列宁大道边上，路中央躺着一辆在德军最后几次进攻中被击毁放弃的德国突击炮残骸。对苏联守军来说这个地段很危险，因为75号楼 [41号房] 里的德军很容易观察到公园里的任何动静，也可以轻松地以猛烈的自动武器火力横扫这片区域。然而这毕竟是防线上的一个缺口，柳德尼科夫还是希望把它堵住。

这一天又过得比较平静。步兵第138师的战争日记写道：

　　　　敌人继续用机枪和步枪射击我师部队。我师各部以小型武器和机枪向敌还击。

步兵第650团的战斗日志则提供了更多细节：

　　　　在我团防线前面，敌人修筑了大量高于伏尔加河及河中岛屿的防御据点、预备阵地和护堤，沿着一条有利的防线布置了火力点。

　　　　在小变电站、长排红色楼房、未完工楼房和更右侧被毁的拖车下方，都有机枪朝我军射击。敌人的狙击手也进行了一些活动。我们还听到从敌人那里定时传来狗吠声。

　　　　我团目前正据守防线，密切监视敌人动向，并以小型武器和机枪对敌枪炮掩体进行射击。

　　　　团部人员今天两次领到了热饭。

　　后勤供应还是很紧张，正如前一天的记录所述，伏尔加河上的冰凌变得越来越大，而在12月的第一天，伏尔加河的河面完全被一层薄冰覆盖，只有一艘小船克服万难成功过河。

★

　　这一天，被围德军低落的情绪至少曾暂时振奋了一下。雷滕迈尔上尉写道："上级向所有人宣读了元首的命令。内容是明确而且充满自信的。它宣称俄国人的这次进攻就像在哈尔科夫那次那样，一定会以他们的毁灭而告终。集团军在元首命令后面附上的指示是这样开头的：'集团军被包围了。弟兄们，这不是你们的错。你们要就地坚守，元首一定会打破包围圈，把你们救出去。'"

　　希特勒的手谕全文如下：

　　　　争夺斯大林格勒的战斗正在进入高潮，敌人已经突破了德国军队的后方，正在拼死进攻，企图重新夺回伏尔加河畔这座具有决定意义的堡垒的控制权。此时此刻，我和全体德国人民的心都和你们在一起。

　　　　你们无论如何都必须守住已经在斯大林格勒占领的阵地，这些阵地是你们在勇猛刚毅的将领指挥下、流了无数鲜血才换来的。

　　　　我们一定会像今年春天在哈尔科夫那样，凭借不可动摇的坚强意志，通过已经开始实施的应变措施，使俄国人的这次突破以他们的毁灭而告终。

我将在我力所能及的范围内，尽量支持你们进行这场英勇的战斗。

保卢斯在希特勒的命令后面补充了如下指示：

集团军被包围了，这不是你们的错。你们一如既往地英勇善战，即使敌人出现在后方也能战胜。我们已经在这里战胜过他们。他们不会实现在这里歼灭我们的目标。

我必须对你们提出很高的要求：除了在冰天雪地里忍饥挨饿，你们还必须保持顽强的斗志和高昂的士气，顶住数量占优的敌人的所有攻击。

元首已经答应帮助我们，我们必须坚持到援军抵达。只要集团军全体官兵团结一心，我们就能做到这一点。

因此要坚持下去，元首会救我们脱离苦海的。

这两通宣言确实鼓舞了士气，但正如雷滕迈尔所写，真正驱散广大官兵心头阴云的是另一条消息：

据说司令部还收到一封电报，上面是这样说的："挺住，我这就过来！冯·曼斯坦因。"我们立刻信心百倍，就算还要再苦熬几天，就算所有东西都得省着用，也不在话下了。既然有了援军正在赶来的确实消息，那么我们什么都能忍耐。

如释重负而且精神大振的雷滕迈尔视察了前线部队，甚至冒险拜访了小变电站的守军：

对我们来说，这个夜晚很平静。我去了另一个阵地陪着战友们，每天晚上都有手榴弹飞过来。此时此刻，我们离敌人只有15米。我们还在挖掘离他更近的壕沟。现在是20时30分。今天我们的敌人已经开始打炮了，比前几天早了一个小时。在23时，他们进行了一些不规则的拦阻射击。在我们看来，这些射击表面上似乎是临时起意，其实是经过精心计算的。

1942年12月1日的双方伤亡情况
苏军步兵第138师：伤亡数字不可考
德军第305步兵师：3人阵亡，4人负伤，共计7人

1942 年 12 月 2 日

凌晨时分，黑暗仍然笼罩大地时，第 578 掷弹兵团的团长马克斯·利泽克中校走访了前线。他还冒险视察了最突前也最举足轻重的据点之一：79 号楼 [07 号房]。这座楼房的射界几乎达到 270 度，也就是说机枪可以轻松扫射这个扇面内的任何地方。德军还采取了其他措施加固这座楼房：他们从后方挖了一条很长的壕沟通到楼内，在窗口和门口都设了坚固的掩体，并且妥善地布设了电话线。当利泽克在楼里时，苏军早早地开始了他们的焰火表演，利泽克一直等到这阵火焰风暴过去才回到指挥所。

利泽克的团在这一天奉命交出了自己的一小部分兵力。塞德利茨战斗群[①]下发的第 123 号命令要求"将第 44 步兵师的突击连从第 305 步兵师调出，遣至巴布尔津回归原建制。第 305 步兵师将另外得到一个罗马尼亚连"。

在 11 月 26 日的实力报告中，该突击连尚有 38 人。在 12 月 3 日，他们离开了自己在"街垒"工厂以东的阵地，按照第 44 步兵师师史的说法，"经过斯大林格勒城内的作战后，约有 30 人"在扬森下士率领下返回。这个突击连的下列人员因为作战有功将在 1942 年 12 月 26 日获得二级铁十字勋章：约瑟夫·埃格特（Josef Egerth）一等兵、瓦尔特·西马诺夫斯基[②]（Walter Simanovsky）二等兵、约瑟夫·舒斯特（Josef Schuster）二等兵、格奥尔格·博米施[③]（Georg Boemisch）二等兵、约翰·霍（Johann Hoh）列兵、格奥尔格·赖格尔（Georg Reigl）列兵、保罗·卡佩尔（Paul Kappel）列兵、埃米尔·赫特尔[④]（Emil Hertel）列兵、埃米尔·阿佩尔特[⑤]（Emil Appelt）列兵、马丁·施图姆福尔[⑥]（Martin Stumvoll）上等列兵、约瑟夫·祖默（Josef Summer）列兵、约翰·霍夫曼（Johann Hoffmann）列兵。他们负伤的连长维利·金德勒中尉在同一天被授予一级铁十字勋章。

对突击连的 30 多名幸存者来说，这次调动其实是避坑落井。第 44 步兵

---

① 塞德利茨的第 51 军的临时番号。
② 瓦尔特·西马诺夫斯基二等兵，第 44 突击连。1922 年 1 月 20 日生，1942 年 12 月 14 日阵亡于斯大林格勒。
③ 格奥尔格·博米施二等兵，第 44 突击连，1922 年 4 月 21 日生，1944 年 5 月 28 日阵亡于意大利。
④ 埃米尔·赫特尔列兵，第 44 突击连，1923 年 12 月 30 日生，1942 年 12 月 16 日阵亡于斯大林格勒。
⑤ 埃米尔·阿佩尔特列兵，第 44 突击连，1922 年 6 月 11 日生于罗森费尔德，1943 年 1 月 7 日阵亡于斯大林格勒。
⑥ 马丁·施图姆福尔上等列兵，第 44 突击连（第 80 工兵营第 3 连），1921 年 9 月 11 日生，2004 年卒于维也纳。

师的奥地利小伙子们在斯大林格勒以西的辽阔雪原上面临着残酷的战斗，而巴布尔津一带的战斗强度更是无出其右。瓦尔特·西马诺夫斯基二等兵就在12月14日战死于该地，而埃米尔·赫特尔列兵和埃米尔·阿佩尔特列兵分别在12月16日和1943年1月7日步其后尘。在饱经战火摧残的火炮厂英勇奋战、九死一生之后，突击连仅存的成员在冰雪覆盖的荒原上一个接一个地凋零，只有那些运气足够好、在受伤后搭乘飞机逃离的人才能为这群奥地利人在"街垒"工厂的牺牲作证。

★

按照柳德尼科夫堵住两个团结合部缺口的命令，步兵第650团的一个5人小分队在米罗什尼琴科（Miroshchnichenko）中尉率领下进入76号楼 [45 号房] 以东的公园并前进了100米。公园里高大美丽的白桦树现在只剩一些残桩，树桩之间的土地则被弹坑、壕沟和掩体分割得支离破碎。双方都利用从附近房屋拆来的梁柱和木板加固掩体，但是连绵不绝的炮火早已把所有材料和泥土搅拌在一起。米罗什尼琴科中尉和他的部下在这里构筑了一个防御据点，并通过一条横穿列宁大道的壕沟与步兵第344团的阵地连成一片。至于中尉等人后来的命运如何，我们不得而知。

★

前线的情况并无变化。德军继续加强工事，偶尔用步枪和机枪射击。为了摧毁德军的火力点并杀伤其有生力量，柳德尼科夫命令自己的炮兵积极行动，轰平敌人的每一个大炮和迫击炮阵地——在这次战役中他还是第一次下这样的命令，他手下的步兵团也接到了类似的命令。在12时30分，师指挥部下发第089号命令："消灭可观察到的敌军目标，并用各种武器不断射击疑似的目标。迫使敌人更快地消耗其弹药。"到这个时候，苏军已经察觉德军的后勤问题，知道他们需要节约弹药。

步兵第650团在战斗日志中写道：

> 我团前沿的敌军地面部队没有实施任何积极行动，只是偶尔以大炮和迫击炮射击。通过观察确定敌人正在忙于加强其防御支撑点。发现有

一股 15 人的敌军穿着伪装服从白色的五层楼房[1] 跑进位于 Π 形房 [政委楼] 东北方的原指挥所楼房 [83 号楼]。

我团继续坚守现有防线。对敌军动向进行了连续观察，并组织了小型武器和机枪射击。

我团各部总计损失 14 人，其中 5 人负伤。

★

已经被围两个星期之久的德军惊讶地发现苏军方面竟然还有士兵叛逃，雷滕迈尔在日记中记录道："在 21 时，两个逃兵向我们投诚，他们是在友邻部队的阵地（储油设施区）爬过我们的防线的。"德军已经陷入重重包围，眼看就要弹尽粮绝，这种情况下还有苏军投敌简直不可思议，但是这种现象确实发生了，而且一直持续到 1 月为止。这些普通的苏军士兵肯定是被红军和苏联国内的种种情况吓坏或者严重迷惑了。他们上当受骗的次数太多，以至于不敢相信这一次德军确实被包围了：他们觉得自己的军官在误导他们，还以为被包围的是己方部队。

1942年12月2日双方的伤亡情况
苏军步兵第138师：伤亡数字不可考
德军第305步兵师：2人阵亡，8人负伤，共计10人

1942 年 12 月 3 日

第 62 集团军在这天早上开始实施彻底歼灭被围德军的行动，步兵第 95 师和第 138 师的残部也要为此出力。柳德尼科夫向步兵第 650 和 768 团下发了第 090 号命令，要求他们准备实施从 11 月 23 日起就在策划的进攻作战。根据德方资料记载，苏军的炮火准备从 6 时开始，持续了 3 个小时。雷滕迈

---

[1] 可能是指药店。

尔在日记中写道：

> 这几天，在早晨的这几个小时（6 时—9 时），敌人的封锁炮火有时
> 会逐渐增强。这意味着他们的进攻快要来了。在 8 时 15 分，我们右侧的
> 友邻部队和敌人拼了一阵手榴弹。后方的包围圈还是继续封闭着。我们还
> 是没有自由，也没法和包围圈外面通信。上午我们望了望下面的伏尔加河，
> 满意地发现它还没有封冻。要是河面封冻以后过河的敌人越来越多怎么
> 办？我们的使命就是在我们现在站立的地方死守，要么胜利，要么死去。

从雷滕迈尔听天由命的语气可以看出，大多数德军官兵都接受了自己被
赋予的使命，但是他们担心苏军很快就会从伏尔加河对面发起猛攻。不过在此
时此刻，他们必须先顶住转守为攻的苏军发动的第一波攻势。在 10 时 30 分，
步兵第 138 师左右两翼都派出了小规模的突击队攻击德军。步兵第 768 团的突
击队将德军赶出了 49 号房东南 100 米处的几个地堡，并推进了 70 米，为此付
出了 1 死 12 伤的代价。步兵第 650 团的攻击则没有这么顺利。他们能够动用
的兵力没有多少，目标却定得很大——突击队得到的命令是拿下未完工楼房、
小变电站、政委楼和药店。这四个目标都是德军重兵把守的坚固据点。什卡利
纳（Shkarina）上尉为首的突击队刚一冒头，就遭到暴风骤雨般的机枪火力打
击，伤亡惨重。郁闷的德军士兵把一肚子火气都发泄在攻击者身上。佩钦纽克
后来报告说："在我军突击队前进过程中，敌军的一支突击队向我猛烈开火。"

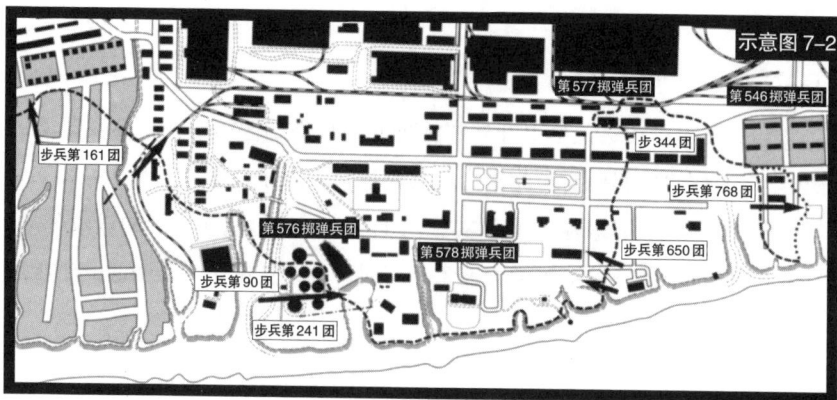

▲ 1942 年 12 月 3 日上午，步兵第 95 师和第 138 师的突击

第七章 / 僵持不下　429

在短短几分钟内，什卡利纳的突击队就损失了 8 个人，占其兵力的 60% 左右，这次进攻完全失败了。托波尔科夫上尉的突击队试图进攻，但也无法前进。步兵第 650 团的损失是 2 名士兵死亡，另有 3 名军官、2 名士官和 4 名士兵负伤，共计 11 人。

11 时，在挫败苏军进攻后，德军用机枪和迫击炮继续射击苏军前沿阵地。德军的火力点吐出许多火舌，把已经确认和疑似的苏军阵地都扫射了一遍。

雷滕迈尔提到的拼手榴弹的战斗其实是步兵第 95 师发起的进攻。苏军这两个师的进攻没有协同，是分别在不同时间开始的。以下内容摘自步兵第 95 师的战斗日志：

> 为了执行集团军司令部的第 202 号命令和师指挥部的第 27 号命令，步兵第 90 团第 1 营和第 2 营以及步兵第 161 团在 8 时发起进攻。他们冲到铁丝网前，被敌人精心组织的小型武器和机枪火力所阻止。

> 步兵第 90 团以小分队形式作战。截至 11 时，有一个 10 人小分队攻占了储油设施区附近的一个敌军掩蔽部。

> 步兵第 161 团左翼前进了 25～30 米，逼近机器街上的一个炮兵掩体，他们在这里受阻于机枪火力。

> 步兵第 241 团据守其先前的阵地，为步兵第 90 团的突击队提供了掩护火力。

为了这点微不足道的战果，苏军付出了严重伤亡：步兵第 161 团伤亡 41 人，步兵第 90 团伤亡 27 人，步兵第 241 团虽然只损失了 5 人，但其中一名死者是该团的团长——伊万·库兹米奇·卡尔梅科夫少校。他在前任团长丹尼尔·弗拉基米罗维奇·杜纳耶夫斯基（Dannil Vladimirovich Dunayevsky）少校负伤后，从 1942 年 9 月 28 日起担任该团团长，卡尔梅科夫指挥这个团经受住了最严峻的考验。在他牺牲后继任团长的是尼古拉·彼得罗维奇·布达林[①]（Nikolai Petrovich Budarin）少校。布达林 1910 年 5 月生于坦波夫州的查基诺，酷爱运动，具有非凡的组织能力。他 1932—1934 年间加入红军，曾以营教导员身份参与

[①] 尼古拉·彼得罗维奇·布达林少校，苏联英雄，步兵第 241 团，1910 年 5 月生于查基诺，1943 年 11 月 6 日伤重不治。

了 1939—1940 年的苏芬战争。从"巴巴罗萨"行动的第一天起他就上了前线，1941 年冬曾在莫斯科附近奋战。他以自己勇猛的表现和大胆的进攻精神鼓舞了步兵第 241 团久战疲惫的指战员们。

1942年12月3日双方的伤亡情况
苏军步兵第138师：3人阵亡，21人负伤，共计24人
德军第305步兵师：11人阵亡，14人负伤，4人失踪

1942 年 12 月 4 日

"昨天晚上送饭的人带来一些消息，"雷滕迈尔在日记中写道，"从明天起，我们可以领到正常配额的口粮了；邮件应该也会送到，因为包围圈已经被打破了。我们不能确定这消息是否属实。但是我们相信它是真的，因为这是我们最殷切的期望。我们又可以畅快地呼吸了。折磨我们神经的噩梦退散了。"

这条虚假而且可以说是非常残酷的消息一度激起了德军官兵的希望，当它最终被证明不实之后，又使人们的情绪更加低落。雪上加霜的是，雷滕迈尔对于伏尔加河封冻的担忧（前一天他刚在日记里提到）也成真了。从 12 月 3 日夜到 4 日晨，西岸和扎伊采夫斯基岛之间的河道在一夜之间冻得结结实实。对苏军来说，这是一个喜忧参半的情况。显而易见的好处是：危险的浮冰期结束了，补给终于可以直接越过冰封的河道送上前线了。事实上，当天晚上扎伊采夫斯基岛和柳德尼科夫岛之间就开始频繁交通。不过，由于敌人的冷枪打得很准，暴露的人员在伏尔加河上运动反而更加困难，在白天基本上不可能与对岸联络。另一方面，柳德尼科夫部后勤和通信困难的缓解并没有让第 62 集团军司令部的人们松一口气，以崔可夫为首的指挥员们担心河道封冻后柳德尼科夫岛反而可能失守，因为德军可以利用这个机会攻下伏尔加河中真正的岛屿——扎伊采夫斯基岛。崔可夫手下的一个参谋——阿纳托利·梅列什科 [①]（Anatoli

---

① 阿纳托利·格里戈利耶维奇·梅列什科上将，第 62 集团军司令部，1921 年 8 月 7 日生于新切尔卡斯克，2006 年仍健在。

Mereshko）中尉记得，当时他们更担心的是德军在城市南部以同样手法夺取戈洛德内岛，进而包围第 62 集团军的所有部队，然后照梅列什科直白的说法就是"把我们全收拾掉"。为了防止敌人包围步兵第 138 师，崔可夫早在 11 月就命令机炮第 400 营在扎伊采夫斯基岛布防。其实德军就连这样的尝试都不曾有过。但即使仗打到这个地步，即使德军已经被围两个星期之久，苏军指挥员心中还是觉得德军很有可能对兵力枯竭的守城部队发动新的进攻。

★

柳德尼科夫岛上的情况还是没有变化。德军用密集的步枪和机枪火力阻止苏军部队运动。步兵第 650 团的防区全天都被东南方 30～40 米外小变电站方向的机枪射击，还遭到未完工楼房一带连属迫击炮的轰击。观察员注意到，每天都有一辆中型坦克和一辆"小坦克"①开到政委楼附近。他们猜测德军是在用这些坦克给楼里的守军运送弹药和口粮。这些坦克每次在政委楼边稍作停留后就会缓缓前进，朝水泵开火，然后掉头回到"街垒"工厂里。

柳德尼科夫下令把驻守步兵第 650 团防区里的内务人民委员部督战队和侦察连换下来。我们不清楚他为什么要下这道命令，因为佩钦纽克团此时的兵力非常薄弱：托波尔科夫上尉的小分队有 9 个人，米罗诺夫（Mironov）大尉的小分队有 6 个人，"滚轴"小分队有 10 个人。佩钦纽克能够调用的最强单位就是尚有 33 人的内务人民委员部督战队。当天晚些时候，步兵第 650 团又从师指挥部接到一道命令：

> 在 12 月 5 日夜到 6 日晨，应派人替下在步兵第 650 团防区内据守阵地的工兵营残部。

★

雷滕迈尔上尉在日记里又记了一笔：

---

① 这可能是第 305 步兵师使用的一辆 T-60 或 T-70 型坦克。

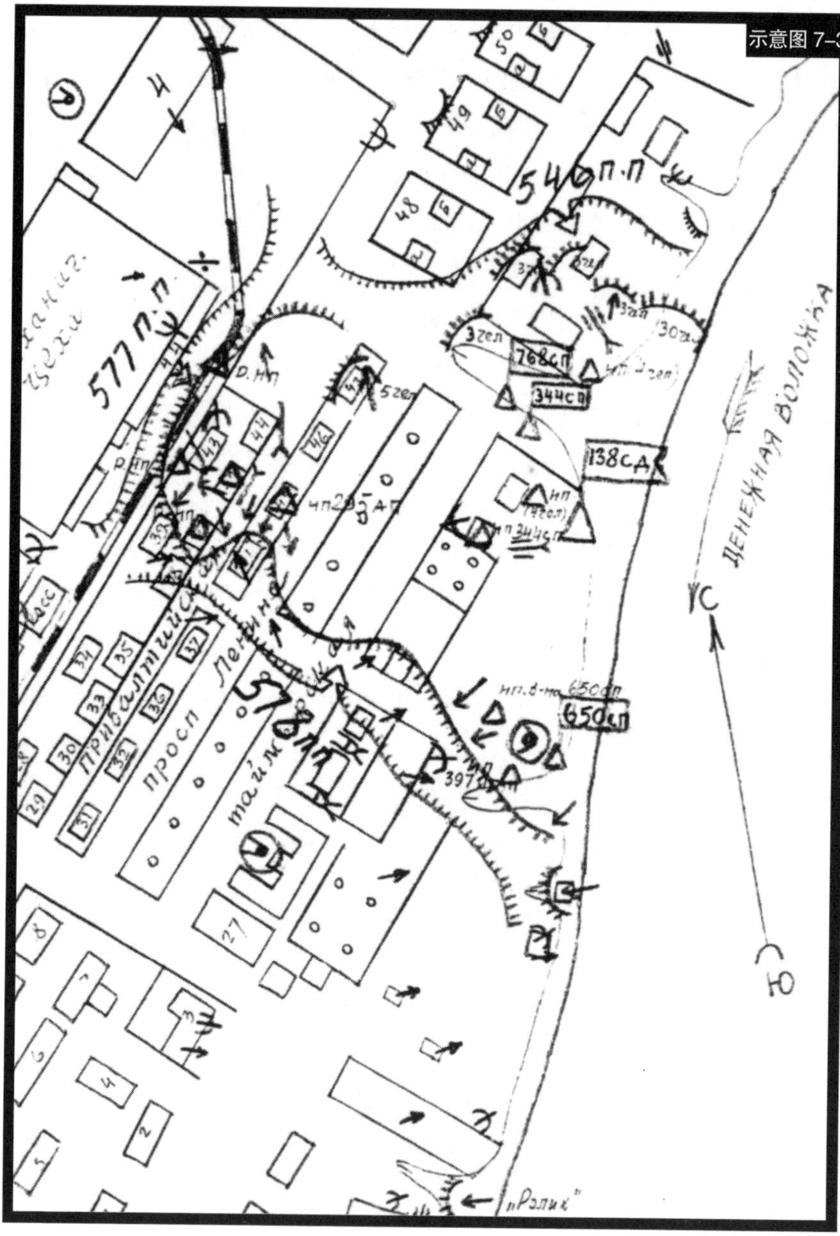

▲ 步兵第138师画的一张草图显示了他们在1942年12月4日的形势。图中标出了苏德双方的武器（箭头表示轻机枪，半圆弧加一画表示重机枪）以及苏军的观察所（以三角形表示）

敌人今天又折腾了一整天,不过他们绝不是像昨天那样白白浪费弹药。等到弹药供应重新恢复,我们就要继续实施先前的进攻行动。只有把眼前的这股敌人解决掉,我们才能比较太平地过冬。

1942年12月4日双方的伤亡情况
苏军步兵第138师:22人阵亡,36人负伤,共计58人
德军第305步兵师:5人阵亡,16人负伤,共计21人

1942年12月5日

步兵第138师在夜里利用横跨伏尔加河河道的冰桥从预备步兵第149团接收了120名援兵。此后水下冰层开裂,后续的过河行动只得暂停。柳德尼科夫要求部下在天黑前消灭所有妨碍扎伊采夫斯基岛上人员过河的敌军狙击手。

汉斯·魏格纳[①](Hans Wegener)中尉就是这些狙击手中的一员,他是海因里希·西登托普夫[②](Heinrich Siedentopf)少校的第389装甲歼击营第1(自行车)连的连长。他和部下位于柳德尼科夫岛以北伏尔加河悬崖上的阵地里,对河道和扎伊采夫斯基岛可以一览无余:

斯大林格勒周围的包围圈形成以后,2个装甲歼击连和我手下的重机枪排都被调去顿河一带了,我后来再没得到过他们的音信。西登托普夫少校留在包围圈里,但是我和他实际上没

▲ 第389装甲歼击营第1(自行车)连的汉斯·魏格纳中尉

---

① 汉斯·魏格纳中尉,第389装甲歼击营第1连。1912年1月22日生,2003年仍健在。

② 海因里希·西登托普夫少校,第389装甲歼击营,1904年4月17日生于耶克斯海姆,1943年4月28日卒于奥兰基战俘营。

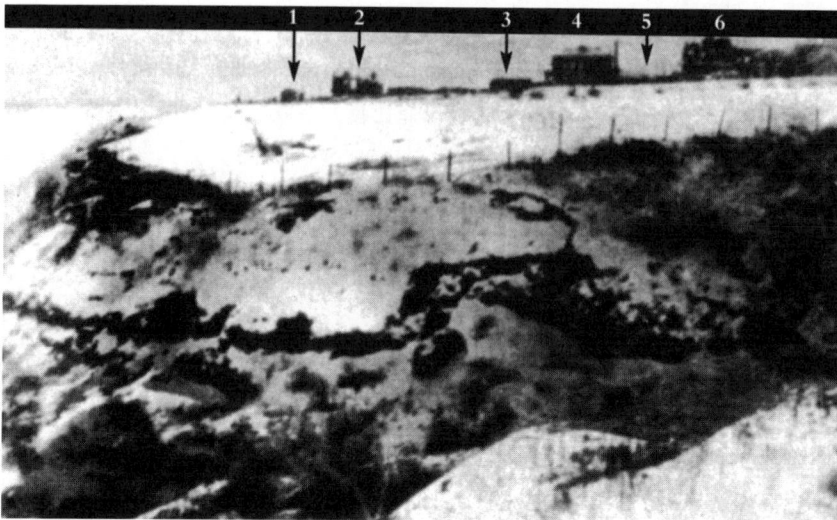

▲ 从北面德军第 389 步兵师阵地观察到的"柳德尼科夫岛"。照片中可以认出许多地标：1. 小变电站，2. 79 号楼 [07 号房]，3. 未完工楼房，4. 泰梅尔街旁边的建筑，5. 电影院和公园，6. 列宁大道旁边的建筑。前两个据点的重要性是显而易见的

有任何关系，因为我的连（或者应该说是它的残部）老是被划给其他部队，这不是什么让人高兴的事。我们能够用装瞄准镜的马枪朝伏尔加河上射击。我们德国狙击手至少不比俄国人差！

在战斗日志中，步兵第 650 团记录了当天的事件：

> 敌军部队全天没有实施进攻作战。我团的防区遭到机枪和未完工楼房一带迫击炮有规律的射击，有敌人向我前沿阵地投掷手榴弹。我团部队继续加强工事——挖掘了新的壕沟和交通沟，我团还组织小型武器和机枪射击了敌军火力点。

此时佩钦纽克的"团"在伏尔加河西岸共有 89 人，装备有 65 支步枪、15 支冲锋枪、1 门迫击炮、2 支反坦克枪和 6 挺轻机枪。他们的弹药储备是 7000 发步枪子弹、7500 发冲锋枪子弹、110 发迫击炮弹、50 发反坦克枪子弹、200 颗手榴弹和一些信号火箭。

该团的损失是 1 名中士和 2 名士兵负伤，1 名大士因病被送往后方，共计 4 人。

★

"这一天，敌人显得比往常安静，"雷滕迈尔回忆说，"夜里有两个逃兵过来，他们已经受够了战争。看来在俄国，人们肯定经常挨饿。他们没法用钱买到食物，只能拿东西去换。我们没有收到邮件，艰苦的生活和各种节约措施依然照旧。不过每个坚守岗位的人都保持着信心。"

大多数德军官兵虽然对高级指挥官放任战局恶化到这种程度感到失望，但他们还是坚信自己能够摆脱苦海。第 336 工兵营的鲍赫施皮斯会计中尉说出了许多人的想法：

> 我们在斯大林格勒打的这一仗有可能搞得很惨。我们周围的大战已经激烈进行了 14 天，我们的补给只能靠空运解决，不过现在援军应该已经打开了通道，要不了多久，被包围的就将是俄国人，而不是我们。

> 这几天日子过得非常苦。谣言一个接着一个，直到关于战局和口粮的确切消息终于传来，大家才再度冷静下来。我们的给养很多，所以只要省着点用，就可以坚持很长时间。直接的危险还远得很。最坏情况下，我们也能突围。

在陷入包围满两个星期之际，第 6 集团军接到了下属部队从 11 月 21 日到 12 月 5 日的累计伤亡数字报告：第 305 步兵师伤亡了 268 人，而他们北面的友邻伤亡了 162 人。

1942年12月5日双方的伤亡情况
苏军步兵第138师：3人阵亡，10人负伤，共计13人
德军第305步兵师：3名士兵阵亡，7人负伤，共计10人

1942 年 12 月 6 日

虽然后勤供应不断恶化，但第 305 步兵师似乎还在大手大脚地使用着弹药。以下摘自步兵第 138 师的战争日记：

> 敌人继续用迫击炮、步枪和机枪射击我师部队，他们有时还用六管火箭炮射击师指挥所和扎伊采夫斯基岛。

还有步兵第 650 团战斗日志的记载：

> 敌人今天没有实施任何进攻行动。在 39 号房和 38 号房的废墟中，以及南面的 Π 形房和 L 形房中，都有人使用小型武器和机枪朝伏尔加河及河中岛屿射击。"滚轴"小分队不时遭到手榴弹攻击。我团全天不间断地监视敌人动向，并轰击了敌人的前沿阵地和火力点。未发现敌人有任何举动。我团无损失。

德军各部继续在"街垒"工厂一带大兴土木，深沟高垒。按照雷滕迈尔的说法，他们也在为一次"作战"做准备：

> 大雾弥漫，积雪消融。我们在挖掘交通壕，并为下一次作战做准备。但愿我们很快就能达成目标，而不用流太多的血。有些传言是这么说的：等我们实现了目标，就会去克里米亚或者法国。

可惜我们找不到任何德方档案来证明这些德军是确实有实施某种进攻行动的计划，还是仅仅被又一个谣言骗了。

★

在南面的储油设施区一带，局势也很平静，只不过德军搞了一次小规模袭击，步兵第 95 师的战斗日志对此是这样记录的：

> 敌迫击炮对我师各战斗部队的轰击有所加强。午夜时分，在步兵第 241 团的地段，有一股不超过 6 人的敌军试图接近我军前沿阵地，但是我军以小型武器和机枪火力歼灭了这股敌人的一部分，余下的人退入了"宽沟"。

步兵第 241 团对面的德军阵地有一部分是欧根·黑林中尉把守的，他是第 576 掷弹兵团第 6 连的连长，但此时临时代理第 2 营营长。我们从他写给父母的一封信中可以看出许多人

▲ 欧根·黑林中尉，第 576 掷弹兵团第 6 连

在艰苦的条件下是如何坚持的：

> 给你们写下这些文字的时候，我正在一座化为废墟的城市的某个地下室里，我的营指挥所就设在这里。过几天我就会回到自己的连里，因为团里还有一个上尉能带这个营……现在，我已经长了一脸漂亮的络腮胡，你们要是看见我的模样肯定会惊呆的。我们有足够的冬装，每人都有一双毡靴，而且这里到现在为止也不是那么冷。

> 不论发生什么事情，我们都会在这里继续战斗，直到我们热爱的祖国最终胜利为止。我觉得，这一天已经不远了。

> 让我高兴的是，我对天主的信仰是那么的深，因为要是没有他，我有很多次都会陷入绝望。我总在最需要的时候呼唤他，而他一次又一次地救我于危难。我每天都向耶稣基督祷告，求他把我平安地送回我的爱妻和你们身边。亲爱的爸爸妈妈，请不要悲伤，我们的救世主一定会听取我们的祷告，救我们脱离苦海的。

★

在包围圈内的各个地方，德军都匆忙组建了一些战斗群来应对局部危机。单位的完整性是次要问题：只要出现需要封堵的缺口，离得最近而且可以抽调的单位就会被派过去。因为装甲歼击营擅长消灭坦克，所以德军指挥官特别喜欢把它们拆散了使用，于是防守伏尔加河正面的各个师下辖的装甲歼击营就不断被一点一滴地抽调到其他地段。里夏德·克莱因 [1]（Richard Klein）下士属于第305装甲歼击营下辖的第305自行车连，这个连被其官兵戏称为"半吊子分队"：

> 1942年8月初，我们连驻扎在顿河大弯曲部，当时历经苦战、大家都相当疲惫。我本来要带着我的班执行一次侦察巡逻任务，但是我病倒了，发了严重的高烧，被放在一辆挎斗摩托车上送到救护站，然后又转到草原上的一个野战医院。医生怀疑我得了痢疾。过了大约两个星期，我搭乘火车，途经米列罗沃和哈尔科夫，来到波尔塔瓦的一家医院。我身上

---

[1] 里夏德·克莱因下士，第305装甲歼击营自行车连，1919年12月18日生于贝克海姆，2006年仍健在。

▲ 里夏德·克莱因下士。这张照片是 1942 年 10 月在波尔塔瓦拍摄的，当时他大病初愈，即将前往斯大林格勒

插了一根流饲管，因为胃里几乎没有胃酸了。虽然他们给我注射了盐酸药剂，我还是腹泻不止。除此之外，我的心率也过快，还有中等发烧。到了 10 月中下旬，我终于能勉强站起来了。

我带着归队的命令和军医的指示（饮食要清淡，服用盐酸胶囊，只能有条件地承担合适的工作）前往斯大林格勒。铁路线的终点是奇尔火车站。我搭乘运送补给的卡车来到戈罗季谢峡谷里的一个集结和分配点，然后顺着路标找到了第 305 步兵师的一支通信部队。到了那里我才知道，我的自行车连已经不复存在了。朱利尼中尉[①]和装甲猎兵们被一起调走了，而他们不认识托伊贝特（Teubert）少尉——夏天时我们的连长。我纯粹是靠着运气才找到了我的副班长汉斯·屈纳特（Hans Kühnert）下士和几个以前的战友，他们当时被配属给步兵，组成了一个战斗群。终于和战友团聚了！一个上士分给我几个兵和一挺轻机枪。我们占领了火炮厂附近的一块区域，这大概是 1942 年 11 月底的事。后来我感到身体不适，而且老是腹泻，所以有个卫生员把我和一个轻伤员送到后方的救护站，那个救护站属于第 100 猎兵师。我在医生面前拿出自己的病历，他看了只能摇头。

于是我和另一些伤病员一起躺在某个废墟里。靠着茶、薄脆饼干、麦片粥和肉丁的滋养，我终于又能下床了，几天以后被分到了第 100 猎兵师的一个班里。在 12 月 5 日夜到 6 日晨，我跟着一个少尉到我们的阵

①伯爵乌多·卡尔·朱利尼·德·朱利诺（Udo Karl Giulini de Giulino）骑兵上尉，第 305 装甲歼击营自行车连，1918 年 2 月 12 日生于汉堡，1995 年 8 月 5 日卒于海德堡。

地前面侦察。在侦察过程中，双方发生了交火，到天亮时战斗越发激烈。我的班带着一挺轻机枪，趴在一道倒塌的砖墙后面，离我们不远的地方有一门反坦克炮。几辆俄国坦克从斜刺里向我们冲来，距离大约是 400 米。我们朝坦克后面跟随的步兵开火，接着一发高爆炮弹在机枪和我之间爆炸了。当时我正要用一挺缴获的马克沁重机枪开火，弹片击中了我的左前臂和手背。我的钢盔也被击中。一个卫生员给我包扎了手臂，一辆路过的半履带车停下来，我被抬上车，送到一个装甲师的救护站。一个斯图加特来的医务军士长照料了我，把我放进隔壁的房间里。我得到了茶和黑面包，还有一个卫生员给我发了"应急口粮"。我吃东西的时候发现自己的味觉非常差，接着我又发烧病倒了。几天以后，有人拿棉签在我的喉咙里刮了一下，又过了两天，有人在我的脖子上挂了一张卡片，上面写着：白喉。接下来的事情就像走马灯一样快。我和另外几个得了传染病的人被一起抬上车开往机场，路上我的屁股被扎了好几针。在 12 月 16 日，我有生以来第一次坐飞机，说实话，这次飞行也让我回到了人间……

1942年12月6日双方的伤亡情况
苏军步兵第138师：4人阵亡，7人负伤，共计11人
德军第305步兵师：3人阵亡，6人负伤，共计9人

1942 年 12 月 7 日

这天夜里，伏尔加河的河道又结了一层足以供人徒步行走的厚冰。柳德尼科夫立刻宣布，士兵们从此可以轮流去扎伊采夫斯基岛上的浴室洗澡，这简直是无法想象的奢侈。士兵们在浴室里一泡就是几个小时，出来以后还可以领到新的军装和内衣，并且在温暖的宿舍里过夜。第二天他们将会干净整洁、精神焕发地回到"岛"上，准备迎接与德国人的厮杀。德军没有这样的设施可用，他们的士兵只能变得越来越瘦、越来越脏。不过，去浴室的路上还是充满危险的，因为德军仍然会用小型武器和机枪有系统地射击过河的路线。

1942年12月7日双方的伤亡情况
苏军步兵第138师：2人阵亡，4人负伤，共计6人
德军第305步兵师：2人阵亡，18人负伤，共计20人

1942年12月8日

在伸手不见五指的黑夜里，柳德尼科夫师的一艘摩托艇试图横渡尚未封冻的伏尔加河主航道，结果撞上一道大冰凌，很快就带着船上的6个人沉入河底。

诺维科夫（Novikov）上尉率领的一小队侦察兵也借着黑暗的掩护出击，企图在他们先前选定的一条战壕里抓个"舌头"。这次任务没有成功，因为德军在晚上会把前沿战壕里的人员都撤回去。小分队冒着猛烈的火力回到本方阵地，但没有任何损失。

这一天一切如常。德军没有采取任何进攻行动，只是用小型武器和机枪射击了苏军阵地，而他们的迫击炮主要瞄准过河地点轰击。苏军的各个步兵团则据守各自的阵地，用轻机枪和迫击炮对企图阻碍过河的德军炮位还击。佩钦纽克的团没有损失。

★

雷滕迈尔在一封家信中倾诉了自己对局势的看法：

> 明天就是我的生日。我以前曾想过要在哪里庆祝生日和怎么庆祝，不过现在看来在这里的生日不会过得"很好"。

> 我们现在的处境还是很困难。援军正在赶路，而且已经造成影响了，但是还要再过几个星期我们才会从这个鬼地方解脱。大雪确实让我们的车辆不容易快速移动。我们后方的包围圈应该已经被打开一个缺口，但是道路都在敌人的火力控制下。补给只能通过飞机运过来，可是供养整整一个集团军需要多少飞机啊！我们还得过很长时间的苦日子。我还记得那句非常愚蠢的口号："他们必须自力更生。"愚蠢和傲慢是一对感情很好的夫妻，而对我们来说更痛苦的是，我们之所以必须在斯大林格勒战斗和牺牲，就是因为有人是那样想的。我们的口粮配额没有增加，不，

正相反，它们正在减少，这是不得已的，我们也能接受。哪怕一天只能得到一小片面包或者几克马肉，只要足够维持体力就行。我们主要还是想重获自由。敌人给我们的压力正在逐渐加大。面前的这段伏尔加河已经封冻了，我们再也无法阻止他们在晚上获得补给。他们的大炮在冷酷无情地打击着我们，我们自己的大炮却必须节约弹药，只能在极度危急的情况下开火。困在包围圈里的滋味可不好受，对军人来说没有比这更糟的了。但是我们仍然保持着信心，希望能再有欢呼的时候。敌人今晚非常活跃，他们对我们的左右两翼都发动了攻击。这几天他们一直想要把我们逼退，我们每天都遭受伤亡。

　　我的身体依然健康。要是能再多点娱乐就好了。我已经把11月初的旧报纸看了一遍又一遍。在这样的环境下，圣诞节跟其他日子相比也不会有什么不同，不过我们会提醒彼此：我们的亲人正在家里围坐在圣诞树下，也许正在挂念着我们。希望你们在家里都身体健康、精神饱满，除了思念出国征战的士兵外没什么可担心的！

★

　　随着日子一天天过去，获救的前景似乎变得越来越渺茫，被围德军的士气在缓慢但不可逆转地下降。垂头丧气的情绪和听天由命的心态都会败坏军纪，而由优秀军官领导的部队对这种影响的抵抗能力要比那些领导不力的部队强得多。一支部队的指挥官是它的主心骨和精神源泉，但此时就连某些指挥官也觉得队伍难带了。第503工兵营第3连的施泰格中尉回忆说：

　　大多数军官即使心里已经放弃了希望，仍然会摆出一副勇敢的姿态。当然了，也有人太想掩饰自己的沮丧，结果在旁人看来反而显得傲慢自大。但是，我也曾经看见一个军官痛哭流涕，因为他看到了部下的悲惨状况，也害怕他已经预见到将要发生的事。他是真的崩溃了。在那种环境下你真的会哭出来！我好歹还能重新振作。但是我们不要忘记，这还是12月的事，在我受伤飞出包围圈之前。到了1月的时候，那里又会是什么景象？

　　在斯大林格勒冰冷的残垣断壁之间，德军千方百计地想保持一些正常生活的感觉，这不光是为了士气，也是为了排遣在同一地区困守几个星期后的单调无聊。他们想到的办法之一就是庆祝一些特别的日子，比如圣诞节、元旦和生日。在写给家人的信里，雷滕迈尔上尉详细记录了他是如何庆祝 12 月 9 日的生日的：

> 我的身体还是很好，很健康。昨天我得到机会洗了个澡，还刮了脸。我的胡子已经长得太长，有点痒了。可惜昨天是个阴天，要不然我还会在刮脸前照张相。在俄国有很多"胡子扎人的爸爸"——这是奥托卡尔小时候的说法。别为我担心，因为前途已经变得光明一些了，哪怕我们还必须挨一段时间的饿，庆祝一个不怎么欢乐的圣诞节——而且收不到礼物。这都不重要，只要生活恢复正常就好……昨天晚上我和往常一样又熬夜了，虽说这里 14 时左右天就黑了。有个少尉陪着我，他是团里最后的几个军官之一。临近午夜时，我给他倒了些干邑白兰地，然后对着我的手表，在零点和他干了一杯。接着他站起身来，在一个黑暗的角落里翻出一瓶香槟酒送给我，并且代表他本人和他在第 4 连的部下向我祝福。这是今天我遇到的第一个惊喜，我真的开心得不得了，因为我从没想到士兵们还知道我的生日。我们立刻品尝了那瓶香槟酒。接着士兵们排着队过来向我道贺，因此这个夜晚我过得又惊又喜。

雷滕迈尔是个受人爱戴的军官，他的部下对他非常敬重。这个小小的聚会只是某一个连的官兵的自发行为……在第二天，也就是他真正的生日，还会有更多庆祝活动。

1942年12月8日双方的伤亡情况
苏军步兵第138师：6人阵亡，15人负伤，共计21人
德军第305步兵师：4人阵亡，9人负伤，共计13人

1942 年 12 月 9 日

雷滕迈尔继续写道："在我生日这天，我的上级指挥官请我和他共饮了一杯。下午，施瓦茨上尉派人送来一瓶酒和一封写得很好的贺信。晚上他们给我送来的晚饭包括一瓶酒和一盒雪茄，饭菜则是焖牛肉和通心粉。味道真是好极了！虽然身处逆境，但是这一天我过得真是非常快乐。"

施瓦茨上尉的贺信让雷滕迈尔非常感动，以至于他把这封信和自己写的信一起塞进信封寄回了家：

尊敬的雷滕迈尔先生！

能够发自内心地祝您明天生日快乐是我莫大的荣幸。我不仅代表我个人，还代表第2营的其他所有官兵为他们敬爱的老营长送上最真诚的生日祝福。

首先，我们大家祝您在人生中新的一年里保持身体健康、心情开朗，好让我们这些年轻人继续把您当作榜样和楷模。

▲ 雷滕迈尔上尉在他位于53号楼的指挥所外拍摄生日照

我们第二个诚挚的心愿是祝您在人生中新的一年里领导第1营取得新的成功，愿您的武运昌隆依旧。

也许您今晚是在地下室或掩蔽部里与您的部下共度，但即便您是在某些"正式"的场合下庆祝生日，也请您明白，您的旧部的心总会与您在一起，愿这份小小的问候能让您的生日聚会多一点温馨的感觉。

此致

H. 施瓦茨

★

第305工兵营的维利·菲辛格二等兵此时还在适应新连队的生活，不过他的心思已经转到圣诞节上：

对美好未来的希望和信念是我们最强烈的圣诞节愿望，我们希望到圣诞节时能看到现状改善的一线曙光。在俄国这个地方，只有生存或死亡，但是全能的上帝将会赐福于我们，使我们的人生得以继续。

由于我的连被解散，我不幸地失去了原先的工作，因此我现在实际上又属于一线战斗人员了。好在我临时分到的新连队给了我一个美差：我们要为全师制作大量雪橇。还有一些木匠会帮我们做这些活。我原先的连队将在可以预见的未来重建，到那时我就能重操旧业了。

★

步兵第 138 师对这一天的战况总结如下：

敌人并未由守转攻，他们的大炮也停止了射击，师指挥所一带偶尔遭到猛烈的迫击炮射击。敌人的空军也没什么活动。我师当面的敌人都龟缩在工事里。步兵第 138 师组织小型武器和机枪系统地射击了敌人的阵地，以迫使他们消耗弹药。

步兵第 650 团的战斗日志提供了更多细节：

今天一整天，敌人用小型武器和机枪射击了我团的战斗部队，还用架设在 14 号车间 [3 号厂房] 一带的六管火箭炮和 Π 形房 [政委楼] 一带的机枪射击了富河汊上的过河线路。

在这一天，我团部队用小型武器、机枪和迫击炮射击了敌军火力点，并引导炮兵轰击了敌人设在各车间之间的炮兵阵地和 Π 形建筑附近的机枪火力点。这次炮击摧毁了独立小楼一带故军的一挺重机枪并消灭其射手，此外还消灭了水泵西南方的一名敌狙击手。我团在这一天共损失 10 人。

在这一天日落时，步兵第 650 团的实力是 91 人，外加 30 名不属于该团的人员。武器装备包括 75 支步枪、6 挺轻机枪、1 挺重机枪、2 门 82 毫米迫击炮、1 门 50 毫米迫击炮、25241 发步枪子弹、12100 发冲锋枪子弹、110 发 82 毫米炮弹和 70 发 50 毫米炮弹。

步兵第 138 师共有 425 支步枪、77 支冲锋枪、17 挺轻机枪、2 挺重机枪、1 挺高射机枪、5 支反坦克枪、6 门 82 毫米迫击炮、4 门 50 毫米迫击炮、3 门 45 毫米炮和 2 具 125 毫米纵火器。

从 18 时 30 分到 20 时，师炮兵主任特钦斯基中校动用重炮轰击，企图摧毁步兵第 768 团右翼对面几个朝渡口射击的地堡及火力点。这些德国机枪手给苏军造成了很大麻烦，虽然苏军尽了最大努力消灭他们，但他们的骚扰还将继续。

★

趁着战场陷入平静,柳德尼科夫上校给一些表现突出的指战员颁发了勋章。他将红旗勋章颁发给步兵第 650 团的班长尼扎梅坦·纳加莫诺维奇·阿利姆津(Nizametan Nagamonovich Alimuzin)中士。同样获此殊荣的还有步兵第 768 团的班长亚历山大·亚历山德罗维奇·卡努尼科夫(Aleksandr Aleksandrovich Kanunnikov)上士。步兵第 650 团的迫击炮手伊万·彼得罗维奇·别洛科皮托夫(Ivan Petrovich Belokopitov)列兵和步兵第 344 团的连长米哈伊尔·列昂季耶维奇·列文(Mikhael Leontevich Levin)中尉则获得了红星勋章。受勋者随后返回各自岗位,他们发誓要尽全力击败敌人,为此不惜在"伏尔加母亲河"的河岸边战斗到最后一口气。

1942年12月9日双方的伤亡情况
苏军步兵第138师:6人阵亡,18人负伤,共计24人
德军第305步兵师:1人阵亡,10人负伤,共计11人

1942 年 12 月 10 日

德军在这一天基本上没什么动作,只是偶尔以小型武器和机枪做急促射击。他们从政委楼和小变电站射击了富河汊上的渡口。为了报复,佩钦纽克团组织小型武器、机枪、迫击炮和纵火器射击了在他们左翼的德军火力点。这是纵火器第一次在"街垒"工厂地区留下战斗记录。这些纵火器有时也被称为燃烧弹发射器,是一种很不寻常的武器,它连脚架在内重 28 公斤,结构简单,形似迫击炮,有一个前装的滑膛身管,发射装满白磷纵火剂的玻璃球,射速可以达到每分钟 8 发左右,但用来对付坦克既不够精确又嫌威力不足。每具纵火器是由三人小组操作的,装填手从发射管口装入直径 125 毫米的燃烧弹,射手将发射管对准目标后扣下扳机击发一颗空包弹,从而将燃烧弹射向目标。燃烧弹的弹道既不像迫击炮弹那么弯曲,也不像反坦克炮弹那样平直……它是沿着离地数米的弧线飞向目标的。如果要让燃烧弹落在高墙后面或者飞进战壕里,也可以使用更大的射角来瞄准。纵火器的最大射程是 250 米——在"街垒"工厂一带是绰绰有余了。纵火器通常以 2~4 具组成一个排，每个步兵营可以配一个这样的排。步兵第 138 师在前一天第一次得到这种武器（总共 2 具），并把它们分给了步兵第 650 团。该团报告说，部队使用各种火力摧毁了两个德军火力点并压制了小变电站一带的敌人，这种武器的首次亮相肯定给据守小变电站周围危险的前沿阵地的掷弹兵们造成了恐慌。

★

"街垒"工厂的住户们在 9 时 20 分还经历了一次小小的意外，两架德军运输机飞过工厂上空，遭到苏军战斗机的突然袭击。档案中没有留下这次空战的结果。

从 11 时到 13 时，德军继续从"街垒"工厂的主机械车间一带用迫击炮进行系统的轰击。

★

严峻的局势迫使德军官兵开始思考未来，并尽力安抚故乡的妻儿老小的恐惧之情。雷滕迈尔写道：

> 我的信也许不能让你的担忧减轻多少。你必须忍耐，我对你迄今为止忍耐的一切感同身受，将来你会得到幸福的补偿。我们在这里还必须吃很多苦，也必须继续承受伤亡，但元首不会弃我们于不顾。今天的战报上说，从 11 月 20 日到 12 月 9 日，敌人在我们集团军防守的地域有 614 辆坦克被击毁。因此，他们的兵力已经有很大一部分被粉碎了。只是在目前的地形和天气条件下，我军不可能够按照夏天那样的快节奏推进。现在我们都信心十足，对未来抱着最好的期望。瓦尔德马（Waldemar）和格哈德（Gerhard）① 应该也要过来了。他们说援军正从法国赶来，那么他俩可能有一个就在救援部队里。

他还提到了另一件事。几天前团部通知他，10 月 17 日战死的前任团长维

---

① 雷滕迈尔上尉的两个儿子，他们同样在军队中服役。

▲ 左起：第578掷弹兵团维利·文策尔上校、师参谋长科德雷总参勤务中校和师长奥本兰德少将在1942年8月16日的一次情况介绍会上。从1942年11月起，这三人都不在第305步兵师了

利·文策尔上校的遗孀希望直接和他通信：

> 我很想知道上校的妻子要问我什么。那天我知道这件事以后就立刻去了墓地，他和他的战友们葬在一起。我走过一排排坟墓时，在那些十字架上看到了太多熟悉的名字，其中很多人我还不知道他们已经死了。那真是让人心碎。这块墓地已经变得那么大了！

两天以后，他又重提此事：

> 上校的妻子想要我的战地邮箱号。我很好奇，她到底想知道什么？关于他的死，我只能转述从别人那里听到的内容。

阵亡军人家属的这种请求并不罕见。军人战死后，家属通常会收到两种形式的通知书：一种是德国有关部门（通常是死者所属军区的司令部）发出的官方通知，另一种是死者上级发出的比较详尽的信件。前者是很简单的公文，主要是"为了人民和帝国战死疆场"之类的陈词滥调，除了死亡日期外基本上没什么信息。后者由死者的上级指挥官撰写，其中包含关于死亡经过的更多细节，但是为了避免刺激到已经悲痛欲绝的家属，信中的措辞总是非常小心。许多人的死亡经过——包括那些挣扎许久、饱受折磨的——都在给家属的信中被描述为快速而且无痛苦的，原因显而易见。有时候，家属会寄信给部队的其他成员追问更多细节，文策尔的遗孀就属于这种情况。虽然这类家属都会声明自己能够接受真相，但战友若非洞察人情的练达之士就不该披露令人不快的事实。第305工兵营第2连的里夏德·格林中尉就曾以残酷的方式体会到这个道理。格林的一个部下在排雷时被炸成碎片，他尽职地给那人的妻子写了信，但在其中隐去了可怕的细节。后来格林回乡休假时遇到那个遗孀，她问起更多细节，并且追问她丈夫的结婚戒指和手表之类个人物品的下落。格林无奈之下只好更详细地向那个可怜的女子描述了她丈夫的死亡经过。当时她似乎平静地接受了事实，但格林后来才知道，在这次对话之后她就自杀了。

1942年12月10日双方的伤亡情况
苏军步兵第138师：4人阵亡，7人负伤，共计11人
德军第305步兵师：2人阵亡，6人负伤，共计8人

1942 年 12 月 11 日

几部雪橇在晚上穿过冰封的伏尔加河，给步兵第138师带来弹药和口粮，它们返回时还带走了伤员。步兵第138师的指战员们继续轮流到扎伊采夫斯基岛上使用浴室，并在领取新冬装后返回各自的阵地。

第62集团军司令员崔可夫将军命令步兵第138师和步兵第95师组织行动，彻底消灭位于步兵第138师左翼和步兵第95师右翼之间的德人及其火力点。为此建立了交叉火力配系。步兵第138师拨出3挺固定机枪，步兵第95师拨出4挺。

此外，集团军炮兵也准备对德军的这块突出阵地实施强大的协同火力打击。承担这个任务的是装备10门122毫米榴弹炮和12门76毫米炮的炮兵第1011团，拥有12门120毫米重迫击炮的近卫迫击炮第292营，以及步兵第138师的两个82毫米迫击炮连（共有12门炮）。指挥这个炮群的是炮兵第1011团的团长富根菲罗夫（Fugenfirov）少校。

★

　　每天向上帝祈祷以求解脱的第 576 掷弹兵团第 6 连连长欧根·黑林中尉被一发迫击炮弹的弹片击倒，受了重伤。几块弹片打瞎了他的右眼，还有一块击中他脖子上锁骨之间的部位，破坏了重要的血管。他在 12 月 14 日被飞机运到包围圈外的一个野战医院，然后在 12 月 16 日转到罗斯托夫的第 603 野战医院接受专家治疗。起初他的状况似乎还不错，在 12 月 17 日甚至给妻子写了一封信。但是随后他的健康就迅速恶化，脑膜炎的征兆开始显现，严重威胁到他的生命。他开始因为高烧而神志不清，不断高谈阔论前线的战斗，并且发号施令，指点目标方位、准备实施臆想中的进攻。在偶尔的清醒时刻，他还会祷告。在 12 月 19 日 22 时 30 分，他猝然离世。据睡在他隔壁病床的伤兵说，他在临死前唱着《平安夜》，临终遗言是这首歌的最后一句歌词："基督救主降生。"他被以全套军礼安葬在英雄公墓中，这个墓地就建在原罗斯托夫工程研究院的前庭。他在死后被追晋为上尉，时间从 1942 年 12 月 1 日算起。在 1943 年 1 月 25 日，他还被追授金质德意志十字勋章，这是为了表彰他在斯大林格勒的英勇战斗，尤其是 11 月攻势中参与夺取和坚守储油设施区的功绩。

★

　　这一天德军除了偶尔用机枪和迫击炮射击苏军部队外并无活动，步兵第 650 团左翼的一个观察所遭到手榴弹攻击。佩钦纽克的部下全天用小型武器、机枪、迫击炮和纵火器对政委楼和小变电站一带的德军火力点猛烈还击。据他们报告，这些武器的火力加上炮兵的轰击，总共摧毁了三个火力点，另外他们还对 2 条交通壕投掷了许多手榴弹。佩钦纽克部有 1 名军官战死，3 名士兵负伤。

　　虽然柳德尼科夫手下几个步兵团的战斗力量早就已经降到非常低的水平，但考察一下这些兵力的详细组成还是很有意思的。例如，步兵第 650 团在这一天总共有 83 人，但其中有 31 人是军官，21 人是士官，31 人是士兵。军官的数量竟然和普通士兵一样多。

★

　　苏军观察员还报告发现德军的下列活动迹象：

在8时,有2队敌人(每队都是12~15人)试图从3号车间[6c号厂房]跑进38号房[67号楼]一带。佩钦纽克的部下在德军跑到L形建筑[药店]旁边时对他们开火,歼灭了其中的一半人,迫使另一半溃逃。

在10时,发现4个德军士兵把一些木板从37号房[74号楼]搬到36号房[73号楼]。10时30分,在14/15号车间[3号厂房]一带,德军活动比较频繁,有多达30名士兵跑进9号房[57号楼],然后移动到伏尔加河边。

★

在一封家信中,雷滕迈尔上尉提到了一个新的威胁:

简单问候一下,作为活着的证明。我的情况还是很好,身体很健康。唯一的问题是虱子在以令人担忧的速度成倍增加,已经成为祸害了。不过我们也会战胜这个敌人,虽说在地堡里昏暗的光线下捕杀它们的行动不能保证百分之百成功。

1942年12月11日双方的伤亡情况
苏军步兵第138师:5人阵亡,8人负伤,共计13人
德军第305步兵师:4人阵亡,20人负伤,共计24人

▲ 雷滕迈尔上尉(右三)在位于53号楼地下室的营指挥所里向手下的士官交代任务。虽然我们进行了广泛的搜寻,但只确认了其中一人的身份即最右侧的康拉德·赫尼希一等兵,隶属于第578掷弹兵团第3连,1912年9月14日生于捷克斯洛伐克,1943年1月失踪于斯大林格勒

1942 年 12 月 12 日

从 1942 年 12 月 12 日起，富根菲罗夫少校的炮群开始轰击步兵第 138 和 95 师之间的德军阵地。他们接到的命令是消灭在伏尔加河岸边纵深 300 米内的德军火力点，再由步兵第 138 和 95 师组织攻击行动，肃清在伏尔加河岸边将这两个师隔开的德军。炮击从 7 时开始。10 门 122 毫米榴弹炮各以每分钟 2 发的速度射击，共射击 1080 发，而 12 门 76 毫米炮和 12 门 120 毫米迫击炮各以每分钟 1 发的速度射击，总共也射出 1080 发。崔可夫后来写道：

> 单靠步兵团的进攻，我们无法消灭"街垒"工厂一带已到达伏尔加河边的敌人：我们既没有坦克也没有预备队。我们该怎么办？怎样才能帮助柳德尼科夫师脱困？

> 布置在伏尔加河左岸的炮兵可以助我们一臂之力。我们不必横跨伏尔加河运送弹药就可以运用这支炮兵，于是我们决定用炮火来消灭敌人。但是要这么做也有一些看似无法克服的困难：我们需要对每一个敌军阵地组织绝对精确的火力打击，需要一群神炮手。我们有这样的炮手，但是在右岸校正他们的炮火很困难——电话线老是被浮冰撞断，而无线电信号又很弱，实在不可靠。考虑了所有这些因素以后，我们研究出了下面的方法，并开始用它来消灭已经突破到伏尔加河边的敌人。

> 我们把敌人占领的地段由北向南、从伏尔加河到最前沿，用从左岸能看得很清楚的标杆做出标记。这样，就形成了一个把德国人圈在里边的宽 600~800 米的走廊。我们的炮兵能清楚地看到这条走廊，因而可以弹无虚发地轰击敌人的火力点。

> 观察员在右岸观察炮击情况，他们准确地指出目标和落弹偏差，把结果报告给各炮兵观察所，后者再转告发射阵地。

为了给这次炮击做准备，苏军从一些最突出的阵地上撤回了人员。步兵第 138 师的战争日记甚至报告说："左翼分队（滚轴）向北移动 100 米，进入了富河汉岸边的供水系统一带。"炮弹的落点并不是全都准确，据步兵第 650 团的战斗日志记载："集团军炮兵投射的强大炮火落在我团防线前沿和敌军各火力点上，这次炮击摧毁了我团的两个掩蔽部和小变电站一带敌人的三个火力点。"好在该团无人因为这次炮击而丧生。全天的总损失是 2 人负伤。

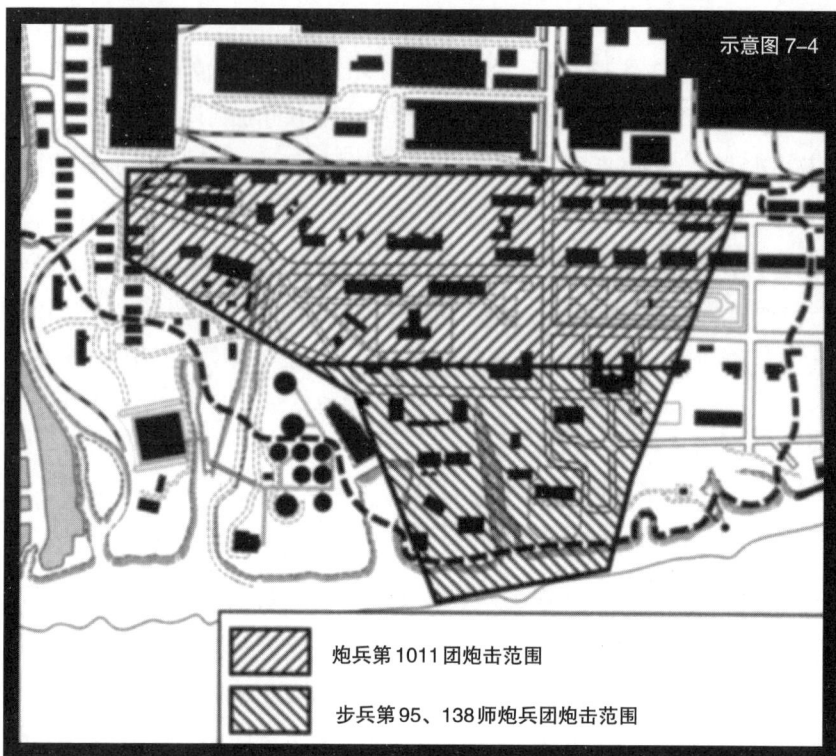

示意图 7-4

炮兵第 1011 团炮击范围

步兵第 95、138 师炮兵团炮击范围

▲ 1942 年 12 月 12 日苏军的炮火准备

苏军已开始用炮击消耗德军兵力，但这一情况并没有让雷滕迈尔上尉感到多大震动：

没有什么新情况可说，各地的节俭和紧缩规定仍然有效，除此之外一切照常。在 7 时—8 时，他们又一次有系统地轰击了我们的整个防区。

在 13 时，富根菲罗夫的大炮再次开火。12 门 76 毫米炮和 12 门 82 毫米迫击炮各以每分钟 2 发的速度射击，总共射出 3600 发炮弹。在两次持续一小时的炮击中，共发射炮弹 5760 发。同样的程序将在次日重复。

在这一天的其他时间里，苏军各部照例用小型武器、机枪和迫击炮猛烈射击了德军的前沿阵地。佩钦纽克团的迫击炮手们摧毁了小变电站附近的一个德军火力点。

★

德军后方的生活变得更加危险了。苏军航空兵自从秋末战役打响以来就一直执行夜间轰炸任务，即使在德军掌握制空权的时候也不例外，但是在不用担心德国空军报复后他们的活动强度迅速上升。苏军炮兵也是如此，现在他们已经可以毫无顾忌地轰击斯大林格勒一带的任何地段。第305工兵营的前任营长特劳布上尉此时正在戈罗季谢承担特别使命，他描述了这些空袭、炮击和影响后方人员的其他问题：

对我们来说一切基本照旧。俄国人十分活跃，经常用大炮轰击我们，他们的飞机在晚上也活动频繁。今天16时15分，他们中的一个高手投下两颗炸弹，使我漂亮的小屋也发生了轻微的晃动。昨晚22时左右，在我出门时，他们还投下了两颗燃烧弹，但没有造成破坏。我还叫人给我修了个地堡，准备明天下午搬进去住。它并不能抵挡炸弹，但是在地下躲着总能给人一定的安全感。事实上，我希望在这个地堡里能好好取暖。由于经常刮东北风，我的小屋已经变得非常冷了。这边是一片大草原，一棵树都没有，每辆进入斯大林格勒城内的车子都必须带回一些木材。不过总有一天斯大林格勒城里将再也没有房子可拆，我恐怕这一天会比这个冬天结束的时间早得多。同样糟糕的是照明条件。我的电石灯已经坏了很长时间。我曾经收集了不少蜡烛，但是昨天晚上我惊讶地发现只剩两根了。到了圣诞节我也许没法在烛光下庆祝，只能摸黑过节了。说点好消息吧，昨天有传言说，终于连包裹也能随邮件送进来了，现在我们都希望圣诞节的包裹能寄到。目前还是和以前一样，邮局只能处理信件和航空邮件。就连正式的行政邮件也没送出去，所以也难怪我晋升少校的公文到现在还没送来。本来按我现在待的地方，公文早该从最高司令部的人事局送来了。

今晚我的小屋非常舒适。风小了，炉子里的柴火发出好听的噼啪声，在17时左右我的勤务兵值完班就会过来，那时我就会吃晚饭。我吃的晚饭不能超过两片面包，不然明天早上就没吃的了。吃这么点当然长不了肉，不过对我来说也足够了，以前吃那么多只是习惯。感谢上帝，我现在还有一箱雪茄和一些酒，这些东西能帮我挺过去。我们的军需官今天承认他在储备物资里藏了一箱雪茄，因为我告诉过他，我要是没烟可抽会难受得不得了。到目前为止我们还算幸运，没有遇到真正严寒的天气，我相信到现在为止气温都没有低于零下15摄氏度。希望圣彼得宽宏大量，在这个冬天对我们仁慈一点。

1942年12月12日双方的伤亡情况
苏军步兵第138师：1人阵亡，9人负伤，共计10人
德军第305步兵师：5人阵亡，1名军官和14名士兵负伤

1942年12月13日

苏军从后方用船沿伏尔加河把弹药和口粮运到扎伊采夫斯基岛，然后经过富河汊上的冰面输送给右岸的步兵第138师。

从6时到11时，在机械车间[4号厂房]的右侧角落，德军士兵继续挖掘战壕和散兵坑，修筑土木地堡，还建造了一个机枪火力点。

据步兵第138师的战争日记记载，德军这一天特别活跃：

交火一整天都没停过。从7时到11时，敌人一直在用迫击炮有系统地射击师指挥所和我军在扎伊采夫斯基岛上的炮兵阵地。

步兵第650团的战斗日志的记载也差不多：

在这一天，敌人有系统地用小型武器和机枪射击我团防线，并用迫击炮轰击了水泵一带，没有观察到敌军阵地上有什么调动。

我团继续坚守原先的防线。在这一天，组织小型武器和机枪进行了射击。我团继续利用一切空余时间加强工事，但是由于缺少工兵，工程进度非常慢。我团无损失。

补充少量人员后，该团的人数略有增加。全团共有101人，其中5人是伤员，此外，还有34名不属于该团的人员。因此该团的战斗力量总计是135人。

★

富根菲罗夫的炮兵重演了前一天的炮击，在7时和13时各打了一个小时。

两天内，共有 11520 发炮弹落在步兵第 95 和 138 师之间的德军阵地上。

1942年12月13日双方的伤亡情况
苏军步兵第138师：3人阵亡，4人负伤，共计7人
德军第305步兵师：8人阵亡，23人负伤，共计31人

1942 年 12 月 14 日

保卢斯大将在 10 时 20 分光顾了第 305 步兵师的指挥所，但那里只有师参谋长帕尔措总参勤务中校。帕尔措报告说，最近几天苏军的骚扰炮火很猛烈而且打得很准，已经造成了严重伤亡。此外，该师开办的下级指挥官训练班虽然招收了 50 名学员，但只培养出大约 35 名能够作战的下级指挥官。该师的步兵战斗力量总计不过 1350 人，这意味着该师正在用人数越来越少的部队与日益大胆、步步紧逼的苏军对垒，正如雷滕迈尔上尉在一封信中所写：

> 这里的压力非常大……目前各条战线上的兵力消耗都很巨大，我们的人力储备不是无限的。因此，对每一个人都必须提出极高的要求，许多情况下要让他们付出近乎不可思议而且显然超出生理极限的努力。但是，我们要想活下去，就必须这么做。

苏军整晚都在从扎伊采夫斯基岛向对岸运送补给，但不断遭到德军侧射火力的阻碍。援兵和拉着雪橇的后勤人员在冰封的河道上行走，每当看到黑漆漆的悬崖顶上闪现火舌就卧倒在地，倾听子弹从头顶掠过的嗖嗖声响。重机枪和迫击炮的射击在白天也没有停止。水泵以北和小变电站里的机枪会对任何暴露的苏军士兵倾泻弹雨，并且重点照顾富河汊上的任何活动物体。佩钦纽克团试图消灭这些能控制渡口的火力点。

晚上抵达的援兵被分配到各个部队。

在"滚轴"把守的区域，有一个穿着红军制服的德国人被打死。

★

这天黄昏时分，柳德尼科夫接到集团军司令员崔可夫的下列命令：

经过三天战斗，部队已经破坏了敌人在步兵第 138 和 95 师之间的防御工事，并且摧毁了敌人的部分火力点。

任务：步兵第 138 师应向东南方向推进，以其左翼部队给敌人最沉重的打击。到达泰梅尔街后，与步兵第 95 师的右翼部队会合，并建立坚固的防线。

步兵第 138 师的师长已决定用步兵第 650 团向 Π 形建筑 [政委楼*] 方向进攻，摧毁敌人在泰梅尔街以南的防御工事，并与步兵第 95 师的右翼部队会师。

此次进攻定于 1942 年 12 月 15 日 12 时开始。

第 62 集团军司令部派作训处长科利亚金（Kolyakin）大尉作为代表到步兵第 138 师协助指挥，步兵第 95 师也派出作训参谋波耶洛夫（Poyelov）上尉，步兵第 138 师则派出作训科的丘金（Chudin）大尉作为代表到步兵第 95 师。

步兵第 138 师在夜间重整了部队，集中了用于进攻的兵力。在 12 月 14 日夜到 15 日晨，又有一些援兵穿越富河汊的冰面赶到阵地上——共计 222 人。

★

为了帮助柳德尼科夫岛的部队摧毁德军的坚固据点，苏军从后方调来了 2 门 76 毫米炮。此前柳德尼科夫的小桥头堡里最重的武器不过是几门 45 毫米反坦克炮，现在这个缺陷将得到弥补。一支配备 2 门 76 毫米团属火炮的小分队已做好准备，正在伏尔加河东岸等待……他们得等到河面上的冰层变得足够坚固，能够承受火炮的 900 公斤重压为止。率领这支小分队的是炮兵第 295 团的排长瓦西里·安德烈耶维奇·德沃里亚尼诺夫（Vasili Andreyevich Dvoryaninov）中尉。他这样回忆这次任务：

12 月，斯大林格勒的保卫者们接到任务——从防御转入进攻，目的是收紧绞索，消灭或围死所有希特勒分子。进攻——这意味着要把法西斯分子从一座座房子、一个个地窖里清除干净，这些地方都被他们改造成了坚固的据点。

为了成功执行这个战斗任务，需要动用能够伴随步兵战斗的火炮，而且要把这种火炮下放到步兵的作战队列里。于是我率领的炮兵排接到

了一个任务：在集团军后方领取
新式的团属76毫米火炮，等伏
尔加河上一出现坚固的冰层，就
把它们拉到右岸，用直瞄射击摧
毁和压制敌人的火力点。

12月中旬，河冰结得越来
越厚。到了12月13日，我们断
定冰层已经足够坚固，必须开始
过河了。我们在12月14日晚上
用马把火炮拉到岸边，再把马送
回后方，然后开始执行危险的任
务——通过冰面把火炮从扎伊采
夫斯基岛拉到柳德尼科夫岛。

我们虽然认为冰层已经足够

▲ 瓦西里·安德烈耶维奇·德沃里亚尼诺夫中尉

坚固，还是决定采取必要的安全措施，让大炮分开过河，而不是一起过。
为此，我们在每门炮的前车上系了一条长长的绳子，然后大家排成一队，
相互之间隔开五六米，一起拽着绳子拉。我们很轻松地把第一门炮拉
出停放的位置，让它的轮子滚到了溜滑的冰面上。第二门炮和第一门炮
隔开大约百米的距离，也以同样的方式滑到冰面上。我在队伍的最前头，
给炮手们指示路线……

随后第一门炮抵达了对岸。所有人都安全上岸。我们很想高喊"乌拉"
互相拥抱，但是为了避免被发现而没有这么做，因为敌人随时可能突然
袭击，用准确的火力打断这次行动。第二门大炮也顺利地过来了，再走
几步就能上岸了，但就是这最后的几步出了岔子。这门炮可能在河岸边
遇到一个冰窟窿，突然沉进了一米深的河水里。怎么办？时间一点都不
能耽误。必须在天亮前让大炮进入射击阵地支援步兵进攻，可我们却遇
到了这样的倒霉事。我命令2门炮的炮手们一起把大炮从水里弄出来。他
们又是推又是拉，可是大炮纹丝不动。我只好再带着4个战士跳进冰冷的
水里，从后面抓住大炮的轮子把它往前推。我们费了半天劲……可大炮

还是一动不动。突然，一发照明弹哧溜一声窜上天，炸出一片明亮的火光，接着德国人就用迫击炮对我们开了火。我们不得不伏低身子，等着炮击结束……

无奈之下，我只好跑到师指挥所向 S. Y. 特钦斯基上校报告这件事，你们可以想象我当时是什么心情。上校听了这个令人不快的报告以后，就下令在当天晚上只用一门过了河的大炮占领射击阵地，把第二门炮暂时留在伏尔加河里。

两个炮班的炮手一起把那门炮拉进一条冲沟，这条冲沟把我们师的右翼和德国人的突出部隔开了。要从沟底把大炮拉上坡可不容易，因为右边的坡顶就是法西斯分子们的阵地。虽然我们尽量不发出声响，但是德国人还是注意到了我们，他们从上方朝我们投手榴弹，还用冲锋枪射击。有几个战士受了伤，不过好在没有一个被打死。就这样，我们走走停停，伴着子弹的呼啸和手榴弹爆炸的巨响，把大炮拉上了坡顶的平地，然后拉进 47 号房里。我们在那里遇到步兵第 344 团的一个代表，他立刻给我们指出了需要压制的敌军火力点。原来德国机枪手们躲在工厂烟囱内部架设的平台上，在烟囱的砖壁上凿出了枪眼供机枪射击，这些枪眼离地的高度是 20～30 米。

他们利用这些居高临下的火力点向我们的步兵倾泻"铅弹雨"，打得我们抬不起头。

为了更好地压制这些不同寻常的火力点，我们——包括炮长斯卡比尼姆（Skabinym）中士在内——决定把大炮拉到二楼的楼梯平台上。因为我们有两个炮班，炮手人数绰绰有余，所以我们很快就成功完成了这个任务。大家找到两块木板，把它们搁在楼梯的台阶上，然后把大炮拉到木板上。经过这样的准备工作，我们没费多大力气就把大炮拉上了二楼，架设在一处被打坏的窗口附近。弹药也运上来了……

在这门孤零零的大炮进入射击阵地以后，德沃里亚尼诺夫中尉和他的炮手们就等着开火的信号了。

1942年12月14日双方的伤亡情况
苏军步兵第138师：2人阵亡，11人负伤，共计13人
德军第305步兵师：5人阵亡，19人负伤，共计24人

1942 年 12 月 15 日

从前一天夜里 21 时到这天中午苏军开始进攻，德军一直在主机械车间右侧角落一带挖掘战壕，并且不断从 67 号楼 [38 号房] 和 73 号楼 [36 号房] 射击苏军部队。67 号楼 [38 号房] 的德国守军并不知道，在苏军下午将要发起的进攻中，他们将成为主要攻击目标之一。

在苏军进攻开始前，德军的大炮和迫击炮轰击了河岸和渡口。他们的机枪和冲锋枪也偶尔射击苏军防线，大炮和迫击炮的炮弹系统地落在西岸和富河汉的渡口上。

按照第 62 集团军的计划，炮兵部队——包括富根菲罗夫的炮兵第 1011 团和步兵第 95 及 138 师的所有炮兵在内——从 5 时开始对德军阵地进行破坏性射击。苏军这一次击中了强大的火炮集群：炮兵第 295 团的 7 门 76 毫米炮、

示意图 7-5

近卫迫击炮第292营的24门120毫米迫击炮、近卫炮兵第86团的10门120毫米榴弹炮和19门76毫米炮、炮兵第1011团的10门122毫米榴弹炮和12门76毫米炮、反坦克歼击炮兵第397团的数量不明的76毫米炮、伏尔加河区舰队的舰炮，以及步兵第95及138师下属步兵团的大量50毫米和82毫米迫击炮。消耗性炮击持续到11时35分，然后所有炮兵部队火力全开，狂轰了五分钟。在11时40分，炮兵放慢射速，继续炮击至11时55分，接着又是五分钟的火力急袭，揭开了步兵进攻的序幕[1]。

	消耗射击 （0500—1135）	弹幕射击 （1135—1140）	消耗射击 （1140—1155）	弹幕射击 （1155—1200）
炮兵第295团	300发炮弹 37、39、40[2]、41、34、35、36号房	120发炮弹 40、41、39、37、35、36号房	60发炮弹 15/14号车间，28、29号房	120发炮弹 37、39、40、41、34、35、36号房
近卫迫击炮第292营	360发炮弹 小变电站、Π形房、红房子、未完工楼房	240发炮弹 小变电站、Π形房、红房子、未完工楼房	60发炮弹 8、9、28、29、30、31号房	240发炮弹 小变电站、Π形房、红房子、未完工楼房
反坦克歼击炮兵第397团	600发炮弹 28、30、32、31、29、27号房，中央大门、E形房、小变电站、红房子、未完工楼房	300发炮弹 28、30、32、31、29、27号房，中央大门、E形房、小变电站、红房子、未完工楼房	120发炮弹 3、4、5、7、6、12、2号房	300发炮弹 28、30、32、31、29、27号房
近卫炮兵第86团	320发炮弹 手指沟、48、49、50、51号房，吉他形平谷	200发炮弹 手指沟、48、49、50、51号房	60发炮弹 52号房	200发炮弹 手指沟、48、49、50、51号房
伏尔加河区舰队	120发炮弹 3、14/15号车间，主机械车间		40发炮弹 主机械车间以北30米	120发炮弹 3、14/15号车间，主机械车间

中午，柳德尼科夫师转入进攻，他们的任务是打通与左侧友邻的联系。德沃里亚尼诺夫中尉用他布置在47号楼 [78 号楼] 的那一门炮支援了科诺瓦连科部的进攻：

---

① 关于炮兵的目标和发射炮弹数请参见附表和示意图7-5。
② 40号房 [68号楼] 的苏联守军在炮击前暂时撤离了这座楼房。

　　我们猛轰了第一个烟囱，然后是第二个。几分钟以后，步兵们跃出工事发起进攻，没伤亡多少人就拿下了几座楼房，因为敌人在烟囱里的火力点全都哑巴了。

　　这次进攻绝不像德沃里亚尼诺夫中尉暗示的那样轻松。德军进行了激烈抵抗，用各种武器拼命开火。看见科诺瓦连科的突击队发起进攻，3 号厂房 [14/15 号车间] 和主机械车间也射来密集的大炮和迫击炮火力，准确地打进突击队的侧翼。不仅如此，在突击队的前进方向上还密布着雷场、弹坑、掩蔽部、楼房、交通壕、带刺铁丝网和挂着绊雷的绊索。德军工兵已经花了几周时间拼命加强工事，而现在这些防御措施第一次接受真正的严峻考验。突击队朝着 38 号房 [67 号楼] 和 39 号房 [61 号楼] 推进，有一队战士在 I. S. 波格列布尼亚克中尉指挥下攻占了 39 号房 [61 号楼]。多姆拉切瓦（Domracheva）中尉率领的一个小队冒着猛烈的机枪火力拿下离 38 号房 [67 号楼]15 ~ 20 米的两个掩蔽部，然后与敌人进行了长时间的交火。索科洛夫（Sokolov）中尉指挥的一个突击队向 41 号房 [75 号楼] 和政委楼以北的建筑攻击前进，将德国人赶出了 41 号房 [61 号楼] 东南方 30 米处的一个掩蔽部，随后在已占领的地方巩固了防守。他们的损失很严重。

　　第 577 掷弹兵团依靠人工布设的障碍、布满绊雷的铁丝网和猛烈的火力，轻松守住了 41、38 和 37 号房 [75、67、74 号楼]。冲到德军前沿阵地的苏军士兵遭到手榴弹集中投掷，不得不停下前进的脚步。科诺瓦连科大尉的步兵第 344 团只取得一些意义不大的战果：他们占领了 39 号房 [61 号楼]、38 号房 [67 号楼] 东北方 15 米处的两个掩蔽部和 41 号房 [75 号楼] 东南方 15 米处的一个掩蔽部。该团报告：

　　　　我团全天共歼灭多达 30 名敌军官兵，端掉 5 挺机枪，直接命中 6 个掩蔽部并将其摧毁，76 毫米炮的火力还轰塌了 38 号房。

　　为了这点小小的战果，他们付出了严重的伤亡：2 名军官和 5 名士兵死亡，1 名士官和 23 名士兵负伤，总计损失 31 人。在这一天日落时，全团共有 163 人，但其中在前线战斗的只有 64 人。他们的装备是 129 支步枪、2 挺重机枪、7 挺轻机枪、22 支冲锋枪、3 支反坦克枪、2 门 82 毫米迫击炮和 2 门 50 毫米迫击炮。他们的弹药包括 18000 发步枪弹、6000 发冲锋枪弹、250 发反坦克枪

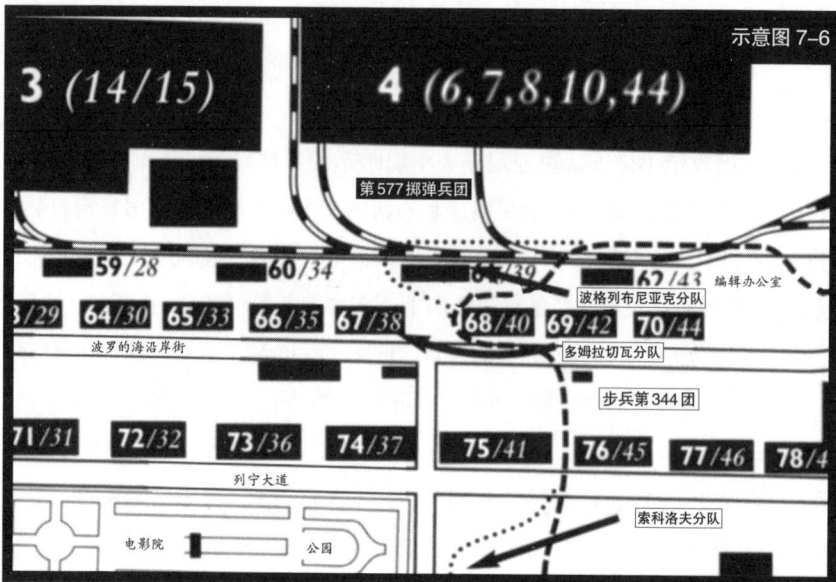

▲ 1942 年 12 月 15 日，步兵第 344 团的进攻

▼ 1942 年 12 月 15 日，步兵第 650 团的进攻

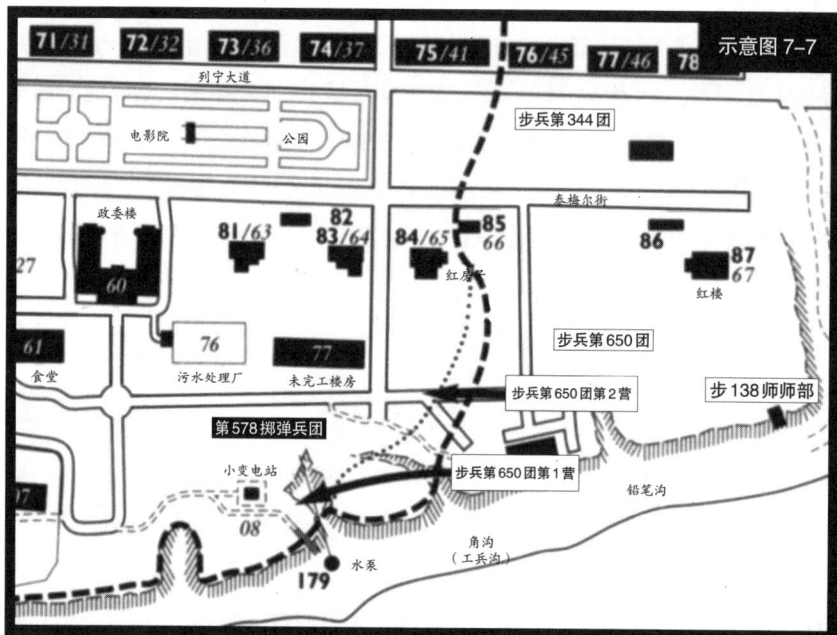

弹、20 发 82 毫米迫击炮弹、35 发 50 毫米迫击炮弹和 300 颗手榴弹。此外还有 4 天的食品。

步兵第 650 团的情况也不比步兵第 344 团强。该团的步兵第 1 营在 12 时冒着猛烈的机枪、迫击炮和冲锋枪火力准时开始进攻。德军坚守防线，并且立即从小变电站、未完工楼房和红房子用重机枪猛烈扫射。在炽烈的弹雨中艰难前进的步兵第 1 营的战士以可怕的速度接连倒下。几秒钟前还有几十人的队伍，转眼就没有一人还能站立，只见鲜血在混杂着炸翻的泥土的雪地里汩汩流淌。有几个不是特别勇敢就是特别鲁莽的人一路爬到德军的一些前哨阵地上将其占领，但是大多数还没有受伤的士兵只能趴在雪地里动弹不得。该营只前进了 30 米就不得不停止进攻，再也无力前进一步。

另一方面，步兵第 2 营甚至根本没有执行进攻的命令。这次进攻尝试从一开始就被搞砸了。德军极其密集的机枪、迫击炮和冲锋枪火力横扫一切，没有给苏军任何机会。

步兵第 650 团的全部战果是：将左翼推进了 30 ~ 50 米不等。柳德尼科夫后来写道："尽管只夺回了这么一小片土地，也是值得庆贺的，但想到各团为此付出的代价，我们就高兴不起来了。于是我下令停止进攻。"

步兵第 650 团的伤亡是 60 人，其中 6 人是被友军炮火误伤的……对于一个两天前战斗力量总共只有 135 人的团来说，这样的损失是毁灭性的。前一天步兵第 138 师接收的 222 名补充兵有相当一部分被分到了步兵第 650 团（上述战斗力量数字没有计入这些人员），但该团日志中的一条评论明确指出这些新来的士兵在这次进攻中所起的作用不大："增援人员没有做好战斗准备，他们行动迟缓，在遭到严重损失后就躲在掩蔽部里不敢出击。"在这一天日落时，该团有 28 名军官、12 名士官、100 名士兵，外加 24 名不属于该团的人员。

★

戈里什内上校的步兵第 95 师奉命向西北方向推进，其任务是打到泰梅尔街与步兵第 138 师的部队会合。在进攻前，该师各团的实力如下：步兵第 161 团有 363 人（步兵第 1 营——84 人，步兵第 2 营——106 人，步兵第 3 营——8 人），步兵第 90 团有 238 人（步兵第 2 营——60 人，步兵第 3 营——56 人），而步兵第241团有230人（步兵第1营——62人，步兵第2、3营——9人）。

他们这次进攻的结果记录在步兵第95师第106号战斗报告中：

为执行第221号命令，步兵第90和241团在12时发起进攻。

步兵第241团从"驼背沟"冲出后，遭到敌机枪和冲锋枪火力阻击，来自02、05、04、06号房中火力点的大口径机枪火力尤其猛烈。该团夺取了四个掩蔽部后，继续封锁敌火力点。

步兵第90团执行了领受的任务，攻占了敌人的3条战壕和6个掩蔽部，战线推进情况如下：右翼到达储油设施区以西60米处，左翼占领了位于储油设施区以西40米处的红房子，他们已巩固了所占区域的防守。

步兵第161团继续坚守原有阵地，并使用45毫米炮、迫击炮和机枪

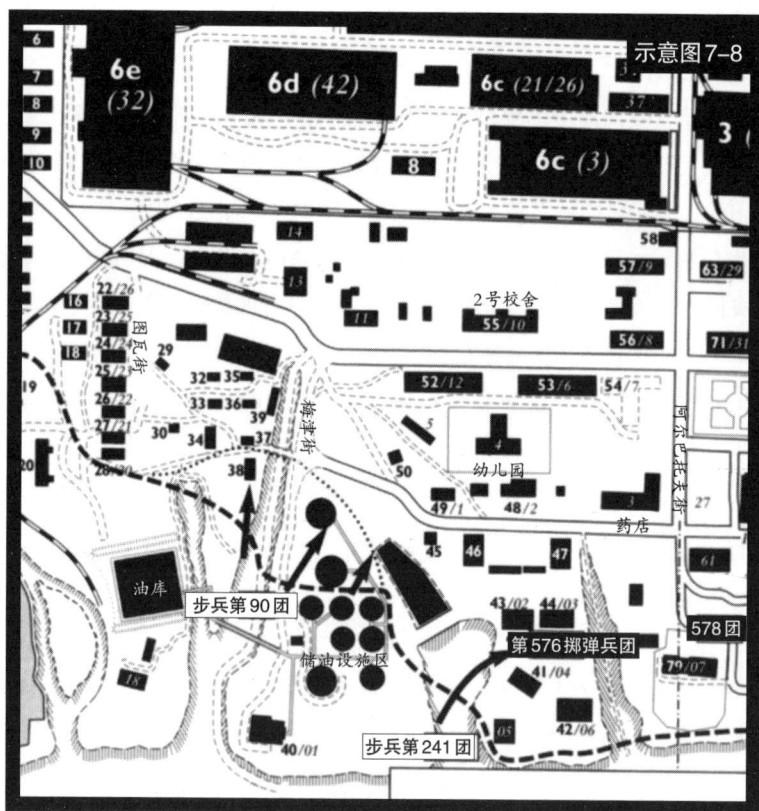

▲ 1942年12月15日，步兵第95师的进攻

支援了步兵第 241 和 90 团的进攻。

　　我部的大炮和迫击炮尝试了压制和摧毁打击我进攻部队的敌火力点。炮兵第 57 团的火炮表现出色：但是由于火炮口径太小，无法摧毁敌人设在碉堡和 1 座砖石建筑中的火力点（02、05、04、06 号房）。

　　报告中还提到 "在储油设施区附近步兵第 90 团当面的敌人是第 6 集团军第 576 步兵团第 3 营的两个连"。步兵第 241 团用迫击炮摧毁了 1 挺重机枪和 2 挺轻机枪，该团的 45 毫米炮也击毁 1 个碉堡。步兵第 95 师抓获 11 名俘房 [①]并缴获下列装备：1 挺重机枪、4 挺轻机枪、2 门连属迫击炮、25 支步枪、5 支冲锋枪、10 颗手榴弹和 2800 发弹药。该师的损失与这些不大的战果相比很严重：步兵第 241 团伤亡 47 人，步兵第 90 团损失 19 人（3 人战死），而步兵第 161 团有 3 人负伤。

　　德军在厚壁砖石建筑中设置的据点非常坚固，而苏军火炮对它们的毁伤效果欠佳，就连暂时压制都难做到——戈里什内上校因此不得不向第 62 集团军司令部提出请求：

　　　　我请求拨一个连的大口径火炮供我调用，以便摧毁敌人设在砖石楼房中的碉堡，同时请求给步兵第 241 和 90 团各补充 150~200 人。

　　苏军通过侦察、从尸体上收集的证件和俘房的口供查明了与他们作战的德军部队番号，第 62 集团军的战争日记是这样说明的：

　　　　从工厂东侧边缘到伏尔加河河岸——第 305 步兵师的第 577 和 578 步兵团，第 578 步兵团有不超过一个营的兵力把守着河岸边到储油设施区的阵地。

　　　　防守储油设施区一带的是第 294 和 50 工兵营。

　　　　从储油设施区到水兵街——第 305 步兵师的第 576 步兵团和第 672 工兵营。

　　苏军情报还提到德军在储油设施区附近采取的奇特战术：

---

　　① 第 62 集团军的战争日记称："抓获 5 名俘房，其中有 2 个德国人、3 个罗马尼亚人，全都来自第 576 掷弹兵团。" 我们不知道俘房数字为何有出入，也许有些俘房被杀掉了。不管是什么情况，第 305 步兵师当天的伤亡报告中未提到该部有任何人失踪。

　　我们注意到，在储油设施区附近，敌人使用了哨兵犬来帮助守卫接近路线，以防止我方侦察队渗透到他们的战斗队列中。

★

　　入夜后，苏军小部队继续执行进攻任务。步兵第344团对38号房[67号房]方向的攻击一直持续到16时左右。步兵第138师统计后认为，其部队全天消灭了100多名德军并端掉了8挺机枪，此外还摧毁一个掩蔽部和3座房屋。根据初步统计的数据，该师的损失为51人死亡，106人负伤，共计157人。因为该师的防御阵地太小，纵深不够，可以被德军火力轻易覆盖，所以该师的损失一直在稳定地增加。

　　步兵第138师发动进攻并且被击退的事并没有在德军阵营中掀起多大波澜，事实上，步兵第95师的进攻给德国人造成的影响还要稍大一点。在20时45分，第51军向第6集团军报告说："敌人在火炮厂东南方几次进攻无果后，终于在储油设施区附近达成了局部突破。我军将在今夜发动反击。"

1942年12月15日双方的伤亡情况
苏军步兵第138师：51人阵亡，106人负伤，共计157人
德军第305步兵师：17人阵亡，4名军官和94名士兵负伤

1942年12月16日

　　4时30分，德军一个排攻击了位于"阑尾沟"[驼背沟]北坡的步兵第241团部队，企图夺回前一天失守的5个掩蔽部。苏军步兵使用机枪和手榴弹击退了德军攻击部队，后者丢下许多尸体以后四散逃入掩体中。在8时10分，步兵第241团派出几支侦察小分队，又攻占了冲沟北坡上的两个掩蔽部。

　　9时50分，苏军观察员发现约有100名德军士兵从药店和2号校舍经交通壕向前推进，并分散进入储油设施区西北方星罗棋布的战壕和掩蔽部中。他们遭到苏军炮兵打击后，有一部分溃散。

　　这一天，步兵第90团在储油设施区以西与德军进行了激烈的手榴弹对拼。

在纵火器、机枪和迫击炮火力掩护下，分成小股作战的突击队攻占了两个掩蔽部，但随后这两个目标又多次易手。到当天日落时，苏军步兵终于控制了其中的一个。步兵第90团的突击队得到了南边友邻部队——步兵第161团的45毫米炮、迫击炮和机枪支援。炮兵第57团的炮火则摧毁了德军的6个掩蔽部并炸毁2挺机枪。

步兵第95师这一天的伤亡要比前一天严重不少：步兵第241团损失58人，步兵第90团损失60人，步兵第161团则损失1人。该师实际还有更多伤亡，但却是己方造成的：在11时15分，东岸的苏军炮兵错误地对师指挥所一带进行了弹幕射击，结果造成5死6伤。死者中包括该师的副通信科长伊万诺夫（Ivanov）大尉，伤者中有米罗年科（Mironenko）中尉和诺维科夫（Novikov）少尉。步兵第241团除了战斗伤亡外，也因为友军误击蒙受了4死13伤的损失。

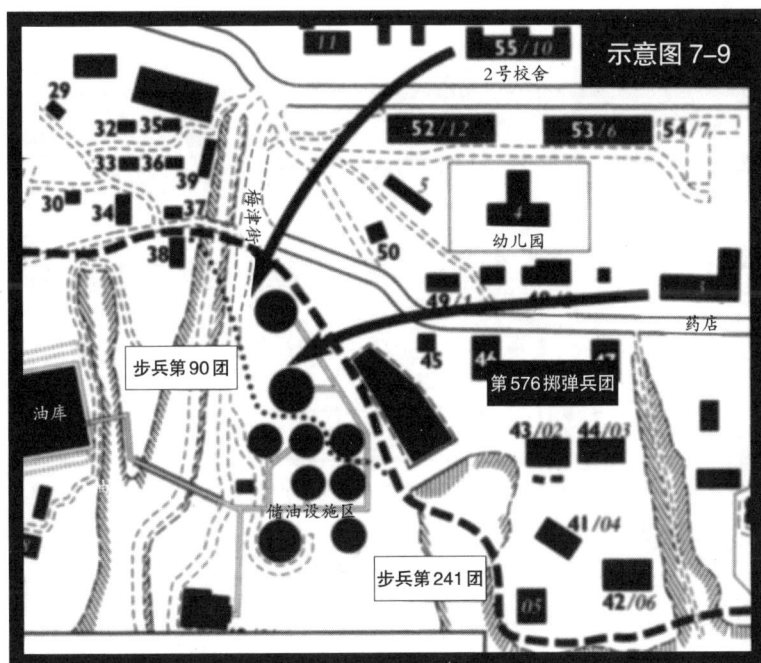

▲ 德军攻击储油设施区附近

★

在步兵第 138 师前线，德军偶尔以冲锋枪、机枪和迫击炮开火。步兵第 344 团的战斗部队遭到有系统的射击。步兵第 650 团用小型武器、机枪、迫击炮、冲锋枪和反坦克枪射击了活跃的德军火力点。执行这个任务的战士显然兴致很高，以至于到日落时该团报告说，它的 2 门 82 毫米炮弹只剩下 10 发炮弹，那 1 门 50 毫米迫击炮则用光了所有弹药。步兵第 138 师的防线仍维持原状，但增加了前一天攻占的 39 号房和 3 个掩蔽部。按照接获的命令，柳德尼科夫师计划在 11 时发动一次步兵进攻，而在此之前该师用机枪和冲锋枪对德军猛烈扫射，迫使他们暂停路障和其他障碍物的修筑。

在 11 时，步兵第 344 和 650 团发起进攻，步兵第 768 团则继续射击离他们最近的敌方阵地。当步兵第 344 团一个 15 人突击队在 38 号房 [67 号楼] 一带前进时，德军用密集的机枪火力迎接他们，迫使他们就地卧倒。这支突击队被打得抬不起头，在雪地里趴了近半个小时。在 11 时 30 分，有一队 12 ~ 15

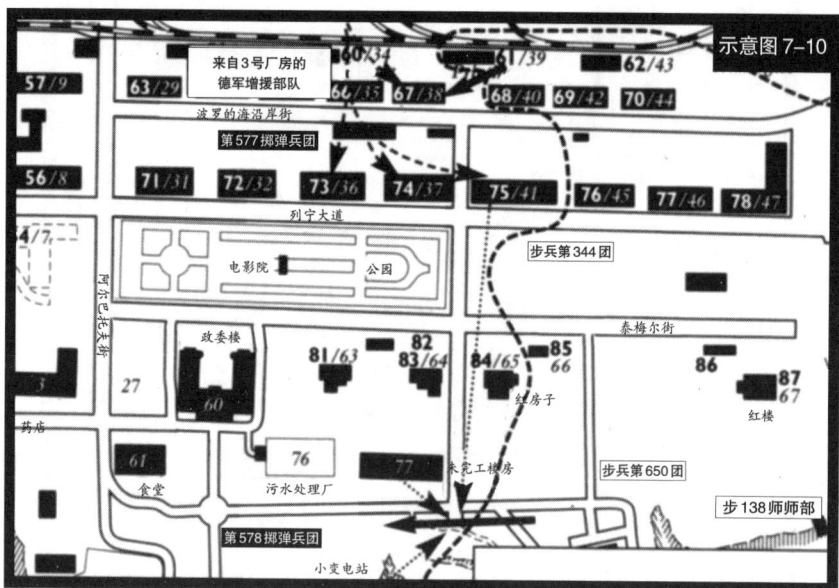

▲ 1942 年 12 月 16 日，苏军步兵第 344 团和 650 团的进攻

人的德军从 14/15 号车间 [3 号厂房] 方向对突击队发起反击，但是受阻于机枪和步枪火力。这些德军随后进入 38 号房 [67 号楼]、36 号房 [73 号楼]、37 号房 [74 号楼] 和 41 号房 [75 号楼] 固守，他们肯定是被派来加强这些楼房的防御的援兵。苏军突击队一边朝他们开火，一边退回了出发阵地。

在佩钦纽克部进攻的地段，德军死守阵地。他们使用来自未完工楼房、小变电站和 41 号房 [75 号楼] 的火力打击步兵第 1 营。该营在 11 时发起进攻，只前进了几米就受阻于猛烈的小型武器、机枪、冲锋枪火力以及偶尔的迫击炮火。该团的损失是 1 名军官和 1 名士兵死亡，8 名士兵负伤，共计 10 人。

两个团的进攻部队都在遭遇猛烈火力后无功而返。德军的防御实在太坚固了。不过苏军炮兵还是压制了一些德军的火力点，摧毁一些掩蔽部并杀伤了其中的人员。步兵第 138 师这一天的损失是 4 人死亡，21 人负伤，共计 25 人。

这次进攻还是没有给德军造成多大影响，他们基本上不认为这是严重的威胁。在 17 时 15 分，第 51 军向第 6 集团军报告说："敌人在强大炮兵支援下在火炮场东南和东方发动多次进攻，被我部分击退。敌人伤亡惨重。"

夜幕降临时，75 号楼 [41 号房] 里的一个德军机枪手朝 68 号楼 [40 号房] 和 69 号楼 [42 号房] 猛烈射击，打光了好几条弹链。

1942年12月16日双方的伤亡情况
苏军步兵第138师：4人阵亡，21人负伤，共计25人
德军第305步兵师：13人阵亡，39人负伤，共计52人

1942 年 12 月 17 日

这天夜里，弹药源源不断地从后方运往柳德尼科夫岛。扎伊采夫斯基岛上的部队把物资装在人拉雪橇上向前线运输，并且用这些雪橇运回伤员。每过一个晚上，这条生命线的运转效率都会提高，送上去的补给和援军越来越多，伤员的疏散速度也越来越快。新鲜的血液和活力正在流入步兵第 138 师的血管。

★

第 51 军向第 6 集团军报告说，该部当晚为了拉直火炮厂东南被局部突破地段的防线而发起多次反击，但只取得了部分成功。步兵第 95 师的第 110 号战斗报告记录了德军的每一次反击：

在 12 月 16 日夜到 17 日晨，敌人调上来的预备队企图恢复原有阵地。在步兵第 90 团的地段，他们从 L 形和 E 形房①向储油设施区发动了七次攻击。在 12 月 16 日 20 时 35 分动用了一个排，在 20 时 42 分动用了大约 70 名士兵，在 21 时、21 时 30 分、21 时 45 分各动用一个排，在 22 时 40 分动用大约 60 名士兵，在 3 时 30 分又动用一个排。敌人的所有这些进攻都被我击退，他们遭受了严重的损失。在这些不成功的进攻结束后，他们撤回原来的阵地，并朝步兵第 90 团的战壕投掷手榴弹。

经过猛烈炮火准备后，戈里什内的部队再次攻击了储油设施区附近。这次战斗的细节也可以在第 110 号战斗报告中找到：

12 时，步兵第 90 团击退敌人进攻后，执行了攻打储油设施区西北方多个掩蔽部的任务，但是遭到顽强抵抗，这些掩蔽部多次易手。

在储油设施区一带的战斗中，表现特别突出的有步兵第 3 营营长斯卢茨基（Slutsky）大尉、副团长马克西莫夫（Maksimov）大尉、连长列别杰夫（Lebedev）中尉和政治副营长帕夫连科（Pavlenko）上尉衔政治指导员。

★

德军各部依靠完备的火力配系坚守阵地，并且使用小型武器、机枪和偶尔的迫击炮火力系统地射击柳德尼科夫师。在步兵第 650 团地段，德军从未完工楼房、75 号楼 [41 号房] 和小变电站不断用小型武器和机枪射击，并辅以迫击炮和反坦克枪的火力。该团在这一天也不断组织火力还击，重点照顾红房子 [84 号楼] 和未完工楼房中顽强的德国守军。

---

① 分别指药店和 2 号校舍。

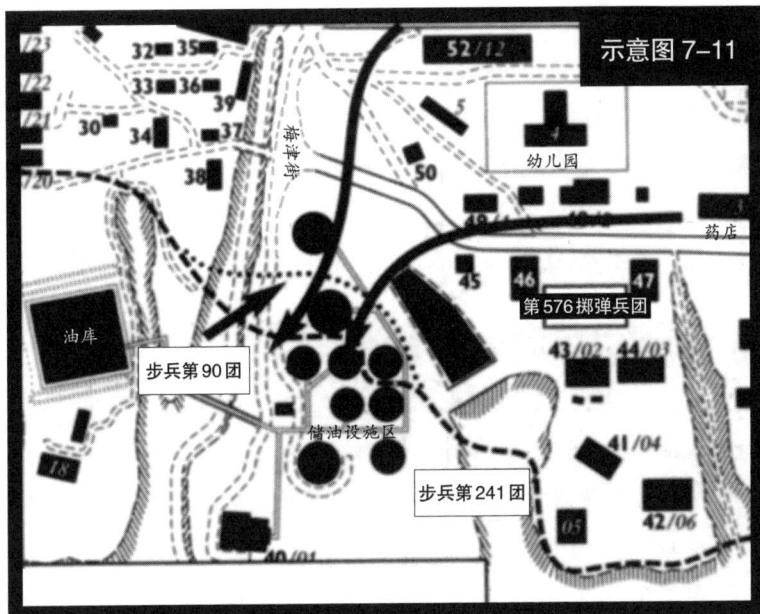

▲ 1942 年 12 月 16 日夜 17 日晨德军的反击，以及 12 月 17 日中午步兵第 90 团的进攻

　　苏军观察员报告，从 7 时到 10 时，德军继续在"街垒"工厂地区修筑工事。

　　在为步兵第 650 团的进攻而做的火力准备中，苏军炮兵有系统地轰击了德军火力点和人员，对前沿工事和后方都做了重点关照。佩钦纽克的步兵第 1 营向红房子 [84 号楼] 和未完工楼房方向发起进攻，又一次遇到猛烈的小型武器、机枪和冲锋枪火力拦截，偶尔还遭到迫击炮拦阻射击。他们在距红色楼房 20 米处躲藏起来，然后陆续以 2～3 人为一组绕到红房子右侧，企图压制距该楼房十来米的一个碉堡中的火力点。但是，德军组织起极为强大的火力打垮了苏军的这次进攻。苏方有 18 人在此战中负伤。德方守军也并非没有损失，雷滕迈尔上尉的第 578 掷弹兵团第 1 营的第 3 连连长卡尔·魏策尔连军士长①（Karl Wezel）就在当日的战斗中丧生。魏策尔原本属于后方梯队，和许多人一样是经过了城市战的速成训练以后被送上前线的。他和另一些经过重新训练的后勤

---

①卡尔·魏策尔连军士长，第 578 掷弹兵团第 3 连，1916 年 2 月 25 日生于米尔海姆，1942 年 12 月 17 日降亡于斯大林格勒。

部队士兵、年轻的奥地利籍补充兵和少数久经沙场的老兵们一起，把守着分布在柳德尼科夫岛周围的危险的据点。

这次进攻甚至在任何德方报告中都找不到记录。在20时20分，第51军报告说："下午除了敌人对储油设施区的零星袭击以及偶尔活跃的炮兵活动外，没有任何战事。整个白天以及入夜之后，敌人的空军活动频繁。"

炮兵第295团的德沃里亚尼诺夫中尉冒着重重危险从47号房回到伏尔加河边，组织人手打捞那门在12月14日夜15日晨掉到冰窟里的大炮：

> 我们使用吊车把"溺水的姑娘"吊起来，拉到了火炮阵地上。终于能用两门炮作战，这让我们更加高兴了。不过，没过多久就又来了两门炮，于是我被任命为步兵第650团的炮兵连长……

虽然初上战场就遭遇挫折，但德沃里亚尼诺夫的这个"溺水的姑娘"最终将成为伟大卫国战争的一个象征而备受尊崇：

> 曾在12月15日落水的那门火炮编号为14042，它在苏联士兵手里表现出色，不仅参与了斯大林格勒战役，还参与了奥廖尔－库尔斯克突出部战役以及强渡杰斯纳河、第聂伯河、德涅斯特河的战斗，解放了格卢霍夫、巴兹马奇、日托米尔、科罗斯坚、文尼察、日梅林卡、卡门内茨－波多利斯克等城市。我们光荣的炮兵连用它打死打伤了一千多名希特勒分子，压制了数以百计的火力点，击毁击伤了几十辆敌军坦克和机动车。
>
> 我们把这门炮命名为"斯大林格勒"，带着它一直打到喀尔巴阡山。后来它被收走，送进了红军的一个博物馆。

1942年12月17日双方的伤亡情况
苏军步兵第138师：5人阵亡，16人负伤，共计21人
德军第305步兵师：8人阵亡，52人负伤，16人失踪

1942年12月18日

夜里，储油设施区一带又爆发激战。德军通过对储油设施区的一次夜袭将戈里什内的步兵赶出了突破口，夺回了原来的阵地。到天亮时，只有一个据点还在反复争夺。步兵第95师的第112号战斗报告详细描述了这次血战：

> 1942年12月17日22时10分，在步兵第90团第3连的地段，我军注意到大约60名敌军士兵从"红十月"工厂向"街垒"工厂运动，猜测他们将被投入储油罐附近的战斗。在22时25分，我军注意到一队大约30人的敌军士兵从"街垒"工厂东南角沿一道路堤匍匐前进，最后消失在一些掩蔽部中……我军的迫击炮、机枪和大炮朝他们开了火。

> 在23时15分，敌人用45名士兵对储油设施区和"驼背沟"[阑尾沟]之间的步兵第90团地段发起进攻。经过短兵相接和拼手榴弹的战斗，敌人占领了锥形油罐附近的一个掩蔽部，随后部署了哨兵犬。

> 2时25分，在储油设施区附近的步兵第241团地段，敌人用一个排的步兵攻击了"驼背沟"[阑尾沟]南坡上的掩蔽部，但是他们在机枪火力和手榴弹打击下遭受一定损失，随即撤退。

> 从2时25分到5时，步兵第241团对进攻"驼背沟"[阑尾沟]南坡的敌人步兵猛烈射击并投掷手榴弹，敌人在战斗中遭受一定损失后撤退。

> 为了收复阵地，步兵第90团的两支突击队在纵火器、迫击炮和机枪支援下攻击了在储油设施区以西被敌人攻占的掩蔽部。他们在这次战斗中夺回了一个掩蔽部，随后巩固防守并继续与敌人交火。

在12月17日夜到18日晨，步兵第138师接收了包括参谋军官在内的361名援兵，包括10名军官、49名士官和302名士兵。这些援兵被分配到各团，佩钦纽克团的兵力因此增至225人。从1时到3时，德军不断射击运送补给的渡口。

柳德尼科夫师的战争日记报告说："从6时到13时，不断有单个士兵从3号车间[6c号厂房]跑到9号房[57号楼]，再从那里跑到伏尔加河边。在我军用步枪和机枪开火后，敌人的这些动作就停止了。"第305工兵营第3连的连长施泰格中尉就是众多跑向前沿阵地的德军官兵之一：

> 因为狙击手活动猖獗，我们只能利用壕沟在前线和后方来回移动，而这些壕沟有的地方很狭窄。有一次，我觉得这样实在太慢，就跳出壕沟，想在外面跑几步，然后回到前方的壕沟里，但是我的右手腕突然就被一颗子弹击中了，这是12月中旬的事。当时在我前面有几个人正在搬运病号，

他们走得实在太慢了，我在后面等得不耐烦，就想绕到他们前头去。我要是没有这么做的话，也许就不会受伤了。不过我太心急了，结果子弹就找上了我。我受伤的地方离急救站不远，所以我就自己走到那里。我没觉得这伤有多严重，但是我们的营长特劳布上尉有不同看法，他对我说："你还是搭上飞机离开这里吧。对我们来说，你既然受了这个伤，那就一点用场也派不上了。你只会成为又一个吃白饭的。"我很清楚，这话没有任何恶意，因为特劳布上尉是受到所有人尊敬和

▲ 第305工兵营第3连贝特霍尔德·施泰格中尉

爱戴的好军官，他其实是想让我及时逃出包围圈。于是我回到来时降落的机场，搭乘 Ju 52 飞出了包围圈。

几天以后，特劳布上尉在给妻子的信中提到了这件事：

几天前，我们营里有个军官手上挨了一枪。当初一起在法国征战的老禁卫军现在只剩3个人了：我自己、副官①和技监官②。好在大多数军官只是受伤而已。他们从国内的医院给我写了不少信。不管怎么说，我那彪悍骄傲的营已经七零八落了。我们急需从前线撤下来，到后方花几个星期休整和补充，但是现在当然不是考虑这个的时候。

①副官是马克斯·弗里茨（Max Fritz）中尉，第305工兵营第2连，1918年3月11日生于斯图加特，1942年12月22日阵亡于斯大林格勒。

②技监官是格奥尔格·策勒（Georg Zeller）技监中尉，第305工兵营营部，1915年12月4日生于阿尔策瑙，2006年仍健在。

▲ 这张摄于 1943 年 2 月的照片清楚地显示了德军壕沟的狭窄程度。照片中这条是德军在工厂南部的主壕沟。左边的钢架属于 1 号厂房 [11/14 号车间]，背景中是 2 号厂房 [1 号车间]，照片中的这几个人是原工厂的领导，回来检查工厂状况

★

12 月 17 日午夜，步兵第 138 师接到了以下命令：

你师应攻占位于波罗的海沿岸街中部和南部、列宁大道以及红房子的敌军阵地，到达 39、28、29 和 27 号房一线，与步兵第 95 师会合。

柳德尼科夫明白，在这次进攻中他必须找到更好的方法来对付那些棘手的德军据点。常规的进攻策略在"街垒"工厂是不管用的。需要采取新的战法来攻克那一座座楼房。后来柳德尼科夫在回忆录中写道："我们决定改变进攻战术，在每个连里组织突击队，每个突击队都要包含突击组、占领组和预备组。各组的人数由指挥员根据目标情况自行决定。"柳德尼科夫就这样对他的部队进行了重新编组。科诺瓦连科团和佩钦纽克团分别做好了进攻准备。此时在这两个团的战斗队列里已经没有班、排、连之分——只有一支支突击队，每支突击队都有明确的任务，这些突击队将以突然而迅猛的动作打击敌人。柳德尼科夫写道：

每个团都配备了沙盘——地形和攻击目标的模型。我们还想出了一个主意，虽然没什么新鲜的，但是它成功地让敌人放松了警惕，给我们的突击队创造了有利条件，这个主意也是利用了心理因素。我们派了两

个军官到扎伊采夫斯基岛上观察和联络，因为我们的大炮和迫击炮都在岛上。每当我们从师指挥所用手电筒打出信号（敌人看不见这个信号），岛上就会升起 3 发红色信号弹。然后我们的炮兵就对右岸进行十分钟的火力突袭。起初敌人还会用迫击炮还击，但是他们后来发现我们的红色信号弹并不是攻击的前兆，只是给炮兵的信号，于是渐渐地就习以为常了，每次我们炮击时德军士兵就会躲到掩体里避免伤亡。后来俘虏的供词表明他们自认为已经摸透了我们的规律，有个俘虏后来说："你们的信号弹一出现，我们就知道俄国人会打十分钟炮。等到炮击结束，我们就回到阵地上。"

于是德军养成了完美的条件反射，他们甚至对苏军简单的战术感到庆幸。"来吧，伊万，开你的炮吧！"每当看到 3 发红色信号弹蹿上天空他们都会这样取笑。他们会在炮击时离开射击阵地，10 分钟后，当扎伊采夫斯基岛上的火炮停止射击，他们就回到阵地上各就各位，现在柳德尼科夫要做的就是利用这一点。

柳德尼科夫起草了战斗指示。和所有战斗命令一样，这些指示写得非常简洁，但非常透彻地阐明了战斗的目的。与此同时，柳德尼科夫给手下指挥员们提供了发挥主动性和勇敢精神的空间，他们可以改变出发阵地来利用火炮准备的效果。无论如何，攻击的目标从头到尾都是不变的，而且必须让每个战士都完全理解。

柳德尼科夫在袖珍笔记本的一页写下了他对这次战斗任务的规划：

严格遵守伪装规定。为了出其不意地打击敌人，应继续按相同程序从扎伊采夫斯基岛进行炮击，直到进攻开始为止。

突然和迅猛——这是突击组和占领组取胜的基础。

进攻目的：攻击部队要向波罗的海沿岸街方向进攻，消灭敌人的据点。不光要彻底占领波罗的海沿岸街，还要占领列宁大道，然后是泰梅尔街。在攻击部队打开的突破口中投入预备队，坚决向西南方推进，与步兵第 95 师的右翼会合，从而恢复连续的战线。

柳德尼科夫在最后几个字"恢复连续的战线"下面画了一道横线。

连续的战线。近 40 天前，柳德尼科夫师与集团军主力和后方的联系被切断。

然后这片被火堆标出的热土上空出现了关闭发动机后静音滑翔的波-2式飞机，飞行员最先用师长的姓名称呼这个孤岛："喂，柳德尼科夫岛！灭掉篝火！"

接着就是饥荒和严重的损失，但是"街垒"工厂的保卫者从未失去恢复连续战线的信心。德国第6集团军一度有将他们完全包围的可能，而"街垒"工厂里的生死搏斗仍在继续。

★

下午，佩钦纽克的部下注意到几个女人向伏尔加河河岸移动，试图到河边打水。经过仔细观察，他们发现这些想靠近伏尔加河的人其实是男扮女装的德国人，显然德军的饮用水供应出了问题。于是步兵第650团选出了几个自告奋勇者来跟踪这些口渴的德军士兵。

在这一天下午，双方进行了激烈交火。德军一边继续加固工事，一边用机枪扫射柳德尼科夫师的战斗队列。在佩钦纽克的防区，从小变电站、未完工楼房和红房子射来的火力尤其猛烈。柳德尼科夫师也进行还击，摧毁了一些掩蔽部并杀伤了其中的德军人员。佩钦纽克的部下用小型武器、机枪和冲锋枪射击了小变电站以北和政委楼以南区域的火力点及交通壕。

苏军炮兵对德军火力点实施了弹幕射击，试图摧毁工事并消灭其中的人员。不幸的是，有几发炮弹落点过近，结果击中了佩钦纽克的指挥所，造成一定破坏并致使两人受伤。

柳德尼科夫师的士气很高。28名轻伤员决定不去后方的医院，而是留在阵地上坚持战斗。全师在这一天的损失是9人负伤。

★

约瑟夫·茨伦纳二等兵回忆说："12月，各连已经到了不得不解散的地步。先是我们营的第1连，然后是第3连，最后是第2连，全都被并到了几支战斗队里。也就是说，虽然我们在11月得到了补充，到了12月中旬还是基本上打光了。在这段时间的战斗中损失非常大。"

★

德军的注意力还是集中在储油设施区周边的混战上。17 时，第 51 军报告：

> 在储油设施区，敌人在长时间炮火打击和各种武器火力支援下发动进攻，在某些区域突入了前一天晚上被我收复的前沿阵地。我军正在准备反击。

然后，他们在 20 时 50 分报告：

> 为了夺回储油设施区的原有阵地而发起的反击仍未得手。我军已停止继续进攻。现部队控制的战线：网格 82a2 的沟岔——最西面的两个储油罐（含）——储油设施区北侧边缘冲沟到伏尔加河的一段。

> 此外，在今天下午，钢铁厂和储油设施区不断遭到猛烈的炮火袭扰。

这些炮弹中有一发的落点离第 578 掷弹兵团第 3 连的保罗·莱纳 [①]（Paul Reiner）二等兵不远，他是 9 月才加入该团的毛头小伙。爆炸冲击波挟着弹片击中了他，有几块弹片就嵌在他的右大腿和肩膀里。比他更不幸的是他的班长乌里希（Uhrig）下士，被弹片击中了脖子和胸口。在莱纳记忆中是个"大好人"的乌里希没过多久就死了。莱纳则被送进急救站，经过紧急包扎后转到野战医院。在那里取得了撤离的许可，在次日搭乘飞机离开了包围圈。

1942年12月18日的双方伤亡情况
苏军步兵第138师：9人负伤
德军第305步兵师：21名士兵死亡，1名军官和99名士兵负伤，7名士兵失踪。后来总损失又被修正为155人。照此计算，该师在过去7天足足损失了741人

1942 年 12 月 19 日

街角的那座三层楼房早就被一颗航空炸弹炸毁了。冲击波有效地给这座楼房做了开膛手术。房子内部的隔墙和走廊都被炸塌了。不过三面外墙仍然完好。于是这座房子就这样敞着裸露的楼梯和房间继续矗立。佩钦纽克的部下从

---

① 保罗·莱纳二等兵，第 578 掷弹兵团第 3 连，1923 年 1 月 29 日生于海尔布隆，2005 年仍健在。

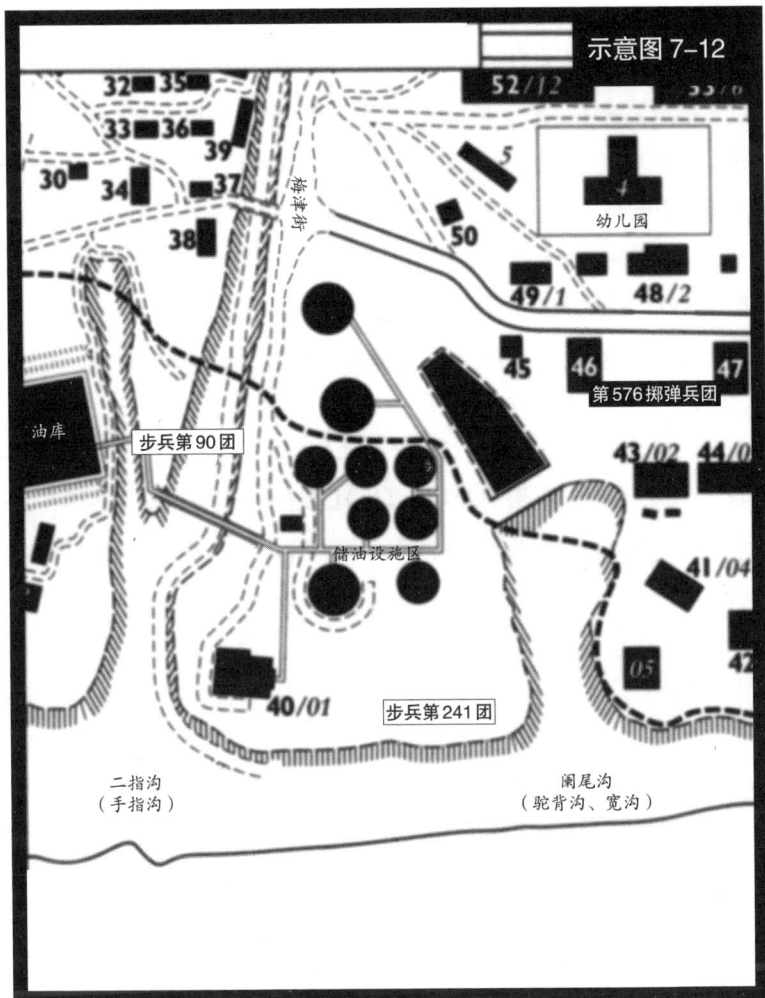

示意图 7-12

52/12

32 35

33 36

39

30 34 37

38

梅津街

幼儿园

5

50

49/1 48/2

油库

步兵第90团

45 46 47

第576掷弹兵团

43/02 44/0

储油设施区

41/04

05

42

40/01 步兵第241团

二指沟
（手指沟）

阑尾沟
（驼背沟、宽沟）

▲ 1942 年 12 月 18 日，德军停止在储油设施区反击后的前线位置

步兵第 650 团的战壕里能看见装着穿衣镜的衣柜、窗户、盖着桌布的桌子和挂在墙上的全家福照片。在德军占领这座楼房以后，所有这一切都在一夜之间消失了，只有秋风呼啸着掠过它的断垣残壁。不久以后，冬雪填满了空空荡荡的房间。在白雪皑皑的废墟上可以看到一个个炮弹打出的黑洞，有时会透出亮光。总之，这座房子怎么看都不像还能住人的样子。

在炮兵观察员眼里，街角的这座楼房是个良好的参照点，因为它基本上就位于德军的楔形阵地的边沿。在佩钦纽克的地图上，这座楼房被标为一个敌军据点。德军士兵住在它的地下室里，还设置了两个机枪火力点。

德军从街角的这座楼房挖了一条壕沟通向河边，这引起了侦察兵尼古拉·佩图霍夫的兴趣。每天清晨，都有一个身材特别高大、长相奇特的女人从壕沟里出现，提着一个水桶跑到伏尔加河边打水。侦察兵佩图霍夫和格里戈利耶夫都注意到了这个渴求伏尔加河水的奇怪女人。

这个男扮女装的德国人在两个侦察兵面前没有做任何抵抗，他刚转进壕沟里，就看见一支冲锋枪的枪口正对着自己。听到小声喊出的"Hande hoch（举起手来）"之后，他就丢下水桶，乖乖举起了双手。侦察兵们扯掉德国人头上的羊毛披肩，又让他脱下裙子，为的是让他跑起来方便点。然后他们在他的腰带上系了两根绳子。格里戈利耶夫攥着一根，佩图霍夫攥着另一根。"Schneller und stiller（快走，别出声）！"佩图霍夫用德语命令道，"verstehen（明白）？"

"Jawohl（是），jawohl（是）……"被吓坏的德国人小声嘟哝着。佩图霍夫在他身后赶着他走，格里戈利耶夫则在前面带路。他们刚走近步兵第650团的第一道战壕，街角房子的地下室里就突然吐出了机枪的火舌，还有狙击手从同一座楼里开火。格里戈利耶夫迅速跳进壕沟里，并把身后的"舌头"也拖了进去，佩图霍夫却被某个狙击手的一发子弹击中。他松开了手中的绳子，倒在壕沟边上。那个德国狙击手又在他身上补了两枪。

格里戈利耶夫把受伤的战友拉到安全的地方。

"别管我……"佩图霍夫小声说；他猛吸一口气，开始痛苦地扭动。

"把'舌头'带走！"他用沙哑的嗓子从牙缝里挤出这几个字。

"让这个'舌头'见鬼去吧！"格里戈利耶夫一边说，一边撕开佩图霍夫染血的迷彩服，寻找伤口的位置。

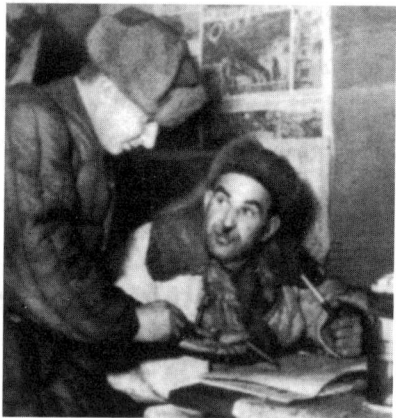

▲ 侦察兵尼古拉·佩图霍夫（左）和他的师长柳德尼科夫上校

"一会儿就好，兄弟……"那个被俘的德国人开始紧张地四处张望，但他没有逃跑。

"快带他走吧，瓦西里……"佩图霍夫央求格里戈利耶夫，显然最让他痛苦的是这个德国人的存在。

"别给我上绷带……没有必要……"

这个"舌头"是第578掷弹兵团第12连的海因里希·赫斯[①]（Heinrich Hess）列兵，他在审讯中痛骂了元首和他的营长皮特曼上尉，后者曾要求他们"没有命令不得开火"，皮特曼上尉还削减了分配给重机枪的子弹数。赫斯还说，他们全师领到的补给数量都很有限，因为所有物资都要靠飞机空运。这是苏军第一次得到德军阵中缺粮的消息。

★

德军和往常一样，继续用零星的机枪和迫击炮火力打击步兵第650团的战斗部队。该团为了维持一切如常的假象，也对小变电站以北地区和未完工楼房的敌人火力点进行了还击。在11时这个相对平静的时间，由丘尔科夫（Chulkov）中尉和柳京（Lyutin）中士率领的两支突击队开始向泰梅尔街方向前进。这不是真正的进攻，只是一次战斗侦察，目的有两个：一是试探德军实力，二是检验突击队是否做好了进攻准备。进攻开始前没有进行炮火准备，但是在战士们开始前进时，反坦克歼击炮兵第397团对德军火力点进行了压制射击以支持这次作战。不过，突击队刚出现在德军阵地前，就遭到了猛烈抵抗。德军在制高点的机枪火力掩护下试图从政委楼发起反击，但是被打了回去。在这次战斗中率先冲进德军战壕和掩蔽部的三个英雄是：科列特科夫斯基（Koretkovsky）少尉、伊万尼岑（Ivanitsyn）上士和斯维先斯基（Svishchensky）列兵，其他人在他们的激励下也奋勇前进。苏军攻击部队迅速封锁了两个掩蔽部的出口，经过激烈的肉搏战后最终将困在里面的德国守军击毙，掩蔽部就此被拿下。

与柳德尼科夫对进攻作战的要求相反，不知为什么在这次战斗中苏军没有

[①] 海因里希·赫斯列兵，第578掷弹兵团第12连，1918年9月22日生于埃森，1942年12月失踪于斯大林格勒。

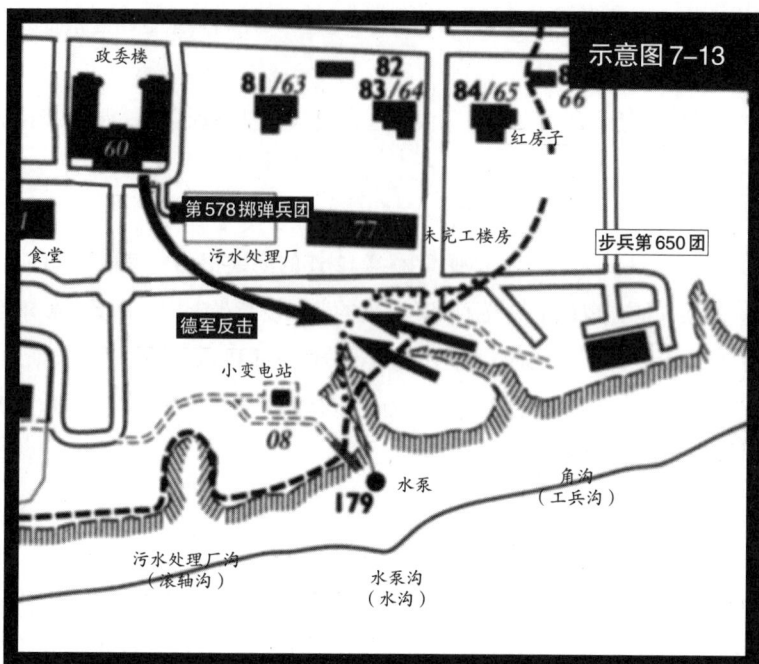

▲ 1942 年 12 月 19 日，步兵第 650 团的突击队攻击德军掩蔽部

部署占领组和预备组。因此突击队缺少重武器，弹药消耗得很快。德军凶猛的反击立刻开始了，突击队坚守阵地，等待援军到来。截至日落时分，德军为了赶走苏军突击队并重夺掩蔽部，总共发动了四次反击，这些反击全都被击退。在挫败德军反击的过程中，下列指战员表现突出：斯文奇科夫斯基（Svenchkovsky）大尉用一支反坦克枪连打五枪，击毁一门 37 毫米炮并引爆了堆在旁边的弹药；内务人民委员部特别处驻步兵第 650 团的高级代表格拉斯金（Geraskin）与他的督战队里残存的两名战士一起打退了 20 名德军发动的一次反击，并亲手击毙其中 6 人；克拉申（Krashin）中尉在两个小时内击毙 1 名观察员、2 名狙击手和 1 名普通士兵。但是突击队本身也有伤亡——共计 12 人。在其他部队接管新占领的掩蔽部和战壕的防御后，丘尔科夫中尉和柳京中士带着突击队回到了苏军的主防线。据步兵第 650 团记录，在大炮和迫击炮打击下，德军损失了 1 挺重机枪、1 挺轻机枪及其射手、小变电站区域水塔以北的 2 个掩蔽部和 3 个加盖散兵坑。步兵第 138 师的记录是：击毙 64 名德军，摧毁 3 个掩蔽部和 5 米长的铁丝网，

压制3挺机枪,在这次袭击中缴获的战利品是2挺轻机枪、18支步枪、2支冲锋枪、1挺重机枪、900颗手榴弹、1把铲子和1柄信号手枪。

★

根据第51军的报告,德军真正关注的是戈里什内师的进攻,而不是柳德尼科夫师的:

> 在第305步兵师右翼的储油设施区一带,我军击退了敌人的五次袭击。敌人部署在这里的部队离我们的前沿阵地非常近。

夜里和上午,在储油设施区附近都发生了拼手榴弹的战斗,不过这是正常现象。步兵第241和90团的突击队在夜间忙着为进攻做准备,与此同时步兵第161团继续守卫阵地,他们甚至在"短沟"内和铁路沿线埋设了105枚反步兵地雷。

在11时,戈里什内师百折不挠的突击队离开阵地,朝着西北方向前进。德军进行了顽强抵抗,主要依靠大口径机枪和大炮及迫击炮的强大火力阻击对手。苏军步兵毫不气馁地持续进攻,战斗最终演变为短兵相接的搏斗。步兵第241团左翼前进了30~40米,其突击队与德军激烈争夺位于"阑尾沟"南坡和西南坡上的掩蔽部及交通壕,个别掩蔽部多次易手。与此同时,在不远处的步兵第90团尝试了攻打储油设施区以西的一些掩蔽部。步兵第161团也有几支小队发扬进攻精神,前进了20~30米,占领了铁路路堤边上的一个碉堡和一个掩蔽部。中午时,德军的迫击炮弹落在戈里什内的指挥所附近和步兵第241团的迫击炮阵地上。

在这些进攻作战中,戈里什内部动用了17具纵火器——取得了良好的效果,燃烧弹爆炸时释放出浓密的烟雾,遮挡了德军的视线,使他们无法准确还击。根据报告,这些新式武器焚毁了3个掩蔽部。苏军在其中找到20具化为焦炭的德军尸体。

当烟雾终于散去时,苏军突击队已经占领了三条战壕和几个掩蔽部。成为这些阵地的新主人的步兵第90团官兵站稳脚跟,准备迎接德军必然发动的反扑。该团的工兵则发现,遗留在掩蔽部里的德军尸体以及一挺轻机枪和一挺重机枪上都设置了诡雷。第50装甲工兵营的工兵在撤退前有充足的时间准备

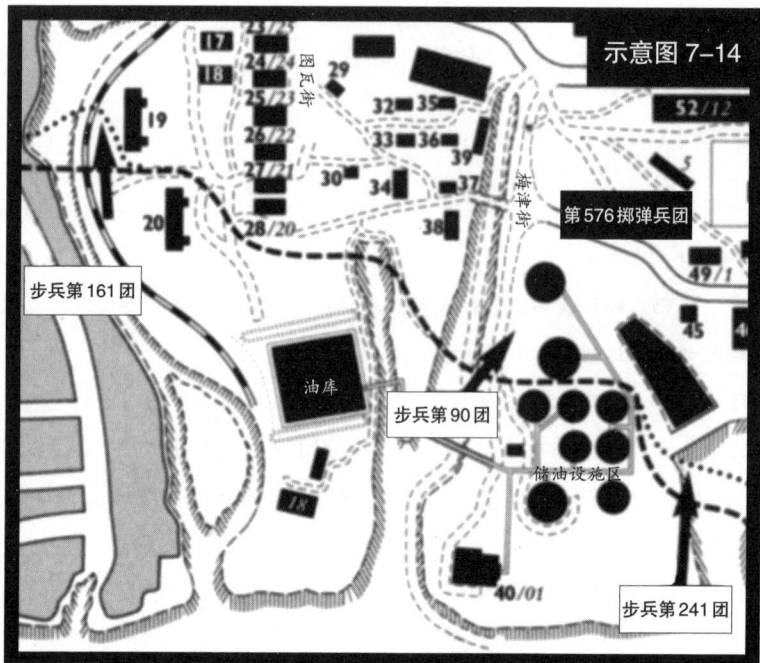

▲ 1942 年 12 月 19 日，苏军步兵第 241 团和 90 团的突击队攻击德军掩蔽部

这些阴险的机关。不过该营本身也丢下了许多战死的同袍，还有两人被俘。其中一人是第 50 装甲工兵营第 1 连的格哈德·霍尔茨（Gerhard Holz）上等列兵，他在当晚就接受了审讯。可能出于安抚审讯者的动机，霍尔茨提到了德军士兵目睹的某些利用"战利品"的活动，而他的这些证词后来被"国家调查德国法西斯罪行特设委员会"作为证据引用：

> 德国军官还掠夺当地人民。例如，今年 8 月我回国休假时我的前任营长埃梅勒（Ermeler）中尉就叫我把床单、布料之类的东西带回他在柏林的老家。我给他的妻子带去了装着纺织品的包裹和一封信，我还带去了 20 包茶叶，每包 50 克，另外还有 2 公斤肥皂和各种其他物品。

小规模的袭扰一直持续到入夜以后。第 51 军后来报告：

> 敌人下午在储油设施区附近发动两次试探进攻，遭受惨重伤亡后被击退。敌人还从火炮厂以东的桥头堡发动两次试探进攻，也被击退。他们的第三次袭击达成了局部突破，但我军已夺回部分失地。敌人的所有

袭击都得到了猛烈的大炮和迫击炮火支援。

夜里，苏军步兵注意到德军士兵三三两两地从05号房跑出，然后回到"街垒"工厂内。21时，他们又看见一些伤员被从04号房[41号楼]搬进"街垒"工厂。

★

当"街垒"工厂一带的夜幕降临后，柳德尼科夫离开他的掩蔽部，开始视察各团的前沿阵地。他的第一站是科诺瓦连科的指挥所。

"你好，政委！"

"祝您健康，上校同志！"福明营政委接待了柳德尼科夫。"要我带您去见科诺瓦连科大尉吗？他正在探访战士们。"

"没有必要，再说我也要去看看战士们，不过是另一个团的。政委，你要确保每个突击小组里都有共产党员和共青团员。和舒巴保持联络，因为我今天要很晚才会回指挥部去。"

"是，我就知道！"福明想也不想就回答。

"你已经知道了，政委？"听到福明出乎意料的回答，柳德尼科夫惊讶地抬起了眉毛：他想听听对方的解释。

"我们的勤务员兹雷德涅夫——您认识我们的兹雷德涅夫吧？——最近他去了友邻部队，带回来一些消息：他说，过不了多久，我们就会发动进攻。我问兹雷德涅夫：'你是怎么知道的？'他回答说：'靠着士兵的直觉，从一个明确的征兆上看出来的——上校将会巡查前线。我们这些老兵都知道，如果我们的上校来前线视察，那德国人就得当心了。'"

★

丘尔科夫中尉和柳京中士都说他们的突击队在掩蔽部里消灭了大约50个德国人。但是佩钦纽克知道师长不喜欢报告里含有"相信"和"大约"之类的字眼，而且突击队的损失也会让他很不高兴。这就是为什么在柳德尼科夫到达前佩钦纽克把突击队的战利品尽量收拢到了一起：有2挺轻机枪、2支冲锋枪、7支步枪和3把手枪。德国人在掩蔽部被堵死之后就无路可逃，只能顽抗到底，这个解释将让师长相信这些战利品是经过与敌人激烈殊死的战斗缴获的。

柳德尼科夫听取了佩钦纽克的报告，并检查了这些武器。

"你的人打得很漂亮！"他对佩钦纽克说，"我们去见见他们，我要会会未来的勋章获得者。"

佩钦纽克被夸得有些飘飘然，便带着师长去了一个掩蔽部，两支突击队的冲锋枪手们正在里面休息。丘尔科夫中尉见到柳德尼科夫上校，立刻以刚从军校毕业的军官所特有的做派向他汇报了战斗任务的执行情况。

接着上校就用一个问题把大家问懵了："我的突击英雄们，你们是怎么让敌人打败你们的？"

丘尔科夫中尉的情绪顿时低落下来，他带着疑问的神情看着他的团长。但是佩钦纽克也被上校的问题搞糊涂了，不知怎么回答才好。

"可是我们完成了任务呀，"丘尔科夫强压怒气说道，"我们在那些掩蔽部里干掉了50个德国人。他们……"他指向冲锋枪手们，"他们可以作证……"

"你们打得很勇敢。士兵们是好样的，你们会得到勋章。还有你，丘尔科夫和柳京中士，也少不了你们的份。但是，你们胸前戴着勋章的同时别忘了在肩膀上扛着脑袋。你们知道支援力量不够！你们知道！你们应该自己安排支援——比方说用一个机枪手提供掩护……那样一来，那些人就会得救。那是什么样的人啊！拿12个勇敢的小伙子换50个已经注定要被打死或俘虏的德国流氓？兄弟们，现在可不是1941年！对于闻名世界的'街垒'工厂的英雄们来说，这样的交换比现在是不可接受的。你们觉得我说得对吗？"

这番话让佩钦纽克受到了一些激励，丘尔科夫的情绪也重新高涨起来，战士们都露出了笑颜。

★

苏军持续不断的攻击使德军日渐疲惫，这些影响在雷滕迈尔几乎每天都写的信件中清晰可见：

俄国人继续不断地朝我们猛攻。我们的情况一点没有改观。这种日子还要持续多久啊！每个人承受的压力都是巨大的。我们几乎收不到任何邮件，偶尔才有一封信传到我们中间的某个人手上。我已经三个星期没得到家里的消息，要是我能确定你们还在定期收到我的信件，我也会高兴的。在目前这种状况下，只要我还能掌握一切，那我就没事。当初我们的集团军司令在给我们的命令中写道："我必须对你们提出更多要求……"那时我们还不知道这究竟意味着什么，我们想不到会是现在这样。要是我们有数量足够的能人和可靠的领导，也许情况会好一些，但我们还是逐渐陷入短缺了，所有已经把口粮减半的人还要加倍苦干。对我们来说这是经过艰难抉择做出的决定，在这些饥饿和短缺的日子里，我们希望有朝一日能重享快乐！

自苏军发动反攻以来时间已经过了一个月，德军将士看不到一点解围的希望，只能蹲伏在凄凉、肮脏、冰天雪地的斯大林格勒废墟里，慢慢地沉溺在绝望中。在从斯大林格勒发出的信件中，无论是对元首的救援能力的信心，还是重新看到德国和亲人的希望，都流露得越来越少了。还是以雷滕迈尔的信为例：

被包围后，我们注意到的第一个形势变化就是敌人的活动增强了。但是除此之外，还有另一些变化：士兵们发现所有物资的配给都变得严格了。突然之间，每个人都明白了被包围和被切断与祖国的联系意味着什么。掩蔽部里的大声交谈沉寂了，每个人都在想着自己的心事。大家一封接一封地写信，人人都想用某些方式倾诉衷肠。极其恐怖的命运预兆逐渐显露，大家都想在与亲人的对话中寻求解脱。从故乡寄来的信件少得可怜而且单调乏味，但是人们把它们反复地拿出来读了一遍又一遍，这些来自故乡的文字仿佛散发着神秘的力量。

"街垒"火炮厂原本是繁忙的大型军工复合企业，有一座座高耸的烟囱喷吐浓烟，成千上万的工人在下面辛勤工作。但此时它已经变成一片完全异样的天地，是由扭曲的桁梁和冰封的炮管堆组成的怪诞的垃圾场。刺骨的寒风挟着雪花刮过冰冻的废墟，将细小的冰粒砸向人们暴露的脸庞，吹得松动的波纹铁皮不断哐当作响。一切都失去了原有的色彩：深灰色的天空像打湿的毛毯一样沉沉地压在头顶，红砖映射着冰霜和污秽的光泽，就连人们的脸颊也显得苍白惨淡、毫无血色。每个德军士兵心里最大的念头就是：他们被切断了，不仅远离主力的防线，与故乡德国更是隔着千山万水。来自故乡的信件是他们与亲人唯一的联系……而此时他们比以往任何时候都更需要这些信件，因为他们能从中汲取力量，最重要的是感觉到自己与热爱的祖国，进而与亲人保持着某种关联。对饱受思乡之苦的德军士兵来说，任何一点德国的痕迹都能被当作希望的征兆，联系德国的纽带。在凄凉残破的"街垒"工厂里就存在着一个这样的征兆。在 3c 号厂房半毁的工具车间里，在众多机器中间有一台车床，上面用清晰的印刷体德文字母标注了制造商的名称：古斯塔夫·瓦格纳，罗伊特林根（Gustav Wagner, Reutlingen）①。这些字母仿佛是来自故乡的问候。经常有人前来参观这台机器，其中甚至包括对机床一无所知的人。他们摆出一副对机器兴趣十足的样子，实际上，他们只想亲手抚摸这团冰冷的顽铁。还有一些人只会直勾勾地看着机器，似乎那是某种媒介，会在思绪中将他们带往故乡。"你们还能使用它吗？""要是我们不在这里了，俄国人还会让它重新工作吗？""罗伊特林根在哪？"非施瓦本籍的士兵问道。在孤寂的"博登湖"师士兵眼里，这台德国打造的机器成了一个圣坛。

★

在 12 月 19 日夜到 20 日晨，按照柳德尼科夫的命令，三发红色信号弹从扎伊采夫斯基岛升上天空——这是让炮兵继续轰击德军的信号。

1942年12月19日双方的伤亡情况
苏军步兵第138师：8人阵亡，14人负伤，共计22人
德军第305步兵师：19名人阵亡，44人负伤，共计63人

1942 年 12 月 20 日

夜里，德军试图夺回丢失的掩蔽部和战壕来恢复阵地，但连续四次反击都被步兵第 650 团的部队打退。步兵第 2 营从 2 时到 4 时在战壕中与敌人进行了激烈的手榴弹对拼，虽然战斗很残酷，但步兵第 650 团牢牢控制着新的防线。有小股德军被发现从未完工楼房移动到水塔以北 50 米处的冲沟。苏军此时最

---

① "古斯塔夫·瓦格纳机械制造厂"成立于 1890 年，已在 1994 年宣布破产。

需要的是让携带炸药包的工兵破坏掉德军的一个掩蔽部和一条长 15 米的壕沟，因为这些工事给他们防守新阵地造成了极大困难。从 2 时到 16 时，不时有零星的小型武器和机枪开火，还有人投掷手榴弹。步兵第 650 团的损失是 2 名军官和 13 名士兵战死，另有 4 名军官、5 名士官和 35 名士兵负伤，共计 59 人。

在步兵第 138 师的其他地段，德军没有实施任何作战，但经常用步枪和机枪射击渡口。步兵第 138 师占领了更有利的阵地，并为下次突击做了准备。当夜幕降临后，德军用重机枪扫射渡口，苏军炮兵则有系统地轰击了德军前线和后方。全天苏军的损失为 16 人死亡，33 人负伤，另有 14 名轻伤员拒绝后撤，仍在阵地上战斗。总计 63 名伤亡人员中，只有 4 人不属于佩钦纽克团。

第 51 军报告说："从 17 时 30 分开始，敌军在火炮厂以东动用火焰喷射器实施了进攻。"在苏方记录中找不到对这次进攻的任何描述，更不用说什么火焰喷射器，不过苏军很可能是发动了一次规模非常小的作战，火焰喷射器的使用往往会吸引不成比例的关注。

★

第 305 步兵师牢牢控制着自己的阵地，并建立了由障碍和大量火力点组成的防御体系。在步兵第 344 和 650 团地段，德军防御的支柱是波罗的海沿岸街和列宁大道南侧的一组楼房。最主要的据点是政委楼。其他强大支撑点有 38 号房 [67 号楼]、41 号房 [75 号楼]、37 号房 [74 号楼]、红房子 [64 号楼] 和小变电站。这些坚固的堡垒内部配备了大量机枪、连属迫击炮和几门反坦克炮，并且通过交通壕、掩蔽部、碉堡和地堡连成一片。楼房和掩蔽部之间的空地都布了雷，并有铁丝网、鹿砦和绊索保护。德军防御前沿的堑壕四通八达，士兵在抗击苏军进攻时可以自由地在掩蔽部之间和楼房之间运动。

第 305 步兵师在前两个月争夺"街垒"工厂的攻防战斗中伤亡惨重，因而不得不在构建防线时着重设置大量障碍，精心修筑工事，建立巧妙组织的火力配系来保证火力密度达到最大。由于人员损失惨重，各掷弹兵团都配备了超量的自动火器，主要是轻重机枪和冲锋枪。城市地区战斗的特殊条件和苏军前沿阵地与德军阵地的极近距离导致了手榴弹的广泛使用，虽然德军因为弹药紧缺而严格限制用量，但他们的手榴弹却非常充裕，每座被当成据点的楼房内都储存着至少 200 颗手榴弹，每个掩蔽部里也都备有好几箱。为了守住既有阵地德军可以不惜一切代价，而他们的主要目标就是确保戈里什内的步兵第 95 师无法从南面突破。德军的策略是用自动武器弥补人员的不足，并充分利用工兵来修筑防御工事。但是第 305 步兵师在给主要防线配备了高密度火力、人工障碍和坚固工事的同时，却不得不放弃建立纵深防御的打算。他们无路可退，只能在掩蔽部、碉堡和地堡中顽强抵抗，直到被彻底消灭。

柳德尼科夫的部队据守着一块真正的弹丸之地，他们的处境也很艰难。德军火力本已严重饱和，狭小的战场又使其效果被进一步放大，使得苏军在白天根本不可能作战。12 月 15 日的战斗已经让苏军得到了惨痛的教训，白天即使是孤零零的一个苏军士兵现身也会立即招来德军机枪手非常精准的射击，富河汊上用来与后方联系并输送粮弹的唯一交通线也经常遭到大炮和迫击炮火覆盖。

★

步兵第 138 师的目标很简单：与步兵第 95 师会师。为了实现这个目标，他们需要降伏德军的部分据点（如果不是全部的话）。但是，要攻克这条守备严密的防线可不是那么简单。

步兵第 344 团接到的任务是向波罗的海沿岸街方向攻击，消灭德军在 38、34、36、37 号房一带的据点，进至 39、28、29、31 号房一线，并就地建立面向西方和西南方的巩固战线。

步兵第 650 团的任务是消灭敌人在红房子、未完工楼房和政委楼一带的据点，肃清这一区域的敌人，并与步兵第 241 团的部队会师。

古尼亚加的步兵第 768 团将坚守现有阵地。

两个奉命进攻的团发布的命令如下：

在步兵第 344 团指挥部 12 月 19 日 15 时下发的 094 号战斗令中，科诺瓦连科大尉要求"向波罗的海沿岸街方向发动奇袭，消灭敌人在 38、35、34、37、36 号房一带的据点和与其相连的掩蔽部。突击队应通过扫荡作战夺取 28、29、31 号房，然后在 39、34、28、29、31 号房一线巩固防守。"

为了实现这个目标，科诺瓦连科将动用两个营：托尔卡切夫上尉的步兵第1营和贝尔贝什金上尉^①的步兵第2营。给第1营的命令如下：

步兵第1营应向波罗的海沿岸街方向推进，任务是消灭敌人在38、35、34、37、36号房一带的据点，进至目标区域29、28号房，就地建立面向南方和西南方的巩固防线。部队的集结阵地在39、40和42号房一带。

a.第1突击组配备51人，其中10人是冲锋枪手，并装备2挺轻机枪。任务：从38号房西侧发动奇袭，歼灭35、34、33号房内的敌人。在绕过敌军个别火力点的情况下，快速夺占30、29、28号房，就地建立面向西方和西南方的巩固防线，然后协助步兵第2营的突击队消灭32和31号房内的敌人。

b.占领组配备35人，装备2挺轻机枪。任务：跟在突击组后面同时作战，消灭38号房及其西面掩蔽部内的敌人，肃清35、34和33号房内的敌人，沿34、28、30号房一线建立面向西方的巩固防线。

c.预备组：25人，装备1挺轻机枪、1挺重机枪、1支反坦克枪和2门连属迫击炮。任务：保护突击组和占领组在39和34号房方向的侧翼，随时准备击退敌人从14/15号车间和工厂大门方向发动的反击。

给贝尔贝什金营的命令是：

a.突击组配备30人，其中15人为冲锋枪手，装备1挺轻机枪。任务：从45号房向泰梅尔街方向进攻，迅速消灭36、32号房内的敌人，封锁37号房附近的掩蔽部，夺占31号房，并在31和32号房建立面向南方和东南方的巩固防线。

b.占领组配备20人，装备1挺轻机枪。任务：歼灭37号房以东掩蔽部中的敌人，在37号房中留下部分兵力警戒41号房方向，肃清37和36号房的敌人并巩固防守。

c.45号房中的预备组：15人，装备1挺轻机枪、1支反坦克枪、1门连属迫击炮。任务：1.用火力支援步兵第1营和第2营占领组的作战；

---

① 亚历山大·安德烈耶维奇·贝尔贝什金（Aleksandr Andreyevich Berbeshkin）少校，苏联英雄，步兵第344团第2营，1916年7月13日生于卡拉瓦伊诺，1944年4月17日阵亡。

2.随时准备击退敌人从Π形房发动的反击；3.与步兵第1营和第2营的占领组协同歼灭41号房中的敌人。

攻击开始后，直射火炮将摧毁敌人的射击孔，压制火力点，并在目标楼房上炸开缺口，以便部队将手榴弹投入楼内和通过缺口突入。

请求炮兵打击：1. 38、37号房，37、41号房以东和38号房以西的掩蔽部。2. 从1942年12月19日起，步兵第768团的迫击炮应转移阵地，以射击红房子、Π形建筑和41、37号房中的敌军火力点。

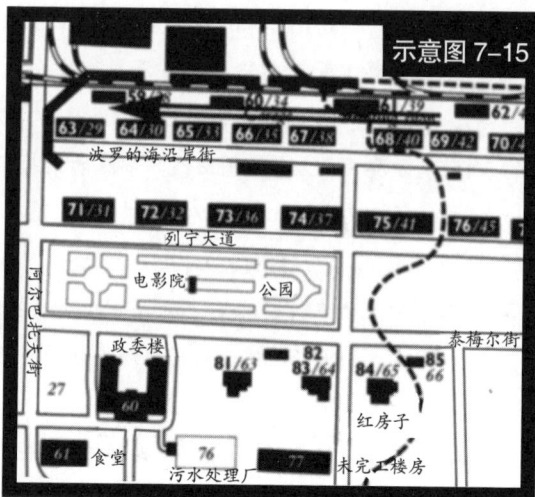

▲ 步兵第344团第1营的任务

▼ 步兵第344团第2营的任务

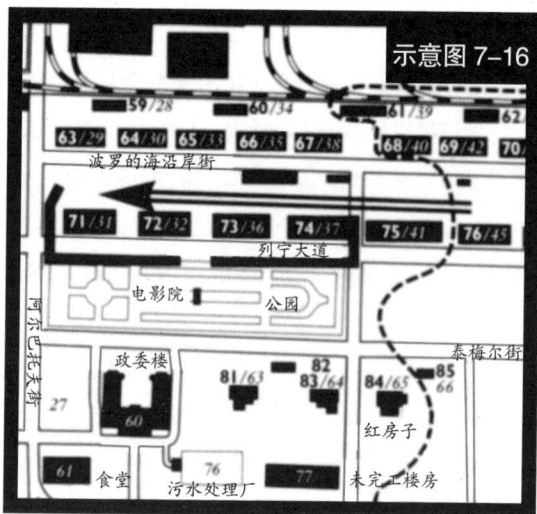

3. 步兵第768团的冲锋枪手组成的预备组应在43号房[70号楼]中集结，随时准备击退敌人从主机械车间发动的反击。

★

佩钦纽克少校也对自己的团发出了指示：

> 我命令，对红房子、泰梅尔街沿街阵地和∏形建筑方向发动突袭，消灭敌人在红房子、未完工楼房和∏形建筑中的火力点。各营应组建突击组、占领组和预备组。

> 步兵第1营配备1门45毫米炮，以迅猛的动作消灭红房子、未完工楼房和∏形建筑一带的火力点，然后进至从31号房延伸到∏形建筑的防线并巩固防守。

为了这次作战，他将部署三个突击组、两个占领组和一个预备组，其中预备组的主要任务是运送手榴弹。这个预备组的人数占了该团士兵的三分之一，体现了佩钦纽克对这次战斗中手榴弹所起作用的高度重视：

> 第1突击组应以迅猛的突然袭击解决红房子西北15米处的火力点，大胆前插至泰梅尔街，在∏形房西侧巩固防守，坚持到占领组到达。防线面向西北方。

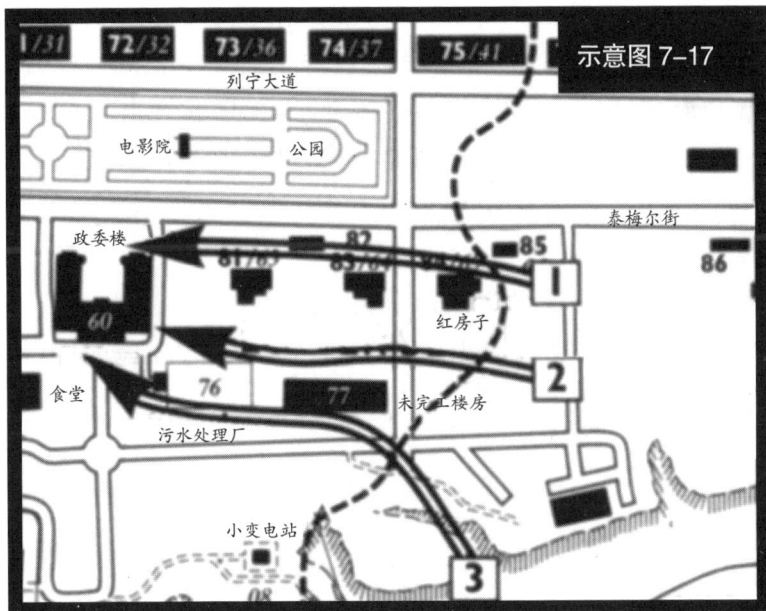

▲ 步兵第650团第1营的任务

第 2 突击组应以迅猛攻击解决红房子西南 10 米外的火力点，从未完工楼房西侧与第 1 组协同突入 Π 形建筑，并与第 1 组的指挥员一起协调防守，坚持到占领组到达。

第 3 突击组应解决未完工楼房南侧的火力点，并进至 Π 形建南侧角落。

命令要求各突击组不理会任何未被压制的火力点，持续推进直至完成预定任务为止。第一个占领组将歼灭泰梅尔街上的红房子和政委楼中的敌人，并肃清这片区域的残敌。在这一天行将结束时，柳德尼科夫又得到 79 名援兵（2 名军官和 77 名士官及士兵），他把其中的大部分人分到了步兵第 650 团：计有 1 名军官、2 名士官和 47 名士兵，共 50 人。随后该团报告自身实力为 49 名军官、28 名士官和 126 名士兵，共计 203 人。

★

在步兵第 138 师准备大举进攻之时，步兵第 95 师实施了一次预备作战。大炮和迫击炮对德军在"阑尾沟"以北的火力点轰击了一整天，到了 16 时，布达林少校的步兵第 241 团开始突击这条冲沟的北坡。20 分钟过后，他们依靠密集投掷的手榴弹拿下了 05 号房，也就是让他们头疼了一个多月的变电站。这座建筑刚一失守，德军就立即派 35 人发起反击，这次反击失败了。随后德军又在 17 时 20 分和 21 时各以一个排的兵力进攻，但均被击退。苏方资料声称德军在战斗中损失惨重，战场遗尸超过 60 具。苏军的损失在 12 人左右，苏军突击队还夺取了 5 个掩蔽部和 2 个碉堡。布达林的步兵整夜都在坚守这座至关重要的建筑。

经过一个月的僵持，攻防双方的角色发生了缓慢但决定性的互换，战线即将发生重大变动。进攻主动权已经被苏军牢牢掌握，德军能做的只有等待，猎手即将成为被猎杀的对象。

1942年12月20日双方的伤亡情况
苏军步兵第138师：16人阵亡，33人负伤，另有14名轻伤员坚持战斗，不愿后撤，共计63人
德军第305步兵师：18人阵亡，1名军官和77名士兵负伤，2名士兵失踪，共计98人

第八章
苏军复仇

1942 年 12 月 21 日

夜暗和寂静笼罩着"街垒"工厂。德军的机枪偶尔发出有节奏的嗒嗒声响，并夹杂着步枪射击的回响。随后战场又重归沉寂。苏军观察员借着时不时闪现的火光，观察着德军士兵的一些动向。在更北面的某个地方，德军的机枪和迫击炮从 51、50 号房和东北冲沟方向集中射击富河汊的河道，没有任何异常迹象。扎伊采夫斯基岛上的炮手们在午夜时演奏了持续 15 分钟的"序曲"，然后停了手。德军在这阵炮击过后纷纷回到他们的射击阵地，因为他们知道在随后的近三个小时里可以舒心地睡个好觉。

黎明前，整个前沿阵地一片寂静，但是柳德尼科夫和他的参谋们都没有睡觉，各团的团部人员也没有合眼。突击组和占领组已经进入各自的出发阵地，参战人员的手表都已经预先对好，表上的指针正在渐渐指向 2 时 40 分。柳德尼科夫离开掩蔽部，冬日的天空洒下细小的雪花，因为太小，肉眼其实看不见，只有仰面望天时，脸颊上才能感到雪花飘落时那惬意的触感。柳德尼科夫手表上带荧光的秒针终于指向了他期待已久的时刻，已经过了 2 小时 40 分钟。1 发蓝色信号弹带着嘶嘶声从古尼亚加防区的冲沟里冲天而起，3 发从扎伊采夫斯基岛升起的红色信号弹回应了它。然后，一如既往，一门火炮发出怒吼，其他火炮纷纷响应，接着榴弹炮和迫击炮也加入了合唱。

德军在前几个晚上早已习惯了这样的炮击，因此在看到红色信号火箭以后，他们就从前沿阵地后撤到防炮掩体里。对他们来说一切如常，但是这个晚上对苏军来说却不同寻常，因为他们知道再过 2 分钟，扎伊采夫斯基岛上的炮手就会准时将火力转向德军防线纵深。一分钟以后，将有第二发信号火箭越过伏尔加河飞向扎伊采夫斯基岛上空。炮手们将会看到它，然后就会像看到乐队指挥的小棒挥动一样立刻停止射击。德军将会大吃一惊，然后狂奔回自己的据点，但那时已经太晚了。

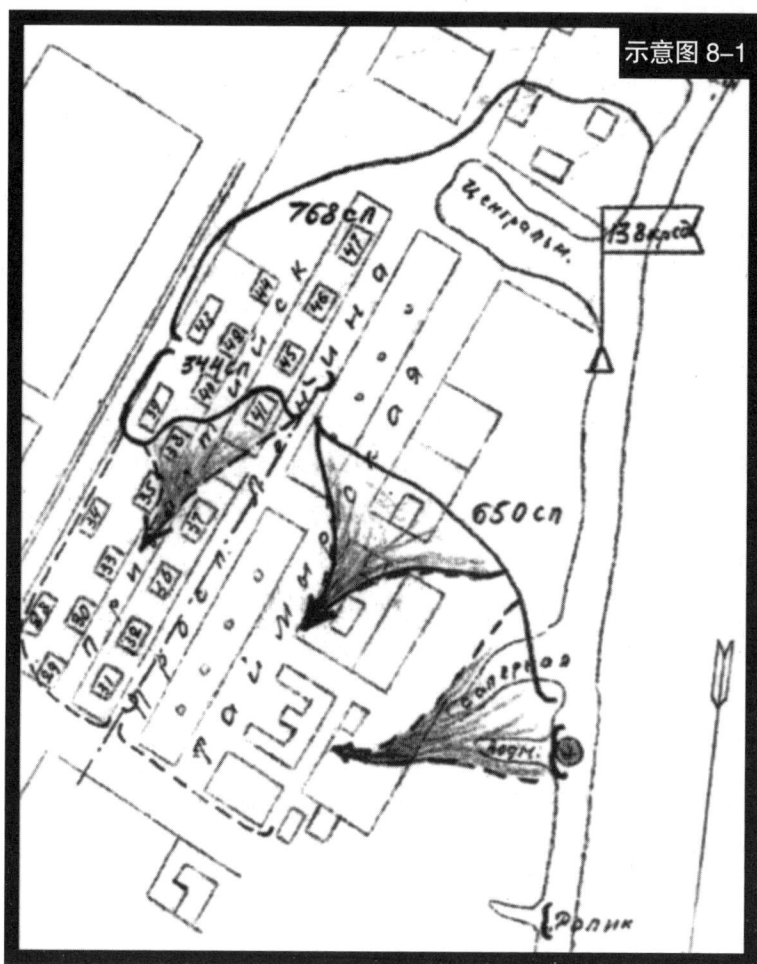

示意图 8-1

▲ 苏军步兵第 138 师绘制的一张草图显示了该师在 1942 年 12 月 21 日上午的进攻

一分钟过去，又一分钟过去，然后是第三分钟……师长已经对每个突击队的战斗做了精心策划，连最小的细节都没有放过。部队为了这次进攻进行了长时间的秘密准备，从后方向扎伊采夫斯基岛和伏尔加河西岸不辞辛苦地运输了各种武器、炮弹和子弹——万事俱备，就等这三分钟了。在第三分钟，大炮和迫击炮将停止射击，而那些一马当先、一心争胜的人已经在悄无声息地冲向德军的据点。

炮声像被利斧砍断一般戛然而止，而在战壕、掩蔽部和地下室里，冲锋枪和手榴弹开始热烈地发言，刺刀和匕首也开始闪出寒光……

步兵第138师的几个突击组突入了德军的前沿阵地，他们迅速消灭了火力点和岗哨，然后继续向前推进。第一批报告传到了指挥部，科诺瓦连科的突击组朝着波罗的海沿岸街方向挺进，已经突破多道带刺铁丝网，兵不血刃地占领了36号房[73号楼]和37号房[74号楼]旁边的一道战壕和几个掩蔽部。接着38号房[67号楼]和35号房[66号楼]也被迅速占领，突击组成功地推进到34号房[60号楼]、33号房[65号楼]和36号房[73号楼]，有些人甚至趁着天色尚暗冲到了"街垒"工厂的中央大门边，41号房[75号楼]和37号房[74号楼]（一座有两个射击孔的碉堡）则被占领组封锁。

"我还没看见德国人。"科诺瓦连科用电话报告说，话音刚落，迟迟未出现的敌人就来了。在3时，德军终于意识到苏军发起了进攻，于是开始激烈抵抗。他们试图通过反击和火力阻止苏军突击队的运动。第51军后来向第6集团军报告说："从3时开始，敌人从火炮厂以东的桥头堡实施进攻。"

德军部队从14/15号车间[3号厂房]方向射来炽烈的侧射火力，并从9号房[57号楼]和10号房[55号楼/2号校舍]进行正面火力拦截，有效地切断了科诺瓦连科的突击组和占领组的联系。尽管如此，突击组还是继续前进，与顽强的德国守军进行了短兵相接的搏斗。36、34、33和32号房内杀声响成一片。战士们在黑暗的厂房地下室和工厂地道里与德国人打得不可开交，甚至没有注意到晨曦出现。

一个在35号房里受伤并被送到营救护站的士兵最早带来了前线战斗的消息：突击组已经前进得相当远，把从前沿阵地到"街垒"工厂中央大门一带的德军都压制住了。

德军开始从各个方向发起一波又一波的猛烈反击。他们以 25～30 名冲锋枪手为一队，在迫击炮和大量轻重机枪支援下杀向苏军。从 14/15 号车间和 8、9、10 号房射来的火力以及发动的反击尤其猛烈，但是德军的所有进攻都在遭到惨重损失后被击退。

在 5 时，当灰白色的暗淡晨光照亮战场时，德军观察员呼叫来暴风骤雨般的迫击炮火，以阻止占领组前进。由于这些炮火，再加上越来越准确的机枪火力，突击组的后路被完全切断，后方与他们的通信联系也中断了。在 5 时 30 分，36、34、33 和 32 号房内得不到占领组增援的突击组开始在战壕和掩蔽部里与敌人展开肉搏。

★

在 2 时 40 分以后，当炮火刚开始延伸，步兵第 650 团的三个突击组就向着政委楼挺进。每个组各有一个初始目标，但它们的最终目标都是占领这座坚固的据点。

第一个突击组跃出战壕，悄无声息地突入也被苏军称作"红房子"的 65 号房 [84 号楼]。和柳德尼科夫预料的一样，德国守军已经离开他们的射击阵地，正在地下室里躲避炮火。他们在意识到苏军进入楼房后立即做出反应，但是为时已晚，双方在地下室楼梯井里互掷手榴弹。64 号房 [83 号楼] 的德国守军试图援助战友，但是黎明前的昏暗加上爆炸产生的烟雾意味着对 84 号楼内外模糊的人影射击有很大的误击风险，沿着通向 84 号楼的壕沟前去增援的德军士兵则被占据有利地形的苏军用成排投掷的手榴弹打了回去。84 号楼的德国守军明白自己已经无力回天，于是他们冲出地下室，沿着壕沟逃进 83 号楼，沿途不断遭到苏军火力袭扰。佩钦纽克的部下就此成为 84 号楼的新主人。附近的几个掩蔽部也被他们一举拿下。

第二个突击组绕过 84 号楼，轻松占领了在其东南方的一座地堡，因为那里的德国守军都在楼内躲避炮火。当德军士兵想通过壕沟回到自己的地堡时，被步枪和机枪筑起的火墙无情地挡了回去。幸存的德军士兵退进 83 号楼，与那里的守军会合。随后苏军突击组利用德军的壕沟向未完工楼房渗透，以支援第三个突击组的进攻。他们乘势冲进地下室，与德军展开激烈的手榴弹对决。

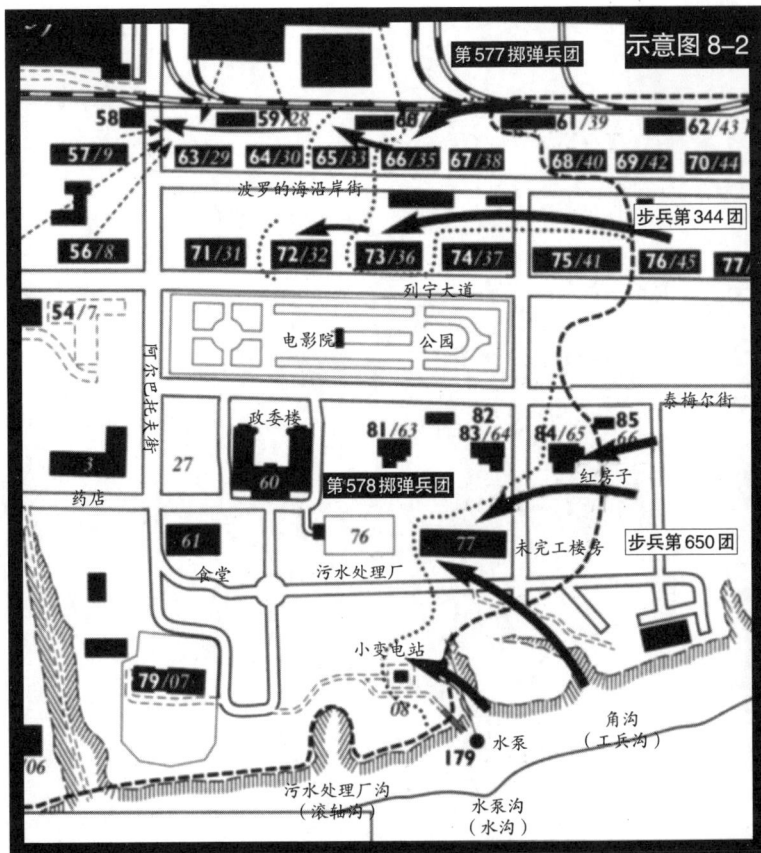

▲ 1942 年 12 月 21 日，苏军步兵第 344 团和 650 团的攻击

双方都用掉了一箱又一箱，苏军的预备组保证了突击组有源源不断的手榴弹补充，最终未完工楼房里的德国守军只能后撤到 81 号楼和政委楼。佩钦组克的占领组将落入己方控制的三个据点中的残敌彻底肃清，然后开始冒着巨大危险慢慢攻打沿交通壕分布的无数地堡和掩蔽部，并准备应对德军即将发动的反击。

第三个突击组从"水泵沟"和"角沟"出击，杀向小变电站和未完工楼房。德军的机枪像镰刀一样摞倒了其中的许多人，但余下的人还是跳进了德军前沿阵地的战壕。这一带没有什么地下室，德军都是在地堡里躲避炮击，因此他们的反应比其他地方要快得多。苏军突击组必须沿着每条战壕杀开血路，在

▲ 为了和自己的突击队保持密切联系，柳德尼科夫坐镇 61 号房 [87 号楼] 的观察所进行指挥，报告突击队攻击进展的电话不断传来，照片中的女话务员是 G. A. 沙罗娃（G. A. Sharova）

黑暗中通过凶险的扭打占领一个个掩蔽部。苏军士兵通过密如蛛网的壕沟缓慢而坚定地推进，但是越接近政委楼，他们前进的代价就越大：架在楼上的机枪能够扫射某几段壕沟。在河边悬崖上，针对小变电站发起的突击很成功，这座讨厌的碉堡很快就落入苏军之手，苏军同时还缴获了 2 门在 11 月曾让"滚轴"小分队和装甲汽艇吃尽苦头的反坦克炮。

新来的增援部队虽然有不少是一两天前才踏上斯大林格勒的土地的，却打得极为出色。他们中间有些人是"штрафников"，也就是来自惩戒营的官兵。戈尔巴坚科上士就记得其中的某个人：

▲ 柳德尼科夫从自己的观察所观察部队进攻

> 我们团在 12 月开始接收增援，前来报到的人都特别强壮，勇敢的佩列皮奇（Perepich）大士就是其中之一，他曾经端着自己的反坦克枪冲进德国人的战壕和地窖。和他一起来的许多人都牺牲了，但是他的勇敢让所有人都感到惊讶。敌人在最近的距离上都找不出他的破绽，他用拳头和枪托杀了好多德国人。在斯大林格勒，他以前受到的判决被撤销了，在一次坦诚的对话中他告诉我，当初他的罪名是"驾驶汽车撞倒一名儿童并致其死亡"，那个孩子老是喜欢在汽车边上跑来跑去。

佩列皮奇在斯大林格勒英勇战斗，尤其是在攻占德军据点的最初几次战斗中表现出色，从而完成了赎罪，后来他还被授予红星勋章和其他勋章。在 1943 年的库尔斯克之战中，他用反坦克枪击毁了几辆虎式坦克和自行火炮，但是同年在一次炮击中身亡。

步兵第 138 师在 15 时提交的报告中叙述了佩钦纽克团的活动：

> 他们消灭了 80 多个希特勒分子，俘虏了第 578 掷弹兵团的两个士兵，

占领了Π形房北面的几座建筑、小变电站和Π形房东面100米外的几个掩蔽部，还推进到"滚轴"小分队的左翼。

佩钦纽克的突击组摧毁和缴获的武器数量清楚地证明了德军据点的守备兵力，虽然他们只摧毁了3挺轻机枪和1门37毫米炮，但是缴获的战利品可不少：1门75毫米反坦克炮和60发炮弹、17挺轻机枪、2门迫击炮、50多支步枪和250多颗手榴弹。

★

在步兵第138师的右翼，步兵第768团的主要任务是守住现有阵地，但是他们也发起了自己的突击队作战。当突击队在2时40分出击时，4号车间[6a号厂房]的德军迫击炮开了火，炮火顿时笼罩了攻击部队。当他们接近德军战壕时，还受到了雨点般的手榴弹攻击。虽然他们强行突破了一小段阵地，但是德军立刻用反击把他们赶了回去。这次作战没有成功，突击队在撤回出发阵地防守的过程又有一些损失。伤亡很严重：6人死亡，27人负伤。在这一天日落时，古尼亚加的兵力是112人，其中80人部署在前沿阵地上。

★

在这些部队进攻的同时，步兵第95师也在向北推进。前一天晚上攻克05号房（变电站）使该师的任务大为简化。在3时，突击队从这座建筑出发，攻打一些分布在悬崖顶上的德军工事，具体说来就是与06号房[42号楼]有狭窄壕沟相连的两个碉堡。他们遇到了顽强的抵抗，不得不就地寻找掩护。在随后的几个小时里，他们且战且进，拿下了德军的几个掩蔽部和散兵坑。在6时，一队20人左右的德军向变电站前进时被发现，随后被猛烈的火力逼退。到了10时，苏军突击队已经攻克05号房西北方的几个掩蔽部。

在其他各团的地段，苏军的进展也很缓慢。步兵第90团的突击队被来自药店和12号房[52号楼]的凶猛火力所阻，因此未能取得战果。在11时，苏军观察到大约40名德军士兵从"街垒"工厂分散转移到储油设施区一带，企图加强那里的防御。步兵第161团的突击队对铁路路堤上的一个德军碉堡投掷手榴弹，并缴获了一挺重机枪。

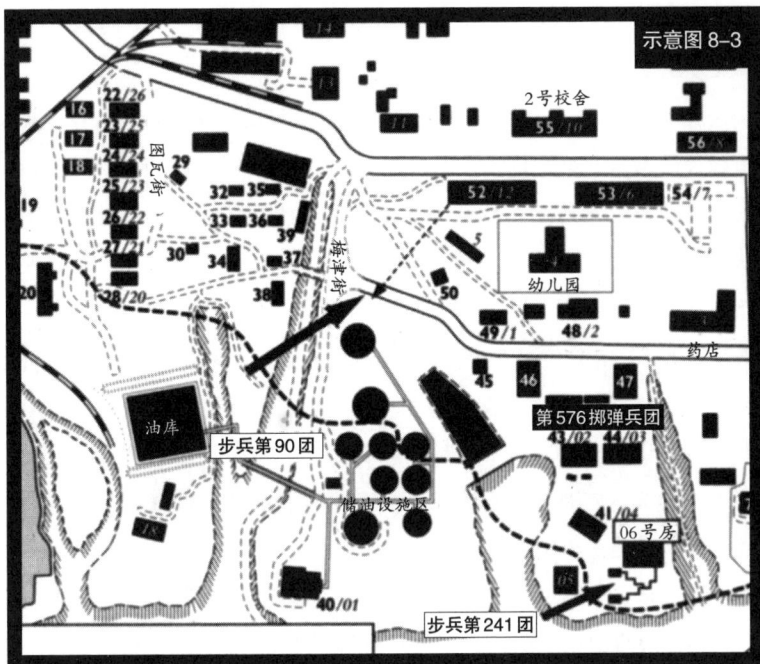

▲ 1942 年 12 月 21 日，苏军步兵第 95 师的进攻

师属炮兵轰击了"街垒"工厂东面和东南面的德军火力点，但事实证明较小的武器在近距离战斗中更有效：截至 10 时，迫击炮、纵火器和 45 毫米炮已经摧毁了 04 号房 [41 号楼] 附近的 4 个碉堡和 10 个掩蔽部，并端掉了 3 挺机枪。

★

现存的少数德军官方记录很好地反映了苏军的这些攻势以及它们给德军造成的困境，首先是第 51 军在 16 时 40 分发给第 6 集团军的报告：

从凌晨开始，敌人集中重兵进攻第 305 步兵师在火炮厂以东的阵地。在南北两翼，进攻都被挫败，敌人伤亡惨重（在一个地点，我军统计敌人被击毙 45 人）。在中央阵地（网格 83b4），有 3 座楼房在不同时间失守，而且我军自身损失也很严重。

后来顿河集团军群又接到报告称："通过调用当地最后的预备队，已将突

入第305步兵师防区的敌人遏制住。敌人的进攻仍在继续。"18时20分,第6集团军又发送了更详细的战况评估:

> 12月21日,敌人在斯大林格勒的火炮厂以东发起猛烈攻势。敌人使用强大的大炮和迫击炮火力重创了我军部署在那里的部队,然后占领了3座楼房。我军没有反击所需的兵力,遭突破的阵地现已被封锁,我军的伤亡也很严重。部署在那里的各营只有代理营长和副官带队,后者还要兼任下属一个连的连长。有两个营只有代理营长没有副官。

最后,20时45分,第51军向第6集团军发送了晚间报告:

> 敌人在下午反复以重兵猛攻火炮厂以东地区,但均被击退。钢铁厂和火炮厂遭到重炮、迫击炮和火箭炮轰击,炮火从15时才开始减弱。俄国人在其火炮厂桥头堡以东用木材和冰雪构筑了一道横跨伏尔加河河汊的屏障,显然是为了保护他们的过河人员。

步兵第344团和650团通过凌晨的这次进攻,终于突破了德军的前沿防线,在某些地段将德军逼退达200米,并彻底歼灭了已占领的楼房和掩蔽部中的守军。但是,此后的所有进攻都遭到了激烈抵抗。德军通过快速调动预备队和发动强大反击,挫败了苏军发展初期胜利的所有企图。尽管如此,攻克4座配备大量自动武器和手榴弹的坚固堡垒还是被看作了不起的成就。除此之外,苏军还占领了14个碉堡和10个掩蔽部,彻底摧毁另外18个掩蔽部。根据步兵第138师的统计,他们通过步兵火力、炮火和肉搏战使敌人损失了250多人、9挺轻重机枪和1门37毫米反坦克炮。此外还缴获1门75毫米反坦克炮、3门迫击炮、21挺轻机枪、50多支步枪、300颗手榴弹、多达100发炮弹和近5000发子弹。第578掷弹兵团的两名士兵被俘。

第62集团军的战争日记很好地总结了这一天的战斗,包括戈里什内师的北上攻势:

> 12月21日。从3时开始,柳德尼科夫师继续向西南方进攻。虽然敌人猛烈抵抗,我军还是占领了4座建筑,在右翼推进了100~120米。敌人的三次反击均被击退。我军缴获5挺重机枪,并俘虏第305步兵师第578步兵团的2名士兵。
>
> 从3时开始,戈里什内师向西北方持续发动攻势。他们克服敌人的

顽强抵抗，包围并歼灭了敌人的个别守备分队。部队经过肉搏战（其中大量使用了手榴弹），占领了一座被敌人改造成碉堡的变电站。我军共拿下1座楼房、6个掩蔽部和2个地堡。战斗还在继续。敌人发动反击，试图收复阵地，但是被我军成功击退。

　　缴获的装备：3挺机枪、6支冲锋枪、35支步枪、380颗手榴弹。我军还摧毁了4个地堡。在被占领的掩蔽部中，敌人遗尸40具……

　　步兵第95师缴获的装备数量后来被修正为12挺机枪、80多支步枪、15支冲锋枪、400颗手榴弹和1万发子弹。该师的伤亡如下：步兵第241团——14人，步兵第90团——12人，步兵第161团——7人。

1942年12月21日双方的伤亡情况
苏军步兵第138师：40人阵亡，171人负伤，共计211人（初步统计）
德军第305步兵师：16人阵亡，3名军官和126名士兵负伤，6人失踪，共计151人
德军第389步兵师：1名军官和5名士兵阵亡，5人负伤，1人失踪，共计12人

1942年12月22日

　　残酷的战斗在入夜后也没有停息。全城都回荡着因为建筑物墙壁阻挡而显得沉闷的枪声和爆炸声。照明弹时不时带着咝咝声窜上烟雾弥漫的夜空，机枪朝着闪现的人影喷吐火舌，双方的士兵都以充满恐惧的目光死死盯着敌人。在22时30分，步兵第344团的几个突击组继续积极进攻，试图彻底控制41、37、36和35号房。在23时。贝尔贝什金上尉和他的突击组完全控制了41号房，并抓到2名属于第577掷弹兵团的俘虏。贝尔贝什金在这次战斗中表现特别突出。几分钟后，37号房和3个掩蔽部也被拿下，第305工兵营的2个士兵成了俘虏。35和36号房则仍在血战。

　　23时30分，德军从14/15号车间发起反击，试图收复原有阵地，苏军新占的41号房首当其冲。一心想夺回这座楼房的德军来势汹汹，将贝尔贝什金的小队团团包围，但是科诺瓦连科立刻调动预备队，加强了与贝尔贝什金小队断了联系的占领组,然后亲自带着它投入战斗。德军见势不妙，想撤回工厂车间，

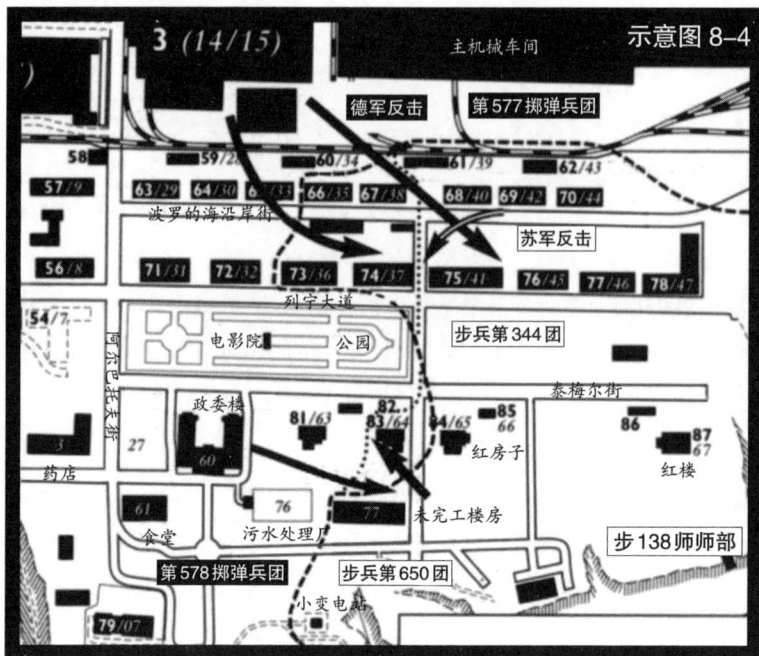

▲ 1942 年 12 月 22 日，苏军步兵第 138 师地段的形势

但是他们的后路被切断了。科诺瓦连科和贝尔贝什金的两队人马用火力将这股德军逼到墙根下。这些德国人只得就地卧倒，然后化整为零，分散爬回其他据点。随后科诺瓦连科带着部下进入 41 号房的地下室，他自己冲在最前面。虽然德军的这次反击没能收复 41 号房，但他们成功地把苏军突击组赶出了 35、36、37、38 号房和几分钟前才被占领的 3 个掩蔽部。

也在这天夜里，步兵第 650 团的一个突击组成功突入他们原来的团指挥所——64 号房 [83 号楼]。激烈的肉搏战随即展开。23 时，德军以多达 30 名士兵从政委楼向未完工楼房和 83 号楼发起反击，他们还从政委楼射出猛烈的掩护火力。但是这股德军在苏军打击下死的死、伤的伤，不得不撤回出发阵地。步兵第 650 团的突击队在占领的掩蔽部里站稳了脚跟，一连击退了德军从该方向发动的 4 次反击。

6 时 10 分，第 51 军向第 6 集团军报告说："敌人在夜间继续攻击火炮厂以东第 305 步兵师的防线中央，但均被击退。"

★

这天晚上，步兵第 95 师地段也不平静。在 0 时 30 分到 3 时，德军在储油设施区附近的步兵第 90 团地段发起 3 次攻击，每次使用的兵力为 15～20 人。他们都被苏军击退了。

苏军将所有发射燃烧弹的纵火器和师属火炮集中在步兵第 241 团地段，并于 3 时出动突击队向西北方向攻击。在 04 号房、06 号房和储油设施区以西区域，德军组织了绵密的步枪和机枪火力。步兵第 241 团的 9 个突击队冒着弹雨奋勇前进。三个突击队沿着河岸前进，其中一个向着步兵第 138 师方向发起正面强攻，另两个的任务则是从后方包抄攻取 06 号房。在悬崖顶上，另三个突击队击破德军防守，到 4 时为止已经占领了 05 号房西北的多个掩蔽部和碉堡。与此同时，那两个沿河岸运动的突击队顺"食指沟"而上，从后方出其不意地攻击 06 号房的守军，经过激烈的手榴弹对决后占领了这座楼房。其余的三个突击队在左翼向 04 号房发动突击，到 4 时已经占领了 05 号房以西的几个掩蔽

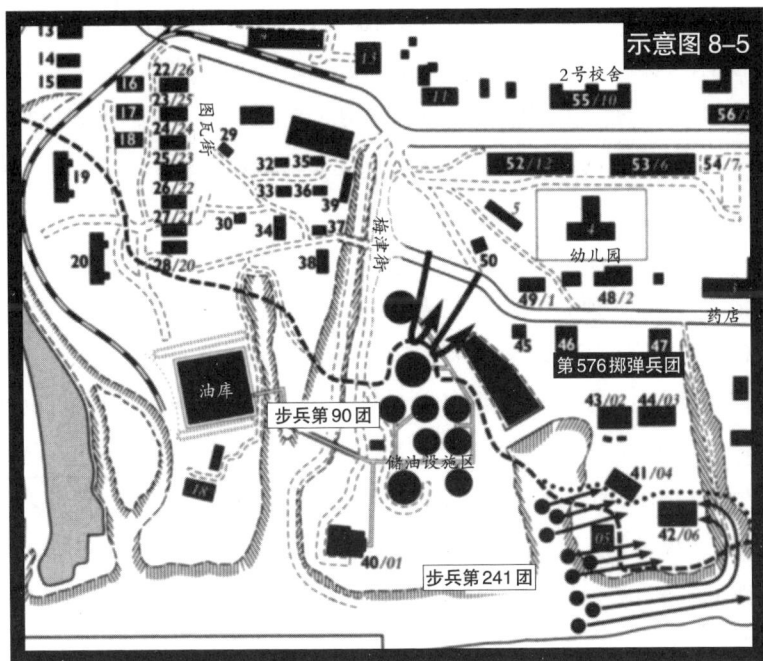

▲ 1942 年 12 月 22 日，苏军步兵第 241 团突击队的进攻

部，并就地巩固防守。在战斗中，德军两次对步兵第 241 团左翼发动反击，试图收复失地，但均未得手。他们在遭到惨重损失后不得不转入防御。其中有一次反击是在马克斯·弗里茨（Max Fritz）中尉率领下由第 305 工兵营第 2 连实施的。弗里茨原是该营的副官，此时担任连长，他的连是该营原来的全部三个连合并而成的。据担任机枪手的弗朗茨·米勒一等兵称，他们这次向着伏尔加河突进的反击取得了成功。由于作战有功，弗里茨承诺会让米勒获得一级铁十字勋章。无论如何，这次"成功"的反击应该没有造成多少影响，因为苏方记录说它被击退了。

3 时，步兵第 90 团的一些小队也向德军在"阑尾沟"[驼背沟] 和储油设施区附近的火力点发起进攻。他们遭到了重机枪扫射和手榴弹攻击，步兵第 161 团在他们左翼提供了火力支援并实施了佯动。

★

德军的火箭炮整晚都在轰击河岸和"滚轴"小分队周边的地区。库兹明斯基下士和手下的通信兵还守在伏尔加河岸边一条冲沟陡坡上的坑洞里。在他们头顶上，德国人躲在战壕里朝四面八方开火。佩钦纽克的突击组已经冲到离"滚轴"不远处，戈里什内的士兵则在他们左边推进。库兹明斯基全神贯注地倾听着越来越近的厮杀声，并且在线路完好的情况下尽可能与师部保持通信联络。

一阵重炮轰击，线路被炸断了，韦托什金爬出坑洞，顺着电话线寻找断裂的地方。在他头顶上，一条德军战壕的上空忽然亮起一串红色信号弹。德军的火箭炮立刻停止了射击，霎时间，所有声音都沉寂了。韦托什金回头望去，只见峭壁顶上隐约现出一些德国人的身影。有人用德语喊叫，但是随即被低沉的俄语"乌拉"声淹没，然后那些身影就消失了。韦托什金根据枪声判断战斗就发生在"滚轴"上方的战壕里。他很想回头，但是又记起叫库兹明斯基下士的命令，便继续笔直地朝前方奔跑。韦托什金在奔跑时左手始终没有放开电话线，跑了一阵以后，断开的线头终于滑过了他的手心。然后他就开始寻找另一端的线头，想把两者连接起来。

由于噼噼啪啪的步枪射击声响个不停，韦托什金没发觉有人从背后摸了

▲ 1978 年，步兵第 138 师老兵们的一次聚会。自左向右分别是 L. M. 克柳金（民兵）、G. A. 沙罗娃（师部）、I. I. 斯维德洛夫（步兵第 650 团）、N. I. 克拉夫丘克和 S. K. 哈拉济亚（"滚轴"小分队）。虽然"滚轴"纪念碑上刻着金星，哈拉济亚却不是"苏联英雄"，对此耿耿于怀的他曾拒绝出席伏尔加格勒（斯大林格勒现在的名称）的纪念活动

上来。"啊，你这老鼠！"被人一把掐住按倒在地的韦托什金哑着嗓子喊道。他被一个五大三粗的汉子压在身下，虽然奋力挣扎也无济于事。情急之下，他想张嘴咬那双紧紧抓着自己的手。但是那双手却意外地松开了。

"不会吧，是自己人！"大个子士兵把身材矮小的韦托什金从地上拉起来，让他转过来面朝着自己。"我本来想用冲锋枪砸你脑袋的……你从哪儿来？地里冒出来的吗？"

"哪儿来？"韦托什金想起刚才的事就后怕得直哆嗦：他奇迹般地在敌人手下死里逃生，眼看就要等来自己人，却差点被一个自己人杀掉。"你真是太厉害了，大个子，可你也是头大笨牛……我是'滚轴'小分队的通信兵……"

"'滚轴'的！"那个士兵高兴得什么似的。"咱们走！去见丘尔科夫中尉！"

"等一下，我得接好电话线……"

当丘尔科夫中尉带领的一队人接近"滚轴"时，布达林的步兵第 241 团突击队已经在 3 时 40 分抢先一步到了那里。布达林麾下的冲锋枪手们仍然沉

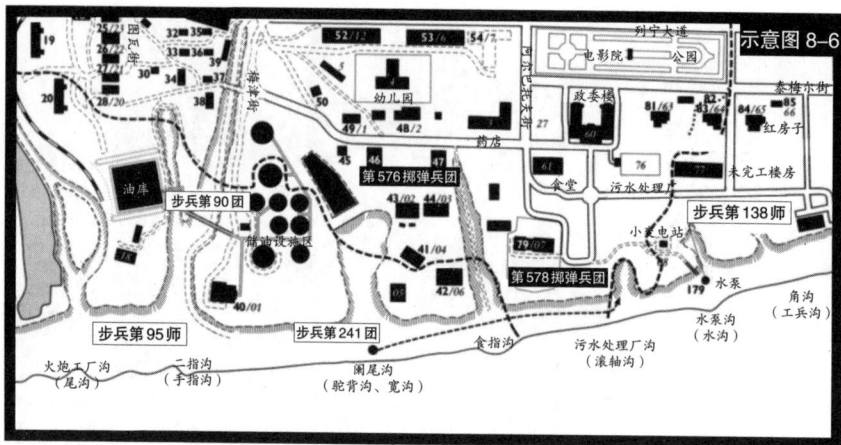

▲ 1942 年 12 月 22 日，步兵第 95 师和 138 师会师

浸在战斗的兴奋中，他们下到冲沟里，在两个坑洞前久久伫立，不敢相信眼前就是步兵第138师代号"滚轴"的4名战士连续运转了四十个日日夜夜的通信站。

"我是'滚轴'！我是'滚轴'！能听见吗？收到……你们这些混蛋别吵！"库兹明斯基下士扯下耳朵上的听筒，冲着这些战士大喊。"我要和'一号'说话呢……"

战士们安静下来，库兹明斯基下士又开始对着话筒说话。他向柳德尼科夫报告了先前离开"滚轴"去接线的人是谁，又报告了来自两个师的战士在这里会师的时间和经过，接着库兹明斯基高兴地说了几次"是，首长"——也许是在和师长心心相印的交谈中接受命令——最后他以一句利落的回答结束了对话："是，首长，'一号'同志！"库兹明斯基小心翼翼、神情肃穆地挂好话筒，然后转身面对战士们，像是自言自语一样平静地复述了师长最后的话语："我们预想的情况成真了。这里再也不是'孤岛'了……我命令你们建立双向的通信联络！"

直到此时战士们才明白他们在这天晚上取得了多大的成就。步兵第241团的人员在和"滚轴"小分队相聚半小时后，拖着一根电话线回到了自己的主阵地。在此之后，戈里什内师没有派人和柳德尼科夫师直接联系，但是两个师之间至少有了电台和有线电话通信。克雷洛夫将军后来写道：

"柳德尼科夫岛"的 40 天历史就此结束了。这个"岛"的保卫者大体上重创了德国人的两个师：第 305 步兵师和第 389 步兵师。这两个师曾一次又一次地尝试把他们赶下伏尔加河，但是全都白费力气。我们第 62 集团军又有了从"街垒"厂到市中心的连续战线……

★

第 578 掷弹兵团第 12 连的机枪手保罗·施密特 ①（Paul Schmidt）二等兵就是驻守在"滚轴"上方区域的德国士兵之一，他从一开始就在这个部队服役，而且几乎肯定是活过这场战役的少数老兵之一。在一封家书中，他曾写道：

　　这里很残酷。昨天，我是全排唯一回到营地的人。只要战争还在继续，我就不能告诉你们更多实情。因为我要是说出来，你们会睡不着觉的。

在 12 月 22 日的战斗中，一发"斯大林管风琴"的火箭弹呼啸而至，施密特的下巴被严重炸伤，背上也挨了好几块弹片。他在战场上接受了临时医治，几天后幸运地搭上飞机离开。

★

柳德尼科夫对截至此时取得的战果并无不满。他当然希望能拿下所有目标建筑，但已经取得的小进展也将在未来显现出重大意义。第一，他与戈里什内的部队建立了实际联系，也就是说和第 62 集团军的主力连成了一片；第二，可能也更重要的，德国人对他的"岛"的包围被打破了。德军曾把能够互相支援的据点用密如蛛网

▲ 保罗·施密特二等兵

---

① 保罗·施密特二等兵，第 578 掷弹兵团第 12 连，1911 年 6 月 13 日生于埃宁根，1945 年 1 月 6 日阵亡于意大利。

的壕沟连接起来形成锁链，对苏军的任何进攻部队都可投射排山倒海的火力，几乎坚不可摧。苏军要打破这套防御体系，首先必须在某个地方打入一个楔子，而这第一步总是最难的。现在德军遭到痛击后不得不撤退到一些后备据点中，尽管这些据点也非常坚固，但柳德尼科夫和他的部下全都充满信心。他们决心再接再厉，通过爆破、封锁和突击的方式一个一个地压制和占领德军据点。当然，在准备下一阶段进攻的同时，步兵第138师还要确保守住旧防线，并在新收复的阵地上站稳脚跟。

在两个兄弟团流血牺牲并取得辉煌战果之时，步兵第768团仍在原地防守，观察敌情，并与第546掷弹兵团及其配属部队交火。德军偶尔从主机械车间 [4号厂房] 和4号车间 [6a号厂房] 的方向用迫击炮射击古尼亚加的部队，并从前沿战壕和掩蔽部用自动武器和机枪零星开火。在9时，古尼亚加的迫击炮手们摧毁了德军布置在机械车间阁楼里的1挺大口径机枪。曾在惩戒部队待过的波纳马廖夫（Ponamarev）中士用1支步枪击毙了1名在机械车间右侧角落开火的德国机枪手，消灭了1挺轻机枪的射手组，还打哑了1挺从机械车间和4号车间之间的壕沟里射击的机枪。

该团在这一天的伤亡是3死6伤。它的兵力是105人，其中78人是活跃战兵，武器装备包括1门82毫米迫击炮、2门50毫米迫击炮、1挺高射机枪、7挺轻机枪、12支冲锋枪、1门45毫米反坦克炮、112支步枪和2支反坦克枪。弹药储备是40发82毫米迫击炮弹、60发50毫米迫击炮弹、9000发冲锋枪子弹、14000发步枪弹、480发高射机枪子弹、320发反坦克枪弹和320颗手榴弹。

▲ A. V. 波纳马廖夫中士

★

第6集团军的官方报告中很少提到"街垒"地区的激战，通常都是一笔带过。在16时15分，第51军报告说："在夜间和早上，敌人反复攻击第305步兵师东南和火炮厂以东的阵地，但都被击退。"在20时30分则说："在第305步兵师附近，敌人自17时30分起攻击火炮厂以东，战斗仍在持续。"既然整个集团军都到了生死存亡的关头，那么这些战略意义不大的战斗被写得如此简略也是可以理解的，只不过这些简练的语句丝毫不能反映第305步兵师的掷弹兵和工兵所经受的苦难，仅举两例便足以说明，首先是雷滕迈尔上尉对某座楼房的残酷争夺战所作的描述：

> 在83号楼，一个房间的争夺战持续了两天，双方的手榴弹不断飞进这个无人能控制的房间，浓烟充斥着所有房间。有一个人从那里来到指挥所，他想来领一些手榴弹。他的行为举止还完全受着战斗过程的支配，看上去就像刚刚和死神打了个照面。"给我手榴弹，我要拿去83号楼，弟兄们都在等着呢。"他急急忙忙地说道。但是，当时医生正好在场，他仔细地观察了这个人，然后说："你的眼睛完全充血了，可能会瞎掉。我不能放你走，你必须留在这里。"这人回答："那边的其他人都快看不见东西了，可是我们非拿到手榴弹不可。"幸亏有个通信班的士兵自告奋勇，替他把手榴弹送了上去，这人才平静下来。

第二个例子是和克吕格少校的第305工兵营有关的几个伤亡事件。在这天夜里，格林的"问题儿童"——参加了上午"成功"的反击的弗朗茨·米勒一等兵负伤了。这是他在斯大林格勒的第三次负伤，不过这一次伤势比较严重，让他获得了离开包围圈的机会。他的连长马克斯·弗里茨中尉则要倒霉得多，因为他跳进了一条满是苏军士兵的战壕，有人说他的脑袋被砸开了花，还有人说他是中了枪，但无论如何他确实阵亡了。他的死是第305工兵营的严重损失。马克斯·弗里茨是该营最早的成员之一，也是经验丰富的军官，在副官职位上的表现无人能及，受到所有人的尊重。12月27日，前任营长特劳布上尉在给妻子的信中写道：

> 令人伤心的是，过去几天我们营失去了一些人，其中有两名军官：一个是在住处被炸弹直接命中，另一个是我的前任副官，第2连的连长，在俄国人进攻时战死在前线。我已经给第一个死者的妻子写了信，现在我又不得不给我的前任副官弗里茨中尉的父母写信。这些信总是很难写，但是我不能逃避这个责任。

被航空炸弹炸死的军官是胡贝特·洪布格尔少尉，他既是第305工兵营的轻装工兵分队的队长，也是用苏联战俘组建的一个连的连长。据该营的技术监察官格奥尔格·策勒（Georg Zeller）回忆，炸弹径直穿透掩蔽部的顶盖后在其内部爆炸，洪布格尔和他的连部的全体成员都被炸死了。虽然特劳布上尉还有其他事务缠身，已经不再率领该营作战，但他还是不得不执行某些人眼里指挥官担负的最艰巨职责：撰写以"我遗憾地通知你……"开头的报丧信。

苏军出人意料的猛攻导致德军作战人员出现缺口，这意味着所有体格健全的人都必须上前线。其中一人就是第305工兵营第1连辎重队的维利·菲辛格二等兵，他在一封家信中记录了自己作为一线士兵的短暂经历：

> 12月21日，我被投入斯大林格勒的战斗，到12月22日，我的右手就受了伤。在那以后，我又被送回辎重队养伤。至少我不用在战壕里过圣诞节了。

第305步兵师在这一天有57人负伤，其中相当一部分来自工兵营。我们能知道的是那些后来乘飞机离开包围圈者的命运：第1连的一等兵克莱门斯·巴斯蒂安①（Klemens Bastian）右肘被炮弹破片击中，他在1943年1月3日飞离包围圈；第2连的二等兵赫尔曼·加姆斯耶格尔②（Hermann Gamsjäger）左手上臂和两条大腿都挨了弹片，在圣诞节乘飞机逃离；第2连的二等兵奥古斯特·格拉姆林③（August Gramling）右大腿中了一发子弹，也在圣诞节飞离包围圈；第1连的列兵卡尔·科恩胡贝尔④（Karl Kornhuber）在近战中左半边脸被磷弹烧伤，于1943年1月4日飞离包围圈；第1连的列兵埃里希·齐默尔曼⑤（Erich Zimmermann）左半边身子被弹片击伤，也在1943年1月4日搭乘飞机逃离。还有一个伤病员是轻装工兵分队的保罗·博塔⑥（Paul Botta）马具

---

①克莱门斯·巴斯蒂安一等兵，第305工兵营第1连，1918年9月9日生于拉施塔特附近伊林根，1995年1月24日卒于拉施塔特附近施泰因毛尔恩。
②赫尔曼·加姆斯耶格尔二等兵，第305工兵营第2连，1923年6月5日生于霍尔茨许滕博登，其余信息不详。
③奥古斯特·格拉姆林二等兵，第305工兵营第2连，1912年9月23日生于门希贝格，1994年1月28日卒于门希贝格。
④卡尔·科恩胡贝尔列兵，第305工兵营第1连，1921年5月25日生于克雷姆斯河畔克马滕，其余信息不详。
⑤埃里希·齐默尔曼列兵，第305工兵营第1连，1911年3月29日生于新图加特，其余信息不详。
⑥保罗·博塔马具管理军士长，第305工兵营轻装工兵分队，1913年5月27日生于上格洛高（今波兰格洛古韦克），其余信息不详。

管理军士长，他在忍受了几个星期的痛苦煎熬后终于病倒了，他本来一直患有疝气，不过在这一天他发了急性阑尾炎，急需做手术，而在包围圈内的简陋条件下又不可能实现，因此他在次日被送上飞机离开。虽然博塔没有直接参战，但他一直在为前线将士直接运送弹药和工兵专用器材（炸药、雷管等），还负责保养火焰喷射器，为战斗出了大力。

以上种种伤患都是第 305 工兵营和戈里什内部战斗的结果，工兵们被作为救火队使用，经常出现在战斗最激烈的地方。白磷燃烧弹爆炸的可怕效果令工兵们大为震惊，尤其是在看到第一批受害者的惨状之后。苏军当然也对这种武器留下了深刻印象：

> 在战斗中，纵火器排和他们发射的纵火弹展现了良好的效果。我们通过使用这种武器，得以将敌人从掩蔽部和战壕中赶出来。据估计，这种武器烧毁了 5 个掩蔽部和 4 个碉堡，烧死敌军多达 40 人。因为这些应用，纵火器和纵火弹在指战员中间赢得了非同凡响的声誉。步兵第 241 团某排的诺斯科夫（Noskov）列兵在战斗中表现突出，使用纵火器摧毁 2 个掩蔽部并歼敌 4 人。

第 62 集团军的战争日记总结了戈里什内师地段的战斗：

> 部队经过短兵相接的战斗后，占领了 1 座楼房和 4 个碉堡，右翼沿伏尔加河河岸向北前进了 150 米。敌人四次向该师右翼发动反击，企图夺回丢失的阵地。战斗还在持续。敌人损失了 100 名官兵，我军用纵火器烧毁了 5 个掩蔽部和 4 个碉堡。

步兵第 95 师的第 119 号战斗报告则提供了更多细节：

> 经过持续近 9 个小时的激战，步兵第 241 团缴获了下列战利品：12挺轻重机枪、120 支步枪、15 支冲锋枪、400 颗手榴弹和大约 1 万发弹药。该团占领了 6 个碉堡和 16 个掩蔽部。

苏方记录称，德军在步兵第 241 团的作战地段有 150 人被击毙，在步兵第 90 团的地段有 30 人被击毙。步兵第 95 师的损失如下：步兵第 241 团——39 人；步兵第 90 团——14 人；步兵第 161 团——2 人。步兵第 161 团的狙击手宣称歼灭德军 13 人。

夜幕降临后战斗仍未停止。第 305 步兵师决心收复失地，因此第 305 工兵营的残部又一次投入了战斗。苏方记录称："17 时,多达一个排的敌军步兵在醉酒状态下攻击了步兵第 241 团在 06 号房一带的分队。"就是在这次进攻中,米勒一等兵挂了彩,而弗里茨中尉跳进了满是苏军士兵的战壕,虽然有报告称他被枪杀或砸死,但此事是否属实尚有疑问,因为我们在步兵第 95 师的第 121 号战斗记录中找到了下列文字:

> 12 月 22 日 17 时 30 分,在步兵第 241 团的地段,我军俘虏一名军官(第 305 步兵师的一名工兵尉官),并将其押送到了集团军的政治部①。

在 21 时 10 分,德军一支排级部队又在同一区域发动进攻,但遭到严重损失后退回其出发阵地。布达林的步兵们坚守在新占领的阵地上。

★

步兵第 344 团的突击组借着黑暗掩护,在 41 号房友军的火力支援下,冲进了 37 号房。他们在上午曾短暂地控制了这座楼房,但被德军反击逐出。这一次他们在伸手不见五指的黑暗中与敌人展开惨烈的搏斗,直到 21 时 30 分,经过苏军工兵的一次爆破,这座楼房才终于被攻克。苏军还攻占了这座楼房旁边的 3 个掩蔽部,并俘虏了第 577 掷弹兵团的 2 名士兵(其中有一名一等兵)。

★

苏方记录宣称,在步兵第 138 师地段,有 100 多名德军被消灭,下列战利品被缴获:1 挺重机枪、7 挺轻机枪、3 门迫击炮、9 支冲锋枪、35 支步枪、300 颗手榴弹、3 支反坦克枪、2000 多发步枪弹和 3 部电话机。战利品数量也许是准确的,但从德军官方的伤亡数字(其中还包括了与戈里什内部作战的损失)来看,歼敌人数被夸大了。

---

① 我们在做了大量研究后发现,第 305 工兵营在当天没有其他军官阵亡、负伤或失踪,而德方资料很明确地指出弗里茨战死了,幸存的老兵也持同样意见。但是,弗里茨"战死"的时间地点与一名德国工兵军官被俘的时间地点完全吻合,这不能不让人有所怀疑。事实上,弗里茨的家人始终不相信他战死:有个老兵在战后写的一封信中提到,"他的家属并不完全相信此事,还去找了算命的"。为什么他们会怀疑?弗里茨的死亡于 1943 年 6 月 22 日被记录在斯图加特户籍登记处,编号为 3207/1943。

▲ 马克斯·弗里茨少尉（戴大盖帽者）被营部的士官和士兵簇拥。摄于 1941 年法国

1942年12月22日双方的伤亡情况
苏军步兵第138师：23人阵亡，62人负伤，共计94人
德军第305步兵师：1名军官和8名士兵阵亡，57人负伤，5人失踪，共计71人

1942 年 12 月 23 日

第 51 军在上午提交的报告里记录了夜间的战斗："从 2 时开始，敌人在大炮、迫击炮和反坦克炮的强大火力支援下，攻击了火炮厂以东的许多阵地。敌人在网格 82a1 储油设施区以北和火炮厂以东的伏尔加河沿岸地区取得了局部突破。防御战斗仍在继续。"

苏军在 82a1 附近的突破是戈里什内师的步兵第 161 团取得的，同时步兵第 241 团也沿储油设施区以北的河岸发动了进攻。戈里什内竭力想扩大突破口，但是坚固的德军据点和顽强的德国守军挫败了他的所有尝试。

苏军从柳德尼科夫岛发动的进攻被德军的反击所阻。步兵第 138 师指挥部发出的第 240 号战斗报告称："敌人从 60 号房 [政委楼]、35 号房 [66 号楼]和 14/15 号车间 [3 号厂房] 以 20 ~ 70 人为一队发起了六次反击。所有反击都被击退，他们受到了严重损失。"这些反击有三次矛头直指 37 号房 [74 号楼]，

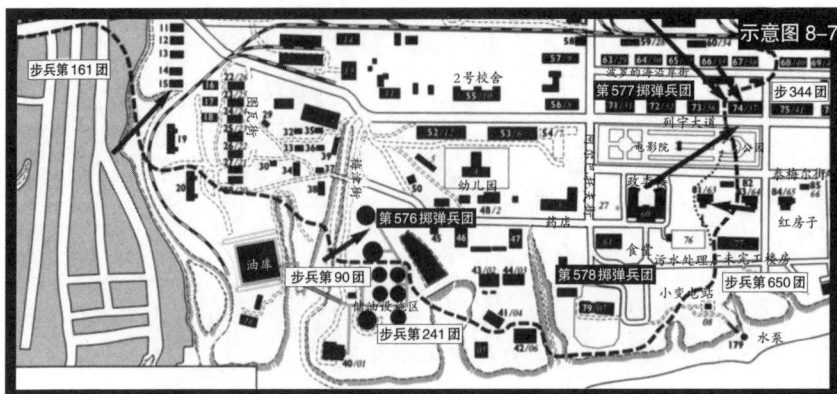

▲ 1942 年 12 月 23 日，苏军攻击和德军反击

其中一次是从政委楼发起的。德军在穿越满目疮痍的公园时被苏军以密集机枪火力击退。

★

83 号楼里还在恶战不休。战斗已经完全变为肉搏，两军的大炮和迫击炮都不敢朝这片混乱的战场开火。这座楼房成了一个死亡陷阱，双方都在不停地往里填人。83 号楼坐落在德军控制的 81 号楼和苏军控制的 84 号楼之间，有很深的壕沟与这两座楼房相连，因此两军都能很方便地向楼内输送新鲜血液。这座楼房里的走廊是 L 形的，有面向 81 号楼和伏尔加河的入口，每个楼层各有五六个房间。由于楼梯井已经被炸毁，上楼并不容易，因此战斗都是在地下室和一楼展开。高出地面的地下室窗口浓烟滚滚，手榴弹爆炸的火光在漆黑的房间里不时闪现。撒满碎砖烂瓦的地板上横陈着一具具扭曲变形的尸体。一方猛砸几十颗手榴弹后拿下一个房间，转眼就被对手用同样手法夺回去。佩钦纽克的部下以托波尔科夫的步兵第 1 营为主，他们下定决心要夺回原来的团指挥所。

漫长的战斗逐渐接近尾声。雷滕迈尔上尉一批批地派出自己的部下，每次让年轻的士兵去增援前线时他的内心都在激烈冲突，但是上级给他的命令很明确：每一个阵地都必须坚守到底。于是这位慈爱的父亲和虔诚的天主教徒只能眼含热泪派出更多援兵，他明白这些人只会变成尸体回来，运气最好的也会身负重伤：

> 用来增援的年轻人（奥地利人）很快就耗尽了，辎重队和后方机关
> 也被搜刮一空，每一个能抽调的人都上了前线。由于再也没有军官可用，
> 只能用军士长来替代他们。我不得不说每一个人都是值得表扬的，他们
> 在战斗中的英勇表现堪称楷模，其中许多人在几天后获得了一级铁十字
> 勋章。炮兵部队的观察员和炮手经过施瓦茨上尉训练后，也纷纷在火炮
> 厂的前沿阵地上流血牺牲。

但是，最终德方指挥官还是认清现实，做出了放弃 83 号楼的决定。工兵
们在离开前为未来的住户准备了一个恶毒的意外。他们把剩下的几百公斤炸药
藏在地下室墙壁的凹陷处，并装上了 J-Feder 504 型长延时引信。延时被设定
为两星期整，整个爆炸装置都经过精心伪装以防被发现。起爆时间定在十四天
后，也就是 1 月 6 日 13 时整。在完成这个最后的抵抗行动后，第 578 团的掷
弹兵们永远地离开了 83 号楼，还丢下了大部分尸体——对这些笃信神灵的施
瓦本人和奥地利人来说，这是个艰难的决定。较小的 82 号楼也被同时让给了
苏军。

随着"街垒"工厂以东的战斗持续进行，上级指挥机关也更多地关心起
个别楼房的得失。第 51 军在下午的报告中说：

> 敌人继续进攻我军在火炮厂以东的阵地……从 5 时开始，敌人从南
> 北两面反复攻击我军在网格 83d3 突出至伏尔加河边的阵地（雷滕迈尔上
> 尉的 79 号楼），以及位于网格 83d2 的楼房（83 号楼和 81 号楼）。所有进
> 攻都得到了猛烈的大炮和迫击炮火力支援，但均被我军击退。

退回 81 号楼之后，德军几乎没有时间做好防御准备。苏军托波尔科夫营
的突击组在黄昏后再度挺进，试图卷击德军阵地。这座楼房的建筑风格和布局
与 83 号楼完全相同，可以说就是后者的翻版。和在 83 号楼一样，这里的战斗
基本上也都是靠手榴弹打的。双方围绕一个个房间的控制权再度展开生死搏杀，
政委楼里的狙击手则无情地射杀任何愚蠢地跑到楼外的苏军士兵。81 号楼的
争夺战持续了一整夜。

★

可以想见，光是施瓦茨上尉的工作性质就足以使他不讨某些人的喜欢。第305炮兵团第2营通信排的卡尔-奥古斯特·罗姆巴赫[①]（Karl-August Rombach）后备军官下士就是其中之一，他在夏季攻势期间就与施瓦茨有过冲突：

> 因为步兵的伤亡率高于部队的平均水平，所以炮兵不得不抽调一些人员给他们。我接到命令，带着50多个我们营的炮兵去交给步兵。等我到了那里，接待我的是一个"老相识"，也就是施瓦茨上尉……他对我们的意外重逢很高兴，立刻命令我在他的手下当排长。于是我给师部打了电话，要求和我很熟的副官黑默勒少尉[②]接听。我告诉他，施瓦茨上尉违背我的上级的命令，拿我当排长用。最后黑默勒少尉命令施瓦茨上尉放我走。

步兵第768团仍在原来的阵地上防守，提供火力支援并保护科诺瓦连科团的右翼，而步兵第344团和650团则继续对德军阵地进行试探性进攻。但是，对手早已严阵以待。他们依靠深沟高垒的据点，用机枪和迫击炮进行了顽强抵抗，来自3、4号厂房，67、66、71号楼和政委楼的火力尤其猛烈，他们的意图是限制苏军突击组的运动。为了应对苏军实际发动和可能发动的攻击，德军的预备队四处奔波：在中午，

▲ 第305炮兵团第2营的卡尔-奥古斯特·罗姆巴赫下士

①卡尔-奥古斯特·罗姆巴赫下士，第305炮兵团第2营，1919年5月23日生于蒂蒂湖/诺伊施塔特，2006年仍健在。
②汉斯-马丁·黑默勒（Hans-Martin Hämmerle）少尉，第305步兵师，1921年11月3日生于米尔海姆，1943年1月4日阵亡于斯大林格勒。

苏军发现有 30 名德军从 9 号房 [57 号楼] 跑进 3 号车间 [6c 号厂房]。整条战线都在不断交火。苏军在这一天几乎无法取得进展。除了前一天晚上被步兵第 344 团占领的 37 号房 [74 号楼] 和 3 个掩蔽部，以及下午终于被德军放弃的 64 号房 [83 号楼] 外，这一天新占领的阵地就只有步兵第 650 团地段上一个孤零零的碉堡。虽然部队已经突入 63 号房 [81 号楼]，步兵第 138 师当天的报告甚至说占领了该楼，但苏军还远没有完全控制它。战斗是惨烈的：步兵第 138 师在这一天的损失是 31 死 46 伤，共计 77 人。

在占领政委楼以北的几座建筑后，步兵第 650 团的部署如下：托波尔科夫上尉的步兵第 1 营以米洛马伊连科（Milomailenko）小分队的 27 名战士守卫 3 座楼房，确保与步兵第 344 团结合部的安全。该营有 11 名轻伤员，总兵力是 48 人。步兵第 2 营以 29 名战士守卫 2 座楼房，另以 12 名战士控制未完工楼房到"滚轴"小分队一带。该营有 7 名轻伤员，总人数也是 48 人。"滚轴"小分队共有 9 人。内务人民委员部督战队剩余的 24 人虽然自 11 月初以来一直作为步兵第 650 团的一部分战斗，但此时由于"转换为新的部署"[①]，已经奉师部命令调离，这大大减少了该团左翼的可用兵力，因此各突击队不得不拉长战线来填补缺口。佩钦纽克提醒柳德尼科夫：他已经不可能再调派突击队占领政委楼，因此他请求立即给他手下各营补充兵员。

经过一整天的战斗，步兵第 138 师俘虏了 1 名一等兵和 2 名普通士兵，击毁了德军的 7 挺机枪和 3 个掩蔽部，缴获了 9 挺轻机枪、16 支步枪、2000 发子弹和 15 箱手榴弹，从供应短缺的德军手中缴获的武器弹药数量之多令人惊讶。步兵第 344 团仅占领了两座楼房（37 号房 [74 号楼] 和 41 号房 [75 号楼]）就得到下列战利品：9 挺轻机枪、1 挺重机枪、9 支冲锋枪、30 支步枪、1 门迫击炮、400 颗手榴弹和近 2 万发步枪弹。自从 12 月 21 日开始进攻以来，苏军从他们占领的掩蔽部、碉堡和楼房内总共找到了大约 140 箱手榴弹。当然了，这里面还没有算上被苏军士兵在战斗中当场用掉的。

---

① 这其实是在委婉地表示由于部队由守转攻，已经不需要专用于防守的督战队了。

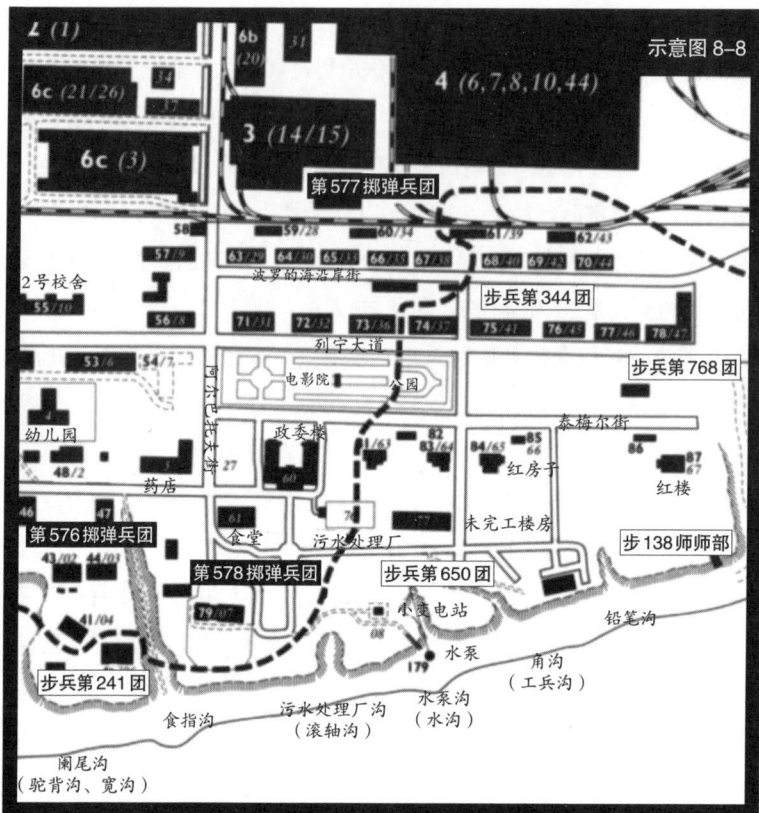

▲ 1942 年 12 月 23 日前线形势

★

从第 62 集团军报告的摘录中我们可以一窥整体战局：

　　柳德尼科夫师继续向西南方进攻。敌人进行了顽强抵抗，两次以超过两个连的兵力实施反击。这些敌人损失惨重，他们的进攻都被击退。

　　我军占领了两座楼房（37 号房和 64 号房），在其中一座楼房里敌人留下了 30 具尸体。其他突击队还在继续进攻，以求占领伏尔加河岸边的长方形大楼（07 号房 [79 号楼]）。

　　戈里什内师继续向西北方进攻，我军克服敌人猛烈抵抗缓慢退进，该师现在已经与柳德尼科夫师建立了直接联系。

　　除了巩固现有阵地外，戈里什内师集中兵力攻打06号房[42号楼]和储油设施区以西的火力点。他们的大炮和迫击炮轰击了药店，而直瞄射击的45毫米炮将03号房[44号楼]附近一辆半埋的德国坦克打着了火。该师这一天的损失很小：步兵第241团——6人，步兵第161团——7人，步兵第90团——无。

　　第62集团军报告中提到的"长方形大楼"是79号楼，这个据点现在恰好卡在戈里什内师和柳德尼科夫师中间，使两者的阵地无法稳固地接合。第51军在20时40分提交的夜间报告谈到了79号楼，将其称作"被围楼房"：

> 　　在火炮厂以东，敌人自13时起从东北方屡次攻击我军仍突出至伏尔加河岸边的阵地，部署在伏尔加河悬崖边的警戒部队不得不后撤到位于网格83d3/4的被围楼房一线。

　　虽然还没有搬掉这个防御严密的绊脚石，但柳德尼科夫和他的参谋们对这次攻势的头三天战斗评价很高。他们把攻击成果和吸取的教训写进了长篇的"总结报告"。报告的开头总结了敌人的情况：

> 　　在我师当面战线上，敌第305步兵师的残部在第45、50、80和336工兵营的工兵支援下，仍维持着防线。
>
> 　　陷入全面合围的敌人实施了一些必要的举措来加强防守，用数量不多的兵力对抗我师的进攻部队。
>
> 　　根据观察、侦察、战斗和停虏口供判明：我师当面之敌是第305步兵师的第577、578步兵团和第576步兵团之一部，他们先前在该师1942年11月11日到23日的作战中已遭重创，后通过从师属机关和工兵部队抽调炮兵和专业人员得到了补充。这几个团各有350~400名官兵，其中超过四分之三的人员是活跃战兵。

接着报告讲述了这次进攻的策划和准备：

> 　　步兵第95师为了与我师部队会合曾多次尝试实施进攻作战，但未见成效。我师为了执行与步兵第95师打通联系的命令，进行了攻击准备。
>
> 　　我师决定主要依靠突袭的手段攻击敌据点，以求彻底消灭其中的守军，并肃清被我攻占的区域内的敌人。
>
> 　　各部队的战斗人员分为两个梯队：第一梯队——突击组——50%兵力；第二梯队——清扫组——25%兵力；预备队——25%兵力。

突击组的任务如下：在黎明前一个半小时，以突然而迅猛的动作突至敌军防御纵深，以包括白刃战在内的手段大胆地痛击敌人，确保清扫组占领进攻目标。

清扫组跟在突击组后面前进，始终与其保持目视接触，任务是彻底消灭敌军人员和火器，并立即巩固占领的区域。.

预备队的任务是消灭敌军反击部队。

部队在为实施战斗计划而准备的过程中，重点解决 3 个问题：1. 获取并整合增援人员；2. 准备一线军官；3. 供应部队作战所需的弹药和食品。

在 12 月 18 至 20 日期间，我师将增援人员分配到各部队，并让他们熟悉了地形。

师部召集各团的正副团长、参谋长和营长开了 4 次作战指示会。

与此同时，连长、排长和下级军官均实地勘察了地形。

部队在此期间补足了弹药，主要是手榴弹。

报告对进攻的结果总结如下：

12 月 21 至 23 日的战斗证明，以夜间奇袭的方式攻克敌人坚固堡垒的战法是完全合理的。通过 12 月 21 日的战斗，步兵第 344 和 650 团得以在 500 米宽的正面突破敌军的主要防线，全歼了被攻占的掩蔽部、碉堡和地堡中的守军，并缴获了相当数量的战利品。

从 12 月 21 日到 23 日，我师各部消灭了 400 多名希特勒分子，彻底摧毁 18 个掩蔽部，击毁 3 门 37 毫米炮、2 挺重机枪、9 挺轻机枪、5 门迫击炮、4 支反坦克枪和 1 个临时弹药库。

在此期间，还缴获下列战利品：1 门 37 毫米炮、1 门 75 毫米炮、5 门迫击炮、2 挺重机枪、38 挺轻机枪、18 支冲锋枪、130 支步枪、14 支手枪、3000 多颗手榴弹、480 发迫击炮弹、大约 300 发炮弹、3 万多发枪弹、6 部电话机和其他物资。

我师俘虏了 9 名普通士兵和 1 名一等兵。

接着报告讨论了获得的经验教训：

通过三天的战斗，我师各部击破敌军防御，占领了他们一些最坚固的据点。经过适当准备以后，即便敌人激烈抵抗，此区域剩下的一个未被拔除的坚固据点——60号房[政委楼]也将被我攻克。

我师目前只完成了第一阶段的战斗任务。最主要的原因是，在城市环境中进攻敌军的坚固阵地与进攻筑垒地域的条件非常相似，我方人员对这类进攻作战的准备尚有不足。

如果我师能进行更长时间的准备，即使只有5天时间，也能把各个战斗小组捏合在一起，让连排长们更细致地准备各次战斗，并学会在城市地区出其不意地消灭敌人的技巧。

报告最后用下面这段文字结尾：

恢复以突破敌人主防线为前提的积极作战在近期极有必要。但是，我师需要获得人员补充，这些援兵最好是在两天内抵达。

★

大批伤员涌入德军的急救站和医院，把医护人员都累垮了。绷带和药品都严重短缺，为伤员提供适当的手术和护理更是白日做梦。有些医院离第305步兵师的指挥所不远，就在447号点西南500米外的一条冲沟里。施泰因梅茨上校走访了其中一个医院：

在第305师的防区里有几座脏得不像话的俄国农舍，有好几个师的救护站就设在里面，其中包括第305步兵师的救护站。我曾去这些悲惨的地方看过几次，其中一次我遇到了集团军的顾问医生，他是来自斯图加特的格罗斯（Gross）医务上校。他也被那里的条件惊呆了：医生、药品和所有必要的资源全都短缺。我问他是愿意在集团军司令部工作还是愿意来野战医院帮一点小忙，他回答说自己不能从集团军司令部开小差。我听了这话以后就力劝他来，我还说只要他点个头，我就能在保卢斯大将那里把其他所有事摆平，于是几天以后他就来了。

伤病员中间有个士兵失去了一只眼睛，但是却被禁止登上疏散伤员的飞机。想拿到逃离苦海的机票就是这么难！后来我再次去医院时，看见他还是可怜巴巴地躺在稻草铺上。我出于同情，便和师里的军医商量给他做个假，把他的两只眼睛都包扎起来。靠着这个办法，他终于回到了祖国。

1942年12月23日双方的伤亡情况
苏军步兵第138师：31人阵亡，46人负伤，共计77人
德军第305步兵师：16人阵亡，92人负伤，1名军官和27名士兵失踪，共计136人

1942 年 12 月 24 日

夜里，前线照例回荡着机枪和步枪交火的声音。弹药和口粮继续通过冰面运到柳德尼科夫师，但是运输队遭到了德军的机枪和冲锋枪骚扰，这些火力来自步兵第 768 团右翼"荆棘沟"（苏军称其为"小沟"）附近的德军阵地。戈罗季谢方向的重炮系统地轰击了扎伊采夫斯基岛、富河汊上的渡口和师指挥所，柳德尼科夫的指挥所还多次被六管火箭炮击中。苏军炮兵为了报复，用火力覆盖了戈罗季谢地区和"街垒"厂的德军大炮及迫击炮阵地。

在步兵第 650 团地段，有来自政委楼的重机枪火力和来自 14/15 号车间的零星迫击炮火骚扰。该团前沿阵地还遭到了集中投掷的手榴弹攻击。

在这天夜里，步兵第 138 师损失了 2 名士兵和步兵第 768 团的参谋长西利琴科（Silchenko）上尉，他的继任者是杰姆科夫（Demkov）上尉。

★

德军在这天晚上试图在储油设施区附近步兵第 90 团的地段收复失地。从前一天夜里 20 时到凌晨 2 时，他们以 15～20 人为一队三次进攻苏军在储油设施区西北的掩蔽部。这些进攻都被击退，德军损失惨重。早上，步兵第 90 团出动小规模突击队攻打储油设施区附近的个别据点。11 时，苏军的纵火器使储油设施区西北的一个德军掩蔽部燃起大火。突击队拿下几处阵地后带着缴获的 2 挺德制轻机枪和 1 挺苏制 DP 轻机枪返回。在步兵第 161 团地段，120 毫米迫击炮摧毁了德军在 21 号房附近的一个掩蔽部，并压制了 1 挺重机枪。

步兵第 95 师在这一天的损失：步兵第 241 团——9 人，步兵第 90 团——10 人，步兵第 161 团——1 人。

★

双方的步机枪对射整整持续了一天。任何一方的运动都会被准确的火力阻止。德军的机枪手和步枪手占了地利。他们隐藏在砖砌的堡垒里面，通过射击孔和观察缝警觉地凝视着外面一片狼藉的地面，寻找任何表明苏军即将发动攻击的迹象，他们尤其注意邻近的建筑，而在硝烟弥漫的地下室里，不值班的士兵都在抓紧时间休息，其他人则保持警惕，随时准备投入反击。

柳德尼科夫的指挥部撰写的第 241 号战斗报告很好地描述了仍然挡在该师面前的错综复杂的德军防御体系：

> 在我师当面，敌人继续以第 546、577 和 578 步兵团的残部顽强抵抗，这几个团各有 350~400 人。敌人在 1500 米长的防线上，利用大量楼房和车间的地下室、碉堡、掩蔽部和战壕构建了许多防御支撑点，它们全部通过密集的壕沟和交通沟网络相连，大部分具有互相重叠的有组织火力配系，通过以自动武器的火力削弱我军士兵人数优势，负隅顽抗。戈罗季谢方向的重炮以及主机械车间 [4 号厂房] 和 14/15 号车间 [3 号厂房] 方向的重迫击炮过去三天一直在系统地射击我师战斗队列、扎伊采夫斯基岛以及师指挥所一带的富河汊渡口。

> 当我战斗部队发起进攻时，敌人就会利用布置在 38 号房 [67 号楼]、36 号房 [73 号楼]、36 号房 [66 号楼]、60 号房 [政委楼] 和 14/15 号车间 [3 号厂房] 的机枪和迫击炮投射猛烈火力，进行顽强抵抗。

> 我军部队一边巩固已占领的阵地，一边准备未来的作战，目标是将敌人清除出被占领土，与步兵第 95 师连成一片。

▲ 一名德军哨兵从一座坚固楼房的地下室瞭望，他身前放着子弹上膛的 MP-40 冲锋枪

步兵第 768 团：防守原有阵地，准备以一支突击队夺取敌人的若干个碉堡。

步兵第 344 团：巩固新占阵地，将交通壕延伸到新占领的 41 号房 [75 号楼] 和 37 号房 [74 号楼]。准备爆破并攻克 36 号房 [73 号楼]。

步兵第 650 团：巩固已占领的阵地，准备爆破并攻克 60 号房 [政委楼]。

★

战斗在下午再趋激烈，苏军抱着极大的决心继续在 81 号楼 [63 号房] 中与敌人展开断断续续的厮杀。佩钦纽克的主要目标是占领政委楼，但是若没有消灭 81 号楼中的所有抵抗就不可能做到这一点。德国守军实际已被托波尔科夫的步兵第 1 营分割包围，他们唯一的生命线是一条如同脐带般连接着政委楼的狭窄壕沟，但就连这条壕沟也在苏军的手榴弹投掷范围内。战斗是无情的，据步兵第 138 师的战争日记称，苏军的战术是"重点夺取目标建筑的楼梯井"。

在步兵第 1 营发起进攻以歼灭被围守军时，步兵第 2 营把守着延伸到河边的既有阵地。他们修筑起防御工事，利用自己掌握的各种火力消灭德军火力点。来自政委楼的密集步机枪火力给他们造成了很大麻烦，因此他们引导重迫击炮轰击了政委楼，据观察员报告说，楼内的部分火力点被歼灭，他们还通过狭小的射击孔用反坦克枪干掉了一些德军士兵。

与此同时，在 81 号楼，苏军试图用新的方法来结束战斗。工兵运来上百公斤的炸药，安放在这座大楼的德军控制部分附近。然后苏军撤出楼外，退回到 83 号楼，德国守军当时肯定以为自己获胜了。随后炸药起爆，但是我们不知道有多少德国人被炸死（如果有的话），我们只知道第 51 军的夜间报告记录了爆破结果：

在火炮厂以东，经过两个小时激烈的肉搏战，敌人成功地将网格 83d2 的一座楼房爆破了一部分。因此我军不得不放弃该楼房。

据雷滕迈尔上尉回忆："鉴于我军在当前形势下不会再实施进攻行动，83 号楼和 81 号楼被放弃了。"步兵第 650 团的战斗日志则说："托波尔科夫突击队占领了位于 Ⅱ 形建筑 [政委楼] 前方的楼房，并在其中站稳了脚跟。"鉴于缴获的战利品不多（1 挺机枪、1 支冲锋枪和几支步枪），也没找到什么尸体，我们认为大部分德国守军应该是安全地撤到了政委楼。在占领 81 号楼之后，托波尔科夫的部下又在从这座楼房通到政委楼的壕沟里炸毁了一个弹药库。

在这一天结束时，步兵第 650 团的兵力为：44 名军官、28 名士官和 99 名士兵，共计 171 人。其中有 11 人是轻伤员。

★

德军在这一天的部分伤亡属于第 305 工兵营。伤员受的都是近距离战斗中的典型伤。第 3 连的伊格纳茨·凯因茨[1]（Ignaz Kainz）上等兵右肩被弹片击中，还被子弹射穿了右前臂，他在 1943 年 1 月 4 日乘飞机离开包围圈。第 3 连的马克斯·拉特纳[2]（Max Lattner）二等兵在近战中被磷弹烧伤，于 1942 年 12 月 30 日飞离包围圈。第 3 连的戈特弗里德·里格勒尔[3]（Gottfried Riegler）二等兵左上臂、左肩和面部都被弹片击伤，于 1943 年 1 月 4 日飞离包围圈。这三人都是在 11 月 19 日苏军发起反攻前刚刚抵达前线的补充兵，不过拉特纳和里格勒尔都是年轻稚嫩的奥地利人，30 岁的凯因茨则是个"老家伙"。

★

无论有没有战争，德国人庆祝日历上最神圣节日的决心是不变的……只不过不一定能如愿。第 577 掷弹兵团第 3 营的副官汉斯·B 少尉[4]回忆了苏军在平安夜的一次进攻：

> 那是 1942 年的平安夜。我清楚地听见外面的雪地里有人说话，他们正奔向我们的房子，并且高喊着"乌拉"。
>
> 他们不知道，我们在铁路路堤上的一个小房子里布置了一挺机枪，由一个罗马尼亚下士指挥，他把他们像割麦子一样统统撂倒了。
>
> 第二天，我们看见他们躺在我们的房子前面，有几十个人，全都被机枪打死，而且在雪地里冻硬了，俄国人在那里遭受了可怕的伤亡。

---

①伊格纳茨·凯因茨上等兵，第 305 工兵营第 3 连，1912 年 1 月 29 日生于大拉迪申，其余信息不详。
②马克斯·拉特纳二等兵，第 305 工兵营第 3 连，1923 年 4 月 10 日生于艾根，1944 年 11 月 18 日阵亡于意大利。
③戈特弗里德·里格勒尔二等兵，第 305 工兵营第 3 连，1922 年 6 月 17 日生于圣托马斯，其余信息不详。
④应家属要求隐去姓氏。

第 577 掷弹兵团第 6 连的排长马丁·许斯尔鲍尔[1]（Martin Schüsslbauer）参谋军士是个职业军人，他在圣诞节写给妻子的信充满了悲观的想法：

▲ 马丁·许斯尔鲍尔参谋军士

> 今天，在这圣诞节前夕，我的中尉被打死了，我不得不临时代理他的职务，直到继任者到来为止。他们还想提拔我，但是我拒绝了。我现在是全连从法国一路来到俄国的最后一个人，其他人不是死了就是伤了。我手下有十五个人想开小差，我好说歹说才把他们劝住。但是后来，在我不知道的时候，他们当了俘虏。我留了一颗子弹，万一斯大林格勒陷落，我就自杀。亲爱的范妮，到那时我肯定死了，你就不用等我了……

这是许斯尔鲍尔的家人从他那里收到的最后音信。

对德国人来说，圣诞节的意义怎么强调都不为过，在战争期间就更是如此。这是一年中最重要的聚餐日，几乎每个人都开始想起家中少了自己的圣诞大餐。这个宗教性节日的庄严纯净与战争的残酷本质以及这些德国人身处的悲惨境地形成了鲜明的对比，对斯大林格勒的大多数士兵来说，圣诞节成了反思和内省的时刻，各人的体会大同小异。在节前的几天，斯大林格勒被围部队的士气无疑经历了一番起伏。在 12 月 27 日写给家人的信中，第 578 掷弹兵团第 2 营的欧根·雷滕迈尔上尉描述了自己在圣诞节的经历：

> 我们的圣诞节完全泡汤了，但是我们还是得到了一点礼物：连续三天，每个人都领到了一块巧克力，有一次还发了一点杜松子酒，但是我们的圣诞节包裹连影子都看不见，也没有任何邮件。现实是很残酷的，我们只好尽量不去想。

---

[1] 马丁·许斯尔鲍尔参谋军士，第 577 掷弹兵团第 6 连，1904 年 1 月 27 日生于盖本巴赫，1942 年 12 月失踪于斯大林格勒。

第336工兵营的埃里希·鲍赫施皮斯会计中尉写道：

今天是圣诞节。虽然我们只能用最简陋的方式庆祝，但这个节日还是很温馨的。最糟糕的是我们收不到任何圣诞节邮包，距离我们上次收到邮件已经过了7个多星期，希望你收到了我写的短信。我们用细枝做了一棵小圣诞树，在上面装点了棉绒、锡纸和几支蜡烛。昨天晚上它照亮了我们的小房间，漂亮极了。在庄严的气氛中我们的思绪飞向了故乡，我希望你和所有的亲人都在快乐祥和的气氛下过节。我们只能靠一点杜松子酒和一杯咖啡来过平安夜。外面的寒风卷着碎冰砸在窗户上。我们周围的前线相当安静……

第305工兵营的威廉·特劳布上尉在信中告诉妻子：

我请了我们的军医来过平安夜，他现在已经调到一个步兵团去了。我搜集了一些酒，而他的陪伴帮我排解了一些寂寞感。我们谈了故乡的事，军医在东普鲁士有一家诊所，还有两个孩子，我们在很多方面有着共同的爱好。

当然，我们没收到邮件。天晓得这些东西被扣在哪里，我连一封信收不到。好吧，也许下回能收到，但愿我的信你至少能收到一封。你的平安夜过得怎样？我希望孩子们对圣诞节的大餐满意。今天听说我们的邮局里有大量包裹根本没送出去，我简直不敢奢望我的可可利口酒能寄到你手里了。

虽然你的包裹没送到，但我在这里还是收到了一点小礼品。我从第1连收到一根香肠和两块炸猪排，从其他人那里收到一包白糖、一片煎肉和一瓶干邑白兰地，我对这些礼物非常满意。从这件事可以看出我们这些老战友之间的情谊。另外我还有种感觉：各连都觉得必须让我一直吃得饱饱的。他们也许害怕我哪天因为营养不良进医院。我有时听到各种人议论说，我现在瘦得让人担心。不过我虽然瘦得很厉害，自我感觉却非常好。除此之外没什么新鲜事可说。我们还在和俄国人苦战，伤亡也还是很大。天晓得这日子什么时候是个头……

施泰因梅茨上校在战后的文章中回忆了他的圣诞节经历：

在节日前几天我走访了装甲歼击营的指挥所，看见掩体前面有几棵松树。这可是很稀罕的事，因为这一带的树木很难逃过变成柴火的下场。我向营长问起这几棵树的事，他告诉我指挥所的哨兵一直看着它们，为的是像在家乡一样庆祝圣诞节①。在平安夜的前一天，那个营派出一个通信员，把几根松枝送到师部作为圣诞礼物。我们在一个俄国农舍的房间里，挤在野战厨房边上庆祝了平安夜。起初收音机里传来一些圣诞乐曲，但是在那之后……天哪！……竟然是戈培尔的讲话。有人给操作员递了个眼色，他立刻知趣地关掉了收音机，于是气氛又恢复了。接着来了一个大惊喜：有人从门口送进来一大碗甜甜圈。原来有几个机灵的士兵掀开一座房子的地板，发现了一袋谷子。他们用咖啡豆研磨机把谷子磨成粉，然后掺上剩下的砂糖和猪油做成了甜甜圈。这个礼物给我们带来了莫大的快乐，虽然需要一副好牙齿（而且还要蘸一点茶）才能把这些甜甜圈咬碎。

第305装甲歼击营自行车连的连长乌多·朱利尼骑兵上尉也收获了一份惊喜：

> 一直到最后都有杜松子酒喝，我们喝的是君度甜酒掺杜松子酒的混合酒。我们还在一次夜间搜寻中成功地找到了面粉，在一个面包师和他的自制面包炉的帮助下，我们做出了足够我连里每人分一个的小面包，连同杜松子酒和香烟一起作为圣诞礼物分发下去，营造圣诞气氛，那种温馨的感觉是我一辈子都没体验过的。

> 夜里星光璀璨，寒风刺骨，地堡的门敞开着，好让烛光照到外面。然后通向掩体的门又被关上，圣诞颂歌回荡在夜空，一起出生入死的兄弟个个都为亲密的战友准备了一点小惊喜，因此我的弟兄们也请我喝了一回酒，他们把杜松子酒装在用炮弹壳做的小酒杯里，酒杯上还刻着对我和其他所有人都有重要意义的战斗日期。

第305炮兵团第2营的野战军医卡尔·舍普夫（Karl Schöpf）为圣诞节准备了一顿名副其实的大餐：

> 很多冻得硬邦邦的死马躺在雪地里，就像一个个小土包，我们已经有很长一段时间就靠它们的肉来填肚子。我们第305步兵师的炮兵有两头

---

① 负责看管这些树的是乌多·朱利尼骑兵上尉："我的地堡位于戈罗季谢附近的一个小丘上，是那一带唯一有林木覆盖的高地，长着一些松树。在圣诞节前的一段时间，我一直小心翼翼地看守着这些树，防范那些寻找圣诞树的人。"

骆驼，也已经被我们吃干净了。骆驼本来驮着两袋麦子，我们把它们藏在石头缝里。后来我想起了麦子，又叫人把它们取了出来。士兵们在一座被打坏的房子里看见一副小型的手磨，于是不顾零下 30 摄氏度的严寒，把它连夜带了回来。他们还带回来一条死狗。在斯大林格勒市区边缘的一个铸造厂里，我发现一种装在敞口大缸里的液体，味道很甜。我找人取样化验了一下，确认那是某种糖汁，但是也含有柴油成分，里面还漂浮着细小的金属屑。为了让这些糖汁变成能食用的美味，我把它们加热，舀出上面的胶状物，用一些纱布过滤。除此之外，我们还有一些麦片，因此我们在平安夜有了一些"特别"的美食。在前一天，我们用马肉做了很多肉丸，把它们存放在外头一个被掏空的大雪堆里（我们叫它"冰箱"）。我们还用一根树枝充当圣诞树，在上面装饰了一些从急救包里找到的棉絮和丝线。因为剩下的蜡烛很少，所以我在一个盒子里装上凡士林，把一卷绷带插在里面充当蜡烛的替代品。我们吃完前面提到的圣诞大餐以后，又唱起了颂歌。唱着唱着我们听见炮弹爆炸的声音，往外面一看，我们那个装着肉丸的"冰箱"被击中了，所有的肉丸都不见了。

不知是纪实还是虚构，作家海因茨·施勒特尔（Heinz Schröter）在他的

▲ 第 305 自行车连乌多·朱利尼骑兵上尉

▲ 野战军医卡尔·舍普夫

书里给"街垒"工厂的圣诞节描绘了一幅令人抑郁的景象:

> 在"红色街垒"厂一带长眠着许多死去的士兵,其中有四个人被他们的朋友埋在一辆坦克底下,那辆坦克是在圣诞节前夕被炸毁的。他们之所以被埋在那里是因为坦克底下没有雪。一支孤零零的蜡烛在坦克残骸上燃烧了几个小时。虽然周围有许多坟墓,但墓中人度过的是全世界最孤寂的圣诞节。

1942年12月24日双方的伤亡情况
苏军步兵第138师:7人阵亡,23人负伤,共计30人
德军第305步兵师:9人阵亡,24人负伤,共计33人

1942年12月25日

对51军来说,储油设施区一带的麻烦还在扩大。该军在上午的报告中称:"2时在火炮厂以东,一次针对储油设施区的进攻被击退,我军使用大炮和重型步兵武器打击了在网格82a3移动和集结的敌人。"这次进攻是步兵第241团发动的,步兵第95师的第125号战斗报告描述了这场战斗:

> 凌晨1时,步兵第241团经过准备以后,在炮兵第57团的大炮支援下,使用多支突击队占领了04号房[41号楼],还夺取了1个掩蔽部和1个碉堡。在这场战斗中表现突出的有巴巴耶夫(Babayev)列兵、雷库林(Rykulin)中尉和穆拉韦夫(Muravev)中尉衔政治指导员,他们最先冲进敌人的堡垒投掷手榴弹。

苏军在这次战斗中缴获了下列战利品:1挺重机枪、1挺轻机枪、15支步枪、大约2000发步枪弹和1部电话机,他们还俘虏了第305工兵营的一名奥地利籍一等兵。步兵第241团的损失是3死7伤,全团还有144名活跃战兵。步兵第95师的另两个团在各自的阵地上按兵不动。在0时20分,步兵第90团地段的迫击炮对在绿色储油罐以西发现的一股德军(约有10人)开了火。除此之外,没有值得一提的情况。

★

"火岛"周围照例响起夜间大合唱。冰封一般的寂静不时被零星的步枪射击声打破，然后很快接上一阵急促的机枪射击声，持续几分钟以后，又重归冰封一般的寂静。片刻之后，同样的焰火表演又会重复，偶尔还有炮弹呼啸而至。德国人从工厂车间发射迫击炮的巨响会清晰地回荡几秒钟，然后炮弹就拖着哨音飞过悬崖，在河岸上爆炸。

步兵第138师在3时发出第259号战情报告，声称其下属的某支部队在夜里缴获了一辆被打坏的德国坦克。

圣诞节的黎明就这样到来，天寒地冻，白露为霜，煤烟和砖屑将皑皑白雪染上异色。双方在这天都网开一面，没有发起什么战斗。第51军报告说："火炮厂以东的敌人没有发动进攻。"苏德两军都仅仅满足于用大炮、迫击炮和机枪互射：在8时30分，炮兵第295团第3连朝4号车间[6a号厂房]的一门德军火炮发射了18发炮弹。从9时30分到10时，炮兵第295团第2连用83发炮弹轰击了33号房[65号楼]和35号房[66号楼]，观察员报告有5名德国人被炸死，在13时50分，炮兵第295团第1连和第2连又朝德军前沿阵地的一条战壕射弹24发，并报告击毙10名士兵。

政委楼在这一天是被重点关照的目标——独立迫击炮第292团的120毫米迫击炮朝它丢去78发炮弹，而反坦克第230营的45毫米炮朝楼内清晰可见的机枪枪口焰打了47发炮弹。

14时26分和15时，德军一个布置在拖拉机厂附近的六管火箭炮连轰击了扎伊采夫斯基岛。

苏军的大炮和120毫米迫击炮在这一天还用火力覆盖了60号房[政委楼]、38号房[67号楼]、35号房[66号楼]、36号房[73号楼]、32号房[72号楼]、14/15号车间[3号厂房]和主机械车间[4号厂房]一带，目的是摧毁德军火力点和杀伤人员。

★

在炮兵发威的同时，柳德尼科夫师的各部为预定在当天夜里发动的进攻作战进行了准备。13时，师部下发第096号战斗令，对未来几天各团的行动做出了指示。命令的开头总结了德国守军的情况：

> 敌情：第305步兵师的残部在工兵加强下，正在激烈地抵抗我军的进攻行动。他们奉命建立由精心布置的射界和工程障碍组成的防御体系，企图不惜一切代价守住他们的阵地。

步兵第768团的任务是摧毁49号房以东100米区域的火力点，并夺取50号房以东100米处一条小冲沟上的阵地。

步兵第344团的任务是不晚于12月26日夜间占领35号房[66号楼]和36号房[73号楼]，不晚于12月28日到达28号房[59号楼]、29号房[63号楼]、31号房[71号楼]和列宁大道。

步兵第650团的任务是不晚于12月26日夜间占领60号房[政委楼]，不晚于12月28日到达列宁大道、27号房和07号房东南的冲沟。

炮兵将全天投射密集弹幕，以压制和摧毁50号房以东地堡群一带以及51、50、49、48号房、机械车间、14/15号车间和3号车间中的德军射击阵地。在步兵发起进攻后，炮兵将针对机械车间、14/15号车间、3号车间及9、8、7、3号房的周边提供火力支援。

命令宣称："我军各部必须以极快的速度机动灵活地作战，以求用决定性的打击压制和歼灭敌人。"步兵预定在16时开始进攻，但是只有步兵第768

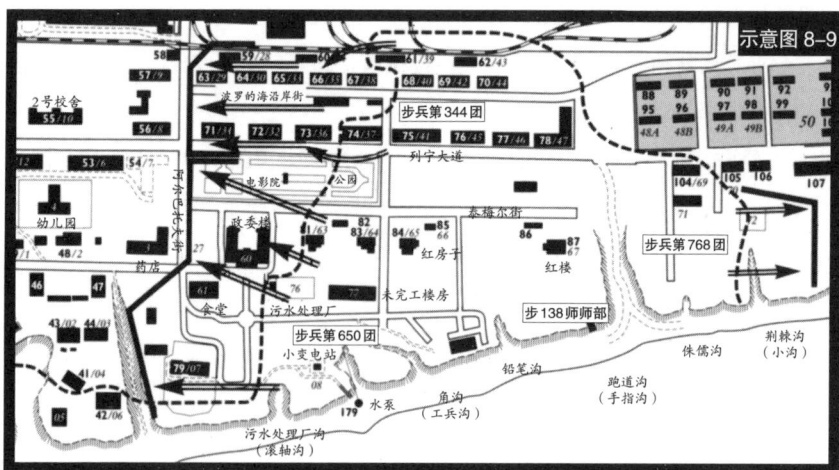

▲ 1942年12月25日，步兵第138师的进攻意图

团会准时行动。

佩钦纽克少校和他的部下面临艰巨的任务。政委楼是个不折不扣的要塞，它不仅拥有坚固的墙壁、狭小的窗口、密布隔间的地下室和易守难攻的地势，而且带刺铁丝网、地雷、绊索和机枪等各种阵地战必需装备也应有尽有。这意味着即使靠大批勇士按特别周密的计划发起进攻，成功机会也极为渺茫。德军完全清楚这座建筑的战略意义：它是防线上的中流砥柱。若是这里失守，火炮厂以东的阵地就很难保住了。按照雷滕迈尔的说法，"我们依靠施瓦本人特有的坚忍不拔防守政委楼"。为了守住这里，德军决不会吝惜人员、武器和弹药。

为了准备攻打政委楼 [Π 形房]，佩钦纽克少校下发了一道命令：

> 敌人在 Π 形房负隅顽抗，把它变成了一座要塞。他们组织了密集的火力，企图不惜一切代价守住它。

> 我团已经夺取紧邻 Π 形房的几个坚固据点，逼近了这座建筑。因此我命令：1. 压制 Π 形房中敌人的防御火力配系，歼灭其人员；2. 在这座楼房的东南角和西北角两处实施爆破。

> 两个突击组（第一个从 63 号房出发，第二个从未完工楼房西南的蓄水池出发）在爆破后迅速突入 Π 形房，使用手榴弹、刺刀和轻武器射击消灭敌人，然后在楼内巩固防守。

> 攻击信号——对 Π 形房的爆破。各营营长应该为每个突击组分配 9 人。他们应该装备手榴弹和自动武器。

步兵第 650 团的兵力是 45 名军官、25 名士官和 90 名普通士兵，共计 160 人。从佩钦纽克的命令可以看出，被指定用于进攻的突击组规模非常小。先前的几次攻击已经证明投入大批人员突击这座楼房是愚蠢之举，更好的做法是先用少数人员突破目标，然后再让大队人马跟进肃清敌人并巩固阵地。

步兵第 650 团的战斗日志报告了这一天在该团地段发生的事件：

> 敌人在 Π 形房中负隅顽抗，将它变成了坚固的防御支撑点。今天日间，他们用小型武器、机枪和冲锋枪猛烈射击，并周期性地以重迫击炮和大炮开火。

> 我团已占领一些敌人重兵把守的据点，逼近了 Π 形房。今天我团继续防守已占领的阵地，组织小型武器、机枪和迫击炮射击了敌人的火力点。

由于任务艰巨，佩钦纽克不得不把进攻时间推迟到所有准备工作完成为止，科诺瓦连科的步兵第344团也出于同样考虑推迟了进攻。

★

第62集团军的战争日记总结了这一天的事件：

> 步兵第138和95师击退了敌人个别步兵群的进攻，继续以小规模突击队战斗，攻打敌人的个别据点。
>
> 步兵第95师的一些部队占领了04号房，并夺取3个掩蔽部和1个碉堡。战利品：1挺重机枪、1挺轻机枪、15支步枪和2万发步枪弹。抓获俘虏：一名第305步兵师的奥地利籍一等兵和一名第305步兵师的德国籍士兵。

18时30分，苏军又一次进攻这一区域。步兵第90团的一支突击队攻击了"阑尾沟"突出端的一条德军战壕，但是遇到了劈头盖脸的手榴弹雨。他们攻击不利后退回出发阵地，继续用机枪和小型武器火力打击德军火力点。伤亡：1人死亡、8人负伤。在步兵第95师的突击下，德军的防线渐渐发生着变化。时不时地有一处楼房、掩蔽部或战壕被占领，然后被并入苏军的地盘。在这个一年中最神圣的日子里，第50装甲工兵营第1连的排长鲁道夫·戈特瓦尔德（Rudolf Gottwald）[①]少尉在这一带的战斗中身负重伤，当天晚些时候死在一个救护站。

第305步兵师得到了一些新的增援：卡纳特上尉[②]的第16要塞工程营的一个连，他们此前隶属于南边的友邻部队第79步兵师。

★

第576掷弹兵团团部连的连长汉斯·肯普特上尉此时幸运地驻扎在城外，他已经在这座城市的废墟中战斗过：在10月22日，他接过了第3营的指挥权，

---

① 鲁道夫·戈特瓦尔德少尉，第50装甲工兵营第1连，1915年6月30日生于汉堡，1942年12月25日阵亡于斯大林格勒。
② 布鲁诺·卡纳特（Bruno Kahnert）上尉，第16要塞工程营，1903年10月6日生，1943年2月失踪。

因为该营的营长埃门德费尔（Emendörfer）少校病倒了。肯普特率领该营在"街垒"工厂苦战了两个星期，直到他自己在 11 月 2 日被弹片击伤头部左侧。虽然伤势并不严重，但上级还是将这位参加过第一次世界大战的老战士召回团部休养。他本来早该轮到休假，但因为种种原因推迟成行，因此他没有和自己的妻女共度圣诞节，而是和部下一起庆祝了节日：

> 下午，我拜访了团里一位在附近养病的上尉。在 15 时（这时天已经黑了），我在一间为我们空出来的马房里召集起我的连里所剩无几的人员（20 来个人）。屋里有一张盖着白布的长木桌和一个炉子，墙上挂着毯子，遮住了光秃秃的土质墙面。桌上摆着迎圣烛冠和两盏电石灯。经过这番布置，这个房间很符合伯利恒①的风格。至于那头小毛驴②（其实是我们的一匹马），先前已经被拉了出去，此时通过野战厨房重新和我们见面。我们在这个房间里享受了一顿美餐，每人吃了三块小肉饼和满满一饭盒美味的面汤。我做了简短的致辞，然后大家开始喝茶和杜松子酒，好在没有人喝醉。每个人还得到 2 小包饼干、20 支香烟和 2 支雪茄作为圣诞礼物。我们就是这样过节的……后来我和中尉一起回到我住的地堡，通过野战电话听了一大段在另一个地堡里广播的

▲ 第 576 掷弹兵团汉斯·肯普特上尉，摄于 1942 年 10 月

---

① 译注：据《圣经》记载，耶稣降生于伯利恒的马厩中。
② 译注：据《圣经》记载，耶稣曾骑驴进入耶路撒冷城。

"前线后方心连心"①和戈培尔的讲话。你们肯定听到了从斯大林格勒传出的声音，人人都在挂念着我们，这里是整条战线的焦点。

★

冰天雪地的气候妨碍了人们的正常活动，即便是最简单的任务也颇费力气。据特劳布上尉记载：

> 我不得不马上赶到办公室去。它离我的宿舍不过 50 多米，但是走这么一小段路我的手就会冻僵。我们这里又刮起了冰冷刺骨的东风，月亮非常明亮，今晚肯定很冷。我的宿舍里倒是温暖宜人，砖砌的壁炉供暖效果非常好。虽然我在入睡前会让火熄掉，但是到了早上仍然很暖和。

★

在黑夜降临时，步兵第 768 团以小规模战斗队发起对德军火力点的进攻，突击组遇到猛烈抵抗，他们投了几颗手榴弹后就返回了出发阵地。在 21 时，有人用反坦克枪引爆了一处弹药库。

1942年12月25日双方的伤亡情况
苏军步兵第138师：2人阵亡，14人负伤，共计16人
德军第305步兵师：1名军官和5名士兵阵亡，25人负伤

1942 年 12 月 26 日

德军的机枪和迫击炮在夜间时不时地开火。午夜时分，在戈里什内师的地段，步兵第 161 团左翼遭到德军迫击炮和工厂东南角一门反坦克炮的曳光弹

---

① 这档著名的广播节目在圣诞之夜的 19 时到 20 时播出，各条战线上的军人在节目中通过实况直播向德国国内发去节日祝福，在听过驻纳尔维克和非洲部队的问候后，许多身在斯大林格勒的士兵惊讶地听到了："这里是斯大林格勒，伏尔加河前线。"

射击，还有一些炮弹落在柳德尼科夫的指挥所、扎伊采夫斯基岛和富河汉渡口。步兵第 768 团的一支侦察分队在向北试探前行时遭到 49 号房和 50 号房一带机枪手的扫射。

步兵第 344 团和 768 团当面的德军没有主动进攻，但是一支来自政委楼的排级分队两次试图反击步兵第 650 团的阵地。苏军用小型武器及机枪火力加上手榴弹打退了这些反击，双方的伤亡都非常小。到了凌晨 1 时，有 4 门 1927 型 76 毫米炮通过冰面被拉到伏尔加河的斯大林格勒一侧，它们属于伊万诺夫（Ivanov）大尉的炮兵第 295 团的第 4 连和第 5 连。

★

白天在波澜不惊中过去，德军只有零星开火。另一方面，苏军的武器一直在不断打击德军防线。为了给夜间的攻击行动做准备，大炮和 120 毫米迫击炮以系统性的炮击摧毁了若干德军火力点和装备，并杀伤了一些人员。柳德尼科夫师的战争日记记载：“我军用步机枪与躲在被毁楼房的地下室里的敌人交火，又给他们造成了很大伤亡。”德军零星的炮火也使苏军各部不敢大意。在 11 时 40 分，两门德军火箭炮从机场方向朝扎伊采斯基岛打了一次齐射。在 13 时 40 分，德军的迫击炮又对柳德尼科夫的指挥所一带进行了火力急袭。

步兵第 138 师的战斗总结如下：

步兵第 768 团用迫击炮摧毁了 3 个掩蔽部。

步兵第 344 团摧毁了 1 个掩蔽部，压制了 1 个火力点，并射塌了 38 号房 [67 号楼] 的 3 个射击孔。此后该团继续组织火力射击，为夜间的进攻向行动创造条件。

步兵第 650 团除了在夜间击退德军从政委楼发动的两次反击外，还轰塌了这座大楼的 2 个射击孔，并用火力覆盖了德军射击阵地。据该团的战斗日志称，它还“消灭了 2 名敌逃兵”。该团此后继续摧毁敌军火力点，消灭敌军人员和装备，并为突击队的夜间行动做了准备。全天该团损失 4 名士兵，均为负伤。此后其兵力为 48 名军官、25 名士官和 91 名普通士兵，共计 164 人。步兵第 138 师在右岸共有 840 人，外加 51 名不属于该师的人员，总计 891 人。其中 550 人是活跃战兵。全师装备有 657 支步枪、126 支冲锋枪、23 挺轻机枪、1 挺重机枪、1 挺高射机枪、17 门迫击炮、8 支反坦克枪、3 门反坦克炮、4 门 76 毫米炮和 4 具纵火器。

★

储油设施区一带在这一天保持着令人胆寒的平静。戈里什内师的 3 个团控制着既有阵地，一边加固战壕和掩蔽部，一边实施侦察，并与德军进行了零星交火。在 11 时 40 分，步兵第 161 团的 3 名士兵被己方的 120 毫米迫击炮误伤。

★

据第 51 军的夜间报告记载，"火炮厂以东无战事。"苏军猛烈的大炮轰击和机枪扫射只是虚张声势。德军部队躲在墙壁坚实的地下室里相当安全，伤亡很小。这一天负伤的 16 名士兵中包括第 305 工兵营第 2 连的二等兵约翰·布莱姆施密特[1]（Johann Breimschmidt），他的右腿膝盖被弹片击中，后在 1942 年 12 月 30 日乘飞机离开包围圈。

1942年12月26日双方的伤亡情况
苏军步兵第138师：2人阵亡，18人负伤，共计20人
德军第305步兵师：1人阵亡，16人负伤，共计17人

1942 年 12 月 27 日

据步兵第 650 团的战斗日志记载："整个晚上，敌人不断用重机枪、迫击炮和大炮射击我团战斗队列和富河汊的渡口。"在早晨，德军又用六管火箭炮猛轰柳德尼科夫的指挥所和扎伊采夫斯基岛上的炮兵阵地。他们还时不时以小型武器、机枪、迫击炮和大炮射击富河汊渡口和扎伊采夫斯基岛上的苏军部队。但是，他们没有发动任何反击，甚至很少离开地下室和掩蔽部的保护。

---

[1] 约翰·布莱姆施密特二等兵，第 305 工兵营第 2 连；1908 年 5 月 6 日生于维也纳附近巴登，其余信息不详。

▲ 在这张照片中，波罗的海沿岸街的房屋和铁路路堤清晰可辨，厂房的制高点优势也显而易见——屋顶上的德军狙击手和机枪手可以轻松用火力覆盖苏军阵地。注意从 4 号车间通出，穿过铁路路堤连到 66 号楼 [35 号房] 的德军壕沟

　　步兵第 344 团的部队向政委楼方向实施侦察，并在此过程中占领了德军的一个掩蔽部和一条交通壕。步兵第 650 团的侦察分队为了发现和摧毁德军火力点实施了佯攻，该分队有 2 人受伤。

　　从 7 时开始，苏军的一些侦察小组实施抵近观察，目的是探明德军前线和防御纵深的集结地、火力点和火力配系。炮兵和步兵武器的火力摧毁了一个掩蔽部和一个火力点。步兵第 768 团继续巩固阵地并用机枪和迫击炮杀伤德军人员，与此同时步兵第 344 团使用步兵武器和 76 毫米炮及 45 毫米炮的直瞄射击逐个摧毁 60 号房 [政委楼]、35 号房 [66 号楼] 和 38 号房 [67 号楼] 的射击孔。政委楼受到了无情的打击：从 8 时到 11 时，炮兵第 295 团第 4 连和第 5 连的 76 毫米炮向这座楼房射了 300 发炮弹，3 名炮兵因为德军的还击而负伤。政委楼北侧墙面有多处垮塌，苏军观察员声称有 12 个德国人被击毙，还有 1 挺机枪被摧毁。第 378 掷弹兵团的连长瓦尔特·比克曼 [1]（Walter Birkmann）少尉受了重伤，当天晚些时候不治身亡。

　　被炮火部分毁伤后，政委楼又在 12 时 30 分遭到步兵第 650 团的两个突

---

[1] 瓦尔特·比克曼少尉，第 578 掷弹兵团，1917 年 2 月 22 日生于纽伦堡，1942 年 12 月 27 日因伤死于斯大林格勒。

击组攻击，德国守军立即猛烈开火。政委楼的周围被带刺铁丝网环绕，通向它的道路都埋设了地雷，苏军突击组的一个排长和一名士兵触雷。突击组攻击无果，只得返回本方阵地。16 时 30 分，第 51 军向第 6 集团军报告：

> 13 时 05 分，敌人经过大炮和迫击炮的猛烈火力准备后，向第 305 步兵师的防御核心（政委楼）进攻，但被我军击退。从 14 时开始敌人又开始进攻，战斗仍在持续。

双方在 13 时 30 分迎来一群不速之客：3 架德国 Ju 52 运输机朝西南方向笔直穿过战场上空。戈里什内师报告说，他们用降落伞空投了一些物资。在 15 时 30 分，又来了 3 架运输机，在工厂上空盘旋一阵，然后朝西北方向离开。

在攻击受挫后，佩钦纽克团的工兵想到了一个新方法来爆破政委楼：他们准备把两个装了 600 公斤炸药的油桶滚进楼里。一旦爆破成功，突击组就会立即进攻大楼。

第 51 军在夜间报告中写道：

> 敌人对第 305 步兵师地段的政委楼发起进攻，被守军以火力粉碎。已确认敌人在继续筹备进攻。敌人的大炮、迫击炮和反坦克炮还在猛烈射击，但强度有所减弱。

★

步兵第 95 师地段在这天上午相当平静，但到了下午就风云突变。药店和 55 号楼① 的德国守军用小型武器和机枪火力覆盖了步兵第 241 和 90 团的战斗队列。在 14 时 30 分，苏军发现有 18 名德军士兵从工厂西南角向贴近前沿阵地的据点——1 号房和 2 号房 [48 号楼] 移动，苏军的机枪扫射了他们。步兵第 241 团还报告说，该团的纵火器和迫击炮把 1 座碉堡和 3 名士兵烧成了灰烬。取得更大战果的是该团的狙击手，他们宣称在这一天共击毙 12 名德军。狙击

---

① 苏军对这座楼房有多种称呼：10 号房、E 形房或 2 号校舍。这座建筑留存至今，仍然作为校舍使用。这里方格图案的地砖能勾起苏军老兵鲜明的回忆，楼内还设了一个小博物馆来纪念当地的战斗。

手瓦拉帕耶夫（Varapayev）击毙 6 人，狙击手克拉索夫（Krasov）击毙 4 人，狙击手叶夫多米柯夫（Evdomikov）和尤洛夫斯基（Yurovsky）各击毙 1 人。友邻的步兵第 90 团的狙击手也对碉堡射击孔和落单的士兵连放冷枪，宣称击毙了 5 个德国人。

戈里什内的步兵第 95 师最近才开始广泛使用狙击手。该师的参谋长克利缅科（Klimenko）中校应第 62 集团军的要求编写了一份报告，他在报告中说："我师各部现在已经有一些狙击手，但是还不够。话虽这么说，我还是要列出狙击手的名单和他们自 12 月 1 日以来的个人战绩。"

步兵第95师的狙击手						
编号	姓名	所属部队	出生年份	入伍年份	惯用武器	毙敌数
1	阿列克谢·彼得罗维奇·费季谢夫 （Alexei Petrovich Fetisev）	步兵第241团	1908	1942	步枪	4
2	切伊博克南·谢尔加济诺夫 （Cheyboknan Sergazinov）	步兵第161团	1918	1942	狙击步枪	5
3	格里戈利·达维多维奇·库科尔斯基 （Grigori Davidovich Kukorsky）	步兵第161团	1918	1939	冲锋枪	2
4	尼古拉·格里戈利耶维奇·格拉济林 （Nikolai Grigoryevich Glazyrin） 少尉	步兵第161团	1923	1942	冲锋枪	4
5	雅各布·安德烈耶维奇·库德里 亚夫采夫（Yakob Andreyevich Kudryavtsev）	步兵第161团	1920	1942	冲锋枪	2
6	P. P. 阿加波夫（P. P. Agapov）	步兵第161团	1921	1942	步枪	3

克利缅科在总结中说，在这次战役开始前，该师没有狙击手骨干队伍，但是"现在已经采取措施培养狙击手"。到月底时，该师的狙击手已经大量涌现，在战场上空间狭窄的地段尤为活跃。

他们的枪下亡魂中包括了第 576 掷弹兵团第 11 连的连长格哈德·博芬格[①]（Gerhard Bofinger）少尉。他在这一天中枪，次日不治身亡。

---

① 格哈德·博芬格少尉，第 576 掷弹兵团第 11 连，1919 年 12 月 19 日生，1942 年 12 月 28 日因伤死于斯大林格勒。

★

第336工兵营第3连的连长伯恩哈德·齐施中尉给家里寄了一封信，透露了斯大林格勒的残酷无情：

> 今天你们应该在庆祝圣诞假期的第三天，我们今年没能庆祝圣诞节。大家确实领到了一些零碎玩意作为圣诞礼物，但是除此之外，没人想到圣诞节。等我回家休假时会告诉你更多。
>
> 至于健康方面，现在又恶化了。不过这也不奇怪。我已经在四面漏风的地下室里连续住住了好几天。外面的温度是零下25~30摄氏度。我的鼻子像溶化了一样不停地流鼻涕，我咳嗽的毛病又犯了。至于发烧么，感谢上帝，还不是特别厉害。希望我们的情况能早点改善……

▲ 伯恩哈德·齐施中尉

雷滕迈尔上尉则描述了另一种烦恼，它让枯坐在弥漫恶臭的地下室里的德军士兵颇有屋漏偏逢连夜雨之感：

> 害虫把我们折磨得够呛。我只要在地堡里一躺下，虱子就会在我全身乱爬，从脖子到脚都不放过。我对这些东西非常敏感，简直无法入睡。在我们现在的环境下，要"消灭"它们是不可能的，至少在掩蔽部里办不到。我们要是走到室外当然可以抓虱子，但是外面是零下20摄氏度，这么做当然也有困难。
>
> 我已经换过衣服，但是只过了很短的时间虱子就卷土重来。这些怪物闹得人不得安宁。

他在战后的记述中又更详细地描述了他们悲惨到极点的境况：

> 个人卫生问题已经不在考虑范围内，一刻不停的战斗让人根本顾不上这个。胡子长疯了。在地下室里，我们把从工厂建筑里撬来的木地板浸上油，丢进圆柱形的铁皮炉里当柴烧。这会产生非常浓密的烟雾，让屋

里所有东西都蒙上一层黑色的烟灰①。整支部队里人人都是一副惨样。不仅如此，每个人的脸都因为饥饿而变得越来越扭曲。大家的眼窝越来越深，眼睛里都带着一种异样的神色。虱子猖獗一时，让我们疲惫的身躯无法休息。唯一的解决办法就是到屋外找个安全的角落，然后冒着刺骨的严寒脱掉衣服，徒手把这些害虫撸下来，用这种办法至少能得到一个小时的安宁。

即使在这样恶劣的条件下，这些德国人还是熬了下来，而且还会继续熬下去，原因可以在特劳布上尉给妻子的信中找到：

> 我们必须坚持下去，否则德国就会遭受可怕的灾难。但愿我们的孩子能过上比我们好的日子，一生中不会再遇到战争。

1942年12月27日双方的伤亡情况
苏军步兵第138师：1人阵亡，9人负伤，1人被后送，共计10人
德军第305步兵师：3人阵亡，1名军官和22名士兵负伤

1942年12月28日

德军在这天夜里没有什么特别的举动，他们的小型武器、机枪和迫击炮间歇性地射击，目标主要是富河汊的渡口和扎伊采夫斯基岛。最密集的火力来自主机械车间 [4 号厂房]、14/15 号车间 [3 号厂房] 和 27 号房、60 号房 [政委楼]、35 号房 [66 号楼]、36 号房 [73 号楼]。苏军的侦察小分队在德军曳光弹编织的火网下进行侦察，探明德军前沿阵地和防御纵深的火力点、部队集结地、火力配系和防御工事。第 101 号侦察报告中描述的结果反映了从 12 月 27 日黄昏开始的夜间交火情况：

> 我军通过战斗、侦察和观察，确定了以下情况：在 17 时 30 分和 20 时，机械车间的一门 81 毫米迫击炮向步兵第 650 团开火。在 22 时 20 分，

---

① 军医舍普夫注意到这种做法带来了意外的后果："许多士兵使用会产生很多烟雾的简易小火炉。他们的眼睛因此得了结膜炎。"

14/15 号车间的重机枪射击了步兵第 344 团右翼。在 22 时 30 分，一门 75 毫米加农炮从机械车间 [4 号厂房] 西南角对步兵第 344 团的战斗队列零星开火。在 2 时，机械车间里的一门 81 毫米迫击炮射击了富河汊渡口。

对侦察兵和师领导来说更重要的是，他们判明了当面德军部队的番号：

> 在 19 时 10 分，一支侦察小分队通过交通壕在 36 号房 [73 号楼] 和 35 号房 [66 号楼] 之间的一个哨位上抓获并击毙了一名士兵。从尸体上找到的证件证实与步兵第 650 团对峙的是第 305 步兵师的第 578 步兵团。

这份报告还描绘了德军防线的情况：

> 在我师各部当面驻守的敌人没有任何活动，但是他们用迫击炮系统地射击了我师战斗队列和师指挥所一带。他们不断用机枪扫射我师的主防线，在夜间还用个别机枪射击了富河汊的渡口，并用照明弹照亮街区。他们在 60 号房 [政委楼] 中负隅顽抗，并部分地重建了 60 号房西边被摧毁的碉堡和交通壕。

苏军在夜里听到一些型号不明的德军飞机在头顶发出轰鸣声。5 时，苏军观察到在雕塑公园一带有一个排的德军步兵和 6 辆机动车，还观察到德军在 38 号房 [67 号楼] 一带构筑工事。

在步兵第 138 师的右翼，步兵第 768 团一支侦察分队里的阿尔多希宁（Aldoshinim）列兵缴获了一挺德制轻机枪和两箱子弹。

在这个晚上，步兵第 138 师共有 4 人死亡、1 人负伤。

这就是火炮厂以东杀戮之地的一个普通的夜晚。

戈里什内师的地段风平浪静，双方都据守着各自的阵地，用步枪和机枪交火。步兵第 241 团使用 45 毫米反坦克炮、迫击炮和机枪压制了已知的德军火力点，宣称摧毁 3 个掩蔽部并消灭大约 20 名士兵。该团无人伤亡，其活跃战兵为 141 人。步兵第 90 团的狙击手又宣称击毙了 7 个德军士兵。其中一人是第 50 装甲工兵营第 2 连的马克斯·阿尔贝特[①]（Max Albert）一等兵。步兵

---

① 马克斯·阿尔贝特一等兵，第 50 装甲工兵营第 2 连，1911 年 8 月 24 日生于基兴拉米茨，1942 年 12 月 28 日阵亡于斯大林格勒。

第161团用45毫米炮、迫击炮和机枪压制了步兵第61团（属于索科洛夫上校的步兵第45师）阵地前方学校附近已被判明的德军火力点，支援了后者的进攻行动。该团摧毁了1个碉堡和3个掩蔽部，击毙德军约15人，其中7人是狙击手的战果。该团有3人负伤，尚有活跃战兵79人。

★

整个白天，双方的步机枪激烈对射，苏军观察员注意到多队德军从楼房转移到"街垒"厂的车间里。他们猜测德军正在利用从后方赶来的援兵重新编组，替下一些前线部队。德军的重武器在白天很少射击：在11时10分，一门六管火箭炮从雕塑公园方向朝扎伊采夫斯基岛打了两次齐射；在15时，14/15号车间 [3号厂房] 里的一门81毫米迫击炮轰击了柳德尼科夫的指挥所一带。

柳德尼科夫的部下继续巩固新占领的阵地，并使用小型武器、机枪、迫击炮和76毫米炮及45毫米炮的直瞄射击打击60号房 [政委楼]、36号房 [73号楼]、35号房 [66号楼] 和38号房 [67号楼]，以及各种火力点和掩蔽部。此外，扎伊采夫斯基岛上的120毫米迫击炮轰击了政委楼及其周边的胸墙。为了给新的进攻做准备，苏军已经把这一带的防御工事彻底打击了一遍，但是从佩钦纽克团的战斗日志可以清楚地看出，他们知道要拿下这里并非易事：

> 步兵第650团指挥员决定：突击 Π 形建筑。
>
> 敌人已经把 Π 形建筑改造成坚固的堡垒，他们这座堡垒里集结重兵，进行激烈抵抗。虽然炮兵反复轰击，Π 形建筑北侧的半地下室层仍然有大量火力点。在二楼有3挺轻机枪和1挺重机枪，还有冲锋枪手和专门投掷手榴弹的人员。从防守哨位和敌军火力来判断，敌人在楼内的兵力超过50人。
>
> 为了完成夺取 Π 形建筑的战斗任务，我命令：利用步兵第1营和第2营的人员组成小规模突击队来攻击 Π 形建筑。步兵第1营应组建三个小组：a. 掩护组——掩护 Π 形建筑西面；b. 突击组；c. 占领组——利用从我方楼房通出的壕沟，攻击 Π 形建筑右翼的西侧部分，并肃清右翼的敌人。步兵第2营应支援步兵第1营的突击队，压制住 Π 形建筑东北角的敌人，并随时准备击退来自公园的反击。应以装备轻机枪的分队掩护突击队作战。要为所有士兵提供数量充足的手榴弹、反坦克手榴弹和燃

烧瓶。为了压制敌火力点，希望后方重炮提供支援。

第51军在20时50分的夜间报告提到了当晚政委楼遭到的攻击：

> 在火炮厂以东，敌人用重炮和反坦克炮轰击后，对我军位于网格83d中央的阵地(政委楼)发起进攻，战斗仍在继续。在整个白天以及入夜以后，敌人的飞机都很活跃，一直使用投弹和以机载武器扫射的方式骚扰我前线和后方。

这次战斗将在次日持续很长时间。

1942年12月28日双方的伤亡情况
苏军步兵第138师：3人阵亡，16人负伤，共计19人
德军第305步兵师：7人阵亡，27人负伤，共计34人

1942年12月29日

第138师指挥部发出的第267号战情报告简要地叙述了对政委楼的突击：

> 步兵第344团提供了一支突击队，并用强大火力掩护了步兵第650团作战。佩钦纽克的突击队发起了攻打60号房[政委楼]的战斗，这座楼房是敌人重兵把守的据点。战斗仍在继续。

截至报告发出时，记录的损失是4死7伤。

苏方记录中没有提到他们如何实施把两桶炸药滚进政委楼的计划。炮兵第295团的第4连和第5连对政委楼和周边火力点总共打了76发炮弹，他们宣称歼灭德军16人，摧毁1挺重机枪，炸毁1堆物资并压制了2挺重机枪的火力。

在6时10分，第51军向第6集团军报告："在夜里，敌人两次攻击火炮厂以东的政委楼，均被击退。"步兵第650团的战斗日志称："敌人以重机枪和迫击炮射击我团，在 Π 形建筑一带进行了猛烈抵抗。"而步兵第138师的第246号战斗报告则记载："在步兵第650团突击队作战的地区观察到敌人的火力极其猛烈。"在夜幕掩护下突入政委楼的第一次尝试失败了，但突击队毫不气馁，又做好了再次攻击的准备。

★

德军在夜间继续大兴土木，加固工事。和往常一样，断断续续的步机枪交火持续了整个晚上。在 79 号楼内前进观察员的引导下，德军的大炮和迫击炮不断射击富河汊的渡口，阻挠苏军的补给行动，冰面上的任何活动只有在夜间才可能进行。苏军的大炮和 120 毫米迫击炮为了压制和摧毁德军火力点也不甘寂寞。"街垒"地区的其他地段仍然比较平静，这一天的战斗主要围绕政委楼进行。

★

戈里什内的部下注意到德国人都在夜暗笼罩下活动，这无疑是为了避免致命的冷枪。凌晨 1 时，在步兵第 161 团地段，有五六个德国人企图接近苏军前沿阵地，但是被机枪火力击退。在 12 号房一带，苏军经常发现有个别德军士兵从工厂向"阑尾沟"[驼背沟] 运动。在日间，苏军各部继续用消耗性火力削弱德军据点。在步兵第 241 团与 02 号房 [43 号楼]、03 号房 [44 号楼] 和 07 号房 [79 号楼] 守军交火过程中，他们的大炮和迫击炮摧毁了 07 号房附近的 2 个碉堡。步兵第 90 团的迫击炮摧毁了绿色储油罐附近的 1 个掩蔽部，但他们有 2 名士兵被德军火力击伤，还有 1 门迫击炮受损。德军的伤亡人员中包括第 50 装甲工兵营第 2 连的莱昂哈德·迈斯纳[1]（Leonhard Meissner）一等兵，他在这一天战死。

★

佩钦纽克的"团"在这天上午冲击了政委楼。突击队得到了西边步兵第 344 团和位于蓄水池附近的步兵第 2 营部队的火力支援。步兵第 1 营的突击组冲出 63 号房 [81 号楼]，成功地穿越了政委楼前被火网覆盖的空地。政委楼的北面是一大堆碎石和剥落的混凝土楼板。从断垣残壁之间可以瞥见大楼的内部构造，但地下室的入口全被瓦砾堵死了。突击组快速攀上碎石堆，跳进了楼内。

---

①莱昂哈德·迈斯纳一等兵，第 50 装甲工兵营第 2 连，1916 年 4 月 22 日生于霍恩易北（今捷克弗尔赫拉比），1942 年 12 月 29 日阵亡于斯大林格勒。

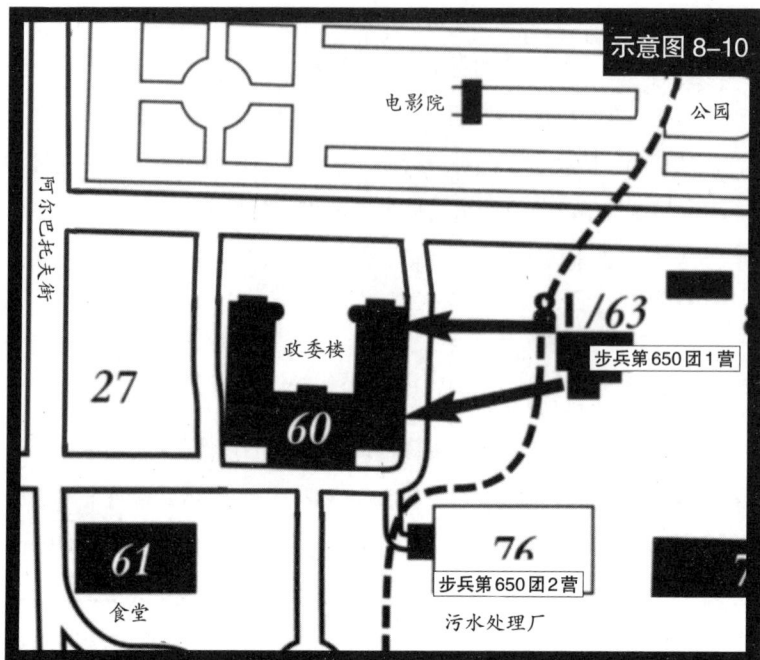

▲ 1942 年 12 月 29 日，苏军对政委楼的攻击

他们以手榴弹作为主要武器，在这片恐怖的废墟中与德军展开残酷的搏杀。德国守军也打得很勇敢，他们沿着走廊发起反冲击，但是被连串手榴弹炸了回去。德军的预备队通过连接大楼的壕沟紧急驰援，仍在楼外的步兵第 2 营部队则竭尽全力阻击他们，掩护公园方向的小组成功地阻止了那个方向的德军援兵。苏军炮兵也为切断政委楼的外援出了大力：在 9 时 40 分，仍位于伏尔加河对岸的炮兵第 295 团第 3 连向药店 [3 号房] 附近准备增援政委楼的一队德军打了 12 发炮弹。他们上报称击毙德军 5 人。不过尽管苏军采取了种种措施，还是有不少援兵进入楼内。

完成最初的突破后，苏军占领组随即跟进。兵力大增的苏军突击队成功占领了大楼北翼一楼和二楼的大部分区域，但是德军的抵抗也变得越来越激烈。他们在坚固的地下室里死战不退，苏军发现要把他们赶出去极为困难。当然，地下室里的德军也不是无懈可击，据戈尔巴坚科上士回忆：

恰雷赫（Chalykh）和科诺普托夫（Konoputov）在12月底参加了对"街垒"工厂Π形房的突击。科诺普托夫在地板上开了一个通到地下室的洞，劈头盖脸地朝里面的德国人砸手榴弹，还用火焰喷射器烧他们。

不过，德国人对这座大楼布局的了解使他们占了地利。他们在混战中始终控制着地下室，并利用地下室从两个方向夹击苏军。一些人沿着走廊反击，与苏军逐个争夺房间；另一些人则迅速穿过地下室，从大楼北翼西端的楼梯井爬上来——正好出现在苏军后方。腹背受敌的苏军在楼内没有稳固的立足点，但他们还是坚持战斗。

▲ 伊万·加夫里洛维奇·恰雷赫

激烈的逐屋争夺战持续了几个小时，苏军占领的房间受到几十颗德军手榴弹的洗礼。步兵第138师在14时发出的第268号战情报告称：

> 在我师左翼，步兵第650团的突击队为了占领60号房正在激战，战斗在该楼的北翼进行，敌人用机枪、冲锋枪和迫击炮对我突击队作战区域猛烈扫射。

该师当天的报告则说："楼内拼手榴弹的战斗还在继续。"报告发出时的伤亡统计是8人死亡，40人负伤。

在戈尔巴坚科的叙述中提到了一个在政委楼作战的苏军军官——伊万·加夫里洛维奇·恰雷赫（Ivan Gavrilovich Chalykh）上尉，他对这次攻击记忆犹新：

> 我曾有幸成为斯大林格勒城的保卫者之一。我主要在红旗步兵第138师编成内战斗在"街垒"工厂一带，担任步兵第650团的宣传干事……作为团宣传干事，我自始至终都在连队里和战士们待在一起。我们的所有指战员都英勇奋战，宁死不屈。

▲ 从政委楼内眺望公园对面的 72 号楼 [32 号房] 和更远处的"街垒"工厂。几乎可以肯定，这个穿透厚墙的大洞是德军在 1942 年 11 月攻击的结果

▼ 从政委楼拍摄的另一张照片，这一次是眺望 53 号楼（雷滕迈尔的指挥所），右边是 2 号校舍，背景中是 6e 号厂房。注意在公园里靠右侧的地方是第 245 突击炮营在 11 月 11 日被击毁的长炮管三号突击炮。53 号楼旁边还有另一台装甲车辆

"街垒"工厂的 Π 形房经历了长时间的争夺，1942 年 12 月 29 日我就在那里受了重伤——18 块弹片嵌进了颅骨。我只在卫生营治了 12 天就回到了部队里……

政委楼里的战局最终发生逆转。德军占了上风，把佩钦纽克的部下赶了回去。在步兵第 650 团的战斗日志里记载了此战的最终结果：

> 托波尔科夫分队占领了大楼北半部分的一楼和二楼，但是在日落时，由于伤亡严重，他们被迫离开大楼，在这座大楼北面的废墟里固守。为了恢复失地该分队又做了多次尝试，但是由于他们的人数非常少，每一次都被击退。他们的手榴弹也快用完了。

这是苏军第一次成功突入政委楼，但功亏一篑。在 16 时 30 分，第 51 军向第 6 集团军报告说："在火炮厂以东，敌人在上午对政委楼的反复攻击全被击退。"双方的伤亡几乎相等。

这一天最后的战斗行动是德军实施的，从 19 时到 21 时，他们的迫击炮对佩钦纽克团实施了两次火力急袭。

1942年12月29日双方的伤亡情况
苏军步兵第138师：8人阵亡，49人负伤，共计57人
德军第305步兵师：9人阵亡，35人负伤，共计44人

1942 年 12 月 30 日

在夜晚的严寒中，第 305 步兵师的南侧防区受到苏军的严重威胁。1 时 30 分，步兵第 61 团第 2 连（属于步兵第 45 师）突破了德军在网格 82a3 的前沿阵地，向西北推进到"刺刀沟"和"绦虫沟"之间，并夺取了"飞机楼"（位于面包厂南端的一座大型教学楼）。虽然这个据点属于友邻第 79 步兵师第 226 掷弹兵团的防区，但它的失守使"街垒"厂一带德军的整条防线面临被割裂的严重危险。德军在"街垒"工厂以东浸透鲜血的阵地是以 79 号楼和政委楼为防御基点的，而现在这里形成了一个不稳固的突出部，极易被苏军从南面包抄乃至切断。

第 226 掷弹兵团上午的报告描述了飞机楼失守的经过：

> 我部通过反击两次扫清了飞机楼以东的阵地，但是敌人以重迫击炮
> 实施全面火力准备后，向飞机楼内的阵地推进并占领了该楼。我部左翼
> 后撤至刺刀沟，面向飞机楼防守。右翼固守原阵地。计划以突击炮和第
> 179 工兵营第 3 连发起反击夺回飞机楼，并与刺刀沟内的部队建立联系。

这次反击在 7 时 05 分发起，德军动用了保罗·菲德勒（Paul Fiedler）中
尉的第 179 工兵营第 3 连和第 245 突击炮营第 2 连的 3 辆长炮管突击炮，后者
是作为"救火队"配属给第 79 步兵师的。德军在开始取得了一些进展，但是
随即在苏军猛烈的弹幕拦截下止步不前。接着一队 40 人左右的苏军士兵从飞
机楼发起反冲击，将德军赶回了出发阵地。菲德勒的部下有 1 名士兵死亡，1
名士官和 8 名士兵负伤。随后德军只能通过在面包厂南侧边缘和"刺刀沟"出
口占领阵地来封堵苏军的突破。突击炮悄悄移动到面包厂南半部分监控战局，
随时准备击退继续突进的苏军。这里的战斗仅仅是热身而已。

★

夜幕下，步兵第 650 团的一个突击组和工兵营的一个爆破班做好了占领
政委楼的准备。为了支援工兵行动，苏军组织了小型武器、机枪以及迫击炮射
击德军火力点。德军在这天夜里也以小型武器和机枪拼命扫射，企图阻止工兵

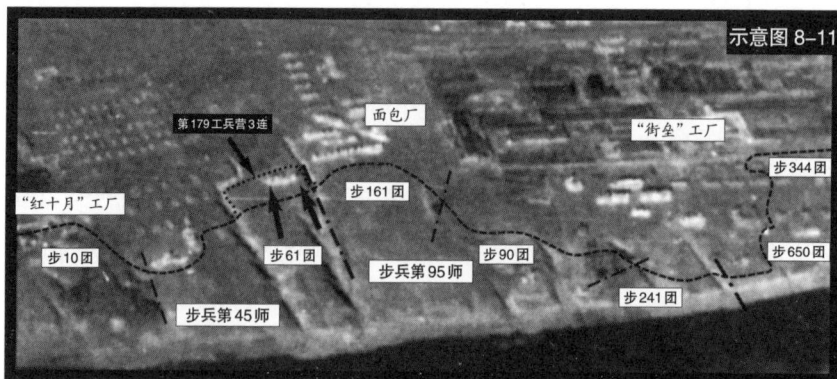

▲ 1942 年 12 月 30 日，苏军对"飞机楼"的攻击和德军的反击，这座建筑的重要性显而易见。如果面
包厂也被占领，在"街垒"工厂的德军阵地将受到严重威胁

靠近，他们没有成功。经验丰富的苏军工兵神不知鬼不觉地爬到政委楼下安放好炸药，然后回到了自己的阵地。其他苏军部队则保持着准备出击的状态。在10时，工兵炸开了政委楼的西北角。但是苏军攻击部队没有跟进。

同样借着夜幕掩护行动的还有一些侦察小分队，他们还在继续对德军部队和阵地进行侦察。师侦察连的一队侦察兵在拂晓时攻击了德军的1个火力点，击毙1名德军，在自身无一人损失的情况下带着1挺机枪、1条弹链、1支步枪、1把信号手枪和1袋信号弹回到了己方阵地。

这一夜的行动让步兵第138师付出了2死4伤的代价。

★

8时20分，步兵第161团的一个突击队试图夺取机器街上的一个碉堡（它就在刚被占领的飞机楼右边）。德军立即发动反击，但却铩羽而归。10分钟后，又有大约30名德军士兵发起进攻，试图夺回校舍［飞机楼］。他们的攻击矛头直指步兵第161团（步兵第95师）和步兵第61团（步兵第45师）的结合部。苏军用45毫米炮、迫击炮和机枪火力击退了这次反击。在此过程中他们俘虏1名罗马尼亚士兵，并把他送到后方审问。步兵第161团的损失是7人负伤，它的活跃战兵还剩67人。

★

当天余下的时间一切如常。德军以小型武器、机枪和迫击炮零星开火，苏军以更猛烈的火力还以颜色。他们利用直瞄射击的火炮和步兵武器摧毁德军占据的楼房、火力点、掩蔽部，不过主要的目的还是杀伤前沿阵地和防御纵深的德军人员。第51军报告说："火炮厂以东阵地时而遭到猛烈火力袭击，但没有步兵进攻。"

苏军观察员发现德军又在挖地三尺，在4号车间［6a号厂房］一带和"街垒"工厂以北约500米处还实施了多达10次爆破。这些情况发生在第389步兵师的地段。德军的特长还是修筑更好更深的防御工事，由于弹药日渐稀少，要守住阵地，最简单最有效的办法还是让士兵在安全的地方躲过苏军的子弹和炮弹，并让他们以最有效率的方式使用弹药。空运来的弹药数量有限，远远不能满足部队的日常需求，因此官兵们不得不竭尽所能四处搜寻，据雷滕迈尔上尉记述：

> 我们的弹药供应情况非常严重。在 10 月的战斗中，有许多弹药被丢弃在民房和工厂车间周围。现在大家开始急切地收集这些弹药，任何一支部队如果找到一些迫击炮弹、手榴弹或步枪子弹都会很高兴。在 1943 年 1 月 1 日，上面传来一道命令："从现在起，每门重步兵炮每两天配给一发炮弹，每门轻步兵炮每天一发。"而俄国人正在大手大脚地挥霍炮弹：他们的大炮和"斯大林管风琴"几乎用炮弹把我们的阵地完全翻了一遍。每过一天，包围圈都在收紧。我们不得不耐心地熬过去。

★

为了加强第 226 掷弹兵团在面包厂附近和飞机楼周边的防御，原属第 71 步兵师的第 191 掷弹兵团第 3 营在下午被划给了第 79 步兵师。对这个地段的守军来说，哪怕只多一个人也好，因为整个下午苏军都在向飞机楼一带增兵。在当天晚上，一个连（第 191 团第 9 连）将替换第 226 掷弹兵团左翼的连。另一个连（第 191 团第 10 连）将在元旦前夜替下该团右翼的连。还有一个由马丁·克鲁修斯 ①（Martin Crusius）中尉率领的连（第 191 团第 11 连）将留作团预备队。

步兵第 138 师在这一天提交了一份报告，详细统计了该师从 1942 年 10 月 15 日到 12 月 30 日给德军造成的损失。虽然有些数字（尤其是击毙德军人数和摧毁装备数量）似乎略显不可信，但其他数字看来十分准确。

> 消灭：9460 名军官和士兵、24 辆坦克（包括击破和彻底击毁）、3 辆装甲汽车、24 门各种口径的大炮、32 辆汽车（包括小汽车和卡车）、54 门迫击炮、164 挺机枪、4 支反坦克枪和 1000 多支步枪。摧毁德军工事：29 个碉堡、62 个掩蔽部、1 个防御支撑点（由地堡、碉堡和掩蔽部组成的防御体系），并炸毁 6 个弹药库。战利品：2 门 75 毫米炮、1 门 45 毫米炮、1 门 37 毫米炮、6 门迫击炮、91 挺机枪、3 支反坦克枪、97 支自动步枪、

---

① 马丁·克鲁修斯中尉，金质德意志十字勋章，第 191 掷弹兵团第 11 连，1919 年 8 月 30 日生于布赖纳姆，1943 年 1 月失踪于斯大林格勒。

468 支步枪、112 支冲锋枪、300 多发大炮炮弹、400 发迫击炮弹、3000 颗手榴弹和96200 发步枪弹。俘虏:8 名军官、27 名士官和 54 名士兵,共 89 人。

这些统计数字预示着已经饱受折磨的德军前景不妙,但对苏军来说这些只不过是开胃小菜。当红军最终大快朵颐之后,这些数字与第 6 集团军遭受的惊天浩劫相比只是小巫见大巫。

1942年12月30日双方的伤亡情况
苏军步兵第138师: 2人阵亡, 7人负伤, 共计9人
德军第305步兵师: 6人阵亡, 23人负伤, 共计29人

1942 年 12 月 31 日

步兵第 138 师工兵营的一个爆破班为消灭政委楼的守军又实施了一次行动。夜里,他们在政委楼北翼实施爆破,宣称炸死了 10 名德军并炸毁 1 挺轻机枪。工兵以及掩护他们的来自步兵第 650 团的步兵没有损失。该团的主要目标和 6 天前一样,仍然是占领这座坚固的建筑。全团指战员在夜间加固了防御工事,并用小型武器、机枪和迫击炮射击了德军火力点。该团战斗日志当天的记录还提到了德军一个新据点的亮相:

　　在夜间,敌人从 Π 形房、电影院和 07 号房组织小型武器和机枪射击,
　　还从 14/15 号车间一带用迫击炮射击我团战斗队列。

"电影院"(按德军的叫法是"剧院")是位于公园中央的一座砖楼,这座两层楼的大型建筑原是供工厂高级管理人员使用的剧院。值得注意的是,它的铁皮屋顶此时仍然完整保留着。也许德军早就驻扎在里面,但是苏军直到此时才注意到——至少直到此时才在记录中提及。它的地位非常重要,虽然它的射界被其前方的一片桦树林所阻挡,但它构成了德军面向北方的防线上的又一支撑点。

12 时 40 分,苏军观察员发现一队 27 人的德军从 3 号车间 [6c 号厂房] 穿过空地跑向 60 号房 [政委楼]。苏军的炮火将这股德军歼灭了一部分。

柳德尼科夫师报告说:"我部一边继续用火力打击敌人,一边设法巩固在

▲ 左边的建筑是电影院，但照片中更值得注意的是在 1942 年 11 月 11 日的战斗中被击毁的 33B 型突击步兵炮残骸。由于这一带的战斗没有停歇过，遭毁伤的车辆无法被回收

某些建筑中的阵地。敌人继续在我师正面修筑工事，并朝富河汉的渡口射击。"

★

第 51 军向第 6 集团军报告了面包厂附近的战况：

　　敌人在黎明时以多支突击队两次进攻第 305 步兵师右翼地段，我军经过肉搏战后击退了进攻，这一地段还遭到重炮和迫击炮火力袭击。

步兵第 95 师的第 137 号战斗报告描述了这次进攻：

　　4 时 30 分，步兵第 161 团的两支突击队在一个反坦克炮连以及若干迫击炮和纵火器支援下，封锁了敌人在机器街上的一处火力点。到 4 时 35 分，突击队推进了 10～15 米，但遭到小型武器、冲锋枪和机枪火力拦截。敌人利用交通壕绕到突击队左侧，用密集投掷的手榴弹攻击他们。突击队遭受一定伤亡后退回出发阵地，并继续与敌人交火。损失：7 人死亡，9 人负伤，1 挺重机枪受损。活跃战兵：47 名。

　　由于飞机楼失守，再加上接到了加强戒备的命令，这一地段的德国守军显得非常焦躁。他们使用小型武器、机枪和迫击炮从 43 号楼、44 号楼、79 号楼、

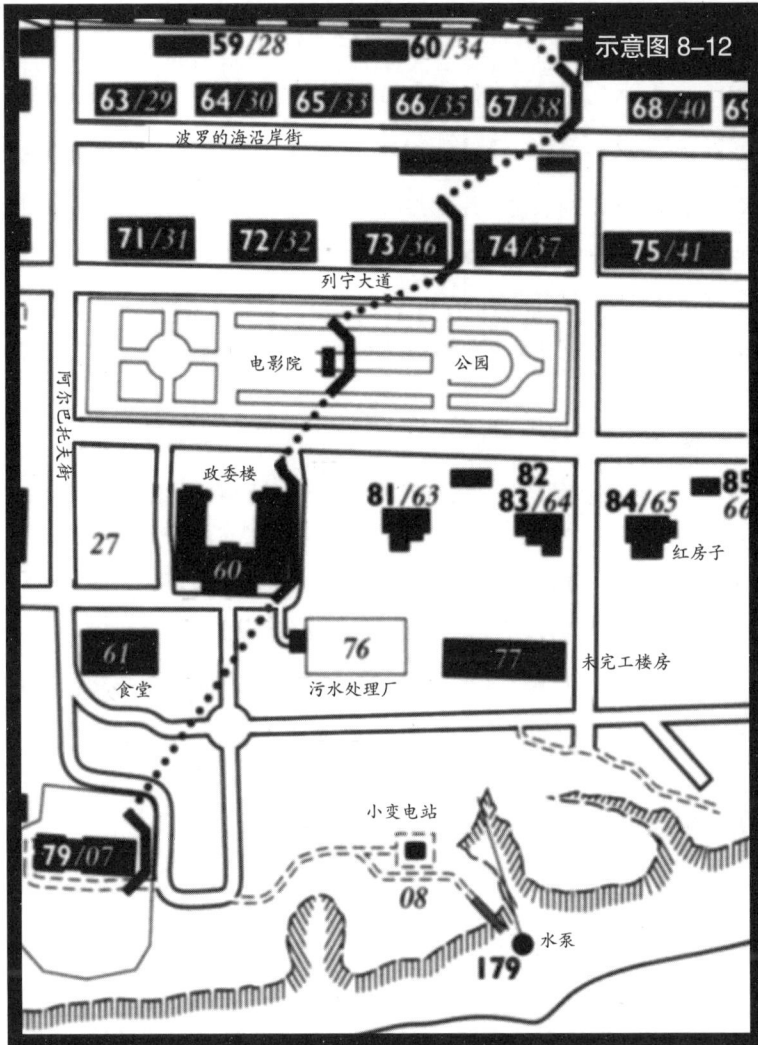

▲ 德军各据点构成的防线

药店和绿色储油罐射击戈里什内师的前沿阵地，偶尔还朝储油设施区一带投掷手榴弹，并时不时地用 D-40 式迫击炮轰击河岸。苏军还发现了德军援兵的调动，在 14 时 45 分，他们观察到大约 25 个德国人带着 1 挺轻机枪跑向绿色储油罐，在 15 时又有一队 10～15 人的德军士兵从同一区域向飞机楼运动，但遭到了机枪和迫击炮的打击。步兵第 241 团的步兵们使用包括纵火器在内的各种武器猛烈打击了德军在 02 号房 [43 号楼]、03 号房 [44 号楼] 和 07 号房 [79 号楼] 附近的德军火力点。该团的损失为 2 人负伤,活跃战兵有 122 人。其友邻的步兵第 90 团也有 2 人负伤,剩余的活跃战兵为 68 人。

步兵第 95 师和第 138 师在 12 月 22 日早晨会师的地方仍然进行着白热化的争夺。苏军已经完全收复河岸,并占领了悬崖顶上一道几十米长的地带,但是雷滕迈尔上尉和他的部下还顽强地守着 79 号楼。他们这座弹痕累累的两层楼堡垒有着厚实的石墙和坚固的地下室,在迫击炮、大炮和机枪无休无止的打击下仍屹立不倒。雷滕迈尔清楚地记得围绕这座伏尔加河悬崖上的孤立要塞进行的残酷战斗:

> 进攻接二连三,日夜不停,有时是奇袭,有时是在猛烈的炮火准备后发动。俄国人借助一种弹弓式的设备发射白磷弹,像施展魔法一样点起熊熊大火。我军与敌人的战斗经常是捉对肉搏,互相拽着领子、扯着衣服,用手榴弹敲碎对方的脑壳。每天的伤亡都很严重,对部队来说那里是一个可怕的熔炉。我们必须在那里保持 30~35 人的守卫力量,但是每到夜里,往往只剩下 10~15 人。派到那里去的军官平均只能战斗两到三天,然后就非死即伤。我记得特别清楚的是第 576 掷弹兵团的罗明格尔(Rominger)中尉和第 577 掷弹兵团的鲍迈斯特(Baumeister)少尉,他俩都是在近战中被俄国人的手榴弹炸伤的。

由于军官短缺,德军不得不提拔可靠的士官和士兵。第 578 掷弹兵团第 1 连的汉斯·伯恩哈特上等兵就是一例。他因为没有上过中学,虽然聪明过人而且在军中历练多年,却只能止步于上等兵的军衔,无法继续晋升。但是,斯大林格勒的局势导致正规程序全部作废,军人可以仅凭功勋得到提拔。于是伯恩哈特成了下士,并且同时被任命为连长。

雷滕迈尔的处境肯定没有人会羡慕:他现在被三面包围,南边储油设施区一带、“食指沟”和“阑尾沟”里的苏军甚至能顺着 79 号楼的后墙扫射。更糟的是,来自 83 号楼和污水处理厂的苏军火力几乎可以(不过比较勉强)穿过后墙的窗户打进楼里。因此这座大楼被这些火力有效地切断了后路,雷滕迈尔手下那些年轻的施瓦本籍和奥地利籍士兵等于是在里面坐牢。他们与师主力唯一的联系通道是两条曲折通向药店和政委楼的壕沟,但它们充其量只是两条

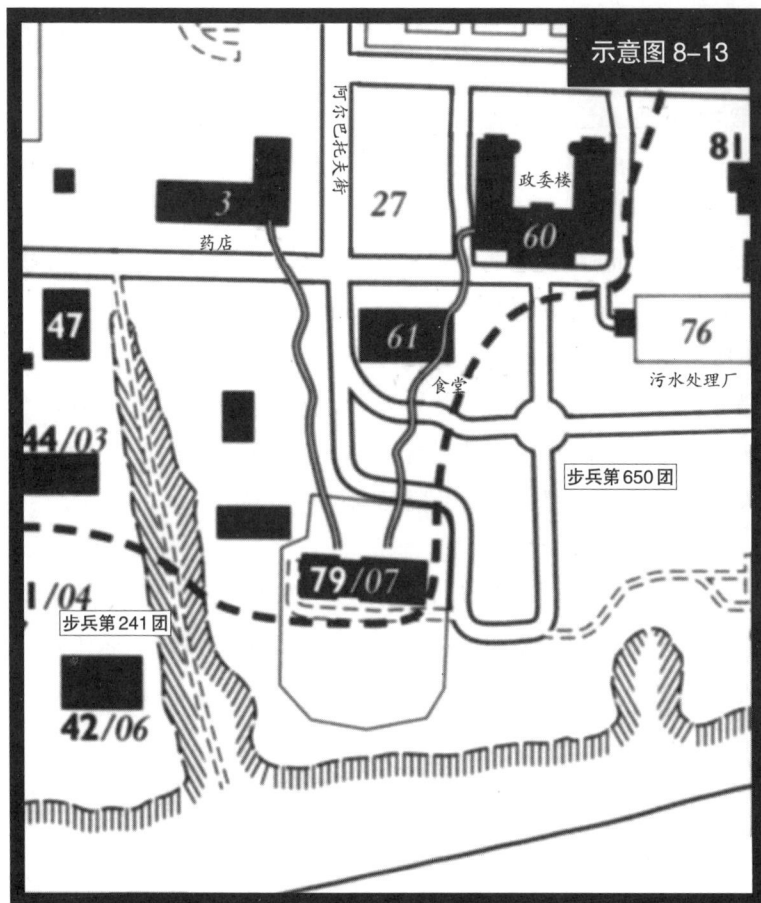

▲ 79 号楼一带的形势

脆弱的纽带。苏军的迫击炮一直盯着这两条壕沟，而靠北的那条通到政委楼的壕沟更是在苏军阵地的手榴弹投掷范围内。尽管如此，对戈里什内和柳德尼科夫来说，79 号楼仍然是妨碍他们继续前进的拦路虎，是一根典型的"肉中刺"。有这个讨厌的钉子在，连接这两个师的走廊就无法拓宽。如果能拔掉它，德军的前线就会被迫后退百来米，回到药店和政委楼一带，而这可以给苏军创造急需的回旋余地。步兵第 95 师和 138 师都把占领这个据点（或者干脆把它从地图上抹掉）视作重中之重。

无论如何，德军已经再也不能饮马伏尔加河了，"滚轴"的通信兵们拉了一条连通戈里什内师的电话线。除此之外，直通集团军的电话线也已经布设完毕。

第138师通过这条电话线接到了集团军司令部的以下命令：

> 师长柳德尼科夫上校应在伏尔加河沿岸路径变得安全时来集团军指挥所一趟。

柳德尼科夫此时正在佩钦纽克的团里。佩钦纽克的预备队成功击退了德军的所有反击，在新占领的阵地上站稳了脚跟。入夜后，柳德尼科夫回到自己的指挥所，得知了崔可夫的命令。

德军仍然在有系统地炮击河岸。大家早就对这样的炮击习以为常了，因此柳德尼科夫立刻开始为司令部之旅做准备。他披上一件棉袄，又穿上了大衣。他的大衣胸口处曾经被手榴弹破片击穿的地方打着显眼的补丁，肯定会引起司令员的注意，这让柳德尼科夫感到尴尬。

"没必要为这些补丁害臊，你应该以它们为荣！"库洛夫说，但是这些合理的意见却起了反效果。柳德尼科夫脱下大衣，递给库洛夫："这些补丁让我看上去像个难民。拜托了，把你的大衣给我吧。"

他们俩的军衔和身材都一样，因此他们交换了大衣。

伏尔加河上暮色渐浓，柳德尼科夫和师政委蒂托夫（Titov）、炮兵主任特钦斯基一起上了路。在"工兵沟"南面，河岸有一个急转弯。转过去以后就是"滚轴"小分队所在的半圆形缺口。在缺口上方——双方为了争夺堑壕曾经多次激战的地方——又有一些人影在晃动，他们是一支负责埋葬尸体的小分队。师长和政委想去拜访一下"滚轴"小分队的战士们，但特钦斯基劝他们等到返回时再去。此时天色已暗，他们必须沿着满地狼藉的河岸再走2公里路，而崔可夫和他的参谋人员已经等候多时了。

在戈里什内师的防区，哨兵们向第138师的3位指挥员问了口令。得到正确回答后，哨兵们护送着指挥员们到了索科洛夫上校的步兵第45师防区。就这样，经过哨兵们的接力，柳德尼科夫和他的同伴到达了集团军司令部所在的掩蔽部。这里和他们自己在"街垒"工厂的掩蔽部一样，构造类似于矿井的横坑道，有两个面向伏尔加河的入口。

哨兵带着他们进入一个宽敞的房间，那里已经聚集了集团军军事委员会和各师的师长：罗季姆采夫（Rodimtsev）少将、巴秋克上校、索科洛夫上校和戈里什内上校。柳德尼科夫抑制住激动的心情走向司令员，准备向他正式报告步兵第 138 师师长已奉命抵达……但是军衔高于他的崔可夫却打破了通常的礼仪。他快步迎向柳德尼科夫，把他紧紧抱住，然后亲吻了他。在如此欢乐的气氛鼓舞下，每个人都不再拘束，他们自由自在地表达着各自的情感。在汇报、澄清并探究了所有关于作战的问题以后，闲聊开始了。"街垒"工厂的来客成了大家关注的焦点，毕竟他们已经让大家等待了太久，而他们的命运更是让第 62 集团军上上下下都兴奋不已。

"一个司令员和手下的师长虽然一直在并肩作战，却有整整 70 天没法见面，这样的仗哪里有过？"崔可夫说话时始终没有把赞赏的目光从柳德尼科夫身上移开。"这种奇事只能发生在这里，在斯大林格勒。你为啥不说话？快告诉我们你们是怎么生存和战斗的。"

"说得好像您不知道一样……"众人的目光让柳德尼科夫感到很不好意思，他真的不知道该说什么好。在他周围全是英勇无畏、身经百战的指挥官。他们什么恶仗没见过？"我们在你死我活的战斗中打败了德国人，连喘息的机会都没有。我们甚至没有注意到秋去冬来……当然啦，我们也挨了打……"

"挨了打！"崔可夫很惊讶，主要是因为柳德尼科夫那像是聊家常的口气。"不，想想看！两个德国师，外加配属的其他部队，被一个苏联师死死挡住，两个经验丰富的德国将军奈何不了一个苏联上校……"

参谋长克雷洛夫对司令员小声嘀咕了几句，但是崔可夫认为没必要透露尚未成为正式命令的消息。他摇了摇头，带着满意的神情，故意加重了语气重复道："是的，就凭一个上校！还有他那普普通通、平淡无奇的步兵师……"

柳德尼科夫用手遮住脸微笑了一下。要不是在这样喜庆的场合，他肯定会为了他的师的荣誉和司令员争辩一下。这里只有包括崔可夫在内的少数人熟悉这个"普普通通、平淡无奇的步兵师"。崔可夫曾经在阿克塞和顿河草原上的其他地方见过这个师的战斗作风，认识了它的指挥员和优秀的士兵。在 10 月，当斯大林格勒战役中的第二次危机达到顶点时，崔可夫特意请求方面军军事委员会将这个"普普通通"的师从预备队调来。柳德尼科夫知道，为了让这个"平淡无奇"的师在"街垒"工厂的烈火地狱中作战，崔可夫和斯大林格勒方面军司令员叶廖缅科都做了很多，斯大林格勒方面军军事委员会的成员赫鲁晓夫更是亲自抓了有关工作。而他——柳德尼科夫，以及交给他指挥的下级指战员，以自我牺牲的精神履行了使命，在那片土地上坚持下来并赢得了胜利。柳德尼科夫现在只感到一点遗憾：在这个欢乐的时刻，他真希望自己师里的老兵，"街垒"工厂的英雄们能知道司令员对他们功绩的高度评价。

这时餐桌已经摆好，煤油灯的暗淡光芒在酒杯和刀叉上闪动。在柳德尼科夫眼里，这一切显得异乎寻常地奢华和喜庆。新年马上就要到了，为了迎接它，步兵第138师的师部和团部人员也将摆下餐桌……现在他们已经能够这样做了……事实上，他直到最近才取消了所有作战人员每日100克食物的限额。不，在这个夜晚不应该让关于过去的痛苦记忆来搅乱好心情。不管怎么说，这些指挥员都不可能在这里坐太久。各师的师长都明白自己在第二天的作战任务，他们要急着赶回部队里。

"你需要什么吗，亲爱的伊万·伊里奇？"崔可夫问最后一个离开集团军司令部的柳德尼科夫。"我是问你有什么个人要求。实际上我全都知道了，我知道你的掩蔽部曾经被渗透部队突袭，知道你的党员证被弹片划破，甚至知道你的胃溃疡……也许你需要休个短假？"

"短假？"柳德尼科夫抓住了这个字眼。"要是有空的话，我想到我们师的后方梯队去一趟。我们在左岸还有一个浴室。那个浴室棒极了！有热腾腾的蒸汽和白桦树枝。然后等明天天黑的时候，我就会回到这边的河岸，和部队在一起。"

"你要的太少了，伊万·伊里奇……"崔可夫叹了口气，又一次拥抱了柳德尼科夫，把后者送到掩蔽部门口时他又叮嘱道："我们如今已经在斯大林格勒取得了胜利。把这话告诉你的士兵。"

★

德国人这边也在迎接新年，只不过要寒酸和内敛得多。特劳布上尉在给妻子的信中写道：

> 我请营部的朋友们喝了一杯杜松子酒，他们在晚上10点左右离开。然后我看了会书，到晚上12点平静地上了床。在凌晨1点左右，外面枪

声大作。俄国人发动了进攻，但是被我们杀得一败涂地，伤亡惨重。

第336工兵营的鲍赫施皮斯会计中尉也向妻子吐露了自己的思绪：

> 贝恩德[1]和我又一次点亮了圣诞树，让蜡烛的残段漫漫燃尽。我们喝了几杯杜松子酒，收听了戈培尔的演讲。后来因为酒喝完了，我们也没心情过新年，所以我们俩都上床躺下。贝恩德很快就睡着了，因为他已经很累了，但是我醒着躺了很久，渴望回家的念头老是在脑子里打转。

在前线，该营又有1名士兵阵亡：第336工兵营第1连的连军士长库尔特·温克[2]（Kurt Wenk）在"街垒"工厂被一颗子弹打死。

施泰因梅茨师长回忆了这一天：

> 我对1943年的元旦记得很清楚。那天天气很好，地上一片积雪，天上阳光明媚。我给师里的指挥官们留出了几瓶酒和一些雪茄。这些都是极其稀罕的珍品。这是我从一个表兄那里得到的，他已经在12月搭乘飞机离开包围圈，到别的地方上任了。
>
> 然后我去下级部队的指挥所做了一番视察，给他们送去新年祝福，路上我毫不怀疑自己会因为受重伤而提前退出这次视察。

在火炮厂以东，有一场小规模的焰火表演正等着德军，尤其是政委楼的守军。第51军报告说："在火炮厂东南，经过从20时30分到22时的猛烈炮火准备，敌人以100人的兵力发动进攻。政委楼在22时30分遭到进攻。所有进攻都已被击退。"

可惜在苏方记录中我们找不到关于这些失败的进攻的任何细节。不过，对于1943年1月1日上午的另一次进攻，我们找到了一位目击者的证言。

1942年12月31日双方的伤亡情况
苏军步兵第138师：4人负伤
德军第305步兵师：5人阵亡，17人负伤，共计22人

---

[1] 即第336工兵营第1连的贝恩德·艾林豪斯中尉。
[2] 库尔特·温克连军士长，第336工兵营第1连，1914年6月24日生于塞费尔德，1942年12月31日阵亡于斯大林格勒。

1943年1月1日

步兵第344团的一个连长——费奥多尔·阿尼西莫维奇·列辛上尉参加了对政委楼的攻击：

我被团长科诺瓦连科叫去，他命令我参加一个由七人组成的突击组。这个突击组里还有一个炮兵中尉，他和我一起被调到保卫"街垒"工厂的步兵第344团第1营里参加战斗。

在新年的前夜，我们冒着敌人的炮火匍匐行进到第1营所在的地方。路上到处都是尸体，全都以扭曲的姿势躺在地上，被火药熏得黝黑。营部门口站着一个负伤的士兵，头上和手上都缠着绷带，他进门去叫了营长。不一会儿，营长托尔卡切夫大尉就走出来迎接我们。他向我们打了招呼，邀请我们走进已经被毁的楼内，看了我带给他的手令。"有你们两位军官加入是好事。不过这里没人给你们指挥，"营长说。然后他向我们交代了情况："明天拂晓前，我们将进攻躲在 Π 形大楼里的德国人，这座大楼就在离我们阵地20～30米远的地方。"

"我们要靠谁来进攻？"一个新来的人问道。营长笑了笑，指着我们回答说："你们和我，也就是说，全营。"

我们想讨点水喝，但是全营的防区里一点水也没有。我们只好用钢盔装雪化水，但是积雪都被火药残渣污染了，还混杂着泥土和碎砖。"等打完这一仗，我们就迎来新年了，"营长鼓励我们说，"我会亲自到伏尔加河给你们打来干净的水。"

凌晨3点左右，营长提醒我们准备战斗。他交代了任务，不是以命令的形式，而是以很友好的口气：准备用手榴弹进攻并和敌人肉搏。突击队被交给我指挥。我很快带着6个兵爬到那座大楼跟前，营长一发出信号，我们就冲向那些射击孔，把手榴弹投进了地下室。德国人被打了个措手不及，他们慌里慌张地从对面的一个门逃出去，在地下室里留下了4具尸体。

我们占领了地下室，突然，我们听见另一间地下室里有德国人在说话。我们冲进那个房间，看见有五六个受伤的军官躺在毯子上，其中一个用生硬的俄语建议我们享用那里的香烟和法国朗姆酒。不久，从师部来了一个参谋军官和一个翻译，而我们则奉命回到了"街垒"工厂。

早晨，当新年的第一缕阳光照射到地面上时，我们迎接了1943年的元旦。我们喝了100克伏特加。有个名叫安德烈·克里卡诺夫（Andrei Krikanov）的大士（他是莫斯科人）想得很周到，用一些我们久违的、热气腾腾的美味食物款待了我们，不过主要的还是从母亲河——伏尔加河打来的清水。聪明的大士怕我们着凉，只给我们每人喝了几小口。

▲ 费奥多尔·阿尼西莫维奇·列辛上尉

每个人都兴高采烈。我们围坐在一小堆篝火边，开始小声地唱起一首歌："我不能回到你的身边，因为只要迈出四步就意味着死亡……"①

苏军对政委楼部分地下室的占领肯定只是暂时的，因为双方的资料都明确指出这座大楼仍然被德军控制着。步兵第650团的战斗日志多次提到了政委楼：

> 在今天日间，敌人从Π形建筑和14/15号车间用小型武器和机枪猛烈射击我团战斗队列，并频繁地以迫击炮和大炮开火。

> 通过观察确认，敌人在Π形建筑东部修筑了很多工事并挖了壕沟，我们还注意到他们在南面和西面的壕沟网络架设了铁丝网。

这一天的大部分时间，该团一直在射击德军的射击孔和轰击被占领的楼房。该团损失轻微：只有3名兵负伤，全团的兵力为48名军官、28名士官和46名普通士兵，共计122人。武器装备包括86支步枪、21支冲锋枪、1挺重

---

① 这首歌叫《防空壕》，创作于1941年莫斯科保卫战期间，由阿列克谢·苏尔科夫作词，康斯坦丁·利斯托夫谱曲。它曾经被认为是不健康的歌曲，因为歌中唱道："你我远隔千里／隔着冰天雪地／我不能回到你的身边／因为只要迈出四步就意味着死亡。"尽管如此，这首歌还是在苏军士兵中间广为流行。

机枪、1 门 82 毫米迫击炮、8 挺轻机枪、4 具纵火器和 3 支反坦克枪。该团统计的德军损失为：1 挺轻机枪被击毁，07 号房 [79 号楼] 内多达 10 名士兵被击毙，还有 1 名德军逃兵被打死，从其身上找到的证件被转交给了师部。

★

79 号楼及其守军遭到了北面的佩钦纽克团和南面的布达林团的火力夹击。整个上午，步兵第 241 团各部一直在用机枪、迫击炮和大炮火力压制德军在 02 号房、03 号房、07 号房 [79 号楼]、1 号房、2 号房 [48 号楼]、3 号房 [药店] 一带的火力点。与此同时，他们还做好了占领 07 号房的准备。该师的狙击手报告了击毙德军 3 人的战果。

这 3 人中的一个很有可能是布劳恩少校的第 576 掷弹兵团第 2 营的欧根·弗施纳[①]（Eugen Förschner）上士。弗施纳是在德军搜罗后方人员充实前线的过程中被抽调的人之一。在 1942 年 12 月 30 日写给家人的最后一封信中，弗施纳上士写道：

▲ 欧根·弗施纳上士

> 现在刚过凌晨 1 点，我和大多数晚上一样，正坐在地堡里守望。到目前为止我还算健康，在上帝的帮助下我将会度过一切劫难，我不会有事的，我亲爱的小娇妻。今晚就会有人来接替我们，然后我们就可以回去休息 7 天。要是你现在看到我的样子，肯定会大吃一惊的，我的胡子从 12 月 13 日起就没刮过，我也没有好好梳洗过，不过这不重要，只要活着就好。

[①] 欧根·弗施纳上士，第 576 掷弹兵团第 2 营，1913 年 9 月 25 日生于施兰贝格，1943 年 1 月初阵亡于斯大林格勒。

第 2 营的文书库尔特·施泰因伦 [①]（Kurt Steinlen）下士在 1950 年的一份宣誓证词中提供了弗施纳之死的细节：

> 在俄国作战期间，我作为下士在第 576 掷弹兵团第 2 营的营部工作。欧根·弗施纳上士是这个营的运粮辎重队成员。在 1942 年 12 月底或者 1943 年 1 月初——确切时间我不记得了——因为辎重队裁减人员，他被派到了前线，也就是斯大林格勒火炮厂的前沿阵地。弗施纳在那里只待了很短的一段时间，就被俄国狙击手一枪击中头部，死了。
>
> 我是营里的文书，我知道当时的营长布劳恩少校把弗施纳的死讯通知了他的妻子。当时邮件肯定是被装上了飞机，往斯大林格勒包围圈外面送。有可能飞机被击落了，所以死亡通知没有寄到弗施纳的遗孀手里。
>
> 我要强调的是，我没有看到我的战友弗施纳的遗体，我只知道死亡通知是我亲手转发的。当时的副官拉尔军士长 [②] 在战斗中通过电话向我确认了弗施纳的死讯。拉尔后来也死了。

因此弗施纳的遗孀对丈夫的死一无所知，她一直以为他失踪了，并猜测他被俘虏后关在苏联人的战俘营里。施泰因伦在被苏联人释放后，于 1950 年 4 月 19 日鼓起勇气写了一封直率但充满同情的信，击碎了关于弗施纳尚在人世的一切希望："我收到了您在 1950 年 4 月 12 日的来信，让我惊讶的是您竟然不知道您丈夫已死。"施泰因伦把自己了解的情况告诉了弗施纳夫人，并补充说"您的丈夫死得非常快，毫无痛苦"，而且"营里和我一起被俘的幸存者后来全都病死或饿死了，因此我相信您不应该再抱有得到关于您丈夫的其他音信的希望"。他在信件的末尾试图安慰那个可怜的妇女："我对您的痛苦感同身受，我知道要接受命运如此残酷的打击是多么困难的事。"

在每个"击杀战果"的背后都有一个类似的故事，故事中都有某个国内的家庭陷入巨大的悲痛。

---

① 库尔特·施泰因伦下士，第 576 掷弹兵团第 2 营，1914 年 9 月 10 日生于斯图加特，2006 年仍健在。
② 瓦尔特·拉尔（Walter Rall）军士长，第 576 掷弹兵团第 2 营，生年不详，1943 年 2 月 1 日阵亡于斯大林格勒。

★

下午，步兵第241团的几支突击队冲出阵地，攻打07号房[79号楼]东南的几个掩蔽部。此外，他们还继续执行了削弱07号房防御的任务。德军从这座堡垒猛烈开火，苏军的突击队不得不与其保持距离，但他们这一天的任务是解决几个造成麻烦的掩蔽部。步兵第95师在18时发出的第2号战斗报告总结了战斗结果：

> 步兵第241团的突击队在07号房一带与敌人进行了交火，在战斗中夺取了07号房东面和东南面的10个掩蔽部。为了准备对07号房的突击，我部还进行了地下坑道作业。通过迫击炮射击摧毁了敌人的一个掩蔽部。损失：12人受伤。活跃战兵：110名。

次日的一份报告详细统计了苏军的战果：

> 1943年1月1日，在07号房一带，步兵第241团占领3个碉堡，并在先前占领的掩蔽部中起获10支步枪、2支信号枪、75发信号弹和3000发子弹。

第51军则在16时30分的报告中称："在火炮厂以东，敌人多支突击队进攻在网格83d3/4的被包围楼房，均被击退。"

07号房/79号楼的争夺战才刚刚开始。

★

在更南面，双方曾激烈争夺的储油设施区一带，这一天过得比较平静。夜间曾有拼手榴弹的战斗，但是在白天，步兵第90团满足于仅仅观察德军动向并压制迫击炮和机枪火力。当天晚些时候，步兵第90团第1营和第2营曾与绿色储油罐一带的德军部队激烈交火，而苏军的大炮和迫击炮摧毁了这个储油罐西北方的一条德军战壕。

第79步兵师意识到夺回飞机楼前景渺茫，因此决定动用一些宝贵的210毫米Mörser 18型重榴弹炮炮弹。这些专为应急而储备的高爆炮弹每发重113公斤，绝对是此时德军手中的最强火力。从8时15分到8时40分，他们向飞机楼打了9发炮弹，其中6发直接命中，大楼出现了大片的坍塌，但是前一天晚上已经正式接管此地的第191掷弹兵团第3营没有利用苏军暂时的混乱反击。

为了守住现有防线，他们必须节约每一个人和每一颗子弹。

★

也在这一天，第 305 步兵师的代理师长施泰因梅茨上校被任命为该师的师长，同时晋升为少将，资历从 1942 年 12 月 26 日算起。

1943年1月1日的双方伤亡情况
苏军步兵第138师：从本日起再无确切的伤亡记录
德军第305步兵师：11人阵亡，54人负伤

1943 年 1 月 2 日

步兵第 241 团的战士们花了一个晚上挖掘战壕，以巩固前一天占领的碉堡和掩蔽部，而步兵第 161 和 90 团对德军火力点进行了侦察，并用迫击炮和机枪压制它们。

这一天基本上没发生什么战斗。德军的大炮和迫击炮偶尔对柳德尼科夫的师指挥所一带实施齐射，而苏军的大炮则瞄准德军火炮阵地进行还击。在步兵第 650 团的地段，德军从政委楼组织小型武器、机枪和冲锋枪射击，并有规律地从主机械车间和 14/15 号车间发射迫击炮弹。佩钦纽克团则把火力集中在政委楼和 07 号房，他们估计自己击毙 12 名德军士兵，击毁 2 挺轻机枪，并用自己的 50 毫米迫击炮压制了德军的迫击炮。该团在夜里得到了增援，其兵力增加到 52 名军官、38 名士官和 72 名士兵，共计 162 人。他们装备有 379 支步枪、48 支冲锋枪、1 挺重机枪、2 门 82 毫米迫击炮、1 门 50 毫米迫击炮、1 挺高射机枪、4 具纵火器、23 挺轻机枪和 5 支反坦克枪。

中午，一架德军飞机在 700～800 米高度朝西北方向飞越 "街垒" 工厂地区。

在 16 时，德军的迫击炮从 04 和 05 号房一带轰击步兵第 95 师的部队，但苏军观察员没有发现人员活动。

总而言之，这是非常平静的一天。

★

第 305 工兵营第 2 连的约翰·博内茨米勒①（Johann Bonetsmüller）二等兵写信向妻子通报了一个好消息：他晋升为一等兵了。他这么高兴不是因为自己在军中的地位提升了，而是因为他从此能领到更多工资了。大多数人在晋升时的想法都和他一样，以博内茨米勒为例，升为一等兵后每月能多拿 30 帝国马克。士兵们虽然身在前线，仍然是家中的顶梁柱，必须供养妻儿老小，许多人都会把数额较多的现金塞在信封里寄回家。讨论完财务问题后，博内茨米勒又谈到了他目前在斯大林格勒包围圈中的处境：

> 我们还是收不到邮件，我很担心，不知道这样的情况会持续多久。从我上次收到你的信以来，已经过了 7 个星期。邮递员隔天来一次，但总是只带来很少的几封信。不过这里的情况也没什么好说的，我们还是抱着最好的希望。让我们高兴的是，多亏天主的眷顾，我们虽然被困在这口"女巫的大锅"里，却仍然活着，其他方面一切都好。我还是在野战厨房工作，希望还能长久地干这行。

在这之后，博内茨米勒一家等来的只是沉默。身在斯大林格勒的约翰再也没有寄来信件，杳无音信的日子从几天延长到几个星期。直到斯大林格勒陷落的消息公布，他的家人——以及数十万其他德国平民——才得知第 6 集团军已遭灭顶之灾，他们的亲人也被卷入其中。

1943 年 4 月 3 日，博内茨米勒夫人收到了诺费尔（Nuoffer）二等兵的一封信。诺费尔是第 305 工兵营中最后一个离开斯大林格勒包围圈的人，他在信中说，约翰在 1 月 10 日仍然活着，身体很

▲ 约翰·博内茨米勒二等兵

---

① 约翰·博内茨米勒一等兵，第 305 工兵营第 2 连，1907 年 4 月 7 日生于韦斯滕多夫，1997 年 1 月 23 日卒于盖林。

好，而且没有参加战斗，但是诺费尔不能确定在他写信时约翰是否存活。

1943年1月2日的伤亡情况
德军第305步兵师：伤亡数字不可考

1943 年 1 月 3 日

　　整个晚上，德军一直在用机枪和自动武器射击富河汊的渡口、柳德尼科夫的指挥所和第 138 师的战斗队列。他们还不断发射照明弹照亮整片区域，并继续用大炮和迫击炮轰击扎伊采夫斯基岛和伏尔加河左岸，还有些迫击炮火来自 73 号楼 [36 号房]。佩钦纽克团实施了土工作业，并频繁用小型武器和机枪扫射政委楼，同时还有一个 82 毫米迫击炮连对政委楼、07 号房、电影院和其他德军掩蔽部及交通壕投射弹幕。苏军估计德军有 12 名士兵被打死，07 号房还有 1 挺重机枪被击毁。在这个晚上，佩钦纽克团有 1 名士兵负伤。

　　步兵第 95 师的地段比较平静，至少在夜幕下是如此。德军在天亮前没有任何活动，不过他们在 4 时 30 分用 1 门迫击炮对锥形储油罐进行了一次火力急袭——耗弹 8 发。4 时 40 分，在步兵第 241 团地段的 07 号房一带，6 名德军士兵试图摸近前线，用冲锋枪对第 1 营开火。这股德军被苏军用机枪火力驱散，2 人被击毙。除了这次短暂的小战斗，步兵第 241 团整夜都在巩固新占领的阵地，并对 07、02 和 03 号房附近的德军火力点组织射击。步兵第 95 师的另两个团（第 90 团和第 161 团）则固守各自的阵地，用小型武器和机枪与敌人交火，并间歇性地用迫击炮射击已发现的火力点。全师未损失一人。

★

　　白天没有什么特别的事件。步兵第 650 团的战斗日志总结了这一天的战斗：

　　　　在这一天日间，敌人用小型武器、机枪和自动武器从 Π 形建筑 [政委楼] 和 07 号房 [79 号楼] 射击，并以营属迫击炮从机械车间 [4 号厂房] 和 14/15 号车间 [3 号厂房] 射击。

　　　　我团据守已占领的阵地，用小型武器、机枪、大炮和迫击炮射击了

∏ 形建筑、07 号房和 14/15 号车间。

给敌人造成的损失：击毙 15 名士兵和军官，压制 3 挺轻机枪。

在步兵第 95 师的地段，情况也差不多。该师在 15 时发出的第 6 号战情报告称："步兵第 241 团的部队射击了 02 号房、03 号房、1 号房、2 号房 [48 号楼]、3 号房 [药店] 和 07 号房 [79 号楼] 一带的敌军火力点。一个 120 毫米迫击炮连的火力压制了 2 门迫击炮，并摧毁了 1 号房一带的一个掩蔽部。一门 45 毫米炮摧毁了 07 号房一带的 4 个掩蔽部。"该团未受损失。步兵第 161 团的一个 120 毫米迫击炮连摧毁了位于"短沟"分岔处的 2 个德军掩蔽部。

在这一天日落时，步兵第 95 师各团的实力如下：步兵第 241 团——无损失，活跃战兵 96 名；步兵第 90 团——1 人死亡，1 人负伤，活跃战兵 66 名；步兵第 161 团——1 人负伤，活跃战兵 49 名。

1943年1月3日的伤亡情况
德军第305步兵师：10人阵亡，22人负伤

1943 年 1 月 4 日

虽然夜幕浓重，苏军观察员还是发现德军在继续疯狂地挖掘壕沟和构建地堡，坚固的防御网还在不断加强。德军清楚苏军的桥头堡正在通过冰封的河道源源不断地得到人员和物资补充，因而不断用机枪系统地交叉扫射渡口一带。步兵第 138 师的战争日记报告说："从扎伊采夫斯基岛经冰面到右岸的运输只有在夜间才能完成。"照明弹带着嘶嘶声疯狂地蹿上寒冷的夜空，在冰霜冻结的废墟和白雪覆盖的河岸上洒下斑驳跳动的光影。任何异动都会立即招来机枪画出的火红色弹道弧线。在佩钦纽克团的地段，政委楼、79 号楼 [07 号房] 和 72 号楼 [32 号房] 偶尔会喷吐出自动武器的火舌。苏军则用机枪和迫击炮的弹幕对这些建筑进行还击，他们估计自己击毙了 12 名德军士兵并压制了 1 挺轻机枪，还用反坦克枪击毁了另 1 挺轻机枪。佩钦纽克团有 1 人负伤。据步兵第 95 师第 241 团报告，德军的援兵到达了他们的防区，可能对步兵第 650 团的南翼构成威胁。

在这个晚上，步兵第 95 师也不断遭到德军的小型武器和冲锋枪射击，还挨了一些零星的迫击炮火。步兵第 241 团用机枪和迫击炮打击了 02、03 和 07 号房一带的火力点，击毙 5 名德军士兵，自身无一损失。在 04 号房附近，一名罗马尼亚士兵主动当了俘虏。

德军的防线上有一个伸向伏尔加河的突出部，其南面的支撑点是在其西端的面包厂。戈里什内的步兵第 90 团和第 161 团在各自的阵地上用小型武器和机枪射击德军，并不断向前推进和试探德军防线虚实。因此，他们已经到达面包厂的东部外围，以及"绦虫沟"的南侧边缘。在 6 时，苏军观察员注意到三名德军士兵扛着木料从面包房走向 107.2 高地，还发现德军在该高地上挖掘战壕。在步兵第 161 团地段，观察员还发现在阵地前方 100 米处有带刺铁丝网制作的反步兵障碍。下午，步兵第 161 团的一个 76 毫米炮连射击了在机器街

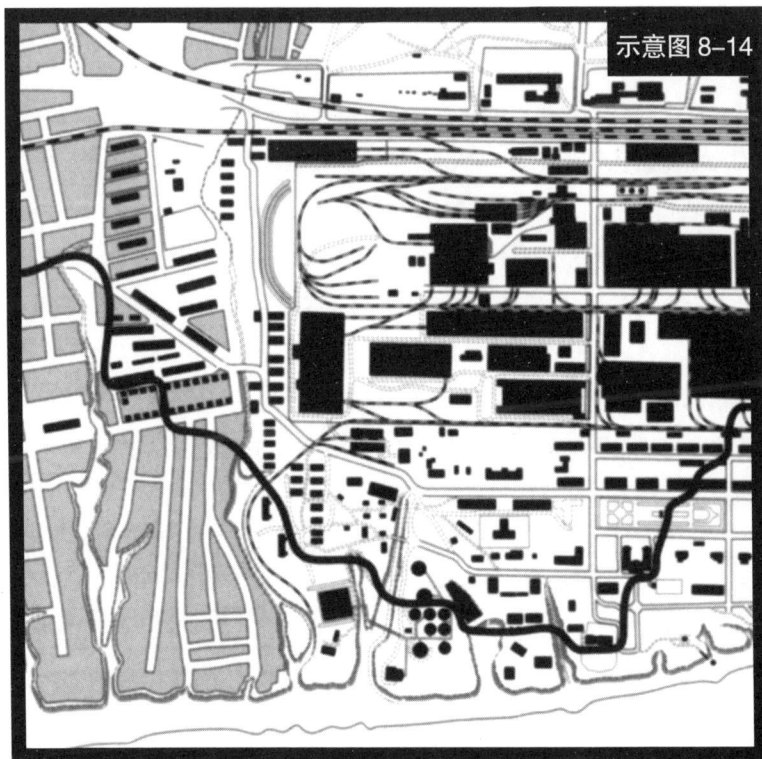

▲ 德军伸向伏尔加河的突出部

一带发现的德军厨房和观察所。步兵第95师的3个团都无损失。在这一天日落时，步兵第161团有46名活跃战兵，而步兵第90团有66名（第1营44名，第2营22名），步兵第241团有90名。第241团全天在自己的防区收集到不少德制和国产武器，共计15支步枪和100颗手榴弹。

冷枪冷炮和突如其来的弹幕射击在"街垒"地区是家常便饭，任何时刻都可能有一簇密集的炮弹呼啸而至。单炮射击更是一整天都不会停。每个人都对此习以为常。但是，这类射击时不时会造成痛苦的打击，正如雷滕迈尔所述：

有一件对我们震动很大的事不能不提。师长施泰因梅茨上校、勃兰特中校和黑默勒副官去3c号厂房的一个指挥所视察，师长想当面听听部下的愿望。在回去的路上，他们遇到了一次弹幕急袭。勃兰特中校和黑默勒副官都伤得很重，当天就死了。施泰因梅茨上校挨了好几块弹片，但是还能勉强支撑着走到第577团的救护站，飞机已经把负伤的师长接走了。他领导我们师的时间很短，但是大家的看法都一样：这个人很好相处。他只有在自己也能做到的情况下才会要求部下忍饥挨饿或者上阵杀敌。每一个认识他的人都对他的离去感到深深的遗憾。

对施泰因梅茨本人来说，那次负伤的经过将永远清晰地印在脑海里：

1943年1月4日，我去前线开会时被一发迫击炮弹（冷炮）打成重伤。与我同行的是一个步兵团的团长勃兰特中校和我的副官黑默勒少尉，另外还有一个勤务兵，他们伤得比我还重，当天就死在一个救护站里。几天以后，在1月8日，我被送上一架在那天夜里赶到的Ju 52，飞出了包围圈。

施泰因梅茨的身体右侧被弹片打个正着，肩膀、手臂和手指伤得尤其严重。他深情地回忆了格罗斯医务上校对他的精心医治，这位资深的医生当初就是听了他的劝说才来条件恶劣的野战医院帮忙的：

我在1月身负重伤被送进医院时，他就站在医院门口迎接，用令人感动的细心为我做了包扎。事实上，他做得实在太好了，后来我经过Ju 52飞机的4天空运被送进马格德堡的军医院[①]，那里的医生竟然怀疑我是

---

① 马格德堡第一预备军医院。

不是真的从斯大林格勒来。他给我做的包扎几乎达到和平时期的水准，因此没有一处被换掉。20年后，我在斯图加特的医院里拜访了格罗斯大夫，向他当面道了谢。接着他告诉我，在我们师急救站工作的那段时间对他的教益特别大。他大半辈子都是在拥有无限的资源的情况下工作的。但是在那里，他总是得因陋就简。他在那里学了很多，也帮了很多忙。

施泰因梅茨还将在医院里住上9个月。

施泰因梅茨和随行人员中弹时，第577掷弹兵团第3营的副官汉斯·B少尉就在附近：

> 在1月的一天早上，施泰因梅茨少将和勃兰特中校视察了我的部队，我们当时被部署在火炮厂的一个厂房里。在返回我们第577团指挥所的路上，他们被俄国人的一门野战炮直接命中。我的卫生员给他们做了急救，除了几个人被炸死外，施泰因梅茨少将也受了伤，而勃兰特中校伤得非常重。几天以后，我听说勃兰特死在总救护站里，施泰因梅茨被飞机接走了。

勃兰特的死对他的部下震动很大。他从该团创立起就在团里工作，先是当营长，后来升为团长。B少尉亲眼看见勃兰特血肉模糊地躺在雪地里，受到的刺激尤其大，因为他曾经给勃兰特当了近一年的副官。勃兰特死后留下一个寡妻和两个女儿，他于1月6日被安葬在戈罗季谢的英雄公墓。为了表彰他勇敢而稳重的领导工作，勃兰特在1943年1月22日被追晋为上校，并追授军人梦寐以求的骑士十字勋章。授勋申请写得很简洁：

> 勃兰特中校在斯大林格勒战役期间以杰出的作风领导了他的团。在这座城市北部的废墟中进行的惨烈战斗要求他不断地监督和指挥作战，因此汉斯－格奥尔格·勃兰特已经

▲ 第577团第3营副官汉斯·B少尉

再也无法活着领受骑士十字勋章了。

我们很难确定继任团长的姓名，但此人很可能是鲁道夫·武特①（Rudolf Wutte）中校。45岁的武特已婚并有两个儿子，他是搭乘飞机从外面进入包围圈的不幸军官之一，到达以后就和一群高级军官一起被编入第6集团军的"团长预备队"，准备接管失去领导的部队。武特在8月曾患消化道炎症，在9月至10月参加了一个团长培训班，随后被调到B集团军群，继而分到第6集团军，他是在1942年12月进入包围圈的。有两份资料（他的个人档案和一张伤亡人员登记卡）显示，他在1943年1月6日属于第577掷弹兵团，他从斯大林格勒基础的最后一封信也是在这一天写的，而他肯定是该团军衔最高的军官。但是，我们没能找到证明他在该团任职的资料，当然更无法确定他是否真的当过该团的团长。现代德国的一个政府机构提供的信息声称，他在1943年1月22日属于第54猎兵团②（第100猎兵师）。斯大林格勒战役的最后几个星期非常混乱，部队经历连番血战，许多战斗群被匆忙组建，大量书面记录被成批销毁或缴获，因此要理清各支部队历任指挥官的信息几乎是不可能的。

施泰因梅茨的副官汉斯-马丁·黑默勒之死也深深触动了他的熟人。在1月8日的信中，朱利尼骑兵上尉写道：

> 昨天我们埋葬了年轻的少尉——我们师的上一任副官。他的死对我们的震动非常大，但是在这里，大家的心肠也慢慢变硬了，因为这种事实在太多了。他死时我们新上任的少将和他在一起，也受了重伤。现在我们已经迎来第四个师长了。

★

第305工兵营第1连的维利·菲辛格二等兵在家信中记录了日渐窘困的状况：

> 我从11月20日起就没收到过邮件，我们中间也没有一个人收到圣

---

①鲁道夫·武特中校，第577掷弹兵团，1897年4月3日生于奥地利莱特林。

②阿明·韦伯（Armin Weber）上校是这个团的团长，后来奉部投降，因此武特在这个团里只可能当营长。阿明·韦伯上校，第54猎兵团，1895年2月12日生于奥格斯堡，1973年9月4日卒于意大利巴尔扎诺。

诞节包裹。在最近的 6 个多星期里，我们真正体会到了什么叫饥饿，而过上好日子的希望还是很渺茫。我们已经提前过上大斋节 ① 了！现在，我们每天中午会领到带一点马肉的清汤，晚上领到 100 克面包，还有充作早饭的咖啡和香烟。我的生日（1 月 1 日）有这段时间的主流笑话点缀，还算别有情趣。现在我们只希望一切都能很快好起来。

这是菲辛格的家人最后一次得到他的音信。雷滕迈尔上尉也在一封信中提到了严峻的缺粮状况：

我藏在背包里的一点培根不见了。大家都日渐消瘦。我现在可以在上衣里面穿一件毛皮背心，而一点不觉得紧。每天 200 克的面包配额实在太少，我们的马也快被吃光了。

1943年1月4日的伤亡情况
德军第305步兵师：1名军官和4名士兵阵亡，2名军官和5名士兵负伤

1943 年 1 月 5 日

在施泰因梅茨上校受重伤后，需要一个新的师长，因此集团军司令部开始在下属部队中寻找合适的人选。继任者很快浮出水面，他就是第 100 猎兵师第 83 炮兵团的团长阿尔布雷希特·齐马蒂斯上校。根据第 100 猎兵师的师史，"1月 5 日（1943 年），齐马蒂斯上校将第 83 炮兵团的指挥权移交给该团最资深的营长，然后就任第 305 步兵师的师长，指挥该师战斗到最后"。他是在 1940 年 11 月 20 日晋升为上校的，资历从 1940 年 12 月 1 日算起，因此资格比第 305 步兵师中残存的所有军官都老，也很可能是包围圈中能够接管一个师的最资深军官。齐马蒂斯的前任师长在 1942 年 3 月 22 日写的个人评估中说他"是个杰出的人，足智多谋、多才多艺、业务熟练、精力充沛、沉着冷静。尤其值

---

① 译注：大斋节是基督教的斋戒节期，基督教复活节前一段时间信徒们要吃斋、戒欲和忏悔，以纪念耶稣旷野守斋，在西方教会里，此节日从复活节前第七个星期三到复活节前一周的星期六，一共 40 天。

得强调的是他在前线英勇的表现",他因此作为合适的师长人选得到推荐。第71步兵师的师长冯·哈特曼少将 [①] 原本预定在1942年11月21日到12月28日回国休假,接替他的应该就是齐马蒂斯上校,但是苏军的大反攻迫使德军取消了所有休假,就连将军也不例外。齐马蒂斯与军长冯·塞德利茨私交很好,两人早在1926年就已结识,在战前经常来往。有流言说他与冯·塞德利茨的亲密关系是他被提拔为师长的主要原因。在培养和利用私人关系方面,齐马蒂斯确实是个中老手。他不知道的是,大约在一个星期前,已经有一个诚信法庭判定他犯有一系列不轨行为。原来在1941年下半年,齐马蒂斯对某个富有的实业家的儿子青眼有加,不仅向他颁发了二级和一级铁十字勋章,还频繁批准他休假。有个名叫齐佩利乌斯(Zippelius)的少尉军官为此多次投诉,齐马蒂斯竟然把齐佩利乌斯关了禁闭,堵死他的晋升之路,并给他记了大过。勇敢的少尉不依不饶,继续上诉,终于引起了上级有关部门的重视。针对齐马蒂斯的裁决说他"缺乏上级对下级应有的公正态度",禁止他继续升迁,他的军衔因此没有升为少将。关于法庭裁决的通知是在1月6日寄到第6集团军的,恰好在齐马蒂斯就任第305步兵师师长的次日。要是裁决早一点寄到,齐马蒂斯很可能就当不上师长了。

★

双方的交火又持续了一整天,打得最激烈的地方是政委楼和79号楼。佩钦纽克报告说,这两座楼房里都有德军的迫击炮朝外射击。还有人用小型武器从这两座楼房射击,同样的情况也发生在36号房[73号楼]和电影院。佩钦纽克的部下一直在密切观察这些德军据点,并周期性地用机枪朝它们扫射。该团把大部分注意力放在07号房[79号楼],并报告击毙了7名德军士兵,压制了楼内的一门迫击炮和一挺重机枪。雷滕迈尔少校 [②] 在这座弹痕累累的砖楼里布置的守军被打得苦不堪言,而他们很快还将面对更严峻的烈火考验。步兵第

---

① 亚历山大·冯·哈特曼(Alexander von Hartmann)步兵上将,骑士十字勋章,第71步兵师,1890年12月11日生于柏林,1943年1月26日阵亡于斯大林格勒。

② 雷滕迈尔已经升为少校,资历从1943年1月1日算起,推荐他晋升的文件早在9月份就已提交。

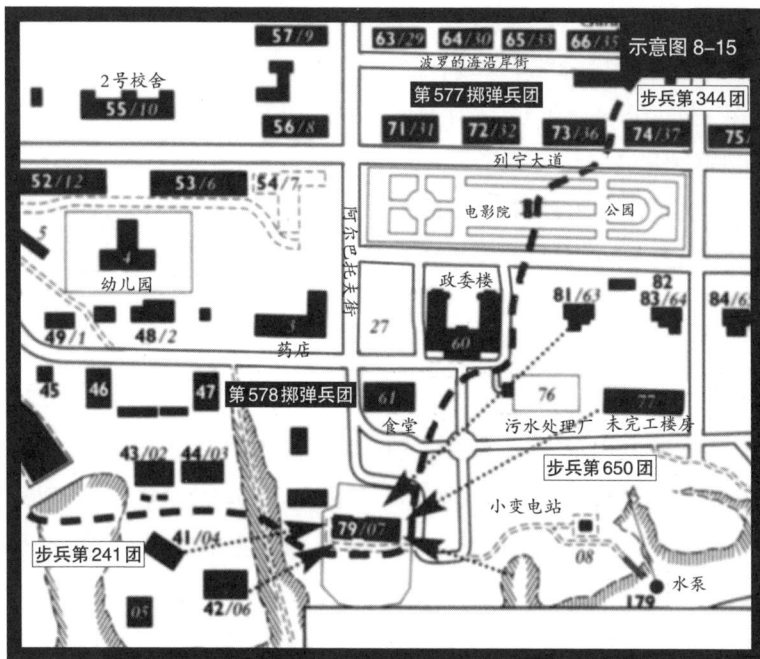

▲ 1943 年 1 月 4 日，79 号楼被来自各个方向的火力射击

241 团的部队在这天上午不断射击 07、03 和 02 号房一带的德军火力点。不久以后，炮火摧毁了 07 号房以西的一个掩蔽部。火力打击的高潮是纵火器对这座建筑的射击，据步兵第 95 师的第 9 号战斗报告称，纵火器在楼内引发大火，足足烧了两个小时。在 10 时，一挺重机枪压制了从 07 号房二楼向外射击的一挺德国机枪。苏军这些行动的目的是削弱大楼的防御，打击德军的士气，为以后的进攻铺平道路。但是，雷滕迈尔的部下也会使用一些计谋，例如步兵第 95 师的第 12 号战情报告写道：

> 在 07 号房一带，观察到敌人使用布袋做的假人探查我军火力配系。

第 305 步兵师的一个士兵回忆说："我们使用了假人；每次把假人竖起来，它都会立刻被俄国狙击手射倒。这些假人看起来就像我们在射击场上看到的靶子，带了一点用来伪装的尘土。我们都会玩一些诡计。"

守军还想出了另一个办法来对付苏军准确的火力，不过这个花招也被苏军发现了，正如步兵第 650 团的战斗日志所述：

敌人在 07 号房的墙壁上从里往外凿出一些小洞，用小型武器和机枪通过这些小洞向未完工楼房和"滚轴"小分队的方向扫射。

在一封写于 1942 年 12 月 31 日的信中，雷滕迈尔评论了自己把守的这个不太稳固的据点：

我的阵地仍然在伏尔加河岸边，俄国人三面包围着它，在某些地方离我们只有 30 来米远。他们最近不敢进攻这里了，如果要拍新闻纪录片，这里是个好地方！

★

苏军已经意识到柳德尼科夫桥头堡周围的德军防线是难啃的硬骨头，这主要是因为防线上有多个坚固的据点。于是苏军逐渐将攻击重点南移到戈里什内和索科洛夫负责的地段。那里的前线从硕大的混凝土储油罐蜿蜒曲折地延伸到面包厂，中间的大片区域里只有被轰平的木屋、炮弹坑和壕沟。第 576 掷弹兵团的德国士兵当然会拼死固守。但是，这里没有可以被德军用作防线支撑点的大型砖石建筑。戈里什内的突击队可以对德军阵地零敲碎打，东取一个地堡，西占一段战壕。从这个方向进攻也有更大的成功希望：对"街垒"工厂本身的厂区进行的果断突击将给柳德尼科夫师当面的整条德军防线造成致命威胁。对苏军来说，观察敌军的调动和工事修筑情况是正常做法，但此时戈里什内的部下简直就像鹰眼一样紧盯着德国人，连一些鸡毛蒜皮的小事都被他们记录下来。从 6 时到 6 时 45 分，苏军观察员发现 13 名德军士兵分成三组从面包房向"街垒"工厂移动；在 21 号房背面找到一个新的德军掩蔽部；在 8 时 40 分，发现三组德军士兵（总计 15 人）从 107.2 高地向 106 号房方向运动；两辆马拉大车向同一方向驶去；步兵第 161 团在 102 号房以东发现一个德军碉堡，于是迅速命令一个 76 毫米炮连向其射击。当然，除了观察之外，苏军的火力骚扰也没有停过。步兵第 90 团的士兵压制了铁路线和绿色储油罐一带的德军火力点。在此过程中，他们的一门反坦克炮击毁了绿色储油罐西北方几座房屋附近的一个掩蔽部。步兵第 241 团则用各种武器射击 07、03 和 02 号房附近的德军火力点，摧毁一个掩蔽部并点燃了 07 号房附近的一座房屋。

在这一天日落时，步兵第 95 师的 3 个团的兵力和损失如下：步兵第 241 团，无损失，活跃战兵 90 名；步兵第 90 团，2 人负伤，活跃战兵 65 名；步兵第 161 团，1 死 1 伤，活跃战兵 46 名。

在柳德尼科夫师的地段，中午时分有一队多达 25 人的德军士兵从 4 号车间[6a 号厂房]跑进主机械车间[4 号厂房]，这股德军被苏军用冲锋枪火力驱散。

★

在 20 时，步兵第 241 团的一个三人侦察小分队在 07 号房附近发动了一次夜袭。他们朝一条德军战壕投了几排手榴弹，缴获 1 挺轻机枪、2 支步枪和 2 包弹药后，返回本方阵地。小分队中有一人负伤。

1943年1月5日的伤亡情况
德军第305步兵师：8人阵亡，1名军官和15名士兵负伤

1943 年 1 月 6 日

除了戈里什内师地段的一些小冲突，夜里一片平静。在步兵第 161 团和第 241 团与德军交火之时，步兵第 90 团在储油设施区附近与德军拼了几次手榴弹。步兵第 650 团的战斗日志则这样报告夜间的活动：

> 敌人偶尔从 07 号房、32 号房、36 号房、电影院和 Π 形建筑用小型武器、机枪和迫击炮射击我前沿防线。没有实施进攻行动。我团注意到敌人在夜间进行土工作业。

步兵第 138 师的战争日记报告说，在 6 时 30 分，"一辆德国中型坦克从'街垒'工厂一带向 L 形建筑[药店]移动，朝师指挥所开了一炮，然后离开"。我们基本可以确定这辆"坦克"是第 245 突击炮营的一辆突击炮。第 51 军上午的报告称，该营的实力为 3 辆长炮管型突击炮、3 辆短炮管型突击炮和 3 辆 33B 型突击步兵炮，开炮的可能是其中任何一辆。

★

白天一切照常，苏军各部报告了德军的一些活动。佩钦纽克的部下确认德

军从政委楼和药店南面的区域发射迫击炮,还用六管火箭炮从 57 号楼 [9 号房]
和 53 号楼 [6 号房] 北面射击。在政委楼南侧还有一门轻迫击炮,73 号楼、72
号楼和电影院里的重机枪都曾开火,电影院里还有人拿冲锋枪朝外射击。苏军
发现在楼房之间有一些异常活动:三五成群的德军士兵在 72 号楼和 73 号楼之
间来回狂奔。在 12 时 30 分,多达 40 名德军士兵开始运动,但被苏军火力驱散。
在苏军眼里这一天也许很平常,但是德军士兵(尤其是第 578 掷弹兵团的)早
就怀着幸灾乐祸的心情盼着这一天了。距离 83 号楼被放弃已经过了整整两个
星期,而当初德军在楼里留下了一个巨大的定时炸弹作为欢迎礼物。这颗炸弹
被设定在 13 时起爆。但是在预定起爆时间前十分钟,德军士兵们却听见那幢
楼里传出一声闷响,还看见一团烟雾冒出。怎么回事?难道炸弹没有正常起爆?
一些头脑冷静的人没有放弃希望,他们劝战友们等到预定起爆时间再说。果然
当时钟走到 13 时整时,从 83 号楼内部爆发出一声震耳欲聋的巨响。当巨大的
爆炸声在全城回荡之时,一朵灰蒙蒙的蘑菇云腾空而起,大楼的整段墙面垮塌
下来,重重地砸进地下室。德军士兵们相信苏军都被干掉了,在这样的大爆炸
中肯定没人能存活。然而步兵第 650 团的战斗日志却表明事实并非如此:

  在 14 时 50 分和 15 时,原团指挥所大楼 [64 号房] 发生了两次爆炸。
爆炸造成一些伤亡:4 人死亡,3 人负伤。14 时 50 分发生的爆炸起因是
步兵第 1 营的副营长佩列佩尔金娜(Perepelkina)大尉对反坦克手榴弹操
作不当。

  在 15 时,又发生了第二次爆炸。64 号楼的东面遭到严重破坏,墙壁
和屋顶(钢筋混凝土)天花板都被炸毁。爆炸削弱了该建筑的稳定性。

  1. 这次爆炸是 200~300 公斤的炸药造成的;

  2. 有一个爆炸装置被安放在楼内中央区域;

  3. 爆炸过后周边区域都能闻到 TNT 的气味。

  这次爆炸是敌人留在楼内的延时起爆地雷引发的。

  多种因素使佩钦纽克的部下躲过了被血洗的命运。首先,佩钦纽克团的
整个防区中战斗人员数量极少,例如在这一天日落时,全团的战斗力量为 51
名军官、22 名士官和 41 名士兵,共计 114 人。这意味着每座楼房里的守军人
数都很少;其次,可能也更重要的是,佩列佩尔金娜大尉引发的反坦克手榴弹

事故虽然肯定造成了严重伤亡，但也几乎把所有人都从地下室里赶了出来——
他们一方面害怕发生更多爆炸，另一方面也要料理死伤者。因此佩列佩尔金娜
的笨手笨脚可能救了不少人的命。

　　我们不清楚先前德军在 72 号楼和 73 号楼之间的调动是不是为了集结兵力，
以便利用爆炸造成的混乱发起攻击。不过，在爆炸发生几个小时后，苏军观察员
注意到成群的德军在工厂一带调动，步兵第 138 师的战争日记记录了这一情况：

> 　　在 14 时 30 分，多达 50 名敌军士兵从 4 号车间 [6a 号厂房] 和 14/15
> 号车间 [3 号厂房] 移动到"街垒"工厂的主机械车间 [4 号厂房] 中。

★

　　在一封写给妻子的信中，第 577 掷弹兵团第 3 营的副官 B 少尉透露了自
己是在怎样的条件下生活和工作的：

> 　　对我们来说，白天大半时间跟夜里一个样。这里下午 3 点左右天就
> 黑了，比你们那里早得多。我们的照明设备很原始也很简陋，老兵们发
> 明了各种意料之中和不可思议的东西，反正我们再也没法想象电灯是什
> 么样了。总的来说，我们对文明世界的各种玩意都变得非常陌生了。捉
> 虱子是每天必干的事情，否则这些畜生就会把所有人搞垮了。尽管如此，
> 我们还是必须保持幽默感，因为那会使一切都变得比较容易接受。而且
> 有一首歌唱得好：冬天过后，春天总会再来。
>
> 　　抬起头来，咬紧牙关——这就是我们的座右铭。我们要继续保持忠诚，
> 决不向对我们进行严酷考验的命运低头。

★

　　斯大林格勒包围圈外围的战斗不断吞噬着德军的战斗力量，但是口粮消
耗数字表明包围圈内还有充裕的人力可以补充被打残的部队。第 6 集团军的大
部分人员都在非战斗岗位上工作。司令部因此不断实施新的措施来纠正这一状
况：在进入新年之际，有两个师（第 94 和 384 步兵师）被解散，残部被分配
到其他各师，师部人员则搭乘飞机离开。司令部还鼓励下属的各军和各师用他
们认为合适的手段来提高战斗兵力。于是一个个营连被合并、解散或得到从其

◄ 一张拍摄于波罗的海沿岸街上德军据点地下室的独特照片。打电话的人是第 577 掷弹兵团第 3 营副官 B 少尉（隐去姓名）。他在一封家信中对照片做了说明："亲爱的！我偶然得到了这张照片，这是在我们已经战斗了数月的地方我拍摄的第一张照片。我知道你们很担心我，所以我把这个寄给你们，因为一张照片胜过千言万语。我还要对你们说几句话，和往常一样，我每天都守着电话，和各个据点的指挥官保持联系，接收报告，下达营长发出的命令和指示，分享每个战士的喜悦、痛苦和关于敌人的担忧。照片拍摄地点为离俄国人 60~80 米的指挥所地堡。你们可以注意到我甚至有一张桌子用来写东西，另外我还有一点胡子没剃干净。暖和的毛皮夹克从不离身，我手上的香烟也从不断顿。我身后是电台，我们一直注意收听，这几乎是我们和外界、和故乡唯一的联系。你们熟悉的微笑还是在我的脸上闪耀。"

他部队抽调的人员补充。整个集团军的前线士兵和后方人员比例也需要大幅度调整：如果一个连的一线士兵只剩四五个人，那么保留二三十人的辎重队有何意义？在这样的思想指导下，第 51 军在这一天向第 6 集团军提交了一份报告：

> 我们将通过合并机关和辎重队、解散无用的后勤单位并减少没有满负荷运转的单位来匀出士兵，建议对这些人员进行平均 14 天的训练，训练现已开始。

通过这种方法补充到第 305 步兵师充当步兵的人员包括 11 名军官、131 名士官和 577 名普通士兵，而整个第 51 军补充到一线的人员共计有 47 名军官、2 名行政官员、622 名士官和 3451 名士兵。

第 305 步兵师还将得到另一笔巨大的人力补充，但这是以牺牲另一个师为代价的。在这一天，冯·什末林少将的第 79 步兵师接到了第 51 军将该师拆散的命令。该师大部分剩余的作战单位将合并为一个加强步兵团，编入第 305 步兵师，而部分师部人员将搭乘飞机离开包围圈接管其他部队。于是第 79 步兵师在当晚向下属各部发布命令："为了进一步增加用于防守堡垒的战斗人员，上级已下令大幅度简化伏尔加河战线的指挥机构。由于这些调整措施，第 79 步兵师将解散，全师各部将合并，然后划归其他各师，其中大部分将并入第

305 步兵师。预计今后我师将会重建。"

第 79 步兵师的 3 个掷弹兵团将各缩编为一个营，每个营由 1 个营部、2 个掷弹兵连和 1 个重装连组成。然后这 3 个营将合并为新的第 212 掷弹兵团。该团的直属部队是第 13 连和第 14 连，以及包含通信排和工兵排的团部连。第 179 炮兵团将保留其团部和 2 个保持原有建制的营（每个炮兵连有 4 门火炮），并划归第 305 步兵师。该团的第三个营将解散，人员充作步兵（第 4 营的 3 个炮兵连早在 1943 年 1 月 1 日就已分散到另 3 个营中）。第 179 工兵营也将解散，一部分人员组成新的第 212 掷弹兵团的团部工兵排，其余人员将转到第 295 工兵营，该营的俄国连、"Hiwi" 连和罗马尼亚连将加入第 305 步兵师。第 179 装甲歼击营将被移交给第 389 步兵师，第 179 自行车营合并到第 226 掷弹兵团缩编而成的营中，第 179 通信营解散补充到第 305 通信营中，多余的人除无线电专业技术人员外全部充作步兵。当前正在把富余人员重新训练为步兵的第 208 训练队保持建制不变，但它也将被并入第 305 步兵师。后勤部队被第 71 步兵师、第 100 猎兵师、第 295 步兵师和第 305 步兵师瓜分，但第 79 步兵师的 2 个弹药库都归第 305 步兵师所有。

1943年1月6日的伤亡情况
德军第305步兵师：4人负伤

1943 年 1 月 7 日

前一天日间平静得令人害怕，双方的伤亡都非常少。但是到了夜里，苏军的小规模进攻如火如荼地展开。第 51 军在上午的报告中说："在晚间，敌人对第 305 步兵师中央地带的进攻被击退。敌人在 3 时 30 分对政委楼的一次进攻也被击退。"

柳德尼科夫师确实发动了进攻，但针对的不是政委楼，这从该师的战争日记中可以看出：

> 敌人用大炮猛烈开火。我部突击队在 3 时开始积极行动，试图占领 36 号房 [73 号楼]，但是敌人从 32 号房 [72 号楼]、35 号房 [66 号楼] 和

60 号房 [政委楼] 用火力猛烈阻击，并多次发起反击。在夜间，敌人试图在楼房之间布设带刺铁丝网，但是在我战斗部队火力打击下没有成功。步兵第 344 团继续进行夺取 36 号房的准备。

第 51 军在 16 时 40 分发出的临时报告称："敌人在第 305 步兵师地段的三次突击均被击退。"

★

戈里什内师的地段也不太平。在前一天 21 时 20 分，苏军曾观察到小股德军士兵在机器街上的住宅楼一带活动。23 时 20 分，在步兵第 161 团地段，有个别德军士兵在本方的火力点射击孔前面设置鹿砦和拒马，苏军步兵用小型武器和机枪对这些德军士兵开了火，该师第 13 号战斗报告提到："敌人用各种武器射击我战斗队列。夜间，在没有发射照明弹的情况下，储油设施区一带胡乱射击和投掷手榴弹的情况愈演愈烈。"步兵第 90 团的士兵在打扫战场后找到下列战利品：15 箱机枪弹链和 300 颗各种型号的手榴弹。这些回收的弹药都被苏军士兵用于战斗。

从 9 时到 10 时，步兵第 90 团第 1 营遭到大炮轰击，但落下的 12 发德国炮弹无一爆炸。步兵第 241 团的部队用各种武器有系统地射击了 03、02 和 07 号房一带的德军火力点。他们在这一天还用纵火器烧毁了 2 个掩蔽部。步兵第 161 团利用纵火器散发传单，并用一个 45 毫米炮连的火力摧毁了 100 号房附近的一个掩蔽部。在这一天入夜时，步兵第 95 师的 3 个团的实力和损失如下：步兵第 241 团，无损失，84 名活跃战兵；步兵第 90 团，1 人负伤，90 名活跃战兵；步兵第 161 团，1 人负伤，50 名活跃战兵。

★

第 79 步兵师的拆分和新第 212 掷弹兵团的组建工作还在继续。在这天入夜以后，格哈德·明希 [1]（Gerhard Münch）上尉的第 194 掷弹兵团第 3 营（第

---

① 格哈德·明希总参勤务少校，金质德意志十字勋章；第 194 掷弹兵团第 3 营；1914 年 12 月 2 日生于费特尔绍斯，2004 年仍健在。

▲ 这是一张非常引人注目的照片，无疑是第 50 装甲工兵营在斯大林格勒的最后留影。这是营部军官们于 1943 年 1 月 7 日在拉兹古利亚耶夫卡拍摄的（与第 384 页的照片在同一地点），照片中左起分别是：汉斯·迈尔少尉（轻装工兵分队队长）、恩斯特·施耐德技监中尉（营技术顾问）、恩斯特·加斯特上尉（营长）、阿图尔·哈斯勒会计上尉（军需官）和瓦尔特·欣施维修士官（维修分队指挥官）。值得注意的时，他们全都穿着毡靴，看起来都有很好的御寒装备，有劲风从右向左刮过。照片中的人无一生还：他们全都被列为失踪人员。下方是他们在照片中的正面特写与他们之前个人照片的对比

汉斯·迈尔　　　恩斯特·施耐德　　　恩斯特·加斯特　　　阿图尔·哈斯勒　　　瓦尔特·欣施

71 步兵师）将在前线替换第 212 掷弹兵团。在部队重新编组期间，第 226 掷弹兵团将接管第 79 步兵师的整个防区。

又有一批援兵加入第 305 步兵师，第 305 炮兵团的弗里德里希·瓦尔德豪森中尉在他的最后一封家信中写道：

> 我的营里新来了 3 个军官，都是精通业务的小伙子，其中一个来自吕朔（Lüschow）的老连队 [①]。这一来我的军官队伍真是如虎添翼！

雷滕迈尔在写给家人的最后一封信中总结了包围圈内日益严重的饥荒情况：

> 日子过得很惨，但是我们相信并且希望这些天的饥饿和牺牲都能得到补偿。包围圈外面的人没有一个能想象我们这里的条件，我们的马已经被吃完了。现在元首已经指派了最有能力的人来保证我们的供应。尽管如此，还是会有很长时间不能充足供应。要是我们得到足够的补给，我们就能保持实力。

> 我已经在后方梯队里待了两天。上级给我四天假让我休息。我现在不用操心，没有工作压力，能够好好休息，把自己洗个干净，换身衣服，还能自由走动，这感觉真好。到明天晚上这四天休假就结束了。

1943年1月7日的伤亡情况
德军第305步兵师：1人阵亡，28人负伤

1943 年 1 月 8 日

在柳德尼科夫师的地段，德军用机枪猛烈扫射，并偶尔用迫击炮开火，来自药店和政委楼的火力尤其猛烈。布置在 3 号厂房 [15 号车间] 附近的重迫击炮轰击了河道和扎伊采夫斯基岛。夜里，佩钦纽克团的士兵观察到 1 辆德国"坦克"隐藏在 07 号房附近的半埋工事里，看到一些德军士兵在药店和政委楼

---

① 第 17 炮兵团第 2 营。

跑进跑出，并注意到他们试图在药店和 07 号房之间以及 07 号房和政委楼之间布设铁丝网。为了不让德军成功布置新的障碍，苏军步兵对进行作业的德军开了火。

在 5 时 30 分，步兵第 138 师侦察连的一个小分队摸近位于步兵第 768 团右翼的几个德军掩蔽部，俘虏了第 546 步兵团的一名一等兵。

在戈里什内师的地段，观察员发现个别德军士兵带着锅碗瓢盆从面包房向 106 号房移动。步兵第 241 团的士兵也注意到 07 号房一带架起了新的铁丝网障碍，德国守军正在利用一切机会加固和保护他们的据点，他们似乎已经预感到苏军攻击将至。天亮时他们停止了作业，退回他们弹痕累累的堡垒里。

这天日间，07 号房和药店不断遭到各种武器的扫射。步兵第 650 团的战斗日志报告说：

> 一个迫击炮连轰击了 07 号房 [79 号楼]、11 号房、L 形建筑 [药店]、31 号房 [71 号楼]、32 号房 [72 号楼] 和 36 号房 [73 号楼] 附近的敌战壕、掩蔽部及火力点。我们使用迫击炮、小型武器和机枪压制了 L 形房附近的 2 门迫击炮，击毁 1 挺重机枪，炸毁 1 个掩蔽部，消灭 9 名士兵和军官、2 名冲锋枪手、1 名狙击手和 2 名观察员。观察到敌军活动增加。我团也有损失：1 名士官负伤。

★

借着黑暗的掩护，第 79 步兵师地段进行了换防，第 212 掷弹兵团在 0 时 30 分报告此任务已顺利完成。上午，该师的余部被移交给第 305 步兵师。在 13 时，第 79 步兵师防区的指挥权及所有人员都由第 305 步兵师接管，第 79 步兵师后续的拆分工作也由第 305 步兵师负责。至此什未林中将和他的指挥部已无事可干，师部的作训科已经领到飞出包围圈的命令，因此他们仅携带手提行李前往皮托姆尼克机场，当晚搭乘飞机前往新切尔卡斯克。这群幸运儿共有 70 人——15 名军官、7 名行政官员、14 名士官和 34 名士兵（包括 1 名 "Hiwi"）。该师的其余人员留在原地，成为 "博登湖" 师的成员。据第 212 掷弹兵团第 1 营的营长赫尔穆特·珀奇（Helmut Poetsch）少校回忆，师部成员并没有全部离开：

在 1943 年 1 月 7 日，师部人员按集团军的命令搭飞机离开：师部的两个牧师阿尔滕多夫 [1] 和朗格（Lange）都留在了包围圈里，师部副官哈利尔中尉 [2] 也是。

当晚乘飞机逃出包围圈的还有施泰因梅茨少将。在 11 时 30 分，集团军司令保卢斯在视察部队的途中到戈罗季谢的总医院探望了受伤的第 305 步兵师师长。与施泰因梅茨少将话别后，保卢斯回到自己的指挥所。几个小时后，施泰因梅茨被送到机场登机离开。

★

在 11 时，步兵第 90 团第 2 营将一门 45 毫米炮推到一处暴露的阵地上，以便对目标进行直瞄射击。它的火力摧毁了德军的 2 个掩蔽部。在燃烧弹爆炸产生的烟雾掩护下，步兵们以迅猛的突击拿下 2 个掩蔽部和 1 条交通壕，并打死 5 名德军士兵。据步兵第 95 师的第 16 号战情报告称，在这几个掩蔽部中有两名罗马尼亚士兵在德国士兵监视下工作，他们在苏军炮击时趁德军不备逃了出来，向苏军投降。步兵第 90 团第 2 营的士兵巩固了夺占的掩蔽部的防御。第 51 军在 16 时 55 分提交的临时报告提到了这些掩蔽部的失守：

在网格 82a2，敌人成功占领了一个机枪火力点。我军正在准备反击。

苏军士兵在新占领的掩蔽部中站稳脚跟，继续用手榴弹与德军战斗。第 51 军的夜间报告称："上午在 82a2 失守的机枪火力点已在反击中被收复。"但是苏方记录却没有提到该阵地得而复失。在 18 时，步兵第 90 团报告其人员 2 死 16 伤，仍有 56 名活跃战兵。步兵第 95 师的另两个团——第 241 团和第 161 团一边坚守各自阵地，一边派出侦察队袭击德军火力点，还用 45 毫米炮和迫击炮压制对方。这两个团在这一天仍然没有损失，步兵第 241 团有 149 名活跃战兵，而步兵第 161 团有 60 名。

---

[1] 随军牧师埃里希·阿尔滕多夫（Erich Altendorf），第 79 步兵师师部，1902 年 11 月 24 日生于皮尔马森斯，1984 年卒于基希贝格。

[2] 约阿希姆·哈利尔（Joachim Hallier）中尉，第 79 步兵师师部，1903 年 12 月 15 日生于迪登霍芬（今法国蒂永维尔），1943 年 1 月失踪于斯大林格勒。

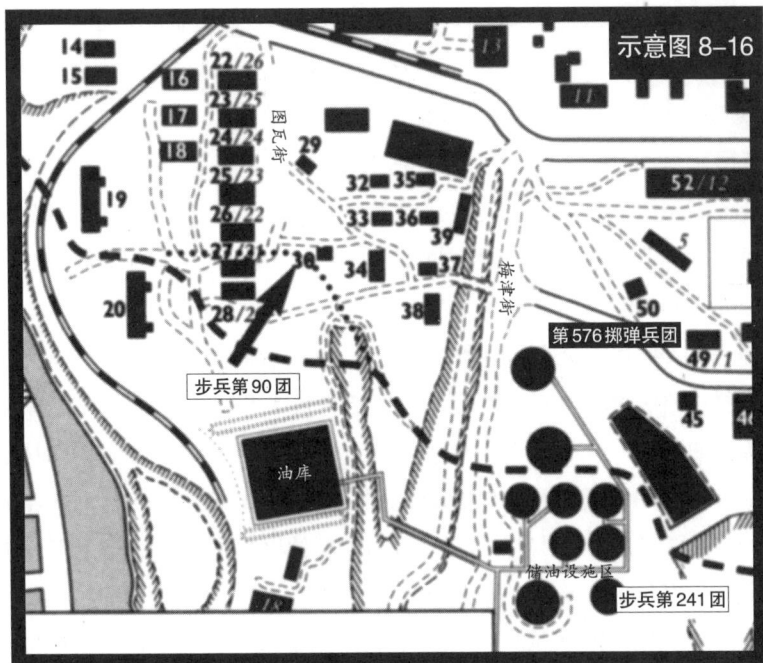

▲ 1943 年 1 月 8 日，步兵第 90 团的进攻

1943年1月8日的伤亡情况
德军第305步兵师：10人阵亡，44人负伤

1943 年 1 月 9 日

1 月 8 日深夜，步兵第 241 团第 2 营的突击队扑向 79 号楼。德军的预感是准确的，不过要认识到苏军对这座大楼的觊觎也不需要什么战术天才。为了应对不可避免的苏军攻击，他们已经尽了一切努力来加强这座大楼的守备。雷滕迈尔的部下囤积了充裕的自动武器、弹药和手榴弹。总之为了保住第 305 步兵师防线上的这个重要堡垒，守军提出的任何要求都能得到满足。当苏军突击队从"食指沟"蜂拥而出时，德军哨兵立刻招呼所有同伴来到射击孔边。步兵第 95 师的第 17 号战斗报告提供了这次进攻的细节：

接到攻打 07 号房的命令后，三支预有准备的突击队向这座楼房发起了多次攻击，但遭到强大火力拦截，损失很大。他们随后在通向楼房的道路中的战壕里与敌人拼手榴弹，但也没有获胜。

到了 22 时，突击队已经有 9 人战死，18 人负伤。报告中还提到："敌人依托据点，组织了饱含自动武器的火力配系，继续以猛烈火力阻击我部队和突击队的进攻。"苏军根据黑夜里看到的枪口焰判断，07 号房里布置了 3 挺重机枪、1 挺轻机枪和 1 挺大口径机枪。

步兵第 241 团的突击队不顾严重损失，又勇敢地在 2 时发起新一轮攻击，但是同样被凶残的火力粉碎。佩钦纽克的部下目睹了南边友邻部队对这座大楼徒劳无功的进攻，并注意到"小股敌人在 07 号房一带活动频繁。从 2 时开始，敌人从 07 号房用小型武器和机枪猛烈射击。"步兵第 95 师的第 18 号战斗报告说："来自 07 号房、L 形建筑及其西北方楼群的火力尤为密集。"这新一波的进攻又让苏军付出 4 死 14 伤的代价。第 51 军在 5 时 55 分发出的上午报告记录说："敌人在夜间对火炮厂以东被围的楼房（网格 83d3）发起两次攻击，均

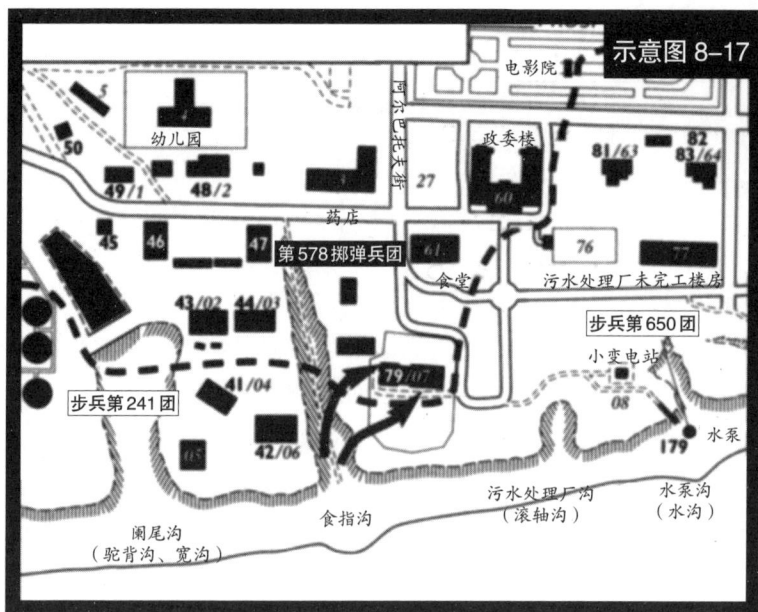

▲ 1943 年 1 月 9 日，苏军对 79 号楼的进攻

被击退。火炮厂以东的前沿阵地遭到重炮、迫击炮和反坦克炮轰击。"

经过这次代价高昂的挫败，步兵第 241 团的指战员只能满足于就地固守，用火力打击德军在 07、02 和 03 号房附近的阵地。该团虽然出现了 13 死 32 伤的严重减员，仍有 139 名活跃战兵，仅比前一天少 10 人，但这是因为一批生力援军加入的缘故。

★

随着微弱的晨曦逐渐照亮冬日的战场，双方的战斗人员都从对方视野中消失，躲进地下室、掩蔽部和战壕里继续进行已成惯例的日间活动：持续不断而且时不时激化到暴烈程度的对射，稀稀落落的迫击炮轰击，以及偶尔的火箭炮和大炮齐射。据步兵第 138 师的战争日记记载："整整一天，我师整个前线上的步枪和机枪射击始终没有停歇。"步兵第 650 团使用机枪和迫击炮阻止德军在他们正面和侧翼修筑工事和布设障碍。他们还用迫击炮朝 07 号房方向射击，并宣称消灭了一队 6～7 人的德军士兵。该团的战斗日志还记录了这一天两个值得注意的事件：第一，步兵第 2 营的卫生员尼古拉耶夫（Nikolayev）把手榴弹掷进敌人的一条战壕，炸死了 4 个德国人；第二，该团开始挖掘地道。这些深入地下的地道从伏尔加河边的悬崖下开挖，将一直延伸到德军据点下方。随后，苏军将在地道中埋入炸药，在攻击目标前将其引爆。至于苏军为何没有早一点采取这种战术，我们不得而知。

柳德尼科夫师的地段在下午还发生了几件值得一提的事。15 时，在佩钦纽克团的左翼，07 号房和药店里有人用小型武器和机枪朝外猛烈射击。随后，两辆摩托车驶向政委楼。我们不知道车上的人为什么要去这座大楼，但肯定是为了很重要的事，不然不会冒这么大风险并且动用宝贵的汽油。片刻之后，苏军又听见 3 号厂房一带传来履带式车辆的轰鸣声。戈里什内师在 5 时 30 分也曾听见面包房和"街垒"工厂一带有发动机的噪声，这很有可能是第 245 突击炮营的突击炮。该营在 1 月 9 日上午仍有 3 辆长炮管型突击炮、3 辆短炮管型突击炮和 2 辆 33B 型突击步兵炮可用，另有 1 辆 33B 型突击步兵炮和 3 辆短炮管型正在进行短期修理，而上级命令它拨出一个连支援第 297 步兵师。苏军部队在斯大林格勒包围圈外围不祥的集结是不容忽视的，而包围圈南端第297步兵师的防御阵地只不过是一些战壕和半埋在厚厚积雪中的地堡，肯定将成为苏军装甲部队进攻的首要目标。因此第245突击炮营不得不交出其第2连——该营仅有的3辆可以作战的长炮管型突击炮都在这个连里。失去这些威力巨大的突击炮肯定令人遗憾，但是草原上的德军迫切需要靠它们的反坦克能力来抵挡苏军的坦克冲击。更何况，如果第79步兵师1943年1月2日的战争日记中的一条记录可靠的话，"街垒"工厂一带的步兵师也不是特别需要这些战车：

> 装备3辆长炮管型突击炮的第245突击炮营第2连已被装备2辆短炮管型突击炮和1辆33B型突击步兵炮的第3连换下，因为在这片瓦砾场上使用突击炮作为"救火队"的可能性可以忽略。

苏军听到的履带式车辆的轰鸣可能就是第2连正在出发增援第279步兵师，而其余突击炮也在做相应调动。苏军的炮兵观察员召唤炮火打击了他们推测装甲车辆所在的区域。这次炮击肯定相当猛烈，因为第51军在17时15分的报告中特地提了一笔："……第305步兵师防区中3号厂房西北方的阵地遭到猛烈的反坦克炮火覆盖，敌人的大炮和迫击炮也积极地用火力袭扰该师的整个防区。"

★

在第212掷弹兵团加入麾下后，第305步兵师决定调整自身的组织结构。自12月21日以来，残酷无情的战斗在不断吞噬着该师的人力，虽然一直在用匆忙培训的后方梯队人员补充战斗力量，但要维持3个团的编制还是显得越来越无望。经过冷静思考后得出的唯一结论是：必须解散1个团，用其人员补充另2个团。于是师部决定解散第578掷弹兵团，将其人员分配到第576和577团。可惜如今已经找不到文件或当事人证言来证明该团究竟是如何拆分的，团长利泽克中校和三个营长（雷滕迈尔少校、施瓦茨上尉和皮特曼少校）又被分配了什么职务。有可能雷滕迈尔和他的第1营被移交给第576掷弹兵团，皮特曼少校和第3营去了第577掷弹兵团，而施瓦茨上尉和第2营留在后方，继续执行为前线培训可用人员的任务。

1943年1月9日的伤亡情况
德军第305步兵师：14人阵亡，1名军官和25名士兵负伤，18名士兵失踪

1943 年 1 月 10 日

夜里，独立机炮第 400 营的先头部队抵达柳德尼科夫师的防区，开始接管该师的防御阵地。该营还有一个连接替了步兵第 241 团，后者则南下进入步兵第 161 和 90 团之间的阵地。第 400 营的到来表明苏军的作战思路发生了重大变化。第 400 营这样的部队主要是用来防御的，把他们送上前线防守部分阵地就可以腾出部队用于其他地段的进攻。既然步兵第 95 师左翼和索科洛夫的第 45 步兵师在"街垒"厂南面和西南面取得了可观的进展，继续让柳德尼科夫和戈里什内虚弱的部队去冲撞德军在工厂以东的钢铁壁垒就显得毫无意义了。德军在那里的据点——尤其是 79 号楼和政委楼——实在太坚固了。尽管已经被包围了 6 个多星期，只能靠空运和包围圈中原有的少量补给勉强度日，食不果腹、营养不良的德国守军仍然以铁血意志顽强抵抗，并且每次丢失阵地后都会屡屡实施反击。步兵第 138 师的所有幸存官兵现在都撤出了原先的阵地，部署到南边的"红十月"工厂一带，这个事实本身就表明苏军已经心不甘情不愿地承认了德军的忍耐力和他们不惜一切代价坚守的决心。

★

苏军收复斯大林格勒的最后总攻是以 7000 门大炮、迫击炮和火箭炮持续 55 分钟的狂轰滥炸拉开序幕的。在 1943 年 1 月 8 日，顿河方面军司令员罗科索夫斯基将军 [1] 曾向保卢斯发去了敦促其投降的最后通牒，但是遭到了断然拒绝。次日，苏军又向第 6 集团军空投了许多列明投降条件的传单，但保卢斯还是没有让步。希特勒早已明确告诉他投降不在考虑范围内。于是在 1 月 10 日

---

[1] 康斯坦丁·康斯坦丁诺维奇·罗科索夫斯基（Konstantin Konstantinovich Rokossovsky）上将，苏联英雄，1896 年 12 月 21 日生于大卢基，1968 年 8 月 3 日卒。

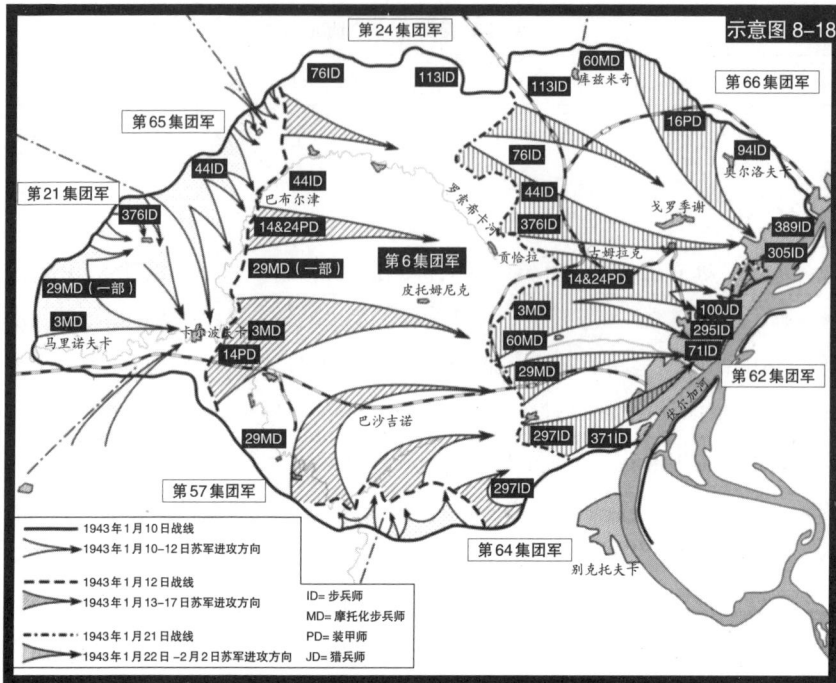

▲ 1943 年 1 月 10 日至 2 月 2 日的"指环"行动：目的是歼灭斯大林格勒包围圈内的德军

上午，统辖包围圈外 7 个集团军的顿河方面军在罗科索夫斯基指挥下发起"指环"行动（Opeartion Ring），目标就是歼灭斯大林格勒包围圈内的德军。苏军为行动初期定下的目标是沿东西方向分割包围圈，但这将分阶段实现，而不是通过一次突击完成。主攻方向是德军防御力量较弱的西面和南面。行动第一天，苏军推进了 4～5 公里，这虽然让罗科索夫斯基有些失望，却给第 6 集团军敲响了警钟。此后两天，在德军的顽强抵抗下苏军也没能完全实现突破，但第 6 集团军的覆亡已经指日可待了。

在已成废墟的斯大林格勒城内，大多数苏军部队为了拖住德军而发起小规模进攻，但步兵第 138 师却在忙于重新编组和为换防做准备。即便到了这个时候，从步兵第 650 团的战斗日志看来似乎仍是一切如常：

　　敌人在我团前线没有任何活动。他们用小型武器和机枪猛烈射击我团左翼，敌人的狙击手也很活跃。在 5 层白色楼房一带有迫击炮开火。通

过观察确定敌人在 36 号房、38
号房和 5 层大型楼房一带有活
动。在 4 号车间 [6a 号厂房] 一
带发现 1 门六管火箭炮。我团
大炮和迫击炮火压制了敌人的
3 门迫击炮和 2 挺机枪。敌人有
20 名军官和士兵被打死。我团
有 1 名士官战死。

▲ 4 号车间 /6a 号厂房内一片狼藉

在索科洛夫的步兵第 45 师和古利耶夫的近卫步兵第 39 师所面对的第 212
掷弹兵团防区，战斗更为激烈。第 51 军报告说："6 时，敌人以营级兵力进攻
第 100 猎兵师和第 305 步兵师的结合部，反击战仍在进行。"

在步兵第 95 师防御地段的前方，德军仍然占据着一块有重要战术意义的
区域，并从那里发射炽烈的弹雨。戈里什内早已下令用突击队占领它，但先前
的所有尝试都未得手。后来在工兵 D. A. 扎博洛茨基（D. A. Zabolotsky）的提
议下，战斗工兵们挖了一条 28 米长的地道，通到一个巨大的储油罐下方并放
入炸药。这项工程是由步兵第 95 师的 A. A. 阿尔布佐夫（A. A. Arbuzov）大尉
指挥的战斗工兵第 48 营完成的。他们在异常艰难的条件下工作，需要挖穿被
油料严重浸染的土层，但还是按时完成了任务。储油罐的大爆炸让德军一时间
陷入混乱，也成为苏军突击队发起进攻的信号。这一战打响的时间是 7 时。第
19 号战斗报告称："随着步兵进攻的开始，敌人加强了火力，来自'街垒'工
厂东南角和铁路岔口一带的 D-40 型迫击炮火力尤为猛烈。"各团在这次进攻中
的进展如下。

7 时，绿色储油罐被爆破后，附近的德军在惊恐中逃窜，放弃了一些阵地，
但很快又重整旗鼓。步兵第 90 团的左翼推进了 20～25 米，占领了一个掩蔽部。
在此过程中，他们付出了 5 死 8 伤的代价。随后他们就地坚守，为了保住新占
领的掩蔽部与德军对拼手榴弹直到 10 时。在 10 时，一股约有 30 人的德军士
兵从工厂杀出，占领了绿色储油罐东北方的另一个掩蔽部。步兵第 90 团对这
个掩蔽部的进攻遭到反击，未能得手。到当天日落时，该团又有 8 人死亡，8
人负伤，活跃战兵只剩 23 名。

步兵第161团在7时开始进攻，起初打得很顺利，只有2人死亡和5人负伤。到了8时10分，步兵第1营已经夺取机器街上的多条交通壕和一个碉堡。步兵第2营从校舍一带沿"短沟"进攻，利用机枪和迫击炮火力成功摧毁了115号房一带的一个机枪火力点和101号房东南100米处的一个碉堡。在继续向107号房和108号房推进过程中，他们又遇到一片雷场和一道带刺铁丝网障碍，便从其左边迁回前进。到了10时30分，他们进至109号房，但是被来自"街垒"工厂和面包房（110号房）的猛烈火力打得抬不起头。随着交火的持续，该营出现不少伤亡。为了利用步兵第2营的进展，步兵第90团第2营在11时20分被投入战斗。该营向118号房前进，与步兵第45师的部队成功会师。步兵第161团的损失很大：有69人伤亡，活跃战兵只剩43人。

火炮轰击后，步兵第241团在7时20分发起进攻。他们遇到来自"街垒"工厂东南角持续不断的火力阻击，只能缓慢前行。有2人负伤。该团随后继续攻打德军的阵地，冒着机枪和迫击炮的猛烈火力推进了50～60米，夺取了几条交通壕。炮兵继续与德军的大炮和迫击炮作战，压制了已发现的几处发射阵地。该团随后又有5人死亡，18人负伤，活跃战兵还剩115人。

苏军估计德军的伤亡有100人左右，但戈里什内也损失了很大一部分战斗力量。他向上级请求给他的师补充250～300名步兵。尽管如此，进攻仍将继续。他给下属的各部队下发了命令：在1月10日夜到11日晨，他们要继续歼灭"街垒"工厂以南房屋和碉堡中的德军。从1月11日3时起，步兵第161团应会同步兵第45师的部队继续推进，完成打到尽头街的任务。

★

除了与步兵第95师的这些战斗外，第212掷弹兵团最右翼的部队还在抵抗苏军对该团与第100猎兵师结合部的大规模进攻。在20时50分，第51军报告：

> 在第100猎兵师和第305步兵师的结合部，第100猎兵师左翼为收复旧阵地而发起的反击进展缓慢。在第305步兵师右翼，除两个前突的机枪火力点外，原先的阵地已回到我军手中。敌人的突击队在面包厂东南发动的袭击被击退。

这两个德国师的伤亡都特别严重。

▲ 柳德尼科夫和手下的军官视察"岛"上的战场，漫步走过列宁大道和泰梅尔街之间的电影院公园。这张照片肯定是战斗结束后拍摄的，因为在战役期间如此张扬地出行是自寻死路。不知道柳德尼科夫对自己的师没能把德国人从桥头堡周围的据点完全赶走做何感想。虽然在苏军持续围困下弹尽粮绝，第 305 师的官兵还是坚持了下来

1943年1月10日的伤亡情况
德军第305步兵师：1名军官和48名士兵阵亡，2名军官和81名士兵负伤，21名士兵失踪
德军第100猎兵师：4名军官和14名士兵阵亡，2名军官和64名士兵负伤（初步统计）

★

柳德尼科夫和戈里什内的部队几经尝试也没能突破德军在"火岛"周围的防线。城内的苏军调整了部署，在德军抵抗较弱的地段继续进攻，并取得了进展。无论如何，当包围圈外围的僵局被"指环"行动打破后，斯大林格勒城内所有德军的丧钟就已敲响。第 305 步兵师的官兵将继续抵抗到最后一刻，但他们的防御力量现在集中到了右翼第 576 和 212 掷弹兵团的地段。这段防线起自伏尔加河边的储油设施区，沿火炮厂南部边界延伸，绕过面包厂，弯弯曲曲一路向南通至"红十月"工厂外围。再过 22 天，一切都将画上句号。

第九章
强虏末日

1943 年 1 月 11 日

第 51 军在 6 时 15 分的报告记载了第 305 步兵师地段爆发的小规模混战以及另一些事件：

> 敌人在 2 时袭击了第 100 猎兵师左翼，至 4 时 30 分被击退。我军在两师结合部进行的反击迄今为止未能夺回丢失的阵地。敌人在宽街以北的一次袭击被击退。在夜间，敌人的 3 辆坦克开过伏尔加河，进入火炮厂以东的桥头堡。在 4 时，第 389 工兵营开赴皮托姆尼克。

苏军坦克进入柳德尼科夫师原来的桥头堡给德军造成了一定威胁，更何况第 245 突击炮营的长炮管突击炮已经被调走，少了对付它们的手段。当天，轰隆隆的发动机噪声在火炮厂以东不断响起。但是，这似乎只是苏军为了将德军注意力从其他地段引开而采取的策略。

★

从 1 月 10 日夜到 1 月 11 日凌晨和上午，两军不断爆发短暂而激烈的搏斗，其中大多数是在步兵第 95 师的地段。从 23 时到 2 时，在步兵第 241 团地段，德军以小股部队连续发动了五次进攻，企图夺回在 1 月 10 日丢失的掩蔽部。这五次进攻都被击退，苏方记录宣称德军被击毙多达 30 人。在离河更近的步兵第90团地段,储油设施区一带发生了对拼手榴弹的战斗。一名苏军士兵负伤。

在5时25分,步兵第241团经过准备后发起进攻,拿下了83号房以北机器街上的5个掩蔽部,随后被德军有组织的火力所阻止。随后该团与德军互拼手榴弹。该团的伤亡为17人。

步兵第161团在4时向铁路桥方向进攻,在5时40分夺取了铁路路堤附近的一座木制房屋。他们随后被来自面包房和尽头街上房屋的密集机枪和迫击炮火力压制,该团伤亡了15人。

德军从"街垒"工厂东南角和83、84、108、110号房投射猛烈的火力拦截苏军突击队。尽管如此,苏军的两个团还是在经过短暂炮火准备后于9时再次发起攻击。步兵第241团的突击队奋勇向前,前进了100~120米,从右边绕过84号房,又占领了10个掩蔽部,在其中站稳脚跟后又做好了攻打83和84号房的准备。该团俘虏了2名德军士兵和2名罗马尼亚士兵。截至16时,该团已经攻占30处掩蔽部和战壕。为了发展这些胜利,由侦察兵和工兵组成的一个小分队在14时投入战斗。突击队此后继续进攻,但不得不先击退德军从"街垒"工厂发起的两次排级反击。苏方记录显示,在此次战斗中第576掷弹兵团的第7(步兵)连和第8(机枪)连被击败。步兵第241团仅在自身作战地段就找到大约50具德军尸体。17时10分,第51军报告说:"在面包厂

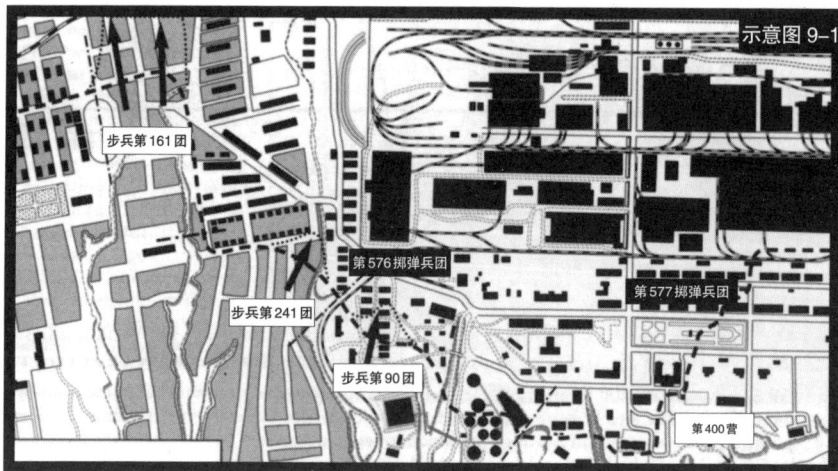

▲ 1943年1月11日,苏军攻击第305步兵师的南部防区

和储油设施区之间，敌人在 11 时攻破了位于网格 82a1 的两个据点。我军已发起反击。"随后在 21 时 10 分，该军又报告："在面包厂东南的两条冲沟之间（网格 82a1），俄国人又夺取了 3 个据点。我军成功遏制住敌人突破后发起反击，但迄今为止尚未得手。"步兵第 241 团有 36 人负伤和数量不明的人员战死，包括侦察兵和工兵在内，活跃战兵为 35 人。

步兵第 161 团也在 9 时进攻，而在此之前该团还调整了部署。步兵第 1 营将自身在机器街上的防区移交给一队侦察兵，然后转移到步兵第 161 团第 2 营在铁路路堤一带的阵地以便继续进攻。在 9 时，步兵第 161 团的炮火延伸，步兵发起新一轮进攻。到 15 时为止，几支突击队已经攻克铁路路堤，并与德军继续交火。在战斗中，他们摧毁了 4 个掩蔽部和 1 座房屋，占领 8 个碉堡。第 51 军的报告对这次战斗一笔带过："我军通过集中炮兵火力挫败了敌人攻击面包厂以南的两次尝试。"步兵第 161 团有 16 人伤亡，在这一天日落时有活跃战兵 50 人。

在两个兄弟团进攻之时，步兵第 90 团一直在用火力打击德军阵地，并为占领 22、23 和 24 号房附近的一些战壕和掩蔽部做准备工作。在此过程中，该团有 4 人死亡，2 人负伤，活跃战兵仅剩 20 人。

步兵第 95 师估计自己通过这几场战斗毙伤德军约 110 人。此外，该师还缴获 15 挺机枪、8 门迫击炮和 200 来支步枪，并俘虏罗马尼亚士兵 6 人、德国士兵 4 人。根据这些战俘的供述，第 576 掷弹兵团第 8 连在 1 月 8 日从亚历山德罗夫卡来到"街垒"工厂地区，兵力为 45 人，装备了 6 挺重机枪，其中 3 挺可以使用。经过这几天的战斗，该连几乎已被全歼，最近一次统计结果是仅剩 10 人。同团的第 6 连原有 40 人，此时仅剩 2 人。

在 18 时，戈里什内上校发出一道命令：步兵第 241 团应肃清已占领地段的敌人并巩固防守；步兵第 161 团应继续扩大战果，力求打到尽头街，然后巩固防守；步兵第 90 团（欠一个营）应在夜间实施佯攻，以求削弱当面敌人并将其拖住。

★

除了抵挡戈里什内师连续不断的攻势，在第 305 步兵师防区的最右翼，

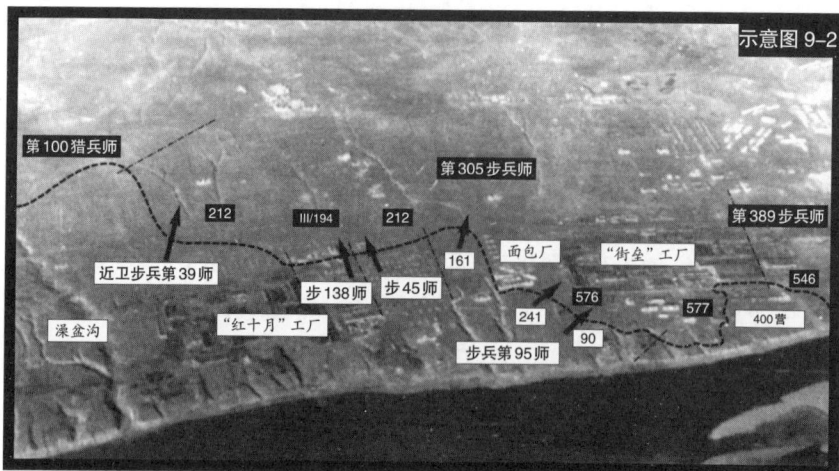

▲ 1943 年 1 月 11 日，第 395 步兵师右翼的战斗

从面包厂到"红十月"工人村南端的地段，齐马蒂斯上校和他的部下还不得不应付苏军恼人的袭扰。第 51 军对这些战斗的总结如下：

> 第 305 步兵师的右翼已经不得不后退到 52 号楼。在这一地段，敌人从 14 时 45 分起一直在 62c 进攻。更详细的报告尚待完成。敌人在 B（网格 62b）以西的准备被我军炮火粉碎。在 8 时的一次进攻中，敌人以 80 人的兵力成功占领了网格 72a 中央的 4 座楼房。这次突破已被遏制。

报告中的最后一次进攻就是由第 305 步兵师的老冤家——柳德尼科夫上校的步兵第 138 师实施的。他们已经撤出火炮厂以东的阵地，在 4 时前集结到"红十月"工厂内。科诺瓦连科的步兵第 344 团和佩钦纽克的步兵第 650 团于 11 时 30 分在该厂以北发起进攻。一些部队打到了兹纳缅斯克街，但遇到雷场和德军猛烈抵抗后止步不前。柳德尼科夫的部下宣称歼灭德军 46 人，压制了 3 个机枪阵地的火力，并缴获 1 挺轻机枪、5 支冲锋枪、4 支步枪，占领 2 座房屋。该师也难免伤亡：单是步兵第 650 团就有 9 人死亡，13 人负伤。

无论如何，苏军的每一次小规模袭击都能占领一些房屋或是掩蔽部，给德军造成持续的压力，消耗他们的人力、武器和弹药。在这些战斗中，大范围的进展很稀罕，但德军战斗力的不断削弱是显而易见的。第 6 集团军在 19 时

45分发给顿河集团军群的备忘录就坦率地承认了这一点：

> 斯大林格勒：部队的抵抗能力越来越弱，导致前线在逐房逐屋的争夺战中不断溃退。敌军新的进攻大部分被击退，但第100猎兵师和第305步兵师的结合部遭到突破。

1943年1月11日的伤亡情况

德军第305步兵师：1名军官和28名士兵阵亡，1名军官和103名士兵负伤，4名士兵失踪
（完整的损失数字尚待统计）

1943年1月12日

德军各部利用黑暗做掩护，试图夺回白天丢失的阵地。在1月11日17时和21时，一支排级分队两次从"街垒"厂对步兵第241团的右翼发动反击，但后者用迫击炮和大炮的火力将其击退。在22时45分、23时和0时05分，另一支排级分队三次从铁道岔口西南的一排房屋杀出，攻击步兵第161团。德军每次进攻都得到了来自"街垒"工厂东南角、面包房、面包房以南和布古鲁斯兰街边住宅楼的机枪和迫击炮火力支援。最终这些进攻都被击退，德军退回其出发阵地。

步兵第95师在早上继续实施消耗战。步兵第90团连夜实施佯攻，而另两个团也趁机扑向德军阵地。步兵第241团的突击队在夜里和早晨继续攻打83号房，但是受到来自"街垒"工厂东南角的侧射火力压制。在2时45分，步兵第161团经过重新编组后，会同步兵第61团（步兵第45师）继续进攻。到了4时，他们已经在铁路桥附近抵达尽头街，在街边房屋中巩固防守后继续战斗。在这次战斗中，步兵第161团占领了大约10座房屋、10个掩蔽部和多个碉堡，他们俘虏了2名德国士兵，并缴获1门反坦克炮、1挺轻机枪、1支冲锋枪和10来支步枪。

第305步兵师对这些损失当然不会熟视无睹。每一个据点无论大小，一旦失守都会影响防线的完整性，因此必须发动反击。而对于反击这种作战样式，没有哪支军队比德国国防军更精通。6时30分，苏军注意到一队大约70人的德军士兵从布古鲁斯兰街向步兵第161团左翼运动，但是被大炮和迫击炮火驱

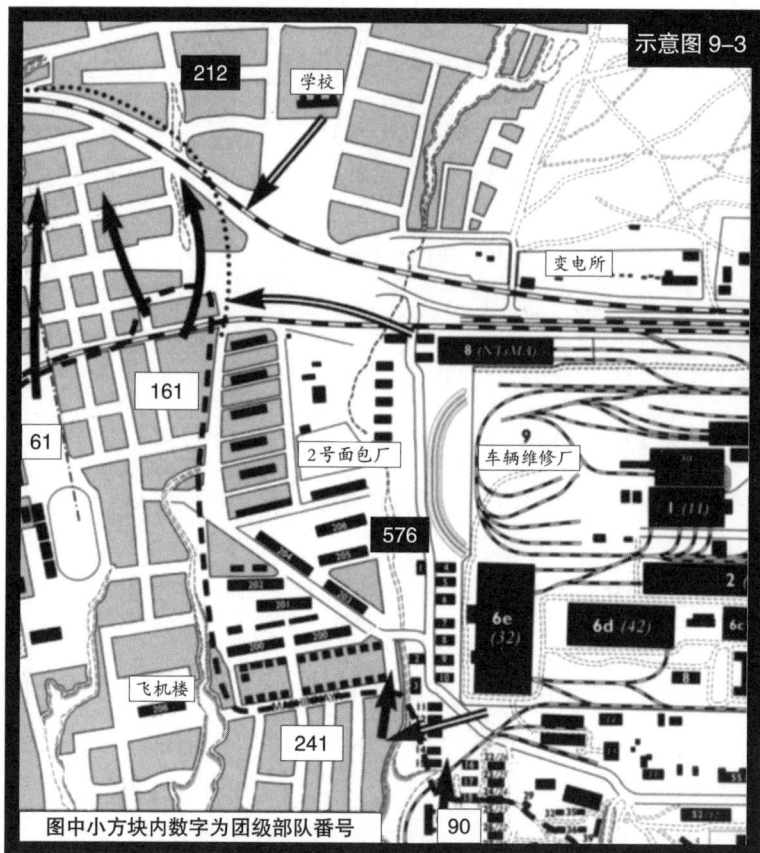

▲ 1943 年 1 月 12 日，苏军攻击和德军反击

散。在 8 时 15 分，苏军又观察到一个连的德国步兵和 2 辆坦克出现在费奥多谢耶夫街，便动用各种火力打击了他们。这些"坦克"无疑是第 245 突击炮营的突击炮，该营在这天上午有 4 辆短炮管型突击炮和 1 辆突击步兵炮。这股德军在 8 时 30 分到 9 时 20 分两次企图对步兵第 161 团实施反击。在 14 时 30 分，又一次反击被击败，部分德军被大炮、迫击炮和火箭炮投射的弹雨歼灭。幸存的德军撤回布古鲁斯兰街和蒂拉斯波尔街。整个白天，德军对步兵第 161 团阵地发动了五次反击，但每一次都被击退。该团损失 15 人，在日落时尚有 90 名活跃战兵。

在他们东方，步兵第 241 团为了控制 83 号楼出动多支小分队，在战斗过程中夺取了 16 处掩蔽部和战壕，并站稳脚跟，击退了德军的反击。该团损失 17 人，活跃战兵只剩 18 名。

除了以佯攻吸引德军火力外，步兵第 90 团还派侦察队袭击了他们左翼的德军火力点，在此过程中夺取 3 条战壕并在其中巩固了防守。该团这一天没有损失，仍有 21 名活跃战兵。

步兵第 95 师的第 24 号战斗报告总结了德军的反应：

> 白天，在我突击队攻击下节节败退的敌人又几次发动反击。他们还依托其堡垒体系继续顽抗，从"街垒"工厂、面包房和布古鲁斯兰街上的住宅楼用机枪、冲锋枪和迫击炮猛烈打击我军士兵。

该师估计德军伤亡在 125 人左右。他们还俘虏了 3 名德军士兵，缴获 1 门反坦克炮、2 挺轻机枪、1 挺重机枪、3 门迫击炮、6 支冲锋枪和大约 30 支步枪。

戈里什内给下属各团的命令很简单：

> 在 1 月 12 日夜到 1 月 13 日晨，步兵第 90 和 161 团应继续对"街垒"工厂实施积极侦察，步兵第 241 团应继续歼灭"街垒"工厂南面和西南面之敌。

★

柳德尼科夫的步兵第 138 师也对第 305 步兵师实施了新的打击。柳德尼科夫对这次进攻记得很清楚：

> 在 11 个星期连续不断的奋战之后，我们离开了每一寸土地都浸透我师指战员鲜血的地方（即"街垒"工厂）……现在，我们开始着手准备新的进攻。
>
> 德国第 71 步兵师是在斯大林格勒和我们交手的第三个德国师。
>
> 我们从"红十月"工厂西面向中央街和扎赖斯克街前进，第一天我们前进了 150 米。前面是一片被德国人火力控制的雷场，为了减少伤亡，我们向敌人侧翼迂回。德国人在工厂技校和列宁俱乐部里负隅顽抗，为了肃清这些建筑里的敌人，我们难免要流血。科诺瓦连科的勤务员伊万·兹雷德涅夫就是在这里中弹牺牲的，我们在这里还失去了 2 名"滚轴"小分队的通信员，以及勇敢的突击队长丘尔科夫中尉……

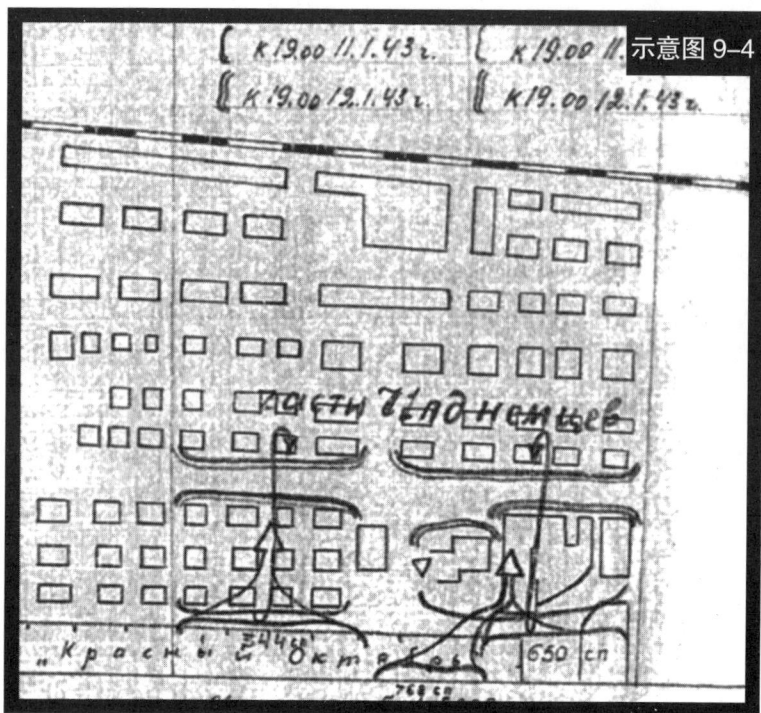

▲ 步兵第138师绘制的一张草图显示了1943年1月12日该师在"红十月"工厂以西地带的进攻

下面是步兵第138师战争日记的记载：

在白天，敌人激烈抵抗我师进攻部队。他们用六管火箭炮轰击了师指挥所，还以步机枪火力和炮兵火力打击我师突击队。

15时15分，在我师冲击FZU大楼之前，有些敌人慌乱地跑向列宁俱乐部。截至17时，我师已占领FZU大楼，左翼进至奥尔忠尼启则街。在FZU大楼内缴获一批战利品，俘虏了12个德国人。突击队打死了8个俘虏，将其余4个送至师指挥所。审讯后发现，他们是第71步兵师的。

18时，步兵第344和768团占领了列宁俱乐部。我师突击队在1月12日夜和13日晨继续前进。

日记中对杀害德国战俘一事的平淡叙述体现了战斗的极端残酷性，或许也反映了柳德尼科夫的部下在那个"小岛"上困守多月却少有复仇机会的情况下急于发泄的压抑心理。那几个第71步兵师的俘虏属于明希上尉的第194掷弹兵团第3营，此时已配属第305步兵师，在该师防区最右翼作战。俘虏们一定是把他们营长的姓名告诉了审讯者，因为不久就有一名用大喇叭喊话的苏联政治指导员点了明希的名："德国士兵们，放下武器吧，继续抵抗是没有意义的。你们的明希上尉总有一天也会明白这个道理，这个死硬的法西斯分子跟你们说的话都是错的。他自己也会明白，总有一天我们会活捉他。"每次被点到名以后，明希都会到阵地上视察自己的部下，用玩笑的口吻和他们谈论个人意见，但总是仔细地揣摩他们的反应。虽然苏军的喊话旨在动摇他们的军心，但他们似乎从未失去信心或陷入恐惧。

有个深受明希信任的士官——特奥多尔·格雷克①（Theodor Gerecke）下士是极其幸运的一小撮人之一，他是靠了第6集团军司令部从每个师救下1名军官、1名士官和1名士兵的命令，在最后关头飞出包围圈的。获救后不久，格雷克接受讯问，汇报了以下情况：

> 我从9月14日起就一直随部队在斯大林格勒城里作战。在1月7日夜到8日晨，我们被部署到"红十月"工厂，把守正对着4号厂房南面的阵地。我们的兵力：1名军官和40名士兵，外加20个罗马尼亚人。装备：8挺轻机枪、1门重迫击炮和2挺重机枪，子弹很充裕。在1月10日，那门迫击炮因为缺少炮弹没法用了。我们对面是敌人的两个连。敌人装备了反坦克炮、火箭炮、76.2毫米野战炮和重炮。他们的炮击从1月8日起就几乎没断过。他们的士兵装备精良，给养充足。敌人注意到了我们在1月7日夜到8日晨的换防。在8日早上4时30分左右，大约80个俄国步兵没有经过炮火准备就发起了进攻。这次进攻被打退了，敌人伤亡惨重，但是俄国人在下午又一次进攻，我们不得不撤出部分阵地。接着我们又主动放弃了"红十月"工厂的其他区域，后撤了大约300米。1月9日早上10时，俄国人用迫击炮进行火力准备后第三次发起进攻。我们因为伤亡太大，又后撤50米，退到连指挥所一带。从1月10—12日起，俄国人用重武器不断进行火力袭扰。我们连罗马尼亚人在内只剩25个人了。1

---

① 特奥多尔·格雷克下士，第194掷弹兵团第3营，1918年9月9日生于马格德堡，其余信息不详。

月 12 日下午，俄国人用大炮、迫击炮和反坦克炮进行火力准备后又发动了进攻。因为左右两翼都暴露了，我们不得不放弃阵地，后撤到铁路沿线预设的后备阵地。这时还剩 2 名士官和 7 名士兵，全营集中清点，也只剩 17 个人，这就是退到铁路沿线防守的全部力量。敌人没日没夜地用重武器朝我们射击，他们还在黎明和夜间派突击队渗透我们的阵地，这些突破尝试都被击退了。在这些战斗中，敌人曾接近到离阵地不到 10 米的地方，用手榴弹袭击我们。我们靠着几支马枪、1 挺重机枪和 2 挺轻机枪把他们赶了回去。我在这个阵地上一直待到 21 日，然后接到了集团军要我乘飞机离开的命令。我们赶到古姆拉克东南 5 公里外雪原上的一个简易机场，一架运送补给和疏散伤员的 He 111 飞机已经到了。我们和一个在降落时摔坏了飞机的机组一起离开。我们的飞机上共有 16 个人，其中 2 个是伤员，4 个是奉命撤离的，其他都是空勤人员。

1943年1月12日的伤亡情况
德军第305步兵师：从本日起再无确切伤亡报告

1943 年 1 月 13 日

5 时 50 分，第 51 军报告说："敌人在第 305 步兵师防区附近的袭击被击退。除此之外，一夜平安无事。"第 305 步兵师在斯大林格勒官方作战报告就此没了下文，我们只能根据亲历者的证词和苏方记录来了解这个师最后二十来天的战斗历程。

3 时 30 分，步兵第 241 团的右翼开始推进，到了 7 时，几支突击队已经抵达"街垒"工厂以南一座横跨冲沟的管道桥。他们占领了几个掩蔽部，击毁一辆小型坦克，然后就地巩固防守。7 时 30 分，一股 15～20 人的德军从"街垒"工厂东南角向突击队发动反击，但是被大炮和迫击炮火力击退。突击队得到补充后，在 8 时继续进攻，拿下了 83 号房以及在其西面机器街上的几座房屋。突击队随后在新占领的阵地上巩固防守。该团这一天损失 20 人，还剩 28 名活跃战兵。

　　3 时 15 分，步兵第 161 团派出侦察队袭击面包房，但遭到猛烈的冲锋枪和机枪火力拦截。3 时 45 分，德军一个排在面包房的机枪和迫击炮火力掩护下对该团先头部队发起反击，迫使他们后撤到铁路线以南，在面包方以南 200米处转入防守。10 时 30 分，苏军观察到多达 3 个排的德军步兵集结在面包房东南方的几座房屋附近，11 时他们又出现在靠近"街垒"厂西南角的小变电站附近。苏军用大炮和迫击炮火力将他们驱散。15 时，多达 3 个排的德军步

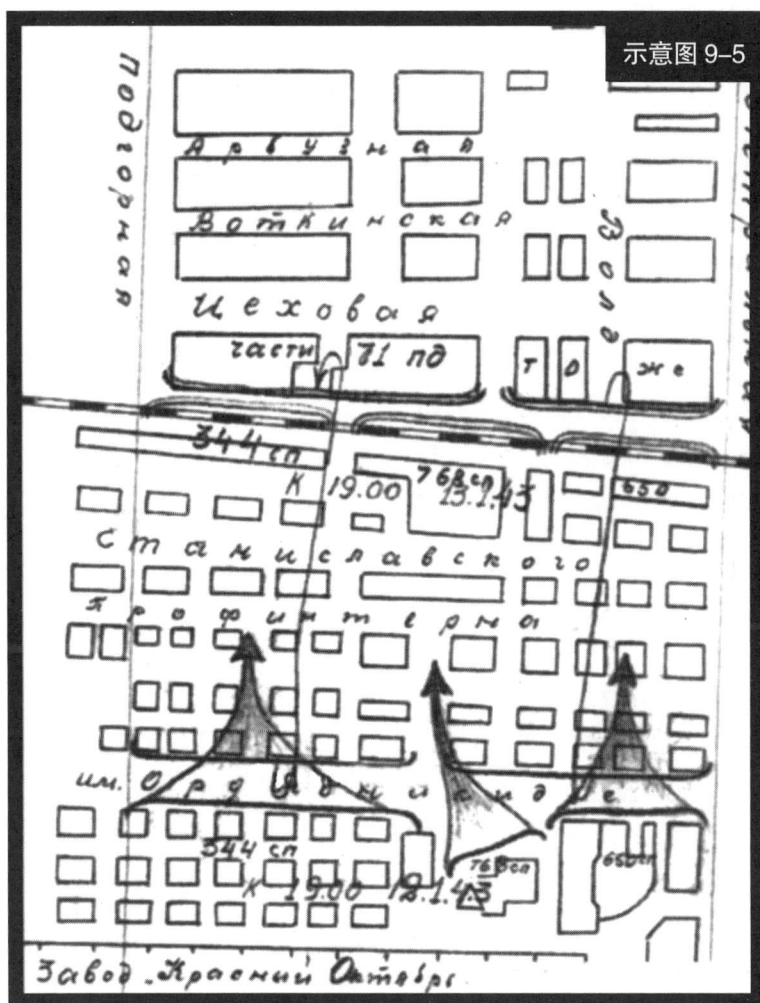

▲ 步兵第 138 师绘制的一张草图显示了 1943 年 1 月 13 日该师在"红十月"工厂以西地带的进攻

兵再次集结在同一区域，苏军呼叫大炮和火箭炮进行打击，又将他们驱散。15时，还在布古鲁斯兰街上发现1辆德国坦克。步兵第161团这一天损失9人，但由于援兵抵达，它的活跃战兵达到了111人。

步兵第90团部署在左翼的一支突击队占领了铁路支线以南的一些掩蔽部。通过大炮和迫击炮摧毁德军2个掩蔽部和1个观察所。该团伤亡很小，只有1人负伤。活跃战兵有21名。

戈里什内师宣称击毙大约60名德军士兵，缴获4挺重机枪、3挺轻机枪、30支步枪、1具体视望远镜、5箱手榴弹、60发信号弹和大约1500发步枪弹。

★

南边的步兵第138师上报的战果更大：

敌人已经后撤到"红十月"工厂以西400米外的铁路线后面，但仍在负隅顽抗。

14时，我师注意到大约100名敌军在进行调动。

我师部队一边战斗，一边实施侦察，为后续的进攻行动做准备。在这一天，敌人光被击毙的就有200人，还有1挺重机枪和2个掩蔽部被击毁。我师缴获如下：2门75毫米炮、1门37毫米炮、2门82毫米迫击炮、2门50毫米迫击炮、4挺重机枪、8挺轻机枪、65支步枪、200多发37毫米炮弹、1000多发迫击炮弹、550颗手榴弹和1500多发步枪弹。

1943年1月14日

步兵第95师的第28号战斗报告是这样开篇的："敌人继续顽强抵抗，从'街垒'工厂、面包房和费奥多谢耶夫街上的住宅楼用冲锋枪、机枪和迫击炮打击我师进攻部队，然后发动了多次反击。"

如果苏军曾预计随着德军力量减弱进攻将变得越来越容易，那么他们此时肯定大失所望。每次进攻都会遭到弹雨洗礼，每个角落都有德军凶狠抵抗，为了收复失地发动的反击更是无休无止。在斯大林格勒，取胜绝非易事。

白天，步兵第90团据守自身的防线，用火力打击了德军士兵和"街垒"

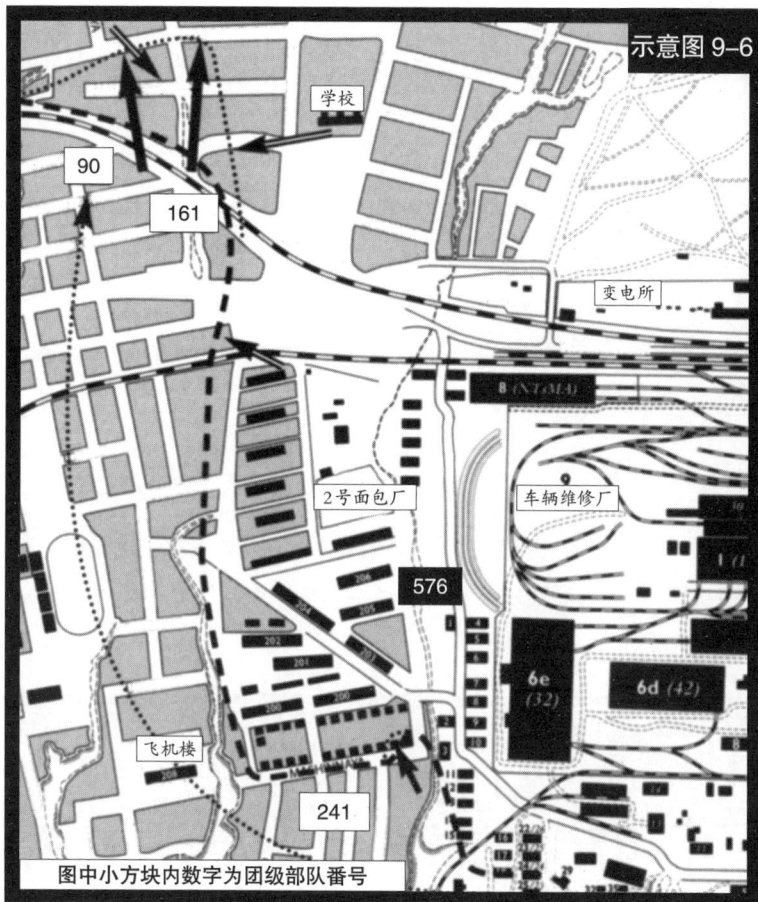

▲ 1943 年 1 月 14 日，苏军步兵第 95 师的进攻

厂东南角以及绿色储油罐附近的火力点。4 时，侦察兵在"街垒"工厂东南角发现一个排的德国步兵。同时还观察到个别士兵在工厂和战壕之间来回运动。步兵第 90 团这一天没有损失。活跃战兵为 21 名。当天夜里，该团将把伏尔加河岸边的阵地移交给机炮第 400 营和步兵第 241 团，然后转移到铁路线以西工人村中的阵地，与步兵第 161 团并肩作战。

步兵第 241 团的突击队继续向着面包房推进，经过激战后夺取了 84 号房。该团损失 7 人，活跃战兵有 39 名。

步兵第 161 团向着费奥多谢耶夫街前进，遭到来自面包房、铁路线、道路岔口和费奥多谢耶夫街上楼房的猛烈火力打击。4时30分，步兵第161团的一支突击队遭到德军来自面包房的反击，但成功将其击退。该团左翼进至费奥多谢耶夫街，随后受到德军的一系列反击：在中午，德军一支排级分队从费奥多谢耶夫街方向对步兵第161团实施反击；13时05分，苏军发现多达50名德军士兵沿铁路线向面包房运动，用大炮和迫击炮火力将其驱散；在14时30分，苏军又注意到一股多达一个半连的德军集结在蒂拉斯波尔街和布古鲁斯兰街之间的学校附近。步兵第161团为了击退德军的这几次坚决反击付出了很大伤亡，共损失60人，但又一批新鲜血液的补充使该团仍有115名活跃战兵。该团估计德军损失在110人左右。

★

步兵第138师的突击队进展更大，给德军防线造成的打击也更重：

> 我师突击队缓慢而坚决地前进，一路歼灭并逐出躲在被毁楼房地下室里的敌人。

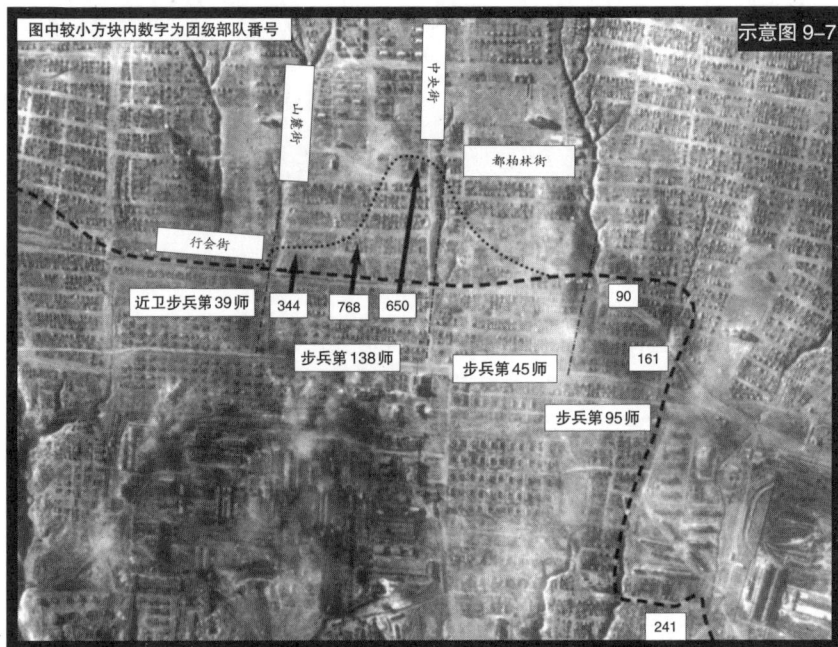

▲ 1943年1月14日，苏军步兵第138师的进攻

在 14 时，一股大约 80 人的敌军士兵与两辆中型坦克从山麓街向我师左翼的步兵第 344 团发动反击。敌人的这次反击被击退，他们损失惨重。在战斗中，我方火力击中一辆德国坦克，使其起火烧毁。

步兵第 138 师右翼击破敌军防御，进至中央街和都柏林街交汇处，左翼则进至山麓街和公会街交汇处。

我师各团正在继续向西推进并歼灭敌人。

步兵第 768 团的波纳马廖夫大士冲进敌人的掩蔽部，用刺刀挑死了 8 个德国人，又用冲锋枪打死了 14 个。他一人就缴获 3 挺轻机枪，还抓获 1 名德国俘虏。被俘的德国人是在 1 月 10 日从第 305 步兵师调到这个地段的。这一天缴获的战利品：9 门迫击炮、3 挺重机枪、9 挺轻机枪、4 支冲锋枪、多达 100 支步枪、1000 发迫击炮弹、1000 多颗手榴弹和多达 2000 发步枪弹。

步兵第 768 团的一名班长 A. G. 波纳马廖夫（A. G. Ponamarev）和另外 4 名士兵是该团最早冲过铁路路堤沿线德军防线的战士。波纳马廖夫从几节车厢残骸下爬过铁轨，用手榴弹炸开一条血路，并炸毁了德军战壕里的 1 挺机枪。波纳马廖夫小分队随后占领多个掩蔽部，并抓获 3 名俘虏，后来波纳马廖夫被授予列宁勋章。柳德尼科夫的突击队在他的激励下继续挤压着德军的地盘。

炮手和迫击炮手们在战斗中也表现出色，他们带着自己的火炮与步兵并肩作战，为后者提供直接火力支援。步兵第 344 团炮兵连的一门 45 毫米炮在 P. G. 拉塔诺娃（P. G. Ratanova）中士指挥下跟随步兵前进，在 100～150 米的距离上出其不意地打击了德国守军。炮手 G. G. 加尔布兹（G. G. Garbuz）下士、V. 拉巴基泽（V. Rabakidze）列兵和 I. 梅尔什钦斯基列兵眼明手快，击毁 1 辆坦克和 2 挺机枪，并打死打伤十几个德国人。

1943 年 1 月 15 日

这一天的战事比平时少。步兵第 90 团各部一边坚守各自的防线，一边用机枪和迫击炮打击已发现的德军阵地。该团这一天没有损失，仍有 21 名活跃战兵。

▲ 1943 年 1 月 15 日的形势

步兵第 241 团继续据守新占领的 83 号房和 84 号房，以猛烈火力压制德军火力点，驱散了一队 20 人的德军，并摧毁绿色储油罐附近的 2 个掩蔽部。该团损失 4 人，活跃战兵还有 35 名。

步兵第 161 团继续巩固其阵地的防守，炮击德军火力点并侦察了面包房方向，同时做着攻打面包房的准备。但是德军不愿让他们过太平日子。在 1 时 30 分，德军一个排从"街垒"厂西南角和面包房以南的红房子向该团发动反击。在 3 时，这次反击被击退。9 时 30 分，苏军观察到 99 和 100 号房附近有成群和单个德军士兵在运动。苏方记录估计德军损失 40 人左右，还有 1 门火炮和 2 挺机枪被击毁。

★

第212掷弹兵团第1营的珀奇少校介绍了自己部队的调动：

我们师[1]最后的部队在1943年1月15日调到"白房子"以西原先第226掷弹兵团辎重队驻扎的地方，面向西方建立防线。全师所有部队都合并到第212掷弹兵团；到了1月底，我们师的兵力还不满一个营。

这时候还活着的人包括艾希勒上校[2]、布赫霍尔茨少校[3]、戈特斯曼少校[4]、利特克少校[5]、珀奇少校、舒哈特少校[6]、工兵营的韦尔茨上尉，还有戈德纳上尉[7]、克拉（Krah）上尉、冯·布拉班德骑兵上尉[8]、冯·卢克骑兵上尉[9]、冯·拉布（von Raab）骑兵上尉、赫斯（Hess）中尉、尼特勒中尉[10]、里斯（Ries）中尉、桑德尔（Sander）中尉、赖斯纳（Reissner）中尉、布雷茨（Bretz）少尉、施通普夫（Stumpf）军士长和第212掷弹兵团第5连的沃尔夫上士[11]。

1943年1月16日

在两个兄弟团防守各自阵地时，步兵第161团对面包房发动了新一轮进攻。午夜时该团两支突击队向着铁路岔口前进，遭到来自"街垒"工厂西南角的大

---

①这是指原第79步兵师。

②里夏德·艾希勒（Richard Eichler）上校，骑士十字勋章，金质德意志十字勋章，第212掷弹兵团，1903年4月3日生于弗兰肯贝格，1943年1月31日失踪于斯大林格勒。

③瓦尔特·布赫霍茨（Walter Buchholz）少校，金质德意志十字勋章，第212掷弹兵团，1906年4月17日生于威斯巴登，1943年1月失踪于斯大林格勒。

④汉斯·戈特斯曼（Hans Gottsmann）少校，第179炮兵团第1营，1913年10月9日生，1943年1月失踪于斯大林格勒。

⑤奥斯卡·利特克（Oskar Liedtke）少校，第179炮兵团第2营，1905年8月8日生于罗森贝格，1943年5月9日卒于叶拉布加战俘营。

⑥西格弗里德·舒哈特（Siegfried Schuchardt）中校，金质德意志十字勋章，第226掷弹兵团，1894年4月3日生，1943年1月失踪于斯大林格勒。

⑦弗里德黑尔姆·戈德纳（Friedhelm Gordner）上尉，金质德意志十字勋章，第212掷弹兵团，1915年4月11日生，1943年1月失踪于斯大林格勒。

⑧卡尔·冯·布拉班德（Karl von Braband）骑兵上尉，第179自行车营，1917年5月24日生于诺伊施塔特，1943年1月失踪于斯大林格勒。

⑨汉斯·冯·卢克（Hans von Lucke）骑兵上尉，第179自行车营，1912年1月22日生于米肯海恩，1943年2月失踪于斯大林格勒。

⑩罗伯特·尼特勒（Robert Nittler）中尉，骑士十字勋章，第212掷弹兵团第3连，1921年3月8日生于迪林根，1943年1月14—16日阵亡于斯大林格勒。

⑪鲁道夫·沃尔夫（Rudolf Wolff）中尉，第208掷弹兵团团部，1919年3月3日生于魏登塔尔，1943年1月失踪于斯大林格勒。

▲ 2 号面包厂以南居住区的废墟，有几段街道已经塌陷到下水道中

约 40 个德军士兵反击。2 时 30 分，德军再度发动反击，一支排级分队攻击了该团的突击队，但被机枪、迫击炮和大炮火力击退。突击队冒着来自多个方向的猛烈火力，继续向面包房以南的楼群前进，成功夺取了其中一座房屋，在里面巩固防守并做好了攻打面包房本身的准备。该团的损失为 20 人，仍有 93 名活跃战兵。苏军步兵继续密切观察当面德军，发现似乎有援军抵达，或者德军各部在调整部署：8 时，一队 16～20 人的德军士兵向"街垒"工厂西南角跑去；14 时 05 分，两队数量分别为 7 人和 15 人的德军从那里移动到面包房。

步兵第 90 团运用各种武器射击德军前沿阵地，通过吸引德军火力来支援步兵第 161 团的进攻行动。该团当天有 1 人负伤，在日落时活跃战兵有 25 人。

步兵第 241 团实施了佯攻和积极的侦察行动，用大炮和迫击炮毁伤德军的两个掩蔽部，随后将其占领并巩固了防守。该团有 1 人负伤。活跃战兵为 34 名。

苏军估计德军损失约为 50 人。他们还有 2 挺机枪被缴获，4 个掩蔽部被大炮和迫击炮火力摧毁。

1943 年 1 月 17 日

步兵第 95 师的突击队克服德军的顽强抵抗缓慢推进，德军的大部分火力来自面包房、"街垒"工厂西南角、111 号房和铁路岔口。

步兵第 241 团继续据守原先的阵地，用火力打击德军士兵和火力点，并支援了步兵第 95 师其他部队的进攻。该团用迫击炮摧毁 2 个掩蔽部，自身损失为 1 死 9 伤。活跃战兵为 24 人。

步兵第 161 团对其突击队进行了重组，随后克服德军顽强抵抗向雕塑公园推进，他们在各种武器的火力掩护下缓慢前行。该团因为位于全师的左翼，成了德军防御火力和反击的主要对象。1 时，一个排的德军从面包房以南的楼群向突击队发起反击。该团依靠迫击炮火力在 2 时 05 分击退了这次反击，并给德军造成严重损失。14 时 20 分，该团注意到有 50～60 名披着雪地伪装衣的德军士兵在学校附近移动。14 时 40 分，该团又注意到大约 2 个排的德军步兵出现在蒂拉斯波尔街和布古鲁斯兰街上。种种迹象表明德军将发动更凶猛的反击。在这一天日落时，该团的损失和兵力仍在统计中。

步兵第 90 团各部实施了侦察行动，一边以机枪和迫击炮火力摧毁德军火力点，一边缓慢推进。步兵第 95 师估计德军损失约为 60 人，并有 1 挺机枪和 3 个掩蔽部被摧毁。

★

德军的反击有一次是赫尔穆特·施瓦茨上尉带队的，他原先是团副官，一度担任过第 578 掷弹兵团第 2 营的营长，最近则是负责把后方梯队人员训练为作战人员的军官。雷滕迈尔少校回忆了施瓦茨的遭遇：

> 我需要说一说团副官施瓦茨上尉的结局。他以不计个人得失的态度承担了把后勤辎重队和炮兵人员训练成步兵的工作。彻底完成这项

▲ 赫尔穆特·施瓦茨上尉

任务后，他在 1 月 12 日上前线报到，被分配到全师最右翼的一个地段。俄国人通过一条长长的冲沟（"树沟"）渗透过来，占领了几座白房子，他想靠几个人把这些房子夺回来。就在反击过程中，他心脏中弹，当场身亡，时间是 1 月 17 日。他的死使他的双亲失去了第三个也是最后一个儿子①。施瓦茨上尉是个高尚的人，非常优秀，是那种凭着知识和能力让人由衷钦佩的人。他的死深深刺痛了每个人，无论军官还是士兵。

★

步兵第 138 师的战争日记在这一天记录了一件耐人寻味的事：

1 月 17 日，步兵第 344 团抓获 4 名第 389 步兵师第 545 步兵团的俘虏，他们在 1943 年 1 月 14 日被编入一个 130 人的独立连，从战线的其他地方调至我师地段。

对德军来说，部队的完整性此时已不太重要。各师的防线不断被苏军攻破，因而在某些地段已经无法维持足够的人员密度。为了堵住漏洞，只好拆东墙补西墙，从较为平静的地段抽调人员填入"街垒"工人村和"红十月"工人村千疮百孔的防线。

★

11 时 20 分，一架德国运输机在"红十月"工人村投下 7 个挂着货物的降落伞。在前一天，甚至有一架飞机降落在 107.2 高地附近。1 月 18 日 14 时 05 分，还将有 7 架运输机降落在"樱桃沟"附近。罗科索夫斯基的大军对斯大林格勒包围圈西面的猛攻已经导致德军的主要机场——皮托姆尼克机场在 1 月 16 日上午失守，古姆拉克机场也受到严重威胁。1 月 17 日，古姆拉克机场的起降作业曾一度停止，这是因为有个飞行员错误地报告说德军部队已经撤出该机场。为此一些飞机不得不使用位于市区西郊的小机场——斯大林格勒斯基。第 305

---

① 施瓦茨有两个弟弟，其中赫伯特被人杀害但尸体下落不明，因此被斯图加特地方法院宣布为死亡，而约翰 1941 年 7 月 16 日在法国死于事故。

炮兵团的罗姆巴赫下士曾目睹了皮托姆尼克机场失守的惨状：

> 因为我们的盟友（特别是罗马尼亚人）没有重武器，没有现代化的
> 大炮，所以第 2 营（也就是我们）被调到皮托姆尼克支援罗马尼亚人，
> 并保卫那里的机场，我们在那里体验了被围部队里各色人等上演的活剧。
> 跑道一次又一次地被飞机炸，被大炮轰，工兵们只能把跑道维持在一定
> 程度可用的状态。每当有飞机降落，伤病员就一窝蜂拥上去，争先恐后
> 地要离开包围圈。机场守卫只能靠武力手段来防止飞机被人流冲翻，那
> 里的场景非常恐怖。后来由于弹药短缺，再加上俄国人兵力占优，我们
> 不得不和罗马尼亚士兵一起丢下机场逃跑，就这样回到了在斯大林格勒
> 北城区拖拉机厂附近的旧阵地。

　　负责让皮托姆尼克机场维持运转的工兵部队包括第 389 工兵营，这个营里还有比希上尉的第 45 工兵营的残部。孜孜不倦、不屈不挠的第 2 连连长瓦尔特·海因里希中尉和同样英勇善战的第 1 连连长马克斯·邦茨中尉 ① 一如既往地激励部下执行任务。维护跑道是一项极耗体力的工作，特别是在口粮配额不断缩减的情况下。1 月 13 日，不可思议的一幕发生了：苏军的一发炮弹在离海因里希中尉不远处爆炸，他应声倒下。部下一时间都担心他死了，但是接着就发现他还在动。他奇迹般地捡了一条命，但是右腿被弹片严重击伤。生存下来的机会非常渺茫：尽管医生尽了最大努力，但救护站的恶劣条件意味着基本上不可能得到妥善治疗，而飞机只能运走一小部分伤员。海因里希在医院里躺了将近 10 天，眼看已经没希望搭上飞机了。然而，此时他的守护天使再次出手相救：有个飞行员是当年他在乌尔姆的同学。于是在 1 月 22 日，海因里希刻不容缓地逃出了斯大林格勒包围圈。

★

　　1 月 17 日，罗科索夫斯基命令部队暂停进攻，以便重整。草原上的德军

---

① 马克斯·邦茨中尉，金质德意志十字勋章，第 45 工兵营第 1 连，1914 年 7 月 10 日生于乌尔姆 / 多瑙，1943 年 1 月 23 日失踪于斯大林格勒。

各部获得了一点喘息的机会。但是时间不会长。"指环"行动的最后阶段将在1943 年 1 月 22 日展开。

1943 年 1 月 18 日

步兵第 90 团各部开始执行第 08 号战斗命令。他们克服德军抵抗，前进了 250～300 米，占领了两座房屋和一些掩蔽部后在其中巩固防守，该团的损失为 5 死 7 伤。

步兵第 241 团据守其防御阵地，通过工程手段加强防守，并实施了佯攻。该团无损失。

▲ 1943 年 1 月 18 日，苏军步兵第 90 和 161 团的进攻

2 时，步兵第 161 团以两支突击队发起突袭，但是遭到学校——蒂拉斯波尔街和布古鲁斯兰街之间区域——铁路岔口——"街垒"工厂西南角一线德军的小型武器和机枪火力拦截。2 时 40 分，一队兵力约为一个半连的德军从学校和工厂西南角向步兵第 161 团进行反击，他们接近到手榴弹投掷距离，但是被苏军用猛烈的火力和密集投掷的手榴弹打了回去。据报这股德军有大约 60 人被打死，其余的四散逃跑。突击队随后克服德军的顽强抵抗缓慢前进，赶走了三座房屋里的德国守军，并在其中巩固防守。该团还用迫击炮和大炮火力摧毁了 4 处碉堡和掩蔽部。在这次战斗中表现出色的有布尔拉科夫（Burlakov）下士和政治指导员罗金（Rodin）中尉：前者率先冲进一座房屋，在里面用手榴弹炸死 15 个德国人，并缴获 1 挺轻机枪；后者用冲锋枪和手榴弹击毙 12 个德国士兵。8 时 50 分，苏军注意到多达一个营的德军集结在"街垒"工人村东南角附近，便迅速召唤火箭炮进行打击，将他们驱散。德军在下午进行了报复：14 时 10 分，步兵第 161 团的指挥所遭到一门反坦克炮的轰击；在 16 时，一股 150 人的德军士兵从铁路岔口和学校发起反击，最终被大炮和迫击炮火击退。步兵第 161 团各部随后为了执行 02 号命令而补充了人员。该团这一天的损失为 22 人。

苏军统计德军损失约为 170 人，还有 1 门 81 毫米迫击炮、3 挺轻机枪、34 支步枪、6 支冲锋枪和 2 部电话机被缴获。

1943 年 1 月 19 日

步兵第 241 团的战士们据守自己的防区，并实施了佯攻。

步兵第 161 团的突击队战胜德军的顽强抵抗，前进了 150 米，占领 5 座房屋，用大炮和迫击炮火摧毁 2 个掩蔽部，在新占领的阵地上巩固防守后侦察了德军火力点，为后续行动做准备。该团损失很大，有 26 人伤亡，但仍有 156 名活跃战兵。

步兵第 90 团冒着射向其左翼的猛烈火力前进了 300 米，占领了一些位于哥萨克街和阿尔瓦佐夫街十字路口的建筑，在其中巩固防守，并为后续作战实施侦察。当天的损失为 10 人死亡、21 人负伤。10 时 15 分，观察员在"街垒"

工人村以南的公墓一带发现多达两个连的德军步兵，便召唤大炮和迫击炮火将其驱散。13 时 20 分，苏军在梅利托波尔街上字母"M"附近又观察到一个排的德军步兵。

苏方资料认为德军损失了 70 人，此外苏军的大炮和迫击炮火摧毁 8 个火力点，并直接命中 1 门 37 毫米炮。苏军还缴获 1 挺重机枪、1 挺轻机枪和 1 门 37 毫米炮。

★

步兵第 138 师地段的激战被总结为两句话："激烈的战斗在这天日间继续进行，并经常化为肉搏战。我师前进了少许。"

1943 年 1 月 20 日

步兵第 241 团使用自己掌握的各种武器打击德军前沿阵地，以支援步兵第 161 和 90 团进攻。该团无损失。

在前一天夜里，十来个裹着伪装衣的德国人试图靠匍匐前进的方式接到步兵第 161 团的前沿阵地上。苏军士兵故意将他们放近，然后投出手榴弹将这些德国人消灭。早晨，步兵第 161 团以三支突击队发起进攻，先封锁两座楼房，然后在 4 时迅速占领了它们以及附近的两个掩蔽部。接着突击队又向费奥多谢耶夫街前进了 30 米，随后遭到侧射机枪火力打击，

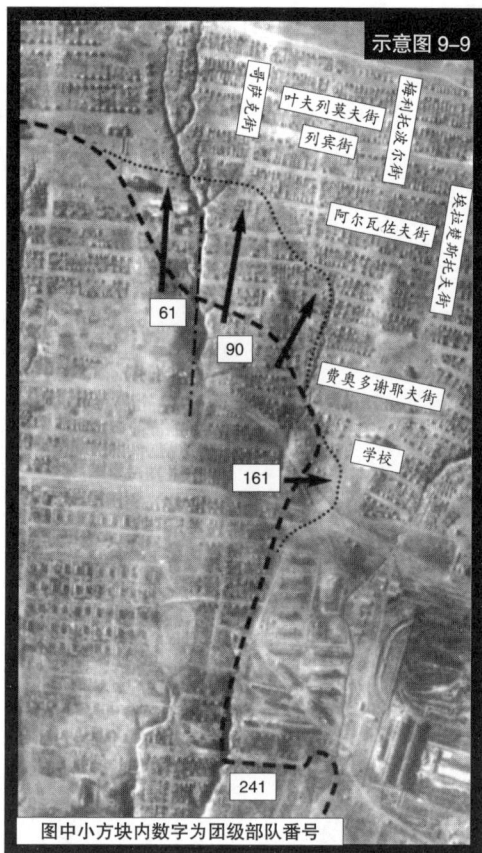

▲ 1943 年 1 月 19 日，"街垒"工厂以南的形势

被压制后不得不就地掘壕固守。该团损失 8 人，活跃战兵为 135 名。

步兵第 90 团派两支突击队占领了阿尔瓦佐夫街上的两座楼房。该团右翼克服德军抵抗，进至阿尔瓦佐夫街和梅利托波尔街的十字路口，但被猛烈的火力打得抬不起头。该团左翼没有进展，仍然据守原来的阵地。该团伤亡很严重：10 人死亡、28 人负伤，活跃战兵还剩 78 人。在 10 时，一队 12 人的德军士兵试图接近该团前沿，但其中 10 人被机枪和迫击炮击毙，只有 2 人逃脱。

步兵第 95 师的第 40 号战斗报告提到："敌人进行了顽强抵抗，在每一座建筑里死战不退，并从'街垒'工厂西南角、学校和公共浴室用小型武器、机枪和系统的迫击炮火力打击我进攻部队。"这份报告估计德军损失约为 30 人，少于该师自身损失。根据 1 月 19 日的具体数据，该师缴获了下列战利品：3 挺轻机枪、5 支步枪、3500 发子弹和其他物资。

★

南边的步兵第 138 师也陷入了苦战："敌人猛烈抵抗，投射凶猛的步机枪火力。我师战斗部队克服敌人防御向前推进。"

1943 年 1 月 21 日

步兵第 241 团一边防守，一边密切观察德军动向，用小型武器和机枪射击发现的火力点和人员。该团损失很小，只有 2 人负伤，活跃战兵为 89 名。

在步兵第 161 团地段，苏军在 3 时注意到有小股德军出现在面包房和"街垒"工厂西南角，但他们没有发动进攻。白天，该团的突击队占领了费奥多谢耶夫街上 15 座被改造成碉堡的房屋。德军在这一地段的火力大多来自学校、"街垒"工厂、叶夫列莫夫街和公共浴室。从 10 时起，突击队在新占领的阵地上巩固防守，随后为后续作战做准备。该团损失了 22 人，还有 153 名活跃战兵。

在步兵第 90 团地段，德军在 2 时试图以几支小分队向埃拉楚斯托夫街和叶夫列莫夫街反击，但被苏军击退。步兵第 90 团的突击队随后继续进攻，将德军从掩蔽部和战壕中逐出。他们前进了 300 米，占领了列宾街。德军几次试图反击但均被击退，步兵第 90 团在新占领的阵地上巩固了防守。该团的伤亡为 13 人，仍有 52 名活跃战兵。

步兵第 95 师缴获的战利品有 1 门 37 毫米反坦克炮、1 门 81 毫米迫击炮、5 挺轻机枪、10 支步枪、1 支冲锋枪、3000 发步枪弹，还抓到 8 名俘虏。

10 时 30 分，发生了一件曾经司空见惯但此时却很不寻常的事：德军的轰炸机两次向伏尔加河东岸俯冲投弹。苏军设施受到的破坏很轻，但此事的主要效果是略微提升了德军的士气。

1943 年 1 月 22 日

在步兵第 241 团防守自己的阵地（并且未受损失）之时，另两个团继续对德军的阵地零敲碎打。在这一天，步兵第 161 团的突击队进至格多夫街上字母"K"处，在那里包围并占领了 6 座小房子，然后在其中巩固防守。在 13 时，观察员注意到小股德军士兵从铁路岔口飞奔到无名冲沟内。该团这一天损失 4 人，仍有 119 名活跃战兵。

6 时 30 分，在步兵第 90 团地段发现一个新的德军据点——公共浴室附近有一门 37 毫米炮朝该团左翼射击。该团的突击队在白天执行了领受的任务，他们冒着来自埃拉楚斯托夫街和叶夫列莫夫街的德军火力，以迅猛的动作沿列宾街推进了 50~70 米，并在新占领的阵地上巩固防守。该团的损失为 7 死 5 伤，活跃战兵还有 40 名。

★

在城外的大草原上，"指环"行动的最后阶段开始了。第 57 集团军的步兵部队从西南面沿着铁路线在 4 公里宽的正面上大举进攻，在沃洛普诺沃火车站达成突破，一路杀向斯大林格勒南城区。德军部队根本无力封堵防线上的大缺口。那个地段的守军弹药不足，又无法从其他地段抽调部队。保卢斯心知末日将近，当天晚上，他通过陆军总司令部向希特勒发去一封电报：

口粮已耗尽。包围圈内有 12000 多名伤员无人照料，部队再也没有弹药，却要面对敌人在猛烈炮火支援下的大规模进攻，我应该给他们下什么命令? 必须尽快做出决定,因为某些地方已经开始崩溃了,但是士兵们对领导的信心还在。

希特勒的答复非常生硬:

　　对投降不予考虑。

　　部队必须坚守到底。可能的话,应该缩小堡垒面积,以便仍有战斗力的部队坚守。

　　正是斯大林格勒堡垒守军的勇气和毅力使我军得以建立新的防线并开始做反攻准备,因此,第 6 集团军已经为德国最伟大的斗争做出了历史性的贡献。

德军在包围圈西面的防线已经开始瓦解,要不了多久,那些曾经意气风发的部队的残兵败将就会向东撤退,涌进可怕的废墟之城中避难,直到噩梦终结。

1943 年 1 月 23 日

双方继续在斯大林格勒北城区为争夺每一座建筑而血战。在这天日间,步兵第 241 团用 45 毫米炮和迫击炮有系统地射击了德军火力点,以 120 毫米火炮的齐射驱散两队位于面包房附近的德军并歼其一部,还压制了"街垒"工厂东南角的 3 个火力点。该团还利用烟幕实施了一次持续一小时的佯攻,在烟幕笼罩战场时,苏军士兵们用各种武器对德军前沿阵地乱射。该团损失 3 人,仍有 86 名活跃战兵。

8 时,步兵第 90 团的突击队在 45 毫米炮、76 毫米炮及迫击炮支援下开始封锁德军的一些火力点和房屋,但由于对方火力猛烈,特别是一挺侧射的机枪不停开火,该团没有得手。随后他们继续侦察、压制和摧毁挡在前进道路上的德军火力点。该团损失 4 人,尚余 36 名活跃战兵。

步兵第 161 团各部冒着德军的防御火力沿格多夫街前进了 50 米,占领三座房屋并歼灭了其中的守军(大约 20 人)。随后他们巩固防守,执行侦察,并用大炮压制了德军的一些火力点,为后续战斗做准备。该团的伤亡只有 1 人,活跃战兵还有 179 名。

苏军估计德军损失约 30 人，有 3 挺轻机枪和 20 支步枪被缴获。他们还报告说，纵火器焚毁了 3 座房屋和 1 个掩蔽部，并向德国人抛撒了 1500 张装在玻璃球里的传单。15 时，一架德国运输机在步兵第 241 团和友邻的独立机炮第 400 营地段投下 5 个带补给的降落伞。

步兵第 95 师的第 46 号战斗报告概要介绍了该师 3 个步兵团当面德军部队的情况：

> 在我师当面，第 305 步兵师的残部还在继续顽抗，他们分为以下几个集团：在步兵第 241 团地段的是第 576 步兵团第 2 营，在步兵第 161 团地段的是第 212 步兵团，在步兵第 90 团地段的也是第 212 步兵团，此外在步兵第 90 团左翼还有第 71 步兵师第 194 步兵团第 3 营的部队。他们依托"街垒"工厂东南角、面包房、"街垒"厂西南角和铁路岔口的据点进行防守，所有据点都配备了数量极多的自动武器。

1943 年 1 月 24 日

步兵第 241 团各部据守其阵地，并用 45 毫米炮、迫击炮和机枪压制德军火力点。该团无损失。步兵第 161 团的部队以大炮和迫击炮压制 5 个火力点后，试图朝西北方向前进，但是在猛烈火力（尤其是学校和面包房中侧射机枪的火力）拦截下未能成功。该团损失为 3 人负伤。步兵第 90 团也在这天执行了自己的任务，他们先用 45 毫米和 76 毫米炮的直瞄射击将德军火力点打哑，然后以突袭方式夺占了列宾街上的两座小房子并前进了 30~50 米。观察员发现附近的叶夫列莫夫街上有一队 30 人的德军士兵进入一些掩蔽部，此前还有个别士兵来回跑动。步兵第 90 团的损失为 4 死 7 伤，活跃战兵还有 47 人。他们估计德军的损失为 30 人，有 3 挺轻机枪、7 支步枪和 1 门迫击炮被缴获。

9 时，一架德国运输机通过降落伞空投了 5 包弹药，其中 2 包落在戈里什内的指挥所附近，另外 3 包落在无人地带。

1943 年 1 月 25 日

德军在这一天很老实，只在遭到攻击时才做出反应。苏军的任何运动都会遭到小型武器、机枪和零星的迫击炮火打击。戈里什内师的各团在这一天也异乎寻常地安静，步兵第 241 团的战士们用 45 毫米炮的直瞄射击摧毁了面包房附近和"街垒"工厂西南角的一些德军火力点。此外，该团还继续加固其工事并加强对敌观察。该团的损失为 1 人死亡、2 人负伤，活跃战兵有 83 人。步兵第 161 团据守并巩固自身阵地，通过观察刺探敌情，并射击了德军的火力点和人员。该团无损失。步兵第 90 团据守新占领的区域，在德军可能进攻的方向布设雷场并架设带刺铁丝网，还不断用火力打击德军。该团也没有损失，活跃战兵为 47 名。

苏军观察员对德军的所有动向都有莫大兴趣。戈里什内的部下在一条冲沟和硅酸盐厂附近花园之间的一片楼房附近发现 6 辆载着德军士兵的车子向硅酸盐厂开去，他们还在花园西南角发现 1 辆德国坦克。

1943 年 1 月 26 日

步兵第 95 师为执行第 3 号战斗命令而做准备，同时其下属各团也执行了日常的任务。步兵第 241 团据守其阵地，轰击了在 99 号房、100 号房、面包房和"街垒"工厂附近发现的德军火力点。该团无人伤亡。步兵第 161 团加强了防御，同时用各种武器射击了德军部队集结地和火力点。该团从 11 时起实施了侦察行动，有 2 人负伤。步兵第 90 团据守其防线并杀伤了一些德军人员，摧毁一些火力点。该团使用迫击炮和大炮火力击毁一辆机动车，并压制了 4 个火力点。该团有 1 人负伤。

★

在南边，第 62 集团军的其他部队一劳永逸地收复了马马耶夫岗。从西面杀来的第 21 集团军的坦克在"红十月"工人村与罗季姆采夫的近卫军士兵会师，将包围圈分割成两半。集团军司令员崔可夫用生动的笔触描述了他的部队与罗科索夫斯基的顿河方面军会师的情景：

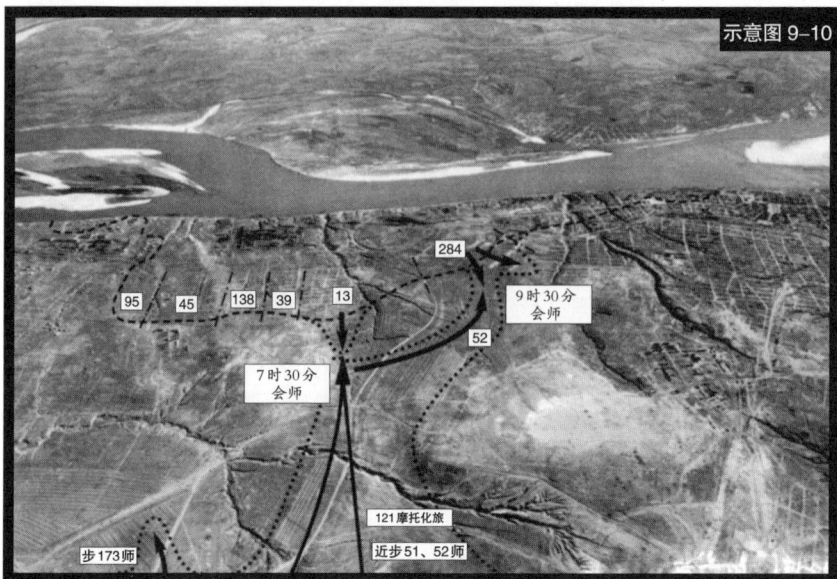

▲ 1943 年 1 月 26 日，第 21 集团军和第 62 集团军会师

　　1 月 26 日黎明，久已盼望一天终于来了。这一天，第 62 集团军的部队与从西面实施进攻的巴托夫①集团军和奇斯佳科夫②集团军的部队会师了。下面是这次会师的经过。

　　黎明时，有个观察所报告，发现希特勒分子陷入混乱，东奔西跑。听到坦克的轰鸣声，出现了身穿红军制服的人……看见重型坦克从山上下来，装甲上写着"车里雅宾斯克集体农庄庄员""乌拉尔金属工人"等字样。

　　罗季姆采夫师的近卫军人高举红旗冲向前去。

　　7 时 20 分，在"红十月"工人村举行了激动人心的会师仪式。A. F. 古辛（A. F. Gushchin）大尉把一面写着"1943 年 1 月 26 日会师纪念"的红旗交给巴托夫集团军的部队代表。

---

　　①帕维尔·伊万诺维奇·巴托夫（Pavel Ivanovich Batov）中将，苏联英雄，第 65 集团军，1897 年 6 月 1 日生于菲利索沃，1985 年 4 月 19 日卒。

　　②伊万·米哈伊洛维奇·奇斯佳科夫（Ivan Mikhailovich Chistyakov）上将，苏联英雄，第 21 集团军，1900 年 9 月 27 日生于奥特鲁布尼沃，1979 年 3 月 7 日卒。

百炼成钢的官兵们，此时眼里噙着喜悦的泪花。

P. 乌先科（P. Usenko）近卫军大尉向罗季姆采夫将军报告说："您的著名的近卫军战士们赠送给我们的红旗已收下。"

"请转告你们的指挥员，"罗季姆采夫将军说，"今天是我们最幸福的一天，因为经过 5 个月艰苦顽强的战斗之后，我们终于会师了！"

钢铁堡垒——重型坦克开过来了。坦克手们从炮塔里探出身子，挥手欢呼。强大的战车群继续向工厂、向前方驶去。

★

第 305 装甲歼击营的副官乌多·朱利尼骑兵上尉清楚地记得自己所在的防区土崩瓦解、部队四散奔逃的景象：

那一天晴空万里，冰寒刺骨，我站在我的地堡前观察战场。我所在的地方视野很开阔，因为我的地堡位于戈罗季谢附近的一个小丘上，是那一带唯一有林木覆盖的高地，长着一些冷杉。在圣诞节前的一段时间，我一直小心翼翼地看守着这些树木，防范那些寻找圣诞树的人。当我通过望远镜扫视前方时，突然看到一幅令我心跳停止的景象：在茫茫雪原上，在西边灿烂的阳光照耀下，我辨认出了一支正在行进的车队。我立刻报告了营长，然后和他一起观察，讨论这可能是什么人。我们自己的两个装甲师就部署在那个方向，而且各自还剩几辆坦克，但是他们应该在各自的防区坚守阵地才对。怎么突然跑回来了？我们给师部打了电话，但是他们也没有头绪。当然了，我们根本不知道前线崩溃的事。

我们向车队大声呼喊，还打了信号，但他们还是无动于衷地继续前进。突然，我注意到车队是分成四路纵队行进的，这是俄国人的做法，德国人总是分三路纵队行军。我顿时感到强烈的恐惧，他们是俄国人！而这时，他们已经从行军队形转成了战斗队形。他们四下散开，架起机枪，炮弹连连朝我们飞来。

我们中间原来面向东方防守的人现在不得不掉转 180 度，我们把一切有腿和能动的东西都动员起来了。俄国人立即在雪原上构筑了工事。当晚我们就撤离戈罗季谢，进了斯大林格勒城。

道路已不再是道路，而是逃难者组成的洪流。坦克隆隆驶来，从一些士兵身上碾了过去。那都是些受了伤的人，腿脚不灵便，来不及让路。在拥挤不堪的道路上坦克驾驶员也没法避开他们，于是后面的坦克就一辆接一辆地从已经被压扁的人身上碾过去，他们扁得就像铺在雪地里的硬板纸。大家只能匆匆走过，没有人多看一眼。与此类似的还有那些在无尽的雪原上被冻僵的死人，硬得像木板一样，我们在从顿河向伏尔加河进军路上就见过这样的情景。很难分辨那是德国人还是俄国人。很多这样的死人直挺挺地立在雪里，就像路标一样。真是让人毛骨悚然……

★

包围圈里的德军被分割成两半。此事导致恐慌情绪在德军士兵中间迅速蔓延，戈里什内部的观察员们在不知道本方部队已经会师的情况下记录了附近德军的反应：

7时30分，观察到个别和小股敌军士兵从西边跑进"街垒"厂地区。我军用炮火覆盖了这些敌人，他们部分被歼，其余四散而逃。

12时，在学校西南面布古鲁斯兰街上，发现一些带拖斗的机动车向北运动，此外还发现2辆敌人的坦克。

还观察到许多敌军步兵乱糟糟地跑进雕塑公园和伊里奇医院一带，向着"街垒"厂移动。

15时10分，在硅酸盐厂附近发现多达1000人的敌军纵队行进。

15时40分，在硅酸盐厂以南，有多达20名敌军在挖掘战壕。

与第6集团军的主力失去联系后，第11军的军长施特雷克尔接过了包围圈北部所有部队的指挥权。

1943年1月27日

包围圈被分割对第305步兵师的防御能力并无影响，因为该师各部仍然据守原来的阵地，但是大量蓬头垢面、穷途末路的新来者涌进了该师的后方地域，他们在人满为患的地下室里寻找栖身之地，并且想方设法搜寻任何形式的食物。朱利尼骑兵上尉回忆了这些令人丧气的事情，以及他是如何找到解决办法的：

> 我们在城里寻找住处，唯一能待的地方就是地下室，其他地方全都已经被毁了。地下室里幸运的住户们千方百计地把我这些不请自来的难民拒之门外。我想到了投靠朋友，可是在这种绝望的情况下，友谊总是一文不值的。我气愤地抬高嗓门大叫大嚷，可有谁会在乎？我只好威胁把仅有的几个反坦克班和反坦克炮排撤走，把它们"借"给别人。好了，这下起作用了。我们终于在一处坍塌的公寓楼底下得到了一个肮脏的小房间，那座公寓楼原本有5层高。

> 这地方有着无法估量的优点。这些公寓楼的墙壁是砖砌的，而天花板和地板是混凝土浇筑的。坍塌下来的砖石堆和夹在中间的混凝土楼板形成类似三明治的结构，在航空炸弹和各种口径的炮弹面前都能提供可靠的保护。即使被直接命中也没关系，这一大堆东西是有弹性的，在受到冲击时会弯曲，但是什么都穿不透它。不过，在遭到猛烈炮击时，必须把壁炉门关紧，以防气压把炉子里燃烧的东西喷到我们的安乐窝里。

> 我们在这座公寓楼地下室里的掩体顶住了最猛烈的直接攻击，应该好好记住由砖石和混凝土楼板提供的这种保护。当然，被打中时会摇晃、颤动，但是什么都打不穿它。

和朱利尼等人一样，大多数逃难的德军在"文件夹"街区的建筑里找到了栖身之所。这片广大的街区几乎位于北部包围圈的中心，基本上也是所有把守外围的部队的后方。许多指挥人员也在"文件夹"街区里避难。

★

在"街垒"工厂以南，戈里什内师还在照常战斗。整个白天，步兵第241团不间断地射击德军火力点并加强观察。82毫米迫击炮的齐射压制了"街垒"工厂西部的3个德军火力点，并摧毁1门迫击炮。该团有2人战死，剩下81名活跃战兵。

截至5时，步兵第161团已经封锁了通向学校的道路，推进了50米，并巩固了新占阵地的防守。在此之后，他们使用各种火力压制和杀伤德军人员。

该团与步兵第90团合作进行了后续战斗的准备。这一天的损失是3死7伤，剩下的活跃战兵还有164人。

步兵第90团的部队将防区移交给步兵第45师，并重新部署到新的出发阵地上。随后他们在9时以多支突击队发起进攻，夺占了两座房屋。似乎由于德军退却，他们没有缴获战利品。该团一个迫击炮连的火力压制了两个德军火力点。伤亡为3死4伤，活跃战兵还有47名。

观察员又发现了德军的一些活动：6时20分，在政委楼及其东南一带，观察到一群80人左右的士兵；白天在"伊里奇"医院一带，观察到个别德军步兵的活动。有三队分别为10～20人的德军士兵从医院移动到"街垒"工厂。

1943年1月28日

在暗夜中，第305步兵师几个勇敢的小分队攻击了苏军阵地。午夜时分，戈里什内的部下击退了从布古鲁斯兰街上字母"G"处发起反击的20名德军士兵，接着在1时又击退了从自愿街进攻的另一支排级分队。

★

"在我集团军主力把作战方向转向北方以后，"克雷洛夫将军写道，"我们前方的地域——'街垒'工厂及其工人村，以及雕塑公园——就成了我们的主要战场。这里的情况和先前'红十月'地区完全一样，敌人的抵抗甚至更激烈。每一片空地上都要爆发战斗，每一张工作台和每一部机器后面都藏着敌人，在许多地方我们靠了火焰喷射器才能前进。在扫清厂房里的敌人以后，我们还必须把敌人从地下室里赶出来。"

"直到1月28日，我们的突击队才开始啃起敌人在'街垒'工厂一带的阵地。"

"啃"进"街垒"厂阵地的师就是戈里什内师，不过德军的凶猛抵抗让他们的门牙崩了一回。该师的3个步兵团在11时开始进攻，经过重新部署以后的步兵第241团向着"街垒"工厂的东南角推进。到了14时，两支突击队已经冲进32号车间［6e号厂房］。德军不断从车辆维修厂、堆场、11号车间和

42 号车间 [6d 号厂房] 向他们实施凶猛的反击，因此进入工厂的总计 31 名突击队员中竟有 13 人死亡、17 人负伤。只有 1 名士兵平安幸存。该团这一天的总损失是 45 人，还剩下 35 名活跃战兵。

步兵第 90 团向着面包房、钢铁街和"街垒"工厂推进。它在 14 时 25 分接到一条新命令：跟随步兵第 241 团进攻。这支小小的部队在这一天遭受了惨重损失，共伤亡 34 人，只剩下 13 名活跃战兵。

步兵第 161 团向"街垒"工厂的西南角进攻，任务是夺取一些小车间、车辆维修厂、堆场和 11 号车间。他们从面包房西部顶着德军猛烈的火力前进到"街垒"厂边缘。他们在这一天伤亡了 43 人，但仍有 124 名活跃战兵，其中 13 人是 82 毫米迫击炮手，60 人是 76 毫米和 45 毫米炮手。

步兵第 95 师对这一天的战事总结如下：

> 敌人从 42 号车间 [6d 号厂房]、32 号车间 [6e 号厂房] 和"街垒"工厂西南角用火力顽强抵抗我师的突击队，并从绿色储油罐和布古鲁斯兰街上的学校投射侧射火力。

克雷洛夫将军回忆说："1 月 28 日，我们取得显著进展，事实上前进了 300 ～ 700 米。戈里什内师的士兵推进到厂区内，占领了工厂东南部处于有利位置的 32 号车间。他们击退了敌人的两次反击，但没能顶住第三次……"

"在面包房、古利耶夫师地段的学校和其他据点，战斗打得一样艰苦，罗季姆采夫的近卫军战士在 107.5 高地北坡从敌人手里夺下了一个又一个立足点……"

▲ 步兵第 95 师的战士从南面向 6e 号厂房 [32 号车间] 推进

▲ 虽然通过占领 32 号车间 [6e 号厂房] 夺取了一个立足点，但步兵第 241 团的突击队在继续推进时遭到德军来自 42 号车间 [6d 号厂房] 和布满铁路岔线及物料的堆场的激烈抵抗

▼ 一支苏军突击队到达 32 号车间 [6e 号厂房]

20时，学校附近的德军以60人对步兵第161团左翼发起反击，但被大炮和迫击炮火轰散，一部被歼。

★

对德军来说，苏军的进攻让他们本已恶劣的条件雪上加霜，整天都有炮弹和火箭弹呼啸着飞来。大批伤员聚集在工厂地下室和外围住宅区里寻找食物、庇护和治疗，绷带和药品已经告罄，食物也所剩无几，负伤后将要面临的困境让那些仍有能力战斗的人顾虑重重。尽管目睹了人类最残酷的相互厮杀，前线士兵仍然把进急救站的地下室视作畏途。雷滕迈尔少校回忆说：

> 救护站又是什么光景？1月28日，有个人离开指挥所去了救护站。他的大腿上有子弹造成的贯通伤。两小时后他回来了，带着哭腔述说了他在那里见到的景象。到处都躺着伤员，有些人甚至躺在露天，而在他们中间混杂着许多死尸。那里没人照料伤员，也没人有力气搬走死尸。医生们再也没有绷带了。"我请求和我的战友待在一起，不过我不想成为他们的负担，要是你们帮我爬上梯子，我可以当个哨兵派用场。"这些话让团长流下了眼泪，他说："你就在这里找一小块地方吧，和我待在一起。"出于怜悯收留此人的是团长利泽克中校。

第305炮兵团第2营的罗姆巴赫下士比较幸运，只受了轻伤，但他带着战友去救护站治疗时亲眼看见了那里的情况：

> 在1月底俄国人发动猛攻，被我们用作观察所的地堡被炮弹直接命中。我当时没有值班，待在地堡后部的角落里，地堡被炸毁了一部分，我的两条腿都受了轻伤，右手还起了一个很大的水疱，非常碍事，我们的卫生员耶尼施（Jänische）给我上了点药膏和药粉。我还是非常幸运的，这个水疱好得比较快，但是我腿上的伤就糟糕得多，因为虱子爬到了绷带下面，搞得伤口老是好不了。

> 在包围圈里负伤的士兵基本上得不到治疗，因为受伤或生病的人越来越多。我们缺少包扎用品和药物，尤其是缺少温暖的住处来收容这么多伤病员。在机场落到敌人手里以后，伤病员再也不能乘飞机离开了，于是主要的救护站都人满为患，而且他们缺少必要的设施来给这么多伤

病员做充分的治疗。

在 1943 年 1 月底，我所在的通信排的排长博赫少尉 ① 右大腿被一发俄国的迫击炮弹严重炸伤。我带他去了主救护站，希望在那里找人给他治一治。但是我在那里看到和体会到的情况促使我又把我的战友带回了我们住的地堡，因为在那里他至少有一张床，还能得到必要的补给，主救护站的情景犹如可怕的噩梦一般。自从机场被俄国人占领，伤员乘飞机离开的路就断了，因此伤员们实际上都被判了死刑。他们的绷带都爬满了虱子，在主救护站，死人和伤员被胡乱地摆在一起无人照看，因为士兵们全都营养不良，泥土又被冻得结结实实，所以再也没有人掩埋尸体。

1943 年 1 月 29 日

从 1 月 28 日 22 时到 1 月 29 日 7 时 30 分，德军从绿色储油设施区和"街垒"工厂纵深地带向步兵第 95 师发动了三次反击，每次动用 30 ~ 50 人，但均被击退。不过，德军通过这几次反击收复了一些掩蔽部，从中他们可以用火力覆盖通向"街垒"工厂东南部的道路。

★

苏军各部在这天上午继续进攻。第 62 集团军各师面向北方摆开阵势，计划从南边卷击包围圈中的德军。克雷洛夫将军写道：

敌人的防守还是顽强而严密，德国人死守每一座构筑了工事的房屋。为了击破这些走投无路的家伙的殊死抵抗，我们不得不用重炮直瞄射击，并动用火焰喷射器和轰炸机支援。

在这些日子里，我们以大炮作为主要的火力来源，使用方式如下：在进攻开始前，对"街垒"工厂的整个敌占区域进行 30 分钟的猛烈炮击。

---

① 特奥多尔·博赫（Theodor Boch）中尉，第 305 炮兵团第 2 营；1914 年 7 月 13 日生。其余信息不详。

▲ 同一支苏军突击队在 32 号车间 [6e 号厂房] 周边作战，这张照片可能是摆拍的

在此阶段，必须有人在前线准确地引导炮火，这也是整个战役中我们始终坚持的做法。有 3 个师在攻打"街垒"工厂一带，因此决不能让相邻的部队互相妨碍，不允许出现任何混乱或差错。每个师长，甚至包括每个团长在内，都在前进观察所里指挥作战。

"他们到底什么时候才肯投降？都到这个时候了！"我们的一个参谋军官脱口而出。确实，德国人（至少是其中那些希望活命的人）早该放下武器了，但是我们第 62 集团军在这段时间里没抓到多少俘虏（从 1 月 10 日到 27 日，只俘虏了 139 人），比顿河方面军的其他各集团军少得多。这种现象也许自有其道理，我们在斯大林格勒打了几个月的仗，战斗之惨烈一度达到顶点。既然如此，法西斯分子不敢向第 62 集团军的士兵投降又有什么好奇怪的呢？他们不指望得到我们的宽恕，尽管我们中间没人打算杀死已经投降的敌军士兵和军官。

★

第 305 步兵师绝望的官兵们依托面包房和"街垒"工厂各车间的防御体系，继续进行顽强抵抗。他们不断发动反击，用手榴弹和密集的自动武器火力对付步兵第 90 和 241 团的进攻部队。这两个团的突击队则与独立步兵第 92 旅的部队协同作战，在 32 号车间与德军交火，击退了小股德军的多次反击。在 11 时 30 分，两支突击队向着"街垒"厂东南角以东 100 米处的德军掩蔽部前进。由于遭到来自面包房、储油设施区和"街垒"厂纵深地带的重机枪火力拦截，突击队损失严重，撤回了出发阵地。随后步兵第 90 和 241 团部队实施了继续执行任务的准备。步兵第 90 和 241 团的损失分别为 3 人和 8 人，而独立步兵第 92 旅损失了 28 人。

步兵第 161 团为了执行第 019 号战斗命令，在 8 时开始向"街垒"工厂西南角推进。一支突击队克服学校、面包房和无名沟中德军的顽强抵抗，用手榴弹炸开一条血路，并歼灭了无名沟中的一队德军。经过一系列进攻作战，他们占领了三座房屋，并使用纵火器点燃两座房屋和两个掩蔽部。他们还俘虏 4 名德军士兵，缴获 2 挺机枪。从 14 时开始，该团为执行后续战斗任务实施了准备。该团有 9 人伤亡，当天日落时有 115 名活跃战兵，其中 13 人是 82 毫米迫击炮手，60 人是 76 毫米和 45 毫米炮手。苏方估计德军损失了大约 120 名士兵。

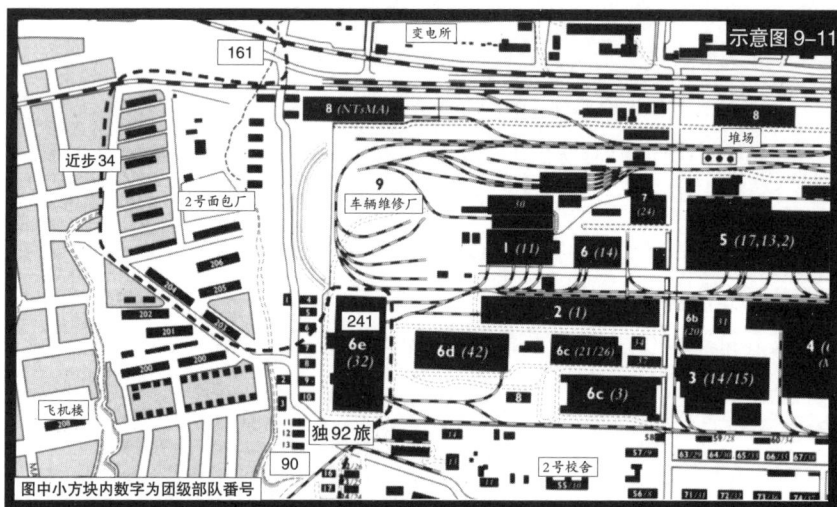

▲ 1943 年 1 月 29 日，"街垒"工厂南部的形势

★

第 576 掷弹兵团第 2 营的军医康拉德·施瓦茨科普夫（Konrad Schwarzkopf）医务中尉在实施一桩英勇无私的行为时不幸身亡，当时他试图冒着纷飞的炮火把一名重伤员从"街垒"工厂送到救护站，但是一发炮弹不偏不倚地击中了他们，将两人双双炸死。

在步兵第 138 师的战斗日志中也可以看出战斗的无情：

2 时，我师开始前进。2 时 50 分，我师的战斗部队突破到被毁校舍的南面接近地，与敌进行激烈的白刃和手榴弹格斗直至 11 时，击退了敌人的多次猛烈反击。在被毁校舍南面的战斗给我师部队造成了严重损失。

步兵第 344 团的营长奇若夫（Chizhov）上尉和他的副指挥员科洛斯科夫（Koloskov）中尉英勇牺牲，有 19 名伤员被运下战场。步兵第 768 团则损失 10 人，其中 8 名伤员被后送，另 2 人下落不明。营长彼得连科（Petrenko）大尉和 2 名通信兵继续坚守在学校以东 60～70 米的掩蔽部中。

步兵第 650 团战斗分队的队长古谢夫（Gusev）中尉虽然挂了彩，还是继续指挥他的分队，在战斗中他又第二次受伤，他的部下只有两人幸存。

★

18 时，戈里什内给部队下达了以下命令：

1943 年 1 月 29 日夜到 30 日晨，继续加强 32 号车间的防御。从 1943 年 1 月 30 日早上开始，步兵第 241 团及独立机炮第 348 营的一个连继续坚守 32 号车间，步兵第 90 团会同独立步兵第 92 旅，继续向"街垒"工厂西南角的大方向推进，而步兵第 161 团应从 1 月 30 日上午起占领"街垒"工厂西南部分。近卫步兵第 34 团从 1943 年 1 月 30 日 3 时起应占领面包房一带，进而与步兵第 161 团合作占领"街垒"工厂南部。

1943 年 1 月 30 日

饥饿迫使一些德军部队冒险进行鲁莽的出击。为了保全作战部队的兵力，第 6 集团军在 1 月 28 日停止向伤员发放口粮，但所有补给品的集中发放制度在此前已经崩溃，个别的营、连和排已经不得不自力更生。他们有的开始动用前几个星期小心储备的补给，有的四处乞讨，但大多数只能忍饥挨饿。他们获得给养的唯一希望在于德国空军空投的物资，但是上级严令这些快要饿死的人交出这些物资，违者要面对行刑队的枪口。在斯大林格勒战役的最后阶段，求生本能占了上风：既然没有这些箱子里的食物也是死路一条，许多德军士兵便冒着被临时法庭判处死刑的风险选择先填饱自己的肚子，但是首先他们必须抢到装着补给品的箱子，有时他们只能带着无能为力的沮丧目送这些箱子落进苏军控制区。炮兵第295团（步兵第138师）的76毫米炮排长瓦西里·安德烈耶维奇·德沃里亚尼诺夫中尉回忆了这样一件事：

> 我们的炮连在一条铁路边上占领了发射阵地。每天晚上，我们都能听见德国飞机的发动机在头顶发出的轰鸣，很快就习以为常了。但是有一次，我们听到了一些不寻常的声音，有什么东西沙沙作响，而且声音越来越大，逼得我们就地卧倒。原来那是一个挂在降落伞下面的不寻常的货箱，散发着香肠的味道，落在我们的炮连阵地上，而我们发现它本来是要给被包围的德国人的。虽然我们衣食无忧，但不会拒绝美酒、香肠和巧克力，只盼着德国飞行员再多投些这样的货物给我们。

此时在"街垒"工厂南部边缘也发生了类似的事。第212团和576团的掷弹兵们看见一个箱子飘到双方阵地中间的无人地带，立刻组织了一支突击队去抢回它。他们在0时30分出发，人数有25~30人。挂着物资的降落伞离步兵第161团第2营的前沿阵地有50米左右，德军突击队不出意外地被苏军发现。他们有的被机枪扫倒，其余的不得不四散奔逃。心有不甘的德国人在4时30分又做了第二次抢回箱子的尝试，但是派出的30人中大半都被警觉的苏军步兵撂倒。

★

近卫步兵第34团的突击队在3时向面包房方向攻击前进，步兵第161团通过压制德军火力点为其提供支援。近卫军战士们前进到几座红色楼房的边缘，遭到来自面包房和"街垒"工厂西南角的猛烈的小型武器和机枪火力拦截，无法继续前进。在6时20分，步兵第161团击退了20名德军的反击。该团的部

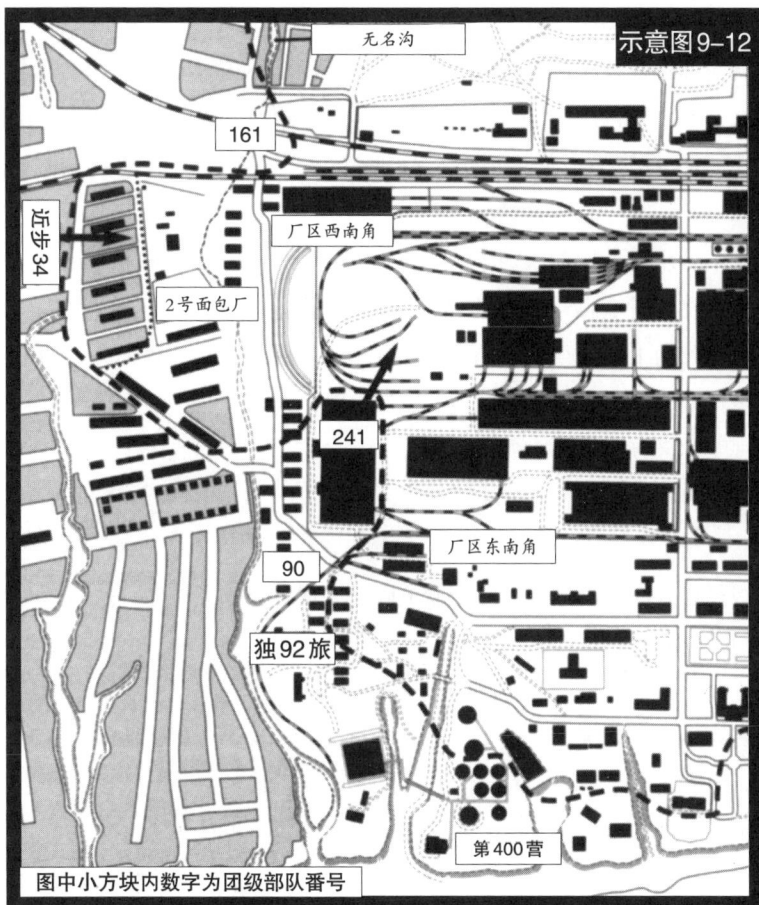

示意图 9-12

无名沟

161

近步34

厂区西南角

2号面包厂

241

90

厂区东南角

独92旅

第400营

图中小方块内数字为团级部队番号

▲ 1943 年 1 月 30 日苏军的进攻

队在日间缓慢推进，有 5 人伤亡。

在步兵第 241 团的地段，一队 60 人的德军在 2 时 30 分从厂区深处攻向 32 号车间，但被苏军用机枪和手榴弹打退。在这个车间里，该团的团长布达林少校指挥部下建立起一个坚固据点。他们在车间内部和周围架起 4 门 45 毫米炮，对厂区纵深和储油设施区附近的德军掩蔽部和火力点进行直瞄射击。在这一天日间，不断有小股德军对 32 号车间发动反击，但全都被击退。

在工厂里站稳脚跟后，步兵第 241 团、步兵第 90 团和独立步兵第 92 旅的部队与 32 号车间北面的德军不断交火，但是他们攻进堆场的尝试没有成功，来自工厂纵深的火网让突击队寸步难行。

德军部队继续顽强抵抗，从"街垒"工厂东南角附近的几个掩蔽部、工厂深处、工厂西南角、无名冲沟和面包房以准确火力射击苏军突击队。近卫步兵第34团在将这些火力点压制一部分后于16时继进攻，克服德军抵抗缓慢前进。

苏军估计德军在这一天损失了150人左右。苏军缴获4挺机枪和10支步枪，用大炮摧毁12个掩蔽部和碉堡，并压制8个火力点。

戈里什内上校命令自己的部队在夜里稳守阵地。从1月31日上午开始，独立步兵第92旅的步兵将向北攻入工厂内部，步兵第241和90团将向西北方向推进，步兵第161团则向北推进。

★

战役进入收尾阶段，每一个能上阵的人都被投入了战斗，据第305工兵营的约瑟夫·茨伦纳二等兵说：

> 1月中旬，在烧毁文件并毁掉营部的所有器材后，营部人员都被分配到各个战斗队里，我被分到北面的一个战斗队，需要穿过"红十月"工厂工人的住宅区。我和两个弟兄一起上路，前往长官在指挥地图上给我们指出的一个前沿据点，那里还有4个步兵，我们是去增援他们的，然后我们必须守住一块区域。在左边是一条大马路，右边是一些大型楼房，都是砖石砌成的。我们的部队称它们为白房子，实际上它们都是公寓楼。这个时候我们都住在地下室里，地面上的一切都被炸平了，是的，整条街都被炸平了。我们守着一个地堡，从那里可以监视整片地区。后来我从地堡跑到白房子的地下室里，跟战友们分别谈话，因为我想了解伏尔加河边的情况，想知道那里发生了什么。地下室里有许多伤员，占了总人数的一半，但是没有一个医疗人员，什么也没有。伤员们因为伤痛而惨叫，他们被完全抛弃了。在我们左边是另一支配有野战厨房的部队，他们还有可以下锅的东西，所以我去那里蹭了一顿饭，他们还有一台收音机。那支部队的人我以前就认识，他们还给了一些吃的让我带给战友。在晚上我们必须保持警备，因为俄国人就在马路对面。他们在夜里会唱歌，

把篝火烧旺，还会喝伏特加喝到大醉。他们有狙击手，总是朝我们打冷枪。我们这边的人只要一有动静，他们就会一枪打过来。

★

第212掷弹兵团第2营的珀奇少校知道，这一仗快结束了：

> 1943年1月30日夜里，每个人都已经很清楚，我们最多只能再抵抗几天。在扫清南部包围圈之后，苏军从那里抽调了所有能抽调的师，把其中大部分集中在仍然存在的北部包围圈周围。苏军的指挥官无论如何都想击破北部包围圈里的抵抗，这样他们的师就可以最终脱身了。这时候在北部包围圈里有10个师的残兵败将，还有一些在南部包围圈被扫清后冲破拦阻跑进北部包围圈的小战斗群。

> 1943年1月30日，艾希勒上校带着师里的13个军官和第212团团部里数量不明的士官和士兵突围，冲出包围圈后不知去向。在这之后全师只剩下两个连，都被编在第212团第2营里。

第305炮兵团第2营的罗姆巴赫下士回忆说，第305步兵师的一些官兵也做出了和艾希勒上校一样的决定：

> 德国士兵们都在考虑怎样逃脱被俘的命运。他们仔细研究了手头的地图，定下了逃跑的计划路线。虽然没有足够的御寒衣物，也缺少路上吃的食物，还是有几个弟兄决定尝试逃到德国占领区。我有一个曾经和我一起在观察所里当值的好朋友，和几个军官一起踏上了回到德国战线的道路。这个朋友就是来自斯图加特的京特·利布① (Günther Lieb) 少尉，我后来再没有听到过他和那几个人的消息。所以他没有逃跑成功，也没有活下来。

在一些人冒险进行毫无希望的突围时，另一些人则在自杀和被苏军俘虏之间做着艰难的抉择。罗姆巴赫说：

> 另一些弟兄爬出战壕，暴露在俄国狙击手的枪口下，以求死个痛快。

---

① 京特·利布少尉，第305炮兵团第2营，1917年5月21日生，1943年1月失踪于斯大林格勒。

还有的弟兄干脆在地堡里把自己炸死。我的朋友兼战友埃里希·克里施克（Erich Krischker）和我讨论了出路，最后我们决定碰碰运气，等落到俄国人手里再看看会怎么样。我们的营长也决定当俘虏。

朱利尼骑兵上尉总结了许多人的想法：

> 这些日子里没有多少事可做，所以我们就把时间用来讨论，一谈就是几个小时。等进了战俘营，我们的"第二人生"就会开始，我们该怎么适应？俄国人会收留俘虏吗？还是会把所有人统统干掉？在我们看来，转入战俘生涯的边界，那段过渡期，似乎是需要我们认真准备了，我们必须小心地熬过那段时间，只要它不超出我们的想象。

> 我的营长对天发誓——还对所有希望听他讲的人说——他绝不当俘虏。我就没这么坚决。我觉得至少该试一下。希特勒指示说"德国军官不能当俘虏"，这话我们是一点也不爱听。他在他的狼穴指挥部里当然可以这么说。但是要搭上性命的是我们，不是他。反正我在某天晚上偷拿了营长的手枪，把撞针拆掉了。这样一来，当他想照计划自杀的时候就不会如愿。

> 可惜这个人虽然一直支撑到现在，但已经越来越颓废了。他只会成天坐在那里看着老婆女儿的照片发呆，再也没兴趣进行理性的讨论，或许也没那个能力了。其他人都在反复设想各种被俘后的情景——可能的、可以想象的和异想天开的，再没有人相信奇迹了。我们曾一次次地盼望外来的援军救我们脱困，每个小时都望眼欲穿，但到头来终究只是白日做梦。

"我们一直在盼着奇迹发生，盼着援兵从天而降，或者解围部队重新发起进攻把我们救出包围圈。"罗姆巴赫回忆说。和罗姆巴赫同在一个营的野战军医舍普夫则有更务实的看法：

> 连长K少校和大家一样，一直梦想着有援军来解救我们，但是我对此很怀疑。我曾宣布把胡子留到"解围"时候再刮，结果发现胡子太长了真不好看。

> 1943年1月30日，戈林在广播里发表了关于斯大林格勒的英雄的讲话，他说他们"将会被载入史册"。我大声说道："入什么史册啊，入土倒是真的！"K少校气得厉声呵斥我，说我是失败主义者，还威胁要

把我送上军事法庭。

赫尔曼·戈林帝国元帅针对第6集团军的所谓"悼词"是在柏林纪念国家社会主义工人党掌权十周年的活动上发表的。为了让德国人民对即将到来的灾难做好心理准备，为了把一个集团军全军覆没的大败仗涂抹成当代的英雄史诗，戈林发表了一通适合用在葬礼上的演讲——只不过葬礼上的尸体还活着，能听到真相如何被歪曲，自己的作为和牺牲又如何被神化。第6集团军中的许多人都被戈林的无情恶心坏了，此时人人都意识到自己完全没有被解救的希望了。第305工兵营的茨伦纳二等兵清楚地记得自己的感受：

> 我听了广播，然后呆站在那里，因为广播里有人讲话，是戈林在演讲。格林说了一些后人将铭记我军士兵在斯大林格勒的历史性战役之类的话，简直就像在说温泉关之战的斯巴达人。"过路人，请捎话到斯巴达，就说你们看见我们长眠在此。"这就是戈林讲话的意思。我们被自己军队的最高领导人抛弃了，这真是太可怕了。我们已经不复存在，已经被放弃了，我们的名字已经在花名册上被勾掉了。

在昏暗的地下室里，茨伦纳环顾四周，想看看其他人的反应。许多已经负伤的人没有流露出任何表情，而要看出少数健康者的心思也是不可能的，因为他们污秽而多须的面庞就像阴郁的面具。和茨伦纳同处一个地下室的"斯大林格勒英雄"们默默接受了自己被抛弃的事实，思考着令人沮丧的未来。

1943年1月31日

小股德军利用黑暗掩护，不断攻击独立步兵第92旅、步兵第90团和步兵第241团的部队，尤其是守卫32号车间及其接近路线的部队。德军突击队不断向车间里投掷手榴弹、烟幕弹和炸药包，其他德军部队则从西侧储油罐和32号车间北面及西北面的厂房用小型武器、冲锋枪和机枪火力掩护他们。23时40分，在烟幕掩护下，德军以20～30人为一队从多个方向发起进攻，企图夺回32号车间，其中一部分被苏军用手榴弹和冲锋枪火力毙伤，其余的四散溃逃。在这之后，苏军的120毫米迫击炮在储油罐以西和32号车间以北的区域布下了拦阻弹幕。

★

克雷洛夫将军回忆了第 62 集团军这一天的进攻计划：

激战在工业区内继续。从集团军 1 月 31 日的作战计划就能明显看出在那里取得进展有多困难。我们给最精锐的几支部队分配了下面这些有限的任务：

戈里什内师连同配属该师的步兵第 92 旅的一个营，利用 32 号车间作为出发阵地，推进至"街垒"工厂中央和波罗的海沿岸街，与第 156 筑垒地域的部队会师（后者是这一区域的守备部队，是我们唯一的预备队，现在也被投入进攻了）；

索科洛夫师及近卫第 13 师的一个团进攻"街垒"工厂西南部的敌人，其右翼要与戈里什内的部队连成一片，从而完成对钢铁街—面包房一带德军据点的合围；

罗季姆采夫师和古利耶夫师齐头并进，打到中央街……

所有这些任务在大比例地图上看起来是那么的微不足道，我还必须说明的是，我们在这一天的计划并没有全部实现，例如，古利耶夫的近卫军战士是在第二天才打到中央街的。

★

步兵第 95 师的指挥部通过三条拉好的电话线与 32 号车间里的部队保持联络，靠着四部电台与该车间周边的部队通信。电话和电台通信在夜里始终畅通无阻，但是到了早上，开始出现一些奇怪的迹象。先是电话线在 7 时中断。五分钟后，四部电台全都陷入了沉寂。又过了几秒钟，一声巨响淹没战场上的喧闹，可怕的气浪使工厂的地基都发生了颤抖。32 号车间东部和东北部的屋顶桁架和厚厚的砖墙分崩离析，重重地砸在下面的苏联守军头上，造成了惨烈的伤亡。与此同时，大批德军冲进车间，高喊："俄国佬，投降吧！"怎么回事？显然德军在 1 月 28 日撤离车间之前的某个时候或者此后通过夜间的隐秘行动在车间里布置了烈性炸药（从墙壁坍塌的情况看炸药的量肯定很大），在起爆的同时发起了进攻。步兵第 95 师的第 62 号战斗报告描述了这次事件：

在 7 时 05 分到 7 时 10 分之间，有多个定向地雷爆炸，32 号车间东

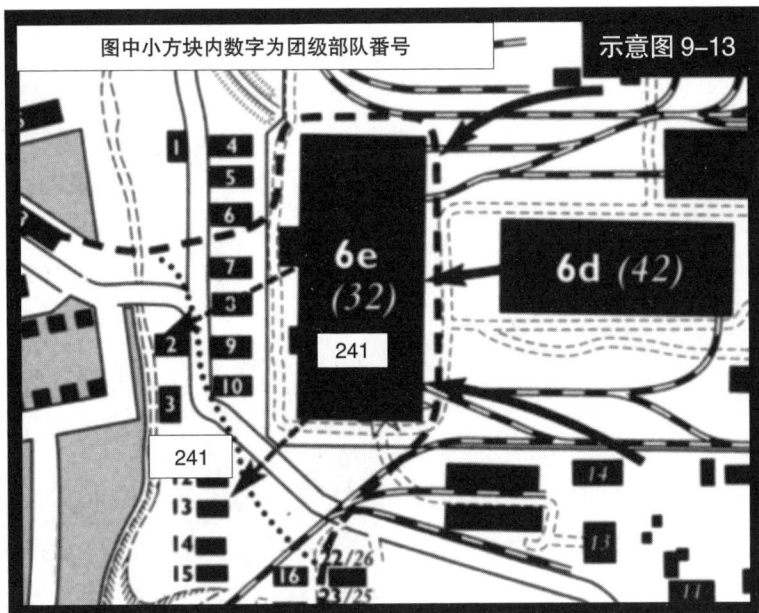

▲ 德军重夺 32 号车间 [6e 号厂房]

部和东北部的天花板和墙壁因此被炸开。与此同时，大队敌人从多个方向攻击该车间，将其占领。

幸存的苏军被震得头晕目眩，他们在火力掩护下且战且退，放弃车间后，在 100 米外建立了防御阵地。和步兵第 241 团一同撤退的还有独立机炮第 348 营第 1 连那些衣衫褴褛的残余人员。步兵第 241 团的团长布达林少校先前一直在 32 号车间指挥防守，此时身负重伤，躺在战壕里奄奄一息，他是被部下从瓦砾堆里扒拉出来抬到后方的，他的参谋长苏斯利科夫（Suslikov）大尉也在爆炸中双目失明。

我们基本上可以确定，德军这次大胆的进攻和雷滕迈尔少校在回忆中说的是同一次：

> 我们师最后的几次进攻行动发生在 1 月 30 日夜到 31 日晨。俄国人突入了 6 号厂房。那个地段的指挥官是魏特曼上尉，他的副官是巴赫曼（Bachmann）少尉。"不行，必须把俄国人赶出去。"巴赫曼说。然后他召集了还能战斗的人和他一起进攻。他带着 12 个人冒险出击，结果成功了。

俄国人伤亡惨重，还丢下了5门崭新的反坦克炮。

虽然身处逆境，物资匮乏，部队杰出的战斗力却并没有因此削弱。我最后应该指出一点：据我所知，我们没有发生过一起因触犯军纪而受到惩罚的事，单凭这个事实就足以证明第305步兵师在斯大林格勒奋战到底的英勇精神。

巴赫曼少尉也用淡淡的口吻回忆了第305师在斯大林格勒最后的进攻行动：

> 在斯大林格勒包围圈中的最后几个星期，我曾在投降前几天带领一支战斗队歼灭了一

▲ 格奥尔格·魏特曼上尉，第577掷弹兵团第3营

支俄国突击队。这支突击队此前突入了我们防守的6号厂房，他们的装备包括几门崭新的45毫米反坦克炮。

从7时20分到10时40分，步兵第90团、步兵第241团和独立步兵第92旅的指战员击退了德军的四次进攻。德军每一次都是以30～40名士兵从绿色储油罐和32号车间同时出击，在受到一定损失后，他们退回了出发阵地。

在这些戏剧化事件发生的同时，步兵第161团的两支突击队在7时从83号房和84号房的出发阵地向面包房东南边缘进攻。他们在克服德军抵抗后占领了两座楼房的废墟，并在其中巩固了防守。按照从集团军指挥部传来的一条口头命令，步兵第95师一部从11时开始转入防御，双方的交火在中午时分停息。

在从1月30日18时到1月31日18时的24小时内，步兵第95师遭受了以下伤亡：步兵第90团——12人；步兵第161团——16人，其中8人死亡，8人负伤；步兵第241团——22人。德军的损失估计在100人左右。戈里什内师各团的兵力如下：步兵第90团——20名活跃战兵，步兵第161团——87名

活跃战兵(其中 22 人是 82 毫米迫击炮手);步兵第 241 团——49 名活跃战兵(其中 22 人是 82 毫米迫击炮手)。

独立机炮第 348 营第 1 连在 32 号车间被爆破时遭受了可怕的伤亡 : 有 11 人死亡,20 人负伤。

1943 年 2 月 1 日

德军的负隅顽抗让苏军非常恼火,他们难道看不出继续抵抗是徒劳的吗? 他们哪还有机会获胜? 于是苏军决定使用重锤猛击来结果德国人,克雷洛夫将军是这样描述的 :

为了更快地消灭不肯投降的敌人,同时避免我方遭受不必要的伤亡,方面军司令部在 2 月 1 日早上安排了一次特别猛烈的炮击,那是一场真正的火焰风暴。

方面军的这个炮击计划也动用了我们第 62 集团军的炮兵。不过从其他方向包围北部包围圈的那两个集团军,特别是巴托夫的第 65 集团军,拥有比我们强大得多的打击力量。据 V. I. 卡扎科夫炮兵元帅[1] 在回忆录中记载,当时在工业区西面 6 公里宽的地段,每公里集中的大炮和迫击炮超过了 170 门,这是一个空前绝后的火炮密度。

在我们的大炮和火箭炮重拳出击的同时,空军第 16 集团军的轰炸机和对地攻击机也进行了强有力的支援。

"这火力绰绰有余了!"从我军观察所打来的电话和跑到河边台地里观察效果的参谋人员都给了我这样的答复。

这次打击的火力密度确实非比寻常。在"红十月"工厂北面,"街垒"工厂和拖拉机厂的方向,一切物体都在无数的爆炸烟云中翻腾。在之后的几个小时里,北部包围圈的敌人指挥部显然失去了对部队的控制。许

---

①瓦西里·伊万诺维奇·卡扎科夫(Vasili Ivanovich Kazakov)炮兵元帅,苏联英雄,1898 年 7 月 18 日生于菲利波沃,1968 年 5 月 25 日卒。

多敌军单位各自独立地向我军投降。在有些地段，德国人在炮击仅持续15 分钟后就打出了白旗。不过这些情况我们是后来才知道的。

但是在大多数地段，德军部队还是进行了顽强的抵抗，至少最初是如此。第 212 掷弹兵团的珀奇少校回忆说：

> 1943 年 2 月 1 日早晨，铺天盖地的"地狱烈火"降临了。在飞机投下数以百计的炸弹的同时，成百上千的大炮、迫击炮和"斯大林管风琴"也向我们倾泻弹雨。从德国一方打出去的每一发炮弹都会遭到俄国人一千倍的报复。

> 因为弹药严重短缺，从包围圈内射出的火力几乎完全沉寂了，尽管如此，俄国人还是在连续进行了大约 3 小时的猛烈火力准备后才敢发动第一次进攻。当他们用 38 辆坦克和几个步兵团向包围圈南面进攻时，被他们认为已经丧命的前线部队用最后的一点弹药对他们进行了打击——防线上各种口径的武器最后一次碰出了猛烈的火舌，因此他们的这次进攻仅仅前进了几百米就不得不停下脚步。由一名军士长指挥的一个 150 毫米加农炮组和由一名年轻少尉指挥的一个高射炮组不顾零下 30 摄氏度的严寒，只穿着衬衣操作火炮，用直瞄射击干掉了一辆又一辆坦克。俄国人的愤怒和仇恨无止境地高涨。他们暂时停止了进攻……

朱利尼骑兵上尉和他的反坦克兵协助击退了这次进攻：

> 南边的包围圈已经投降了。我们把剩下的火炮都集中在我们的阵地周围，在 1943 年 2 月 1 日打掉了 24 辆俄国坦克。在正常情况下这是不可思议的战果，肯定能得到骑士十字勋章，但是此时此地这不过是垂死挣扎。四面楚歌。完全绝望。

珀奇少校继续回忆：

> 俄国人又施放了新的地狱之火，比第一次更浩大更猛烈。又过了 3 个小时，当他们再次发动进攻时，我们这边几乎没有进行任何抵抗，最主要的原因是再也没有弹药可用，而且在两军战线之间突然有数以千计的伤员站起身来——德国时间 17 时 01 分，一生只可能经历一次的被俘发生了，这将带来持续七年的牢狱之灾，而且只有大约 3% 的战俘能够幸存。

珀奇的部下里夏德·特罗尔曼[1]（Richard Trollmann）下士清楚地记得在战俘生涯的最初时间里遭到了野蛮而无情的对待：

我们营连同营部一起，在珀奇少校指挥下，被部署在"红十月"工厂以西2公里处。我是营部一个机枪班的班长，负责保护营部人员。在之前的几天里，俄国人一次又一次被我们打退，损失惨重，但是我们的弹药也慢慢地见底了。在1943年2月1日，我们打光了所有弹药，因此不得不撤回地堡里。将近14时，俄国人来到地堡门口，我们只好投降。我们走出地堡，被俄国人接收。我们随身带着毛毯，还有先前营长分发给我们的剩余食物和香烟。俄国人把我们洗劫一空。我们的手表都被抢走了，食物、身份证件和所有个人物品也一样。他们还从我们的手指上把戒指一个个捋下来，要是捋得不够快，就干脆把手指斩断，我亲眼看见有人就这样失去了手指。还有两个人——其中一个是我不认识的下士，另一个是指挥所的文书法贝尔（Faber）二等兵——无缘无故地就被俄国人枪杀了。我的营长的制服上衣被扯烂，他用来装那一点可怜的个人财物的帆布背包也被抢走了。我们还被迫脱掉了保暖的冬靴和冬装。所以我们只好剪开毛毯，把它们裹在脚上。我们营的最后一任副官里斯中尉在腰带上还别着一支手枪。他们从他身上抢走手枪，然后把他的脸打得不成样子。一个俄国上尉带着珀奇少校来到列队的俘虏面前，他一路上不断被俄国士兵折磨，而那个上尉根本无动于衷。我们在列队的过程中，还遭到"红色街垒"工厂里自己人的机枪扫射。在1943年1月31日到2月1日这两天，我们的伤亡很少，我们营还剩100来人。伤员还留在阵地上继续自卫，重伤员都被俄国人枪毙了，这是我亲眼所见。在战俘行军途中，所有虚弱无力的人也一样被枪毙，我亲眼看见有六七个人就是这样死的。摩托车传令兵贝尔（Baer）一等兵就是被枪杀的战友之一。死者就躺在道路上任车辆碾压，我看见一个死去的军官躺在那里，脑袋就这样被碾碎了。

---

[1]里夏德·特罗尔曼下士，第212掷弹兵团第2营，1920年12月29日生于但泽。特罗尔曼后来的冒险经历富有传奇色彩——他是极少数回到德军战线的人之一。

因为进行了顽强的抵抗，所以这一天被俘的德军官兵受到的肉体折磨比次日投降的人多得多。

★

步兵第95师的大部分指战员没有体会到这一天的挫折和伤亡，因为其他部队进攻时他们还在原地防守。步兵第241团、第90团和第92旅的部队对德军火力点进行了侦察，用机枪、迫击炮和大炮压制德军火力，并为实施第05号战斗命令进行了准备，但在步兵第161团第2营的地段，德军顽强抗击了从"街垒"厂东南角和面包房进攻的突击队。步兵第161团第2营在击破德军抵抗后终于扫清了第103号房，并在其中巩固了防守。该团在此过程中损失2人，全团的活跃战兵仅剩85名（其中22人是迫击炮手）。

★

在第62集团军的地段，没有轻松获得的胜利，没有15分钟后打出的白旗，也没有集体投降的敌人。克雷洛夫将军写道：

全天我们俘虏了116个德国人。而且这些人都是零零散散地被俘的。整个集团军在2月1日占领的地盘只比前一天稍多一点。当然，伤亡也很小。我们这一天有42人死亡，105人负伤，比之前许多天的伤亡都要少。

集团军司令员在2月2日的决心如下："继续进攻，执行先前分配的任务。"

巴秋克师从市中心（那里已经无事可干）调到了"街垒"工厂。在第二天上午，他们将在索科洛夫师左侧进攻阿尔巴托夫街和电车街方向的敌人。在2月1日日终时，索科洛夫只剩400多人，但是在晚上，从伏尔加河对岸来的援兵赶到了。他们的人数其实不多，但是师长非常高兴，因为这些都是步兵第45师的老兵。他们在11月和12月间受伤，现在归队参加斯大林格勒最后的战斗。

随后大批的其他援兵也陆续抵达。方面军司令部把步兵第298师和近卫步兵第51师从第21集团军调拨给我们。我们还接收了来自其他友邻部队的一个坦克旅和一个近卫坦克团。

直到最近，我们基本上没有坦克。在分布着大量各类障碍和无数地雷的工业区，使用坦克作战是非常复杂的。方面军直属的一个工兵旅为坦克部队提供了帮助，他们一丝不苟地用探针探查了化学街上坦克出发阵地与敌人前沿阵地之间的每一平方米土地。工兵们还被用来伴随坦克战斗，他们在 2 月 1 日夜到 2 日晨在我们认为重要的地段完成了许多准备工作，以支援我们的步兵和坦克在次日的战斗。

一个新编的反坦克团在南部包围圈被解决后也腾出手来支援我们，我们的集团军司令员给巴秋克和索科洛夫加强了一个这样的团。德国人的坦克基本上一辆也不剩了，至少没有能动的，这些加强的火炮将主要用来对敌人的工事做直瞄射击。

我要指出的是，我们集团军部署到前线的部队没能全部参战。不仅新来的步兵如此，炮兵也是如此。"不迟于 2 月 2 日 13 时在指定的火炮阵地做好战斗准备。"这是炮兵主任给最后一个赶来的炮兵团的团长下的指示。波扎尔斯基没法把时间定得更早，结果这个团没捞到仗打，因为到了 13 时，已经再也没有目标给这个团或是其他团的大炮射击了。

1943 年 2 月 2 日

斯大林格勒战役最后一天的黎明来临了。在战后的回忆录中，克雷洛夫将军描述了最后一战是如何开始的：

2 月 2 日，我陪着崔可夫和古罗夫去了前进观察所，它设在半毁的"红十月"工厂办公大楼里。作为参谋长，我的岗位应该在集团军指挥所。但是这也无所谓，既然战局瞬息万变，不容易及时掌握，那么我待在主要通信站旁边也不坏。

在一天前，甚至半天前，我们仍然很难预测第 6 集团军的北集团还能支撑多久，但是到了 2 月 2 日黎明时，已经可以清楚地看出一切都将在那一天终结。前一天方面军的全体炮兵部队进行的猛烈炮击除了给敌人造成实际破坏外，似乎还从根本上摧垮了被围德军的士气。这在当天晚上造成了各方面的影响，第二天早上有经验的指挥员就从敌人大体的行

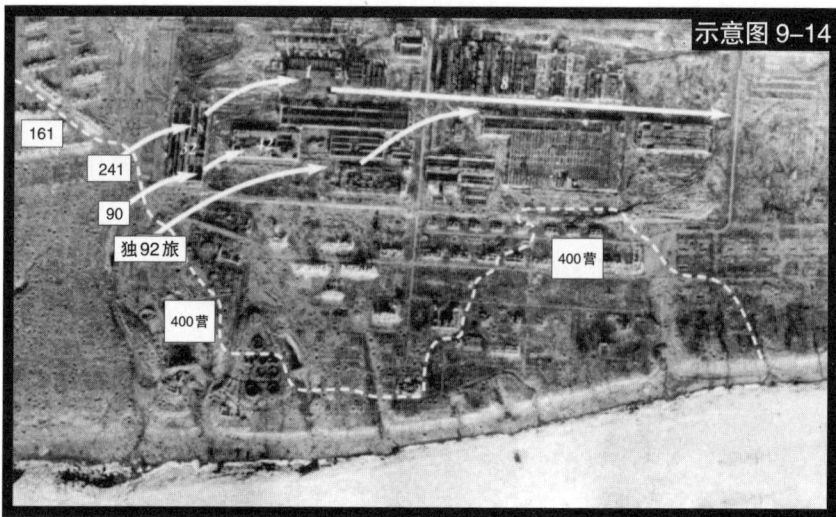

▲ 1943 年 2 月 2 日上午，最后的战斗。苏军突击队席卷工厂中心，拿下一个又一个车间，迅速抵达了工厂北部边界。"街垒"工厂里没有大规模投降：各个据点的德军部队直到苏军士兵站在门口时才放下武器

为上看出他们再也无法像先前那样顽抗了。

最先觉察到这一点的是巴秋克。他后来亲口告诉我，他当时无法约束住一心往上冲的部下。总之，步兵第 248 师比原计划提前半小时发动了进攻。他们丝毫不用担心被自己人的大炮误击，因为我们的炮兵只对看得见的目标做直瞄射击，而且下令开炮的权限掌握在各师的师长手中。在最初的一个半小时，德国人还是从他们的阵地上用相当猛烈的火力进行了还击，但他们连一次反击的尝试都没有。而且他们也根本挡不住我们的进攻，巴秋克的部队在自己的地段几乎是毫无停顿地冲到了"街垒"工厂西侧边缘。

炮兵第 295 团的德沃里亚尼诺夫中尉回忆说，崔可夫在对德国人的最后一战中亲自上阵：

1943 年 2 月 1 日夜到 2 日晨，德国人开始陆续投降，但是在"街垒"工厂的上工人村，他们还在顽抗。在 2 月 2 日，炮手们把大炮推上前线，准备对"街垒"工厂上工人村进行直瞄射击。这次其中一门炮的瞄准手是第 62 集团军的司令员崔可夫将军，随着他"瞄准敌人开火"的命令一下，我们连和其他连的大炮全都发出了怒吼。

▲ 步兵第 241 团的一支突击队以胜利者的姿态在 32 号车间 [6e 号厂房] 前面留影。他们都配备了上好的冬装和精良的近战装备：照片中至少四人有手枪，中间的一个士兵（戴着兜帽的那个）腰里别着一把工兵铲，最右边的人拿着一支半自动步枪

柳德尼科夫也目睹了崔可夫打响第一炮，他回忆了在这之后的情形：

随后我们的所有大炮和迫击炮都加入合唱，但是我们的步兵已经没必要进攻了。一面面白旗开始在上工人村的各处飘动，德国人把白旗挂在刺刀和冲锋枪的枪管上，成群结队地走进关押地。

★

戈里什内的部下注意到德军阵地一片沉寂，只有零星的步枪单发射击或是机枪的短点射。直到一小时的炮火准备在 8 时结束，苏军部队发动进攻时，德军方面才有了一些生气：步枪和机枪组成的火网射向了不断前进的突击队。这些火力被轻松压制，苏军攻击部队一路冲进了厂区。

在 8 时 45 分，突击队抵达 32 号车间并将其占领，随后他们继续向纵深发展，与步兵第 45 师的部队一道占领了 42 号、1 号、8 号车间，并进至 "街垒" 工厂北侧边缘。过去两个月里一直固若金汤，直到两天前还牢不可破的阵地，在短短几小时内就被占领了。

★

其实在 7 时，第 305 步兵师的官兵们就接到了命令："停止一切战斗行动，

▲ 当天晚些时候，另一群人数多得多的苏军士兵集合在 32 号车间前拍庆祝照。他们同样穿着上好的冬装，不过照片中能看到的武器只有波波沙冲锋枪

破坏武器，估计俄国人过一小时左右就会来！"末日终于来了。利泽克中校在宣布这条命令时显得很有些神经质。他的语速很快，一举一动都透着不安，内心的焦虑在折磨着他。过去这几天里，他一直在酝酿着如何在战役的最后阶段带一支小分队突围，偷偷跑到德方战线。停止战斗的命令或许太出乎他的意料，而此时又正值大白天，他什么都做不了。苏军随时可能出现在掩蔽部门外，每个人都明白一件事：任何轻举妄动，哪怕只是露出一点要逃跑的意思，都会招来死亡，而且不仅是想逃跑的人会死，在他身边的人也会跟着遭殃。这位团长明白自己的计划泡汤了，现在他只能在自杀和被俘之间做选择。我们不清楚在他的指挥所里究竟发生了什么，因为团部的全体成员，包括勤务兵在内，都没能活到被释放的那一天。

雷滕迈尔少校住在指挥所旁边的一个房间里。他必须执行团长的特别命令。利泽克亲自向他交代了这最后的命令。他还补充说："让所有人在砖窑 ① 里集合，我也会过去。"雷滕迈尔立刻把这个命令告诉了勤务兵们。众人都陷入了沉默。"为什么？"这个问题写在每个人消瘦苍白的脸庞上。他们似乎被某种十分凶险的东西吓倒了。雷滕迈尔微笑着试图给他们打气："是的，弟兄们，我们的战斗结束了。我们履行了使命，而且我们的表现完全经得起历史考验。我们战胜了污秽和饥饿，和许多弟兄一样，我们没有放弃。在接下来的一刻钟时间里，忘了外面的危险吧。每个人都要做好在战俘营生活的准备，你们要注意抵御俄国的严寒，另外别带太多行李。我们要在砖窑集合，我现在就直接过去。大家拿出勇气来，战友之间要保持友爱。只要俄国人允许，我会尽量和你们待在一起。别慌张，跟着我就好。祝大家好运！"

雷滕迈尔穿过一条堑壕走向指定的集合点。他感到一股诡异的气氛笼罩着全城。四面八方的各种武器都不再发出声响，那种寂静让人有些毛骨悚然。到处都看不到士兵，一切似乎都已死去。雷滕迈尔突然感到一阵孤寂，仿佛自己一个人被遗弃在了斯大林格勒这片广阔的死亡之地。当然，他并不是一个人。

---

① 这是德国人起的名称，但名不副实。"砖窑"并不是一座高炉，而是个仓库。它是一座狭长的建筑，长 30～40 米，有个半圆形的拱顶，高度大约是 2.5 米。它的宽度是 4～5 米，里面放着一排排的架子。整座建筑的表面都盖着一层土。当雷滕迈尔在 1942 年 11 月回到部队时，他的部下已经把这座奇怪的建筑称作"砖窑"，这个名称被德国人一直沿用下来。

在砖窑附近，有人正在瓦砾之间忙着什么，那人不停地伏低身体又探头张望，随后摆出了射击的姿势。雷滕迈尔用尽剩下的力气飞奔上前，同时放开嗓门大喊："住手，住手，别干傻事！"那人是拉赫曼中尉[1]。"拖拉机厂那边有坦克开过来了！"他回头冲着雷滕迈尔喊道，原来拉赫曼还不知道停火的命令。又一场灾祸在最后一刻被消除了，要是拉赫曼真的进行了抵抗，俄国人会怎么对待他们？

砖窑里大约有 35 人。其中有克吕格少校、霍耶（Hoyer）上尉、加仑茨（Gallenz）会计上尉以及另几名军官。雷滕迈尔少校把命令透露给他们，还告诉他们团部人员也会来。这些话仿佛在这群人中间投下了一颗重磅炸弹。每个人都默不作声，大家的眼睛都盯着雷滕迈尔。但是此时也是个机会，可以给这杯苦酒里加上一点点幸运和快乐的调料。雷滕迈尔把目光投向了野战厨房，他问了厨房的负责人，得知那里还有一些储备的烤面包干、香肠、肉、罐装蔬菜和咖啡。时间不等人，于是大家都开始打点需要携带的物品，厨师则把食品箱子一个接一个地打开。每个人都需要填饱肚子，为前景黯淡的行军储备一些体力。一股近乎欢悦的宁静气氛弥漫在房间里，人人怀着感激和敬意进餐，而且谁都不敢把这些天赐的美味狼吞虎咽地大口吃完。一时间，苏军被他们忘在了脑后。

在口腹之欲终于得到满足之后，对话重新开始，各种各样的问题被提了出来："俄国人来的时候会是什么样？要不要把肩章和勋章摘掉？"还有一个军官提出要自杀。"屁话！"雷滕迈尔呵斥道，"我们要在最后一刻辜负大家吗？这里有许多士兵在历次激战中尽到了职责，他们总是心甘情愿地做出牺牲，在任何情况下都会执行我们的任何命令并且忠诚地站在我们这一边。难道我们要在这最后的关键时刻打死自己，从而逃避责任，丢下他们不管吗？不，我认为我们有责任保证我们的部下有尊严地被俘，只要俄国人允许就尽可能长久地和他们待在一起。要是俄国人打算枪毙我们这些军官，那么我们当然无力反抗，但是击中我们的子弹不可能杀害其他德国弟兄。我们的命运掌握在老天手里。

---

[1] 赫伯特·拉赫曼（Herbert Lachmann）上尉，第 305 通信营第 1 连，1907 年 3 月 1 日生于德累斯顿，其余信息不详。

肩章和勋章都应该留在制服上。我们的军衔对俄国人来说已经不再是秘密。大家要保持冷静。如果有可能的话，我会第一个走出去。要是我没有被马上枪毙，那么其他人也会平安无事地进战俘营。关键是你们不能携带任何武器弹药。每个人都要再检查一遍自己的行李。"

雷滕迈尔的话收到了良好的效果，所有的焦虑和犹豫似乎都消失了。人人都忙着准备各自的行李，并互相交换着意见。等到每个人都准备停当时，他们竟像是在不耐烦地等待上级检查。

但是，第305步兵师各支部队对肩章和勋章的看法不尽一致，例如第305炮兵团第2营的罗姆巴赫下士就回忆说：

> 北部包围圈比较小，俄国人现在又加强了攻势，于是双方人员之间的较量开始了。俄国的狙击手特别活跃，他们会把枪口瞄准每一个德国人。他们首选的目标就是军官和士官。这就是为什么在包围圈里公开佩戴军衔标志和勋章或奖章有生命危险。在几乎每一个士兵都明白再也不能指望援兵从遥远的祖国赶来之后，销毁不再急需的物品和文件的工作开始

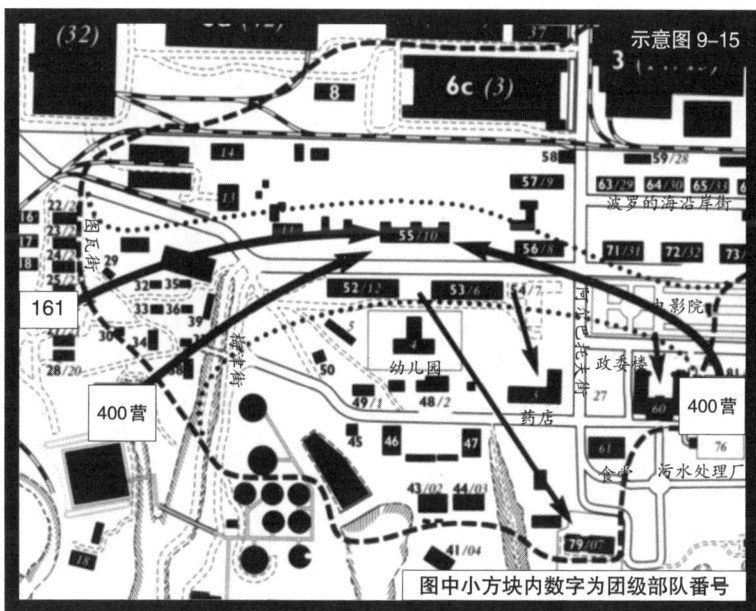

▲ 1943年2月2日，德军顽固的据点终于被攻克

了。按照指挥官的命令，勋章、奖章、军衔标志和花名册都要销毁。因为弹药的短缺特别严重，所以大家都非常清楚这一仗终究要输了。

★

苏军突击队被敌人稀稀拉拉的火力所鼓舞，争先恐后地冲进德军阵地。步兵第161团与独立机炮第400营的部队联合进攻2号校舍，他们与第400营驻守在柳德尼科夫岛的一个连会师，包围了曾经令他们充满恐惧的德军据点：政委楼、药店、79号楼，等等。遭到前后夹击的守军不久就屈服了，一些德军部队被全部击毙，但大多数人当了俘虏，苏军很快就到达了"街垒"工厂的东北边缘。步兵第161团全天有11人负伤，步兵第241团则有1人死亡和1人负伤。突击队报告说击毙了60名德军士兵，并抓获354名俘虏，他们还俘获两个营部并缴获了其中的所有文件。在步兵第95师的作战地段，共缴获3辆小型坦克、1门反坦克炮和10门迫击炮，还有不计其数的机枪、步枪及弹药。经过11个星期的浴血奋战，苏军终于夺回了"街垒"工厂。

★

在8时14分，施特雷克尔上将向顿河集团军群发去一封电报："第11军，包括下属的6个师，已在最激烈的战斗中履行职责直至最后一刻。"三刻钟过后，从包围圈传出了第6集团军最后的讯息："俄国人已经冲进拖拉机厂，德意志万岁！"在此后的几个小时里，北部包围圈中的德军将士将开始他们人生中最漫长、最艰苦的历程——战俘生涯。被俘的那一刻在每个战俘的脑海中都留下了不可磨灭的印象。朱利尼骑兵上尉是这样回忆的：

2月2日，一切都结束了。

▲ 第11军军长卡尔·施特雷克尔上将是斯大林格勒包围圈内北集团的总指挥

我看见我所在的步兵师的士兵们纷纷撤到我们后方，边跑边射击，俄国人在他们身后紧追不舍……突然有2辆T-34坦克停在我们的地下室外面，两个穿得破破烂烂的红军士兵跳下车来，跑到地下室的楼梯口。他们喊着"乌拉，乌拉"冲向我们，抢走了我们的手表。他们对我们的手枪一点不感兴趣。过了一会，有个身材特别高的上尉站在我面前，解开他的大衣扣子，指了指他军装上衣上的近卫军红星标志。接着他把手伸进口袋，给了我们一些气味浓烈的烟草，那是有名的马合烟。他对我说："我不给，你不给。"意思是俄国的近卫军军官不能白白拿走我们的手表。接着又发生了一件把我吓得不轻的事：又有一个俄国人从那2辆坦克上跳下来，扑向我的营长，扯下了他手上的手套。"我们的"近卫军上尉一言不发，拔出手枪就把这个俄国人毙了。这样的事情简直不可理喻！上尉再次解开他的大衣，指了指他的近卫军红星，然后默默但是姿态有些夸张地把手套还给了我的营长。这下我们全都没了主意，准备面对先前完全意想不到的情况。

第578掷弹兵团第3营的营军医汉斯·舍尔曼[①]（Hans Schellmann）医务中尉记得：

2月2日星期四是我被俘的日子（前一天我得到了一级铁十字勋章），那天上午的某个时候，也许是在八九点钟，我们像往常一样在救护站工作，但是这天上午没有伤员被送过来。俄国人毫无征兆地突然出现在比地下室稍高一点的救护站入口，要求我们出去，我就是这样被俘的。那是一个寒冷、晴朗的冬日，俄国人高兴得手舞足蹈，怀着纯粹的快乐跳着舞。他们都是些声音洪亮、营养充足、身强力壮的年轻人。战斗结束后的头天晚上，他们用自己充裕的弹药进行了一场疯狂的焰火表演。想来真是让人沮丧：我们几乎什么也没有，既没有弹药，也没有吃的。

第305炮兵团第2营的卡尔·舍普夫野战军医：

2月2日早晨，医务室和周围被一片焦虑的气氛笼罩。我告诉大家，

---

① 汉斯·舍尔曼医务中尉，第578掷弹兵团第3营，1914年5月21日生于斯图加特，2006年仍健在。

▲ 德军俘虏排着曲折的长队走向城外

每个有能力走进战俘营的人都应该自己走过去，因为所有被丢下的人，也就是那些无力走路的人，十有八九会被枪毙。一个身负重伤的少尉（他的大腿上有一处枪伤）央求我把一支小型左轮手枪藏在他的绷带里，我满足了他。还有一个士兵是触雷受伤的，一只脚掌都被炸飞了，他求我带他一起走，因此我给他缠上了用割开的毯子和帐篷支柱做成的"机动"绷带。他忍受着巨大的痛苦，经过三天行军后走进了第一个战俘营。

俄国人问我们的第一句话是："有手表吗？"我把自己在受坚信礼时从祖父那里得到的手表交给了一个俄国哨兵，时间是5时45分。我知道他们还会抢走我的结婚戒指，便把它藏在了绷带里。后来我还有好几次不得不把它藏在大腿内侧。就这样，我把结婚戒指保存到了今天，这可是很罕见的事……俄国人把我们分成许多行军纵队，每队100人，头尾各有一个拿步枪的士兵押送，任何走不动路的人都被卫兵枪毙了。

第305炮兵团第2营的卡尔-奥古斯特·罗姆巴赫下士：

因为弹药和口粮都已耗尽，所以各师的师长们和司令官达成一致意见，在2月1日夜到2日晨下达了在早上8时停火的命令。我们按照命令破坏了我们的电话和无线电器材，还有我们的手枪，做好了向前途未卜的战俘营进发的准备。除了餐具、水壶和毛毯，我们什么也没带。对军人而言最糟糕的情况，换言之就是当俘虏，已经成为眼前不可逃避的现实。

▲ 德军俘虏路过斯大林格勒以北一座未被破坏的村庄

军人被俘以后失去的不只是自由。他还要失去与远方的故乡，与亲人和朋友的一切联系。落到苏联红军手里的德国战俘被剥夺了一切权利。无法形容的、彻彻底底的绝望感攫住了我。唯一令人宽慰的是有少数战友还和我在一起。

随着双方的武器都突然停止射击，一股陌生的寂静弥漫在前线，士兵们爬出了各自的堑壕、散兵坑和掩蔽部。俄国人冲进步兵的阵地里，解除了所有人的武装，并把被俘的德国士兵和他们的盟友集中起来。

临近 8 时，敌人的第一台车辆逼近了我们的地堡，那是一辆人员输送车，后面还拖着一门反坦克炮。我们拿起自己的毯子、餐具和水壶，试图从俄国人身边蒙混过关，然后前往拖拉机厂，那里有我们的主要指挥所。我们打算利用拖拉机厂的地道和通风井躲过被俄国人俘虏的可怕命运，等到开春天气转暖再说。

俄国士兵们驾着车辆追上了我们，命令我们加入附近的战俘队列。他们检查了我们有没有携带武器，并粗暴地抢走了我们的手表和其他值钱物品，接着他们又让我们明白应该组成行军队列。我和来自同一个观察所的弟兄们加入了正在附近列队的一大群战俘中。我们非常走运，因为那群人中有来自第 305 炮兵团第 2 营营部的战友，以及我们的营长——

来自斯图加特的鲍尔少校 ①。

我们在冰天雪地里从斯大林格勒北城区经斯大林格勒斯基开往戈罗季谢。在 2 月 2 日晚上，我们发现自己正走在通往古姆拉克的路上。我估计同行的战俘有 5000 人左右，全都营养不良，有些人还带着疾病和冻伤。这么多战俘都没有营房可住，因为苏联红军已经占据和征用了所有房屋。

第 306 工兵营的约瑟夫·茨伦纳二等兵：

在 2 月 1 日，我们曾想趁夜突围，但是没有成功，因为我们刚跑出100 米就被机枪扫射赶了回来。2 月 2 日的早晨眼看就要来了，我们心里都很平静，知道前面有什么等着我们。我们共有 5 个人，大家开始商量是不是要主动从掩蔽部里出来投降，以免俄国士兵摸上来朝地堡里扔手榴弹。接着有人说他不愿当俘虏，他要在被俘之前开枪自杀。我直到现在都清清楚楚地记得自己当时说了什么，我说我不会自杀，要是俄国人在我被俘后枪毙我，那是另一回事，反正我宁可死在敌人手里，也不愿意自杀。接着 2 月 2 日的黎明就来了，在八点，我们听到外面传来战斗的声音，我对弟兄们说，还是出去比较好，站在地堡前面朝俄国人挥手。但是这时我们已经看见附近有人在活动，是俄国士兵，我们刚出去他们就围了上来。他们是西伯利亚人。这些西伯利亚人走上前来，俘虏了我们。我们都很羡慕他身上的装备。他们也瞪大眼睛看着我们这些德国士兵，那简直像一场梦。德国士兵们目瞪口呆地看着这些长相奇特的小眼睛军人，他们穿着毛皮帽子、毛皮手套、毛皮大衣，全都是最好的货色。我忍不住对一个弟兄说，瞧瞧他们的装备，我们连冬装都还没有呢。我们 5 个人都得到了他们的人道待遇，他们做的第一件事就是拿走我们的手表，第二件事是拿走我们的勋章和奖章。他们解开我的大衣，伸手摘下我胸前的勋章和我手上的手表，然后先让我们做好准备，再带着我们沿他们来时经过的道路走回去。路上满是弹坑，积雪很厚，足有 1 米。他们把

---

① 马克斯·鲍尔（Max Bauer）少校，第 305 炮兵团第 2 营；1897 年 10 月 1 日生于斯图加特，1943 年 2 月卒于斯大林格勒附近的战俘营。

我们带到了伏尔加河边的一个指挥所……有个同样来自德国这边的俘虏告诉我们，逃跑的话会立刻被枪毙，因此我们没人逃跑。这时候我们注意到事实不像长官想让我们相信的那样，他们体面地对待了我们。我们没有挨打，只是排着队跟他们走下陡峭的悬崖，来到伏尔加河边，进入岸边坑道里的一个俄国指挥所。我们接受了审问，我放在左胸口袋里的所有笔记（我有记日记的习惯）和右胸口袋里的士兵证都被收走了。

同属于第305工兵营的格奥尔格·策勒技监少尉也被带到一个苏军指挥所里：

我是和加斯特上尉一起被俘的。另外还有两名军官。俄国人把我们四个和士兵分开，把我们带到一个俄国工兵团的指挥所里进行了审问，接着让我们在两个俄国大尉的掩蔽部的前厅里待了一晚上。那两个人待我们很友好。随后我们被编入了一群战俘的队列。

★

10时刚过，索科洛夫的步兵第45师就完成了战斗任务。戈里什内师、罗季姆采夫师和柳德尼科夫师分成小规模战斗群作战，进展顺利。克雷洛夫回忆了战役的最后时刻：

敌人的防御全线崩溃。德国人被赶出面包厂，赶出坚固设防的学校，赶出工厂车间中的各个据点和工人村的公共澡堂，纷纷向北方和西北方撤退。

这幅情景似乎有些荒谬：在那两个方向上有另两个苏联集团军在进攻，每个德国人肯定都清楚这一点。但是尽管我们集团军的各支部队只有几十或几百人，在这越缩越小的包围圈里，成千上万的德国人却选择逃向相反的角落。在最后两天放下武器的4万名北集团的士兵和军官中，向我们集团军投降的只有1000出头。

各师源源不断地传来进展顺利的报告，被定为进攻目标的大型建筑纷纷被包围，守军纷纷被俘虏或歼灭，大量武器也被缴获……我们越来越多地听见一些再也无法控制自己的人在电话里兴高采烈地大呼小叫，听见他们诉说某某营在"街垒"工厂对面的某个地方、在工人村里或者在拖拉机厂的厂区里和第65或66集团军的部队会师。光是听着这些报告，我已经可以想象那里发生着什么，他们又是如何在欢庆。

战斗结束时柳德尼科夫就在崔可夫身边：

"停止射击！"崔可夫命令道，"把停火命令传给我们的友邻部队！"

集团军司令员向我们祝贺胜利。

大炮停止了射击，五颜六色的信号弹欢呼着升上天空，"乌拉"声响成一片，把为了庆祝而施放的冲锋枪和步枪声音都淹没了不少。

胜利者们欣喜若狂。

中午时分，斯大林格勒城内已经再也没有战线可言。克雷洛夫将军坐在集团军指挥所里，听见电话铃响起：

这是古罗夫从集团军观察所打来的："尼古拉·伊万诺维奇，你还傻坐在那里干什么？快到我们这边来。司令员在等你！"

在指挥所里，波扎尔斯基①、魏因鲁布②、特卡琴科③和几乎所有师长都在。每个人都在相互祝贺。他们已经下达各种指示，要求加紧执行扫雷工作，在城里建立军管机构，收集缴获的武器并遣送俘虏……

我起草了交给顿河方面军司令员的第32号报告，由崔可夫、古罗夫和我共同署名。报告的开头是这样写的："第62集团军各部在1943年2月2日12：00圆满完成了战斗任务……"

几小时后，莫斯科广播电台播发了苏联新闻社的特别公报，宣布顿河方面军已经全歼了在斯大林格勒地区被围的德国军队。

★

砖窑外面不断传来可疑的声响。每个人都在充满期待地倾听。此时的一

---

① 尼古拉·米特罗法诺维奇·波扎尔斯基（Nikolai Mitrofanovich Pozharski）少将，苏联英雄，第62集团军司令部；1899年5月6日生于克林，1945年9月12日卒。

② 马特维·格里戈利耶维奇·魏因鲁布（Matvey Grigoryevich Vainrub）中将，苏联英雄，第62集团军司令部，1910年5月2日生于鲍里索夫，1998年2月14日卒。

③ 弗拉基米尔·马特维耶维奇·特卡琴科（Vladimir Matveyevich Tkachenko）中校，苏联英雄，第62集团军司令部，1903年1月2日生于波莫什纳亚，1983年5月13日卒。

分一秒都是煎熬。大家的神经紧绷到了极点。忽然，一声"Raus"（出来）从外传来，在寂静的砖窑里久久回荡，其中那个"R"被发成了俄语特有的卷舌音。雷滕迈尔立刻回答一声"是"，他拿起自己的包裹，说："时候到了，弟兄们，挺起胸膛来，祝你们好运！"话音刚落，他便出了门，外面站着3个平端着冲锋枪的苏军士兵。雷滕迈尔毫无惧色地走过去，在他们面前几步远的地方站住，敬了个礼。苏联士兵问他有没有武器，然后神色漠然地拍了拍他，要他蹲下。雷滕迈尔告诉这些俄国人，里面还有一些德国军人。那3个士兵中为首的是个40来岁、身材粗壮的汉子，他反复地朝里面大声喊话，要里面的人出来。但是很显然，谁都不想第一个出门。雷滕迈尔把行李丢在雪地上，走向门口。他打开门喊道："弟兄们，出来吧，俄国人已经来了！"大家看见雷滕迈尔平安无事地站在苏军士兵身边，立刻克服了恐惧。他们高兴地发现一切都很顺利，最高兴的还是雷滕迈尔本人，他终于卸下了所有担子。从这一刻起，苏军士兵说出的"Давай"（快走）对他和他原来的部下都代表着同样的意思。

这一小队人爬上了一道陡坡，每个人都低头想着心事。雷滕迈尔默默地祈祷。他把右手伸进大衣口袋里，用冻得冰凉的手指摸索着他的念珠串，然后念出祷词："黑色的十字为我们而生！"

在山坡顶上，他向伏尔加河和斯大林格勒火炮厂的废墟投去最后一瞥，并说出了他在那里最后的祝福："安息吧，弟兄们！"

尾声

罗姆巴赫下士在回忆中说，他曾打算利用拖拉机厂的地道躲过被俘的命运，等待天气转暖。许多人和他抱着同样的想法，其中有成千上万人实施了自己的计划。这些人没有一个能成功回到德方战线，我们至今也没有发现来自其中幸存者的叙述，但是我们找到了内务人民委员部在1943年3月提交的一份引人注目的报告，其中反映了这些德军士兵的顽强：

> 斯大林格勒城内清剿反革命分子的行动继续进行。德国法西斯匪帮躲在棚屋和坑道里，在战斗结束后仍然实施了武装抵抗。这种武装抵抗一直持续到2月15日，在某些地区甚至持续到2月20日。截至3月，大部分武装集团都已被消灭。
>
> 在这段时间与德国法西斯匪帮进行的武装冲突中，我旅各部共击毙2418名士兵和军官，俘虏8646名士兵和军官，并且将后者押送到战俘营进行了移交。

★

随着德国士兵的信件在1月中旬停止送达，德国政府把斯大林格勒的惨败渲染为史诗般的传奇，令人难以想象的悲痛和不确定感降临到了军人家属头上。阿格内斯·莫斯曼（Agnes Moosmann）的姐姐的未婚夫（第578掷弹兵团第 1 连汉斯·伯恩哈特）以及她的许多童年玩伴都被宣告为失踪，她用一段文字深刻地描述了这场夺去他们父兄的灾难给他们带来的茫然无助和悲愤交织的感受：

> 1942 年 11 月底，这个世上最悲惨的冬天，在伏尔加河大弯曲部和纵深 50 公里的腹地，他们咬紧牙关抱着真诚的希望又写了多少信呢？ 1942 年 12 月，他们怀着勇气和恐惧写了多少？ 1943 年 1 月，他们带着嘲讽的冷笑或无助的眼泪写了多少？ 在 2 月初得知自己被背叛和出卖，人生还没有真正开始就要迈向痛苦的毁灭，他们又写了什么？ 此时再也没有人把他们的呐喊带回祖国，没有邮递员把他们用麻木的手指草草写下的遗言交给在故乡等待和哭泣的亲人。大沉默的时期开始了，沉默也降临在那些曾经那样坚信需要抵抗"全球布尔什维主义"浪潮的人，那些曾忠实地"为东方的生存空间"而奋斗的人，以及那些"一向"能预见到灾难来临的见多识广的人身上。但即便是那些曾经怀疑灾难将至的人也不敢相信——甚至无法想象——德国军人会以如此卑劣可耻的方式被弃于困境而不顾。

大约 9 万名德国人在斯大林格勒被俘，其中只有 5500 人得以返乡。

资料出处说明

档案资料

DA-MA 德国联邦档案馆军事档案部，布赖斯高地区弗赖堡（Bundesarchiv-Militärarchiv, Freiburg im Breisgau）

BA-ZNS 德国联邦档案馆中央调查部，亚琛（Bundesarchiv-Zentralnachweisstelle, Aachen）

DD/WASt 二战德军阵亡记录档案馆，柏林（Deutsche Dienststelle, Berlin）

NARA 美国国家档案与研究管理局，华盛顿哥伦比亚特区（National Archives and Research Admistration, Washington, DC）

TsAMO 俄罗斯联邦国防部中央档案馆，波多利斯克（Tsentralniy Arkhiv Ministerstva Oborony, Podolsk）

USHMM 美国犹太人大屠杀纪念馆，华盛顿哥伦比亚特区（United States Holocaust Memorial Museum, Washington, D.C.）

前言

"历史是经……"，Ralph H. Gabriel，American Historical Review 36，786 (1931)

第一章

赫尔穆特·瓦尔茨的故事，ZDF 采访，2002 年；瓦尔茨，阿格内斯·莫斯曼的采访，2005 年 1 月 19 日

第 305 步兵师 1942 年 10 月 17 日的伤亡，第 6 集团军，NARA T-312，Roll 1453，p. 481

第 305 和 389 步兵师 1942 年 10 月 14 日的伤亡，出处同前，p. 360

第 14 装甲师 1942 年 10 月 14 日的伤亡，出处同前

"完全彻底的成功"，第 6 集团军，NARA T-312，Roll 1688，p. 348

第 305 步兵师 1942 年 10 月 15 日的伤亡，第 6 集团军，NARA T-312，Roll 1453，p. 399

第 14 装甲师 1942 年 10 月 15 日的伤亡，出处同前

第 305 步兵师 1942 年 10 月 16 日的伤亡，出处同前，p. 440

第 14 装甲师 1942 年 10 月 16 日的伤亡，出处同前

斯维德洛夫和他的小分队的故事，柳德尼科夫，"There is a Cliff on the Volga"，收录于 *Two Hundred Days of Fire*，p. 187-9；柳德尼科夫发表于 1968 年 1 月第 5 期 *Ogonyok* 杂志的文章；以及叶甫盖尼·库里琴科对斯维德洛夫的采访

第 305 步兵师 1942 年 10 月 27 日的伤亡，第 6 集团军，NARA T-312，Roll 1453，p. 866

第 305 步兵师 1942 年 10 月 28 日的伤亡，出处同前

第 305 步兵师 1942 年 10 月 29 日的伤亡，出处同前，p. 979

一个 260 人的补充连抵达，出处同前，p. 937

保卢斯的会议，"Frontfahrt des Oberbefehlshaber am 1.11.1942"，出处同前，p. 1079

"今天早上……"，Goerlitz，p. 193

"由于伏尔加河沿岸地区过于狭窄……"，第 6 集团军，NARA T-312，Roll 1688，p. 336

里希特霍芬给耶顺内克的电话，Hayward，p. 214

保卢斯和施密特的计划，第 6 集团军，NARA T-312, Roll 1453, p. 1059-61

施密特 / 索登斯特恩的对话，出处同前

保卢斯 / 魏克斯的对话，出处同前，p. 1062-3

"关于先前讨论的事……"，出处同前，p. 1064

"希特勒否决了……"，Hillgruber, p. 83

"23 时 30 分，接到第 29 军通过电话传达的命令……"，第 294 步兵师，T-315, Roll 1941, p. 1070

"23 时 30 分，接到军的命令……"，第 336 步兵师，T-315, Roll 2093, p. 504

"午夜前后，意大利……"，第 62 步兵师，T-315, Roll 1034, p. 161

"意大利第 8 集团军地域内的德国工兵营……"，Kehrig, p. 41

索登斯特恩 / 施密特的对话，第 6 集团军，NARA T-312, Roll 1688, p. 342

对第 294 步兵师的命令，第 294 步兵师，T-315, Roll 1941, p. 1070

对隆特（第 336 工兵营）的命令，第 336 步兵师，T-315, Roll 2093, p. 504

"第 50 装甲工兵营和第 45 摩托化工兵营……"，第 6 集团军，NARA T-312, Roll 1688, p. 346

第 102 号军长令，第 79 步兵师，1942 年 11 月 1 日，NARA T-315, Roll 1108, p. 46

关于 1942 年 11 月 2 日进攻作战的详情，第 6 集团军，NARA T-312, Roll 1453, p. 1103 & 1106

保卢斯的前线视察，"Frontfahrt des Oberbefehlshaber am 3.11.1942"，出处同前，p. 1103

第 389 步兵师进攻作战的详情，出处同前，p. 1103 & 1106

第 389 步兵师 1942 年 11 月 2 日的伤亡，出处同前，p. 1123

第 305 步兵师进攻作战的详情，出处同前，p. 1103 & 1106

第 305 步兵师 1942 年 11 月 2 日的伤亡，出处同前，p. 1123

第 14 装甲师 1942 年 11 月 2 日的伤亡，出处同前

第 79 步兵师进攻作战的详情，第 79 步兵师，T-315, Roll 1107, p. 924-5

第 79 步兵师 1942 年 11 月 2 日的伤亡，第 6 集团军，NARA T-312, Roll 1453, p. 1123

"肃清突入第 79 步兵师阵地之敌……"，出处同前，p. 1103 & 1114

B 集团军群给第 294 步兵师的电话，第 294 步兵师，T-315, Roll 1941, p. 1070

"工兵营运往……"，第 336 步兵师，T-315, Roll 2093, p. 506

保卢斯与塞德利茨的会谈，"Frontfahrt des Oberbefehlshaber am 3.11.1942"，第 6 集团军，NARA T-312, Roll 1453, p. 1155

"只有把第 29 摩步师的 4 个掷弹兵营和……"，出处同前

泽勒和罗迈斯被召见，出处同前

索登斯特恩 / 施密特的对话，第 6 集团军，NARA T-312, Roll 1688, p. 348 & 350

"总司令保卢斯已经……"，出处同前

"在斯大林格勒北部的战斗中，集团军只取得过……"，出处同前

"集团军只能把没有……"，出处同前

"元首已经拒绝除提供……"，第 6 集团军，NARA T-312, Roll 1453, p. 1153-4

"我们对形势的评估……"，出处同前

"先是第 51 军提出建议……"，出处同前

"冯·塞德利茨将军就如何用兵表达了下列意见……"，出处同前

"第 45 摩托化工兵营、第 50……"，第 6 集团军，NARA T-312, Roll 1453, p. 1130

米考施上校的任务，出处同前

泽勒上校的任务，出处同前

索登斯特恩 / 施密特在 11 时 30 分的对话，第 6 集团军，NARA T-312, Roll 1688, p. 351

"集团军群的意见是……"，出处同前

"在 11 月 4 日，第 336 工兵营和……"，第 6 集团军，NARA T-312, Roll 1453, p. 1129

"1. 当前总的局势……"，出处同前，p. 1134-5

第二章

第 45 工兵营

"绝对是和俄国的整场战争中最……"，克劳斯 2003 年 12 月 18 日的叙述，p. 7

"晚上，我们接到了……"，洛赫雷尔的叙述，日期不详，p. 10

"我们穿过……"，克劳斯 2003 年 12 月 18 日的叙述，p. 7

就餐人数和战斗力量，第 6 集团军，NARA T-312, Roll 1453, p. 1204

意大利造的火焰喷射器，克劳斯 2004 年 2 月 21 日的叙述，p. 3

指挥结构，来自个人档案、伤亡登记卡、晋升名单、老兵叙述等各种资料

第 50 装甲工兵营

"第 22 装甲师还在继续……"，Stoves, p. 43

给他的工兵提供了充足的油料，出处同前

泽勒见到他的老部队，*Ursprung, Weg und Untergang des Pion. Batl. 50: Ein geschichtlicher Kurzabriss*, p. 11

"我们营登上自己的车辆……"，阿普曼，"Von Harburg nach Stalingrad: Erinnerungen eines Landsers der 50er-Pioniere"，收录于 *Mitteilungsblatt des Verbandes ehemäliger Angehöriger der 23. Panzer-Division und der Traditionsverbände der 14. Panzer-Division, der 22. Panzer-Division und der Panzer-Lehr-Division*, Nr. 2/16 Jahrgang, p. 33

就餐人数和战斗力量，第 6 集团军，NARA T-312, Roll 1453, p. 1204

指挥结构，来自个人档案、伤亡登记卡、晋升名单、老兵叙述等各种资料

第 162 工兵营

"抽调工兵营将导致……"，第 62 步兵师，KTB, T-315, Roll 1034, p. 163

意大利摩托化车队，出处同前；以及普希亚沃家族档案

就餐人数和战斗力量，第 6 集团军，NARA T-312, Roll 1453, p. 1204

指挥结构，来自个人档案、伤亡登记卡、晋升名单、老兵叙述等各种资料

第 294 工兵营

"……做好在斯大林格勒作为突击营参战的准备……"，第 294 步兵师，NARA T-315, Roll 1941, p. 1070

"我营只适合承担有限的……"，第 294 步兵师，NARA T-315, Roll 1942, p. 688

明确命令，第 294 步兵师，NARA T-315, Roll 1941, p. 1070

"a. 营应前往……"，出处同前

登机延迟，出处同前

出发前 4 天的战斗力量，第 294 步兵师，NARA T-315, Roll 1942, p. 688

"部队的士气……"，出处同前

就餐人数和战斗力量，第 6 集团军，NARA T-312, Roll 1453, p. 1205

指挥结构，来自个人档案、伤亡登记卡、晋升名单、老兵叙述等各种资料

该营装备的苏制武器，第 294 步兵师，NARA T-315, Roll 1942, p. 688

第 336 工兵营

博尔科夫斯基的调任，Personalakten für Herbert Borkowski

"坚定不移、精力充沛……"，Personalakten für Hermann Lundt

"一个朴素、率直……"，出处同前

第 336 步兵师接到通报，第 336 步兵师，NARA T-315，Roll 2093，p. 504

隆特奉命前往伊洛夫斯科耶报到，出处同前，p. 506

"工兵营运往……"，出处同前

吉贝勒的故事，Craig，p. 154，吉贝勒家族档案

九辆卡车，第 336 步兵师，NARA T-315，Roll 2093，p. 506

其余两个连，出处同前

指挥结构，来自个人档案、伤亡登记卡、晋升名单、老兵叙述等各种资料

就餐人数和战斗力量，第 6 集团军，NARA T-312，Roll 1453，p. 1205

第 24 突击骑兵连

第 83 号师长令，第 24 装甲师，NARA T-315，Roll 804，p. 657-9

突击骑兵连的编成，出处同前，p. 660-1 & 682；另见第 79 步兵师，NARA T-315，Roll 1109，p. 10-12

拜尔斯多夫获得挑选人员的自主权，"Beyersdorff Familienchronik"，p. 84

突击骑兵连的武器装备，第 24 装甲师，NARA T-315，Roll 804，p. 660；另见第 79 步兵师，NARA T-315，Roll 1109，p. 10-12

第 44 突击连

第 6 集团军 1942 年 10 月 4 日对第 11 军的命令，第 6 集团军，NARA T-312，Roll 1686，p. 922-3

"应在 10 月 29 日通过卡车将第 44 步兵师突击连及……"，第 6 集团军，NARA T-312，Roll 1453，p. 894

"第 44 步兵师的加强突击连应……"，第 79 步兵师，NARA T-315，Roll 1108，p. 41

一份日期标注为 11 月 11 日的文件，第 6 集团军，NARA T-312，Roll 1454，p. 178

第 672 陆军工兵排的兵力，第 79 步兵师，NARA T-315，Roll 1108，p. 367

失败的平炉车间攻击作战，第 79 步兵师，NARA T-315，Roll 1107，p. 924；第 79 步兵师，NARA T-315，Roll 1108，p. 362-4

33B 型突击步兵炮

"显然，斯大林格勒的战斗意味着……"，Jentz，p. 8-46

"……元首对此极为满意"，出处同前

车辆技术规格，出处同前，p. 8-45

"在 1942 年 10 月 13 日的会议上，希特勒被告知……"，出处同前，p. 8-46

陆军武器局的报告，出处同前

"根据元首的命令……"，第 6 集团军，NARA T-312，Roll 1453，p. 605

"第 244 突击炮营将很快……"，出处同前，p. 606

"10 月 27 日：第 616 装甲连"，第 6 集团军，NARA T-312，Roll 1450，p.595

"10 月 28 日：第 627 装甲连……"，第 6 集团军，出处同前，p. 642

"第 177 和第 244 突击炮营……"，第 6 集团军，NARA T-312，Roll 1453，p. 904

"装备重步兵炮的突击炮……"，出处同前，p. 936

保卢斯的前线视察，"Frontfahrt des Oberbefehlshaber am 29.10.1942"，出处同前，p. 943

"第 177 突击炮营的 6 辆突击步兵炮……"，第 79 步兵师，NARA T-315，Roll 1108，p. 358

失望的炮兵连长，"Frontfahrt des Oberbefehlshaber am 1.11.1942"，第 6 集团军，NARA T-312，Roll 1453，p. 1079

第 305 步兵师 1942 年 11 月 1 日下达的命令，BA-MA，RH 26-305/14，p. 93-4

第 177 突击炮营报告的缺陷，第 6 集团军，NARA T-312，Roll 1453，p. 1126

车组人员的缺点，出处同前

附属资料中的重要信息，"Vorläufige Schußtafel für das Sturm-Infanteriegeschütz 33 (Stu IG 33) mit der 15cm Infanteriegranate 33 und 15cm Infanteriegranate 38. Vom Oktober 1942"，BA-MA，H. Dv. 119/334

"第 177 突击炮营的 6 辆突击步兵炮……"，第 6 集团军，NARA T-312，Roll 1453，p. 1194

"我在 1942 年 10 月 27 日……"，马伊给 Jaugitz 的报告，1996 年

"卡车旅程（搭便车）……"，出处同前

"很显然，我先前在重炮部队……"，出处同前

"11 月 9 日。攻击了……"，出处同前

"凡是还有墙壁矗立的目标（例如……）"，出处同前

"来自第 177 突击炮营的 6 辆突击步兵炮 .……"，第 6 集团军，NARA T-312，Roll 1453，p. 1344

"属于什未林战斗群的突击步兵炮……"，第 79 步兵师，NARA T-315，Roll 1108，p. 973

"在钢铁厂……"，第 6 集团军，NARA T-312，Roll 1453，p. 1298

"在斯大林格勒有个十字路口……"，Wijers, Der Kampf um Stalingrad，p. 39

第 105 号军长令，第 79 步兵师，T-315，Roll 1108，p. 203-6

"各师应坚守……"，出处同前

"我完成了这辈子最快的……"，鲍赫施皮斯，1942 年 11 月 4 日的战地信件

韦尔茨和菲德勒的故事，Welz, Verratene Grenadiere，p. 82-83

"菲德勒说的一点没错……"，出处同前，p. 83

"'胡贝图斯'是……"，第 107 号军长令，第 79 步兵师，NARA T-315，Roll 1108，p. 207-9

"必须加紧完成一切准备……"，出处同前

"应对所有参与进攻的突击队……"，出处同前

索登斯特恩给施密特的电话，第 6 集团军，NARA T-312，Roll 1688，p. 364

蔡茨勒的问题，出处同前，p. 366

"1. 对化工厂的突击……"，第 6 集团军，NARA T-312，Roll 1453，p. 1228-30

"请做出决定并给……"，出处同前，p. 1231

"我们认为几个小……"，第 6 集团军，NARA T-312，Roll 1688，p. 370

"我们接到了陆军……"，第 6 集团军，NARA T-312，Roll 1453，p. 1265

"元首已发布如下命令……"，第 6 集团军，NARA T-312，Roll 1688，p. 372

"胡贝图斯行动已被推迟……"，第 79 步兵师，NARA T-315，Roll 1108，p. 56-7

"我们接近城区时……"，克劳斯 2003 年 12 月 18 日的叙述，p. 7

意大利司机和他们的卡车，普希亚沃家族档案

第 108 号军长令，第 79 步兵师，NARA T-315，Roll 1108，p. 56-7

第 51 军的建议，第 6 集团军，NARA T-312，Roll 1453，p. 1143

第 109 号军长令，第 79 步兵师，NARA T-315，，Roll 1108，p. 58

重发的第 109 号军长令，出处同前，p. 59

"在第 294 工兵营空运过程中取得的经验……"，第 294 步兵师，NARA T-315，Roll 1942，p. 724-5

集团军的意图，第 6 集团军，NARA T-312，Roll 1453，p. 1289

第 110 号军长令，第 79 步兵师，T-315，Roll 1108，p. 211-13

"敌人在斯大林格勒残……",出处同前
"第 305 步兵师和……",出处同前
"第 71 步兵师、第 295 步兵师、第 100……",出处同前
"为防不测,应……",出处同前,p. 212
第 84 号师长令,第 24 装甲师,NARA T−315, Roll 804, p. 685−7

第三章

"运送休假人员回前线的列车……",雷滕迈尔,*Alte Kameraden* 1/1954, p. 3

"我正在伏尔加河岸边……",雷滕迈尔,1942 年 11 月 6 日的战地信件

雷滕迈尔的履历细节;*Aalener Volkszeitung / Ipf− und Jagst−Zeitung* Nr. 10, 14.1.1965, p. 11;以及雷滕迈尔家族档案

"我亲爱的雷滕……",雷滕迈尔家族档案

"我们的阵地地势较高,对……",Winter, *Damals als die Räderrollten*, p. 29

勃兰特的履历细节;Thomas/Wegmann, *Die Ritterkreuzträger der Deutschen Wehrmacht 1939−1945 −Teil III: Infanterie Br−Bu*, p. 29−30

布劳恩的履历细节;出处同前,p. 60−61;以及布劳恩家族档案

佩钦纽克的履历细节;*Geroi Sovetskogo Soyuza*, T. 2, p. 265

"以勇敢著称……",柳德尼科夫,"There is a Cliff on the Volga",收录于 *Two Hundred Days of Fire*, p. 181

"过于谨慎……","他冷静的……",出处同前

科诺瓦连科的履历细节;*Geroi Sovetskogo Soyuza*, T. 1, p. 715

留茨基的负伤,柳德尼科夫,*Two Hundred Days of Fire*, p. 181

"唉哟,你可真是个守护天使……",出处同前,p. 182

"第 344 团需要……",出处同前,p. 185

"要是您确实认为……",出处同前

"你怎么搞的……",1942 年 11 月 4 日,步兵第 344 团,TsAMO, p. 23

柳德尼科夫的履历细节;*Geroi Sovetskogo Soyuza*, T. 2, p. 5;http://www.redstar.ru/2002/09/26_09/ l_03.htnil;http://www.warheroes.ru/hero/hero.asp?Hero_id=1283;http://www.hrono.ru/ biograf/bio_l/ludnikov.html;http://www.donbass.dn.ua/2002/10/20320/20320−04.php 和 http://www.pr.azov.net/archiv/2003/N_69/zna.htm

"第 578 战斗群",雷滕迈尔,*Alte Kameraden* 1/1954, p. 3

利泽克的任命,NARA Personalakten Max Liesecke

"你可能要考虑……",雷滕迈尔,*Alte Kameraden* 1/1954, p. 3

"前线的态势大致……",出处同前,p. 4

"我没有多少时间来写信……",雷滕迈尔,1942 年 11 月 8 日的战地信件

"我指派的为……",泽勒,*Wofür? Erleben eines führenden Pioniers bis Stalingrad*, p. 49

林登的履历细节;NARA Personalakten Josef Linden;Soldbuch Josef Linden;以及 Hirst, "The Cast",收录于 *Three Scenes from Barbarossa*

"校长是汉斯·米考施……",林登的专题文章 "Stalingrad",Hirst, p. 6, 同上

"成百上千辆被击毁或丢弃的 T−34……",林登的专题文章,p. 6

"但是我在卡拉奇逗留……",出处同前,p. 7

"除第 305 和第 389 工兵营外……",出处同前,p. 8

"在各位营长向我报到后……",出处同前

"摆在我面前的是怎么……",出处同前,p. 8−11

"我的德意志……", Domarus, *Hitler, Reden und Proklamationen*, *1932–1945*；另见 http://www. adolfliider.vvs/lib/speeches/text/speeches.htm

"你们要是去看看……", 出处同前

"现在我们这里已经……", 菲辛格, 1942 年 11 月 8 日的战地信件

保卢斯视察, "Frontfahrt des Oberbefehlshaber am 1.11.1942", 第 6 集团军, NARA T-312, Roll 1453, p. 1340

"你应该能想象我……", 鲍赫施皮斯, 1942 年 11 月 9 日的战地信件

"做了攻击准备并组织了……", 克劳斯 2003 年 12 月 18 日的叙述, p. 8

"11 月 9 日，传来了……", 雷滕迈尔, *Alte Kameraden* 1/1954, p. 4

"攻击计划如下……", 出处同前

"1. 定于 1942 年 11 月 10 日 19 时向第 50 装甲工兵营……", 格林家族档案

"经过一段充满危险的旅程……", 埃伯哈德, *Inf. Div. 389*, p. 62

"我不在部队的时候……", 出处同前

"时候到了……", 出处同前

"我很高兴，我们师……", 出处同前, p. 63

"在 11 月 9 日晚上……", 出处同前

突击炮数量, 1942 年 11 月 11 日, 第 6 集团军, NARA T-312, Roll 1453, p. 1383

在面包厂留作预备队的坦克, 第 79 步兵师, 1942 年 11 月 4 日, NARA T-315, Roll 1109, p. 20–21；以及第 79 步兵师, 1942 年 11 月 5 日, T-315, Roll 1108, p. 957

"进军路线……", 第 79 步兵师, NARA T-315, Roll 1109, p. 28

措恩少尉和他的工兵们, 措恩家族档案

"随着冬季开始……", 步兵第 650 团战斗日志, TsAMO, p. 27

"没见到敌人……", 1942 年 11 月 9 日, 出处同前

"我先前在信中已经……", Ebert, *Feldpostbriefe aus Stalingrad: November 1942 bis Janmar 1943*, p. 43

"在斯大林格勒战斗了 21 天……", 格林, 1942 年 11 月 9 日的战地信件

"我接到了在第 576……", 格林, 1985 年 2 月的报告, p. 5

"我们连的人员都还齐整，我作为……", 克劳斯, p. 8

"我们受到了已经在那里的部队的热情……", 出处同前

"在 11 月 10 日……", 埃伯哈德, p. 63

"天空晴朗，霜……", Schüddekopf, "Hans Horn", 收录于 *Im Kessel:Erzählen von Stalingrad*, p. 117

"我们沿着铁轨行进……", von Aaken, *Hexenkessel Ostfront*, p. 115–16

恩斯特·沃尔法特下士的故事, Craig, *Enemy at the Gates:The Battle for Stalingrad*, p. 156

第 336 工兵营第 2 连有 7 人被一颗地雷炸伤, DD/WASt, "Pi. Btl. 336 Namentliche Verlustmeldung Nr. 4", 16.4.1943

"在晚上，我再次萌生……", 格林, p. 5

"用各种武器射击……", 步兵第 650 团战斗日志, TsAMO, p. 28

"通过观察和侦察手段，已确认……", 步兵第 138 师, "Combat Report No. 193", TsAMO, p. 151

1942 年 11 月 10—11 日的轰炸行动, 第 6 集团军, NARA T-312, Roll 1453, p. 1383

第四章

"从 3 时 40 分开始……", Friedel, *Nebelweifer–Regiment 51*, p. 303

关于第 153 炮兵司令部的细节, 第 79 步兵师, 1942 年 11 月 8 日, NARA T-315, Roll 1108, p.211

压制苏军炮兵的战果, 第 6 集团军, NARA T-312, Roll 1453, p. 1401

打击苏军船只的战果, 出处同前, p. 1406

"11 月 11 日 4 时……", 克雷洛夫, *Stalingrad:Die Entscheidende Schlacht des Zireiten Weltkriegs*, p. 321

"炮击是突然开始……", 雷滕迈尔, *Alte Kameraden* 1/1954, p. 4

"我怀疑俄国人……", 格林, p. 5

共发射 50 发炮弹, 第 295 炮兵团, "Combat Report No. 193", TsAMO, p. 130

炮火反击并非事先计划, 第 62 集团军炮兵, "Combat Report No. 70", TsAMO, p. 96

"敌步兵和坦克……", 克雷洛夫, p. 321

"这次攻势是在从沃尔霍夫……", 崔可夫, *The Beginning of the Road*, p. 209

第 71 步兵师的行动, 第 6 集团军, NARA T-312, Roll 1453, p. 1396

第 295 步兵师的行动, 出处同前

第 100 猎兵师的行动, 出处同前

第 79 步兵师的行动, 出处同前; 以及 Mark, *Death of the Leaping Horseman*, p. 356-9

第 94 步兵师的行动, 第 6 集团军, NARA T-312, Roll1453, p. 1395

第 16 装甲师的行动, 出处同前

"我军突击队在集团……", 出处同前, p. 1397

布劳恩在储油设施区的行动, Thomas/Wegmann, *Die Ritterkreuzträger der Deutschen Wehrmacht 1939–1945 –Teil III:Infanterie Br–Bu*, p. 60-61

步兵第 241 团 1942 年 11 月 5 日的伤亡, 步兵第 95 师, "Combat Report No. 28" 和 "Combat Report No. 29", TsAMO, p.128-9

步兵第 241 团 1942 年 11 月 7 日的伤亡, 步兵第 95 师, "Combat Report No. 35", TsAMO, p. 134

步兵第 241 团 1942 年 11 月 10 日的伤亡, 步兵第 95 师, "Combat Report No. 39", TsAMO, p. 147

"4 时, 在步兵……", 步兵第 95 师, "Combat Report No. 40", TsAMO, p. 148

梅纳特之死, 第 294 工兵营第 2 连, DD/WASt, "Pi. Bd. 294 Namendiche Verlustmeldung Nr. 14", 7.7.1944

"多达一个营的步兵集中……", 步兵第 95 师, "Combat Report No. 40", TsAMO, p. 148

塞德尔战斗群的行动, 第 79 步兵师, 1942 年 11 月 8 日, NARA T-315, Roll 1108, p. 639

"夜晚平静度过……", 第 79 步兵师, 出处同前, p. 986

克尔克霍夫之死, 第 294 工兵营第 3 连, DD/WASt, "Pi. Bd. 294 Namendiche Verlustmeldung Nr. 17", 7.7.1944

德默和德布勒之死, 第 294 工兵营第 1 连, DD/WASt, "Pi. Bri. 294 Namendiche Verlustmeldung Nr. 9", 4.7.1944

马年科夫的故事, "Ovrag glubokaya balka", *Putevoditel po Volgogradu*, p. 89-90; 另见 http://region34.nm.ru/guide/volgograd/indexl5.html

措恩少尉的行动, 措恩家族档案

"最重要的是开出……", 雷滕迈尔, 与其子西格贝特的私人通信, 1941 年 11 月 16 日

共俘虏 45 人, 出处同前

"最初的喜讯……", 雷滕迈尔, *Alte Kameraden* 1/1954, p. 4

药店地下室的敌人, 雷滕迈尔, 与其子西格贝特的私人通信

"天亮时, 行动……", Schüddekopf, 同前, p. 117-18

德军突击队的出发阵地, 步兵第 650 团战斗日志, TsAMO, p. 28

加斯特拒绝步兵支援, 雷滕迈尔, *Alte Kameraden* 1/1954, p. 4

"他们带着地雷……", 雷滕迈尔, 与其子西格贝特的私人通信

"敌人很警觉……", 出处同前

"1942 年 11 月 11 日, 法西斯分子……", 先奇科夫斯基 1967 年 11 月 1 日的报告, p. 2

阿普曼二等兵的行动，阿普曼家人寄给阿格内斯·莫斯曼的信，2005 年 7 月 29 日

"最可怕的东西……"，Schlager，"Mit ganz kleinen Stosstrupps..."，收录于 Zentner，*Soldaten im Einsatz*，p. 175

"许多工兵毫无生气地……"，雷滕迈尔，与其子西格贝特的私人通信

第 50 装甲工兵营的伤亡，第 6 集团军，NARA T-312，Roll 1453，p. 1428

皮施克之死，第 50 装甲工兵营第 3 连，DD/WASt，"Pz. Pi. Btl. 50 Namentliche Verlustmeldung Nr. 6"，29.2.1944

施塔迪之死，第 50 装甲工兵营第 3 连，DD/WASt，"Pz. Pi. Btl. 50 Namentliche Verlustmeldung Nr. 9"，12.6.1944

马库斯和维尔姆之死，第 50 装甲工兵营第 2 连，DD/WASt，"Pz. Pi. Btl. 50 Namentliche Verlustmeldung Nr. 8"，12.6.1944

赖格尔和艾希霍恩之死，第 131 步兵团第 11 连，"Verlusteliste 1939-1945, Inf. Rgt. – Gren. Rgt.131"，BA-MA，RH37/7005，p. 26 & 68

布罗克之死，第 80 工兵营第 3 连，DD/WASt，给作者的信，2006 年 4 月 3 日，p. 1

"在 3 时 30 分，敌人……"，步兵第 650 团战斗日志，TsAMO，p. 28

"在工兵进攻期间我们时不时地……"，林登的专题文章，p. 15

第 245 突击炮营的行动，雷滕迈尔，*Alte Kameraden* 1/1954，p. 4

"德国人占领了街……"，克柳金，"Na 'ostrove Lyudnikova"，收录于 *Bitva za Stalingrad*,，p. 577-8

"在火炮厂以东……"，第 6 集团军，NARA T-312，Roll 1453，p. 1426

第 245 突击炮营 1942 年 11 月 12 日的实力报告，第 6 集团军，NARA T-312，Roll 1454，p. 1

"我从团军医那里……"，格林，p. 5

"从 4 时 30 分起，步兵第 650 团……"，"138-ya krasnoznamennaya strelkovaya diviziya v boyakh Stalingrad"（步兵第 138 师战斗日志），TsAMO，p. 24

"在今日的战斗中，敌人……"，步兵第 650 团战斗日志，TsAMO，p. 29

"白昼来临，我们……"，雷滕迈尔，与其子西格贝特的私人通信

"没过多久，我们自……"，von Aaken，p. 116

"我在 1942 年夏天被部署……"，施泰格，阿格内斯·莫斯曼的采访，2005 年 1 月 14 日

"有个叫海杜克……"，出处同前

"只占了一楼……"，施泰格，阿格内斯·莫斯曼的采访，2005 年 2 月 23 日

波格列布尼亚克的 4 号据点，1942 年 11 月 9 日，步兵第 344 团，TsAMO，p. 22

"1942 年 11 月 11 日，我的连……"，皮文，1978 年 1 月 15 日的报告，p. 1

"战争期间我在步兵……"，丹尼连科的报告，日期不详

"在右翼，敌人……"，步兵第 650 团战斗日志，TsAMO，p. 29

"1942 年 11 月 11 日 4 时……"，步兵第 344 团，TsAMO，p. 62

"从 4 时起，步兵第 344 团……"，步兵第 138 师战斗日志，TsAMO，p. 24

"敌人对我团防线的所有进攻……"，步兵第 344 团，TsAMO，p. 62

"我们端着上好刺刀的钢枪……"，克劳斯，p. 8

"现在说说最新的情况……"，Wiesen，*Es grüßt Euch alle,Bertold*，p. 98-99

"在右翼，敌人突破……"，步兵第 344 团，TsAMO，p. 62

"敌人突破到……"，柳德尼科夫，*The Road of Battle and Glory*，p. 114-15

"3 时 40 分，在大炮和迫击……"，步兵第 768 团，"Combat Report11.11.1942"，TsAMO，p. 53

第 6 集团军情报处关于敌军实力的报告，第 6 集团军，NARA T-312，Roll 1453，p. 1402

"我们把守前沿阵地的连……"，步兵第 768 团，TsAMO，p. 53

对第 768 团和第 118 团结合部的进攻，步兵第 138 师，"Combat Report No. 195"，TsAMO，p. 162

“在 8 时 30 分，敌人……”，出处同前，p. 161
“从 4 时起，近卫步兵……”，出处同前
“河岸上仍被俄国人……”，von Debschitz，“Aufzeichnungen von den Kämpfen um Stalingrad”,BA-MA MSG2-2570，p. 40
“随着步兵和右侧的友邻……”，埃伯哈德，p. 63
“敌人为这次进攻准备……”，Volostnov, *Na ognennykh rubezhakh*，p. 171
保卢斯视察，“Frontfahrt des Oberbefehlshaber am 1.11.1942”，第 6 集团军，NARA T-312，Roll 1453，p. 1403
“在斯大林格勒，第 305 步兵师……”，1942 年 11 月 11 日，第 6 集团军，出处同前，p. 1388
苏军士兵匆匆缠上绷带，步兵第 95 师，“Special Operational Report，11.11.1942”，TsAMO，p. 199
谢利法诺夫的步兵第 1 营，出处同前
“我们中间训练水平最高……”，Kluge, *The Battle*，p. 83-5
“我在斯大林格勒期间……”，米勒给格林的战地信件，1943 年 6 月 21 日
“在我记忆中，士兵米勒……”，格林，1985 年 2 月的评论
“火焰喷射器主要……”，出处同前
谢利法诺夫的营继续战斗，步兵第 95 师，“Special Operational Report，11.11.1942”，TsAMO，p. 199
警卫排的一个士兵，出处同前
“我可以用左手……”，Beevor, *Stalingrad: The Fateful Siege*，p. 217
“动用多达一个连的预备队……”,步兵第95师,“Special Operational Report,11.11.1942”,TsAMO,p. 199
布劳恩攻占储油罐，Thomas/Wegmann, *Die Ritterkreuzträger der Deutschen Wehrmacht 1939–1945 –Teil III: Infanterie Br–Bu*，p. 60-61
四个士兵挤在一条管道里，步兵第 95 师，“Special Operational Report，11.11.1942”，TsAMO，p. 199；以及 Beevor, p. 217
第三和第四突击队前进，雷滕迈尔，*Alte Kameraden* 1/1954，p. 4
“英勇无畏、公正无私……”，普劳姆，2004 年 1 月 2 日给作者的信
克雷茨的履历细节，克雷茨家族档案
“您从这些污秽的信纸就能一眼……”，克雷茨，1942 年 10 月 30 日的战地信件
对 79 号楼的攻击，雷滕迈尔，*Alte Kameraden* 1/1954，p. 4
戈里什内求援，步兵第 95 师，“Combat Report No. 41”，TsAMO，p. 150
步兵第 161 团的行动，出处同前
“敌人的炮兵在短暂停歇后……”，克雷洛夫，p. 324
菲德勒、克雷布斯和沙尔施密特之死，第 294 工兵营第 1 连，DD/WASt，“Pi. Btl. 294 Namentliche Verlustmeldung Nr. 9 & 10”，4.7.1944
弗里德尔、赫尔佐克、克勒策尔、克勒策尔、库比奇克、莫根施特恩、皮克、施马塞尔、舒尔茨和瓦尔特之死，第 294 工兵营第 2 连，DD/WASt,“Pi. Btl. 294 Namentliche Verlustmeldung Nr. 14 & 15”,7.7.1944
贝茨、雅恩、基特勒、柯尼希和里德尔之死，第 294 工兵营第 3 连，DD/WASt，“Pi. Btl. 294 Namentliche Verlustmeldung Nr. 17, 18 & 19”，7.7.1944
哈迪马之死，第 294 工兵营营部，DD/WASt，“Pi. Btl. 294 Namentliche Verlustmeldung Nr. 1”，6.7.1944
从沙滩前进，雷滕迈尔，*Alte Kameraden* 1/1954，p. 4
步兵第 241 团人员损失，柳德尼科夫，*Ognenniy Ostrov*，p. 118
德军关于苏军飞机活动的报告，第 6 集团军，NARA T-312，Roll 1453，p. 1402

"经过四个小时的战……", von Aaken, 同前, p. 117

"截至 9 时 30 分, 敌军冲锋枪手……", 步兵第 138 师, "Combat Report No. 195", TsAMO, p. 162

"步兵第 344 团全天……", 步兵第 344 团, TsAMO, p. 62

"在 15 时 40 分, 敌人……", 步兵第 138 师, "Combat Report No. 195", TsAMO, p. 162

"1942 年 11 月 11 日, 敌军……", 步兵第 344 团, "Combat Order 11.11.1942", TsAMO, p. 61

第 336 工兵营的伤亡, 第 6 集团军, NARA T-312, Roll 1453, p. 1428

"1942 年 11 月 11 日左眼受伤……", 1942 年 11 月 16 日, 布罗克曼家族档案

"我在一个浅浅的炮弹坑……", 克劳斯, p. 9

工兵们绕过第 768 团的右翼, 步兵第 138 师, "Combat Report No. 195", TsAMO, p. 162

布舒耶夫的故事, Venkov & Dudinov, *Gvardeyskaya doblest*, p. 44

扎卡耶夫的故事, 出处同前

"我们很快就在一条……", 列辛, 报告, 日期不详, p. 6

拜尔斯多夫获得挑选人员的自主权, "Beyersdorff Familienchronik", p. 84

"截至 13 时, 突破前沿的……", 步兵第 138 师, "Combat Report No. 195", TsAMO, p. 162

"敌人动用了新的……", 步兵第 138 师战斗日志, TsAMO, p. 24

剩余 24 人, 出处同前

"德国人正在进攻……", Glukhovsky, *Ostrov Lyudnikova*, p. 33-34

"法西斯分子拼命朝……", 出处同前, p. 34-35

柳德尼科夫和佩图霍夫, 出处同前, p. 35

"您受伤了吗……", 出处同前, p. 36-37

"那是在 1942 年 11 月 11 日……", 卡梅沙诺夫 1973 年的报告, p. 1

"到了晚上, 我们只……", Volostnov, p. 171-2

科洛博夫尼科夫一行人的突围, 出处同前, p. 172

"我们拿下地堡后……", Wiesen, p. 99

"幸好, 薄暮……", 克劳斯, p. 9

占领了一段 500 米长的伏尔加河岸, 第 6 集团军, NARA T-312, Roll 1453, p. 1396

击毁了五辆半埋的苏军坦克, 第 6 集团军, 出处同前, p. 1428

"友邻师的进攻还……", 埃伯哈德, p. 64

"我今天累得……", Ebert, 同前, p. 43

"11 月 11 日, 我 随 重 步 兵 ……", Kirstein, *Rekonstruktion eines 'Tages-Buch': Die 295. Infanterie-Division von 1940 bis 1945*, p. 902-3

"夜晚剩下的时间……", 雷滕迈尔, *Alte Kameraden* 1/1954, p. 4

"第 305 和 389 步兵师的进攻……", 1942 年 11 月 11 日, 第 6 集团军, NARA T-312, Roll 1453, p. 1396

新的前线, 出处同前, p. 1406

"经过英勇而艰苦……", 第 111 号军长令, 第 79 步兵师, NARA T-315, Roll 1108, p. 67

"进攻将在 11 月……", 出处同前

第 162 工兵营的伤亡, 第 6 集团军, NARA T-312, Roll 1453, p. 1428

第 51 军抓获的俘虏和缴获的战利品, 出处同前

"以轻武器火力给敌……", 步兵第 138 师, "Combat Report No. 195", TsAMO, p. 162

第 305 和 389 步兵师的伤亡, 第 6 集团军, NARA T-312, Roll 1453, p. 1417

各工兵营的伤亡, 出处同前, p. 1428-9

步兵第 344 团的伤亡, 步兵第 344 团, TsAMO, p. 62

步兵第 650 团的伤亡, 步兵第 650 团战斗日志, TsAMO, p. 29

步兵第 138 师的伤亡，步兵第 138 师，"Combat Report No. 195"，TsAMO，p. 162

步兵第 138 师的战斗力量和人数，出处同前

步兵第 138 师的武器装备，出处同前

戈里什内请求炮击，步兵第 95 师，"Combat Report No. 41"，TsAMO，p. 150

"1. 阻止敌人向南方……"，出处同前

步兵第 241 团发起一次小规模进攻，出处同前

"一个护士一声不响地……"，克劳斯，p. 9

"不知是因为好运还是……"，格林，p. 6

"战火平息以后……"，Schüddekopf，p. 118-20

"在午夜，我们召集了……"，柳德尼科夫，*Ognenniy Ostrov*，p. 119

"在 4 时，经过半小时强大……"，步兵第 138 师，"Combat Report No. 195"，TsAMO，p. 161

"我师勇敢地击退……"，柳德尼科夫，*Ognenniy Ostrov*，p. 119

德军关于苏军飞机活动的报告，第 6 集团军，NARA T-312，Roll 1453，p. 1440

占领 80 号楼，出处同前，p. 1428

储油设施区附近的夜战，步兵第 95 师，"Combat Report No. 42"，TsAMO，p. 154

步兵第 92 旅第 3 营的海军步兵赶到，步兵第 95 师，"Combat Report No. 45"，TsAMO，p. 162

"敌人在储油设施区……"，第 6 集团军，NARA T-312，Roll 1453，p. 1428

"戈里什内师一部……"，克雷洛夫，同前，p. 326

祖耶夫夺取储油罐，步兵第 95 师，"Combat Report No. 45"，TsAMO，p. 162

德军的反击，步兵第 95 师，"Combat Report No. 43"，TsAMO，p. 156

步兵第 92 旅第 3 营的什波尔特小分队，步兵第 95 师，"Combat Report No. 45"，TsAMO，p. 162

"德国士兵不是喝醉了……"，崔可夫，*The Beginning of the Road*，p. 210

德米特里耶夫的故事，Koroleva，"Neizvestny podvig"，http://www.goldring.ru/podrobno.php?id_rub=5020&id_Art=5505&day=31&month=1&year=2003

"步兵第 95 师击退……"，第 62 集团军战斗日志，TsAMO，p. 253

步兵第 95 师各部的实力，步兵第 95 师，"Combat Report No. 45"，TsAMO，p. 162

"工兵们觉得这样……"，林登的专题文章，p. 12

"要在这样困难的地形……"，出处同前，p. 13

"提供给第 51 军的 5 个……"，第 6 集团军，NARA T-312，Roll 1454，p. 71

"我部将以一连串系……"，1942 年 11 月 12 日，第 111 号军长令附录，第 79 步兵师，NARA T-315，Roll 1108，p. 68-69

"继续以突击队战术……"，第 6 集团军，NARA T-312，Roll 1453，p. 1428

"上级命令 11 月 13 日一早再……"，林登的专题文章，p. 14

"从 13 时起，我部一直……"，第 6 集团军，NARA T-312，Roll 1453，p. 1428

"滚轴"的故事，Glukhovsky，p. 37-38；Venkov & Dudinov，p. 50-51；以及柳德尼科夫，*Ognenniy Ostrov*，p. 131-3

"当天成功地在……"，第 6 集团军，NARA T-312，Roll 1453，p. 1443

措恩少尉的行动，措恩的日记；措恩给第 305 工兵营的信，1943 年 2 月 19 日

第 305 工兵营第 1 连的伤亡，出处同前

贝格曼之死，第 294 工兵营第 2 连，DD/WASt，"Pi. Btl. 294 Namentliche Verlustmeldung"，12.2.1945；伤亡登记卡，NARA T-78，Roll 951

波尔和辛德勒之死，以及克劳斯、莱默特、洛伊纳特和奥特的失踪，第 294 工兵营第 2 连，DD/WASt，"Pi. Btl. 294 Namentliche Verlustmeldung Nr. 11, 12 & 15"，7.7.1944

鲍尔二等兵、亨茨舍尔下士、林德纳上等列兵、洛温和保拉之死，以及措伊恩的失踪，第 294 工兵营第 3 连，DD/WASt，"Pi. Btl. 294 Namentliche Verlustmeldung Nr. 16, 17, 18 & 22"，6.7.1944

"如果能继续改进的话，这……"，第 6 集团军，NARA T-312，Roll 1453，p. 1426

"敌人在上午进攻了……"，出处同前，p. 1443

第 51 军抓获的俘虏，第 6 集团军，NARA T-312，Roll 1454，p. 49

步兵第 241 团的一个步兵，出处同前，p. 59

步兵第 650 团的一个士兵，出处同前

步兵第 768 团的一个士兵，p. 96

"在晚上，步兵第 344 团……"，柳德尼科夫，*The Road of Battle and Glory*，p. 119-20

"从尸体上找到的证件……"，第 62 集团军战斗日志，TsAMO，p. 253

步兵第 138 师的伤亡，步兵第 138 师，"Combat Report No. 189"，TsAMO，p. 174

第 305 步兵师的伤亡，第 6 集团军，NARA T-312，Roll 1454，p. 11

"在 11 月 12 日，这一地段的防……"，克雷洛夫，p. 327-8

"11 月 12 日。经过……"，步兵第 138 师战斗日志，TsAMO，p. 25

"我们只得想法从……"，崔可夫，p. 215

"步兵第 193 师的合成团……"，第 62 集团军战斗日志，TsAMO，p.252b

"为了封闭突破口并确……"，步兵第 685 团战斗日志，TsAMO，p. 8

"除了这个合成团……"，崔可夫，p. 215

"直到 11 月 12 日快结束……"，克雷洛夫，p. 328

第五章

"到达步兵第 241 团……"，步兵第 685 团战斗日志，TsAMO，p. 9

"战斗从 11 月 11 日早晨……"，Wiesen，p. 98

进攻目标不变，雷滕迈尔，*Alte Kameraden* 1/1954，p. 4

"这里有一些孤立的废……"，林登的专题文章，p. 15

甚至重申了斯大林，步兵第 138 师战斗日志，TsAMO，p. 25

克雷茨之死，雷滕迈尔，*Alte Kameraden* 1/1954，p. 4

"敌人在早晨 3 时 45 分开……"，步兵第 650 团战斗日志，TsAMO，p. 30

"指挥所和参谋部设……"，戈尔巴坚科的报告，1972 年 12 月 6 日，p. 6

"这天早晨，防化……"，出处同前

恰拉什维利的故事，恰拉什维利的报告，1972 年 2 月 18 日

"在 1942 年 11 月 4—5 日……"，出处同前，p. 3-4

德军对柳德尼科夫指挥部的攻击，步兵第 138 师，"Combat Report No. 195"，TsAMO，p. 175；柳德尼科夫，*Ognenniy Ostrov*，p. 120-1；Venkov & Dudinov，p. 45；以及 "Grichina, Vladimir Ivanovich"，收录于 *Soldat XX veka*，p. 277

颁发红星勋章和勇敢奖章，138 krasnoznamennoi strelkovoi divizii，November 1942，TsAMO

"天开始亮……"，戈尔巴坚科，p. 6

"随着我一声令……"，恰拉什维利的报告，1972 年 2 月 18 日，p. 4-5

"清晨，团长佩……"，皮文，p. 2

"突破防线的一队……"，步兵第 138 师，"Combat Report No. 190"，TsAMO，p. 175

伯姆、布伦达、格劳尔、哈克施米德、霍夫曼、伊尔冈、卡特兰斯、基尔施、施穆德和诺瓦克之死，第 162 工兵营第 3 连，DD/WASt，"3. / Pi. Btl. 162 Namentliche Verlustmeldung Nr. 1 & Ia"，18.6.1943

关于德军俘虏的说明，步兵第 138 师，"Combat Report No. 190"，TsAMO，p. 175

"几个小时以后……"，恰拉什维利，p. 5-6

79 号楼差一点失，雷滕迈尔，*Alte Kameraden* 1/1954，p. 4

步兵第 650 团只有 90 人，步兵第 138 师，"Combat Report No. 189"，TsAMO，p. 174

第 336 工兵营第 3 连在 1942 年 11 月 11 日 6 死 3 伤，DD/WASt，"Pi. Btl. 336 Namentliche Verlustmeldung Nr. 4"，16.4.1943

德军沿着列宁大道进攻，Venkov & Dudinov，p. 44-5；"Combat Report No. 190"，p. 175

别柴金的迫击炮手，步兵第 344 团，"Combat Report No. 51"，p. 63

他们击毙了十人，Venkov & Dudinov，p. 45

缴获 4 挺轻机枪、1 挺重机枪，步兵第 344 团，"Combat Report No. 51"，p. 63

"到日终时……"，步兵第 138 师，"Combat Report No. 190"，TsAMO，p. 176

"在 4 时 15 分，一队多……"，步兵第 344 团，"Combat Report No. 51"，p. 63

第 336 工兵营第 3 连在 1942 年 11 月 13 日 10 死 11 伤，DD/WASt，"Pi. Btl. 336 Namentliche Verlustmeldung Nr. 4"，16.4.1943

"俄国人的抵抗大……"，雷滕迈尔，*Alte Kameraden* 1/1954，p. 4-5

"通过一条壕沟成功……"，林登的专题文章，p. 15

"布置在沙滩上的那……"，雷滕迈尔，*Alte Kameraden* 1/1954，p. 5

"一股数目在……"，第 79 步兵师，NARA T-315，Roll 1107，p. 936

"在步兵第 193 师合成……"，步兵第 95 师，"Combat Report No. 46"，TsAMO，p. 164

"截至 1942 年 11 月 13 日……"，步兵第 685 团战斗日志，TsAMO，p. 9

"部署在步兵第 95 师右翼的……"，第 62 集团军战斗日志，TsAMO，p.258

"敌军炮兵的射击重……"，第 79 步兵师，NARA T-312，Roll 1107，p. 936

"伏尔加河上有渡船……"，第 79 步兵师，NARA T-315，Roll 1108，p. 1006

"步兵第 193 师合成团……"，步兵第 95 师，"Combat Report No. 47"，TsAMO，p. 166

"敌军沿河岸向南……"，第 62 集团军战斗日志，TsAMO，p.258

步兵第 95 师各部的损失，步兵第 95 师，"Combat Report No. 46"，TsAMO，p. 164

工兵配备了向导，雷滕迈尔，*Alte Kameraden* 1/1954，p. 4

"在战前，这座……"，Ovchinnikova，*Peredovaya nachinalas v tsekhe*，p. 154

政委楼的建造与历史，*Barrikadtsy: kniga pervaya*，p. 22-23；Ovchinnikova，p. 154；以及叶甫盖尼·库里琴科的个人观察

政委楼里的地道，叶甫盖尼·库里琴科对 Nikolai Dontsov 的采访，2003 年 5 月 23 日

"在 11 月初，工……"，Ovchinnikova，p. 154

"德国人向工厂……"，出处同前，p. 154-5

十辆德国坦克投入战斗，步兵第 138 师，"Combat Report No. 190"，TsAMO，p. 175

顶楼被毁，守军被消灭，出处同前，p. 175-6

"我军再度发起大规模……"，林登的专题文章，p. 14

工兵们聚集到柱廊外，第 50 装甲工兵营老兵（匿名）给作者的信，2004 年 3 月 4 日和 2004 年 7 月 8 日

正前方是一道厚实的，出处同前

德军的计划简单而直接，出处同前

"希特勒匪帮的冲锋枪手……"，Ovchinnikova，p. 155-6

使用锥形装药的炸药包，第 50 装甲工兵营老兵（匿名）给作者的信，2004 年 3 月 4 日和 2004 年 7 月 8 日

"敌人从顶楼将房间炸开……"，步兵第 138 师，"Combat Report No. 190"，TsAMO，p. 176

迫击炮手们请求后方炮兵对自己开炮，柳德尼科夫，*Ognenniy Ostrov*，p. 121-2

把炸药包塞进，第 50 装甲工兵营老兵（匿名）给作者的信

使用汽油和炸药，雷滕迈尔，*Alte Kameraden* 1/1954，p. 4

"法西斯分子随后又使用……", Ovchinnikova, p. 156

"我记忆中特别突出的……", 先奇科夫斯基, p. 2

"直到晚上……", 雷滕迈尔, *Alte Kameraden* 1/1954, p. 4

80 人伤亡, 第 6 集团军, NARA T-312, Roll 1454, p. 83

邦特之死, 第 50 装甲工兵营第 3 连, DD/WASt, "Pz. Pi. Btl. 50 Namentliche Verlustmeldung Nr. 8", 12.6.1944

帕尔莫夫斯基之死, 第 50 装甲工兵营第 3 连, DD/WASt, "Pz. Pi. Btl. 50 Namentliche Verlustmeldung Nr. 8", 9.11.1943

佩尔兴之死, 第 50 装甲工兵营第 2 连, DD/WASt, "Pz. Pi. Btl. 50 Namentliche Verlustmeldung Nr. 8", 12.6.1944

威尔米策之死, 第 131 掷弹兵团第 11 连, DD/WASt, "Verlustmeldung", 13.7.1943

"得到了第 44 步……", 步兵第 138 师, "Combat Report No. 190", TsAMO, p. 175

"第 305 步兵师的突击队……", 第 6 集团军, NARA T-312, Roll 1454, p. 49

90 名指战员损失了 55 人, 步兵第 138 师, "Combat Report No. 190", TsAMO, p. 176

苏军以 200 人发起新一轮进攻, 第 79 步兵师, NARA T-315, Roll 1108, p. 1006

"部队在伏尔加河高……", Popov, Kozlov & Usik, *Perelom*, p. 289-92

第 162 工兵营再次进攻, von Aaken, p. 117; 以及第 6 集团军, NARA T-312, Roll 1454, p. 56

"经过激战, 除了两座……", 出处同前

第 51 军抓获的俘虏, 出处同前, p. 89

"肃清火炮厂以……", 出处同前, p. 53

"在各个楼层和房间里拼手榴弹……", 步兵第 138 师战斗日志, TsAMO, p. 29

"在这一天, 步……", 步兵第 138 师, "Combat Report No. 190", TsAMO, p. 176

分配了多达 35% 的人员, 步兵第 138 师战斗日志, TsAMO, p. 29

"两艘拖船"叶梅利扬·普加乔夫"号, Plekhov, Khvatov & Zakharov, *V ogne stalingradskikh pereprav*, p. 197

给德军造成的损失, 步兵第 138 师, "Combat Report No. 190", TsAMO, p. 176

步兵第 138 师的伤亡, 出处同前

步兵第 138 师的作战兵力, 出处同前

"第 14 装甲师预定……", 18:40, 第 79 步兵师, NARA T-315, Roll 1108, p. 70

"第 14 装甲师的装甲连……", 21:35, 出处同前, p. 658

"我们的外派任务原……", 鲍赫施皮斯, 1942 年 11 月 13 日的战地信件

威廉·吉贝勒二等兵的故事, Craig, p. 162-3

步兵第 138 师的伤亡, 步兵第 138 师, "Combat Report No. 190", TsAMO, p. 176

第 305 和 389 步兵师的伤亡, 第 6 集团军, NARA T-312, Roll 1454, p. 83

"11 月 14 日早上……", von Aaken, p. 117

"敌人在步兵第 95 师防御……", 第 62 集团军战斗日志, TsAMO, p. 258b

富根菲罗夫的炮兵第 1011 团, 克雷洛夫, p. 312

"最初, 我们还希望……", 克雷洛夫, p. 325

"步兵第 95 师会同步兵第 92 旅第 3 营……", 第 62 集团军战斗日志, TsAMO, p. 259

"截至 1942 年 11 月 14 日上午……", 步兵第 685 团战斗日志, TsAMO, p. 9

佩钦纽克的指挥所遭到炮击, 步兵第 650 团战斗日志, TsAMO, p. 31

德军从 3 号和 4 号厂房发起进攻, 步兵第 344 团, "Combat Report No. 54", TsAMO, p. 64

37 号房由三个步兵营的残部把守, 步兵第 650 团战斗日志, TsAMO, p. 31

"敌人以多达一个连的……", 步兵第 138 师战斗日志, TsAMO, p. 27

下一次突击开始于 11 时，步兵第 344 团，"Combat Report No. 54"，TsAMO，p. 64

动用了 150 人，出处同前

在 38 号房的守备分队被全歼，出处同前

波格列布尼亚克活了下来，1942 年 12 月 15 日，步兵第 344 团，"Combat Report No. 108"，TsAMO，p. 92

"38 号房在 10 时 30 分被……"，Venkov & Dudinov，p. 45

第 305 步兵师突入 67 和 74 号楼，第 6 集团军，NARA T-312，Roll 1454，p. 89

托尔卡切夫的步兵第 1 营，Venkov & Dudinov，p. 45-6

有效利用了两个半小时，第 336 工兵营老兵（匿名）给作者的信，2005 年 2 月 25 日

夺回 37 号房，步兵第 650 团战斗日志，TsAMO，p. 31；以及步兵第 344 团，"Combat Report No. 54"，TsAMO，p. 64

夺回 38 号房，步兵第 344 团，"Combat Report No. 54"，TsAMO，p. 64

炮兵们发射了 200 发炮弹，步兵第 138 师战斗日志，TsAMO，p. 28

"敌人通过巧妙使用地雷……"，步兵第 138 师，"Combat Report No. 191"，TsAMO，p. 178

托尔卡切夫的步兵第 1 营得到的嘉奖，Venkov & Dudinov，p. 46

"面对敌人以……"，第 6 集团军，NARA T-312，Roll 1454，p. 89

科诺瓦连科的部下缴获，步兵第 344 团，"Combat Report No. 54"，TsAMO，p. 64

第 336 工兵营第 3 连在 1942 年 11 月 13 日 2 死 8 伤，DD/WASt，"Pi. Btl. 336 Namentliche Verlustmeldung Nr. 4"，16.4.1943

胡伦负伤，第 336 工兵营第 1 连，"Soldbuch of Karl-Heinz Hullen"，BA-MA PA-6554

艾林豪斯继任第 336 工兵营第 1 连连长，第 336 步兵师，NARA T-315，Roll 2093，p. 547

第 132 掷弹兵团第 2 连金德勒的负伤，DD/WASt，2005 年 6 月 16 日给作者的信，p. 2

"就在我准备出发的……"，冯·瓦尔特堡 2004 年 5 月 19 日、2004 年 8 月 7 日和 2005 年 2 月 13 日给作者的信

步兵第 138 师的伤亡，步兵第 138 师，"Combat Report No. 191"，TsAMO，p. 178

步兵第 344 团损失 1 挺重机枪，步兵第 344 团，"Combat Report No. 54"，TsAMO，p. 64

各步兵团的活跃战士数量，步兵第 138 师，"Combat Report No. 191"，TsAMO，p. 178

16 时，德军开始，步兵第 650 团战斗日志，TsAMO，p. 31

佩钦纽克的观察员发现，出处同前

"目前，有一股……"，第 6 集团军，NARA T-312，Roll 1454，p. 89

"在这些阴暗的日日……"，柳德尼科夫，*The Road of Battle and Glory*，p. 112-14

斯塔任基农场和两个炮兵连，Venkov & Dudinov，p. 46

颁发红星勋章和勇敢奖章，步兵第 138 师，TsAMO，1942 年 11 月

"N. S. 科舍列维奇……"，克雷洛夫，p. 326

斯捷潘诺夫的红星勋章，步兵第 138 师，TsAMO，1942 年 11 月

"敌人一直在步步逼近……"，Volostnov，p. 189

"在 1942 年 11 月 13 日夜……"，Volostnov，出处同前

"柳德尼科夫上校对他……"，克雷洛夫，p. 326

"第 305 步兵师的突击队作战……"，第 6 集团军，NARA T-312，Roll 1454，p. 94

剩余的子弹和手榴弹只够，步兵第 344 团，"Combat Report No. 54"，TsAMO，p. 64

"我面前摆着一份……"，克雷洛夫，p. 328-9

"考虑到我师正在缺……"，步兵第 138 师战斗日志，TsAMO，p. 28-9

"这几天装着冬季……"，菲辛格，1942 年 11 月 14 日的战地信件

"在斯大林格勒呆了……"，特劳布，1942 年 11 月 14 日的战地信件

第 51 军抓获的俘虏，第 6 集团军，NARA T-312，Roll 1454，p. 111

步兵第 138 师的伤亡，步兵第 138 师，"Combat Report No. 191"，TsAMO，p. 178

第 305 和 389 步兵师的伤亡，第 6 集团军，NARA T-312，Roll 1454，p. 106

"今天，许多我……"，特劳布，1942 年 11 月 15 日的战地信件

"经过短暂的炮火……"，步兵第 650 团战斗日志，TsAMO，p. 32

"上午，德国人开始……"，恰拉什维利，p. 6

初步突入 81 号楼，雷滕迈尔，*Alte Kameraden* 1/1954，p. 5

"又有一个意外……"，雷滕迈尔，与其子西格贝特的私人通信

"敌人使用了冒……"，步兵第 650 团战斗日志，TsAMO，p. 31

"为了不被呛死……"，"Zdes nasmert stoyali voiny legendarnoi 62-i armii"，1.10.2002，登载于 http://www.novocherkassk.ru/cgi-bin/Newspap/np2.cgi?y=2002&i=2&n=40&k=10

"我们不得不花了一整天……"，雷滕迈尔，*Alte Kameraden* 1/1954，p. 5

弗里德里希斯、格里普和彼得斯之死，第 50 装甲工兵营第 2 连，DD/WASt，"Pz. Pi. Btl. 50 Namentliche Verlustmeldung Nr. 5"，29.2.1944

布劳恩斯和施泰因勒之死，第 50 装甲工兵营第 2 连，DD/WASt，"Pz. Pi. Btl. 50 Namentliche Verlustmeldung Nr. 1 & 9"，13.7.1944

埃勒斯和恩格尔之死，第 50 装甲工兵营第 3 连，DD/WASt，"Pz. Pi. Btl. 50 Namentliche Verlustmeldung Nr. 3 & 123"，22.8.1944

第 244 突击炮营的实力报告，1942 年 11 月 15 日，第 6 集团军，NARA T-312，Roll 1454，p. 106

"轰塌"，出处同前，p. 113

"拜尔斯多夫现在……"，Ebert，p. 58

第 389 步兵师的损失总计，第 6 集团军，NARA T-312，Roll 1454，p. 135

第 45 工兵营的伤亡，DD/WASt，费塞尔、马蒂厄、里滕巴赫尔、萨克塞、瓦尔登迈尔和齐普夫（第 45 工兵营第 1 连）；尼科尔和菲舍尔（第 45 工兵营第 2 连）；伯姆、科恩和舍尔（第 45 工兵营第 3 连）的个人死亡通知

基米希的负伤，第 45 工兵营第 1 连，NARA Personalakten für Manfred Kimmich

第 244 突击炮营的实力报告，1942 年 11 月 16 日，第 6 集团军，NARA T-312，Roll 1454，p. 145

第 244 突击炮营的实力报告，1942 年 11 月 19 日，出处同前，p. 243

"第 1 连胡伦中尉……"，第 336 步兵师，NARA T-315，Roll 2093，p. 547

"保卫团指挥所的战……"，戈尔巴坚科，p. 6-7

"我知道你们一直……"，雷滕迈尔，1942 年 11 月 15 日的战地信件

佩钦纽克请求炮兵，步兵第 650 团战斗日志，TsAMO，p. 32

"在火炮厂以东敌……"，第 6 集团军，NARA T-312，Roll 1454，p. 111

"在斯大林格勒，第……"，出处同前，p. 115

"在斯大林格勒，我军……"，出处同前，p. 113

"在晚上，我们的守备……"，戈尔巴坚科，p. 7

"我们步兵第 650 团最后……"，杜博夫，1978 年 1 月 27 日的报告，p. 6

加里宁少尉，柳德尼科夫，*Ognenniy Ostrov*，p. 123

损失是 64 人死亡，步兵第 138 师，"Combat Report No. 192"，TsAMO，p. 180

"这一天，敌人……"，出处同前

"敌人整天都在猛……"，步兵第 138 师战斗日志，TsAMO，p. 30

步兵第 138 师的战力组成，步兵第 138 师，"Combat Report No. 192"，TsAMO，p. 180

"用篝火指示前线……"，Glukhovsky，p. 30

"上级尝试借助波……"，柳德尼科夫，*The Road of Battle and Glory*，p. 115-16

"这些袋子大多数……"，出处同前

"我军的波 -2 式……"，秋帕，1972 年 12 月 8 日的报告，p. 7

"晚上我们遇到了一次意……", 雷滕迈尔, *Alte Kameraden* 1/1954, p. 5

"喂, 柳德尼科夫岛! ……", Glukhovsky, p. 30

"13 时或 14 时, 在……", 恰拉什维利, p. 6-7

"在我们连的军官中……", 出处同前, p. 7

"第 576 掷弹兵团在下午……", 第 6 集团军, NARA T-312, Roll 1454, p. 117

"11 时 30 分, 经过半……", 第 62 集团军战斗日志, TsAMO, p.260

"42 年 11 月 15 日 11 时 30 分……", 步兵第 685 团战斗日志, TsAMO, p. 9-10

"敌人在逼退步兵第……", 出处同前, p. 10-11

"步兵第 241 团地段……", 第 62 集团军战斗日志, TsAMO, p.260

"步兵第 95 师和合成步……", 出处同前

"据说从 11 月 14 日起……", 第 6 集团军, NARA T-312, Roll 1454, p. 122

"第 6 集团军应立即……", 出处同前, p. 183

阿本德罗特连的故事, Jaugitz, *Funklenkpanzer*, p. 104-114

"希特勒在弹坑边……", 出处同前, p. 105

"1942 年 11 月 16 日", 出处同前, p. 113

"大家欢欣鼓舞……", 出处同前

"我们都很失望……", 出处同前

"装备突击步兵炮的第 244……", "第 113 号军长令", 第 79 步兵师, NARA T-315, Roll 1108, p. 73

"在 11 月底, 应从……", 第 6 集团军, NARA T-312, Roll 1454, p. 116

魏曼给第 294 步兵师的电报, 第 294 步兵师, NARA T-315, Roll 1941, p. 1078

"第 305 步兵师用突击队……", 第 6 集团军, NARA T-312, Roll 1454, p. 117

第 51 军抓获的俘虏, 出处同前, p. 153

"在 11 月 15 日夜到 16 日晨, 敌军共投下……", 出处同前, p. 160

"飞机提供的帮助……", 步兵第 138 师, "Combat Report No. 193", TsAMO, p. 181

步兵第 138 师的伤亡, 步兵第 138 师, "Combat Report No. 192", TsAMO, p. 180

第 305 和 389 步兵师的伤亡, 第 6 集团军, NARA T-312, Roll 1454, p. 135

"火炮厂以东的敌人……", 出处同前

"从 1 时 30 分开始, 敌人……", 步兵第 650 团战斗日志, TsAMO, p. 32

"敌人继续集中……", 步兵第 138 师, "Combat Report No. 193", TsAMO, p. 181

第 305 步兵师的右翼, 第 6 集团军, NARA T-312, Roll 1454, p. 153

俘虏了苏军 1 名军官, 出处同前

在 9 时和 11 时再次发起攻击, 出处同前

"11 时 15 分: 塞德尔战斗群当……", 第 79 步兵师, NARA T-315, Roll 1107, p. 940

"第 179 炮兵团也……", 出处同前

"中午, 敌军以……", 第 79 步兵师, NARA T-315, Roll 1108, p. 121

"在储油设施区的南面……", NARA T-312, Roll 1454, p. 182

"我团从出发阵地用……", 步兵第 685 团战斗日志, TsAMO, p. 10

"步兵第 95 师部队……", 第 62 集团军战斗日志, TsAMO, p.262

黑林的负伤, 黑林夫人 1942 年 12 月 20 日的信

"但是他没有撤……", 出处同前

用地雷封锁伏尔加河河岸, 第 6 集团军, NARA T-312, Roll 1454, p. 158

科哈内克之死和赫尼克失踪, 第 294 工兵营第 2 连, DD/WASt, "Pi. Btl. 294 Namentliche Verlustmeldung Nr. 12 & 14", 6.7.1944

京特失踪, 第 294 工兵营第 3 连, DD/WASt, "Pi. Btl. 294 Namentliche Verlustmeldung Nr. 17",

1.4.1944

第 576 掷弹兵团将防区移交给塞德尔战斗群，第 79 步兵师，NARA T-315，Roll 1108，p. 75

12 时 10 分对步兵第 650 团的进攻，步兵第 650 团战斗日志，TsAMO，p. 32

坚守 37 号房的阵地，出处同前，p. 33

里希特之死和克内德尔的负伤，第 336 工兵营第 2 连，DD/WASt，"Pi. Btl. 336 Namentliche Verlustmeldung Nr. 4"，16.4.1943

鲁贝尔之死和克劳斯的负伤，第 336 工兵营第 3 连，DD/WASt，"Pi. Btl. 336 Namentliche Verlustmeldung Nr. 4"，16.4.1943

发动机低沉的轰鸣，步兵第 650 团战斗日志，TsAMO，p. 32

"敌人还在继续积……"，步兵第 138 师战斗日志，TsAMO，p. 30

德军小股渗透部队，步兵第 138 师，"Combat Report No. 193"，TsAMO，p. 181

滚轴的故事，Glukhovsky, p. 37-38；Venkov & Dudinov，p. 50-51；以及柳德尼科夫, *Ognenniy Ostrov*，p. 131-3

"在 11 月中旬，我们的部队……"，克柳金，"Naostrove Lyudnikova"，收录于 *Bitva za Stalingrad*，p. 578-9

"我们坚守在陡……"，秋帕，p. 7

"在晚上，我们……"，戈尔巴坚科，p. 7

"我身体很好……"，Wiesen，p. 102-3

25 克面包，步兵第 138 师战斗日志，TsAMO，p. 30

十八艘渔船中的两艘，Glukhovsky, p. 31

柳德尼科夫的愤怒和远见，出处同前，p. 31-3

共有 800 人，步兵第 138 师，"Combat Report No. 193"，TsAMO，p. 181

巴图林和佩图霍夫，Venkov & Dudinov，p. 48-9

佩图霍夫的故事和祖耶夫的冰河之旅，Glukhovsky，p. 44

一艘载有 20 人的划桨船，第 6 集团军，NARA T-312，Roll 1454，p. 158

独立舟桥第 107 营的营长被召见，Glukhovsky，p. 44

"这是祖耶夫大尉政治……"，出处同前

"我很担心……"，Venkov & Dudinov，p. 49

"在严重浮冰期和敌人发……"，崔可夫，p. 208-09

"柳德尼科夫师被和……"，出处同前，p. 215-16

"特制的装甲火力点"，梅列什科，迈克·琼斯的采访

投下的 13 个包裹中，步兵第 138 师，"Combat Report No. 193"，TsAMO，p. 181；以及步兵第 138 师战斗日志，TsAMO，p. 31

第 51 军抓获的俘虏，第 6 集团军，NARA T-312，Roll 1454，p. 196

步兵第 138 师的伤亡，步兵第 138 师，"Combat Report No. 193"，TsAMO，p. 181

第 305 和 389 步兵师的伤亡，第 6 集团军，NARA T-312，Roll 1454，p. 186

炮火袭扰，第 79 步兵师，NARA T-315，Roll 1108，p. 1022 & 1023

"敌人整整一天一夜……"，步兵第 650 团战斗日志，TsAMO，p. 33

"集团军要求……"，第 6 集团军，NARA T-312，Roll 1454，p. 164

"第 389 和 305 步兵师部署在……"，出处同前，p. 193

"目前我是在……"，雷滕迈尔，1942 年 11 月 18 日的战地信件

"我们在 11 月中旬得到了……"，茨伦纳，曼弗雷德·奥尔登堡博士的采访，2002 年

"我身体好得很……"，莫斯曼, *Chronik der im Zweiten Weltkrieg gefallenen und vermissten Soldaten der Gemeinde Bodnegg, 1939-1945*，p. 136

"向在斯大林格勒参……"，Ziemke & Bauer, *Moscow to Stalingrad: Decision in the East*，p. 468；以及第

79 步兵师，NARA T-315, Roll 1108, p. 80

"我请您向元首报告……"，Ziemke & Bauer, p. 468

"我相信这道命令……"，第 79 步兵师，NARA T-315, Roll 1108, p. 80

"千辛万苦打了……"，冯·塞德利茨，*Stalingrad:Konflikt and Konseqiienz*，p. 167

第 220 号命令，1942 年 11 月 17 日，第 62 集团军战斗日志，TsAMO, p.262b

大雾天气，第 6 集团军，NARA T-312, Roll 1454, p. 197

苏军火炮和喀秋莎火箭炮的开火时间，第 62 集团军战斗日志，TsAMO, p.262b

第 576 掷弹兵团和塞德尔战斗群遭到炮击，第 79 步兵师，NARA T-315, Roll 1108, p. 1023

"我团集中火力对……"，出处同前

自什未林战斗群左翼到，第 6 集团军，NARA T-312, Roll 1454, p. 197

喀秋莎火箭炮对东南区域的齐射，第 62 集团军战斗日志，TsAMO, p.262b

"我军自身的炮兵……"，第 6 集团军，NARA T-312, Roll 1454, p. 197

死亡沟，"Ovrag glubokaya balka"，*Putevoditel po Volgogradu*, p. 87-9；另见 http://region34.nm.ru/guide/volgograd/indexl5.html

"我团的剩余部队……"，步兵第 685 团战斗日志，TsAMO, p. 10

"步兵第 90 团第 1 营和第 2 营在 12 时……"，步兵第 95 师，"Combat Report No. 51"，TsAMO, p. 210

"经大炮和迫击炮火力……"，出处同前

"在 12 时，经过炮火准备……"，第 62 集团军战斗日志，TsAMO, p.263

"从 11 月 11 日到 17 日……"，缪勒给格林的战地信件，1943 年 6 月 21 日

胡夫之死，第 294 工兵营第 1 连，DD/WASt, "Pi. Btl. 294 Namentliche Verlustmeldung Nr. 9", 1.4.1944

巴桑失踪，第 294 工兵营第 2 连，DD/WASt, "Pi. Btl. 294 Namentliche Verlustmeldung Nr. 11", 1.4.1944

"我营为保住已……"，第 294 步兵师，NARA T-315, Roll 1942, p. 759

"我们待在斯大林格……"，迈尔，阿格内斯·莫斯曼的采访，2005 年 12 月 21 日

基梅斯温格尔和库迈尔之死，第 131 步兵团第 11 连，"Verlusteliste 1939-1945, Inf. Rgt. -Gren. Rgt. 131", BA-MA, RH37/7005, p. 46 & 52

"全天，敌人……"，步兵第 138 师战斗日志，TsAMO, p. 31

3 人死亡，步兵第 138 师，"Combat Report No. 194", TsAMO, p. 182

步兵第 138 师的战力组成，出处同前

德军反击，第 6 集团军，NARA T-312, Roll 1454, p. 210

狂风暴雨和冰雪，出处同前，p. 197

"在斯大林格勒，临近中午……"，第 6 集团军，NARA T-312, Roll 1454, p. 209

苏军在 17 时重启攻势，出处同前，p. 210

火箭炮打了 50 次齐射，出处同前

"靠撒谎和弄虚作假……"，勒夫勒的日记，1942 年 11 月 16 日

勒夫勒的负伤，勒夫勒日记；阿格内斯·莫斯曼的采访，2005 年 1 月 8 日

"在命令地段与第 305 步兵师换防……"，第 79 步兵师，NARA T-315, Roll 1108, p. 1024

缴获的 T-60 和 T-70 式坦克，博伊尔勒，ZDF 采访，2002 年

"我是个护炮步……"，出处同前

"于是我就乘着……"，出处同前

"如果第 305 步兵师……"，第 6 集团军，NARA T-312, Roll 1454, p. 197

"计划使用突……"，出处同前，p. 210

"敌人继续在 14/15 号车……"，步兵第 138 师战斗日志，TsAMO, p. 31

"伤员人数到 11 月 17 日……"，柳德尼科夫，*The Road of Battle and Glory*，p. 116

许多苏军战俘，第 6 集团军，NARA T-312, Roll 1454, p. 205

柳德尼科夫手下伤兵们的 "哗变"，Glukhovsky, p. 41-3

没有可作战的 33B 型突击步兵炮，第 6 集团军，NARA T-312, Roll 1454, p. 204

第 244 和 245 突击炮营的实力报告，1942 年 11 月 18 日，第 6 集团军，出处同前，p. 215

第 114 号军长令，1942 年 11 月 17 日，第 79 步兵师，NARA T-315, Roll 1108, p. 78

第 51 军抓获的俘虏，第 6 集团军，NARA T-312, Roll 1454, p. 225

步兵第 138 师的伤亡，步兵第 138 师，"Combat Report No. 194"，TsAMO, p. 182

第 305 和 389 步兵师的伤亡，第 6 集团军，NARA T-312, Roll 1454, p. 218

23 时 30 分，塞德尔战斗群，第 79 步兵师，NARA T-315, Roll 1108, p. 1028

第 327 陆军工程营，Plekhov, Khvatov & Zakharov, p. 203-4

两艘小船……其中一艘船被炸得粉碎，出处同前，p. 204

五名船员，出处同前

当天早些时候，独立舟桥第 107，出处同前

第六章

第 085 号命令，1942 年 11 月 18 日，步兵第 650 团战斗日志，TsAMO, p. 33

"以勇敢著称……"，柳德尼科夫，"There is a Cliff on the Volga"，收录于 *Two Hundred Days of Fire*，p. 181

"在夜里，我们的坦克……"，梅塞施密特给作者的报告，2003 年 3 月 27 日

大约 100 名德军士兵，步兵第 650 团战斗日志，TsAMO, p. 33

在 4 时 20 分，这些部队开始，出处同前

"敌人的进攻得到了……"，出处同前，p. 34

"德国人的进攻伴有……"，步兵第 138 师战斗日志，TsAMO, p. 32

"几天前，我们发现……"，雷滕尔，1942 年 11 月 20 日的战地信件

"从师指挥部收到了第 085 号……"，步兵第 650 团战斗日志，TsAMO, p. 33

"我不是步兵第 1……"，先奇科夫斯基，p. 1

概要信息，Ishchenko, "I was in a blocking detachment"，*Voyenno-istorichesky zhurnal*, No. 11, November 1988

"敌人不顾重大损失……"，"第 227 号命令"，http://www.stalingrad-info.com/order227.htm

"在每个集团军内……"，出处同前

"尽一切可能帮助和支持……"，出处同前

"有机会用鲜血……"，出处同前

"根据国防人民委员会……"，"Memorandum by NKVD STF to UOO NKVD of USSR in regards to activities of blocking detachments of Stalingrad and Don Fronts"，15.10.1942, Tsentralnyi Arkhiv FSB（俄罗斯联邦安全局中央档案馆），14/4/386, p. 22-24

"8 月 29 日，斯大林格勒……"，出处同前

"9 月 14 日，敌人攻击……"，出处同前

65% 和 70% 的伤亡率，出处同前

"我们讨论过第 227 号……"，Abdulin, *Red Road from Stalingrad*, p. 31

"与主要后勤基地的联……"，先奇科夫斯基，p. 2

德军对储油罐的进攻，步兵第 95 师，"Combat Report No. 53"，TsAMO, p. 188

"敌人对储油设施区……"，第 6 集团军，NARA T-312, Roll 1454, p. 216

"第305步兵师肃清……"，第6集团军，出处同前，p. 225

"步兵第95师……"，第62集团军战斗日志，TsAMO，p.265

"1942年11月18日，我……"，步兵第685团战斗日志，TsAMO, p. 10

"我要在这里给你……"，莫斯曼，p. 138

伯德克和米勒失踪，第294工兵营第1连，DD/WASt，"Pi. Btl. 294 Namentliche Verlustmeldung Nr. 5 & 7"，1.4.1944

里希特之死，第294工兵营第2连，DD/WASt，"Pi. Btl. 294 Namentliche Verlustmeldung Nr. 15"，8.7.1944

"由于工兵营在斯……"，第294步兵师，NARA T-315, Roll 1941, p. 1080-82

"俄国人在悬崖的半……"，林登的专题文章，p. 15

前线移动了100~150米，第6集团军，NARA T-312, Roll 1454, p. 237

巴尔特之死，第162工兵营第1连，DD/WASt，"Pi. Btl. 162 Namentliche Verlustmeldung"，16.5.1944；巴尔特家族档案

佩钦纽克的通信中断，步兵第650团战斗日志，TsAMO，p. 34

只剩下4名苏军战士，出处同前

左岸炮兵停止射击，步兵第138师战斗日志，TsAMO，p. 32

步兵第650团估计德军死伤50人，步兵第650团战斗日志，TsAMO，p. 34

舍恩赫尔和威廉米之死，第50装甲工兵营第1连，DD/WASt，"Pz. Pi. Btl. 50 Namentliche Verlustmeldung Nr. 5"，29.2.1944

赫贝之死，第50装甲工兵营第2连，DD/WASt，"Pz. Pi. Btl. 50 Namentliche Verlustmeldung Nr. 5"，29.2.1944

本克和冯·库茨科夫斯基之死，第50装甲工兵营第3连，DD/WASt，"Pz. Pi. Btl. 50 Namentliche Verlustmeldung Nr. 8"，12.6.1944

"晚上好。简单……"，莫尔坎普，1942年11月18日的战地信件

"我的身体还是……"，雷滕迈尔，1942年11月18日的战地信件

冯·格罗尔曼的履历细节，NARA Personalakten für Friedrich von Grolman；冯·格罗尔曼家族档案；以及 Hirst，"The Cast"，收录于 *Three Scenes from Barbarossa*

"我从10月中旬到……"，Hirst，出处同前

"第305步兵师沿着……"，第6集团军，NARA T-312, Roll 1454, p. 237

"在夜里，当黑暗降临……"，梅塞施密特给作者的报告，2003年3月27日

"有个预备役军官……"，出处同前

"梅塞施密特装甲骑兵连……"，第24装甲师，NARA T-315, Roll 804, p. 931

"配属第305步兵师的装甲……"，第115号军长令，第79步兵师，NARA T-315, Roll 1108, p. 81-2

"整整一天，敌人……"，步兵第138师战斗日志，TsAMO，p. 32

有6人死亡，步兵第138师，"Combat Report No. 195"，TsAMO，p. 183

伤员有357人，步兵第138师，"Combat Report No. 196"，TsAMO，p. 184

战斗力量少得可怜，步兵第138师，"Combat Report No. 195"，TsAMO，p. 183

"佩钦纽克给团通信股长托尔卡奇……"，戈尔巴坚科，p. 8

"加里宁报告说……"，出处同前

只接到5个包裹，步兵第138师，"Combat Report No. 196"，TsAMO, p. 184

第51军抓获的俘虏，第6集团军，NARA T-312, Roll 1454, p. 263

步兵第138师的伤亡，步兵第138师，"Combat Report No. 195"，TsAMO, p. 183

第305和389步兵师的伤亡，第6集团军，NARA T-312, Roll 1454, p. 243

"敌侦察部队……"，第6集团军，出处同前，p. 243

德军在 4 时 30 分发动了进攻，步兵第 138 师，"Combat Report No. 196"，TsAMO，p. 184

"瓦砾和弹坑……"，梅塞施密特给作者的报告，2003 年 5 月 17 日

关于在斯大林格勒的坦克运用的报告，第 24 装甲师，1942 年 11 月 15 日，NARA T-315，Roll 804，p. 777-80

"不能算是滥用，但……"，梅塞施密特给作者的报告，2003 年 4 月 28 日

"地形方面的许多困难……"，"关于在斯大林格勒的坦克运用的报告"，出处同前

"我们经常把备用履带……"，梅塞施密特给作者的报告，2003 年 5 月 17 日

"在一次进攻……"，出处同前

"每天进攻时……"，出处同前，2003 年 6 月 9 日

"我们的坦克炮弹效果……"，出处同前，2003 年 5 月 17 日

攻击步兵第 344 团和步兵第 650 团的右翼，步兵第 138 师，"Combat Report No. 196"，TsAMO，p. 184

"工兵们用炸……"，梅塞施密特，作者的采访，2005 年 9 月 11 日

"胆子真大！"，出处同前

"我们在这座楼房中……"，步兵第 138 师战斗日志，TsAMO，p. 33

"坦克和大炮的火力……"，步兵第 650 团战斗日志，TsAMO，p. 35

苏军从绥拉菲摩维奇桥头堡进攻的细节，Ziemke & Bauer，p. 468-71

冲锋枪手和狙击手非常活跃，步兵第 650 团战斗日志，TsAMO，p. 34

8 时 30 分，在佩钦纽克，出处同前

在 11 时 30 分，德军突击队，出处同前

一辆突击炮小心翼翼地，出处同前

一颗手榴弹在不远的地方爆炸，克柳金，1978 年 1 月 31 日的报告，p. 2

步兵第 650 团的防线，步兵第 650 团战斗日志，TsAMO，p. 34-5

"坦克和大炮的火力……"，出处同前，p. 35

"敌人不顾损失……"，出处同前

"第 305 步兵师的突击队已完成当天……"，第 6 集团军，NARA T-312，Roll 1454，p. 263

"在斯大林格勒，第……"，出处同前，p. 268

以 60 人的兵力，出处同前，p. 263

"集团军司令员在……"，克雷洛夫，p. 334

"和往常一样，我们竭尽……"，出处同前

"在 12 时 15 分，敌人……"，第 79 步兵师，NARA T-315，Roll 1108，p. 1038

塞德尔战斗群的报告，出处同前

黑尔戈特和席姆内克之死，第 294 工兵营第 2 连，DD/WASt，"Pi. Btl. 294 Namentliche Verlustmeldung Nr. 14 & 15"，7.7.1944

"在 12 时 30 分，我团与步兵……"，步兵第 685 团战斗日志，TsAMO，p. 10

"储油罐区域又……"，克雷洛夫，p. 337

"步兵第 95 师……"，出处同前

"目前，敌人又……"，第 6 集团军，NARA T-312, Roll 1454，p. 263

"在下午，第 305 步兵师……"，出处同前，p. 273

"敌人的空军以……"，步兵第 138 师战斗日志，TsAMO，p. 33

绍克斯之死，第 336 工兵营第 1 连，DD/WASt，"Pi. Btl. 336 Namentliche Verlustmeldung Nr. 6"，16.6.1944

菲利普和彼得曼之死，以及昆特和特茨拉夫的负伤，第 336 工兵营第 2 连，DD/WASt，"Pi.Btl.336 Namentliche Verlustmeldung Nr. 4"，16.4.1943

克勒的负伤，第 336 工兵营第 3 连，出处同前

泰歇尔坎普的故事，OKW, *Geheim-Aktion über Stalingrad*，13.2.1943，NARA T-77, Roll 1036, p. 6508199

"迄今为止，我师已经……"，步兵第 138 师战斗日志，TsAMO, p. 33

"作战物资已……"，步兵第 650 团战斗日志，TsAMO, p. 35

24 死 28 伤，步兵第 138 师，"Combat Report No. 196"，TsAMO, p. 184

该师上报的兵力，出处同前

"师指挥所以北 150 米……"，步兵第 138 师战斗日志，TsAMO, p. 32

"我团以督战队各小队……"，步兵第 650 团战斗日志，TsAMO, p. 35

"因为纸张有限……"，鲍赫施皮斯，1942 年 11 月 19 日的战地信件

"今天早上我……"，特劳布，1942 年 11 月 19 日的战地信件

"向元首做关于 33B 型突击步兵炮的报告……"，第 6 集团军，NARA T-312, Roll 1454, p. 292

尼佩斯的负伤，第 244 突击炮营，DD/WASt，2005 年 6 月 16 日给作者的信，p. 2

泰歇尔坎普二等兵得知，OKW, *Geheim-Aktion über Stalingrad*，13.2.1943，NARA T-77, Roll 1036, p. 6508199

"罗马尼亚第 3 集团军的事态……"，Ziemke & Bauer, p. 470

"根据最高司令部的命令，我军……"，1942 年 11 月 19 日，第 116 号军长令，第 79 步兵师，NARA T-315, Roll 1108, p. 84-5

"在 11 月 20 日，第 24 装甲师……"，出处同前

"除火炮厂以东的突击队……"，第 6 集团军，NARA T-312, Roll 1454, p. 280

"在 11 月 19 日夜到 20 日晨……"，梅塞施密特给作者的报告，2003 年 3 月 27 日

"临近 19 时，一艘摩托艇……"，第 79 步兵师，NARA T-315, Roll 1108, p. 1039

"临近 20 时，敌军一艘……"，出处同前

叶廖缅科给罗加乔夫的命令，Plekhov, Khvatov & Zakharov, p. 206

步兵第 138 师的伤亡，步兵第 138 师，"Combat Report No. 196"，TsAMO, p. 184

斯大林格勒以南苏军进攻的细节，Ziemke & Bauer, p. 470-72；以及 Beevor, p. 250-51

"在坚守现有阵地的……"，1942 年 11 月 20 日，第 79 步兵师，NARA T-315, Roll 1108, p. 86

"当天上午……"，步兵第 138 师战斗日志，TsAMO, p. 33

"多达 40 名敌人……"，步兵第 650 团战斗日志，TsAMO, p. 35

当天下午，步兵第 138 师，"Combat Report No. 197"，TsAMO, p. 185

多达 50 名德军，步兵第 138 师战斗日志，TsAMO, p. 33

"我们的防守特别……"，出处同前

4 死 4 伤，步兵第 138 师，"Combat Report No. 197"，TsAMO, p. 185

战力组成，出处同前

"步兵第 95 师击退了……"，第 62 集团军战斗日志，TsAMO, p.272

"在 22 时，按照……"，步兵第 685 团战斗日志，TsAMO, p. 10

步兵第 95 师的兵力数字，步兵第 95 师，"Combat Report No. 57"，TsAMO, p. 207

"我正坐在深深的……"，莫斯曼，p. 139

"首先，非常感谢……"，菲辛格，1942 年 11 月 20 日的战地信件

"昨天收到你们的"，雷滕迈尔，1942 年 11 月 20 日的战地信件

"我已经做好了过冬……"，出处同前

弗罗布莱夫斯基的负伤，NARA Personalakten für Walter Wroblewski

"我只当了一小会儿……"，Ebert, p. 66

第 294 工兵营的贝纳德，第 294 步兵师，NARA T-315, Roll 1941, p. 1090

"强大的敌军部队……"，"第 117 号军长令"，第 79 步兵师，NARA T-315, Roll 1108, p. 214

"第 305 步兵师应继续……"，出处同前

"直到 11 月 20 日晚上……"，克雷洛夫，p. 340

第一支补给舰队的细节，Plekhov, Khvatov & Zakharov，p. 207

当舰队在 19 时 30 分到达，出处同前

雷滕迈尔的两门 75 毫米反坦克炮，雷滕迈尔，*Alte Kameraden* 1/1954，p. 5

古尔科之死，步兵第 138 师战斗日志，TsAMO，p. 34 ；以及 Glukhovsky，p. 46

损失 25 名指战员，柳德尼科夫，*The Road of Battle and Glory*，p. 117

"德国人阻止不了我们……"，Glukhovsky，p. 48

只用 45 分钟，Plekhov, Khvatov & Zakharov，p. 207

"我们最大的困难……"，柳德尼科夫，*The Road of Battle and Glory*，p. 117

奥泽洛娃医务中尉的故事，Venkov & Dudinov，p. 51-2

21 时 20 分，装甲汽艇离开，Plekhov, Khvatov & Zakharov，p. 207

"锅炉工盖特曼"号中弹，Plekhov，出处同前

步兵第 138 师的伤亡，步兵第 138 师，"Combat Report No. 197"，TsAMO，p. 185

在 1 时，塞德尔战斗群地段的换防，第 79 步兵师，NARA T-315，Roll 1108，p. 1049

在 4 时 30 分，德军以大约一个连，步兵第 138 师，"Combat Report No. 198"，TsAMO，p. 186

在 5 时，德军向水塔和，步兵第 650 团战斗日志，TsAMO，p. 36

"随后试图夺取……"，步兵第 138 师，"Combat Report No. 198"，TsAMO，p. 186

一队 70~80 人的德军，步兵第 650 团战斗日志，TsAMO，p. 36

在 9 时，德军再次攻向，步兵第 138 师，"Combat Report No. 198"，TsAMO，p. 186

直到 10 时 20 分，出处同前

25 死 26 伤，步兵第 138 师，"Combat Report No. 198"，TsAMO，p. 186

给德军造成的损失，出处同前

战力组成，出处同前

步兵第 90 团击退德军，步兵第 95 师，"Combat Report No. 58"，TsAMO，p. 200

"戈里什内师及配属……"，克雷洛夫，p. 340

"步兵第 95 师击退了……"，第 62 集团军战斗日志，TsAMO，p.273

"我联系了各……"，出处同前

第 086 号师长令，步兵第 650 团战斗日志，TsAMO，p. 36

"今天我们在师部开……"，雷滕迈尔日记，1942 年 11 月 21 日

隆特上尉表达了他的担忧，第 336 步兵师，NARA T-315，Roll 2093，p. 511

前一天晚上受到重创的拖船"锅炉工盖特曼"号，Plekhov, Khvatov & Zakharov，p. 208

独立舟桥第 107 营，出处同前，p. 211

搜集了 23 艘小船，Glukhovsky，p. 45

分管支援的副师长，Venkov & Dudinov，p. 47

冒着持续不断的炮火，出处同前

舍斯托帕洛夫渡河并设置航标，Plekhov, Khvatov & Zakharov，p. 211-12

科里科夫大尉的舟桥第 1 连，Glukhovsky，p. 45

"登船！"，出处同前

最初的 23 艘船中只有 14 艘，出处同前，p. 46

装甲汽艇的第二次战斗航行，Plekhov, Khvatov & Zakharov，p. 208-9

"师指挥部人员……"，柳德尼科夫，"There is a Cliff on the Volga"，收录于 *Two Hundred Days of Fire*，p.194

鲁特科夫斯基之死，Glukhovsky，p. 46

西玛·奥泽洛娃……看见少校一头栽倒，出处同前

"装甲汽艇停泊在……"，叶皮申，1979 年 4 月 21 日的报告，p. 1

祖耶夫获得红星勋章，Venkov & Dudinov, p. 48

汽艇装载 78 名伤员，Plekhov, Khvatov & Zakharov, p. 209

雷滕迈尔的火炮猛轰船队，雷滕迈尔，*Alte Kameraden* 1/1954, p. 5

装甲汽艇 13 号被直接命中，Plekhov, Khvatov & Zakharov, p. 209

"伊万·兹雷德涅夫从心底……"，柳德尼科夫，"There is a Cliff on the Volga"，收录于 *Two Hundred Days of Fire*，p.197-8

前往柳德尼科夫岛的第三次战斗航行，Plekhov, Khvatov & Zakharov, p. 209-10

步兵第 138 师的伤亡，步兵第 138 师，"Combat Report No. 198"，TsAMO, p. 186

第 305 和 389 步兵师的伤亡，第 6 集团军，NARA T-312, Roll 1507, p. 571

"1 时，团参谋部……"，步兵第 685 团战斗日志，TsAMO, p. 10

"由于在先前作战区……"，出处同前

在 9 时，步兵第 95 师发起，第 62 集团军战斗日志，TsAMO, p.274

截至 16 时，他们占领了，出处同前

"在（前日晚上）22 时 40 分，敌人……"步兵第 138 师，"Combat Report No. 199"，TsAMO, p. 187

"在 4 时 30 分，一队……"，出处同前

"鲍尔和福佩尔之死以及赫尔比希、孔茨和卢格特的负伤，第 336 工兵营第 2 连，DD/WASt，"Pi. Btl. 336 Namentliche Verlustmeldung Nr. 4"，16.4.1943

"伯尔纳、格内格罗斯、霍普斯托克和施泰尔的负伤，第 336 工兵营第 3 连，DD/WASt，"Pi. Btl. 336 Namentliche Verlustmeldung Nr. 4"，16.4.1943

"只要'滚轴'在转动……"，Glukhovsky, p. 39

"在这天早上 4 时 30 分……"，步兵第 650 团战斗日志，TsAMO, p. 36

"我的部下都死了……"，Glukhovsky, p. 39

德军企图歼灭"滚轴"，出处同前

"俄国人在下面挖了……"，茨伦纳

"在我走访……"，柳德尼科夫，"There is a Cliff on the Volga"，收录于 *Two Hundred Days of Fire*，p.197

德军投掷手榴弹，步兵第 650 团战斗日志，TsAMO, p. 36

德军侦察队，出处同前

"有一百三十人……"，雷滕迈尔日记，1942 年 11 月 22 日

"第 305 步兵师应停止……"，雷滕迈尔，*Alte Kameraden* 1/1954, p. 5

独立舟桥第 107 营派出了 6 艘，Plekhov, Khvatov & Zakharov, p. 212

在执行这个危险任务的过程中，S. M. 克列茨科下士，出处同前

第四次也是最后一次航行，出处同前，p. 210

护士基里洛夫的故事，出处同前

步兵第 138 师的伤亡，步兵第 138 师，"Combat Report No. 199"，TsAMO, p. 187

佩钦纽克的部下注意到，步兵第 650 团战斗日志，TsAMO, p. 37

德军扔手榴弹，出处同前

"这一天，在我师的……"，步兵第 138 师，"Combat Report No. 200"，TsAMO, p. 188

步兵第 768 团的几个侦察小队，出处同前

有一支在政委楼一带活动，步兵第 650 团战斗日志，TsAMO, p. 37

"11 月 23 日，在我们集团军……"，克雷洛夫，p. 345

"步兵第 95 师实施了……"，第 62 集团军战斗日志，TsAMO, p.276

"敌人全天没有……"，步兵第 138 师战斗日志，TsAMO, p. 35

战力组成，步兵第 138 师，"Combat Report No. 200"，TsAMO, p. 188

给德军造成的损失，出处同前

"俄国人猛烈炮击……"，特劳布，1942 年 11 月 23 日的战地信件

秘密的地道，叶甫盖尼·库里琴科对 Nikolai Dontsov 的采访，2003 年 5 月 23 日

"我们必须夺回卡拉奇⋯⋯"，雷滕迈尔日记，1942 年 11 月 23 日

步兵第 138 师的伤亡，步兵第 138 师，"Combat Report No. 200"，TsAMO，p. 188

上午，柳德尼科夫的队伍，步兵第 138 师战斗志，TsAMO，p. 36

"在 8 时，经过炮火⋯⋯"，第 62 集团军战斗日志，TsAMO，p. 277

"敌人沿我团前线⋯⋯"，步兵第 650 团战斗日志，TsAMO，p. 37-8

在 14 时 45 分，第 51 军，第 79 步兵师，NARA T-315，Roll 1108，p. 91

"保卢斯以高尚的姿态⋯⋯"，冯·塞德利茨，p. 203

"现在你有指挥⋯⋯"，出处同前

11 时 15 分，保卢斯向下属各，*Onslaught*，p. 187

"由于收到了⋯⋯"，冯·塞德利茨，p. 205-6；另见 *Onslaught*，p. 186-8

"陆军总司令部要求⋯⋯"，出处同前，p. 208

"每一个军人要面对的最困难⋯⋯"，Haller, *Lieutenant General Karl Strecker*，p. 96

"如果陆军总司令部不能⋯⋯"，冯·塞德利茨，p. 210

战力构成，步兵第 138 师，"Combat Report No. 201"，TsAMO，p. 189

步兵第 138 师的伤亡，出处同前

第 305 和 389 步兵师的伤亡，第 6 集团军，NARA T-312，Roll 1507，p. 512

贝纳德中尉和他率领的补充人员，第 294 步兵师，NARA T-315，Roll 1941，p. 1108

"'重新编组'的命令⋯⋯"，雷滕迈尔日记，1942 年 11 月 25 日

"敌人并不活跃⋯⋯"，步兵第 138 师战斗日志，TsAMO，p. 36

"我团用机枪射击⋯⋯"，步兵第 650 团战斗日志，TsAMO，p. 38

歼灭约 50 名德军士兵，步兵第 138 师，"Combat Report No. 202"，TsAMO，p. 190

3 死 12 伤，第 6 集团军，NARA T-312，Roll 1507，p. 553

炮兵火力摧毁，步兵第 138 师，"Combat Report No. 202"，TsAMO，p. 190

战力组成，出处同前

步兵第 95 师的小规模突击队，第 62 集团军战斗日志，TsAMO，p.278

步兵第 95 师各部的损失，步兵第 95 师，"Combat Report No. 66"，TsAMO，p. 235

步兵第 138 师的伤亡，步兵第 138 师，"Combat Report No. 202"，TsAMO，p. 190

第 305 和 389 步兵师的伤亡，第 6 集团军，NARA T-312，Roll 1507，p. 553

"第 305 步兵师应将⋯⋯"，"第 119 号军长令"，第 79 步兵师，NARA T-315，Roll 1108，p. 95-6

"在火炮厂一带每天实施的⋯⋯"，林登的专题文章，p. 15-16

"快到 11 月底的时候⋯⋯"，勒夫勒致 Ell 夫人的战地信件，1943 年 4 月 12 日

第 305 工兵营的重组，第 79 步兵师，NARA T-315，Roll 1109，p. 84

第 50、294 和 336 工兵营的战斗力量，出处同前

"我们被分配到"，普希亚沃的战地信件

各掷弹兵团的变化，出处同前

"在 11 月 25 日晚上⋯⋯"，Wiesen，p. 108-9

第 305 工兵营接到的第一个任务，第 79 步兵师，NARA T-315，Roll 1108，p. 699-700

劳工将来自多个，出处同前，p. 700

第七章

"今天早上前线⋯⋯"，雷滕迈尔日记，1942 年 11 月 26 日

德军射击，步兵第 138 师，"Combat Report No. 203"，TsAMO，p. 191

朝水泵投掷了手榴弹，步兵第 650 团战斗日志，TsAMO，p. 38

德军架了 3 门迫击炮，出处同前

"命令：你团应组织……"，出处同前

"在 10 时左右……"，雷滕迈尔日记，1942 年 11 月 26 日

"敌人继续构……"，步兵第 138 师战斗日志，TsAMO，p. 36

"上级指示我们……"，雷滕迈尔日记，1942 年 11 月 26 日

"我集团军由于友邻地段……"，"第 120 号军长令"，第 79 步兵师，NARA T-315，Roll 1108，p. 99

"在这次战斗中……"，出处同前

"目前，我们无法照顾……"，出处同前，p. 101

"在 19 时，罗明格尔中尉……"，雷滕迈尔日记，1942 年 11 月 26 日

第 305 步兵师的战斗力量，第 6 集团军，NARA T-312，Roll 1508，p. 293

第 389 步兵师的战斗力量，出处同前

有 508 人，步兵第 138 师，"Combat Report No. 203"，TsAMO，p. 191

第 305 步兵师的伤亡，第 6 集团军，NARA T-312，Roll 1507，p. 493

"现在是 5 时……"，雷滕迈尔日记，1942 年 11 月 27 日

共 有 119 架 次 降 落，"Tabelle über Stärke, Verluste und Luftversorgung der 6. Armee in Stalingradvom 20.11.1942 bis 3.2.1943"，收 录 于 Kehrig, *Stalingrad:Analyse und Dokumentation einer Schlacht*，p. 670

截至 12 月 9 日，出处同前

步兵第 138 师地段的活动，步兵第 138 师，"Combat Report No. 204"，TsAMO，p. 192；以及步兵第 650 团战斗日志，TsAMO，p. 39

一架德军的容 -88 式飞机飞越，步兵第 138 师，"Combat Report No. 204"，TsAMO，p. 192

步兵第 138 师的兵力和装备，出处同前

"晚饭时（我们把……"，雷滕迈尔日记，1942 年 11 月 27 日

"在 11 月 22 日，我们……"，卢兹给克尼特尔夫人的战地信件，1943 年 3 月 4 日

"现在我已经记不清……"，克劳斯，p. 9-10

步兵第 138 师的伤亡，步兵第 138 师，"Combat Report No. 204"，TsAMO，p. 192

第 305 步兵师的伤亡，第 6 集团军，NARA T-312，Roll 1507，p. 532

授勋仪式，步兵第 650 团战斗日志，TsAMO，p. 40

"在我师前线……"，步兵第 138 师，"Combat Report No. 205"，TsAMO，p. 193

"敌人仍守在……"，步兵第 650 团战斗日志，TsAMO，p. 39

"在火炮厂以东……"，第 6 集团军，NARA T-312，Roll 1507，p. 293

该师的前沿阵地，步兵第 138 师，"Combat Report No. 205"，TsAMO，p. 193

"在猛烈炮火掩护下通过小……"，出处同前

"在中午，临近……"，雷滕迈尔日记，1942 年 11 月 28 日

"在伏尔加河对岸……"，第 79 步兵师，NARA T-315，Roll 1108，p. 1093

"现在我们的敌人……"，雷滕迈尔日记，1942 年 11 月 28 日

"斯大林格勒及周边……"，第 79 步兵师，NARA T-315，Roll 1107，p. 950

第 51 军发放的每日口粮配额，第 79 步兵师，NARA T-315，Roll 1108，p. 97

"因为陆军总司令部采取……"，出处同前，p. 115-16

"弹药只能被用来……"，出处同前

"敌人继续用小型武器……"，步兵第 138 师战斗日志，TsAMO，p. 36

"在夜里，俄国人……"，雷滕迈尔日记，1942 年 11 月 28 日

第 305 和 389 步兵师的伤亡，第 6 集团军，NARA T-312，Roll 1507，p. 440

"德军还是日夜不停地……"，步兵第 138 师战斗日志，TsAMO，p. 37

"伏尔加河上出现大……"，出处同前

苏军的炮弹落点过近，出处同前

步兵第 650 团地段的活动，步兵第 650 团战斗日志，TsAMO，p. 40

"对我们来说，今天……"，雷滕迈尔日记，1942 年 11 月 29 日

"被包围后，我们的士气……"，施泰格，阿格内斯·莫斯曼的采访，2005 年 1 月 14 日

"在小变电站一带……"，步兵第 138 师战斗日志，TsAMO，p. 37

提供船员的独立舟桥第 107 营，Plekhov, Khvatov & Zakharov，同前，p. 212

"红旗步兵第 138 师……"，出处同前，p. 213

步兵第 650 团地段的活动，步兵第 650 团战斗日志，TsAMO，p. 40

"再过四个星期左右……"，雷滕迈尔日记，1942 年 11 月 30 日

第 305 步兵师的伤亡，第 6 集团军，NARA T-312，Roll 1507，p. 408

"午夜时分，苏军观察员……"，步兵第 138 师战斗日志，TsAMO，p. 37

"派一个由中级指挥员……"，步兵第 650 团战斗日志，TsAMO，p. 41

"敌人继续用机枪和……"，步兵第 138 师战斗日志，TsAMO，p. 37

"在我团防线前面……"，步兵第 650 团战斗日志，TsAMO，p. 41

"上级向所有人宣读……"，雷滕迈尔日记，1942 年 12 月 1 日

"争夺斯大林格勒的战斗……"，1942 年 11 月 27 日，第 6 集团军，NARA T-312，Roll 1508，p. 241

"集团军被包围了。这……"，出处同前，p. 242

"据说司令部还收……"，雷滕迈尔日记，1942 年 12 月 1 日

"对我们来说，这个夜晚……"，出处同前

第 305 步兵师的伤亡，第 6 集团军，NARA T-312，Roll 1507，p. 1001

利泽克视察 79 号楼，雷滕迈尔日记，1942 年 12 月 2 日

"将第 44 步兵师的突击连……"，第 79 步兵师，NARA T-315，Roll 1108，p. 136

"在 11 月 26 日的实力报告……"，第 6 集团军，NARA T-312，Roll 1508，p. 293

"经过斯大林格勒城内的 ……"，Schimak, Lamprecht & Dettmer, *Die 44. Infanterie-Division – Tagebuch der Hoch-und Deutschmeister*, p. 229

"二级铁十字勋章……"，"E. K. 2. K1. Verleihungsliste Sturmkp. 44 .I .D."，BA-ZNS，RH7A/885，p. 264

"金德勒被授予一级铁十字勋章……"，"E. K. 2. K1. Verleihungsliste Sturmkp. 44 .I .D."，出处同前，p. 274

米罗什尼琴科的故事，步兵第 650 团战斗日志，TsAMO，p. 42

"德军继续加强工事……"，步兵第 138 师战斗日志，TsAMO，p. 38

"消灭可观察到的敌军目标……"，步兵第 650 团战斗日志，TsAMO，p. 41

"我团前沿的敌军地面……"，出处同前

"在 21 时，两个……"，雷滕迈尔日记，1942 年 12 月 2 日

第 305 步兵师的伤亡，第 6 集团军，NARA T-312，Roll 1507，p. 983

"下发了第 090 号命令……"，步兵第 650 团战斗日志，TsAMO，p. 42

"这几天，在早晨……"，雷滕迈尔日记，1942 年 12 月 3 日

"10 时 30 分，步兵第 138 师左……"，步兵第 138 师战斗日志，TsAMO，p. 38

"步兵第 650 团的目标定得很大……"，步兵第 650 团战斗日志，TsAMO，p. 42

"什卡利纳的突击队……"，出处同前

"在我军突击队前进……"，出处同前

"11 时，在挫败苏军……"，出处同前

"为了执行集团军司令部……"，步兵第 95 师战斗日志，TsAMO，3.12.1942

步兵第 95 师各部的损失，步兵第 95 师，"Combat Report No. 82"，TsAMO，p. 274

卡尔梅科夫之死，第 62 集团军战斗日志，TsAMO，p.292；以及 http://www.soldat.ru/kom.html

杜纳耶夫斯基的负伤，http://www.soldat.ru/kom.html

布达林的生平细节，Geroi Sovetskogo Soyuza，T. 1, p. 211；http://www.omsk.edu.ru/schools/sch076/omsk_street/buciarin.htm；http://www.univer.omsk.su/omsk/City/heroes/budarin.htm

步兵第 138 师的伤亡，步兵第 138 师，"Combat Report No. 216"，TsAMO，p. 205

第 305 步兵师的伤亡，第 6 集团军，NARA T-312，Roll 1507，p. 968

"昨天晚上送饭的人……"，雷滕迈尔日记，1942 年 12 月 4 日

"伏尔加河河道封冻……"，步兵第 138 师战斗日志，TsAMO，p. 38

"把我们全收拾……"，梅列什科，迈克·琼斯的采访

步兵第 650 团地段的活动，步兵第 650 团战斗日志，TsAMO，p. 43

一辆中型坦克和一辆"小坦克"，出处同前

"柳德尼科夫命令内务人民委员部……"，步兵第 138 师战斗日志，TsAMO，p. 38

"在 12 月 5 日夜到 6 日晨……"，步兵第 650 团战斗日志，TsAMO，p. 43

"敌人今天又……"，雷滕迈尔日记，1942 年 12 月 4 日

步兵第 138 师的伤亡，步兵第 138 师，"Combat Report No. 221"，TsAMO，，p. 209

第 305 步兵师的伤亡，第 6 集团军，NARA T-312，Roll 1507，p. 951

120 名补充人员，步兵第 138 师战斗日志，TsAMO，p. 39

"斯大林格勒周围的包围圈……"，魏格纳，2003 年 1 月 18 日和 2003 年 2 月 9 日给作者的信

"敌军部队全天没……"，步兵第 650 团战斗日志，TsAMO，p. 43

"这一天，敌人显得……"，雷滕迈尔日记，1942 年 12 月 5 日

"我们在斯大林格勒打的……"，鲍赫施皮斯，1942 年 12 月 5 日的战地信件

"累计伤亡数字……"，第 6 集团军，NARA T-312，Roll 1507，p. 350

步兵第 138 师的伤亡，步兵第 138 师，"Combat Report No. 222"，TsAMO，p. 212

第 305 步兵师的伤亡，第 6 集团军，NARA T-312，Roll 1507，p. 929

"敌人继续用迫击炮……"，步兵第 138 师战斗日志，TsAMO，p. 39

"敌人今天没有实施……"，步兵第 650 团战斗日志，TsAMO，p. 43

"大雾弥漫……"，雷滕迈尔日记，1942 年 12 月 6 日

"敌迫击炮对我师各……"，步兵第 95 师战斗日志，TsAMO，6.12.1942

"给你们写下这些……"，黑林，1942 年 12 月 6 日的战地信件

"1942 年 8 月初……"，克莱因，阿格内斯·莫斯曼的报告和采访，2006 年 4 月和 2006 年 5 月 10 日

步兵第 138 师的伤亡，步兵第 138 师，"Combat Report No. 223"，TsAMO，p. 214

第 305 步兵师的伤亡，第 6 集团军，NARA T-312，Roll 1507，p. 913

"结了一层厚冰……"，步兵第 138 师战斗日志，TsAMO，p. 39

"扎伊采夫斯基岛上的浴室……"，柳德尼科夫，"There is a Cliff on the Volga"，收录于 *Two Hundred Days of Fire*，p.199

步兵第 138 师的伤亡，步兵第 138 师，"Combat Report No. 224"，TsAMO，p. 219

第 305 步兵师的伤亡，第 6 集团军，NARA T-312，Roll 1507，p. 900

"柳德尼科夫师的一艘摩托艇……"，步兵第 138 师战斗日志，TsAMO，p. 39

"诺维科夫的侦察队……"，出处同前

步兵第 650 团地段的活动，步兵第 650 团战斗日志，TsAMO，p. 45

"明天就是我的生日……"，雷滕迈尔，1942 年 12 月 8 日的战地信件

"大多数军官即使……"，施泰格，阿格内斯·莫斯曼的采访，2005 年 2 月 9 日

"我的身体还是很好……"，雷滕迈尔，1942 年 12 月 10 日的战地信件

步兵第 138 师的伤亡，步兵第 138 师，"Combat Report No. 225"，TsAMO，p. 222

第 305 步兵师的伤亡，第 6 集团军，NARA T-312，Roll 1507，p. 879

"在我生日这天……"，雷滕迈尔，1942 年 12 月 10 日的战地信件

"尊敬的雷滕迈尔先生……"，施瓦茨的信件，雷滕迈尔家族档案

"对美好未来的希望……"，菲辛格，1942 年 12 月 9 日的战地信件

"敌人并未由守转攻……"，步兵第 138 师战斗日志，TsAMO，p. 40

"今天一整天，敌人……"，步兵第 650 团战斗日志，TsAMO，p. 45

该团的实力，出处同前

步兵第 138 师的武器装备，步兵第 138 师，"Combat Report No. 226"，TsAMO，p. 223

从 18 时 30 分到 20 时，步兵第 138 师战斗日志，TsAMO，p. 40；以及步兵第 138 师炮兵，"Operational Report No. 100"，TsAMO，p. 6

柳德尼科夫颁发勋章，步兵第 138 师战斗日志，TsAMO，p. 40

步兵第 138 师的伤亡，步兵第 138 师，"Combat Report No. 226"，TsAMO，p. 223

第 305 步兵师的伤亡，第 6 集团军，NARA T-312，Roll 1507，p. 862

步兵第 650 团地段的活动，步兵第 650 团战斗日志，TsAMO，p. 46

纵火器，http://infvstanks.newmail.ru/zs/amp.html

9 时 20 分发生了一次，步兵第 138 师战斗日志，TsAMO，p. 40

从 11 时到 13 时，德军继续，出处同前，p. 41

"我的信也许……"，雷滕迈尔，1942 年 12 月 10 日的战地信件

"我很想知道……"，出处同前

"上校的妻子想要……"，雷滕迈尔，1942 年 12 月 12 日的战地信件

步兵第 138 师的伤亡，步兵第 138 师，"Combat Report No. 227"，TsAMO，p. 228

第 305 步兵师的伤亡，第 6 集团军，NARA T-312，Roll 1507，p. 848

几部雪橇在晚上，步兵第 138 师战斗日志，TsAMO，p. 41

崔可夫命令步兵第 138 师，出处同前

承担这个任务的是，第 62 集团军炮兵，"CombatOrder No. 100"，TsAMO，p. 106

黑林之死，黑林家族档案中的各种文件

步兵第 650 团地段的活动，步兵第 650 团战斗日志，TsAMO，p. 47

兵力的详细组成，出处同前

苏军观察员的报告，步兵第 138 师战斗日志，TsAMO，p. 41

"简单问候一下……"，雷滕迈尔，1942 年 12 月 11 日的战地信件

步兵第 138 师的伤亡，步兵第 138 师，"Combat Report No. 228"，TsAMO，p. 229

第 305 步兵师的伤亡，第 6 集团军，NARA T-312，Roll 1507，p. 829

富根菲罗夫的炮群，第 62 集团军炮兵，"Combat Order No. 100"，TsAMO，p. 106；以及步兵第 138 师战斗日志，TsAMO，p. 41

10 门 122 毫米榴弹炮，第 62 集团军炮兵，"Combat Order No. 100"，TsAMO，p. 106

"单靠步兵团的进攻，我们无……"，崔可夫，p. 237-8

"左翼分队（滚轴）……"，步兵第 138 师战斗日志，TsAMO，p. 42

"集团军炮兵投射的……"，步兵第 650 团战斗日志，TsAMO，p. 48

"没有什么新情况……"，雷滕迈尔，1942 年 12 月 12 日的战地信件

富根菲罗夫的大炮，第 62 集团军炮兵，"Combat Order No. 100"，TsAMO，p. 107

共发射炮弹 5760 发，出处同前

"对我们来说一切……"，特劳布，1942 年 12 月 12 日的战地信件

步兵第 138 师的伤亡，步兵第 138 师，"Combat Report No. 229"，TsAMO，p. 233

第 305 步兵师的伤亡，第 6 集团军，NARA T-312，Roll 1507，p. 806

把弹药和口粮运到，步兵第 138 师战斗日志，TsAMO，p. 42

从 6 时到 11 时，出处同前

"交火一整天都没……"，出处同前

"在这一天，敌人……"，步兵第 650 团战斗日志，TsAMO，p. 48-9

全团共有 101 人，出处同前

富根菲罗夫的炮兵重演，第 62 集团军炮兵，"Combat Order No. 100"，TsAMO，p. 107

步兵第 138 师的伤亡，步兵第 138 师，"Combat Report No. 230"，TsAMO，p. 237

第 305 步兵师的伤亡，第 6 集团军，NARA T-312，Roll 1507，p. 795

保卢斯视察，"Frontfahrt des Oberbefehlshaber am 14.12.1942"，第 6 集团军，NARA T-312，Roll 1508，p. 1123

此外，该师开办的下级，出处同前

"这里的压力非……"，雷滕迈尔，1942 年 12 月 14 日的战地信件

苏军运送补给，步兵第 650 团战斗日志，TsAMO，p. 49

一个穿着红军制服的德国人，出处同前

"经过三天战斗……"，步兵第 138 师战斗日志，TsAMO，p. 42-3

科利亚金大尉，出处同前，p. 43

共计 222 人，出处同前

"在 12 月，斯大林格……"，德沃里亚尼诺夫，1972 年 11 月 20 日的报告，p. 8-10

步兵第 138 师的伤亡，步兵第 138 师，"Combat Report No. 231"，TsAMO，p. 239

第 305 步兵师的伤亡，第 6 集团军，NARA T-312，Roll 1507，p. 783

从前一天夜里 21 时，步兵第 138 师战斗日志，TsAMO，p. 43

按照第 62 集团军的计划，第 62 集团军炮兵，"Combat Order No. 100"，TsAMO，p. 106-8

集中了强大的火炮，第 62 集团军炮兵，出处同前，p. 110

炮击时间表，出处同前

"我们猛轰了第一个……"，德沃里亚尼诺夫，p. 10-11

看见科诺瓦连科的突击队，步兵第 344 团，"Combat Report No. 108"，TsAMO，p. 92

波格列布尼亚克、多姆拉切娃和索科洛夫的突击队，出处同前

取得意义不大的战果，出处同前；以及步兵第 138 师，"Combat Report No. 232"，TsAMO，p. 246

"我团全天共……"，步兵第 344 团，"Combat Report No. 108"，TsAMO，p. 92

2 名军官和 5 名士兵死亡，出处同前

步兵第 1 营在 12 时，步兵第 650 团战斗日志，TsAMO，p. 50

步兵第 2 营甚至，出处同前

"尽管只夺回了这么……"，柳德尼科夫，"There is a Cliff on the Volga"，收录于 *Two Hundred Days of Fire*，p.199

步兵第 650 团的伤亡是 60 人，步兵第 650 团战斗日志，TsAMO，p. 50

"增援人员没有做……"，出处同前

戈里什内上校的步兵第 95 师奉命，第 62 集团军战斗日志，TsAMO，p.312

"为执行第 221 号命令……"，步兵第 95 师，"Combat Report No. 106"，TsAMO，p. 329

"在储油罐附近步兵……"，出处同前

"抓获 5 名俘虏……"，第 62 集团军战斗日志，TsAMO，p.312

"我请求拨一个连的……"，步兵第 95 师，"Combat Report No. 106"，TsAMO，p. 329

"从工厂东侧边缘到……"，出处同前

"我们注意到，在储……"，第 62 集团军战斗日志，"Enemy activity along the front of 62nd Army for the period from 11.12. to 20.12.42"，TsAMO，p. 319

步兵第 344 团对 38 号房，步兵第 344 团，"Combat Report No. 108"，TsAMO，p. 92

消灭了 100 多名德军，步兵第 138 师战斗日志，TsAMO，p. 44

"敌人在火炮厂东南方……"，第 6 集团军，NARA T-312，Roll 1507，p. 776

步兵第 138 师的伤亡，步兵第 138 师，"Combat Report No. 232"，TsAMO，p. 246

第 305 步兵师的伤亡，第 6 集团军，NARA T-312，Roll 1507，p. 774

步兵第 241 团地段的活动，步兵第 95 师，"Combat Report No. 108"，TsAMO，p. 336

在 9 时 50 分，苏军观察员发现，出处同前

步兵第 90 团地段的活动，出处同前

步兵第 95 师的损失，出处同前

步兵第 650 团地段的活动，步兵第 650 团战斗日志，TsAMO，p. 50-51

2 门 82 毫米炮弹只剩，出处同前

步兵第 344 团的 15 人突击队，步兵第 344 团，"Combat Report No. 110"，TsAMO，p. 93

一队 12~15 人的德军，出处同前

他们使用来自未完工楼房，步兵第 650 团战斗日志，TsAMO，p. 50

4 死 21 伤，步兵第 138 师，"Combat Report No. 233"，TsAMO，p. 252

"敌人在强大炮兵支援下……"，第 6 集团军，NARA T-312，Roll1507，p. 774

75 号楼里的一个德军机枪手，步兵第 344 团，"Combat Report No. 111"，TsAMO，p. 94

步兵第 138 师的伤亡，步兵第 138 师，"Combat Report No. 233"，TsAMO，p. 252

第 305 步兵师的伤亡，第 6 集团军，NARA T-312，Roll 1507，p. 763

并且用这些雪橇运回伤员，步兵第 138 师战斗日志，TsAMO，p. 45

该部当晚为了拉直，第 6 集团军，NARA T-312，Roll 1507，p. 762

"在 12 月 16 日夜到 17 日晨……"，步兵第 95 师，"Combat Report No. 110"，TsAMO，p. 344

"在 12 时，步兵……"，出处同前

步兵第 650 团地段的活动，步兵第 650 团战斗日志，TsAMO，p. 51

苏军观察员报告，步兵第 138 师战斗日志，TsAMO，p. 45

佩钦纽克的步兵第 1 营，步兵第 650 团战斗日志，TsAMO，p. 51

魏策尔之死，http://www.volksbund.de/graebersuche/content_suche.asp；以及 "E. K. 2. Kl. Verleihungsliste Nr. 16"，BA-ZNS，RH7A/885，p. 248

"下午除了敌人对……"，第 6 集团军，NARA T-312，Roll 1508，p. 196

"我们使用吊车……"，德沃里亚尼诺夫，p. 11

"那门火炮编号为 14042……"，出处同前，p. 12

步兵第 138 师的伤亡，步兵第 138 师，"Combat Report No. 234"，TsAMO，p. 254

第 305 步兵师的伤亡，第 6 集团军，NARA T-312，Roll 1508，p. 187

"1942 年 12 月 17 日 22 时 10 分……"，步兵第 95 师，"Combat Report No. 110"，TsAMO，p. 344

361 名援兵，步兵第 138 师战斗日志，TsAMO，p. 45

"从 6 时到 13 时……"，出处同前

"因为狙击手活动……"，施泰格，阿格内斯·莫斯曼的采访，2005 年 1 月 14 日

"几天前……"，特劳布，1942 年 12 月 22 日的战地信件

"你师应攻占……"，步兵第 138 师战斗日志，TsAMO，p. 46

"我们决定改变……"，柳德尼科夫，"There is a Cliff on the Volga"，收录于 *Two Hundred Days of Fire*，p. 199

"每个团都配备了……"，出处同前，p. 199-200

"来吧，伊万……"，Glukhovsky，p. 65

"柳德尼科夫起草了战斗……"，出处同前，p. 66

"严格遵守伪装……"，出处同前

男扮女装的德国人，步兵第 138 师战斗日志，TsAMO，p. 45

步兵第 650 团地段的活动，步兵第 650 团战斗日志，TsAMO，p. 52

炮火击中了佩钦纽克的指挥所，出处同前

28 名轻伤员，步兵第 138 师战斗日志，TsAMO，p. 45

"在 12 月，各连已经……"，茨伦纳

"在储油设施区……"，第 6 集团军，NARA T-312，Roll 1508，p. 185

"为了夺回储油设施区……"，出处同前，p. 172

莱纳的故事，由迪特尔·舍费尔编纂，2005 年 7 月 21 日

步兵第 138 师的伤亡，步兵第 138 师，"Combat Report No. 235"，TsAMO，p. 260

第 305 步兵师的伤亡，第 6 集团军，NARA T-312，Roll 1508，p. 170

佩图霍夫和格里戈利耶夫的故事，Glukhovsky，p. 61-2

这个"舌头"是海因里希·赫斯，出处同前，p. 54

在 11 时这个相对，步兵第 138 师战斗日志，TsAMO，p. 46

丘尔科夫和柳京的两支突击队，Glukhovsky，p. 70

在这次战斗中率先，步兵第 138 师战斗日志，TsAMO，p. 47；步兵第 650 团战斗日志，TsAMO，p. 53

苏军攻击部队迅速封锁，步兵第 138 师，"Combat Report No. 236"，TsAMO，p. 262

与柳德尼科夫对进攻作战，Glukhovsky，p. 70

斯文奇科夫斯基大尉，步兵第 650 团战斗日志，TsAMO，p. 53

格拉斯金同志，出处同前

克拉申中尉，出处同前

步兵第 650 团记录的德军损失，出处同前

击毙 64 名德军，步兵第 138 师，"Combat Report No. 236"，TsAMO，p. 262

"在第 305 步兵师右翼……"，第 6 集团军，NARA T-312，Roll 1508，p. 156

发生了拼手榴弹的战斗，步兵第 95 师，"Combat Report No. 113"，TsAMO，p. 353

在 11 时，戈里什内师百折不挠的突击队，步兵第 95 师，"Situation Report No. 123"，TsAMO，p. 352

动用了 17 具纵火器，步兵第 95 师，"Combat Report No. 115"，TsAMO，p. 354

工兵发现德军尸体，出处同前

两人被俘，第 62 集团军战斗日志，TsAMO，p. 326

"德国军官还掠夺……"，'Extraordinary State Commission to Investigate German-Fascist Crimes Committed on Soviet Territory from the USSR'，十月革命档案馆藏 [手稿 RG-22.002M]，USHMM Reel 10，Stalingrad Oblast

"敌人下午在储油设施……"，第 6 集团军，NARA T-312，Roll 1508，p. 154

苏军步兵注意到，步兵第 95 师，"Combat Report No. 115"，TsAMO，p. 354

柳德尼科夫走访科诺瓦连科的指挥所，Glukhovsky，p. 69

柳德尼科夫与丘尔科夫和柳京见面，出处同前，p. 70-1

"俄国人继续不断地……"，雷滕迈尔，1942 年 12 月 19 日的战地信件

"被包围后，我们注意……"，雷滕迈尔，*Alte Kameraden* 2/1954，p. 3-4

古斯塔夫·瓦格纳的车床，出处同前，p. 4

三发红色信号弹，步兵第 138 师战斗日志，TsAMO，p. 47

步兵第 138 师的伤亡，步兵第 138 师，"Combat Report No. 236"，TsAMO，p. 262

第 305 步兵师的伤亡，第 6 集团军，NARA T-312，Roll 1508，p. 152

步兵第 650 团打退四次反击，步兵第 138 师，"Combat Report No. 237"，TsAMO，p. 264

携带炸药包的工兵，步兵第 650 团战斗日志，TsAMO，p. 53

从 2 时到 16 时，出处同前

步兵第 650 团的损失，出处同前

在其他地段，步兵第 138 师战斗日志，TsAMO，p. 47

"从17时30分开始，敌军……"，第6集团军，NARA T-312，Roll 1508，p. 143

对德军防御的描述，步兵第138师，"Summary Report of the operations of 138th Red Banner Rifle Division for the period from 21 December to 23 December 1942"，TsAMO，p. 277-80

步兵第344团接到的任务，步兵第138师，"Combat Order No. 094"，TsAMO，p. 257

步兵第650团的任务，出处同前

古尼亚加的步兵第768团，出处同前

"向波罗的海沿岸街方向发动奇袭……"，步兵第344团，"Combat Order 18.12.1942"，TsAMO，p. 30-31

"步兵第1营……"，出处同前

"a. 突击组配备30人……"，出处同前

"我命令……"，步兵第650团战斗日志，TsAMO，p. 54

"第1突击组应……"，出处同前，p. 55

79名援兵，步兵第138师战斗日志，TsAMO，p. 47

步兵第95师的预备作战，步兵第95师，"Combat Report No. 115"，TsAMO，p. 354

战场遗尸超过60具，步兵第95师，"Combat Report No. 117"，TsAMO，p. 362

步兵第138师的伤亡，步兵第138师，"Combat Report No. 237"，TsAMO，p. 264

第305步兵师的伤亡，第6集团军，NARA T-312，Roll 1508，p. 140

第八章

德军的机枪和迫击炮，步兵第138师，"Combat Report No. 238"，TsAMO，p. 267

进攻前的柳德尼科夫，Glukhovsky，p. 71-2

科诺瓦连科的突击队的行动，出处同前，p. 72-3；以及步兵第138师，"Combat Report No. 238"，TsAMO，p. 267

"我还没看见……"，Glukhovsky，p. 73

"从3时开始，敌人……"，第6集团军，NARA T-312，Roll 1508，p. 140

德军部队从14/15号车间，步兵第138师，"Combat Report No. 238"，TsAMO，p. 267

佩钦纽克的突击队的行动，步兵第650团战斗日志，TsAMO，p. 54-5

"我们团在12月开始接收增援……"，戈尔巴坚科，p. 8-9

"他们消灭了80多……"，步兵第138师，"Situation Report No. 252"，TsAMO，p. 268

缴获的战利品，出处同前

步兵第768团的行动，出处同前

步兵第768团的伤亡，步兵第768团，"Combat Report 21.12.1942"，TsAMO，p. 119

步兵第241、90和161团的行动，步兵第95师，"Combat Report No. 117"，TsAMO，p. 362

截至10时00分，迫击炮、纵火器，出处同前

"从凌晨开始……"，第6集团军，NARA T-312，Roll 1508，p. 135

"通过调用当地最后……"，出处同前，p. 137

"在12月21日，敌人……"，出处同前，p. 132

"敌人在下午反复……"，出处同前，p. 134

苏军统计的德军损失，步兵第138师，"Combat Report No. 238"，TsAMO，p. 267

"12月21日。从3时……"，崔可夫，p. 238

步兵第95师缴获的装备，步兵第95师，"Combat Report No. 117"，TsAMO，p. 362

步兵第138的伤亡，步兵第138师，"Combat Report No. 252"，TsAMO，p. 268

第305和389步兵师的伤亡，第6集团军，NARA T-312，Roll 1508，p. 130

22 时 30 分，步兵第 344 团的几个突击组，步兵第 138 师战斗日志，TsAMO，p. 49；以及步兵第 138 师，"Combat Report No. 239"，TsAMO，p. 270

贝尔贝什金的行动，Glukhovsky，p. 73

德军反击，出处同前；以及步兵第 138 师战斗日志，TsAMO，p. 49

步兵第 650 团地段的战斗，步兵第 650 团战斗日志，TsAMO，p. 56

"敌人在夜间继续……"，第 6 集团军，NARA T-312, Roll 1508, p. 130

步兵第 95 师地段的战斗，步兵第 95 师，"Combat Report No. 119"，TsAMO，p. 363

步兵第 241 团的 9 个突击队，出处同前

第 305 工兵营第 2 连的反击，米勒给格林的战地信件，1943 年 6 月 21 日

步兵第 90 团的一些小队，步兵第 95 师，"Combat Report No. 119"，TsAMO，p. 363

韦托什金的故事，Glukhovsky，p. 80-1

当丘尔科夫中尉带领，出处同前

"'柳德尼科夫岛'的 40 天……"，克雷洛夫，p. 366

"这里很残酷……"，施密特，战地信件

步兵第 768 团的战斗，步兵第 768 团，"Combat Report 22.12.1942"，TsAMO，p. 121

波纳马廖夫的故事，出处同前

步兵第 768 团的伤亡和武器，出处同前

"在夜间和早上，敌人反复……"，第 6 集团军，NARA T-312, Roll 1508, p. 125

"在第 305 步兵师附近……"，出处同前，p. 124

"在 83 号楼，一个房间……"，雷滕迈尔，*Alte Kameraden* 1/1954, p. 3

米勒的负伤，米勒给格林的战地信件，1943 年 6 月 21 日

"令人伤心的是，过去……"，特劳布，1942 年 12 月 27 日的战地信件

据策勒回忆，洪布格尔，策勒，阿格内斯·莫斯曼的采访，2005 年 1 月 16 日和 2005 年 2 月 6 日

"在 12 月 21 日，我……"，菲辛格，1942 年 12 月 23 日的战地信件

第 305 工兵营的伤员，格林家族档案，"Vorschlagsliste für EK II für Männer, die nach dem 20.11.42 noch im Kessel waren"，7.9.1943

"在战斗中，纵火器排……"，步兵第 95 师，"Combat Report No. 119"，TsAMO，p. 363

"部队经过短兵相接的战斗……"，第 62 集团军战斗日志，TsAMO，p. 327

"经过持续近 9 个小时的……"，步兵第 95 师，"Combat Report No. 121"，TsAMO，p. 370

步兵第 95 师估计的德军损失，出处同前

"在 17 时，多达……"，出处同前

弗里茨被枪杀或砸死，策勒给格林的信件，1949 年 9 月 30 日

"12 月 22 日 17：30……"，步兵第 95 师，"Combat Report No. 121"，TsAMO，p. 370

步兵第 344 团的突击组冲进 37 号房，步兵第 138 师，"Combat Report No. 240"，TsAMO，p. 276

步兵第 138 师宣称的德军损失和缴获，步兵第 138 师，"Combat Report No. 239"，TsAMO，p. 270

步兵第 138 师的伤亡，出处同前

第 305 步兵师的伤亡，第 6 集团军，NARA T-312, Roll 1508, p. 122

"从 2 时开始，敌人……"，第 6 集团军，出处同前

"敌人从 60 号房……"，步兵第 138 师，"Combat Report No. 240"，TsAMO，p. 276

"用来增援的年轻人……"，雷滕迈尔，*Alte Kameraden* 1/1954, p. 3

德军埋下了延时起爆的炸弹，步兵第 650 团战斗日志，TsAMO，p. 68

"敌人继续进攻……"，第 6 集团军，NARA T-312, Roll 1508, p. 116

"因为步兵的……"，罗姆巴赫，*Erlebnisse eines Deutschen Soldaten im Zweiten Weltkrieg*，p. 10

步兵第 344 团和 650 团对德军阵地进行试探性进攻，步兵第 138 师，"Combat Report No. 240"，TsAMO，p. 276

苏军发现有 30 名德军，步兵第 138 师战斗日志，TsAMO，p. 49-50

损失是 31 死，步兵第 138 师，"Combat Report No. 240"，TsAMO，p. 276

步兵第 650 团的部署如下，步兵第 650 团战斗日志，TsAMO，p. 56-7

"转换为新的……"，步兵第 138 师，"Combat Report No. 241"，TsAMO，p. 281

俘虏的德军与缴获，步兵第 138 师，"Combat Report No. 240"，TsAMO，p. 276

步兵第 344 团仅占领了两座楼房，步兵第 138 师，"Special summary report"，TsAMO，p. 277

"柳德尼科夫师继……"，崔可夫，p. 238-9；以及第 62 集团军战斗日志，TsAMO，p. 328

戈里什内师的行动，步兵第 95 师，"Combat Report No. 121"，TsAMO，p. 370

"在火炮厂以东，敌人自……"，第 6 集团军，NARA T-312，Roll 1508，p. 114

"在我师当面……"，步兵第 138 师，"Special summary report"，TsAMO，p. 277

"在第 305 师的防区里……"，施泰因梅茨笔记，p. 6

步兵第 138 师的伤亡，步兵第 138 师，"Combat Report No. 240"，TsAMO，p. 276

第 305 步兵师的伤亡，第 6 集团军，NARA T-312，Roll 1508，p. 112

夜间活动，步兵第 138 师战斗日志，TsAMO，p. 50

步兵第 650 团地段的活动，步兵第 650 团战斗日志，TsAMO，p. 57-8

西利琴科之死，步兵第 138 师，"Combat Report No. 257"，TsAMO，p. 283

步兵第 90 团地段的活动，步兵第 95 师，"Combat Report No. 123"，TsAMO，p. 373

步兵第 95 师的损失，出处同前

"在我师当面，敌人继……"，步兵第 138 师，"Combat Report No. 241"，TsAMO，p. 281

"重点夺取目标……"，步兵第 138 师战斗日志，TsAMO，p. 50

在步兵第 1 营发起，步兵第 650 团战斗日志，TsAMO，p. 57-8

"在火炮厂以东……"，第 6 集团军，NARA T-312，Roll 1508，p. 106

"鉴于我军在当前……"，雷滕迈尔，*Alte Kameraden* 1/1954，p. 3

"托波尔科夫突击队占领……"，步兵第 650 团战斗日志，TsAMO，p. 58

步兵第 650 团的实力，出处同前，p, 57

第 305 工兵营的伤员，格林家族档案，"Vorschlagsliste für EK II für Männer, die nach dem 20.11.42 noch im Kessel waren"，7.9.1943

"那是 1942 年的平安夜……"，巴赫曼，"Die Gräber am Mamaihügel"，Hessischer Rundfunk，22.1.1993

"今天，在这圣诞节前……"，许斯尔鲍尔，1942 年 12 月 24 日的战地信件

"我们的圣诞节完全……"，雷滕迈尔，1942 年 12 月 27 日的战地信件

"今天是圣诞节……"，鲍赫施皮斯，1942 年 12 月 25 日的战地信件

"我请了我们的军医……"，特劳布，1942 年 12 月 25 日的战地信件

"在节日前几天我走访……"，施泰因梅茨笔记，p. 8

"一直到最后都有杜松子酒……"，朱利尼，*Stalingrad und mein zweites Leben*，p. 14

"很多冻得硬邦邦的……"，舍普夫报告，p. 2

"在 '红色街垒' 厂一带长……"，施勒特尔，*Stalingrad*，p. 166

步兵第 138 师的伤亡，步兵第 138 师，"Combat Report No. 241"，TsAMO，p. 281

第 305 步兵师的伤亡，第 6 集团军，NARA T-312，Roll 1508，p. 104

"2 时在火炮厂以东……"，第 6 集团军，NARA T-312，Roll 1508，p. 104

"在 1 时，步兵……"，步兵第 95 师，"Combat Report No. 125"，TsAMO，p. 380

步兵第 95 师的缴获和损失，出处同前

缴获了一辆被打坏的德国坦克，步兵第 138 师，"Situation Report No. 259"，TsAMO，p. 285

"火炮厂以东的敌人没有……"，第 6 集团军，NARA T-312，Roll 1507，p. 1277

炮兵第 295 团的行动，炮兵第 295 团，"Combat Report 25.12.1942"，TsAMO，p. 189

120 毫米迫击炮，步兵第 138 师炮兵，"Situation Report No. 115"，TsAMO，p. 37

德军的六管火箭炮，步兵第 138 师，"Combat Report No. 242"，TsAMO，p. 287

大炮和 120 毫米迫击炮还，出处同前

"敌情：第 305 步兵师的残部"，步兵第 138 师，"Combat Order No. 096"，TsAMO

"我军各部必须……"，出处同前

"我们依靠施瓦本人特有……"，雷滕迈尔，*Alte Kameraden* 1/1954，p. 3

"敌人在 Π 形房负隅……"，步兵第 650 团战斗日志，TsAMO，p. 58

步兵第 650 团的实力，出处同前，p. 59

"敌人在 Π 形房中负隅顽抗……"，出处同前

"步兵第 138 和 95 师……"，第 62 集团军战斗日志，TsAMO，p. 332

步兵第 90 团的一支突击队，步兵第 95 师，"Combat Report No. 127"，TsAMO，p. 381

戈特瓦尔德之死，第 50 装甲工兵营第 1 连，DD/WASt，"Pz. Pi. Btl. 50 Namentliche Verlustmeldung Nr. 9"，12.6.1944；以及伤亡登记卡，NARA T-78，Roll 959

埃门德费尔病倒，Hauck，*Die 305, Infanterie-Division*，p. 74

"在下午，我拜访了……"，肯普特，1942 年 12 月 25 日的战地信件

"我不得不马上赶……"，特劳布，1942 年 12 月 25 日的战地信件

步兵第 768 团发起进攻，步兵第 138 师，"Combat Report No. 243"，TsAMO，p. 290

步兵第 138 师的伤亡，步兵第 138 师，"Combat Report No. 242"，TsAMO，p. 287

第 305 步兵师的伤亡，第 6 集团军，NARA T-312，Roll 1508，p. 94

步兵第 161 团左翼遭到，步兵第 95 师，"Combat Report No. 127"，TsAMO，p. 381

步兵第 344 和 650 团地段的战斗，步兵第 138 师，"Combat Report No. 243"，TsAMO，p. 290

4 门 76 毫米炮，步兵第 138 师炮兵，"Situation Report No. 115"，TsAMO，p. 39

"我军用步机枪与躲在……"，步兵第 138 师战斗日志，TsAMO，p. 50

"消灭了两名敌……"，步兵第 650 团战斗日志，TsAMO，p. 60

步兵第 138 师的兵力和兵器，步兵第 138 师，"Combat Report No. 243"，TsAMO，p. 290

步兵第 161 团 3 人被己方迫击炮误伤，步兵第 95 师，"Combat Report No. 127"，TsAMO，p. 381

"火炮厂以东无战事……"，第 6 集团军，NARA T-312，Roll 1508，p. 88

布莱姆施密特负伤，格林家族档案，"Vorschlagsliste für EK II für Männer, die nach dem 20.11.42 noch im Kessel waren"，7.9.1943

步兵第 138 师的伤亡，步兵第 138 师，"Combat Report No. 243"，TsAMO，p. 290

第 305 步兵师的伤亡，第 6 集团军，NARA T-312，Roll 1508，p. 76

"整个晚上，敌人……"，步兵第 650 团战斗日志，TsAMO，p. 60

步兵第 344 和 650 团地段的战斗，步兵第 138 师，"Combat Report No. 244"，TsAMO，p. 292

苏军的一些侦察小组，出处同前

政委楼受到炮击，炮兵第 295 团，"Combat Report 27.12.1942"，TsAMO，p. 19

比克曼之死，伤亡登记卡，NARA T-78，Roll 951

政委楼遭到攻击，步兵第 650 团战斗日志，TsAMO，p. 60

"13 时 05 分，敌人经过……"，第 6 集团军，NARA T-312，Roll 1508，p. 73

3 架德国 Ju 52 运输机，步兵第 138 师，"Combat Report No. 244"，TsAMO，p. 292

两个装了 600 公斤炸药的油桶，出处同前

"敌人对第 305 步兵师……"，第 6 集团军，NARA T-312，Roll 1508，p. 69

步兵第 95 师地段的战斗，步兵第 95 师，"Combat Report No. 129"，TsAMO，p. 388

狙击手瓦拉帕耶夫击毙，出处同前

"我师各部现在已经有一些狙击手……"，步兵第 95 师，"Special Report"，TsAMO，p. 394 & 398

[表格] 步兵第 95 师的狙击手，出处同前

"现在已经采取措施……"，出处同前

博芬格之死，伤亡登记卡，NARA T-78，Roll 952；以及"E. K. 2. K1. Verleihungsliste Nr. 17". BA-ZNS，RH7A/885，p. 223

"今天你们应该……"，齐施，1942 年 12 月 27 日的战地信件

"害虫把我们折磨……"，雷滕迈尔，1942 年 12 月 27 日的战地信件

"个人卫生问题……"，雷滕迈尔，*Alte Kameraden* 1/1954，p. 4

"我们必须坚持……"，特劳布，1942 年 12 月 27 日的战地信件

步兵第 138 师的伤亡，步兵第 138 师，"Combat Report No. 244"，TsAMO，p. 292

第 305 步兵师的伤亡，第 6 集团军，NARA T-312，Roll 1508，p. 66

德军的夜间活动，步兵第 138 师，"Combat Report No. 245"，TsAMO，p. 299

"我军通过战斗、侦察……"，步兵第 138 师，"Recon Report No. 101"，TsAMO，p. 297

"19 时 10 分，一支侦察……"，出处同前

"在我师各部当面……"，出处同前

阿尔多希宁列兵，步兵第 138 师，"Situation Report No. 265"，TsAMO，p. 296

步兵第 95 师地段的战斗，步兵第 95 师，"Combat Report No. 131"，TsAMO，p. 390

马克斯·阿尔贝特之死，第 50 装甲工兵营第 2 连，DD/WASt，"Pz. Pi. Btl. 50 Namentliche Verlustmeldung Nr. 9"，12.6.1944

这一天德军的活动，步兵第 138 师，"Combat Report No. 245"，TsAMO，p. 299

"步兵第 650 团指挥员决定……"，步兵第 650 团战斗日志，TsAMO，p. 61

"在火炮厂以东……"，第 6 集团军，NARA T-312，Roll 1508，p. 52

步兵第 138 师的伤亡，步兵第 138 师，"Combat Report No. 245"，TsAMO，p. 299

第 305 步兵师的伤亡，第 6 集团军，NARA T-312，Roll 1508，p. 44

"步兵第 344 团提供了……"，步兵第 138 师，"Situation Report No. 267"，TsAMO，p. 300

炮兵第 295 团的第 4 连和第 5 连，炮兵第 295 团，"Combat Report 29.12.1942"，TsAMO，p. 193

"在夜里，敌人两次……"，第 6 集团军，NARA T-312，Roll 1508，p. 43

"敌人以重机枪和……"，步兵第 650 团战斗日志，TsAMO，p. 62

"在步兵第 650 团突……"，步兵第 138 师，"Combat Report No. 246"，TsAMO，p. 303

步兵第 95 师地段的战斗，步兵第 95 师，"Combat Report No. 133"，TsAMO，p. 400

莱昂哈德·迈斯纳之死，第 50 装甲工兵营第 2 连，DD/WASt，"Pz. Pi. Btl. 50 Namentliche Verlustmeldung Nr. 3"，9.11.1944

步兵第 650 团攻击政委楼，步兵第 650 团战斗日志，TsAMO，p. 62

炮兵第 3 连……打了 12 发炮弹，炮兵第 295 团，"Combat Report 29.12.1942"，TsAMO，p. 193

"恰雷赫和科诺普托夫……"，戈尔巴坚科，p. 9

"在我师左翼……"，步兵第 138 师，"Situation Report No. 268"，TsAMO，p. 302

"楼内拼手榴弹的……"，步兵第 138 师，"Combat Report No. 246"，TsAMO，p. 303

"我曾有幸成……"，恰雷赫，1972 年 11 月 24 日的报告，p. 1-2

"托波尔科夫分队……"，步兵第 650 团战斗日志，TsAMO，p. 62

"在火炮厂以东……"，第 6 集团军，NARA T-312，Roll 1508，p. 39

德军的迫击炮打击，步兵第 650 团战斗日志，TsAMO，p. 62

步兵第 138 师的伤亡，步兵第 138 师，"Combat Report No. 246"，TsAMO，p. 303

第 305 步兵师的伤亡，第 6 集团军，NARA T-312，Roll 1508，p. 30

"飞机楼"的失守，步兵第 95 师，"Combat Report No. 135"，TsAMO，p. 404；第 6 集团军，NARA T-312，Roll 1508，p. 30

"我部通过反击……"，第 79 步兵师，NARA T-315，Roll 1108，p. 1283

第 179 工兵营第 3 连反击，出处同前，p. 1281 & 1284；以及第 6 集团军，NARA T-312，Roll

1508, p. 21

工兵安放好炸药，步兵第 650 团战斗日志，TsAMO，p. 63

师侦察连的一队侦察兵，步兵第 138 师，"Combat Report No. 247"，TsAMO，p. 307

步兵第 161 团的一个突击队，步兵第 95 师，"Combat Report No. 135"，TsAMO，p. 404

"我们的弹药供应⋯⋯"，雷滕迈尔，*Alte Kameraden* 1/1954，p. 4

第 191 掷弹兵团第 3 营被划给第 79 步兵师，第 79 步兵师，NARA T-315, Roll 1108, p. 541

"消灭：9460 名⋯⋯"，步兵第 138 师战斗日志，TsAMO，p. 58-9

步兵第 138 师的伤亡，步兵第 138 师，"Combat Report No. 247"，TsAMO，p. 307

第 305 步兵师的伤亡，第 6 集团军，NARA T-312, Roll 1507, p. 1195

工兵营的一个爆破班，步兵第 650 团战斗日志，TsAMO，p. 63

"在夜间，敌人从⋯⋯"，出处同前

12 时 40 分，苏军观察员，步兵第 138 师，"Combat Report No. 248"，TsAMO，p. 310

"我部一边⋯⋯"，步兵第 138 师战斗日志，TsAMO，p. 51

"敌人在黎明时以⋯⋯"，第 6 集团军，NARA T-312, Roll 1508, p. 8

"4 时 30 分，步兵第⋯⋯"，步兵第 95 师，"Combat Report No. 137"，TsAMO，p. 407

步兵第 95 师地段德军的活动，出处同前

"进攻接二连三⋯⋯"，雷滕迈尔，*Alte Kameraden* 1/1954，p. 3

汉斯·伯恩哈特的晋升，莫斯曼，p. 147

"师长柳德尼科夫上校⋯⋯"，Glukhovsky，p. 82

柳德尼科夫拜访崔可夫，出处同前，p. 82-3

"我请营部的⋯⋯"，特劳布，1942 年 12 月 31 日的战地信件

"贝恩德和我⋯⋯"，鲍赫施皮斯，1942 年 12 月 31 日的战地信件

库尔特·温克之死，DD/WASt，"1. / Pi. Btl. 336 Namentliche Verlustmeldung Nr. 7"，16.4.1943

"我对 1943 年的元旦⋯⋯"，施泰因梅茨笔记，p. 8

"在火炮厂东南⋯⋯"，第 6 集团军，NARA T-312, Roll 1507, p. 759

步兵第 138 师的伤亡，步兵第 138 师，"Combat Report No. 248"，TsAMO，p. 310

第 305 步兵师的伤亡，第 6 集团军，NARA T-312, Roll 1507, p. 1196

"我被团长科诺瓦连科叫去⋯⋯"，列辛，报告，日期不详，p. 10-11

"在今天日间⋯⋯"，步兵第 650 团战斗日志，TsAMO，p. 64

步兵第 650 团的损失、兵力和兵器，出处同前

步兵第 241 团的行动，步兵第 95 师，"Combat Report No. 1"，TsAMO，p. 2

"现在刚过⋯⋯"，弗施纳，1942 年 12 月 30 日的战地信件

"在俄国作战期间，我作为⋯⋯"，施泰因伦，1950 年 5 月 19 日代替宣誓的声明

"我收到了您⋯⋯"，施泰因伦给弗施纳夫人的信，1950 年 4 月 19 日

步兵第 241 团的几支突击队，步兵第 95 师，"Combat Report No. 1"，TsAMO，p. 2

"步兵第 241 团的突击队⋯⋯"，步兵第 95 师，"Situation Report No. 2"，TsAMO，p. 3

"1943 年 1 月 1 日，在⋯⋯"，步兵第 95 师，"Combat Report No. 3"，TsAMO，p. 6

"在火炮厂以东⋯⋯"，第 6 集团军，NARA T-312, Roll 1507, p. 752

步兵第 90 团的行动，步兵第 95 师，"Situation Report No. 2"，TsAMO，p. 3

9 发 210 毫米 Mörser 重榴弹炮炮弹，第 79 步兵师，NARA T-315, Roll 1108, p. 1292

第 305 步兵师的伤亡，第 6 集团军，NARA T-312, Roll 1507, p. 1154

步兵第 95 师地段的夜间活动，步兵第 95 师，"Combat Report No. 3"，TsAMO，p. 6

步兵第 650 团地段的战斗，步兵第 650 团战斗日志，TsAMO，p. 65

步兵第 650 团的损失、兵力和兵器，出处同前

中午，一架德军飞机，步兵第 95 师，"Combat Report No. 4"，TsAMO，p. 8

在 16 时，德军的迫击炮，出处同前

"我们还是收不到……"，博内茨缪勒，1943 年 1 月 2 日的战地信件

约翰在 1 月 10 日仍然活着，诺费尔给博内茨米勒夫人的信，1943 年 4 月 3 日

德军的夜间活动，步兵第 138 师战斗日志，TsAMO，p. 52

步兵第 95 师地段的夜间活动，步兵第 95 师，"Combat Report No. 5"，TsAMO，p. 10

"在这一天间……"，步兵第 650 团战斗日志，TsAMO，p. 65-6

"步兵第 241 团的部队……"，步兵第 95 师，"Situation Report No. 6"，TsAMO，p. 11

步兵第 95 师的损失、兵力和兵器，步兵第 95 师，"Combat Report No. 6"，TsAMO，p. 10

第 305 步兵师的伤亡，第 6 集团军，NARA T-312，Roll 1507，p. 1122

"从扎伊采夫斯基岛经……"，步兵第 138 师战斗日志，TsAMO，p. 52

在佩钦纽克团的地段，步兵第 650 团战斗日志，TsAMO，p. 66

步兵第 95 师地段的夜间活动，步兵第 95 师，"Combat Report No. 7"，TsAMO，p. 14

在 6 时，苏军观察员，出处同前

步兵第 95 师的损失和兵力，步兵第 95 师，"Combat Report No. 8"，TsAMO，p. 16

"有一件对我们震动……"，雷滕迈尔，*Alte Kameraden* 1/1954，p. 4

"1943 年 1 月 4 日，我去……"，施泰因梅茨笔记，p. 9

"我在 1 月身负重伤被……"，出处同前

"在 1 月的一天早上……"，巴赫曼，Hessischer Rundfunk，22.1.1993

"勃兰特中校在斯大……"，Thomas/Wegmann，*Die Ritterkreuzträger der Deutschen Wehrmacht 1939–1945 –Teil III: Infanterie Br–Bu*，p. 29-30

武特的故事，Personalakten für Rudolf Wutte

现代德国的一个政府机构，DD/WASt，给阿格内斯·莫斯曼的信，2006 年 3 月 29 日

"昨天我们埋葬了年轻……"，朱利尼，1943 年 1 月 8 日的战地信件

"我从 11 月 20 日起就没……"，菲辛格，1943 年 1 月 4 日的战地信件

"我藏在背包里的一点培根……"，雷滕迈尔，1943 年 1 月 4 日的战地信件

第 305 步兵师的伤亡，第 6 集团军，NARA T-312，Roll 1507，p. 1105

齐马蒂斯的故事，Personalakten für Albrecht Czimatis

步兵第 138 师地段的活动，步兵第 138 师战斗日志，TsAMO，p. 52

纵火器在楼内引发大火，步兵第 95 师，"Combat Report No. 9"，TsAMO，p. 18

"在 07 号房一带……"，步兵第 95 师，"Situation Report No. 12"，TsAMO，p. 23

"我们使用了假人……"，Kluge，p. 87

"敌人在 07 号房的墙壁……"，步兵第 650 团战斗日志，TsAMO，p. 67-8

"我的阵地仍然在……"，雷滕迈尔，1942 年 12 月 31 日的战地信件

苏军观察员发现，步兵第 95 师，"Situation Report No. 9"，TsAMO，p. 18

步兵第 95 师地段的活动，出处同前

步兵第 95 师各团的损失和实力，步兵第 95 师，"Combat Report No. 10"，TsAMO，p. 20

在柳德尼科夫师的地段，步兵第 138 师战斗日志，TsAMO，p. 52

步兵第 241 团的三人侦察小分队，步兵第 95 师，"Combat Report No. 12"，TsAMO，p. 24

第 305 步兵师的伤亡，第 6 集团军，NARA T-312，Roll 1507，p. 1089

步兵第 95 师地段的夜间活动，步兵第 95 师，"Combat Report No. 12"，TsAMO，p. 24

"敌人偶尔从 07 号房……"，步兵第 650 团战斗日志，TsAMO，p. 67

"德国中型坦克……"，步兵第 138 师战斗日志，TsAMO，p. 52

第 245 突击炮营的实力，1943 年 1 月 6 日，第 6 集团军，NARA T-312，Roll 1507，p. 684

佩钦纽克的部下确认，步兵第 650 团战斗日志，TsAMO，p. 67-8

"在 14 时 50 分和 15 时，原团……"，出处同前

步兵第 650 团的实力，出处同前

"在 14 时 30 分，多达……"，步兵第 138 师战斗日志，TsAMO，p. 52

"对我们来说，白天……"，巴赫曼，1943 年 1 月 6 日的战地信件

"我们将通过合并……"，第 6 集团军，NARA T-312, Roll 1508, p. 1206

补充到第 305 步兵师的步兵，出处同前，p. 1207

第 79 步兵师解散，第 79 步兵师，NARA T-315, Roll 1107, p. 987-8；以及第 79 步兵师，NARA T-315, Roll 1108, p. 833-6

第 305 步兵师的伤亡，第 6 集团军，NARA T-312, Roll 1507, p. 1077

"在晚间……"，第 6 集团军，出处同前，p. 1076

"敌人用大炮猛烈……"，步兵第 138 师战斗日志，TsAMO，p. 53

"敌人在第 305 步……"，第 6 集团军，NARA T-312, Roll 1507, p. 1067

步兵第 95 师地段的夜间活动，步兵第 95 师，"Situation Report No. 13"，TsAMO，p. 26

步兵第 95 师地段的活动，步兵第 95 师，"Combat Report No. 14"，TsAMO，p. 29

"我的营里新来了……"，Ebert，p. 281

"日子过得很惨……"，雷滕迈尔，1943 年 1 月 7 日的战地信件

第 305 步兵师的伤亡，第 6 集团军，NARA T-312, Roll 1507, p. 1058

步兵第 138 师地段的夜间活动，步兵第 138 师战斗日志，TsAMO，p. 53

步兵第 95 师地段的夜间活动，步兵第 95 师，"Combat Report No. 15"，TsAMO，p. 31

"一个迫击炮连轰击……"，步兵第 650 团战斗日志，TsAMO，p. 69

第 79 步兵师地段的换防，第 79 步兵师，NARA T-315, Roll 1107, p. 988

这群幸运儿共有 70 人，第 79 步兵师，NARA T-315, Roll 1108, p. 841-3

"1943 年 1 月 7 日……"，珀奇，"Die 1. Februar 1943 in Stalingrad"，收录于 Tapfer und Treu: Treffen der 79. I. D. am 16. / 17. Mai 1953 in Alzey

保卢斯探望施泰因梅茨，"Frontfahrt des Oberbefehlshaber am 8.1.1943"，第 6 集团军，NARA T-312, Roll 1507, p. 1045

步兵第 90 团第 2 营将一门 45 毫米炮，步兵第 95 师，"Situation Report No. 16"，TsAMO，p. 32

两名罗马尼亚士兵，出处同前

"在网格 82a2……"，第 6 集团军，NARA T-312, Roll 1507, p. 1051

"上午在 82a2 失守……"，出处同前，p. 1047

步兵第 95 师各团的损失和实力，步兵第 95 师，"Combat Report No. 16"，TsAMO，p. 33

第 305 步兵师的伤亡，第 6 集团军，NARA T-312, Roll 1507, p. 1044

步兵第 241 团第 2 营攻击 79 号楼，步兵第 95 师，"Combat Report No. 18"，TsAMO，p. 37

"接到攻打 07 号房的……"，步兵第 95 师，"Combat Report No. 17"，TsAMO，p. 35

突击队已经有 9 人战死，出处同前

"敌人依托据点……"，出处同前

"小股敌人在 07……"，步兵第 650 团战斗日志，TsAMO，p. 70

"来自 07 号房、L 形……"，步兵第 95 师，"Combat Report No. 18"，TsAMO，p. 37

这新一波的进攻又让苏军付出 4 死，出处同前

"敌人在夜间对火炮厂……"，第 6 集团军，NARA T-312, Roll 1507, p. 1043

"整整一天，我师……"，步兵第 138 师战斗日志，TsAMO，p. 53

步兵第 650 团使用机枪，步兵第 650 团战斗日志，TsAMO，p. 70

卫生员尼古拉耶夫，出处同前

几件值得一提的事，出处同前

第 245 突击炮营的实力报告，1943 年 1 月 9 日，第 6 集团军，NARA T-312, Roll 1043

"装备 3 辆长炮管型的……"，第 79 步兵师战争日记，T-315, Roll 1107, p. 985

"第 305 步兵师防区……"，第 6 集团军，NARA T-312，Roll 1507，p. 1034

第 578 掷弹兵团解散，出处同前

第 305 步兵师的伤亡，第 6 集团军，NARA T-312，Roll 1507，p. 651

独立机炮第 400 营，步兵第 138 师战斗日志，TsAMO，p. 53

指环行动的细节，Ziemke & Bauer，p. 496-8

"敌人在我团前线没有……"，步兵第 650 团战斗日志，TsAMO，p. 71

"在 6 时，敌人以营级……"，第 6 集团军，NARA T-312，Roll 1508，p. 964

扎博洛茨基的地道，*Voyennolstoricheskiy Zhurnal* No. 11，November 1982，p. 68

"随着步兵进攻的开始……"，步兵第 95 师，"Combat Report No. 19"，TsAMO，p. 44

绿色储油罐一带的战斗，出处同前

步兵第 90 团的损失和实力，步兵第 95 师，"Combat Report No. 20"，TsAMO，p. 46

步兵第 161 和 241 团的行动，出处同前

"在第 100 猎兵师和第 305……"，第 6 集团军，NARA T-312，Roll 1508，p. 957

第 305 步兵师和第 100 猎兵师的伤亡，第 6 集团军，NARA T-312，Roll 1507，p. 628

第九章

"敌人在 2 时袭击……"，第 6 集团军，NARA T-312，Roll 1508，p. 946

步兵第 95 师地段的活动，步兵第 95 师，"Combat Report No. 21 & 22"，TsAMO，48 & 50

第 576 掷弹兵团的第 7 连和第 8 连被击败，出处同前

"在面包厂和储油……"，第 6 集团军，NARA T-312，Roll 1508，p. 415

"在面包厂东南的两条……"，出处同前，p. 387

步兵第 241 团的损失和实力，步兵第 95 师，"Combat Report No. 21 & 22"，TsAMO，p. 48 & 50

步兵第 161 和 90 团的行动，出处同前

根据这些战俘的供述，出处同前

戈里什内的命令，出处同前

"第 305 步兵师的右翼……"，第 6 集团军，NARA T-312，Roll 1508，p. 415

步兵第 138 师的行动，步兵第 138 师战斗日志，TsAMO，p. 54

"斯大林格勒：部队的……"，第 6 集团军，NARA T-312，Roll 1508，p. 406

第 305 步兵师的伤亡，出处同前，p. 405

步兵第 95 师地段的夜间活动，步兵第 95 师，"Combat Report No. 24"，TsAMO，p. 55

步兵第 90、241 和 161 团的行动，步兵第 95 师，"Combat Report No. 23 & 24"，TsAMO，p. 53 & 55

德军的反击，出处同前

第 245 突击炮营的实力报告，1943 年 1 月 12 日，第 6 集团军，NARA T-312，Roll 1508，p. 395

"白天，在我突击队……"，步兵第 95 师，"Combat Report No. 24"，TsAMO，p. 55

"1 月 12 日夜到 1 月 13 日晨……"，出处同前

"在 11 个星期连续……"，柳德尼科夫，"There is a Cliff on the Volga"，收录于 *Two Hundred Days of Fire*，p. 205

"在白天，敌人激烈……"，步兵第 138 师战斗日志，TsAMO，p. 54

"德国士兵们，放下……"，Craig，p. 324

"我从 9 月 14 日起就……"，格雷克，OKW，*Geheim-Aktion über Stalingrad*，28.1.1943，NARA T-77，Roll 1036，p. 6508125

"敌人在第 305 步兵师……"，第 6 集团军，NARA T-312，Roll 1508，p. 387

步兵第 241、161 和 90 团的行动，步兵第 95 师，"Combat Report No. 25 & 26"，TsAMO，p. 59 & 61

"敌人已经后撤……"，步兵第 138 师战斗日志，TsAMO，p. 54-5

"敌人继续顽强……"，步兵第 95 师，"Combat Report No. 27 & 28"，TsAMO，p. 63 & 65

步兵第 241、161 和 90 团的行动，出处同前

"我师突击队缓慢……"，步兵第 138 师战斗日志，TsAMO，p. 55

波纳马廖夫的故事，Venkov & Dudinov，p. 54

拉塔诺娃的故事，出处同前

步兵第 241、161 和 90 团的行动，步兵第 95 师，"Combat Report No. 29 & 30"，TsAMO，p. 67 & 69

"我们师最后的部队……"，珀奇

步兵第 241、161 和 90 团的行动，步兵第 95 师，"Combat Report No. 31 & 32"，TsAMO，p. 72 & 74

步兵第 241、161 和 90 团的行动，步兵第 95 师，"Combat Report No. 33 & 34"，TsAMO，p. 77 & 79

"我需要说一说团……"，雷滕迈尔，*Alte Kameraden* 1/1954，p. 4

"在 1 月 17 日，步兵……"，步兵第 138 师战斗日志，TsAMO，p. 56

德国运输机投下 7 个降落伞，步兵第 95 师，"Combat Report No. 34"，TsAMO，p. 79

"因为我们的盟友……"，罗姆巴赫，p. 9

海因里希的负伤，Personalakten Für WalterHeinrich

步兵第 90、241 和 161 团的行动，步兵第 95 师，"Combat Report No. 35 & 36"，TsAMO，p. 81 & 83

步兵第 90、241 和 161 团的行动，步兵第 95 师，"Combat Report No. 37 & 38"，TsAMO，p. 85 & 87

"激烈的战斗在这天……"，步兵第 138 师战斗日志，TsAMO，p. 56

步兵第 241、161 和 90 团的行动，步兵第 95 师，"Combat Report No. 39 & 40"，TsAMO，p. 89 & 91

"敌人进行了顽强……"，出处同前

"敌人猛烈抵抗……"，步兵第 138 师战斗日志，TsAMO，p. 56

步兵第 241、161 和 90 团的行动，步兵第 95 师，"Combat Report No. 41 & 42"，TsAMO，p. 94 & 96

步兵第 95 师的缴获，出处同前

德军的轰炸机两次，出处同前

步兵第 241、161 和 90 团的行动，步兵第 95 师，"Combat Report No. 43 & 44"，TsAMO，p. 98 & 100

"口粮已耗尽……"，Ziemke & Bauer，p. 499

"对投降不予考虑……"，出处同前

步兵第 241、161 和 90 团的行动，步兵第 95 师，"Combat Report No. 45 & 46"，TsAMO，p. 102 & 104

德军损失，出处同前

"在我师当面，第 305……"，出处同前

步兵第 241、161 和 90 团的行动，步兵第 95 师，"Combat Report No. 48"，TsAMO，p. 109

步兵第 241、161 和 90 团的行动，步兵第 95 师，"Combat Report No. 50"，TsAMO，p. 113

苏军观察员对德军的所有，出处同前

步兵第 241、161 和 90 团的行动，步兵第 95 师，"Combat Report No. 52"，TsAMO，p. 118

"1 月 26 日黎明……"，崔可夫，p. 258

"那一天晴空万里……"，朱利尼，p. 16

戈里什内的观察员，步兵第 95 师，"Combat Report No. 52"，TsAMO，p. 118

"我们在城里寻找住处……"，朱利尼，p. 19

步兵第 241、161 和 90 团的行动，步兵第 95 师，"Combat Report No. 54"，TsAMO，p. 124

观察员又发现，出处同前

德军在夜间的攻击，步兵第 95 师，"Combat Report No. 56"，TsAMO，p. 129

"在我集团军主力……"，克雷洛夫，p. 405

步兵第 241、161 和 90 团的行动，步兵第 95 师，"Combat Report No. 56"，TsAMO，p. 129

"敌人从 42 号车间……"，出处同前

"1 月 28 日，我们……"，克雷洛夫，p. 405

"救护站又是什……"，雷滕迈尔，*Alte Kameraden* 1/1954，p. 4

"在 1 月底俄国人发……"，罗姆巴赫，p. 11

德军在夜间的攻击，步兵第 95 师，"Combat Report No. 58"，TsAMO，p. 135

"敌人的防守还是……"，克雷洛夫，p. 407

对 32 号车间的突击，步兵第 95 师，"Combat Report No. 58"，TsAMO，p. 135

步兵第 241、161 和 90 团的行动，出处同前

施瓦茨科普夫之死，施泰因伦档案

"2 时，我师……"，步兵第 138 师战斗日志，TsAMO，p. 57

"1943 年 1 月 29 日夜……"，步兵第 95 师，"Combat Report No. 58"，TsAMO，p. 135

"我们的炮连在……"，德沃里亚尼诺夫，p. 12

德军抢回箱子的尝试，步兵第 95 师，"Combat Report No. 60"，TsAMO，p. 139

步兵第 34、241、161 和 90 团的行动，出处同前

"1 月中旬……"，茨伦纳

"在 1943 年 1 月 30 日夜里……"，珀奇

"德国士兵们都在……"，罗姆巴赫，p. 12

"另一些弟兄爬出"，出处同前

"这些日子里没有……"，朱利尼，p. 20

"连长 K 少校和……"，舍普夫报告，p. 3

"我听了广播……"，茨伦纳

德军夺回 32 号车间的尝试，步兵第 95 师，"Combat Report No. 62"，TsAMO，p. 144

"激战在工业区内继续……"，克雷洛夫，p. 414

德军夺回 32 号车间，步兵第 95 师，"Combat Report No. 61 & 62"，TsAMO，p. 142 & 144

"在 7 时 05 分到 7 时 10 分之间……"，步兵第 95 师，"Combat Report No. 62"，TsAMO，p. 144

"我们师最后的几次进攻……"，雷滕迈尔，*Alte Kameraden* 1/1954，p. 5

"在斯大林格勒包围圈中……"，巴赫曼给 Hirst 的信，1981 年 9 月 7 日

步兵第 241、161、92 和 90 团的行动，步兵第 95 师，"Combat Report No. 62"，TsAMO，p. 144

步兵第 95 师各团的损失，出处同前

独立机炮第 348 营第 1 连的损失，TsAMO 156UR（第 156 筑垒地域），"Situation Report No. 60"，p. 65

"为了更快地……"，克雷洛夫，p. 415

"在 1943 年 2 月 1 日早晨……"，珀奇

"南边的包围圈……"，朱利尼，p. 21

"俄国人又施放了……"，珀奇

"我们营连同营部……"，特罗尔曼，OKH，Abwicklungsstab 6. Armee，NARA T–78，Roll 140，p. 6069800–6069839

步兵第 241、161、92 和 90 团的行动，步兵第 95 师战斗日志，TsAMO，1.2.1943

"全天我们俘虏了……"，克雷洛夫，p. 416

"在 2 月 2 日，我陪着……"，克雷洛夫，p. 417

"在 1943 年 2 月 1 日夜……"，德沃里亚尼诺夫，p. 12–13

"随后我们的所有大炮……"，柳德尼科夫，"There is a Cliff on the Volga"，收录于 *Two Hundred Days of Fire*，p.207

步兵第 95 师的行动，步兵第 95 师战斗日志，TsAMO，2.2.1943

"停止一切战斗行动……"，雷滕迈尔，"Wie ich in Stalingrad in Gefangenschaft kam"，收录于 *Kurznachrichten Reserve-Infanterie-Regiment 119, December 1962*

"让所有人在砖窑……"，出处同前

雷滕迈尔投降的经过，出处同前

"北部包围圈比较……"，罗姆巴赫，p. 11

步兵第 95 师的行动，步兵第 95 师战斗日志，TsAMO，2.2.1943

"第 11 军，包括……"，Ziemke & Bauer，p. 501

"2 月 2 日，一切……"，朱利尼，p. 22

"2 月 2 日星期四……"，舍尔曼，阿格内斯·莫斯曼的采访，2005 年 2 月 21 日

"2 月 2 日早晨，医务室……"，舍普夫报告，p. 4

"因为弹药和……"，罗姆巴赫，p. 13

"2 月 1 日，我们曾想……"，茨伦纳

"我是和加斯特……"，策勒，阿格内斯·莫斯曼的采访，2005 年 1 月 16 日和 2005 年 2 月 6 日

"敌人的防御全线……"，克雷洛夫，p. 418

"停止射击！"崔可夫，柳德尼科夫，"There is a Cliff on the Volga"，收录于 *Two Hundred Days of Fire*，p. 207

"这是古罗夫从集团军……"，克雷洛夫，p. 418

雷滕迈尔被俘的经过，出处同前

尾声

"斯大林格勒城内清剿……"，Knopp，*Stalingrad: Das Drama*，p. 309

"在 1942 年 11 月底……"，莫斯曼，同前，p. 147–8

部分参考书目

未出版的资料

Chalykh, Ivan Gavrilovich (650RR): *Vospominaniya o Stalingradskoi bitve*

Charashvili, Ivan Georgyevich (90RR): *Vospominaniya*

Danilenko, Mikhail Andreyevich (650RR): *Vospominaniya o Stalingradskoi bitve*

Dubov, Ivan Vasilyevich (650RR): *Moya armeiskaya semiya 138-ya Krasnoznamennaya*

Dvoryaninov, Vasili Andreyevich (295AR): *Neravnyi boi* and *Po tonkomu lidu*

Eberhard, Hans Ludwig (Pi. Btl. 389): *Inf. Div. 389*

Epishin, Nikolai Grigoryevich (138RD staff): *Frontovaya zapisi*

Gorbatenko, Aleksei Iosifovich (650RR): *Vospominaniya kapitana Gorbatenko*

Hirst, Ronald Mac Arthur: *Three Scenes from Barbarossa*

Kamyshanov, Vasili Andreyevich (650RR): *Vospominaniya o Stalingradskoi bitve*

Klyukin, Leonid Mitrofanovich (Barrikady militia): *Vospominaniya o Stalingradskoi bitve*

Krauss, Karl (Pi. Btl. 45): *Meine Erlebnisse beim Pionier-Bataillon 45*

Lesin, Fedor Anisimovich (344RR): *(untitled)*

Linden, Josef (Pi. Btl. 672 / 305): *Stalingrad*

Locherer, Anton (Pi. Btl. 45): *(untitled)*

Piven, Vasili Trofimovich (650RR): *Vospominaniya*

Rettenmaier, Eugen (Gr. Rgt. 578): *(diary and reports to his son Siegbert)*

Rombach, Karl-August (II. / Art. Rgt. 305): *Erlebnisse eines Deutschen Soldaten im Zweiten Weltkrieg*

Selle, Herbert (Pi. Btl. 50): *Ursprung, Weg und Untergang des Pion. Batl. 50: Ein geschichtlicher Kurzabriss*

Senchkovsky, Mikhail Ilyich (NKVD blocking detachment): *Dorogie rebyata!*

Steinmetz, Bernhard (305. Inf. Div.): *Meine Erinnerungen an Stalingrad und an die 305. I. D.*

Tyupa, Pavel Grigoryevich (650RR): *Vospominanie o Stalingradskoi bitve*

已出版的著作

150 Jahre Württembergische Pionier. Ulm 1967. No ISBN

Aaken, Wolf van. *Hexenkessel Ostfront: Vom Smolensk nach Breslau*. Rastatt 1964, Pabel Verlag. No ISBN

Abdulin, Mansur (edited by Artem Drabkin). *Red Road from Stalingrad. Recollections of a Soviet Infantryman*. Barnsley 2004, Pen & Sword Military. ISBN 1-84415-145-人

Barrikadtsy v dvukh tomakh (collective authorship). Volgograd 1989, Nizhne-Volzhkoye knizhnoye izdatelstvo. No ISBN

Beevor, Antony. *Stalingrad - The Fateful Siege, 1942-1943*. New York 1998, Viking Penguin. ISBN 0-670-87095-1

724

Beshanov, V. V. God 1942 - *"Uchebniy"*. Minsk 2004, Kharvest. ISBN 985-13-0906-0
Bitva za Stalingrad (collective authorship). Volgograd 1970, Nizhne-Volzhkoye knizhnoye izdatelstvo. No ISBN
Chuikov, Vasili I. *The Beginning of the Road*. London 1963, MacGibbon & Kee. No ISBN
Craig, William. *Enemy at the Gates: The Battle for Stalingrad*. London 1973, Hodder and Stoughton. ISBN 0-340-12863-1
Danishevsky, I. (ed.). *The Road of Battle and Glory*. Moscow 1955, Foreign Languages Publishing House. No ISBN
Die 62. Infanterie-Division 1938-1944. Die 62. Volks-Grenadier-Division 1944-1945 (collective authorship). Fulda 1968, Kameradenhilfswerk der ehemaligen 62. Division e. V. No ISBN
Domarus, M. *Hitler, Reden und Proklamationen, 1932-1945*. Würzburg 1962. No ISBN
Ebert, Jens (ed.). *Feldpostbriefe aus Stalingrad: November 1942 bis Januar 1943*. Göttingen 2003, Wallstein Verlag. ISBN 3-89244-677-6
Efremov, V. S. *Eskadrili letyat za gorizont*. Volgograd 1978, Nizhne-Volzhkoye knizhnoye izdatelstvo. No ISBN
Egger, Martin (ed.). *Die Festung Sewastopol: Eine Dokumentation ihrer Befestigungsanlagen und der Kämpfe von 1942*. Bern 1995. ISBN 3-931032-32-9
Erickson, John. *The Road to Stalingrad*. London 1975, Weidenfeld and Nicolson Ltd. ISBN 0-297-76877-8
Fellgiebel, Walther-Peer. *Die Träger des Ritterkreuzes des Eisernen Kreuzes 1939-1945*. Wölfersheim-Berstadt 1996, Podzun Pallas Verlag. ISBN 3-7909-0284-5
Friedel, Hermann. *Nebelwerfer-Regiment 51,1940-1943*. Privately published. No ISBN
Gedenkbuch des deutschen Adels. Band 3. Limburg/Lahn 1967, C. S. Starke Verlag. No ISBN
Gedenkbuch des deutschen Adels - Nachtrag. Band 6. Limburg an der Lahn 1980, C. S. Starke Verlag. No ISBN
Geroi Sovetskogo Soyuza: Kratkiy biograficheskiy slovar v dvukh tomakh. Moscow 1987, Voennoye Izdatelstvo. No ISBN
Giulini, Udo. *Stalingrad und mein zweites Leben*. Neustadt/Weinstrasse 1978, Pfälzische Verlagsanstalt GmbH. No ISBN
Glukhovsky, S.D. *Ostrov Lyudnikova*. Moscow 1961, Voennoye izdatelstvo ministerstva oborony SSSR. No ISBN
Goerlitz, Walter. *Paulus and Stalingrad*. New York, 1963, Citadel Press. No ISBN
Haller, Uli (ed.). *Lieutenant General Karl Strecker: The Life and Thought of a German Military Man*. Westport 1994, Praeger Publishers. ISBN 0-275-94582-0
Handbook on German Military Forces (U.S. War Department). Baton Rouge 1990, Louisiana State University Press. ISBN 0-8071-2011-1
Hauck, Friedrich Wilhelm. *Eine deutsche Division in Russland und Italien: 305. Infanteriedivision,1941-1945*. Friedberg 1975, Podzun-Verlag. ISBN 3-7909-0031-1
Hayward, Joel S.A. *Stopped at Stalingrad: the Luftwaffe and Hitler's Defeat in the East, 1942-1943*.Lawrence 1998, University Press of Kansas. ISBN 0-7006-0876-1
Hillgruber, Andreas (ed.). *Von El Alamein bis Stalingrad : Aus dem Kriegstagebuch des Oberkommandos der Wehrmacht (Wehrmachfuhrungsstab)*. München 1964, Deutscher Taschenbuch Verlag. No ISBN
Himpe, Ullus. *Die 71. Infanterie-Division im Zweiten Weltkrieg*. Hildesheim 1973,

Arbeitsgemeinschaft 'Das Kleeblatt'. No ISBN

Holl, Adalbert. *Was geschah nach Stalingrad: 7 1/4 Jahre als Kriegs- und Strafgefangener in Russland.* Duisburg 1965, Selbstverlag. No ISBN

Jaugitz, Markus. *Funklenkpanzer: A History of German Army Remote- and Radio-Controlled Armor Units.* Winnipeg 2001, J.J.Fedorowicz Publishing. ISBN 0-921991-58-4

Jentz, Thomas L. (ed.). *Panzer Tracts No. 8: Sturmgeschuetz (s.Pak to Sturmmoerser).* Darlington 1999, Darlington Productions, Inc. ISBN 1-892848-04-Х

Kehrig, Manfred. *Stalingrad: Analyse und Dokumentation einer Schlacht.* Stuttgart 1974, Deutsche Verlags-Anstalt GmbH. ISBN 3-421-01653-4

Keilig, Wolf. *Die Generale des Heeres.* Friedburg 1983, Podzun-Pallas-Verlag. ISBN 3-7909-0202-0

Keilig, Wolf. *Rangliste des Deutschen Heeres 1944-45.* Bad Nauheim 1955, Verlag Hans-Henning Podzun. No ISBN

Kirstein, Wolfgang. *'Rekonstruktion eines Tage-Buches'. Die 295. Infanterie-Division von 1940 bis 1945.* Langelsheim 2000, privately published. No ISBN

Kluge, Alexander. *Schlachtbeschreibung.* Freiburg i.B. 1964, Walter-Verlag. No ISBN

Kluge, Alexander. *The Battle.* New York 1967, McGraw-Hill Book Company. No ISBN

Knopp, Guido. *Stalingrad: Das Drama.* München 2002, C. Bertelsmann Verlag. ISBN 3-570-00693-Х

Krylow, Nikolai I. *Stalingrad. Die Entscheidende Schlacht des Zweiten Weltkrieges.* Köln 1981, Pahl-Rugenstein Verlag. ISBN 3-7609-0624-9

Lyudnikov, I.I. *Ognenniy ostrov.* Volgograd 1971, Nizhne-Volzhkoye knizhnoye izdatelstvo. No ISBN

Manstein, Field-Marshal Erich von. *Lost Victories.* Novato 1982, Presidio Press. ISBN 0-89141-130-5

Mark, Jason D. *Death of the Leaping Horseman: 24 Panzer-Division in Stalingrad, 12th August - 20th November 1942.* Sydney 2001, Leaping Horseman Books. ISBN 0-646-41034-2

Moosmann, Agnes. *Chronik der im Zweiten Weltkrieg gefallenen und vermissten Soldaten der Gemeinde Bodnegg 1939-1945.* Horb am Neckar 2003, Geiger-Verlag. ISBN 3-89570-893-3

Neidhardt, Hanns. *Mit Tanne und Eichenlaub. Kriegschronik der 100. Jäger-Division.* Stuttgart 1981, Leopold Stocker Verlag. ISBN 3-7020-0373-8

Onslaught: The German Drive to Stalingrad, Documented in 150 Unpublished Colour Photographs, London 1984, Sidgwick and Jackson Limited. ISBN 0-283-99291-3

Ot oborony k nastupleniyu. 1 iyulya - 31 dekabrya 1942 goda. Organy gosudarstvennoy bezopastnosti SSSR v velikoy otechestvennoy voine. Sbornik dokumentov. Tom tretiy Kniga 2. Moscow 2003, Izdatelstvo 'Rus'. ISBN 5-8090-0021-5

Ovchinnikova, L.P. *Peredovaya nachinalas v tsekhe.* Volgograd 1983, Nizhne-Volzhkoye knizhnoye izdatelstvo. No ISBN

Plekhov, I.I., Khvatov, S.P. and Zakharov, G.I. *V ogne stalingradskikh pereprav.* Volgograd 1996, Komitet po pechati. ISBN 5-7605-0333-2

Podzun, H.H. (ed.). *Das Deutsche Heer 1939: Gliederung, Standorte, Stellenbesetzung und Verzeichnis sämtlicher Offiziere am 3.1.1939.* Bad Nauheim 1953, Verlag Hans-Henning Podzun. No ISBN

726

Popov, P.P., Kozlov, A.V. and Usik, V.G. *Perelom: Po vospominaniyam uchastnikov i svidetelei Stalingradskoi bitvy.* Volgograd 2000, Gosudarstvennoye uchrezhdenie 'Izdatel'. ISBN 5-9233-0041-9

Russkiy kharakter (collective authorship). Volgograd 1981, Nizhne-Volzhkoye knizhnoye izdatelstvo. No ISBN

Samsonov, A. M. *Stalingradskaya bitva.* Moscow 1968, Izdatelstvo 'Nauka'. No ISBN

Samsonov, A. M. *Stalingradskaya epopeya.* Moscow 1968, Izdatelstvo 'Nauka'. No ISBN

Scheibert, Horst. *Die Träger der Ehrenblattspange des Heeres und der Waffen-SS.* Friedberg 1986, Podzun Pallas Verlag. ISBN 3-7909-0283-7

Scheibert, Horst. *Die Träger des Deutschen Kreuzes in Gold - Das Heer.* Friedberg, Podzun Pallas Verlag. ISBN 3-7909-0207-1

Schimak, Anton/Lamprecht, Karl & Dettmer, Friedrich. *Die 44. Infanterie-Division - Tagebuch der Hoch- und Deutschmeister.* Wien 1969, Austria Press. No ISBN

Schitaitye menya kommunistom (collective authorship). Volgograd 1982, Nizhne-Volzhkoye knizhnoye izdatelstvo. No ISBN

Schröter, Heinz. *Stalingrad. The cruellest battle of World War II.* London 1960, Pan Books Ltd. No ISBN

Schüddekopf, Carl. *Im Kessel: Erzählen von Stalingrad.* München 2002, Piper Verlag GmbH. ISBN 3-492-24032-1

Selle, Herbert. *Wofür? Erleben eines führenden Pioniers bis Stalingrad.* Neckargemünd 1977, Kurt Vowinckel Verlag. ISBN 3-87879-118-6

Seydlitz, Walther von. *Stalingrad, Konflikt und Konsequenz, Erinnerungen.* Oldenburg 1977, Verlag Gerhard Stalling AG. ISBN 3-7979-1353-2

Soldaty ХХ veka. Mnogotomnoye izdaniye vypusk III. Tom pervyi i vtoroy. Moscow 2003, Mezhdunarodnyi obedinennyi biograficheskii tsentr. ISBN 5-93696-007-2

Stalingradskaya bitva. Khronika, fakty, lyudi (collective authorship). Moscow 2002, Olma-Press. ISBN 5-224-03186-9

Stalingraskaya epopeya: Vpervye publikuyemye dokumenty rassekrechennye FSB RF. Moscow 2000, 'Zvonnitsa-MG'. ISBN 5-88524-050-7

Stoves, Rolf. *Die 22. Panzer-Division, 25. Panzer-Division, 27. Panzer-Division und die 233. Reserve-Panzer-Division. Aufstellung, Gliederung, Einsatz.* Friedberg 1985, Podzun-Pallas-Verlag. ISBN 3-7909-0252-7

Syny narodov vsekh (collective authorship). Volgograd 198, Nizhne-Volzhkoye knizhnoye izdatelstvo. No ISBN

Thomas, Franz. *Die Eichenlaubträger 1940-1945. Band 1: A-K.* Osnabrück 1997, Biblio Verlag. ISBN 3-7648-2299-6

Thomas, Franz. *Die Eichenlaubträger 1940-1945. Band 2: L-Z.* Osnabrück 1998, Biblio Verlag. ISBN 3-7648-2300-3

Thomas, Franz. *Sturmartillerie im Bild, 1940-1945.* Osnabrück 1986, Biblio-Verlag. ISBN 3-7648-1485-3

Thomas, Franz and Wegmann, Günter. *Die Ritterkreuzträger der Deutschen Wehrmacht 1939-1945 - Teil III: Infanterie Braake-Buxa.* Osnabrück 1993, Biblio-Verlag. ISBN 3-7648-1734-8

Two Hundred Days of Fire (collective authorship). Moscow 1970, Progress Publishers. No ISBN

Venkov, B.S. and Dudinov, P.P. *Gvardeyskaya doblest: Boyevoi Put 70-i gvardeyskoi strelkovoi divizii.* Moscow 1979, Voennoye izdatelstvo ministerstva oborony SSSR. No ISBN

Volostnov, N.I. *Gvardiya v ogne.* Gorkiy 1979, Volgo-Vyatskoye knizhnoye izdatelstvo. No ISBN

Volostnov, N.I. *Na ognennykh rubezhak.* Moscow 1983, Voennoye izdatelstvo ministerstva oborony SSSR. No ISBN

Wagner-Baumann-Lederer (eds.). *Ulm: Garnison und Festung. Festschrift zum Garnisonstreffen anläßlich der 1100 Jahrfeier am 17./18.Juli 1954.* Ulm 1954, J. Ebner. No ISBN

Welz, Helmut. *Verratene Grenadiere.* Berlin 1964, Deutscher Militärverlag. No ISBN

Wiesen, Wolfgang (ed.). *Es grüßt Euch alle, Bertold. Von Koblenz nach Stalingrad: Die Feldpostbriefe des Pionier Bertold Paulus aus Kastel.* Nonnweiler-Otzenhausen 1993, Verlag Burr. ISBN 3-9802717-1-4

Wijers, Hans (ed.). *Der Kampf um Stalingrad: Die Kämpfe im Industriegelände.* Brummen 2001, Eigen Verlag Hans Wijers. No ISBN

Winter, Franz. *'Damals als die Räder rollten'. Menschliches – Dramatisches – aber auch Heiteres aus dem Kriegsalltag eines Oberschwaben bei der Bodensee-Division im II. Weltkrieg.* Weinheim 2005, Selbstverlag. No ISBN

Zentner, Christian (ed.). *Soldaten im Einsatz: die Deutsche Wehrmacht im Zweiten Weltkrieg.* Hamburg 1977, Jahr Verlag KG. No ISBN

Ziemke, Earl F. and Bauer, Magna E. *Moscow to Stalingrad: Decision in the East.* New York 1988, Military Heritage Press. ISBN 0-88029-294-6

期刊

Alte Kameraden

Bund ehemaliger Stalingradkämpfer e.V. Deutschland, Weihnachts Rundbrief

Das Kleeblatt: Nachrichtenblatt alter Regimenter und selbständigen Einheiten der ehem. 71. Infanterie-Division

Das Ritterkreuz: Mitteilungsblatt der Ordensgemeinschaft der Ritterkreuzträger e.V.

Der Sturmartillerist: Zeitschrift der 'Gemeinschaft der Sturmartillerie e.V.'

Deutsches Soldatenjahrbuch

Mitteilungsblatt des Verbandes ehemäliger Angehöriger der 23. Panzer-Division und der Traditionsverbände der 14. Panzer-Division, der 22. Panzer-Division und der Panzer-Lehr-Division

Tapfer und Treu

Voyenno-istorichesky zhurnal

斯大林格勒"街垒"火炮厂及周边地区

F G H

建筑

德方名称		苏方名称	
药店	E6	药房	E6
面包厂	C3	食堂	F6
城堡	A6	电影院	F5
飞机楼	B5	01 号房	D6
1、2 号楼	C4	02—06 号房	E6
3 号楼	C5	07、08 号房	F6
4—10 号楼	C5	1—3 号房	E6
11—15 号楼	C5	4—12 号房	E5
16—18 号楼	D5	13、14 号房	D5
19、20 号楼	C5	18 号房	D6
22—30 号楼	D5	20—26 号房	F6
32—39 号楼	D5	27 号房	F6
40 号楼	D6	28—39 号房	F5
41—49 号楼	E6	40—47 号房	F5
50 号楼	E5	48A—50 号房	H5
52—58 号楼	E5	61 号房	F5
59—61 号楼	F5	63、64 号房	F5/6
62 号楼	G5	65 号房	G5/6
63—67 号楼	F5	66 号房	G5
68—70 号楼	G5	67 号房	G5/6
71—74 号楼	F5	69—72 号房	F6
75—78 号楼	G5	76、77 号房	F6
79 号楼	F6	83—118 号房	
81 号楼	F5/6	（确切位置不详，但都	
82 号楼	F5	在面包厂—机器街地区）	
83 号楼	F5/6		
84 号楼	G5/6	编辑办公室	G5
85、86 号楼	F5	车库	F5
87 号楼	G5/6	幼儿园	E5
88—93 号楼	H5	柳德尼科夫的观察所 G5/6	
95—100 号楼	H5	Π 形房	E5
102 号楼	H5	印刷车间	F6
104—107 号楼	H5	泵站	F6
179 号楼	F6	红房子	G5/6
200、201 号楼	C4	2 号校舍	E5
202 号楼	B/C4	布古鲁斯兰街	
203—206 号楼	A3	学校	C2
208 号楼	B5	仓库	E2
污水处理厂	F6	小变电站	F6
政委楼	F6	未完工楼房	F6
红楼	G5/6	水泵	F6

街道

一月九日街	E1	列宁大道	F5
阿尔巴托夫街	E2-F5	工人街	C1
布古鲁斯兰街	C1	拉古多利纳亚街	C5
顿涅茨街	A4-5	拉兹维兹德尼亚街	B1
费奥多谢耶夫街	B1	平坦街	A2
煤气街	B4/5	撒马尔罕街	A5
格多夫街	A1	塞瓦斯托波尔街	A2
石榴街	B5	北街	A2
哥萨克街	A1	雕塑街	G2
克拉斯诺普列斯宁宁街 A3		钢铁街	C3
草地街	C1	大村街	B4
小街	A3	罗汤达街	B3
练马场街	C1	泰梅尔街	G5
平炉街	B1	季霍尔街	C5
机器街	C5	蒂拉斯波尔街	C1
水兵街	B5	白杨街	B3
梅津街	D5	梅济斯托波尔街	D-G3
马路街	B5	管道街	C2
新谢尔街	C1	尽头街	C2
奥尔忠尼启则街	A2-3	图瓦街	D5
佩列诺夫街	C5	乌格洛瓦亚街	B4
波罗夫街	C2	乌曼街	A4-5
波罗的海沿岸街	F5	伏兹尼亚夫街	B1
普罗普捷尔纳亚街	A2	血管街	C2
普罗基特纳亚街	B1	横幅街	A3

厂房说明

1. 平电炉
2. 制炮车间(炮管加工和镗孔)
3. 炮管热处理和去毛刺车间
4. 装配车间 (在传送带上组装完整火炮)
5. 铸造车间 (铸造成型和锻造的机械工作站)
6. 制造车间 (设有其他各类工作站)
7. 辅助发电站和油热站
8. 车间或仓库
9. 车辆维修厂
10. 堆场、运输码头和机库

译 后 记

斯大林格勒这个名字，即使对不怎么熟悉二战的人来说也是如雷贯耳，对我这样的军迷就更不用说了。我在少年时代就喜欢阅读有关那场史诗大战的书籍，成年后随着外语水平和经济实力的提高，许多外文原版书也进入了我的视野。近年来关于这场战役最重要的著作，当然得数美国史学巨擘戴维·格兰茨的"斯大林格勒三部曲"。而我在啃完这部全景式巨著的前两卷后，产生了进一步了解巷战细节的想法，也注意到了格兰茨提及相关战斗时经常引用的一本书——这就是我与本书结缘的开始。

本书作者的视角与格兰茨完全相反，他放弃了宏大叙事，聚焦于战场一隅，借助各种资料把一个"孤岛"上的战事掰开揉碎，细细地呈现给读者。正是通过这种显微镜式的写法，当年在那片热土上浴血厮杀的苏德两军士兵被还原为一个个有名有姓的普通人，而不再是大多数历史著作中冰冷的数字。我们作为二战最大受害国之一的人民，于情于理都应该始终坚持反法西斯立场，但是这种兼顾双方视角的写作对我们全面了解那场战争无疑具有重大价值，这也是我决定将本书翻译成中文的原因之一。

去年，指文图书主动联系到我翻译本书的中文版，终于了却了我的一桩心事。巧的是，这次出版恰逢一场特殊战争，全世界人民正在对抗又一个凶残程度不亚于德日法西斯的敌人——新冠病毒。在我写下这篇后记时，英勇的武汉人民已经在全国人民支援下基本控制住了当地疫情，可以说是赢得了抗疫战争中的斯大林格勒战役，而世界各地爆发的疫情也在提醒我们，通向最后胜利的道路依然漫长艰险，就让我们以先烈为榜样，继续与疫魔斗争吧！

胡毅秉

2020 年 3 月于上海

《装甲作战：赫尔曼·霍特与"巴巴罗萨"行动中的第3装甲集群》

德军装甲指挥官眼中的"东进"，"巴巴罗萨"行动的透彻分析

《装甲司令：艾哈德·劳斯大将东线回忆录》

劳斯从苏德战争爆发的第一天到1945年春的全部经历

《巴巴罗萨脱轨：斯摩棱斯克交战》

德军折戟莫斯科的前奏，"巴巴罗萨"行动的关键转折点，三个方面军的悲壮反攻，不该被忘却的命运之战

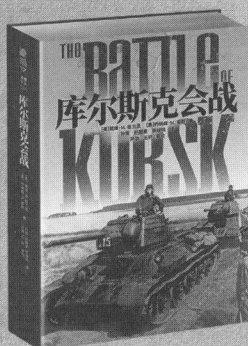

《库尔斯克会战》

综合采用现存于新解密的苏联档案材料和准档案材料中关于这场会战的大量细节，为已经载入史册的细节又增添了新内容

《白色死亡：苏芬战争 1939—1940》

从基层官兵的视角出发，呈现恶劣条件下战斗前线的真实情景，还原一场实力悬殊却无比强硬的较量

《日托米尔—别尔季切夫：德军在基辅以西的作战行动 1943.12.24—1944.1.31》

苏德战争口碑之作，详细而精心地再现一个重要但鲜为人知的东线战役

《东线坦克战1941—1945》

一项再现史诗级坦克战斗的伟大研究，弥补哈尔科夫、库尔斯克等关键战役研究的未尽之处

《巨人的碰撞：为什么红军能战胜希特勒（增补修订版）》

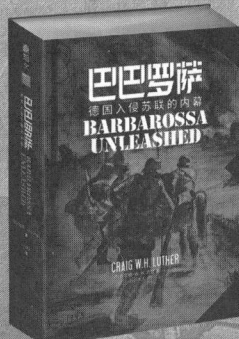

《巴巴罗萨：德国入侵苏联的内幕》

从德方视角出发，揭秘希特勒、他的高级将领以及众多德军官兵眼中的"巴巴罗萨"

《东进：1941—1943年的苏德战争》《焦土：1943—1944年的苏德战争》《普鲁士战场：苏德战争1944—1945》

苏德战争全景史诗，无法逾越的经典，被91家出版社译成65国文字

《通往柏林之路》

多角度展现苏德战争，大量一手资料，众多亲历者采访、回忆

《地狱之门：切尔卡瑟战役1944.1—1944.2》

从战略、战役、战术三个层面切入分析苏德战场上"赛点角力式"的惨烈突围战，讲述士兵的故事及其所思所想

《斯大林格勒三部曲》

参考了过去从未见过或被忽略的资料，将取代过去关于此战的一切历史记述

《通往斯大林格勒之路》

从战前战备情况、内政外交到战时全局决策、各方动态，不见于史的细节与新观点

《莫斯科战役1941：二战"台风"行动与德军的首次大危机》

第二次世界大战真正的转折点

《列宁格勒会战：1941—1944》

封锁下的绝境，围困中的抗争，为胜利付出的惊人代价，惨烈悲壮的史诗篇章

《泥足巨人：大战前夜的苏联军队》

揭开"大雷雨"计划的面目，有力反驳了西方近年来关于苏德战争爆发原因与责任的错误说法

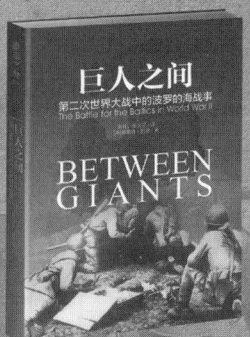

《巨人之间：第二次世界大战中的波罗的海战事》

苏德战场较为少见的视角，夹缝中求生的波罗的海国家